石油的谜·思

——对石油及能源问题35年的亲历和思考

王能全 著

石油工业出版社

内 容 提 要

本文集由 80 篇文章组成,文章数据扎实,逻辑严密,较完整地反映了1985—2019年全球石油及能源行业三大事件,客观公正地展现了一个学者对石油及能源问题的专业认知和独立思考,本书是作者35年持续关注一个行业的辛勤成果,更是一个亲历者为这个行业 35 年留下的可资研究的宝贵印记。作者从专业角度,回答了社会和大众对石油及能源热点问题的关切!

图书在版编目(CIP)数据

石油的谜·思 / 王能全著. —北京:石油工业出版社,2020.6
ISBN 978-7-5183-4083-5

Ⅰ.①石… Ⅱ.①王… Ⅲ.①石油经济-经济管理-中国-文集 Ⅳ.① F426.22-53

中国版本图书馆CIP数据核字(2020)第102788号

石油的谜·思
王能全　著

出版发行:石油工业出版社
　　　　(北京市朝阳区安华里二区 1 号楼 100011)
网　　址:www.petropub.com
编 辑 部:(010) 64523714　图书营销中心:(010) 64523633
经　　销:全国新华书店
印　　刷:北京晨旭印刷厂

2020 年 6 月第 1 版　2020 年 6 月第 1 次印刷
710 毫米 ×1000 毫米　开本:1/16　印张:38
字数:610 千字

定　价:120.00 元
(如发现印装质量问题,我社图书营销中心负责调换)
版权所有,翻印必究

谨献给35年来，在学习、实践和研究石油及能源问题过程中，给我无私教诲、支持和帮助的师长、领导、同仁、同学、同事和朋友们！

PREFACE 自 序

从1985年9月开始学习、研究世界石油问题以来，已历时35年。35年间，个人身份历经了从学生、研究人员、企业工作人员和准政府工作人员再到研究人员的多次转变，与石油有关的日常企业经营管理和石油、能源问题的观察、分析和研究一直是我的工作主线。35年来，研究和学术成果累累，总字数逾300多万字。更为重要的是，35五年来不同类型和不同层面的工作经历，让我对世界和中国石油及能源问题的认识不断深入，思考逐渐完善，研究成果日益丰硕的同时，观点、看法也更加坚定并成熟。

一、35年专注石油及能源问题的观察、实践和思考

从1985年9月至2019年年底的35年间，个人有关石油和能源问题的研究成果丰硕，主持并合作出版了一本译著、两本著作，公开发表了180多篇文章，还完成了大量不能公开的内部研究报告等。从对石油和能源问题的学习、观察、实践和研究角度看，35年的个人经历，可以分为三大阶段。

1985年9月至1994年8月，是个人学习、观察和研究石油及能源问题的入门并取得初步研究成果的阶段。1985年9月，我考入云南大学西南亚研究所，师从浦莱先生和左文华先生，攻读硕士学位，研究方向为世界石油问题。3年时间里，我系统地学习世界石油问题的相关课题，包括经济学、世界经济政治等学科，从一个以世界和中国通史知识为主的历史系本科学生，转行为以经济学为主的世界石油和能源问题的硕士研究生，并以此作为个人毕生的研究方向和专业领域。3年的学习，是我踏入世界石油和能源问题研究的入门阶段。1988年8月毕业后，我到中国现代国际

关系研究所（即现在的中国现代国际关系研究院）工作，专职从事世界石油和能源问题的研究，直至1994年8月。1993年1月至1994年1月期间，由单位派遣，作为访问学者，我到美国洛杉矶加州大学政治学系和非洲研究中心从事一年的学习和研究工作。在中国现代国际关系研究所工作的6年时间里，成果累累，研究水平和能力有了较大的提高。从研究生二年级学生的1986年秋天第一次公开发表文章起，不包括大量的内部研究成果和学士、硕士、访问学者论文外，这一阶段主持并合作出版了一本译著、一本著作，公开发表了33篇文章，部分文章影响较大，其中1993年1月出版的《石油与当代国际经济政治》是中国国际石油问题研究的主要代表作之一。

1994年至2016年年底的23年，是个人学习、观察、实践和研究石油及能源问题的第二阶段，其中重点是结合石油及能源问题的实践。1994年8月，我到中国化工进出口总公司（即现在的中国中化集团有限公司）工作，在继续对石油和能源问题观察、研究的同时，更多的是实践，尤其是从2003年至2016年的14年间，从事炼油、储运等业务经营和战略、投资、法律、科技等职能管理工作。除公司本身的业务和研究工作外，从1994年开始，我就参与了不同阶段的原国家计划委员会、国家发展和改革委及国家能源局等部门有关能源政策的研究、咨询和日常事务等工作，负责过数量众多的国家重大能源课题的研究，并作为中国国际工程咨询公司的专家，参与了大量国家重大能源项目的咨询、评估工作。因此，可以说，这23年，是个人非常幸运的23年，从一个纯粹的研究人员，亲身参与了大量与石油及能源相关的实务工作，从而使个人对石油和能源问题的认识更加深入和具体化，思考和看法也发生了根本性、质的变化。这23年间，成果累累，获得了众多不同类型的奖项，不仅成果数量多，文字字数更是庞大，但因为方方面面的原因，这些研究成果的绝大部分今天尚不能公开，经整理，至2017年年底已经公开发表并可以公开的文章为33篇，其中部分成果影响较大。

2017年至2019年年底，是个人学习、观察和研究石油及能源问题的第三阶段，是研究成果最为丰富的阶段。从2017年年初开始，个人不再从事具体的业务经营，虽然仍有大量的会议、出差等与业务相关的日常事务，但终于可以专心从事研究工作，日常的精力基本可以全部放在石油及能源问题的研究工作上。与此同时，由于时间有了保证,这一期间还参加了数量众多的国际、国内行业会议,在数个重大的国际会议中,或代表中方发言,或代表中方主持会议,并到沙特阿拉伯、美国、俄罗斯等世界主要石油及能源生产、消费国访问,增加了感性认识,与国际同行有了直接的交流讨论。因此,2017年以来的3年时间里,35年间成果最多的3年,除完成了近百万字的《石油的时代》出版工作外,2018年至2019年的两年时间里,撰写并公开发表了120多篇文章,基本做到了周周有文章发表,不但在著名的《财经》杂志开设有关石油及能源问题的专栏,而且从2018年7月7日"全说能源"自媒体上线以后,影响越来越大,受众日益广泛,基本成为行业的关注重点。这120多篇文章从专业的角度,以扎实的数据、资料为基础,逻辑严密,观点鲜明,文章一经发表,立即得到网络等媒体广泛转载,很多文章还引起积极的讨论,俨然成为国内行业和研究界主流声音。

二、35年亲历的三大石油及能源行业历史性事件

作为一个个体的自然人,35年来,我们经历了数不清的大大小小的国际国内事件。不过,作为一个石油及能源问题的观察、实践和研究人员,就所从事的行业来说,以下三件大事应是我们亲历的35年间最重大的历史性事件,这些事件不仅仅是我们身处行业的重大事件,更是当代历史的重要组成部分。

一是国际石油价格一次完整的暴跌—暴涨—暴跌大轮回。20世纪70年代以来,世界石油和能源行业,也可以说是世界经济政治形势最重大的事件之一,就是这一轮国际石油价格的暴涨暴跌大轮回。非常有幸的是,个人从1985年9月开始学习、实践和研究石油及能源问题以来的35年间,亲身经历了其中的一次国际石油价格大跌到大涨再到大跌的完整循环,即1986年年初开始的国际石油价格大跌,从2004年开始至2014年10月的国际石油价格大涨,2014年10月开始的国际石油价格大跌及其至目前的较低水平。

正是20世纪70年代以来国际石油价格的大幅度波动,使得石油和能源问题的研究不时成为国际和国内的显学之一,也是35年来个人一直没有离开这一研究领域的主要原因。从1993年1月出版的《石油与当代国际经济政治》到2018年9月的《石油的时代》和本文集中的很多文章,除希望能较完整、全面地记叙我们所亲历的

这一重大历史事件外,更多的是试图全面、客观地分析20世纪70年代以来,尤其是1986年以来国际石油价格大幅度波动的深层次原因,给我们所亲历的历史以合理的解释。

今天回过头来看,作为身在其中的个人,在学术研究上,可能无论我们如何努力,如何希望从主观上能客观地解释我们亲历的这一轮国际石油价格大轮回,都还有更多的问题和谜底等待我们去进一步研究和发掘,更大的可能是我们永远只能"身在此山中"。

二是中国经济的崛起并成为世界第一大能源消费国、第一大石油和天然气进口国,它不仅彻底改变了我们个人的生活,也彻底改变了世界石油和能源形势。1978年年底,中国开始改革开放,中国历史翻开了新的一页。改革开放带来的经济高速增长,反映到能源和石油、天然气消费方面,2009年中国超越美国成为世界第一大能源消费国并一直保持到今天;2000年以来的19年时间里,中国一直是世界石油消费增长的主要来源国,这一期间世界年度石油消费增量1/3以上来源于中国;从2003年开始,中国超越日本成为世界第二大石油消费国,2013年中国成为世界最大的石油净进口国,2018年又成为世界最大的天然气进口国。可以说,正是改革开放40多年来,中国经济高速增长带来了石油、天然气等能源消费的迅速增加,在成为世界第一大能源消费国改变了全球能源消费格局的同时,也支撑了世界石油和天然气市场的稳定增长及价格高企,为世界石油和天然气行业带来了一个20多年并且还在持续的黄金发展周期。

今天回过头来看,作为身在其中的个人,无论是行业的研究还是业务的经营,似乎都没有很好意识到自身这35年正在发生的事,没有深刻地认识到自身这35年所发生事件的重要意义,更多的原因可能是"身在此山中"。

三是页岩革命不仅改变了美国的能源形势,更为重要的是,它正在深刻地改变着当前和未来相当长时间的全球能源,尤其是石油和天然气市场格局。早在20世纪90年代初的海湾危机和第一次海湾战争时期,直到2005年6月底在美国新奥尔良举行的第六届中美油气工业论坛期间,无论是个人、学界还是中美两国政府的高级官员们,对美国能源形势,尤其是石油和天然气形势的认识,都是极其悲观的,认为美国对国际石油市场的依赖不仅不会改变而且更趋严重,中美两国会因对石油资源的争夺产生严重的对抗和冲突。事实上2005年6月美国的页岩革命已经取得了成功。正是千千万万个美国的中小企业，推动着技术创新和革命，不仅扭转了美国石油的对外依赖，使美国重夺世界第一大石油生产国的宝座，更将使美国在2020年重新成为能源净出口国。作为世界第二大能源消费国和第一大能源生产国，美国能源形势的这一根本性变化，不仅改变了美国在全球能源格局中的地位，也正在并将在未来相当长时间，决定着全球能源形势的趋势和变化。

今天回过头来看，作为身在其中的个人，无论是行业的研究还是业务的经营，似乎都没有很好意识到美国这一世界第一能源强国近年来正在发生的事，没有深刻地认识到美国近年来正在发生事件的重要意义，更多的原因也还是"身在此山中"。

为什么我们亲历的这三大历史性事件基本上都超出了我们的直观感受，纵然我们都身在其中但却常常不为所动？个人认为，是35年来无论是个人还是学界，似乎对于这个时代能源特征的认识，过于超前并乐观了。事实上，正是不变的时代石油烙印，使得我们亲历的这个时代变得丰富多彩同时也更加扑朔迷离。

就个人经历来说，早在1986年国际石油价格大跌时，无论是个人所撰写发表的文章，还是行业基本一致的主流看法，都是20世纪70年代的两次石油危机带来的高油价，将改变世界能源消费结构，石油有可能提前退出历史的舞台。20世纪90年代前后的科技进步，特别是核能、核聚变和超导研究取得的进展，使得行业和研究界更加深信这一结论。进入21世纪后十年左右的高油价、对环境问题的普遍关注和新能源应用取得的进展，使得石油时代的终结更成为时尚，风能、太阳能、氢能轮番上台，成为某一时期的网红。但是，认真分析有关数据，自200年前工业革命以来，人类社会就一直依赖化石能源，1965年以来石油作为人类社会第一能源的地位既没有动摇过，更没有改变过。作为人类一分子，日常生活当然需要情怀，但作为手捧研究工作饭碗的学术人员，更需要的还是严谨的科学分析、严密的逻辑推理。人类社会进步与能源使用方式之间的关系，人类社会目前所处的阶段和对能源的需求，能源系统与传统化石能源、新能源的契合程度，决定过去、当前以及未来相当长时间，传统化石能源，尤其是石油和天然气都将是人类社会使用的主体能源。

今天回过头来看，作为身在其中的个人，无论是行业的研究还是业务的经营，似乎都被一时的喧闹和社会舆论所裹挟，没有能够从学术研究的角度，或没有足够的学术功力，去认识或看清我们身处时代的能源特征，也许是入戏太深，可能更多的是"身在此山中"之困。

三、35 年来对石油及能源行业的三大研究心得

源于与人们日常生活的密切关系，以及在各国和世界经济政治事务中的重要地位，石油以及与石油相关的能源话题，无疑是国内外媒体关注的重点之一。诸如欧佩克的有关会议，国际石油价格的波动，世界主要石油生产国的重大事件，世界主要能源生产和消费大国的国内、双边和多边活动，中东地区的大事小情，某一地区的恐怖袭击，两国之间的战争等，无一例外地都会成为当时全球舆论的焦点，大到政治家们的声明，中到专家学者的分析，小到普通百姓的街谈巷议，无不站在不同的立场或角度，发表一通议论或评说。

观察、实践和研究石油及能源问题 35 年来，作为亲历者，或更重要的，作为研究人员，自身努力所做的，同时也成为工作主要内容的，就是需要尽最大可能还原有关事件的本质，回答这些事件产生的原因，展望这些事件可能产生的影响。正是因为如此，35 年来，产生了逾 300 多万的文字。如何归纳、梳理这 300 多万文字，本身就是一件十分困难的工作，但个人认为，可以将其总结为以下三个方面，也即个人 35 年研究石油及能源问题的最主要心得，简单地说就是两个字：市场。

一是市场力量是 20 世纪 70 年代以来国际石油价格暴涨暴跌大轮回的最根本原因。前面我们谈到，20 世纪 70 年代以来，世界石油及能源行业所发生的最重大事件，就是国际石油价格的暴涨和暴跌。为什么国际石油价格会暴涨暴跌？各路专家学者们，对此有大量的分析和多种解说，石油问题研究几近成为一门显学，正得益于此。在各种原因分析中，"阴谋论"之说最有代表性，最容易得到一般大众乃至一定层次决策者的认可，也最有市场。自 1985 年 9 月以来，个人研究工作的重点，也在于此，除公开发表的大量文章和没有公开发表的众多研究报告外，1993 年 1 月出版了《石油与当代国际经济政治》，2018 年 9 月又出版了《石油的时代》，就是试图穷个人之智力去解释并尽最大可能回答其原因。35 年来个人的研究心得，概括起来非常简单，即市场力量是 20 世纪 70 年代以来国际石油价格暴涨暴跌大轮回的最根本原因，一时一地或某些具体事件上，也许确有"操纵""谋杀""阻击"等血腥类似的活动，

但 20 世纪 70 年代以来近 50 年，或者说世界石油工业诞生以来逾 160 年的历史中，任何个人、组织和国家，都不可能长时间决定世界石油工业的发展进程，操纵国际石油价格。

从小的方面来看，2008 年和 2018 年的个人行业研究值得纪念，2008 年较为准确地预判到当年的国际石油价格大跌，为业务经营起到了很好的指导作用；2018 年较为准确地分析了国际石油价格的全年走势，有关文章社会反响较大。这些都是基于 35 年对石油及能源问题潜心研究之所得，指导着个人当前和未来对国际石油市场的研究。从大的方面来看，中国在全球能源和石油消费格局中的崛起，页岩革命带来的美国在全球能源和石油供给格局中地位的逆转，无一不是市场力量决定国际石油价格变化的具体体现和最有力例证。

二是高效公平的市场是石油天然气话语权的终极条件。除国际石油价格波动的原因探秘外，石油及能源问题研究中另一热点话题，是谁在全球石油天然气行业拥有话语权？特别是随着中国成为世界第一大能源消费国、第一大石油和天然气进口国之后，这一话题更上升到了前所未有的高度。在专家们，尤其是国内专家们的分析和解释中，"设计说"或"武力维持说"最有代表性，也最有市场。在这些专家们的解释中，美国与沙特阿拉伯设计了石油美元，美国靠武力维系石油美元的地位，石油美元保证了美国在国际石油市场的话语权并维系了美国的霸权地位，逻辑层层递进。但是，全面系统查证、分析和研究有关资料，至今我们仍没有发现美国和沙特阿拉伯是如何设计石油美元的官方文件证明，今天的美国和美国总统特朗普并不能决定国际石油价格的走向，更分析不出石油美元是如何维持美国霸权地位的逻辑关系。个人的研究心得是，今天由多地现货和期货交易等构成的国际石油天然气市场，是由无数参与者自觉或不自觉地使用了美国、英国等国市场经济最新的成果，借用了美元这个世界超级货币，利用了美国强大的经济实力，构建的一个全球化的近乎完全竞争的市场，美国也仅是其中的一分子而已，而这个国际石油天然气市场本身也是全球化的高效公平市场的重要实践之一。

作为世界最大的产业之一，国际石油天然气市场是一个由众多主权国家、众多富可敌国的公司和无数个人组成的，各方利益诉求差异巨大且常常完全背离。只有高效的市场，才能对全球油气资源进行有效的配置，才能推动和促进世界油气产业的健康稳定发展；只有公平的市场，才能保证世界上百多个油气生产和消费主权国及同样数量众多的企业、个人不用脚投票，石油天然气话语权才不会变成自说自话的梦呓。正因为如此，今天我们看到的是，为什么世界上很多国家纷纷设立更多出于自身利益和美好愿望的所谓交易所、交易市场，有的并不门可罗雀，更多的还是一定范围的自娱自乐。

三是多元化、市场化和国际化应成为中国石油天然气乃至整个能源行业高质量发展的永恒主题。新中国成立70年来，尤其是改革开放40多年来，中国能源行业发生了巨大的变化，在成为世界第一大能源消费国的同时，更发展成世界第二大能源生产国。正是能源行业的迅速发展，支撑了改革开放以来中国经济的高速增长并成为世界第二大经济体。但是，要实现"中国梦"和"两个一百年"，尤其是第二个一百年的奋斗目标，无论是从整体的中国能源行业，还是分行业的石油天然气工业，都需要进一步深化改革，核心内容是要将中国的能源工业从做大到做强，才能满足社会大众日益多样化、个性化的油气等能源需求，才能保证国民经济健康稳定发展、保障国家的经济安全，才能通过提升中国能源行业的市场竞争力来提升中国整体经济的全球竞争力。个人坚信，只有通过多元化、市场化和国际化推动中国石油天然气等能源行业的高质量发展，使中国的能源行业具有全球化的市场竞争能力，才能从能源行业保证"中国梦"和"两个一百年"宏伟目标的实现，"中国梦"和"两个一百年"宏伟目标的实现必须有坚实的全球市场竞争能力的能源产业的保证。

世界经济发展和40多年来中国改革开放的历程告诉我们，多元化、市场化和国际化既是世界、中国经济繁荣的必要前提，更是中国石油天然气行业，乃至整个中国能源行业高质量发展的永恒主题。

本文集由80篇文章组成，精选自1986年秋以来公开发表的180多篇文章，这些文章较完整地反映了35年来我们所经历的全球石油及能源行业三大事件，同时更重要的是，能较全面地说明个人35年来的研究心得。80篇文章中，除少数是1985年9月至2016年间撰写的外，绝大多数是2017年以后，尤其是2018年和2019年撰写和发表的，它们代表了个人最新的研究成果，也是个人比较成熟的对石油及能源问题的认知和思考。

对全球石油及能源问题持续的观察、实践和研究，持续35年，既是个人的坚守，更是个人的幸运。约 300 万字的研究成果，一本合作译著、两本著作，180 多篇公开发表的论文，大量尚不能公开的文章和研究报告，既是个人 35 年持续关注一个行业的辛勤成果，更是一个亲历者为这个行业 35 年留下的可资研究的宝贵印记。多年来，无论是著作、专业学术论文，还是时评性质的文章，我都力求数据扎实、逻辑严密，尽最大可能地做到客观公正，展现一个学者对石油及能源问题的专业认知和独立思考，为行业和社会贡献微薄专业知识。2008 年 6 月，在给中信出版社出版的丹尼尔·耶金《石油大博弈》写专家导读时，我所起的题目是"解历史之迷径，谋未来之对策"。2018 年 9 月，在拙著《石油的时代》自序中，我仍以此作为主题，阐述了百万字著作的立论原则。今天，本文集的选文和出版，遵循的还是这一主题，文集所选文章可能学术水平和认知有限，不可避免地带有非常明显的时代印记，但所选文章的立论和写作的出发点，或可以说个人 35 年持续开展的对石油及能源问题的观察和研究，均以此为指导原则。

石油及能源行业，当然需要冷静、客观、公正的专业研究人员，我们这个社会和时代也应该需要专注并专业的守望者，衷心希望个人 35 年的对石油及能源问题的认知和思考（可能不成熟并需进一步完善），能对石油及能源行业和我们这个社会有所裨益！

2020 年 1 月

目 录

第1篇 时代的石油烙印 ········ 1

正确认识我们时代的能源特征 ········ 3
新能源热中的冷思考 ········ 5
1991年世界核能和新能源进展综述及几点分析 ········ 16
油煤气绝对是大头，能源转型任重道远 ········ 35
现实与情怀的落差 ········ 41
全球天然气发展现状与展望 ········ 50

第2篇 石油·经济·国际政治 ········ 71

石油及能源在我们时代正在发挥的作用 ········ 73
从商品指数，看2018年能源和大宗商品市场行情的剧变 ········ 75
原油基础知识和国际石油市场三大标杆原油简介 ········ 79
市场才是决定国际石油价格走势的内在最根本力量 ········ 84
决定欧佩克和超级欧佩克会议结果的究竟是谁？ ········ 92
石油武器？别砸了自己的脚！ ········ 98
石油与核：一对冤家的生死纠缠 ········ 105
艰难再平衡中的国际石油市场 ········ 113
油市2018：炽热寒冬之后的春夏秋天会更加灼人吗？ ········ 124
国际油价为何上演震荡戏码？ ········ 128

市场的近忧、产业的机遇和行业的远虑 … 132

80美元会是过去和未来一段时间国际石油价格的极值吗？ … 139

2019年国际石油价格得听特朗普的 … 143

石油价格涨多少必须回调，有人划好道了！ … 152

日益清晰的特朗普能源政策及其广泛而深远的影响 … 160

美国能源行业正在进入"黄金时代"或"能源新时代"？ … 167

2018年美国一次能源消费出现恢复性增长 … 172

市场之手使世界天然气市场发生巨变 … 179

苏基的创富故事和疯狂的美国液化天然气出口项目建设 … 182

经合组织2018年石油形势变化的安全意涵 … 188

欧盟国家天然气的进口概况 … 197

当前日本能源消费现状和核事故对煤炭油气形势的影响 … 200

日本是世界第三大煤炭进口国 … 206

澳大利亚正在成为世界最大的液化天然气出口国 … 211

苏联能源工业的发展现状及前景 … 219

俄罗斯油气政策的理想与理性 … 230

黄沙、黑金和愿景 … 238

正在褪去神秘面纱的沙特阿拉伯石油行业 … 245

用原油发电，产油大国的无奈之举 … 250

袭击沙特阿拉伯石油设施不改当前宽松的国际石油供需形势 … 257

沙特阿美公司上市：金娃娃是否很快变成烫手山芋？ … 264

剪不断理还乱的伊朗核问题及其巨大的国际影响 … 272

伊朗会再一次被自己的石油淹没吗？ … 279

制裁困境中的伊朗难有选择 … 286

委内瑞拉与伊拉克：石油生产国的两个极端样本 … 293

能源问题制约了非洲的经济发展 … 301

有无石油都在挨饿的苏丹 … 309

页岩气开发正在改变阿根廷的天然气形势 … 316

亚太经济合作中的能源问题 ………………………………………… 321
上合组织国家间的能源合作：数据与思考 ……………………………… 331
上合组织能源合作的探索和实践应成为全球能源治理可资借鉴的
　　有效范式 ……………………………………………………………… 339
欧佩克：目标与前景 …………………………………………………… 343
福兮？祸兮？ …………………………………………………………… 350
面对 6 月 22 日的会议，我们该说点什么了？！ ……………………… 354
2016 年以来欧佩克石油收入概况 ……………………………………… 358
支持还是反对？应该不是个问题！ …………………………………… 362
泰国南部战略能源陆地桥项目概况及初步分析 ……………………… 369
封锁霍尔木兹海峡？真的不要任性！ ………………………………… 375
不要在霍尔木兹海峡玩火！ …………………………………………… 380
巴拿马运河与美国的油气出口运输 …………………………………… 385
风平浪静的重要油气运输通道——苏伊士运河 ……………………… 391

第 3 篇　石油与中国　　399

石油及能源与中国的经济社会建设　　401
对中国能源问题的探讨 ………………………………………………… 403
对中国长期能源战略的四点建议 ……………………………………… 411
世界主要国家的石油储备及对中国建设石油储备的几点建议 ……… 417
20 世纪 90 年代后半期世界和中国石油产销形势及对策建议 ……… 423
对中国石油工业实施"走出去"战略的思考 ………………………… 430
利用海外油气资源保障中国石油供需平衡 …………………………… 445
高油价对中国经济社会的影响 ………………………………………… 458
加强能源合作　实现共同发展 ………………………………………… 465
新世纪的中国能源和石油天然气政策 ………………………………… 470
石油储备与中国应对高油价和参与世界石油市场对策 ……………… 476

当前中国和世界石油形势的几个显著特点 …………………… 482

中国石油国际贸易发展历程回顾和展望 ………………………… 491

深化市场化的体制机制改革，促进能源行业更好地服务于中国经济
　　社会和谐发展 …………………………………………………… 496

提升油气保障水平，充足供应和经济性是关键 ………………… 500

原油期货交易：无法承载的过多及过高期许 …………………… 505

从全球视野的角度，认识中国的石油对外依存度 ……………… 513

中美能源议题：短期平衡贸易但更要有长远战略考量 ………… 520

从能源统计数字，客观冷静地认识中美两国经济社会的现实 …… 529

多元化、市场化和国际化应成为中国油气行业深化改革的永恒主题 … 537

充分利用国际市场油气资源服务中国经济社会建设 …………… 544

新的时代需要全新的全球石油治理思维和模式 ………………… 547

中国能源效率的下降应引起全社会的高度关注 ………………… 554

谁是 2018 年石油消费增量最大的国家？ ……………………… 561

未来 30 年是中国能源革命的战略机遇期 ……………………… 569

高效公平的市场是石油天然气话语权的终极条件 ……………… 576

后记 ……………………………………………………………… 583

第1篇

时代的石油烙印

正确认识我们时代的能源特征

翻看各种媒体，尤其是当前流行的各种自媒体，似乎风能、太阳能等新能源已经取代了石油、煤炭等传统化石能源，各种名目的新能源汽车更大有取代传统内燃发动机的传统汽车之势。进入2019年以来，氢能似乎大有取代一切能源，成为人类社会主体能源之势，更有专家将其称之为人类社会的终极能源。但是，当今世界的能源消费结构究竟如何？真的是这样的吗？

令人遗憾的是，在多年来巨额资金的刺激下和各国政府的大力支持下，虽然风能、太阳能等新能源和可再生能源的发展取得了长足的进步，但今天的世界，传统能源仍占人类社会能源消费的96%左右，石油、煤炭和天然气仍是人类社会消费的绝对主体能源。事实上，自工业革命200多年来，化石能源就是人类社会消费的主体能源，自1965年成为人类社会第一大能源以来，石油的地位从来都没有被动摇过。

解决化石能源消费过程中产生的排放问题，特别是碳排放给环境带来的负面影响和危害，或更高层次上的阻止气候变暖，是人类社会应该高度关注的话题，也应投入充足的资源。不过，工业革命200多年来，化石能源之所以成为人类社会的主体能源，自有其内在的规律。更为重要的是，当前人类社会存在的两个"80%现象"，决定当前和未来相当长时间，能源问题只能采用"普通人的解决方案"，只有化石能源才能承担得起人类社会主体能源的重任。

本篇后面选取的5篇文章，最早的一篇撰写于1991年。更远的不说，并不是今日，事实上在个人开始学习石油及能源问题的20世纪80年代中期，人们就憧憬在科技进步的推动下，风能、太阳能、地热能等新能源和可再生能源，核能、特别是核聚变的商业化，将取代石油、煤炭等传统化石能源；超导材料的使用，将使世界的能源消费大幅度下降。正是在这种乐观情绪的影响下，1987年2月我发表的《未来国际石油形势浅议》，还有1988年4月我提交的硕士学位论文，都断言在科技进步的推动下，国际石油价格将长期走低，未来世界的石油将像世界上的沙子一样多，石油危机将成为历史。当然，今天的事实已经无情地证明，这些结论和判断都是完全错误的，错误的根源就在于大大高估了科技进步的步伐，没有认识到人类社会发展与能源消费之间的科学内在规律。30多年来的反思，促成了本篇的最新一篇文章，即2019年8月8日刊发的《新能源热中的冷思考》。此文不但是本篇的第一篇文章，也是本文集的第一篇文章。从个人来说，知识水平永远有限，认识永远存在局限性，但希望30多年来对我们时代的能源特性的反思，能有助于行业、研究界和社会，能更冷静并科学地去看待我们时代的能源特征及相关问题。

新能源热中的冷思考

一段时间以来，氢能似乎大有取代一切能源，成为人类社会主体能源之势，更有专家将其称之为人类社会的终极能源。近十多年来，风能、太阳能、地热能、潮汐能等各种名目繁多的新能源或可再生能源轮番登场，各种名目的新能源汽车也跻身其中，氢能不过是新一轮新能源热的焦点和代名词。

令人遗憾的是，当今人类社会仍处于传统化石能源时代，自 1965 年以来的 55 年间，石油作为人类社会第一能源的地位从未被动摇。持续提高能源使用量以增加幸福指数，是人类社会长期要为之艰苦奋斗的目标和任务。由于能源资源本身的特性和经济社会发展对高效能源的需求，目前各方热捧的所有新能源几乎都无法担其重任，传统化石能源是未来相当长时间人类社会必须依赖的主体能源。这一结论虽然有点残酷，但这就是残酷的现实！

一、当今世界仍处于化石能源时代，石油是第一大能源

2019 年 3 月，国际能源署发布了 2018 年版的《全球能源与二氧化碳排放现状报告》；2019 年 6 月，英国石油公司发布了 2019 年版《世界能源统计评论》。虽然统计口径存在一定的差异，但认真研读对比这两份权威的报告，可以较为全面地了解 2018 年世界能源消费和生产等基本情况，并可得出同样的结论，即：当今世界仍处于化石能源时代，石油仍是人类社会的第一大能源。

根据国际能源署 2018 年版《全球能源与二氧化碳排放现状报告》，2018 年世界一次能源消费中，石油位列第一，占比 31%；位列第二的是煤炭，占比 26%；位列第三的是天然气，占比 23%。三种传统化石能源合计，占 2018 年世界一次能源消费

总量的80%，这就是说当今世界的能源消费仍处于传统的化石能源时代。

更为重要的是，根据这份报告，与2000年相比，石油、煤炭和天然气在世界一次能源消费构成中的比例，没有任何变化，所占比例在经历19年后，仍保持在80%，其中石油的比例虽然下降了5个百分点，但煤炭的比例上升了3个百分点，天然气的比例上升了2个百分点，即石油所占比例的下降由煤炭和天然气的上升所替代。

根据英国石油公司2019年版的《世界能源统计评论》，2018年世界一次能源消费中，石油位列第一，占比33.62%；煤炭位居第二，占比27.21%；天然气位居第三，占比23.87%（图1）。三者合计，84.7%，相比国际能源署的报告，比例更高。这也就是说，2018年世界一次能源消费中，传统化石能源占了绝对大的比例，当今世界的能源消费仍处于传统的化石能源时代。

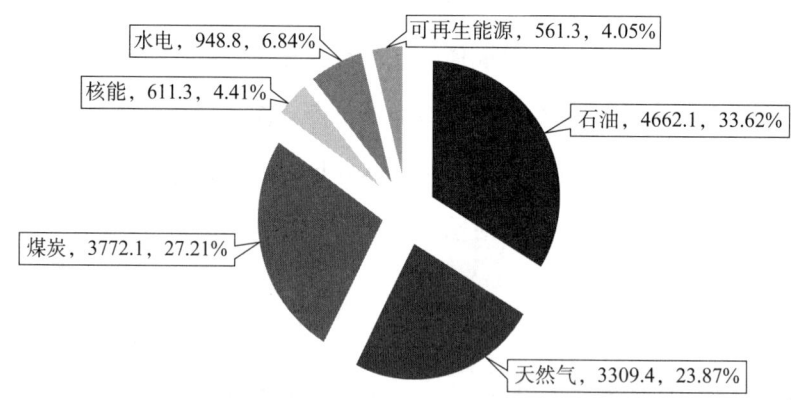

图1　2018年世界一次能源消费结构

说明：一次能源消费量单位为百万吨油当量。
资料来源：英国石油公司，《世界能源统计评论》，2019年6月。

同样的，根据英国石油公司2001年版《世界能源统计评论》，2000年世界一次能源消费总量为90.96亿吨油当量，其中，石油第一，占比38.69%；煤炭第二，占比24.37%；天然气第三，占比23.72%。三者合计，占比86.78%。与2000年相比，19年后的2018年世界一次能源消费结构中，石油、煤炭和天然气三大传统化石能源的比例仅下降 2.08 个百分点，这就是说通过 19 年的努力，人类社会没有能够改变自己的能源消费结构，依然处于传统化石能源时代，其中煤炭的比例还增长了 2.84 个百分点。

从全球范围看，1965 年人类社会完成了能源消费结构由煤炭向石油的转变，石油占比 39.4%，首次超过了煤炭的 39%，成为人类社会第一能源，人类社会自此进入了"石油的时代"，从 1965 年至今的 55 年间，石油一直稳定地保持着第一能源的地位并没有被动摇。

二、中美印决定了世界能源消费的现状，近年来新能源发展已放缓

通过多年的努力和持续的高强度投入，新能源的应用取得了长足的进步，已在人类社会的能源消费结构中占有了相当的比例，某些国家的能源消费已经高度新能源化，但是这些并不是当今世界能源消费的主流，真正决定当今世界能源消费格局的是中国、美国和印度三国，正是它们使得人类社会不得不高度依赖传统化石能源。

（一）中美印三国决定了当前世界能源消费的结构和形势

根据联合国的标准，当今世界共计有 195 个国家，但从能源消费看，仅仅中国、美国和印度三个国家，就可决定当前世界能源消费的结构和形势的变化。

依据 2019 年版《世界能源统计评论》，中国、美国和印度是 2018 年世界前三大能源消费国，一次能源消费总量合计为 63.83 亿吨油当量，占当年世界一次能源消费总量的 46.04%，几近半壁江山。

更为重要的是，2018 年世界一次能源消费总量增长了 3.903 亿吨油当量，中国、美国和印度的增量合计为 2.717 亿吨油当量，占比高达 69.67%。这就是说，2018 年世界一次能源消费增量中超过 2/3，来源于中国、美国和印度三个国家（图 2）。

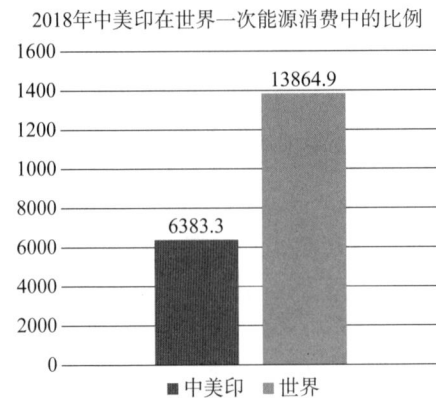
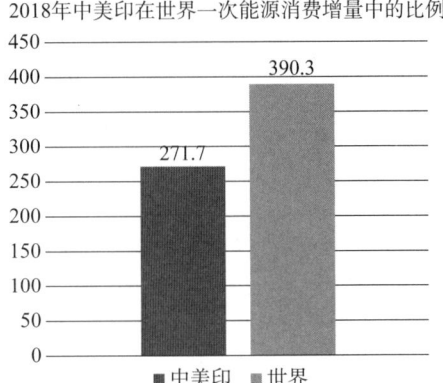

图 2 2018 年中美印在世界一次能源消费及消费增量中的比例

说明：百万吨油当量。
资料来源：英国石油公司，《世界能源统计评论》，2019 年 6 月。

从分国别能源消费结构看，中国、美国和印度三国是典型高度依赖传统化石能源的国家，基本上决定了当前世界能源消费的结构。

2018 年，中国一次能源消费总量为 32.735 亿吨油当量，其中，煤炭排名第一，占比 58.25%；石油排名第二，占比 19.59%；天然气排名第三，占比 7.43%。三者合计，为 85.27%。因此，当今中国的一次能源消费不仅高度依赖三大传统化石能源，更为突出的是，最传统的化石能源煤炭，是中国最大的能源消费来源。

无论从绝对值还是百分比来看，2018 年美国一次能源消费都出现了自 2010 年以来最大的增长速度，并超过了 2007 年创下的一次能源消费总量水平，达到 23 亿吨油当量，其中，石油排名第一，为 39.98%；天然气排名第二，为 30.54%；煤炭排名第三，为 13.78%。三者合计，为 84.3%。因此，作为当今世界最大的经济体和公认的最发达国家，美国一次能源消费也高度依赖传统的化石能源。

2018 年，印度一次能源消费总量为 8 亿吨油当量，其中，煤炭占比第一，为 55.88%；石油占比第二，为 29.55%；天然气占比第三，为 6.17%。三者合计，为 91.6%。在世界三大能源消费国中，印度一次能源消费对传统化石能源的依赖最高，而且印度与中国一样，最大的能源消费来源于最传统的化石能源煤炭。

再进一步分析，中国、美国和印度三个国家 2018 年一次能源消费的增量，主要来源于传统化石能源消费的增量，其中美国石油和天然气消费的增量还弥补了水电的下降。2018年，中国一次能源消费增量中的61.02%来源于煤炭、石油和天然气三大传统化石能源，印度为87.99%，而美国的比例为108.19%（图3）。

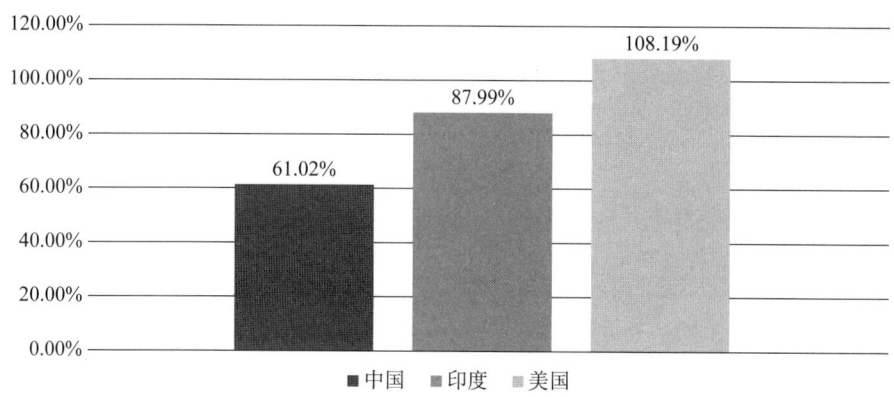

图3　2018年中美印一次能源消费增量中三大传统化石能源占比
资料来源：英国石油公司，《世界能源统计评论》，2019年6月。

（二）德国和欧洲一次能源消费主要还是依赖传统化石能源

在讨论近年来新能源发展所取得的成就时，人们总是以几个高度发达的工业化国家作为例证，其中最有代表性的就是德国。

2018年新年第一天，德国在能源转型过程中跨越了象征性的里程碑，可再生能源首次短暂覆盖了全部用电量。根据联邦网络机构提供的数据，1月1日上午6时左右，在跨年庆祝活动之后，强风和低需求的结合意味着仅风力发电就弥补了大约85%的德国电力消耗。其余的则是水电和生物质能装置，因为日出前没有太阳能发电。

2017年上半年，德国可再生能源发电比例达35.1%，提前3年完成目标。2016年上半年，德国可再生能源发电比例为32.7%，2015年上半年这一数字为30.8%。

2018年，风能、太阳能、水力和生物质能产生的电力，占德国电力的40%以上，超过了煤炭39%的份额，成为德国最大的电力来源。

但是，从2018年德国一次能源消费总量来看，不包括水电在内的可再生能源仅占比14.6%，德国一次能源消费主要还是来源于传统的化石能源，石油、天然气和煤炭合计占比78.88%，并依次排名为德国三大主要能源消费来源。

更为重要的是，可再生能源占比增加虽好，但也给德国带来了很大的问题，即对发电成本"望而生畏"，比超额排放温室气体需要补缴的环境污染费还要高，从而给社会大众带来了沉重的负担。据《华尔街日报》报道，德国是欧洲电费负荷最重的国家之一，电费约为36美分/千瓦时，2000年至2015年期间，企业和家庭大约增加了1250亿欧元的电费，来补贴可再生能源。

从欧洲整体看，2018年一次能源消费总量为20.507亿吨油当量，其中不包括水电在内的可再生能源为1.722亿吨油当量，仅占一次能源消费的8.39%。

（三）新能源取代传统化石能源有限且进展已放缓

由于统计口径的不同，虽然国际上一些权威和著名的机构，统计得出的世界一次能源消费总量和可再生能源消费总量数字不同，且有较大的差距，但统一的基本结论是，当前可再生能源在世界一次能源消费总量中所占的比例有限，并且数十年来取得的进展更是有限。

根据国际能源署发布的2018年版《全球能源与二氧化碳排放现状报告》，2018年世界一次能源消费总量为143.01亿吨油当量，其中不包括水电，由生物质能、废弃物和其他可再生能源构成的可再生能源合计为17亿吨油当量，占一次能源消费总量的11.89%。同样根据这一份报告，2000年可再生能源占世界一次能源消费总量的比例为11%。这也就是说，2000年以来的18年间，可再生能源在世界一次能源消费结构中所占的比例，仅增长不到1个百分点。

国际能源署认为，2018年世界一次能源消费增长了2.3%，是2000年以来增长速度的近两倍，化石能源满足了当年世界能源消费增长的70%，其中天然气取得的市场份额最大，独占45%的增长份额，而可再生能源虽然有一定增长，但仍不能满足世界电力消费的增长需求。

根据英国石油公司2019年版《世界能源统计评论》，2018年，世界一次能源消费总量为138.65亿吨油当量，其中不包括水电在内的可再生能源为5.613亿吨油当量，占比4.05%。同样根据该公司2001年版《世界能源统计评论》，2000年，世界一次能源消费总量为120.02亿吨油当量，不包括水电在内的可再生能源为1.586亿吨油当量，占比1.32%。18年间，从数量看，可再生能源消费仅增加4.027亿吨油当量；从所占比例看，可再生能源消费仅增长2.73个百分点。

英国石油公司认为，2018年世界一次能源消费增长了2.9%，是2000年以来最快的增长速度。2018年世界能源消费增长中的45%来源于天然气，天然气消费增长了5.3%，是过去30年来最快的增长速度；煤炭在连续3年下降之后，迎来了两年消费增长，2017年增长了1%，2018年增长了1.4%；可再生能源虽然保持了世界上消费增长最快的能源地位，但是2018年14.5%的增长速度相比于过去已略有回落。

从可再生能源的发电能力来看，2018年世界总发电量为26614.79太瓦时，其中可再生能源的发电量为2480.38太瓦时，仅占9.32%。

三、未来人类社会幸福指数的提升，需传统化石能源承担主要重任

增加能源的消费以不断提升幸福指数，是人类社会长期要为之奋斗的目标。目前，虽然可再生能源成本不断下降，竞争力逐渐增加，但人类社会发展与能源转换的历史说明，人类社会的进步需要的是高效能源，当前各种热捧的新能源，都无法承担未来相当长时间持续大幅度提高能源消费的重任。

（一）"两个80%"是当今人类社会的残酷现实，决定了未来相当长时间"发展"仍是关键词

根据世界银行的统计，2018年，全球GDP总量为85.79万亿美元，年中人口数量为75.94亿人，人均GDP为11297美元。根据这个统计的分类，高收入经济体人均的GDP为44706美元，对应的人口数量为12.10亿人，占比15.94%；中上收入经济体人均的GDP为9200美元，对应的人口数量为26.56亿人，占比34.97%；中下收入经济体人均的GDP为2219美元，对应的人口数量为30.23亿人，占比39.81%；低收入经济体人均的GDP为811美元，对应的人口数量为7.05亿人，占比9.28%。如以全球人均GDP为标准，当今世界人口中的84.06%人均GDP都在全球平均水平之下，而49.09%的人口还处于中下收入和低收入状态。因此，从全人类看，大力发展经济和消除贫困，还是未来相当长时间需要花费大力气去开展的艰苦工作。

与人类社会发展水平相一致，当今世界能源消费状态也十分不乐观。2018年，世界一次能源消费总量为138.65亿吨油当量，人均一次能源消费为76吉焦。分地区看，由美国、加拿大和墨西哥组成的北美地区最高，人均239.8吉焦；俄罗斯和中

亚地区次之，人均160.9吉焦；中东第三，人均148.5吉焦；非洲排名最后，仅人均15吉焦，只有世界平均水平的19.74%；包括中国在内的亚太地区，人均60.2吉焦，为世界平均水平的79.21%，其中中国人均一次能源消费为96.9吉焦，高于世界平均水平。

人类发展和能源消费之间有很强的关联性，根据联合国人类发展指数（HDI），在100吉焦水平以上，人均能源消费与人类发展和幸福有很强的相关性，而超过这一水平后相关性逐渐减小。目前，全人类并没有达到人均100吉焦的水平，大约80%的人口生活在人均能源消费低于100吉焦的国家。

（二）高效能源推动了人类社会的进步，人类社会的进步需要的是高效能源

从全球看，目前工业行业（包括非燃烧使用）消费大约占了全球能源的一半，其次是建筑消费占29%，第三是交通消费占21%。其中，用于发电的能源占一次能源消费总量的43%，而发电来源中，煤炭占比第一，为37.95%；天然气占比第二，为23.23%；水电占比第三，为15.75%，而不包括水电在内的可再生能源占比仅为9.32%。石油提供了交通能源需求的94%，是交通的绝对主导能源。

从人类社会的发展历程看，能源使用经历了3个不同的时期，分别为薪柴时期、煤炭时期、石油时期，与之相对应的社会发展阶段分别为农业社会、工业社会和现代社会。正是能源使用的革命，使得工业革命200多年来，人类社会的面貌发生了前所未有的变化，超过了过去所有时代的总和。人类社会之所以会由薪柴时代转变到煤炭时代，再转变到石油时代，其核心的内在驱动力，就是高效能源替代低效能源，具体表现在单位质量的不同燃料完全燃烧后所释放热量的差异，同样质量的煤炭热值比薪柴高，石油比煤炭高，在能源的获取方式上水车、风车被蒸汽机、内燃机、燃气轮机和电动机所取代，并由此带来了高生产力替代低生产力。高效能源的出现提供了支撑高水平生产方式所必需的能源规模和质量，高水平生产方式的客观要求与高效能源相匹配。正是由于人类社会发展与能源消费之间存在如此的内在关系，决定了今天以石油、煤炭和天然气为主的传统化石能源成为人类社会的主导能源。

人类社会主导能源的转型，是一个漫长的过程。历史上，新型能源通常需要几十年才能渗透能源体系。例如，石油在19世纪末20世纪初用了45年时间从1%的

占比增长到世界能源的 10%；在 20 世纪初，天然气用了超过 50 年才达到 10%。这一缓慢的变化主要是由于能源系统需要大量的资本投入。全球能源消费由具有长寿命周期的机器和建筑主导：汽车保有时间一般为 10 年以上，发电厂可以运行超过 30 年。这些长期运行的设备成为新型能源增速的"刹车装置"。

（三）理想与现实存在巨大的差距，当前各种新能源均承担不了人类社会主体能源的重任

相对于石油、煤炭、天然气和核燃料的铀等传统的不可再生的能源资源，一般意义上的可再生能源，指的是可以在自然界循环再生、取之不尽、用之不竭的能源资源，主要包括太阳能、水能、风能、生物质能、波浪能、潮汐能、海洋温差能、地热能等。从能源形态看，传统的化石能源和可再生能源，都是一次能源，即它们不需加工转换，就能直接服务于人类社会。

可再生能源取代传统能源的途径主要有 4 个：发电、供热/供冷、交通燃料以及偏远乡村的能源供应。其中，发电是可再生能源最主要、规模最大的用途。但是，目前几乎所有的新能源都存在能量密度较小，或品位较低，或有间歇性等天然存在的不足，人类社会目前的技术进展只能对这些新能源因地制宜地开发和利用，其中太阳能和风能是可再生能源或新能源的主要代表。

可以说，地球上或人类社会使用的所有能源，均来源于太阳。太阳能，是太阳内部连续不断的核聚变反应过程产生的能量。太阳照射地球 1 小时产生的太阳能，可以满足全球人类一年的能源需求量，每秒钟照射到地球上的能量就相当于 500 万吨煤。因此，太阳能具有储量的无限性，可以被认为是取之不尽、用之不竭的能源。

太阳能主要用于光伏发电和光热应用，最大的瓶颈是连续使用问题，具体包括：分散性，到达地球表面的太阳辐射虽然总量很大，但是密度很低；不稳定性，由于受到昼夜、季节、地理纬度和海拔高度等自然条件的限制以及晴、阴、云、雨等随机因素的影响，到达某一地面的太阳辐照度既是间断的，又是极不稳定的；太阳能板污染，一般最多 3~5 年就需要换一次太阳能板，太阳能板难被大自然分解，从而造成相当大的污染。正是由于以上原因，目前太阳能的利用效率低且成本高，经济性上还不能与常规能源相竞争，从而使得未来相当长时期内，太阳能的大规模利用受到了经济性的制约。

风能是太阳能的一种转化形式,全球可利用的风能,约为 1300 亿千瓦,比地球上可开发利用的水能总量还要大 10 倍。地球吸收的太阳能有 1%~3% 转化为风能,总量相当于地球上所有植物通过光合作用吸收太阳能转化为化学能的 50~100 倍。风能是可再生的清洁能源,储量大、分布广,但是能量密度低(只有水能的 1/800),并且不稳定。

氢是宇宙中分布最广泛的物质,构成了宇宙质量的 75%。如果把海水中的氢全部提取出来,总热量是地球上所有化石燃料释放的热量的 9000 倍。除核燃料外,氢的发热值是所有化石燃料、化工燃料和生物燃料中最高的。氢本身无毒,与其他燃料相比,燃烧时最清洁,主要生成水,并且可以继续制氢,反复循环使用。因此,氢是目前人类社会已知最干净的能源,资源丰富,可持续发展,理论上可称之为终极能源。但是,作为能源,氢能是二次能源,需要使用其他能源来制备,或在化工生产中作为副产品。因此,一般来说,只要作为能源使用的氢能,其成本大于生产的能源资源或增加值小于生产的能源资源,就没有经济性,也没有大规模使用或推广的可能。

有专家称,未来核聚变大规模实用化后,可以用廉价的电力来制氢,大力发展氢能,但这无异于本末倒置,因为核聚变实用化后,就从根本上解决了人类社会的能源来源问题,届时还有什么必要去发展氢能。

2018 年,从全球看,煤炭占发电用能源消费的 37.95%,天然气占 23.23%,石油占 3.02%,合计为 64.2%;而从中国看,煤炭占发电用能源消费的 66.54%,天然气占 3.14%,石油占 0.15%,合计为 69.83%。这就是说,无论从世界或中国来说,传统三大化石能源是发电用能源的绝对主力,其中煤炭均是第一大能源。因此,在这种情况下,发展或推广充电式新能源汽车,无论从能源使用或是减少污染的角度来看,都没有任何的积极意义。

因此,提供充足能源供应,促进经济社会的发展,增加人类社会的幸福指数,需要的是经济的"普遍人解决方案",为世界各国,尤其是广大的不发达地区提供廉价和清洁的能源。正基于此,英国石油公司在最新出版的 2019 年版《世界能源展望》中指出,从渐进转型情况分析,2040 年全世界的能源消费需要增长 1/3,但全球仍有 2/3 的人口人均能源消费仍将低于 100 吉焦。从目前至 2040 年,虽然可再生能源的地位有可能上升到前所未有的高度,但在所有情景下,石油仍将在2040年全球能源系统中扮演着重要角色,石油需求水平在8000万桶/日至1.3亿桶/日变动,在逐渐见顶之前,液化燃料需求仍将增长一段时间;在渐进转型情景下,2040年石油预计约占交通能源需求的85%;由于需求基础广泛和可获得性不断提高,同时在液化天然气持续扩张的推动辅助下,天然气增长强劲,远高于石油和煤炭,2040年在一次能源中的比例会超过煤炭并向石油接近;全球煤炭消费基本持平,在全球能源中的重要性将降至工业革命以来的最低值;可再生能源作为增长最快的能源来源,至2040年世界能源供应增量的一半将来自可再生能源,并且届时可再生能源将会成为最大的电力来源。

用一句简单明了的话来说,就是在未来20年,石油仍将是人类社会最主要的能源来源,天然气将是增长最快的能源,挤压煤炭的份额,向石油接近,煤炭的份额将下降。

本文撰写于2019年9月

1991年世界核能和新能源进展综述及几点分析

自从20世纪70年代两次石油危机以后,世界各国都在大力开展核能和新能源的能源开发活动,以摆脱对石油的依赖,进入90年代这一活动仍在加紧进行。本文简要回顾1991年世界核能和新能源利用、开发和研究的主要活动及取得的主要成果,并在由此而得出的几点感想的基础上,对中国的能源,主要是核能和新能源发展问题提出一些粗浅的看法。

一、1991年世界核利用领域的进展

1991年世界核能领域的主要活动是世界核发电量稳步增长,核聚变研究取得重大突破,各国竞相研制新型核反应堆并提出一些核反应堆和核能利用的新设计、新概念,韩国尝试自行设计核反应堆,美国制定90年代建设的新型核电站标准,国际原子能机构对东欧核电站进行安全检查。

1942年12月,美国科学家在芝加哥大学建成世界上第一座核反应堆,1954年苏联在奥布宁斯克建成了世界上第一座核电站,从此核动力作为一种全新的能源来源逐渐被人类使用。由于1986年苏联切尔诺贝利核电站发生重大事故,世界上有些国家对进一步发展核电产生了动摇,一些国家甚至放弃了发展核电的计划。但是,由于世界经济的发展对能源的需求越来越大和在环保的压力下,传统化石燃料日益不能满足人类对能源消费的需要,发展核电是一种不可替代的选择。正是在这种形势下,1991年世界核能和新能源研究应用取得稳步进展,同时它也从一个侧面说明作为一种能源形式人类对核能的开发利用将继续下去。

（一）世界核能利用稳步前进

据日本原子能产业会议拟写的关于"世界核发电的开发动向"的报告和国际原子能机构的有关统计估计，1991年年底全世界30个国家和地区正在运转的核电站共计440座，发电能力为3.43亿千瓦，核发电比上一年增长了2.4%，达到1.9012万亿千瓦时，占世界总发电量的16.4%。全世界核发电量相当于1973年发生第一次石油危机时的6倍。如果用石油进行换算，就等于节约4.6亿吨石油，相当于整个中东国家石油年产量的一半以上。另一方面，1991年上半年正在建设中的核电站有89座，发电能力为7864.5万千瓦；计划建设的核电站67座，发电能力为6775.6万千瓦。如果加上正在运转的核电站，那么，目前全世界核发电站总共为578座，发电能力为4.8981亿千瓦。其中，在1991年上半年开始运转的是法国核电站3号机组（输出功率为136.5万千瓦，加压式轻水慢化核反应堆）和日本北海道电力公司的泊2号机组（输出功率为57.9万千瓦，加压式轻水慢化核反应堆），共两个发电机组；中国的秦山核电站于1991年年底投入运转。

从各国目前正在运转中的核发电规模来看，美国拥有112座核电站，输出功率为1.061亿千瓦，占世界核发电规模的30.9%。法国、苏联、日本、德国、英国、加拿大、瑞典也都拥有1000万千瓦以上的核发电设备。

从各国的原子能发电量的占有率看，法国原子能发电量占有率最高，为74.5%；比利时、匈牙利、韩国、瑞士等6国的电力供应的40%以上是由原子能发电提供的；日本的核电力供应比例为26.3%。

1991年世界核能利用值得注意的一个动向是苏联及东欧地区建造核电站的势头在加大。美国《商业日报》认为，东欧和苏联正在为发展核能做出新的努力，核能工厂的建设正在转向东面，从美国和西欧向东欧和苏联转移。东欧和苏联虽在已建成的核反应堆中只占有13%，但目前全世界正在建造的每5个核反应堆中该地区就占两个。到2010年苏联及东欧地区的核反应堆将达95座，总发电能力将从4.3万兆瓦上升到7.1万兆瓦。据苏联原子能工业部负责核能发展的亚历山大·拉普申说，由于苏联所用的近40%的煤要运输4000千米的路程，今后10年，开采和运输石油的费用要增加一倍，天然气运输的平均里程将从530千米猛增到2400千米，这样苏联打算在1995年以前建成拥有7000兆瓦发电能力的核反应堆，接着再用5年时间建成1.25万兆瓦发电能力的核反应堆。他预言,20年后,苏联总的核发电能力(即使现在工作的许多旧反应堆不再运行)将为10万兆瓦。此外,1991年波兰议会批准了一项建造新核反应堆的政策,到2005年将建成共有2000兆瓦发电能力的核反应堆,另外一些核反应堆将在2010年建设,发电能力为4000兆瓦。美国《未来学家》杂志发文估计,到20世纪末,核电将占东欧和苏联能源总需求的12%。

(二)1991年世界受控核聚变研究活动多,成果大,这是过去历年所没有的

1. 受控核聚变取得历史性突破

1991年11月9日,40多年来世界范围的核聚变研究取得重大历史性突破。该日,在英国牛津郡的卡勒姆欧洲联合环形装置(JET)上,在持续两秒的一次脉冲反应中,在此装置上工作的200名来自欧洲的科学家们获得了相当于1.5兆~2兆瓦电能的能量,这是在受控核聚变实验中第一次获得1兆瓦以上的电能。科学家们在试验中两次开动机器,两次都产生了聚变反应。这次核聚变是在比太阳中心温度高20倍(约3亿摄氏度)的条件下进行的,在实验中科学家们首次在核聚变中添加了氢的同位素氚,使用了氘和氚的混合物,其比例是氘占86%,氚占14%。这次实验中氚的用量很少,仅0.2克。在核聚变中添加氚能使反应速度大大提高,获得更多的电能。

2. 日本受控核聚变装置改造完成投入试验并已取得一批成果

从1989年11月开始,日本原子能研究所用了大约一年半的时间,完成了对其原有的JT-60聚变反应堆的大电流改造工程,改造后的JT-60u已于1991年3月底开始进行了一系列的实验,4月1日产生等离子体,5月24日等离子体电流最高值达到400万安培(改造前最高值为320万安培),放电时间从改造前的10秒延长到15秒,等离子体的体积比改造前增加1倍,达到100万立方米。同年5月底,该装置开始加热实验,7月底导入重氢燃料,为重氢放电达到最适合的温度做准备。在1991年有关试验的基础上,1992年日本将进行正式等离子体实验,以期在1992年夏天能达到大电流(600万安培)和高加热功率(40兆瓦)的最佳性能试验结果。

3. 核聚变研究的国际间合作活动加强

目前世界上共有4个大型受控核聚变装置,即托卡马克装置,它们分别是美国的TFTR、苏联的T-15、日本的JT-60和欧洲的JET。由于受控核聚变研究费用大,条件要求高,技术问题极为复杂,任何一方或一国要进行这一领域的大规模研

究都十分困难，如美国自 20 世纪 80 年代以来，因为能源部拨款减少，研究步伐放慢，使自己在这一领域的领先地位逐渐丧失，而且在其他装置相继进行实验时，美国只是计划在 1993 年 7 月后才能进行氚的实验。在这种情况下，欧洲、美国、日本和苏联专家一致认为，核聚变研究要进一步取得进展必须进行国际间的合作。这样，1991 年 11 月中旬，四方代表在莫斯科集会，同意集中人力、财力和智慧，实施国际热核实验反应堆计划，并商定今后 6 年里各方出资 7500 万英镑、抽调 200 名科学家参加这种国际合作。与此同时，1991 年 2 月，来自这四方的科学家已完成了"国际热核实验反应堆"的设计草图。根据这项设计，计划中的国际热核反应堆比现在运转的托卡马克装置大一倍，其建造费用估计达 49 亿美元。据了解，这种反应堆可实现其他目前运行的反应堆所无法实现的"无盈亏"——即通过聚变释放的能量等于加热等离子体所用的能量——所必需的温度、密度和约束时间。

4. 英国科学家研究模拟神经网络控制核聚变实验

1991 年世界受控核聚变的控制技术也取得一定突破。从 1991 年年底开始，英国科学家使用模拟人脑的电子设备而不是普通的电子计算机，对设在牛津郡的卡勒姆实验室中的康帕斯核聚变装置的核聚变能量实验进行控制。

（三）各国竞相投入更加安全、更加先进和更加经济的核反应堆建造和设计工作

1. 日本政府大力改进增殖反应堆，快中子增殖反应堆已投入试验性运行，并动手建造世界上第一座先进沸水堆

快中子增殖反应堆不同于普通的热堆，产生的燃料多于消费的燃料，普通的热堆使用的铀必须进口，而且只能使用一次，快中子增殖反应堆要么使用钚，要么使用钚和铀的混合燃料，而且实际上"增殖"燃料。但是，巨额的费用、要求颇高的技术和需要小心处理的安全问题迫使一个又一个国家放弃了试验和建造此类堆。美国的快中子增殖反应堆计划在卡特政府时期被大幅度缩减；德国放弃了在卡尔卡皮发展它的原型反应堆；英国政府削减了在苏格兰敦雷建造试验性快中子增殖反应堆的经费；法国的超级"凤凰"快中子增殖反应堆（欧洲最大）1984 年投入运转以来，大部分时间是关闭的；法国、德国、英国、比利时和意大利联合从事的一项快中子增殖反应堆计划仍然处于设计阶段。

但是，就是在这种形势下，1991 年日本政府花大力改进自己的"文殊"反应堆。

"文殊"是日本第一座快中子增殖反应堆原型堆，这座8万千瓦的发电厂定于1992年末投入运转。它只是一个原型堆，下一步是建造一座实证堆，而后建造一座商用堆，商业化预计至少到2030年才能到来。"文殊"堆的设计和建造费用一度估计为1万亿日元（约合70亿美元），后削减到6000亿日元（约合40亿美元）。"文殊"反应堆一旦投入使用，产生的燃料是所使用的燃料的1.2倍，可有效地解决日本大量进口核原料问题。

1991年5月18日，日本第一座快中子增殖反应堆在福井县的鹤贺电厂开始试验性运行，这座快中子增殖反应堆的能量输出能力为28万千瓦。该反应堆是日本1985年开始建造的，总造价为6000亿日元。这座快中子增殖反应堆的运行，标志着日本成为一个拥有先进的快中子增殖反应堆技术的国家，加入了法国、英国和苏联的行列。

1991年夏末，日本通产省批准东京电力公司建造世界上第一座先进的沸水堆（ABWR）核电厂。日本兴建的这座核电厂共两套ABWR机组，建在东京电力公司的柏崎·刈羽核电站，该核电站由美国通用电气公司和日本日立、东芝等公司合营，由美国通用电气公司提供反应堆、核燃料和汽轮发电机组。ABWR是由美国通用电气公司和日本一些公司于1978年开始研制的，它的设计功率为1356兆瓦，采用最新工艺技术，充分利用当今世界沸水堆的安全措施和运行经验；其特点是设计简化，可靠性和安全性较高，造价、燃料成本和运行费用低。ABWR的设计目标是，功率因子为87%，定期检查时间为55天，辐射照射量为49人雷姆/年，建造周期为48个月。按照计划，第一套ABWR机组将于1996年7月投入商业运行，第二套机组将于1997年7月投入商业运行。

2. 美国、瑞典、加拿大等国设计更安全的核反应堆

为了使未来的核反应堆更安全可靠，美国等国不断研制新型和更加安全的反应堆，其中由美国、瑞典和加拿大等国研究设计的新一代"自然"核反应堆是最具代表性的一种，这种反应堆比目前运行的反应堆更经济，而且至少更可靠10倍。这种简化反应堆是由通用电气公司、西屋电气公司、ABB公司和燃烧工程公司发明设计的。美国能源部、反应堆制造厂家和供电机构通过电力研究所出资2.4亿美元，支持这项设计工作。

简化反应堆与现有的反应堆相比大大简化了设备,这种反应堆的发电能力为450兆~600兆瓦。ABB公司的PIUS型(反应堆有内在处理事故程序,最终是安全的)是最引人注目的简化反应堆。这种反应堆的堆芯和其他关键部件在正常运转时是浸在一个百万加仑加压水的水池里,水池和反应堆由一个特别加固的混凝土和钢制大容器封闭,反应堆堆芯的下面是溶有硼的水,由微妙的流体静压平衡使硼保持在反应堆外面,如果水泵失灵引起的变化破坏了流体静压平衡,会造成含硼酸的水大幅度上升,使核反应堆停止运转。美国9家大型供电公司发表声明,支持PIUS型设计,美国核管理委员会计划1992年开始审查这种设计,以备将来在美国建造。

目前简化反应堆尚未建造出来一座,不过在美国和其他国家,部分比例缩小的反应堆模型已在试验,而且在远东,一系列"简化型"的核电厂已开始建造,它们采用当前反应堆的元件,但具有简化反应堆的某些特点。如日本东京电力公司1991年动工建造的两座电厂中的一座就是采用通用电气公司设计的ABWR简化反应堆,而其他公司则是采用西屋电气公司、ABB公司和燃烧工程公司的反应堆。

(四)各国科学家提出了一系列新型反应堆和原子能电池的设计技术和设计概念

1. 美国科学家提出建造一体化快速反应堆

就核反应堆类型来说,目前世界上大部分运转的反应堆是以美国的轻水反应堆技术为基础的,这种反应堆的一个重大的缺点是使用铀矿资源过多,世界现有铀资源有被耗尽的可能,而且反应堆留下的废料在长达数千年时间里仍有极为危险的放射性。正因为这样,反核运动分子极力反对建造核电站。但是,1991年3月,美国阿尔贡国家实验室的科学家提出了一体化快速反应堆(IFR)的设计构想,这些科学家认为,如能建造满足世界能源需求一半的1500座、每座容量为1000兆瓦的一体化快速反应堆,可使全世界铀矿资源的使用时间延长2000年,并把废料的危险期减少到200年,这种一体化快速反应堆还可将现有的核电站产生的所有废料处理掉。

一体化快速反应堆和其他反应堆一样,也是用钠来冷却的,这种反应堆的独到之处是它的燃料是金属的,这种金属燃料棒浸在液体盐槽中,当电流通过时,燃料棒会溶解,而且所有的U-238、钚和其他锕系金属都朝一个方向移动,而短命的废料则朝另一个方向移动,这一过程不会分离出可供生产核武器的材料,可以重新使用的材料被铸成新的燃料棒,并被送回反应堆中去。此外,一体化快速反应堆利用了一些自然特点来使反应堆被动地安全运行,即这种反应堆的金属燃料棒变得过热时,就膨胀从而中断反应过程,这样在发生危险时不需要任何人为或机械干预就可停堆。

到目前为止,这种一体化快速反应堆已经一次成功地再处理了20磅核材料,而且美国国会已保证给予这项研究足够的资金支持。

2. 日本科学家完成可搬运小型快中子增殖堆的概念设计,着手研制新型快中子增殖堆和开发超小型高速增殖堆

1991年7月,日本动力堆和核燃料开发事业团完成可搬运的小型快中子增殖堆的概念设计,这种快中子增殖堆有可能在工厂组装大部分,然后运往设置的场所。这种小型快中子增殖堆有谋求提高安全性的自然循环堆和多段发电系统两种。自然循环堆的特点是尽量减少循环泵的控制棒等机械部分,具有固有的安全性,发电功率最大为1万千瓦。多段发电系统是从核反应堆取出约1000摄氏度的高热,利用这种热发生蒸汽,驱动涡轮机发电,余热用于再次发电,发电功率为3000万千瓦。

1991年1月,日本电力中央研究所和东芝公司决定今后3年投资10亿美元,进行新型快中子增殖堆的概念设计并研究主要技术。这种新型快中子增殖堆的功率为30万千瓦,建造场地为过去快中子增殖堆的一半,建设工期可大大缩短,燃料是比较容易加工的金属燃料。新型快中子增殖堆为双容器型,核堆和冷却系统都纳入一个容器,从而可大幅度减少配管,可使反应堆小型化。

1991年日本电力中央研究所和东芝公司还决定开发提高安全性的超小型高速增殖堆,从当年4月开始概念设计。这种高速增殖堆的特点是在30年使用寿命期间不必更换燃料,为了防止控制棒的误操作,应用移动反射体控制核裂变反应,采取极力减少开关、泵和阀等的简化的机制以确保安全。计划设计的小型高速增殖堆的电功率为5万千瓦和1万千瓦两种,燃料使用适合长期使用连续燃烧的金属燃料。

3. 日本两家公司提出原子能电池的概念设计

1991年10月,日本三菱重工业公司和三菱原子力工业公司开始原子能电池的概念设计。这两家公司设计的原子能电池是发热的放射性同位素和受热即有电流流动的特殊半导体器件组合而成的,这种电池由于没有机械的驱动部分,安全性较高,没有噪音振动,能够长时间提供稳定的电力。考虑作热源用的放射性同位素是锶90,

电池设计寿命为 10 年，10 年后的输出功率为 8 千瓦。

（五）韩国尝试自行设计核反应堆

在发展中国家中，韩国的核能利用是较先进和较成功的，1989 年核发电占总发电量的 50.1%，而且在韩国政府的《21 世纪初核能发展战略展望》中计划到 2031 年，再建 50 套核电机组，使核能占总能源的比例达 40%。但是，韩国过去所建的核电站设计主要是依靠国外技术力量，如韩国现在正在建造的灵光核发电站 3 号和 4 号堆的核反应堆设计就是同其他国家共同进行的。不过，1991 年 7 月韩国电力公司决定 1992 年开工的蔚珍核发电站 3 号堆和 4 号堆（均为压水堆，额定功率 100 万千瓦），以国内为主导力量进行设计，其设计工作由韩国重工业公司承担。

（六）美国制定 90 年代建设的新型核电站的标准

1991 年 5 月，由核能界有关代表组成的美国核能监督委员会发表了核能行业关于标准化共同方针的文件。根据这个文件，美国各电力公司和核反应堆制造厂同美国能源部合作开发 4 种标准型的核反应堆：一是通用电气公司制造的 130 万千瓦级新沸水型轻水堆；二是 ABB 燃烧工程公司制造的 130 万千瓦压水型轻水堆"System 80"；三是威斯汀豪斯电气公司制造的 60 万千瓦新型反应堆"AP600"；四是通用电气公司制造的 60 万千瓦简化沸水型轻水堆。美国核电站的标准化不仅包括反应堆的设计，而且还包括反应堆以外的发电厂机器的设计、制造、建设方法、操作手续和操作人员的训练等。

（七）国际原子能机构对东欧核电站实施安全检查

东欧剧变以后，西方国家对该地区拥有的由苏联建造的核电站安全问题极为担心，害怕再发生一次"切尔诺贝利事故"。国际原子能机构认为，保加利亚科兹洛杜伊核电站的 6 座反应堆就有 4 座有发生重大事故的可能。为此，国际原子能机构从 1991 年 4 月开始对东欧的旧式核反应堆"VVER440·230"进行现场调查。这种类型的核电站是苏联早期开发的加压水型轻水堆，被指责有紧急冷却装置的性能不足及压力容器劣化等问题。

除上述核能利用、研究和设计领域取得十分喜人的成就外，1991 年还是世界核能使用令人满意的一年，这一年世界核电站基本工作正常，虽然 1991 年 2 月 9 日下午，日本关西电力公司美滨原子能发电所 2 号堆（加压型轻水堆，额定功率 50 万千瓦）因堆冷却水的压力降低而自动停堆外，还未见世界上其他核电站有发生事故的报道。

二、1991年世界新能源和可再生能源领域的进展

从日本新能源发电情况看，虽然因一些关键技术问题未很好解决，世界大部分新能源尚未进入实用性阶段，但1991年太阳能，尤其是太阳能电池及风能、地热能、新型燃料电池和生物质能等新能源领域所取得的成果，为新能源的早日实用化进一步提供了技术条件。

（一）日本新能源的使用情况表明，世界新能源的实际开发利用已经具备了一定的基础

新能源的研究和利用各国差别较大，不过从日本利用新能源发电的现状看（表1和表2），基本上可以说，就全世界来说，某些新能源的实际使用已经开始，还有一些新能源因关键技术问题虽不能投入实际使用，但也具备了早日实际使用的条件。

表1　日本新能源利用现状

种类	设备利用率/转换效率	经济效益
太阳光发电	10%~12%	设备成本：120万~130万日元/千瓦时 发电成本：140~200日元/千瓦时
太阳热发电	10%	设备成本：500万日元/千瓦时 发电成本：200日元/千瓦时
风力发电	10%~15%	设备成本：数十万日元/千瓦时 发电成本：数十日元/千瓦时
波浪力发电	很低	设备成本：5000万日元/千瓦时 发电成本：300~500日元/千瓦时
潮汐发电	约50%	因需拦海（河）筑堤成本很高
海水温差发电	高	发电成本：40~120日元/千瓦时
地热发电	70%~90%	建设成本：60万日元/千瓦 发电成本：数十日元/千瓦时
高温岩体发电	85%左右	建设成本：53万日元/千瓦 发电成本：13日元/千瓦时

资料来源：（日本）《经济学人》，1990年10月23日。

表2　日本新能源利用技术评估和展望

种类	技术开发现状	实用化展望和需解决的课题
太阳光发电	处于走向实用化的研究阶段 运转和控制技术的技术开发基本完成 正在研究各系统间的连接技术 开发低成本高效率电池制造技术	到2000年可用于防灾设备和交通标志电源 从21世纪开始部分用于住宅 通过实现批量化来降低成本
太阳热发电	已步入实用化阶段	设备成本难以降低
风力发电	已步入实用化阶段 研究风车的最佳设计的控制方式	20世纪90年代将完成有关技术开发 在风力条件好的地点进一步提高风力发电效益
波浪力发电	处于实验求证阶段 研究提高能源吸收装置的效率和耐久性	1000千瓦的波浪力发电将在2000年之后进入实用化阶段 提高转换效率、降低设备成本
潮汐发电	已步入实用化阶段 实用工程设备已开始实际运转	降低水堤的建设费用 提高机器的耐盐性
海水温差发电	已进入关键技术开发阶段	研究提高效率、降低成本的方式
地热发电	普遍地热已被商业化 蒸汽和热水的双向利用正处于关键性技术开发阶段	2000年后才能走向实用化 提高泵的耐热性
高温岩体发电	处于关键技术开发阶段	实用化将在2000年以后 开发存积层的人工促成技术 开发热源的勘探技术

资料来源：（日本）《经济学人》，1990年10月23日。

（二）1991年世界新能源领域，主要是太阳能电池、地热能、风能、新型燃料电池和生物质能的研究利用取得重大进展或再度受到重视，尤其是一些关键技术的研究成果丰硕

1. 太阳能研究，尤其是太阳能电池取得多项重大成果，大规模利用太阳能可望早日实现

（1）瑞士科学家在太阳能电池制造技术上取得重大突破。

大规模使用太阳能电池的主要障碍是转换效率低和由此而产生的高成本，目前大多数太阳能电池的转换效率为5%或低于5%，低于绿色植物9%的转换效率，其成本是用煤、石油或天然气发电的10倍。但是，1991年10月24日，瑞士洛桑联邦理工学院的布赖恩·奥里甘和迈克尔·格拉茨宣布，他们已经研制成一种成本低、功率大的太阳能电池，这种电池能吸收46%的可见光，并能把其中的80%转化成电能，电池的能量转换总效率在全满日光条件下达到8%，而在漫射日光条件下达

12%，电池的电流密度是 12 毫安/平方厘米。

过去 20 多年里，太阳能电池制造技术上存在的主要问题是使用的表层材料太光滑，染料迅速变质，从而使能量的转换率不高。奥里甘和格拉茨研制的太阳能电池表面使用的是涂上一层吸光材料的二氧化钛，这是一种半导体材料，当光分子碰触到电池的表层后立即被吸收，生成自由电子，自由电子进入这种半导体材料时便产生电流。该电池选用的材料能以极高的效率吸收可见光的波长，而且由于使用二氧化钛，这种电池的表面粗糙，从而使电池形成一块很大的收集太阳光的表面。此外，由于漫射日光的频率分布更符合染料的吸收特性，所以这种电池在漫射日光条件下转换效率更高。

科学家认为，这种电池是迄今研制的功率最大的太阳能电池，就成本和效益来说，它可以和目前生产的最好的（硅基）固态电池相媲美，它为首次进行大规模太阳能发电提供了可能性。由于 1991 年取得的这项新成就，太阳能可能在 20 世纪 90 年代被广泛使用。

（2）日本研制出高效太阳能电池。

1991 年 4 月份，日本夏普公司研制出转换率高达 16.4% 的多晶硅太阳能电池，这种电池 10 厘米左右，电极与电池成直角，电池表面的防反射光膜由一层增加到两层。据估计，到 1992 年这种太阳能电池的光电转换效率可达 18%。

（3）美国推出价格低廉的太阳能反射镜、降低太阳能电池成本的工艺和新型太阳能电池。

1991 年 1 月美国达拉斯太阳能动力公司为桑迪亚国立实验室研制出一种廉价的太阳能聚能器，这种聚能器的反射镜是用厚度只有千分之四英寸的不锈钢板制成，并模压成抛物面形状，在不锈钢板上覆盖一层发光的聚合物，形成反射阳光的表面。

1991 年 4 月，美国得克萨斯仪器公司和南加利福尼亚爱迪生公司研制出一种能在太阳能电池中采用廉价低纯度硅的工艺，这种冶金级材料硅每千克售价仅为 1~2 美元，而纯硅每千克售价为 75 美元。同年 7 月，这两家公司还研制出由硅、磷和硼组成的球状太阳能小珠，把这种小颗粒粘在一张张铝箔上制成太阳能电池后，在太阳的光子照射下就能释放出电子流。据估计，能发出 1000 瓦电的一块 100 平方英尺的这种新型太阳能电池板的成本，只需 2000 美元。

（4）苏联科学家研制成光热反应器、高效太阳能电池和可用室内光或阳光充电的蓄电池。

1991年3月，苏联发明家亚历山大·普列斯尼亚科夫在世界上首次研制成光热反应器，这种反应器是根据气体分子"结合能"的思想制成的，其原理是：氮分子、氯分子、氧分子和氢分子各含两个原子，在强电场、太阳辐射、高温的影响下，它们的分子分裂成单原子，只要一停止这种作用，原子立即重新结成对，形成大自然规定的分子，同时分裂时消耗的能量也得到恢复。

1991年4月，苏联科学院物理技术学研究所若列斯出·阿尔费罗夫宣布，他的实验室里研制成一种新型光电池，其感光表面在阳光下制造电流，电池的效率高达25%~27%。苏联的这种太阳能电池使用的是在砷化镓和砷化铝基础上制成的特殊种类的"分层"半导体材料。

1991年12月，白俄罗斯科学院金属聚合物系统力学研究所的科学家研制成一种用室温或日光就足以不断充电的蓄电池模型，虽然这种蓄电池目前产生的电流还较弱，但它比传统的化学电池耐用得多。

（5）以色列建成用管道输送太阳能的工厂。

1991年以色列建成了一座试验性工厂，试验通过管道把太阳能从沙漠地区输送到数百千米以外的工业区。这个工厂是世界上第一座利用太阳能的甲烷装置，它是化学热处理的中心部分，热处理管道把太阳能辐射变成化学能，从而可以储存。其原理是，聚集的太阳能被吸收进一个专用的化学反应器里，在反应器里把甲烷和其他碳氢化合物变成气体，能量丰富的气体被储存起来，用管道输送，而后用这座甲烷装置把气体还原成甲烷，并在这个过程中释放出热量。

2. 美国提出利用新的地热能量的方法

1991年7月，设在新墨西哥州的洛斯阿拉莫斯美国国家实验室的研究人员提出不同于目前已经商业开发地下热的技术，并于同年11月在经过10年、花费达1.6亿美元的试验后，在新墨西哥的芬顿希尔建成了已成功运行的、利用热干岩的芬顿希尔系统。他们提出的技术是为了开发地球内部来自熔岩心或是来自放射性衰变的能量，这些热量有些是地球形成时产生的大变动压力的剩余热量，有些是由地球的地幔和地壳里的钍、铀和钾的天然放射性衰变产生的，其方法是把这些热能以热水的形式产生出可用量的热,并抽上地面用来产生蒸汽。这些科学家认为,在世界上广大地区,只要在地上钻一个洞,就能大量获得丰富而且有益于环境的能源,而且如果能做到经济划算的话,其资源总量将比目前所使用的任何能源资源大几百倍,如美国地表下 6.44 千米范围内岩石储存的热量,就相当于 3000 万亿桶原油,是我们一年使用能源总量的 20 万倍。该实验室指出,地面和地下岩石之间的温度梯度很大,如美国地块大约 2% 的地区,每千米的温度梯度超过 45 摄氏度,这样只需用现有的钻探技术就可达到所需的钻井深度,从而利用地热能,而且如果以每度电 9~10 美分的价格,这些热能就可实用。

3. 风能技术有所突破、风能利用增加

(1)美国推出新的风车。现在世界上用于风力发电的风车其涡轮基本都是恒速运转的,当风力发生变化,尤其是出现强风时必须有一种装置来吸收增大的风力并使风车运转速度保持稳定。1991 年美国风力公司研制出一种大功率、可变速风车,这种风车的叶片长 16.4 米,发电功率可达 300 千瓦。更为重要的是,这种风车的变速涡轮有一个新设计的转换器,它可使转子和发电机随着强风加快转速,同时还能使电力输出保持在 60 赫兹的频率上。据称,使用这种涡轮每千瓦电的成本仅为 5 美分,因而这种风车用于风力发电可与其他能源相媲美。

(2)世界范围的风力发电呈扩大趋势。首先,美国风力发电向西部推进。目前,美国风力发电主要集中在加利福尼亚和夏威夷等地,全美共有 15000 个风力发电设施,全部装机容量约为 160 万千瓦,其发电量约占全球风力发电总量的 80%。1991年 11 月,向美国中西部各州供电的衣阿华—伊利诺伊煤气和电力公司与美国风力发电设备公司建立合资企业风力发电开发公司,计划对衣阿华、伊利诺伊、内布拉斯加、南达科他、北达科他、密歇根、明尼苏达、密苏里、威斯康星 9 个州进行调查,准备在这些州建造装机容量至少 25 万千瓦的风力发电厂,为 64000 户供电,估计电价约为每度 5 美分。美国能源部的太平洋西北实验室认为,风能具有提供美国 20%电力的现实可能性。其次,欧洲风力发电将有大的增加。欧洲目前的风力发电总装机容量约为 450 兆瓦,其中丹麦名列欧洲前茅,风力发电占全国发电总量的 2% 左右。欧洲风力发电机的功率大部分为 40 万瓦,1991 年欧洲科学家试验开发 1 兆瓦的发电机。此外,由于海风同陆风相比风力较强和较稳定,1991 年丹麦和瑞典还在研究开发近海风力场,在距瑞典南部海岸251.46米的地方建成了世界上第一座功率为220千瓦的海风发电场。瑞典能源管理部门计算,用60个这样的近海风力发电场,就能最终取代这个国家的12座核电站。由于欧洲几乎所有国家都有可利用的风能,其中沿海一带的平均风速在每秒6米以上,所以欧洲国家正计划到2000年将风力发电的装机总容量扩大到3000兆瓦以上。

4. 澳大利亚科学家推出新型燃料电池,日本建成世界上最大的燃料电池发电设施

由于使用燃料电池不会造成任何空气污染,因此其未来发展前景光明。据美国能源部估计,未来10年对燃料电池的需求量可能激增至1万兆瓦,相当于美国目前电力输出的1.5%,形成100亿美元的市场。目前,世界上可生产的燃料电池共有4种,一是硫酸基电池,效率为36%,工作温度为204.4摄氏度;二是质子交换电池,效率为50%,工作温度为93.3摄氏度左右;三是碳酸盐溶液燃料电池,效率高达60%,工作温度为648.9摄氏度;四是固态氧化物电池,工作温度为982.2摄氏度。

1991年12月,澳大利亚陶瓷燃料电池公司研制出一种新型燃料电池,这种燃料电池能比最好的常规燃气电站多生产30%的电力,而且它能给任何场合提供电力。这种燃料电池是氧化锆燃料电池,它使用矿物沙锆(伴有其他奇异的物质)绕过现有的燃气发电站把水加热使它变成蒸汽再由蒸汽驱动发电的涡轮机的工艺过程,而直接把天然气转变成电能。此外,这种燃料电池还能产生约1000摄氏度的高温,如果把这种热量用常规方式驱动一台涡轮机,整套系统可能达到80%的效率。目前这种新型燃料电池的成本约为一座发电设施的20%~30%。

1991年5月12日,日本东京电力公司宣布,该公司建成世界上最大的燃料电池发电设施,并一次试发电成功。该燃料电池为磷酸水冷式,输出功率为11000千瓦,以天然气为燃料,发电率为41%,加上热的综合利用,能源的总转换率最大可达73%。这座燃料电池相当于一个小型水力发电站的发电量,可供4000户用电。

5. 生物质能、主要是木材使用又受重视

在对回收森林废物、采用锅炉和其他燃烧系统以及矮林作业法进行了长达10年之久的研究之后,英国政府认为木材即将成为重要的能源来源,为此,1991年10月23日,英国能源部负责再生能源的大臣科林·莫伊尼汉宣布,英国政府将提供1200万英镑用于开发木材资源,他认为木材提供能源的潜力是相当巨大的,英国每年可以节省价

值约 7 亿英镑的近 700 万吨石油。而且，为大规模推广使用木材作能源，英国能源部计划将英格兰南部的 5 个林场作为种植作燃料用的杨树、柳树和采用矮林作业法的小型试验场。在此之前，瑞典宣布到 2000 年，其木材生产的电力将占其所需全部电力的 20%。欧洲共同体也正在给农场主发放补贴以便将适于耕种的土地留出来种上可作为燃料的木材，到 21 世纪末欧洲可能有近 1 万平方千米的可耕地将种上这种木材。

6. 日本利用海水温差为沿海市区供暖和制冷

1991 年 1 月，日本关西电力公司和大阪市煤气公司联合成立一个供热公司，该公司决定在大阪南港建设中的一个新区设置以海水为主要热源的地区供暖和供冷系统。大阪港海水平均水温在夏季为 24.6 摄氏度，比气温低 3.4 摄氏度；冬季为 10.8 摄氏度，比气温高 5.2 摄氏度。利用这一温差的方法是引海水通过热交换机或冷冻机把各大楼的空调装置用水加温或冷却。

7. 氢气动力汽车研究取得进展

1991 年 7 月，美国研制的以氢气为动力的汽车结束了路试工作。路试结果说明，以氢气为动力的汽车与以汽油为动力的汽车相比有两个方面的优点：一是这种汽车可将氢能的 60%~80% 转变成驱动能，普通发动机汽车的汽油转化率只有 25%~30%；二是成本低，这种汽车每英里行走成本不到 1 便士，而普通汽油汽车每英里行走成本为 35 便士。这种汽车的关键部件是燃料电池，它起着从普通水中提取氢气并将氢转化为电能的双重作用，电能使电机转动，驱动汽车前进。该燃料电池是由美国堪萨斯州科学院负责人罗杰·比林斯研究发明的，重 45 千克，寿命为 25 万千米，成本 2000 美元。此外，英国贸易和工业部也于 1991 年 7 月宣布支持一个为期 5 年、投资 1100 万英镑的项目以开发氢气动力汽车。英国氢气动力汽车的燃料氢气是在车体内由甲基环乙烷发生反应获得，所获得的氢气为传统的发动机提供动力。1991 年年底，日本马自达公司也推出了以旋转发动机为主体的氢气动力车。

8. 海洋能和磁流体发电也在加紧进行

由于具有漫长的海岸线，欧洲在研究和利用海洋能方面走在世界其他国家和地区的前面。1991 年 7 月 16 日，英国建成了第一座使用韦尔斯气动涡轮机的波浪能发电站，它把一个狭窄岩谷的波浪能变成电能。英国能源大臣科林·莫伊尼汉认为，这一波浪能发电系统是目前世界上最先进的，英国政府将进一步投资 20.5 万英镑，对该电站系统加以完善。

1991年美国开始建造一座30万千瓦级燃煤磁流体发电站。与此同时，苏联也在研究以天然气为燃料的磁流体发电技术，并已完成了世界上第一座大型磁流体发电站——50万千瓦级磁流体—蒸气联合电站第一期工程。磁流体发电是将热能直接转换为电能的一种新型发电方式，美国在燃煤磁流体发电方面居世界领先地位。

9. 除以上新能源外，苏联科学家1991年还提出了目前人类尚未提出的、甚至更未想到的两种新的能源方式，人类未来的能源选择又有了更大的范围

（1）硅酸盐是高效能源。

1991年8月，苏联技术科学博士A. 库利科夫提出，结构复杂的硅酸盐，又称高模数硅酸盐，能成为传统有机燃料和核燃料的替代物。库利科夫估计，一千克硅酸盐（$NaO \cdot 3SiO_2$）能够释放850万千卡的热量，等于1000吨的重油。硅酸盐的储量是无限的，每年生产的用途各异的硅酸盐大约为150万吨，每吨价格只有约60卢布，而且它能再生。

（2）利用宇宙的"电子海"。

1991年9月，苏联"信号旗"中央科学生产联合公司的一个科学家小组在经过20年的研究后提出，宇宙并不像人们以前所认为的那样是"空的"，而是充满构成宇宙大部分质量的电子波（电子海），现在借助专门的装置和仪器（在它们里面形成等离子体），就可以从"电子海"中取出能量。因此，这些科学家建议，逐步放弃原子能，不要再建更多的水电站和火电站，而转向使用电子能。

三、1991年世界核能新能源进展对中国的启示

1991年世界核能新能源取得的进展对中国合理地制定能源，尤其是核能和新能源发展战略有十分重要的参考价值。

（一）1991年世界核能新能源利用和研究所取得的成果表明，未来世界核能新能源发展具有三大趋势

（1）发展核能是世界未来能源利用不可改变的方向，寻找更安全、更先进和更经济的反应堆是当今世界各国核能研究的主攻方向，其中受控核聚变也是各国竞相大力研究的重点。虽然从世界能源消费总量所占的比重看，核能尚未占太大的份额，

但是由于核能具有明显优于其他能源、特别是传统化石能源的特点，各国为此投入了巨额的人力和物力，所以50年来核能的发展速度是很快的。从1991年世界核能进展的情况看，这种势头还将持续下去。当前和未来相当长一段时间各国核能研究的重点是开发更安全、更先进和更经济的反应堆，使核能能更好地为各国人民所接受。在这其中，由于原料取之不尽、反应堆运行安全等原因，各国在大力研制新型核反应堆的同时，也将相当一大部分力量投放到核聚变的研究上来，核聚变的未来发展势头会更猛。如在继1991年11月9日的核聚变反应取得初步成功后，欧洲科学家计划建造一个造价为28亿英镑、比现有的欧洲联合环形聚变装置反应堆大1.5倍的新反应堆，以便对核聚变做进一步的研究。据估计，2040年，核聚变就可进行商业性发电。

（2）新能源发展的主攻方向是太阳能技术，其中尤其是以太阳能电池技术为重点。从1991年世界新能源研究的主要活动看，太阳能技术是世界各国开发新能源的重点，在太阳能技术中太阳能电池的研究和成果进展最为迅速，究其原因可能是在目前我们人类知识所能了解的诸如太阳能、风能、地热能和生物质能等新能源中，太阳能具有分布广、能量供应源稳定、容易获取和基本上无污染等其他新能源所没有的优点，如风能、地热能和生物质能在使用过程中也对环境造成一定程度的破坏。从这一点上来说，未来太阳能的利用技术会有更大的突破，因而在我们目前已知的新能源领域里，太阳能可能将会先于其他新能源大规模使用并为人类造福。如美国和日本已将太阳能确定为今后新能源开发的重点，以期在20世纪90年代将太阳能价格降到可以大规模商业发电的程度。

（3）新概念的新能源不断涌现，虽然目前它们大部分不为我们所了解，而且尚处于概念性阶段，但其未来的发展势头不容忽视。我们目前所谈的新能源，是相对于石油、煤炭等传统能源而言的。这些传统能源虽对人类的文明发展做出过巨大的贡献，但从资源的储量来说它们是有限的，是不可再生的，而且这些能源在使用过程中对地球的生态环境造成巨大的破坏。正是由于这一原因促成我们使用现有的知识去寻找和利用新能源。因而可以说，随着人类知识水平的不断提高，我们会发现和利用大量目前尚不了解的新的能源。

（二）从1991年世界核能新能源进展和世界能源总形势中，我们应对中国的能源形势有十分强烈的危机感和紧迫感，我们应从这种危机感和紧迫感中制定相应的

能源发展战略

1. 中国的能源供求形势与世界能源总形势基本上是背道而驰的，而核能新能源开发利用与世界迅速发展的核能新能源势头相比更存在相当大的差距

（1）1991年世界能源总形势是供大于求，但中国能源生产却适应不了国民经济发展的需要，而且未来的供求矛盾会更大。自从20世纪70年代两次石油危机之后，世界能源总形势的发展趋势是世界能源需求量增长缓慢，供应量逐渐增大，国际能源市场价格疲软，国际石油价格近年来持续低落就是其具体表现。从1985年年底暴跌以来，在6年多时间里，国际石油价格一直在每桶20美元以下徘徊，1991年欧佩克一揽子原油平均价格只有每桶18.76美元。而与此相反的是，中国能源形势却是能源供应长期不能满足国民经济发展的需要，成了国民经济发展的一条短腿。如自1970年以来，中国持续缺电近20年，1989年缺电700亿千瓦时，缺煤3000万吨，缺石油1000万吨。据国家有关单位测算，中国每年能源缺口为一次能源总量的3%，到2000年中国能源供求缺口将为3亿~4亿吨标准煤。

（2）与迅速发展的世界核能新能源相比，中国核能新能源的开发和利用，有的刚刚起步，有的还是空白。1991年12月15日，中国大陆第一座核电站秦山核电站并网发电，中国核电实现了零的突破。但是，在核能的和平利用上中国还处于刚刚开始阶段，与世界核能总体利用水平相比还差得很远，与中国国民经济发展水平、中国的大国地位和中国的科技实力是极不相称的。此外，在新能源的研究和利用方面，除由国家补贴在内蒙古牧区发展风力发电、西藏羊八井的地热发电和全国普及面较广的沼气及太阳能利用外，中国新能源的实用面和总体技术水平与世界相比都有相当大的差距，而且在国家能源总产量中基本上可以忽略不计。

2. 中国能源发展战略应立足于为国民经济发展服务，同时也应从长远考虑，有长远打算。因而，中国能源战略选择，既要缓解当前能源供需紧张局面，又要从长远着想，为经济持续稳定增长准备充足的优质能源

（1）能源开发方面：能源工业应适当超前发展，将能源弹性系数提高到1以上，扭转能源生产速度滞后于国民经济发展速度的局面。为此：

将能源工业确定为主导产业。能源工业是一个综合性行业，包括机械制造、电子仪表、化工、交通运输、通信等，其就业人数在全社会就业总数中占很大的比例。

因而，发展能源工业不仅可为国民经济的发展提供充足的能源，还可以作为龙头带动其他行业的发展。

重点保证能源工业的投资资金需求。能源工业的投资应从目前占全社会固定资产投资的14%左右，逐步提高到20%~23%。短期内，国家投资应力保煤炭、石油产量不出现大的滑坡，努力做到稳产，并改造更新发电设备，避免能源形势的进一步恶化。从长期看，应为中国能源弹性系数达到1以上提供充足的资金。

（2）能源生产和消费结构方面：应优化能源组合，大力加强核能新能源的研究和应用工作，以此逐步改变中国基本上依赖传统能源和固体能源比例远大于液体能源的不合理的能源消费结构，并为未来国民经济的长远发展准备优质和充足的能源。

大力发展核电。在东部和南部经济发达而能源贫乏的地区，适当多建一些核电站。应使核电在全国范围内逐渐代替火电、低温核供暖代替烧煤供暖，作为中国现代化的奋斗目标。在核能技术的选择上，应避免走工业化发达国家的老路，尽量采用先进技术，将新型核反应堆特别是快中子反应堆、核聚变作为核能发展的主攻方向。

拿出一定的财力，保证一定规模的新能源的开发和利用，并列入国家有关能源开发计划，力争取得一定程度的实用化或第一手资料，为大规模开发和利用新能源做好准备。在新能源应用的选择方向上，应以目前世界和中国技术比较成熟的太阳能为重点，在全国范围内通过国家干预手段明令规定一些新建筑和一些新型产业使用太阳能。此外，国家应在全国范围内调查中国新能源资源量并确定可能的研究和利用种类及方向，结合中国国情开展新能源的研究和应用工作。

将煤的液化，尤其用煤提取石油也作为新能源的研究应用目标之一，组织科技攻关。第二次世界大战中的德国曾大规模用煤提取石油，南非目前用煤提取石油已达到商品化。考虑到中国能源资源储量中煤炭占绝大多数的现实，中国如能将煤炭的一部分变为石油，石油资源不足的状况就可改观，液体能源在能源消费结构中的比例就会大大提高。同时，大力进行煤的气化和电化工作，变输煤为输气、输电。

在广大农村地区推广小水电、太阳能、沼气和省柴省煤灶，广泛种植薪炭林，使农村用能"再生化"，应力求农村用能自给自足，减缓农村对全国能源的压力。

本文撰写于1992年4月

油煤气绝对是大头，能源转型任重道远

仔细研读英国石油公司 2018 年版《世界能源统计评论》，给我印象最深的，就是石油、煤炭和天然气仍是当今世界的主导能源，人类社会的能源转型任重而道远。

一、当今仍是传统化石能源的时代，2000 年以来的 18 年间变化不大

2017 年世界 135.11 亿吨油当量的一次能源消费总量中，石油第一，占比 34.21%；煤炭第二，占比 27.62%；天然气第三，占比 23.36%。三者合计为 85.19%，在一次能源消费中占绝对的比例。核能、水电和可再生能源，合计占 14.81%（图 1）。这就是说，当今世界仍是传统化石能源的时代，人类社会的全部活动还必须依靠石油、煤炭和天然气这些传统的化石能源提供动力来源。

2017 年与 2007 年相比，世界一次能源消费总量增长了 24.11 亿吨油当量，累计增长了 21.73%。但是，这 10 年间，世界能源消费结构没有发生根本性的变化。2007 年，世界一次能源消费总量约为 111 亿吨油当量，其中石油第一，占比 35.61%；煤炭第二，占比 28.63%；天然气第三，占比 23.76%。三者合计，占比 88%。核能、水电合计占比约 12%。这也就是说，2007—2017 年的 10 年间，石油、天然气和煤炭三大传统化石能源，在一次能源消费结构中的比例，只下降了 2.81 个百分点，核能、水电等只增加 2.81 个百分点（图 1）。

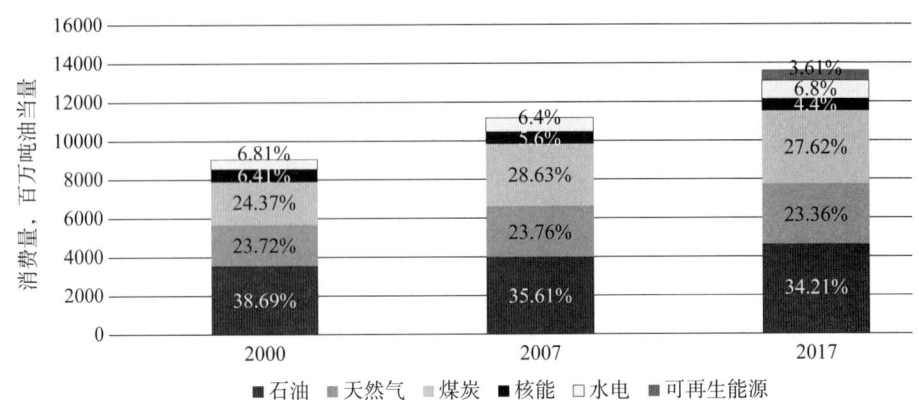

图 1　2000—2017 年世界一次能源消费结构

资料来源：英国石油公司，《世界能源统计评论》，2018 年 6 月。

20 世纪的最后一年，2000 年世界一次能源消费总量为 90.96 亿吨油当量，其中，石油第一，占比 38.69%；煤炭第二，占比 24.37%；天然气第三，占比 23.72%。三者合计，占比 86.78%。核能、水电合计占比为 13.22%。这就是说，与 2000 年相比，2017 年世界一次能源消费结构的比例没有发生根本性的变化，石油、煤炭和天然气在一次能源消费结构中的比例，仅下降 1.59 个百分点，这就是说通过 18 年的努力，人类社会还没有能够改变自己的能源消费来源，依然处于传统化石能源时代，其中煤炭所占的比例还增长了 3.25 个百分点。

对比 2000 年的数据，我们还可以发现，2017 年世界一次能源消费结构中，核能所占的比例从 6.43% 下降到 4.41%，下降了 2.02 个百分点，这说明世界某些国家，如德国、法国等，正在去核能。

1965 年，世界完成了能源消费结构由煤炭向石油的转变，石油占 39.4%，首次超过了煤炭的 39%，并在至今的 54 年时间里一直保持着第一的地位，从此成为第一大能源，人类社会进入并一直保持在"石油的时代"。

二、充足的资源，保证了石油天然气在未来相当长时间内仍将是世界主导能源

2017 年，世界一次能源消费结构中，石油和天然气所占的比例合计为 57.57%，是绝对意义上的人类社会第一能源。回头看，2000 年，石油和天然气在世界一次能

源消费结构中的比例为 62.41%，2007 年为 59.37%，也就是说在这 18 年间，仅下降了 4.84 个百分点和 1.8 个百分点，说明石油和天然气作为世界主导能源的地位没有被动摇。

更为重要的是，无论是石油或是天然气数据在这 18 年间的变化说明，石油和天然气未来仍将具有强大的生命力，仍会在世界能源消费中发挥至关重要的作用。

从石油来看，2018 年 1 月 1 日，世界剩余石油探明储量为 1.7 万亿桶，可生产年限为 50.5 年；2007 年 1 月 1 日为 1.2 万亿桶，可生产年限为 40.5 年；2000 年 1 月 1 日为 1.03 万亿桶，可生产年限为 41 年（图 2）。在这 18 年间，世界石油累计产量为 717.9 亿吨，年均产量为 39.88 亿吨。

从天然气来看，2018 年 1 月 1 日，世界剩余天然气探明储量为 193.5 万亿立方米，可生产年限为 52.6 年；2007 年 1 月 1 日为 181.46 万亿立方米，可生产年限为 63.3 年；2000 年 1 月 1 日为 146.43 万亿立方米，可生产年限为 61.9 年（图 2）。在这 18 年间，世界天然气累计产量为 469.66 亿吨油当量，年均产量为 26.1 亿吨油当量。

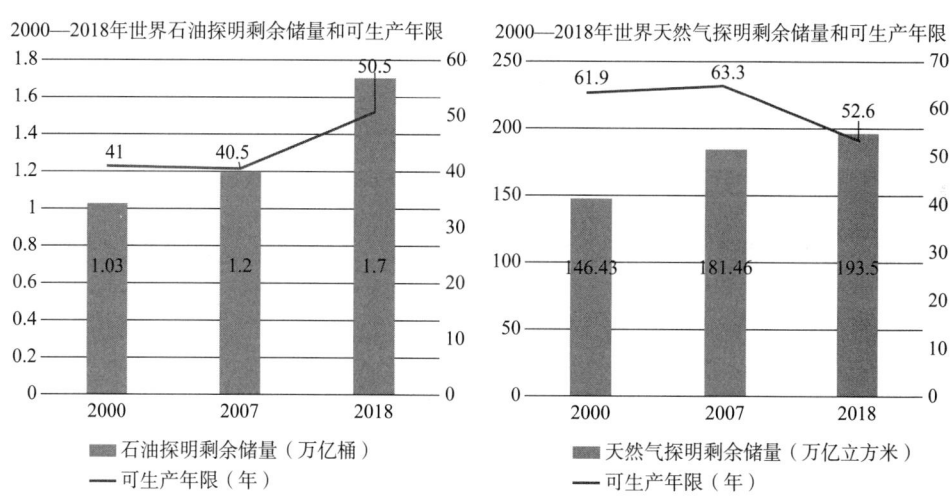

图 2　2000—2018 年世界石油和天然气探明剩余储量和可生产年限

资料来源：英国石油公司，《世界能源统计评论》，2018 年 6 月。

上述数字的对比，说明了两个问题。一是在这 18 年间，世界石油和天然气工业通过科学的不断进步和持续的投资，探明的储量不但保证了当年的生产，并且还有节余；二是世界石油和天然气的可生产年限都保持在较高的水平，其中石油的可生产年限在不断增加，天然气的可生产年限虽然在下降，但两者都保持在50年以上的水平。

三、新兴经济体和传统的工业社会是能源增长的两个主要来源，预示着未来世界的能源消费结构不会发生根本性改变

2017年，世界一次能源消费总量为135.11亿吨油当量，比2016年增长了2.527亿吨油当量，增长率为2.2%。简单看这个数字，没有什么特别的意义，但是从相关数字对比来分析，则意义重大。

从增长速度来看：一是2016年世界能源消费仅增长了1.2%，2017年世界一次能源消费相比2016年高了1个百分点。二是2006—2016年10年间，世界一次能源消费增长的均值为1.7%，2017年世界一次能源消费增长的速度已大大高于了这个均值。因此，我们应该可以说，2017年是自2006年以来世界一次能源消费增长的转折点，世界一次能源消费加快了增长速度。

从地区细分看：从相对数字看，一是中东地区的一次能源消费增长最快，为3.4%；二是亚太地区，为3.1%；三是非洲地区，为2.9%；四是北美、中南美洲和俄罗斯及中亚地区，分别为0.7%、0.8%和0.9%，都没有超过1%的幅度。从绝对数量来看，2017年亚太地区一次能源消费增长的数量最大，为1.581亿吨油当量，占当年世界一次能源消费增长的62.56%；欧洲一次能源消费增长的数量排名第二，为3490万吨油当量，占当年世界一次能源消费增长的13.81%；中东地区排名第三，为2750万吨油当量，占当年世界一次能源消费增长的10.88%。因此，2017年世界一次能源消费增长来自亚太地区和欧洲两个轮子的驱动，被视为成熟工业社会的欧洲一次能源消费增长数量如此之大，出乎了人们的意料。

2017年北美地区的一次能源消费虽然只增长了0.7%，是世界上所有地区最低的，但是其绝对的增长数字为109万吨油当量，差不多与增长2.9%的非洲地区持平。2006—2016年，由于美国能源消费为0.3%的负增长，使得北美地区的一次能源消费处于持平状态，而2017年则出现了正增长，其主要原因是美国的一次能源消费由负增长的0.3%变为正增长的0.6%。

2017年，世界能源消费增量的33.64%，由中国贡献。这一年里，中国的能源消费结构为：煤炭60.42%，石油19.42%，天然气6.6%，合计86.44%，这说明传统的煤油气是中国能源消费的绝对主体，煤炭更是大头中的大头。2017年，中国发电量为6.5万亿千瓦时，世界第一，其中火力发电占比约为71.788%，是绝对的大头。

印度是2017年另一个能源消费增长较快的国家，占世界能源消费增量的12.43%，能源消费结构为：煤炭56.26%，石油29.47%，天然气6.18%，合计为91.91。从这些数字看，印度的能源消费结构要好于中国，煤油气也是能源消费的绝对主体。

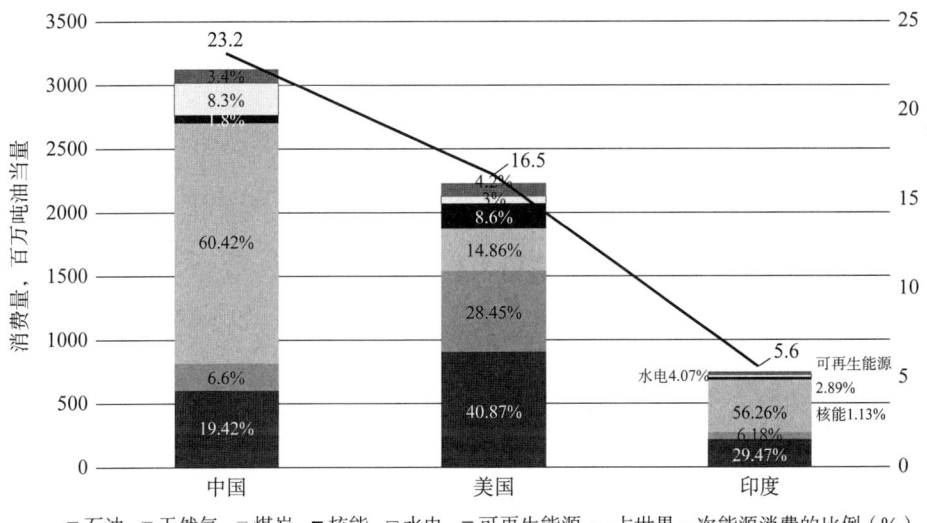

图3　2017年世界主要国家能源消费结构

资料来源：英国石油公司，《世界能源统计评论》，2018年6月。

2017年度，相比2015年和2016年，美国能源消费略增。从能源消费结构来看，2017年分别为：石油40.87%，天然气28.45%，煤炭14.86%，合计为84.18%。如同中国和印度一样，美国也是严重依赖煤油气传统化石能源的国家，只不过其更加依赖石油和天然气，这两种能源资源所占的比例合计为69.32%。从电力来源看，2017年美国发电量为4.0186万亿千瓦时，其中31.7%为天然气发电，30.1%为煤电，核电20.0%，不包括水电在内的可再生能源发电9.6%。由于美国拥有丰富的油气煤资源和先进的能源开采、使用技术，特朗普执政以来，退出了巴黎气候协议，提出了"新能源现实主义"口号，正在重塑美国能源黄金时代，以求对世界实现"能源统治"的目标。这样，随着基础设施的不断完善，美国未来会有大量的石油、天然气和煤炭向世界出口。

中国、美国和印度是世界三大能源消费国，2017年占世界能源消费总量的45.3%，几近半壁江山。因此，这三个国家的能源形势，就基本上可以决定当前和未来世界能源趋势。从上述分析的三个国家的能源消费结构看，未来相当长时间里，无论我们如何强调开展转型，实现能源结构的调整，但现实一定会是非常艰难的。

正因为如此，英国石油公司首席经济学家斯宾塞·戴尔对于2017年世界能源形势的评价是：进两步，退一步。

本文撰写于2018年6月

现实与情怀的落差

——读国际能源署2018年全球能源消费报告的感受

2019年3月26日,国际能源署发布了2018年版的《全球能源与二氧化碳排放现状报告》,对2018年全球能源消费情况及其产生的二氧化碳排放等进行了全面回顾和分析。

认真研读这份报告,除了对2018年全球能源消费有一个较为全面的了解外,从报告的诸多结论中,更多的是对流行观念中有关世界能源消费现状理解存在偏差的感慨,即这份报告告诉我们的是,当今世界仍是传统化石能源的时代,石油、天然气和煤炭不仅仅过去是而且目前还是人类社会消费的主要能源,改变世界能源消费结构的美好愿望仍将有漫长的路要走。

一、当今世界仍是传统化石能源时代,19年间无任何改变

2018年,世界一次能源消费总量为143.01亿吨油当量,比2017年增长了2.3%,接近2010年以来年均增速的两倍,主要驱动因素包括:2018年世界经济增长速度为3.7%,高于2010年以来年均增长3.5%的水平;部分地区由于天气原因带来的能源消费较大幅度增加。

在所有能源来源中,2018年全球天然气消费增速为4.6%,是自2010年以来最快的增长速度;石油消费增长了1.3%,煤炭消费增长了0.7%。石油与煤炭合计,占2018年全球能源消费增量的1/4。

可再生能源增速为4%,满足了全球能源消费增长近1/4的需求,主要原因是发电量的增加,其中可再生能源占了2018年发电增量的45%。

2018年，核能增长了3.3%，主要来源于中国新投运的核反应堆和日本4座核反应堆的重启。从全球范围看，核能发电满足了7%新增能源的需求。

全球电力需求2018年新增4%，超过23000太瓦时。电力需求的快速增长，使得电能在最终能源消费总量中所占的份额达到20%，发电量的增加占到了2018年全球一次能源消费增量一半以上。

2018年世界一次能源消费中，石油位列第一，占比31%；位列第二的是煤炭，占比26%；位列第三的是天然气，占比23%（图1）。三种传统化石能源合计占2018年世界一次能源消费总量的80%，这就是说，当今世界的能源消费仍处于传统的化石能源时代。

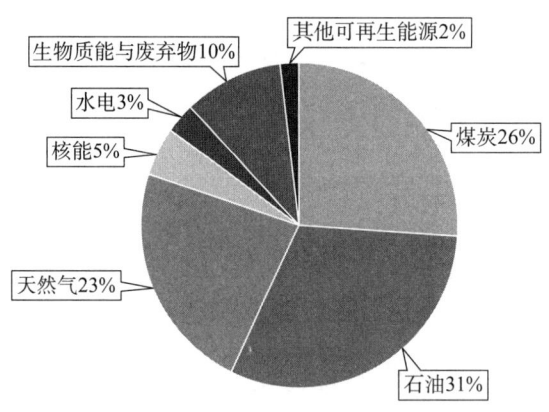

图1　2018年世界一次能源消费构成

资料来源：国际能源署，《2018年全球能源与二氧化碳排放现状报告》，2019年3月。

更为重要的是，与2000年相比，石油、煤炭和天然气在世界一次能源消费构成中的比例，没有任何变化，所占比例在经历19年后，仍保持为80%，其中仅石油的比例下降了5个百分点，但煤炭的比例上升了3个百分点，天然气的比例上升了2个百分点（图2）。

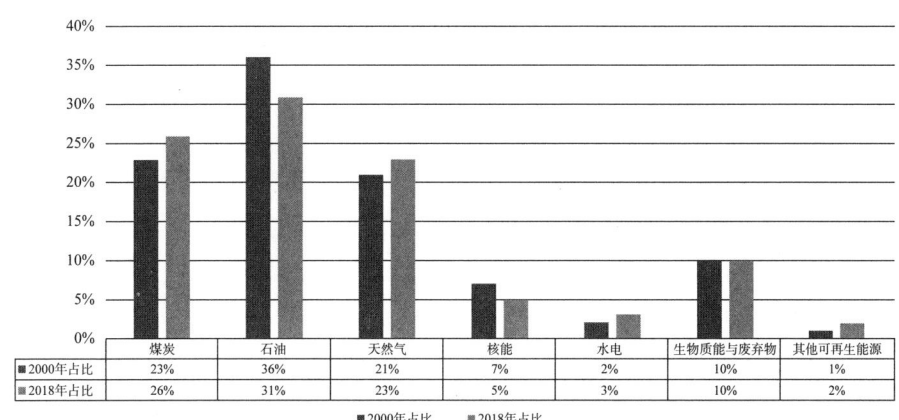

图 2　2000 年与 2018 年世界一次能源消费构成对比

资料来源：国际能源署，《2018 年全球能源与二氧化碳排放现状报告》，2019 年 3 月。

二、全球能源效率的提升十分有限，且处于 4 年来最低水平

2018 年，全球能源效率持续改善，与 2017 年相比单位国内生产总值的平均能源投入下降了 1.3%。近年来，全球一次能源强度的改善一直在下降，从 2015 年近 3% 的高位下降到 2017 年的 1.9%，2018 年再次下降。

全球能源效率在 2018 年之所以提升有限，其原因是非常复杂的，实施新的能效政策和加大现有政策力度进展缓慢是重要原因之一。如今，只有约 1/3 的最终能源使用被强制性的能源效率政策所覆盖，2018 年加强现有能源效率政策的努力仍然薄弱。提高规范和标准的覆盖范围及强度，是提高能源使用效率的关键因素。财政激励、市场工具、信息和能力建设等政策措施的进展也非常有限。许多国家通过向公用事业部门设定强制义务来实现节能目标，从而提高能源使用效率，然而从世界范围看这些目标自 2014 年以来就没有发生变化。

全球能源效率的改变有显著的区域差异。与 2017 年相比，欧洲和印度 2018 年能源效率的改善均有所提高，但世界其他地区的放缓决定了 2018 年全球能效平均水平的降低。

近年来实施的稳健政策提高了效率，限制了排放增长，2018 年中国一次能源强度提高了 2.9%（表 1），尽管这一能源效率提高的速度是全球平均水平的两倍多，但这是自 2011 年以来中国能源效率增长最慢的一年（图 3），能源效率的提高不足以抵消燃煤发电量增加对能源需求的影响。

表 1 2018 年世界能源强度

地域	2018 年能源强度	2017—2018 年变化（%）
美国	0.112	0.80
中国	0.125	−2.90
印度	0.092	−3.10
欧洲	0.079	−1.60
其他地区	0.109	−1.10
世界	0.108	−1.30

说明：能源强度为吨油当量/1000美元，购买力平价。
资料来源：国际能源署，《2018年全球能源与二氧化碳排放现状报告》，2019年3月。

长期政策和技术变革，使近年来美国能源效率不断提高。然而，由于冬季和夏季气温而带来的异常高天然气消耗量，使得2018年美国这些能源政策的影响大打折扣。2.9%强劲的经济增长，也推动了能源密集型经济部门能源消费的增加。正是在这种背景下，2018年美国一次能源强度增加了0.8%。2018年，美国能源需求增长的一半左右是由天气造成的，如果没有这一因素的影响，美国2018年的能源强度将继续下降，尽管降幅会远低于2017年的水平。

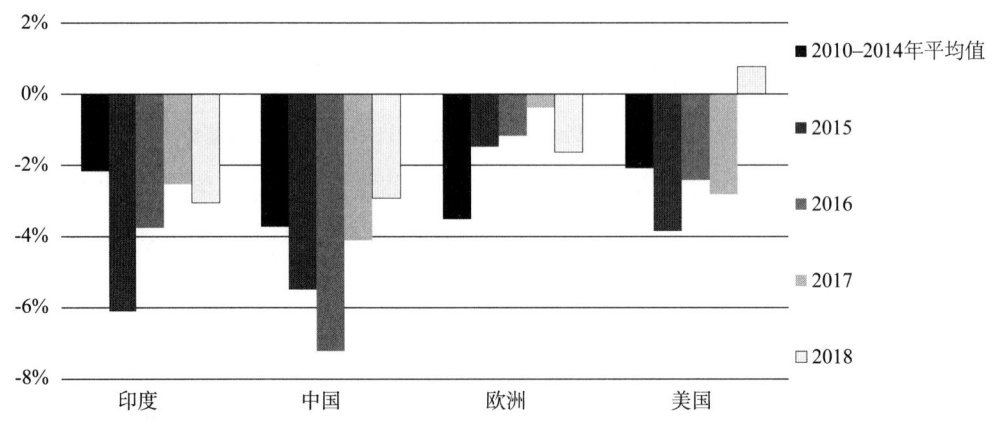

图 3 分地区一次能源强度年均变化
资料来源：国际能源署，《2018年全球能源与二氧化碳排放现状报告》，2019年3月。

欧洲和印度2018年一次能源强度都有所下降。年底温和的天气减少了天然气的需求，使得一次能源总需求趋于平稳，欧洲能源强度提高了1.6%。尽管能源需求仍然增长了4%，但印度一次能源强度提高了3.1%。

三、中美印三国，决定着全球能源消费的当前和未来

当前全球能源消费之所以存在上述两大特点，其深层次的原因，就是中国、美国和印度不仅是世界三大能源消费国，还是世界能源消费增量的主要来源国，这三个国家的能源消费结构决定了当前全球能源消费的现实和未来的趋势。

（一）全球能源消费增量的 70% 来源于中美印三国

2018 年，世界能源消费增长主要来源于中国、美国和印度三国，三国合计的能源消费增长占了全球近 70% 的份额。

2018 年，中国一次能源消费增长了 3.5%，达到 31.55 亿吨油当量，是 2012 年以来最快的增长速度，占全球一次能源消费增长的 1/3。2018 年，中国所有能源资源的消费都显著地增长，其中天然气占了大头，大幅取代煤炭用于取暖，占了一次能源消费增量的 1/3。中国能源消费增长的 95% 来源于电力部门，所有类型的发电都有增长，尤其是煤炭发电的增长满足了电力消费增量 8.5% 的需要。与此同时，中国也是 2018 年世界光伏和风力发电增长最快的国家。

连续 3 年下降之后，2018 年美国能源消费出现反弹，达到 22.27 亿吨油当量，增长了 3.7%，增加了 8000 万吨油当量，占全球一次能源消费增量的 1/4。其中，美国石油和天然气的消费增长为世界最快，天然气与 2017 年相比增长了 10%，是国际能源署 1971 年有记录以来最快的增长速度。在美国天然气消费增量中，酷热的夏天和寒冷的冬天带来了近一半的增量，因为天然气主要用于发电和取暖。

2018 年，印度一次能源消费增长了 4%，达到 9.33 亿吨油当量，增加超过 3500 万吨油当量，占全球一次能源消费增量的 11%，位居第三，增长主要来源于用于发电的煤炭和用于交通的石油。

2018 年，欧洲经济增长 1.8%，一次能源消费仅增长 0.2%。由于能源使用效率的大幅度提升，德国 2018 年一次能源消费下降了 2.2%，但法国和英国的能源消费温和增长。

（二）20 年来美国首次重回全球石油消费增量第一的位置

2018 年，全球石油消费增长了 1.3%，增加了 130 万桶/日。与之相比的是，2017 年全球石油消费增加了 150 万桶/日，2018 年石油消费下降的主要原因，是较高的石油价格部分阻碍了石油消费的增长。与 2017 年相比，2018 年布伦特原油均价

上涨了 30%。

2018 年，近 20 年来美国首次石油消费增量重回世界第一的位置，增加了 54 万桶/日，增长了 2.7%（表 2），主要原因是美国大型石化项目的投产带来的需求增加和卡车运输服务强劲的需求增长。

表 2 2018 年世界石油消费概况

地域	消费量（百万桶/日）	增长率（%）
美国	20	2.7
中国	13	3.5
印度	5	4.5
欧洲	15	0.1
其他地区	46	0.2
世界	99	1.3

资料来源：国际能源署，《2018 年全球能源与二氧化碳排放现状报告》，2019 年 3 月。

中国 2018 年石油消费增长了 3.5%，增加了 44.5 万桶/日，位居世界第二。石油消费增量下降的主要原因，包括经济增长速度的放缓，转向了石油密集度较低的发展模式，限制了汽车使用以改善城市空气质量等，尤其是环境政策降低了柴油需求增长。作为全球最大的汽车市场，2018 年中国的乘用车销量比 2017 年创纪录的水平下降了 4.1%。与此同时，电动乘用车销量翻了一番，从 2017 年的约 60 万辆增至 2018 年的 120 多万辆。

与 2017 年相比，印度的石油需求在 2018 年增长了 4.5%。影响石油消费增长的主要原因包括：商品和服务税的实施；2018 年国际石油价格大幅上涨和货币贬值；快速的工业化和汽车数量的迅速增长，带来了严重的空气污染；印度政府部门不断采取减少运输燃料消费的措施。以上多种因素导致了 2018 年下半年印度石油消费增长的放缓。

日本的石油需求继续萎缩，主要原因包括：工业和运输领域能源效率的持续提升；随着四个核反应堆自 2011 年福岛第一核事故以来重新启用，用于发电的石油数量不断减少。此外，韩国的石油需求也在萎缩，主要是发电用能源从石油转换到天然气。

由于经济活动放缓和价格上涨，欧洲石油需求仍然停滞不前。德国石油需求大幅下降，2018年石油消费下降了13.5万桶/日，降幅为5.4%。

由于俄罗斯石油需求反弹，俄罗斯和中亚地区的石油需求强劲增长，俄罗斯2018年石油消费的增长占俄罗斯和中亚地区的80%以上。得益于强劲的汽车销售，俄罗斯汽油需求在经过3年的下降后，2018年略有上升。与此同时，由于航空运输量增加，航空煤油的需求量也增加了。

在非洲，南非的低经济增长率和埃及天然气的转换使2018年非洲石油需求增长达到了上限。2017年12月，埃尼公司在佐尔的超级大气田开始产气，埃及电力部门使用天然气取代石油。

拉丁美洲的石油需求继续受到阿根廷、委内瑞拉和巴西经济困难的影响。在经历了两年的稳步下降之后，巴西的石油需求在2017年恢复了温和的增长，因为经济从深度衰退中复苏。阿根廷的石油需求在2018年暴跌，国内生产总值下降2.6%。根据国际货币基金组织的数据，委内瑞拉的国内生产总值在2018年下降了18%，尽管准确的数据难以核实，但石油需求肯定也下降了。

由于沙特阿拉伯的需求大幅减少，2018年中东地区石油需求大幅下降，主要原因包括沙特阿拉伯建设活动的减少、价格改革、电力部门转向天然气等。2018年1月，沙特阿拉伯政府将汽油价格翻了一番多，大大抑制了石油需求。

（三）美中两国决定了2018年全球天然气消费

2018年，全球天然气消费量估计增长了4.6%（表3），即增加了1700亿立方米，这是自2010年天然气需求从2008年金融危机中反弹以来的最大增幅，也是自2017年增长3%之后连续第二年强劲增长，是前5年平均增长水平1.5%的3倍。

表3　2018年世界天然气消费概况

地域	消费量（10亿立方米）	增长率（%）
美国	854	10.5
中国	279	17.7
印度	60	4.7
欧洲	599	-1.9
其他地区	2137	2.8
世界	3929	4.6

资料来源：国际能源署，《2018年全球能源与二氧化碳排放现状报告》，2019年3月。

2018年美国和中国天然气消费增长合计占全球增长的70%，主要原因是强劲的经济增长和煤炭替代。从煤炭向天然气的转换，使天然气消费增长了近400亿立方米，超过需求增加量的1/5。

美国是2018年全球天然气需求增长的最大推动者，天然气消费增加了800亿立方米，比2017年增长了10.5%，是自20世纪50年代初以来最高的增长速度，相当于2018年英国天然气的消费总量。美国天然气消费历史性的增长，主要是由发电和建筑用能推动。冬季、夏季的低温和高温，使得建筑用天然气消费的增加约占了当年美国天然气消费增长的一半。发电从煤炭到天然气的持续转换，也对2018年美国天然气消费增加做出了巨大贡献，使天然气需求增加了180亿立方米，天然气在发电中的份额也创下了34%的历史新高。

2018年，中国天然气消费增长了近18%，即420亿立方米，这是自实施"十三五"规划（2016—2020年）以来最快的增长。目前，天然气占中国一次能源消费的8%，是21世纪初的两倍。2018年，中国超越日本，成为世界上最大的天然气进口国，是继美国之后全球天然气需求增长第二大贡献国。由于大力推行蓝天保卫战，限制工业和民用燃煤锅炉的使用，从煤炭到天然气的转变，为中国天然气消费增长贡献了170亿立方米。

亚太地区，天然气需求受到了南亚工业和发电需求增长以及韩国核反应堆关闭的推动。

中东和北非的石油和天然气生产国，通过开发天然气联合循环从而减少发电用油量，带来了天然气消费的增长。2018年，埃及于年底实现了天然气自给自足，建成了世界上最大的联合循环燃气发电厂，发电能力为14.4千兆瓦。伊朗是该地区最大的天然气消费国，天然气消费量的增长是由发电量增长和逐步淘汰燃料油发电而推动的。

经过几年的下降，2018年俄罗斯天然气消费量连续第三年上升，主要来源于发电推动，因为燃煤发电量略有下降。

经过两年的增长，2018年欧洲天然气消费量有所下降，主要原因是天然气消费对于天气的高度敏感，虽然2018年第一季度出现了寒流，但2018年温暖的第四季度减少了取暖用天然气的消费。此外，欧洲2018年天然气发电量较低，尤其是像德国、意大利、西班牙、土耳其和英国这些大的天然气消费国减少了天然气发电，也导致了欧洲整体天然气消费的下降。

国际能源署2018年版的《全球能源与二氧化碳排放现状报告》内容远不止本文以上介绍的，这份报告涵盖了一次能源消费、二氧化碳排放、石油、天然气、煤炭、可再生能源、电力和能源效率等能源消费方方面面的内容，本文仅简要地介绍了报告中我们关心的一次能源、石油和天然气消费等方面的情况，对于普遍关心的其他问题，如二氧化碳排放问题，我们未加涉及。

国际能源署的这份报告，应该是国际组织发布的第一份有关2018全球能源消费的报告。从时间上看，本报告发布时，2019年第一季度尚未结束，考虑到报告涉及的是世界180多个国家上一年度能源消费等非常庞杂的数据，主观感觉编制的时间可能偏紧，对数据的准确性存在一定的疑问，涉及中国的部分数据与官方统计也有一定的差距，但鉴于报告编制单位的权威性，我们认为，报告仍具有较好的参考价值，能够说明当前全球能源消费的基本情况。再过3个月的时间，有关世界能源消费的另一份权威报告，即由英国石油公司编制的《世界能源统计评论》也将发布，届时我们可以将两份报告进行对比阅读，希望能对全球能源消费有更深入的了解。不过，今天我们基本可以肯定的是，除了某些数字方面略有出入外，对于2018年全球能源消费的总体定调，两份报告不会有大的偏离。因此，国际能源署的这一份报告告诉我们的残酷现实是，要实现改变全球能源消费结构的美好愿望，需要人类社会做出更大、更艰苦的努力！

本文撰写于2019年3月底

全球天然气发展现状与展望

天然气是当今人类社会消费的第三大能源，2018年消费增长了5.3%，占当年全球一次能源消费增量40%以上，是消费增长速度最快的传统化石能源和增量最大的能源。

环境和气候问题，是公认的全人类共同面临的涉及生存问题，关系到全球各国人民的福祉和人类社会未来的生存，需要全世界各国共同付出努力加以解决。综观当今人类社会所有的能源，作为一种优质、高效、清洁的低碳能源，天然气是最清洁的化石能源，资源充足，经过百多年的演进，天然气的利用技术已高度成熟且越来越具有竞争优势，使用方便且日益灵活，与多年来形成的人类社会能源使用方式和系统高度契合，最有可能成为人类社会解决环境和气候问题最主要的传统能源，也许也是最简单直接的选项，当前和未来一定会在缓解或解决环境和气候问题中发挥至关重要的作用。

正是在全人类对环境问题的高度关注和自身特性的双重驱动下，近年来，无论从供给端还是从消费端来看，全球天然气行业都正在发生急剧的变化，全球性的天然气市场正在并将在不久的将来形成，2011年行业和媒体提出的天然气"黄金时代"，正在加速变成现实，当前或许是人类社会走进"天然气时代"的重要关键时期。

一、百年努力，奠定了高速发展的坚实基础

天然气，从能源的角度，一般指的是天然蕴藏于地层中的烃类和非烃类气体的混合物，包括油田气、气田气和煤层气等，是优质的燃料和化工原料。作为能源资源，天然气是一种优质、高效、清洁的低碳能源，主要用途是被用作燃料，几乎不

含硫、粉尘和其他有害物质，燃烧时产生的二氧化碳少于其他化石燃料，造成的温室效应较低。

（一）天然气开发的早期

天然气的开发利用，要早于石油的开发。1732年，英国的卡立舍·斯帕丁提出利用煤矿中排出的甲烷，给怀特黑文街道提供照明。1821年，威廉·哈特在美国纽约的佛雷多尼亚凿下了一口9米深的井，成功地取得较大量的天然气，创办了佛雷多尼亚天然气照明公司，是美国第一家天然气公司，为镇上的居民提供照明燃料。威廉·哈特被称为美国的"天然气之父"。1859年，德雷克上校在伊利湖附近的宾州泰特威斯尔挖出了第一口天然气井，成为美国天然气产业开始的标志。1885年，罗伯特·本生发明了本生灯，解决了天然气使用过程中的安全问题，使得人们开始把天然气大范围应用于烹饪和取暖，从而极大地拓展了天然气的需求空间。

（二）欧美大气田投入开发和液化天然气首次交易

随着天然气用途的不断扩展和需求的增加，19世纪中后期，世界各地、尤其是欧美等国的天然气开发进入了一个小高潮。20世纪20年代、30年代，世界上第一个完整的天然气产业体系首先形成于美国，门罗和潘汉德—胡果顿两座大型气田的发现和开发，使得天然气产业进入了现代的开采使用阶段。第二次世界大战后，美国、欧洲、日本的经济振兴推动了世界天然气产业的发展，中东、北非等地相继发现了许多大气田、特大气田，液化天然气技术也趋于成熟。1959年荷兰发现了格罗宁根特大气田，1965年北海英国海域发现了第一座气田西索尔气田并陆续在北海发现了大量的油气资源，苏联天然气产业也开始崛起并于1970年达到29.49万亿立方米的探明储量，超过美国成为天然气储量最大的国家[1]。1959年，"甲烷先锋号"把第一船液化天然气从美国路易斯安那州穿越大西洋，运抵英国的坎威岛，实现了世界第一次天然气液化运输。1964年，阿尔及利亚阿尔泽天然气液化厂投入生产，这是世界上第一座商业化、大规模的液化天然气生产厂。

正是在迅速增加的产量推动下，天然气在世界能源消费结构中所占的比例不断增加。1950年，世界一次能源消费结构中，煤炭占55.7%，石油占28.9%，天然气

---

[1] 申万宏源：《天然气产业发展史全景扫描》，转引自搜狐网，2019年9月9日，http://www.sohu.com/a/339657820_825427.

占 8.9%，煤炭为人类社会第一大能源消费来源；1965 年，世界一次能源消费结构中，石油占到了 39.4%，煤炭下降到了 39%，天然气为 15.5%，这是人类历史上首次石油超过煤炭成为人类社会第一大能源消费来源，人类社会自此进入了石油的时代。1970 年世界一次能源消费结构中，石油占 44.5%，煤炭占 31.2%，天然气占 17.8%❶。这一期间，天然气虽然一直保持着世界第三大能源消费来源的地位，但是其所占比例从 1950 年的不到 10% 增长到 1970 年的近 20%。

(三) 20 世纪 70 年代后天然气行业的快速发展

从 20 世纪 70 年代初开始到 2000 年，世界天然气产业进入了快速发展的时期，更大数量的天然气资源被发现并投入生产。1971 年，世界天然气产量首次突破 10000 亿立方米，达 10595 亿立方米；1991 年，突破了 20000 亿立方米，为 20054 亿立方米。2000 年，世界天然气产量增长到 24210 亿立方米，其中，美国的天然气产量为 5432 亿立方米，世界第一；俄罗斯的天然气产量为 5285 亿立方米，世界第二。2000 年美国和俄罗斯合计天然气产量占世界总产量的 44.27%，几乎占了半壁江山❷。此外，加拿大、英国、阿尔及利亚、印度尼西亚、伊朗等，也成为世界天然气生产大国。

2000 年，天然气在世界一次能源消费结构中所占比例为 23.72%❸，虽然仍是世界第三大能源消费来源，但所占比例比 1970 年增长了 5.92 个百分点，相应地这些都挤占了石油和煤炭的份额。

20 世纪 70 年代以来，世界天然气产业发生了 4 件影响深远的大事，这些事件为进入 21 世纪后全球天然气产业的迅速发展奠定了坚实的基础，提供了必要的前提条件。

1. 大容量、长距离管道建设迅速发展，推动了区域天然气市场的形成

从 20 世纪 40 年代开始，苏联就向波兰出口天然气。截至 20 世纪末，俄罗斯和中亚地区共有 6 条管道向欧洲出口天然气。按建成投运时间顺序，主要有："兄弟"天然气管道，1967 年建成投产，是苏联时期建成的经乌克兰向欧洲出口天然气的主

---

❶ 雷农，雷蒙，等.石油危机[M].纽约：诺顿出版公司，1976.
❷ 《世界能源统计评论》，英国石油公司，2019 年 6 月。
❸ 《世界能源统计评论》，英国石油公司，2019 年 6 月。

要管道，该管道起于俄罗斯西部的纳德姆气田，经乌克兰至斯洛伐克，之后分为两路：一条输往捷克、德国、法国、瑞士等国家；另一条输往奥地利、意大利、匈牙利等多个欧洲国家，管道全长 4451 千米，年输气能力为 240 亿立方米。"联盟"天然气管道，1978 年建成投产，管道全长 1780 千米，年输气能力为 280 亿立方米，该管道系统包括南、北两条管道，其中"联盟"北线干线管道起自俄罗斯，经乌克兰，向西到达德国，并延伸到法国；"联盟"南线干线管道起自俄罗斯，经乌克兰和摩尔多瓦，到达罗马尼亚、保加利亚、马其顿、土耳其等欧洲国家。"北极光"天然气管道，1985 年建成，总长 7377 千米，年输气能力为 510 亿立方米，管道起自俄罗斯乌连戈伊气田，经白俄罗斯至波兰、乌克兰、立陶宛等欧洲国家。"亚马尔—欧洲"天然气管道，1999 年建成投产，管道全长约 2000 千米，年输气能力为 330 亿立方米，管道起于俄罗斯西西伯利亚亚马尔半岛，经白俄罗斯、波兰到德国柏林❶。

1981 年，世界第一条跨洲、跨海输气管道建成，即阿尔及利亚到意大利的跨地中海管道，年输气 120 亿立方米❷。

国内管道建设方面，最有代表性的是美国。1988 年，美国天然气高、中压管线全长 25.11 万千米，地方配气公司所有的天然气输气管线全长 75.32 万千米，基本上形成覆盖全国的、完善的输气管网❸。正是得益于密如蛛网的天然气输气管网，使进入 21 世纪后美国页岩气产业爆发式增长有了基础设施保证。

2. 液化天然气技术不断进步，交易量迅速增加

卡塔尔建设的拉斯拉凡 2 号生产线，年生产能力可达 470 万吨，拉斯拉凡 3 号单条生产线能力已上升到 780 万吨 / 年❹。液化天然气船的运载能力不断增大，20 世纪 60 年代，单船运输能力为 2.7 万立方米，70 年代达到 8.7 万立方米，90 年代更是增加到 13 万立方米❺。

1980 年，世界液化天然气贸易量达到 313.4 亿立方米，比 1970 年的贸易量增长

---

❶ 王能全：《石油的时代》（上），北京：中信出版集团有限公司，2018 年版，第 305 页。
❷ 《天然气产业发展史全景扫描》。
❸ 《天然气产业发展史全景扫描》。
❹ http://www.qatargas.com/english/operations/lng-trains.
❺ 《天然气产业发展史全景扫描》。

了 12 倍❶。

3. 美国政府放宽天然气价格限制，大力推进市场化

1978 年，美国开始对天然气政策进行调整，议会通过了《天然气政策法令》，成立了美国联邦能源管理委员会，改革天然气定价，逐步解除对所有天然气价格的控制，由市场决定气价；开放天然气市场，逐步解除对天然气使用的限制，使天然气能够在各领域与其他能源竞争；开放管道运输业，使买主能够选购成本最低的天然气，促进竞争。

美国天然气的市场化改革，使进入 21 世纪后美国页岩气产业爆发式的增长，有了政策和市场保证，这样美国页岩气革命的两个驱动条件都已经具备。

4. 天然气交易进入期货时代

20 世纪 80 年代末期，美国几家金融机构开始提供一些比较简单的天然气合约，希望化解由于价格不稳定带来的市场风险。1989 年 11 月，纽约商品交易所选择美国路易斯安那州的亨利集输中心，作为天然气期货合约的交割地点；1990 年 4 月，纽约商品交易所天然气期货合约开始交易，标志着美国天然气期货交易的正式开始；1990 年 6 月，纽约商品交易所第一次在亨利中心实现了现货交割。1991 年，纽约商品交易所天然气期货合约的交易量，日均为 1654 手❷。与此同时，伦敦国际石油交易所于 1997 年 1 月也开始了天然气期货合同交易。至此，天然气交易进入了期货时代。

二、近十多年来，进入供给消费高速发展时期

进入 21 世纪以来，世界天然气产业进入了一个全新的发展时期。2001 年，天然气在世界一次能源消费结构中的比例为 23.72%，2018 年为 23.86%❸，18 年间天然气在世界一次能源消费结构中仅增长了 0.14 个百分点。但是，从绝对数字看，2018 年世界天然气消费总量为 38489 亿立方米，而 2001 年为 24325 亿立方米，18 年间总计增长了 14164 亿立方米，年均增长 787 亿立方米❹。

---

❶《天然气产业发展史全景扫描》。
❷《天然气产业发展史全景扫描》。
❸《世界能源统计评论》，英国石油公司，2019 年 6 月。
❹《世界能源统计评论》，英国石油公司，2019 年 6 月。

从 2010 年开始，天然气消费量突破 30000 亿立方米，世界天然气消费增长开始加速，尤其是近两年的 2017 年和 2018 年，消费量分别增长了 1038 亿立方米、1949 亿立方米。与消费量高速增长相一致的是，2017 年和 2018 年，世界天然气产量分别增长了 1360 亿立方米、1902 亿立方米，增长速度分别为 3.84% 和 5.2%❶。因此，一百多年发展的基础上，进入 21 世纪后，世界天然气行业无论是消费或是供给都进入了供需两旺、高速发展的时代，其中最有代表性就是 2017 年和 2018 年。

（一）消费高速增长，四国推动了全球的天然气消费

2018 年，世界天然气消费增长 5.3%，是 1984 年以来最快的增长速度。同年，世界一次能源消费增长了 2.9%，天然气消费的增长速度是一次能源消费增长的 2 倍以上；世界一次能源消费总量增长了 3.9 亿吨油当量，其中的 42.92% 来源于天然气。在所有能源来源中，天然气消费的增长速度虽然低于可再生能源的 14.5%，位居第二位，但是消费增量增长最多，其增长的增量是传统化石能源石油、煤炭的 3 倍以上，是核能和水电的 11.8 倍、5.8 倍，是增长速度最快的可再生能源的 2.36 倍❷。

因此，可以肯定地说，天然气行业是 2018 年世界能源工业中最火热的行业之一，在为 2018 年全球能源市场的稳定发展做出了无可替代贡献的同时，也为人类社会环境保护和减排做出了积极的贡献。

与传统的能源煤炭、石油相比，天然气是高价值的能源。从统计数字看，世界天然气消费高度集中，或是天然气生产大国或是经济强国，才有可能是天然气的消费大国。

2018 年，美国、俄罗斯、中国、伊朗、日本、加拿大和沙特阿拉伯是当今世界天然气消费量最大的 7 个国家，消费量均超过 1000 亿立方米，7 国合计 2018 年天然气消费总量为 21237 亿立方米，占全球天然气消费总量的 55.18%，占了世界天然气消费总量的一半以上。美国和俄罗斯是 2018 年世界天然气消费量最大的国家，其中，美国天然气的消费量就高达 8171 亿立方米，占世界的 21.2%，为全球天然气消费总量 1/5 以上；俄罗斯的天然气消费量为 4545 亿立方米，占世界的 11.8%。2018 年，日本和加拿大的天然气消费事实上并列为第五位，均为 1157 亿立方米。中国和伊朗

---

❶《世界能源统计评论》，英国石油公司，2019年6月。
❷《世界能源统计评论》，英国石油公司，2019年6月。

的天然气消费量均超过2000亿立方米,其中中国为2830亿立方米,伊朗为2256亿立方米。沙特阿拉伯是2018年最后一位天然气消费超过1000亿立方米的国家,为1121亿立方米[1]。

美国、中国、俄罗斯和伊朗4个国家,是2018年世界天然气消费高速增长的主要驱动国家,每个国家当年天然气消费的增量都超过100亿立方米。其中,美国2018年天然气消费增量高达777亿立方米,比2017年增长10.5%,仅此增量一项就比全球七大天然气消费国,外加墨西哥、德国两国,计9个国家之外任何国家的现有天然气消费量都要大,占2018年世界天然气消费增量的39.87%;中国2018年天然气消费增量为426亿立方米,比2017年增长17.7%;2018年俄罗斯天然气消费增量为234亿立方米,比2017年增长了5.4%;伊朗2018年天然气消费增量为157亿立方米,比2017年增长了7.4%。4个国家合计,2018年天然气消费增长了1594亿立方米,占当年全球天然气消费增量的81.79%[2]。

(二)产量迅速增加,四国支撑了全球天然气供给增量

2018年,世界天然气产量为38679亿立方米,与2017年的36777亿立方米相比,增长了5.2%,增加的量为1902亿立方米。2017年,世界天然气产量与2016年相比,增加的量为1360亿立方米,增长了3.84%。从以上数据可以看出,与消费量增长相一致的是,这两年的世界天然气产量增量,都在1000亿立方米以上。而如果我们将时间再拉长一点,从2000年以来,除2011年比上一年增加1060亿立方米之外,其他所有年份的天然气产量增量,都低于1000亿立方米,其中最低年份的2013年对比2012年仅增长393亿立方米[3]。

近两年全球天然气消费增长主要来源于美国、中国、俄罗斯和伊朗4个国家的推动,而世界天然气产量的增加,也是高度依赖4个国家,分别为美国、俄罗斯、伊朗和澳大利亚。

2018年,作为世界最大的天然气生产国,美国天然气的产量为8318亿立方米,比2017年增加了860亿立方米,增长了11.5%,占当年世界天然气产量增量的

---

[1]《世界能源统计评论》,英国石油公司,2019年6月。
[2]《世界能源统计评论》,英国石油公司,2019年6月。
[3]《世界能源统计评论》,英国石油公司,2019年6月。

45.22%❶。英国石油公司在其2019年版的《世界能源统计评论》中认为，2018年美国天然气产量增长的数量，是人类历史上所有国家的最高纪录❷。

俄罗斯是传统的世界天然气生产大国，2018年天然气产量为6695亿立方米，与2017年相比，增加了339亿立方米，增长了5.3%。

作为世界上天然气资源第二大的国家，2018年伊朗的天然气产量为2395亿立方米，比2017年增加了193亿立方米，增长了8.8%。

澳大利亚是近年来世界上天然气产量迅速增长的国家，2019年4月已超越卡塔尔，成为世界最大的液化天然气出口国。2018年，澳大利亚天然气产量为1301亿立方米，比2017年增加了173亿立方米，增长速度高达15.3%。

美国、俄罗斯、伊朗和澳大利亚四国合计，2018年天然气产量增加了1565亿立方米，占当年世界天然气增加总量的82.28%，高于美国、中国、俄罗斯和伊朗四个国家同年天然气消费增长占比的81.79%❸。

（三）液化天然气贸易提速，驱动全球天然气市场的形成

不同于石油、煤炭等传统的化石能源，天然气虽然是高效、清洁的能源，但由于体积与能量之比太低，高度依赖管道输送，管网系统在天然气生产、运输和贸易各环节中具有明显的规模效应，导致的结果是：一方面，除极少数人口较少的国家，如卡塔尔、澳大利亚等国外，天然气主要用于生产国国内消费，不但美国和俄罗斯这样世界第一、第二大天然气生产国如此，像伊朗这样的世界第三大天然气生产国更是如此，出口占产量的比例一般都不高；另一方面，形成的往往是区域性天然气市场，如俄罗斯、中亚与欧洲之间的欧洲天然气交易市场，美国与加拿大、墨西哥之间的北美天然气交易市场。1959年世界第一船液化天然气开始交易，液化天然气走上了国际天然气市场的舞台，但是直到进入21世纪的第二个10年为止，液化天然气贸易无论是量还是所占比例均有限，世界天然气行业仍不能形成如同石油那样的全球化交易市场，从而导致国际天然气贸易以管道天然气贸易为主、液化天然气贸易为辅的格局。

---

❶《世界能源统计评论》，英国石油公司，2019年6月。
❷《世界能源统计评论》，英国石油公司，2019年6月。
❸《世界能源统计评论》，英国石油公司，2019年6月。

2000年，世界跨区域天然气贸易量为5278亿立方米，仅占当年世界天然气总产量24025亿立方米的21.97%，占当年世界天然气消费总量23991亿立方米的21.99%。而在这5278亿立方米的天然气区域贸易总量中，管道贸易量为3873亿立方米，占比73.38%；液化天然气贸易量为1405亿立方米，占比仅为26.62%[1]。这些数据说明，2000年，跨区域天然气贸易量占当年世界天然气产量和消费量的比例都较低，管道贸易量占了绝对的比例，此时的天然气贸易主要仍是依赖管道输送的、区域性的。

2010年，世界跨区域天然气贸易增长到7380亿立方米，比2000年增加了2102亿立方米，增长了39.83%，占当年世界天然气产量和消费量的比例也分别增长到23.42%、23.38%，分别增加了1.45个百分点和1.39个百分点。但是，更为重要的是，在2010年世界跨区域天然气7380亿立方米的贸易量中，管道天然气贸易量为4356亿立方米，比2000年仅增加483亿立方米，占比下降到59.02%，下降了14.36个百分点；液化天然气贸易量为3024亿立方米，比2000年大增1619亿立方米，占比大涨到40.98%，已快接近半壁江山[2]。这些数据说明，10年后的2010年与2000年相比，天然气全球贸易量增长了1/3以上，其中主要由液化天然气驱动，天然气市场的全球化取得了长足进步。

2018年，世界跨区域天然气贸易增长到9434亿立方米，比2010年增加了2054亿立方米，增长了27.83%，占当年世界天然气产量和消费量的比例分别增长到24.39%和24.51%，分别增加了2.42个百分点和2.52个百分点。与2010年相比，更为重要的是，在2018年世界跨区域天然气9434亿立方米的贸易量中，管道天然气贸易量为5124亿立方米，虽然比2010年增加的量为768亿立方米，但所占比例下降到了54.31%，下降了4.71个百分点；液化天然气贸易量为4310亿立方米，比2010年增加了1286亿立方米，占比上涨到45.69%，更加接近半壁江山[3]。

近两年来，世界区域天然气贸易增长迅速。2017年，世界区域天然气贸易量为9044亿立方米，比2016年增加了664亿立方米，增长了7.92%；2018年，世界区域

---

[1] 《世界能源统计评论》，英国石油公司，2019年6月。
[2] 《世界能源统计评论》，英国石油公司，2019年6月。
[3] 《世界能源统计评论》，英国石油公司，2019年6月。

天然气贸易量为 9434 亿立方米，比 2017 年增加了 390 亿立方米，增长了 4.31%❶。英国石油公司认为，2018 年世界区域天然气贸易的增长速度，是近 10 年平均水平的两倍以上。

拉长时间段，与 2000 年对比，从总量上看，2018 年世界跨区域天然气总量增加了近一倍，但占世界天然气产量和消费量的比例均没有超过 1/4，仅分别增加 2.42 个百分点、2.52 个百分点，其中管道输送的天然气增长了 1.32 倍，液化天然气大增了 3.07 倍❷。因此，与世界石油行业贸易量约占全球石油产量和消费量的 50% 相比，今天的世界天然气行业仍没有形成全球性的市场。但是，2000 年以来的 19 年里，液化天然气贸易量大幅度增长，在世界区域天然气贸易中的比例，从刚刚超过 1/4 增长到接近 50%，这说明正是在液化天然气的推动下，世界天然气行业正在由传统的管输性质的区域市场，向船舶运输模式下的全球性市场迈进。

（四）贸易方式从传统长约转向现货，定价方式日益多样

由于天然气本身的自然特性，长期以来，无论是管输天然气贸易还是液化天然气贸易，长期合同都是买卖双方主要的交易方式。对于生产者来说，只有明确了目标市场并签署了一定期限、具有法律意义的合同，保证自己的巨额投资有稳定可靠的回报，才会进行天然气资源的开发、长输管道等基础设施的建设等；同样的，对于消费者来说，只有长期稳定可靠的资源供应保证，才会进行能源消费结构的转换，进一步开拓终端消费市场。虽然长期合同对生产者来说是资源开发的前提，但同时对消费者来说也是对自己资源稳定供应的保障。

由于与石油具有较强的可替代性，加之石油有全球性的交易市场，石油价格的公信力较高，石油价格很长时间成为天然气价格的主要参照，绝大部分天然气长期合同中规定了依据石油价格的变化来调整天然气价格。

管输天然气贸易通常成本最低，具有规模效应。与管输天然气贸易相比，液化天然气生产、运输的过程中，因涉及将天然气从气态转变为液态，以便于长距离跨洋运输，带来了液化天然气行业技术更加复杂、投资成本更大、对长期合同的要求和依赖更高，从而产生了诸如 30 年照付不议、目的港口限制等合同模式。正因为如

---

❶《世界能源统计评论》，英国石油公司，2019年6月。
❷《世界能源统计评论》，英国石油公司，2019年6月。

此，我们从世界最大的液化天然气生产国卡塔尔的销售合同中，大量看到的是与日本关西电力、中部电力、东京电力和韩国天然气公司、法国电力集团、中国石油签署的25年或30年的长期合同。

近年来，随着新的天然气，尤其是液化天然气供应者不断进入市场，特别是液化天然气跨区域贸易量和比例不断增加，全球天然气贸易方式正在发生积极的变化。

根据国际天然气协会的统计，截至2018年年底，全球非长期天然气合同已经达到30%，比2010年之前的15%翻了一倍；从合同年限看，目前平均合同年限只有7年，比2010年之前的15年大幅缩短；2018年年底，液化天然气现货与短于3年的短期合同交易市场规模约为7000万吨/年至8000万吨/年，预计到2020年达到1.6亿吨/年，将占到全球液化天然气销售量的40%❶。

此外，2017年全球新签订的液化天然气合同中，35%已经没有目的地限制条款，部分诸如日本公司的亚洲买家已经不再签订带有目的地限制的合同，而且2030年前后将现有长期合同缩减一半以上❷。截至2019年6月，美国出口中国的65船、总计62.78亿立方米的液化天然气，全部都是现货交易❸。

2018年年底开始，由于美国、澳大利亚和俄罗斯液化天然气出口能力的不断扩大，国际市场液化天然气现货价格大幅度下降。据澳大利亚工业、创新和科技部的数据，亚洲市场液化天然气现货价格在2018年平均9.8美元/百万英热单位的基础上，2019年将下降到5.7美元/百万英热单位❹。而据世界著名能源研究机构雷斯塔能源公司最新发布的数据，2019年5月，欧洲天然气价格为4.2美元/百万英热单位，7月份第一周已低至3.2美元/百万英热单位，达到了近10年来的最低值，已低于从美国运至欧洲的成本价❺。

现货市场的巨大冲击，使得过去长期合同中的定价方式合法性越来越没有说服

---

❶ 《全球天然气迎来"2.0"时代》，能源评论，2018年11月23日，转引自搜狐网，http://www.sohu.com/a/277515466_743972.

❷ 《全球天然气迎来"2.0"时代》，能源评论，2018年11月23日，转引自搜狐网，http://www.sohu.com/a/277515466_743972.

❸ 液化天然气月刊，美国能源部化石能源石油和天然气办公室，2019年8月。

❹ 资源和能源季刊，澳大利亚工业、创新和科学部首席经济学家办公室，2019年6月。

❺ 《欧洲天然气价跌至十年新低》，中国能源报，2019年7月22日，转引自天然气工业网，http://www.cngascn.com/outNews/201907/35933.html.

力，基础越来越不牢固。正是在这种情况下，在欧洲，液化天然气价格通常参考其他竞争燃料价格，例如低硫民用燃料油、汽油等，并且在一些新的贸易合同中，也开始引入了其他指数（如电力库指数），以反映天然气在新领域的竞争。由于供应来源和选择性越来越多，西北欧天然气市场液化天然气销售价格越来越多地采用与本地区市场内天然气价格挂钩的办法，主要采用的是英国全国平衡点或荷兰虚拟交易中心定价。2019年4月，日本东京燃气公司与壳牌签署了10期以煤炭指数定价的无约束力液化天然气供应协议，年供应量为50万吨❶。2019年9月初，印度石油和天然气部部长达门德拉·普拉丹表示，由于国际液化天然气现货价格的下降，印度将在适当时机修订液化天然气长期合同价格，印度别无选择❷。

更为重要的是，作为液化天然气市场的后进入者，美国出口国际市场的液化天然气主要参考具有极强竞争力的享利中心天然气的价格。为了更好地抢占市场，2019年9月4日，美国芝商所推出了新的液化天然气期货合约，即美国液化天然气出口期货，基于美国墨西哥湾沿岸独特的每月液化天然气实物结算，成为有史以来首个实物交割的液化天然气合约，将于2019年10月14日开始交易❸。

三、需求和供给推动下，正在进入黄金时代

一段时间以来，世界上一些著名的机构纷纷发布对未来全球能源展望的报告，虽然结果略有差异，但基本一致的结论是，从目前至2040年，天然气将是消费增长最快的能源，2035年有可能超过煤炭成为人类社会消费的第二大能源，将为人类社会减少碳排放做出积极的贡献，其中英国石油公司的观点最有代表性。

2019年2月，英国石油公司发布了2019年版《世界能源展望》。英国石油公司认为，由于需求基础广泛和天然气可获得性不断提高，同时在液化天然气持续扩张的推动辅助下，天然气增长强劲，增速远高于煤炭和石油，将以年均1.7%的速度增

---

❶ 《东京天然气与壳牌签署基于煤炭指数化的LNG供应协议》，中国石化新闻网，2019年4月9日，转引自天然气工业网，http://www.cngascn.com/outNews/201904/35201.html。
❷ 《印度或重新修订LNG长期协议价格》，生意社，2019年9月6日，转引自新浪财经，http://finance.sina.com.cn/money/future/nyzx/2019-09-06/doc-iicezzrq3833574.shtml。
❸ 《芝商所将推全球首个实物液化天然气期货合约》，中国石油新闻中心网，2019年9月10日，http://news.cnpc.com.cn/system/2019/09/10/001744533.shtml。

长，2040年增长近50%，在一次能源中的比例会超过煤炭并向石油接近，2020年末液化天然气在全球天然气贸易中将超过管道天然气❶。

国内外机构无一例外地认为，中国是未来全球天然气需求增长的主要推动因素之一。中国石油经济技术研究院在其多份世界和中国能源展望中认为，2040年前中国天然气产业将处于黄金发展期，预计2035和2050年需求量分别为6100亿立方米和6900亿立方米❷。

正是在旺盛的需求推动下，当前全球天然气行业正在进入高速发展时期，大量的资金进入天然气勘探开发、长输管道、液化天然气、液化天然气运输等上下游产业链各环节，从生产端看，生产能力建设和市场争夺的竞争，已进入白热化的阶段，其中以美国、澳大利亚、卡塔尔和俄罗斯等天然气生产和出口大国最有代表性。

国际能源署在其2040年能源展望中预测，天然气将成为世界上增长最快的化石燃料，年消费增长率约为1.6%，2040年全球天然气消费量将在2017年基础上增加44%，其中亚太地区将成为天然气消费增长的引擎，将占到需求增量的49%❸。天然气出口国论坛认为，到2040年，全球天然气需求将在2015年的基础上增长50%，其中国际天然气贸易将增长66%，液化天然气贸易将增长一倍以上❹。

（一）作为世界第一大天然气生产国，美国正在努力成为世界第一大液化天然气生产和出口国

美国是世界第一大天然气生产国和消费国，在2017年成为天然气净出口国后，无论是管输天然气出口或是液化天然气出口都在迅速增长，2025年有可能成为世界最大的液化天然气出口国。

2018年，美国天然气的产量创历史纪录，市场销售的天然气产量为9264.79亿立方米，比2017年增长12.06%；其中，干气产量为8614.89亿立方米。美国能源信息署预测，2019年和2020年，美国天然气产量将会一再开创新的纪录。2019年，

---

❶《BP世界能源展望》2019年版，英国石油公司，2019年2月。

❷ 中国石油经济技术研究院：《2050年世界与中国能源展望》，北京：石油工业出版社，2018年9月，转引自新浪财经，http://finance.sina.com.cn/money/future/nyzx/2018-09-19/doc-ihkhfqns9412932.shtml。

❸《国际能源署发布"世界能源展望2018"》，电力网，2018年2月16日，转引自石油圈网，http://www.oilsns.com/article/381424。

❹《全球天然气展望2040》，天然气出口国论坛。

美国市场销售的天然气产量将上升到10086.46亿立方米,其中干气产量将上升到9377.45亿立方米;2020年,美国市场销售的天然气产量将上升到10251.83亿立方米,其中干气产量将上升到9510.77亿立方米❶。美国能源信息署预测,从2020年至2050年的30年间,美国的天然气产量都将保持持续增长,成为所有化石能源中产量增长最快的能源。

2018年,美国管输天然气的出口量为728.23亿立方米。美国能源信息署预计,2019年美国管输天然气的出口将上升到836.69亿立方米,2020年将上升到867.69亿立方米,比2018年增长19%。美国管输天然气出口,主要是墨西哥天然气需求的增加和2020年年底流向墨西哥管输天然气管道输送能力的扩大。2018年7月,美国向墨西哥管输天然气的日出口量超过1.42亿立方米。

2016年2月,美国开始出口液化天然气。2018年,路易斯安那州萨宾帕斯液化天然气出口设施的产能增加以及马里兰州凹点液化天然气设施开始商业运营,使美国液化天然气的出口规模持续扩大。随着墨西哥湾沿岸的卡梅伦液化天然气、自由港液化天然气和佐治亚州的埃尔巴岛液化天然气设施的投产,液化天然气将成为美国天然气出口的重要组成部分。2018年,美国液化天然气的出口量为306.79亿立方米❷。

2019年1月,美国液化天然气月度出口数量,首次超过1.13亿米³/日。2019年5月,美国液化天然气出口稳步增长,达到了创纪录的1.33亿米³/日。2019年前5个月,美国液化天然气日均出口达到1.19亿立方米(约为3110万吨/年),超过马来西亚的日均1.02亿立方米(约为2667万吨/年),成为世界第三大液化天然气出口国。截至2019年8月,美国共有4个液化天然气项目、9条生产线投入运营,液化天然气合计日出口能力为1.53亿立方米(约为4000万吨/年)❸。2019年年底前,美国有两个新的液化天然气出口项目将投入使用,即佐治亚州的厄尔巴岛液化天然气项目1号生产线和得克萨斯州的自由港液化天然气项目1号生产线。

---

❶ 2018年天然气价格、生产、消费和出口增长,美国能源信息署,2019年1月,https://www.eia.gov/todayinenergy/detail.php?id=37892.

❷ 2018年天然气价格、生产、消费和出口增长,美国能源信息署,2019年1月,https://www.eia.gov/todayinenergy/detail.php?id=37892.

❸ 7月份,向美国液化天然气出口设施交付的天然气创下历史新高。美国能源信息署,2019年8月,https://www.eia.gov/todayinenergy/detail.php?id=40953.

美国能源信息署预测，随着卡梅伦、自由港和厄尔巴岛启用新的液化天然气生产线，2019年美国液化天然气出口将增长到日均1.36亿立方米，2020年将增长到日均1.95亿立方米（约为5100万吨/年）。预计2019—2020年间，美国将位居澳大利亚和卡塔尔之后，成为世界第三大液化天然气出口国❶。

2021年，美国6个液化天然气项目预计将全部投产。2019年新开工的两个液化项目，即得克萨斯州的戈登帕斯和路易斯安那州的加尔卡修帕斯，预计将于2025年投产。美国能源信息署预计，2025年美国液化天然气日生产能力为4.36亿立方米（约为1.14亿吨/年），届时将超过卡塔尔和澳大利亚，成为全球最大的液化天然气出口国❷。

从2016年2月开始至2019年6月，美国共向世界上33个国家和地区，累计出口了840船、780亿立方米的液化天然气。亚太地区是美国液化天然气最大的出口市场，占截至2019年6月出口总量的37.9%；拉丁美洲和加勒比地区位居第二，为29%；欧洲和中亚地区位居第三，为19.9%❸。此外，美国的液化天然气还出口到中东和南亚地区。

美国能源信息署预测，2020—2050年的30年间，天然气将成为美国出口数量最大的能源资源，将占全部出口能源资源的1/3以上❹。

（二）作为后起之秀，澳大利亚正在成为世界最大的液化天然气生产和出口国

2018年，澳大利亚天然气产量为1301亿立方米，排名世界第四，但是当年天然气出口量为919亿立方米，且全部为液化天然气，折算为7000万吨，排名卡塔尔之后，是世界第二大液化天然气出口国❺。

从2012年开始，澳大利亚西北大陆架陆续建设了5个液化天然气出口项目，分别为陆上的布鲁托、高庚、惠特斯通、伊克提斯和海上的普莱里德浮动液化天然气项目。2015年和2016年，在澳大利亚东部的昆士兰柯蒂斯岛上，建设了昆士兰柯蒂

---

❶ 在需求下降和亚洲液化天然气现货价格下降的情况下，美国对欧洲的液化天然气出口增加。美国能源信息署，2019年7月，https://www.eia.gov/todayinenergy/detail.php?id=40213。
❷ 在需求下降和亚洲液化天然气现货价格下降的情况下，美国对欧洲的液化天然气出口增加。美国能源信息署，2019年7月，https://www.eia.gov/todayinenergy/detail.php?id=40213。
❸ 液化天然气月刊，美国能源部化石能源石油和天然气办公室，2019年8月。
❹ 2019年年度能源展望及2050年预测，美国能源信息署，2019年1月。
❺ 《世界能源统计评论》，美国石油公司，2019年6月。

斯、格拉德斯通和澳大利亚太平洋3个液化天然气出口项目,这些项目都使用煤层气作为原料加工成液化天然气。加上西北大陆架和达尔文,澳大利亚共有10个液化天然气出口项目,建设能力合计为8760万吨,出口规模可以达到8800万吨/年❶。

2019年4月,在液化天然气出口能力和出口数量上,澳大利亚均已超过世界第一的卡塔尔。澳大利亚工业、创新和科技部预测,2020年澳大利亚液化天然气出口数量将达到8100万吨,超过卡塔尔,正式成为世界第一大液化天然气生产和出口国❷。

澳大利亚液化天然气出口到世界上十多个国家和地区,包括中东的阿拉伯联合酋长国,其中的绝大部分是根据长期合同出口到3个国家:日本、中国和韩国。近年来,澳大利亚液化天然气出口中越来越多的份额被运往中国,以满足其日益增长的天然气需求。其余数量几乎全部出口到亚洲其他国家,偶尔也有少量出口到亚洲以外的目的地。

(三)推出北方气田可持续发展工程,卡塔尔力图夺回世界第一大液化天然气供应国的宝座

2018年,卡塔尔是世界第一大液化天然气出口国。自2006年超越印度尼西亚至2018年的13年间,卡塔尔一直稳定地保持了世界第一大液化天然气出口国的地位。

卡塔尔的油气资源主要集中在北方气田,可以说,就是仅仅这么一个北方气田,就决定了卡塔尔的财富和在全球天然气行业长时间无人能够挑战的影响力。

北方—南帕斯油气田由壳牌公司发现于1971年,总面积约9700平方千米,其中,位于伊朗的部分约为3700平方千米,称为南帕斯气田;位于卡塔尔水域部分约为6000平方千米,约等于卡塔尔陆地面积的一半,称为北方气田。据地质学家估计,北方—南帕斯天然气田的天然气总储量约为51万亿立方米并约500亿桶凝析油,是世界上已知的最大天然气田,占世界可开采天然气总储量约19%,天然气的可开采率约为70%。其中,伊朗南帕斯气田的可开采天然气约为10万亿立方米,并有180亿桶凝析油;卡塔尔北方气田的可开采天然气约为25万亿立方米,并有300亿桶凝析油❸。

---

❶ 资源和能源季刊,澳大利亚工业、创新和科学部首席经济学家办公室,2019年6月。
❷ 资源和能源季刊,澳大利亚工业、创新和科学部首席经济学家办公室,2019年6月。
❸ 《北方—南帕斯天然气田》,百度百科,https://baike.baidu.com/item/%E5%8C%97%E6%96%B9-%E5%8D%97%E5%B8%95%E6%96%AF%E5%A4%A9%E7%84%B6%E6%B0%94%E7%94%B0/8323014?fr=aladdin。

据卡塔尔天然气公司的官网介绍，1971年发现北方气田时，仅通过15口评价井，就确定了这个气田是世界最大的非伴生气田，可采资源量超过25.49万亿立方米，占世界已经探明天然气储量的10%[1]。

1971年北方气田发现后，卡塔尔巨大的天然气资源并未立即投入开发。第二次石油危机后，世界各国对天然气消费开始重视，天然气进入大规模开发的阶段。1984年，卡塔尔天然气公司成立。1996年1月，卡塔尔出口的第一船液化天然气从拉斯拉凡港启程运往日本；2006年，卡塔尔液化天然气出口量达2500万吨/年，首次超过印度尼西亚，成为世界第一大液化天然气出口国；2010年，卡塔尔液化天然气出口能力达到了具有里程碑意义的7700万吨/年，占世界液化天然气贸易的1/3左右[2]。

从1984年开始建设以来，截至2019年年底卡塔尔拥有14条液化天然气生产线，主要由4个卡塔尔液化天然气项目和3个拉斯拉凡液化天然气项目组成。2018年，卡塔尔天然气产量为1755亿立方米，仅占世界的4.5%，排名美国、俄罗斯、伊朗、加拿大之后，位居世界第五，排名在中国之前。但是，除仅419亿立方米用于国内消费外，卡塔尔生产的天然气主要用于出口，2018年天然气出口量为1336亿立方米，是仅次于俄罗斯的世界第二大天然气出口国，其中除少量通过管道出口到阿拉伯联合酋长国外，绝大多数加工成液化天然气出口，当年液化天然气的出口量为1048亿立方米，是世界最大的液化天然气出口国[3]。

2005年，就在超越印度尼西亚成为世界第一大液化天然气出口国的前夕，卡塔尔宣布暂停北方气田的开发，研究天然气产量迅速增加对气田气藏的影响。2010年，液化天然气产能达到7700万吨/年的顶峰后，卡塔尔就再也没有增加液化天然气的产能。2017年4月3日，卡塔尔宣布取消2005年实施的北方气田开发禁令，计划通过5~7年的努力，开发北方气田南段，增加约20亿立方英尺/日的天然气产能，将产量提升约10%，巩固卡塔尔在天然气行业的领导地位[4]。

2018年1月，卡塔尔启动北方气田可持续发展工程；同年3月，卡塔尔石油公

---

[1] http://www.qatargas.com/english/aboutus/north-field.
[2] http://www.qatargas.com/english/operations/lng-trains.
[3] 《世界能源统计评论》，英国石油公司，2019年6月。
[4] 《卡塔尔重启全球最大天然气田建设》，新华网，2017年4月5日，http://www.xinhuanet.com/energy/2017-04/05/c_1120750546.htm.

司宣布，计划通过北方气田扩能，新建4条液化天然气生产线，预计在2024年将液化天然气产能提高43%，从而使卡塔尔的液化天然气产能从7700万吨/年提高至1.1亿吨/年，夺回世界第一大液化天然气出口国的宝座❶。2019年4月，卡塔尔将陆上设施的前端工程和设计合同授予日本千代田公司，并邀请国际上著名的承包商，如美国麦克德莫特、意大利塞班、英国德希尼布—富美实等参与项目投标活动❷。

除加大国内北方气田的开发力度外，2019年2月，卡塔尔与埃克森美孚宣布，作为卡塔尔向美国投资200亿美元计划的一部分，首次投资100亿美元，将过去用于进口的位于美国得克萨斯州的戈登帕斯液化天然气接收站，改造为出口设施，成为美国2019年首个通过投资决策的液化天然气出口项目，而且是首个没有销售合同的液化天然气项目，预计项目2024年投产运营，年出口量将达到1600万吨❸。

作为液化天然气扩能项目的配套，2019年4月，卡塔尔宣布启动100条以上液化天然气船招标计划，在未来10年内完成，其中60条船将首先交付，这一计划成为液化天然气工业历史上规模最大的造船项目，总价超过200亿美元，是人类造船史上的一笔超级大单❹。

（四）双手发力，俄罗斯试图保持并提升在全球天然气市场的影响力

俄罗斯是世界第一大天然气资源国，第二大天然气生产国和第一大天然气出口国，曾经在全球天然气市场，尤其是在欧洲天然气市场拥有巨大的影响力。内部来讲，俄罗斯天然气行业高度垄断。2006年，俄罗斯制定并通过了《俄罗斯联邦天然气出口法》，授予俄罗斯天然气公司及其独资子公司出口天然气的专营权，其他能源企业只有在支付佣金的基础上，才能通过俄罗斯天然气公司及其下属的天然气出口公司和其他独资子公司出口天然气。但是，近年来随着美国和澳大利亚等新加入者的强势进入，俄罗斯在国际天然气市场已经风光不再，为此不得不改变自己过去

---

❶ 《卡塔尔将在2024年前将液化天然气产能扩大约43%至每年1.1亿吨》，生意社，2018年10月26日，转引自新浪财经，http://finance.sina.com.cn/money/future/nyzx/2018-10-26/doc-ihmxrkzw9779281.shtml。

❷ 《卡塔尔石油签署液化天然气扩建项目合同》，中国石化新闻网，2019年4月12日，转引自天然气工业网，http://www.cngascn.com/outNews/201904/35239.html。

❸ 《卡塔尔石油公司与埃克森美孚签署Golden Pass合作协议，年出口量将达到1600万吨》，中国能源报，2019年2月20日，转引自能源界网，http://www.nengyuanjie.net/article/23851.html。

❹ 《100+艘！卡塔尔确认正式订造LNG运输船队》，信德海事，2019年4月23日，转引自海洋资讯网，http://www.hellosea.net/transport/news/2019-04-23/62081.html。

"老子天下第一"的态度。政策上，2014年1月1日实施《液化天然气出口自由化法律草案》，打破了俄罗斯天然气公司的独家垄断，同时在管输天然气和液化天然气两个领域均发力，以求保护自己的市场份额，提升自己的影响力。

欧洲是俄罗斯天然气的传统天下。20世纪70年代、80年代直至20世纪末，面对美国的巨大压力，苏联联合当时的西德，主要通过乌克兰建设了6条成体系的长输天然气管网，年输气能力超过1500亿立方米，牢牢占据着欧洲天然气市场。2000年，欧洲国家天然气进口量为2562亿立方米，其中管输天然气的进口量为2233亿立方米，占比87.16%；液化天然气的进口量为329亿立方米，占比12.84%。欧洲国家2000年进口的2233亿立方米管输天然气中，来源于俄罗斯的为1902亿立方米，占比高达85.18%，占欧洲天然气进口总量的74.24%；来源于非洲阿尔及利亚等国的为331亿立方米，占比仅为14.82%[1]。

苏联解体后，特别是俄罗斯与乌克兰关系恶化后，为保证传统的欧洲天然气市场不丢失，俄罗斯花巨资前后建设了绕开乌克兰的蓝溪、北溪、土耳其流等天然气管道，并顶住美国的一再施压，联合德国大力推进北溪天然气2号管道项目。

除传统的欧洲市场外，俄罗斯启动建设通往中国的天然气长输管线更能说明近年来其天然气政策的变化。虽然俄罗斯早就认识到，中国天然气市场是世界上最具活力、增长最快的市场。但是，就在中国与土库曼斯坦、乌兹别克斯坦和哈萨克斯坦等中亚国家，在天然气项目开发、中国—中亚天然气管网工程取得积极进展并顺利通气的情况下，俄罗斯与中国就长输天然气管线建设工作却一直进展缓慢。2014年5月，中俄双方签署了《中俄东线天然气购销合同》。2014年9月1日，中俄东线天然气管道俄罗斯境内段的"西伯利亚力量"管道开工建设。预计2019年12月1日，"西伯利亚力量"管道将正式贯通，从12月1日起开始对华供气。这样，谈判多年的为期30年、向中国市场供应1万亿立方米天然气的"世纪大单"才变成现实[2]。

中俄另一条长输天然气管道工程耗时则更长，过程更加艰难。早在2014年11月，中俄双方签署西线天然气管道框架协议，确定俄罗斯每年通过"西伯利亚力

---

[1] 《世界能源统计评论》，美国石油公司，2019年6月。
[2] 《普京拟再建一条中俄东线天然气管道》，中国石油新闻中心网，2019年9月12日，http://news.cnpc.com.cn/system/2019/09/11/001744663.shtml。

量 –2"管道向中国提供多至 300 亿立方米天然气，供气期限为 30 年。但后因多方面的原因，这个项目被无限期推迟。据有关媒体报道，2019 年 9 月 9 日，俄罗斯总统普京会见了俄罗斯天然气工业股份公司总裁阿列克谢·米勒，委托后者研究俄罗斯途经蒙古国向中国出口天然气的可能性，这条被提上日程的管道就是搁置已久的中俄西线管道❶。蒙古国以前曾多次表示，愿意将其领土作为俄罗斯天然气运往中国的过境地。2018 年 6 月，普京表示支持蒙古国提出的从俄罗斯至中国建设油气管道的主张。

与管输天然气相比，俄罗斯液化天然气领域取得的进展一直不大，但正在奋起直追。2018 年，俄罗斯出口了 1830 万吨液化天然气❷，已经投产的项目有：萨哈林项目，年生产能力约为 1000 万吨；北极亚马尔项目，年生产能力为 1750 万吨。目前，俄罗斯正在积极推动北极液化天然气 –2 号项目，计划建设 3 条生产线，每条生产线的能力为 660 万吨，总计约 1980 万吨，2025 年前全部投产❸。除现有和正在建设的项目外，俄罗斯政府提出了雄心勃勃的液化天然气建设计划，具体包括 540 万吨 / 年的萨哈林 –2 项目、620 万吨 / 年的远东液化天然气项目、1200 万吨 / 年的波罗的海液化天然气项目以及维索茨克 2 号生产线等。2019 年 6 月 14 日，俄罗斯能源部长亚历山大·诺瓦克表示，俄罗斯计划 2035 年之前将液化天然气产量提高至 1.2 亿～1.4 亿吨，把全球市场份额从 2018 年的 6% 左右提高至 20% 左右，拥有与今天的卡塔尔和澳大利亚同样的市场份额❹。

截至 2019 年 2 月，全球液化天然气总的生产能力已经达到 3.92 亿吨 / 年，还有逾 1 亿吨液化产能正在开发建设之中❺。包括美国、澳大利亚、卡塔尔和俄罗斯四大

---

❶《普京拟再建一条中俄东线天然气管道》，中国石油新闻中心网，2019 年 9 月 12 日，http://news.cnpc.com.cn/system/2019/09/11/001744663.shtml。

❷《出口1830万吨天然气后，俄罗斯巨头再投600亿，中国仍是合作伙伴》，金石数据，2019 年 7 月 17 日，http://baijiahao.baidu.com/s?id=1639309969719003411&wfr=spider&for=pc。

❸《大型北极LNG2号开发项目FID获得批准》，国家石油化工网，2019 年 9 月 16 日，转引自中国对外承包工程商会网，http://www.chinca.org/CICA/info/19091610544611。

❹《俄液化天然气生产或增至5倍，7成出口亚太》，新浪财经，2019 年 6 月 14 日，https://finance.sina.com.cn/stock/usstock/c/2019-06-14/doc-ihvhiqay5650990.shtml。

❺《2018年LNG市场全景展现——项目篇》，石油观察网，2019 年 5 月 6 日，转引自搜狐网，http://www.sohu.com/a/311988842_694318。

国在内，目前全球共有20个国家和地区具有天然气液化和出口能力，除传统的阿尔及利亚、印度尼西亚、马来西亚、特立尼达和多巴哥等国外，尼日利亚、阿曼、加拿大、喀麦隆、莫桑比克等国都进入液化天然气生产和出口国行列，诸如莫桑比克等新进入国的生产能力扩建迅速，短时间内就能达到3000万吨/年的水平❶。在全球迅速扩张的液化天然气产能中，除资源国的大力支持和积极推动外，诸如壳牌、道达尔等国际大石油公司和中国石油天然气集团有限公司（以下简称"中国石油"）、中国海洋石油集团有限公司（以下简称"中国海油"）等消费国的国家石油公司也在技术、资金和市场等诸多方面发挥了积极的作用。

巨额资金投资将推动液化天然气很快在全球跨区域天然气贸易中与管输天然气平分秋色，并超越管输天然气，液化天然气将成为全球天然气贸易中最具活力的业务和主角。因此，在可以预见的不久的将来，我们将会看到，液化天然气建设所带来的有利影响，一方面，天然气贸易将会如同石油贸易一样，形成全球性的交易市场；另一方面，国际天然气供应日益充裕并在一定程度上供给过剩，市场竞争将更加激烈，但这将推动天然气在人类社会一次能源消费中发挥越来越重要的作用，给人类社会带来更加清洁的生存环境，更好地造福全人类。

全球天然气资源十分丰富，基于目前的技术水平和科学认知，当前和未来相当长时间，人类社会大规模使用天然气有充裕的资源保障。2019年1月1日，世界剩余探明天然气储量为196.9万亿立方米❷。除已探明的储量外，常规天然气潜在储量还有292.9万亿立方米。除常规天然气外，世界上还有大量非常规天然气，如3180万亿~4600万亿立方米的煤层气，2000万亿立方米的水溶气，5057万亿立方米的水合物中的气和1500万亿立方米的深源气❸。

本文撰写于2019年9月底

---

❶ 《莫桑比克将成为全球十大液化天然气供应国》，石化行业走出去联盟，2019年4月18日，转引自搜狐网，http://www.sohu.com/a/308830192_825950.

❷ 《世界能源统计评论》，英国石油公司，2019年6月。

❸ 王竖：《持续高速发展的世界天然气工业》，《世界石油经济》,1991年第3期。

第 **2** 篇

石油・经济・国际政治

石油及能源在我们时代正在发挥的作用

当今的每日新闻中,绝对少不了石油、天然气及能源等有关话题。石油之所以是热点,是由我们这个时代石油的能源特征所决定的,石油、天然气及能源相关事务,渗透或影响到我们生活的方方面面;也正因为石油、天然气及能源在当今时代的重要地位,在热门的同时,也带上了神秘的色彩,蒙上了神秘的面纱,石油、天然气及能源话题本身不仅神秘,而且与之相关的事务也就高大上了,上纲上线已属平常,无限夸大更时常有之,阴谋、战争、战略、结盟等最冰冷或最高尚的名词,时常都作为标签给石油、天然气及能源等话题贴上。

无论是从篇幅还是话题的分量上,本篇都是本文集的重点。所选择的50篇文章,从石油重要性和基础知识说起,分析石油价格波动的原因、石油与政治之间的关系,探讨当前和未来国际石油形势可能的变化,分国别和地区说明石油及能源形势,重点剖析当今世界主要石油及能源消费、生产大国及重要能源组织的能源政策。这一部分中,还有5篇文章,介绍与石油及能源相关的重要运输通道情况。可以说,本篇的50篇文章,应该涵盖了媒体和社会普遍关注的当今石油及能源热点话题,是对社会和大众普遍关切的石油及能源问题,从学术和专业角度的回应。

本篇的50篇文章,最早的一篇发表于1986年秋,最新的发表于2019年11月25日,其中的大部分文章是2018年和2019年撰写及发表的。非常有趣,更非常重要的是,个人第一篇、于1986年秋发表的文章,讨论的是欧佩克前景问题,33年后的2019年10月21日,我作为中方代表,赴维也纳参加第三届欧佩克—中国高层对话会,做关于中国能源转型的大会演讲,访问欧佩克图书馆,赠送了拙著《石油的时代》,回国后有感而发,撰写了如何看待和分析欧佩克有关政策的文章。从学术研究上，33年形成了一个闭环，这一闭环是个人的亲身经历。同样的是，这50篇文章中部分与当今世界重要石油及能源消费生产国有关系的文章，也是闭环的。如，亲身参与的中美油气工业论坛，2005—2017年的12年，美国能源形势发生了根本性的变化，个人是美国页岩革命的见证者；又如，2018年4月，访问沙特阿拉伯，2019年11月，撰写了沙特阿美公司上市的深度分析报告；再如，1991年年初撰写并发表了"苏联能源工业的发展现状及前景"，2019年6月，我赴俄罗斯圣彼得堡参加第二届中俄能源商务论坛，主持中俄能源政策的讨论，回来后撰写并发表了"俄罗斯油气政策的理想与理性"。因此，本篇50篇文章和个人希望贡献的，不仅是从学术和专业的角度回答社会和大众对石油及能源问题的关切，更是在最大可能条件下，以亲身的经历来实证这些回答。

从商品指数,看2018年能源和大宗商品市场行情的剧变

众所周知,2018年从年初到年底,国际石油价格上演了一场过山车。从1月2日第一个交易日至10月3日出现的2018年最高值,布伦特原油价格上涨了19.72美元/桶,涨幅为29.62%;从最高到最低的价差,为35.82美元/桶,跌幅为41.51%。12月31日收于53.80美元/桶,与1月2日第一个交易日相比,布伦特原油价格下跌了12.77美元/桶,跌幅为19.18%。

上面列举的,仅是伦敦国际石油交易所布伦特原油期货交易的价格变动情况,也是媒体和社会大众日常报道和了解有关国际石油价格变化最常用的方式及渠道。事实上,从专业的投资机构来说,还有另外更加系统和复杂的跟踪石油、能源及其他大宗商品价格变化的方法和途径,这就是有关机构推出的商品指数。

本文将简要地介绍世界最著名的商品指数,即标准普尔高盛商品指数(GSCI)的基本情况,并结合美国能源信息署提供的有关资料,通过2018年标准普尔高盛商品指数整体和其中的能源指数变化,从另一侧面,看一看2018年国际石油价格的变化及其对国际市场其他大宗商品的影响,更为重要的是,从中可基本看出能源在国际大宗商品价格走势中的关键引领作用。

一、标准普尔高盛商品指数(GSCI)简介

标准普尔高盛商品指数(the S&P Goldman Sachs Commodity Index,GSCI)来源于高盛商品指数(Goldman Sachs Commodity Index,GSCI),1991年由高盛公司创建。2007年2月,标准普尔公司从高盛公司购买了该指数,被重新命名为标准普尔高盛商品指数(S&P GSCI,一般简称为GSCI)。

2018年，标准普尔高盛商品指数包括24种商品：6种能源产品，5种工业金属，8种农产品，3种畜牧产品，2种贵金属。标准普尔高盛商品指数，按全球商品产量及其价值给各指数成分赋予权重，其中对能源行业赋予了很高的权重，能源行业占了该指数75%左右，各大类商品的比例会根据过去5年中经济合作与发展组织数据的平均美元价值每年重新评估一次，每年1月份调整。

标准普尔高盛商品指数，是国际交易市场跟踪量最大的商品指数，是世界主要机构投资者投资商品市场运用最多的商品指数。

标准普尔高盛商品指数期货合约，在芝加哥商业交易所（CME）上市交易。

二、2018年标准普尔高盛商品指数和能源指数的变化

2018年，从1月2日第一个交易日到12月31日，标准普尔高盛商品指数的全年表现如图1所示。从这张图中，我们可以直观地看出，除可可、芝加哥小麦、堪萨斯小麦、玉米、饲喂牛、活牛6种农产品和家畜产品外，24种商品中的其他18种商品在2018年全部是负增长。

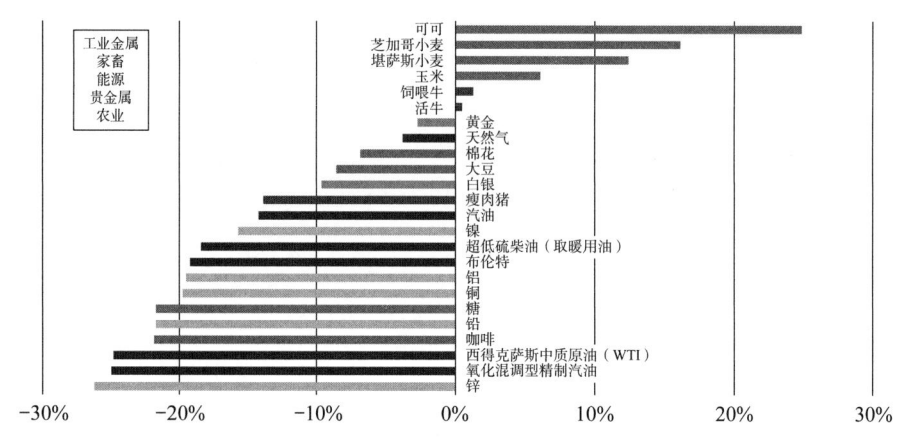

图1　2018年1月2日至12月31日商品期货价格变化（%）

据有关机构统计，2018年全球93%的资产出现了负增长，为1901年有记录以来的最高比例，是有史以来全球资产表现最差的一年。对照标准普尔高盛商品指数2018年的走势，应该说这一结论是正确的。

从能源指数看，2018年1月至10月，标准普尔高盛商品指数中的能源现货指数上涨了25%，但到年底结束时却比年初下降了21%（图2）。尽管2018年标准普尔高盛商品指数中所有商品的价格都下降了，但能源指数的下降远远大于其他商品，主要原因是第四季度原油和石油产品价格的暴跌，带来了2018年标准普尔高盛商品指数中能源指数的大降。

2018年，标准普尔高盛商品指数中的能源和其他主要大类商品指数的年度变化情况如图2所示。

2018年之所以是有史以来全球资产表现最差的一年，有关机构和专家认为，其主要原因就是2018年10月中下旬开始的油价暴跌。

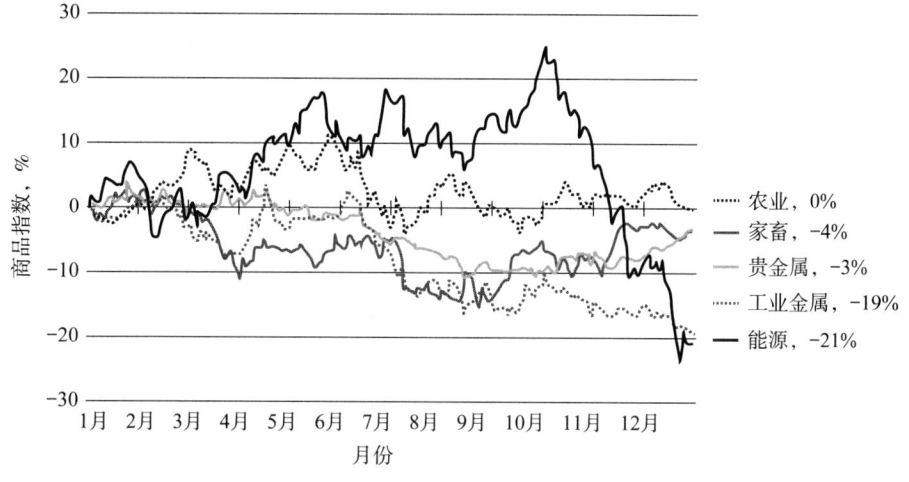

图2　2018年标准普尔高盛商品指数中主要大类商品的指数变动

三、2018年分品种标准普尔高盛商品能源指数比例及其市场变化的情况

作为两种世界主要标杆原油，美国西得克萨斯中质原油（WTI）和北海布伦特原油，占了标准普尔高盛商品指数中能源指数权重的71%。正是由于如此高的权重，2018年能源指数的变化直接反映了国际原油市场主要原油品种价格的急剧变化。

自2016年跌到30美元/桶之下后，国际石油市场原油价格一直在上涨。2018年大部分时间，由于产量可能受限和全球石油库存的下降，原油价格不断上涨。2018年5月，美国宣布重启对伊朗的制裁，伊朗主要的石油进口国减少了从伊朗进口原油的数量。

2018年10月3日，布伦特原油价格涨到4年来的最高点，为86美元/桶。但是，由于以下几个方面的原因，导致了随后原油价格的暴跌：美国、俄罗斯和沙特阿拉伯的石油产量达到历史性高位；全球经济增长放缓的担忧及其对石油需求可能带来的负面影响；对某些进口伊朗原油国家的豁免，也大大缓解了对原油供应紧张的担忧。这些因素共同作用的结果，使得2018年成为自2015年以来，第一个年底原油价格低于年初的年份。

2018年，以石油为基础的产品，包括氧化混调型精制汽油（RBOB）、超低硫柴油（ULSD）和汽油，合计占标准普尔高盛商品指数中能源指数的22%。在所有能源商品中，氧化混调型精制汽油（RBOB）的价格下降幅度最大，主要原因是汽油库存过高，而汽油的消费持平或下降。自2011年以来，氧化混调型精制汽油（RBOB）的价格在2018年11月份首次低于布伦特原油的价格。与之相反的是，超低硫柴油（ULSD）和汽油的价格却没有下降那么多，主要原因是这些产品的消费量增加和较低的库存。

天然气占2018年标准普尔高盛商品指数中能源指数的7%。2018年，在所有的能源商品中，天然气的价格降幅最小。2018年大部分时间，由于产量不断增加，天然气价格维持在低位并保持了稳定。2018年11月初和12月，美国天然气价格大幅上涨，主要原因是11月份出现了4年来当月美国历史的最低气温，天然气的库存也处于低位。2018年12月底，美国天然气价格开始下降并降到了低于年初的水平。

本文撰写于2019年1月中旬

原油基础知识和国际石油市场
三大标杆原油简介

石油贸易是世界最大的实物贸易之一,如果加上被归类为纸货的期货贸易,则其每年的交易金额更是十分巨大。在日常的新闻报道和媒体中,我们经常听到或看到各种原油和价格变化的报道,本文将简要地介绍原油的基础知识和国际石油市场三大标杆原油的情况,以便大家对国际石油市场和石油贸易有一个基本的了解。

一、原油基础知识

2018年10月,世界石油产量9976万桶/日,合年产量50亿吨。

目前,世界上很多国家都生产原油,原油的种类有近百种,主要由两类指标来进行区别,一是密度,用API度表示,由重到轻,数字越大,表示原油的品质越好;二是硫含量,由低硫到含硫,数字越大,表明原油的硫含量越大,原油的品质越差。

一般来说,国际石油贸易中,轻质的低硫原油价格要高于重质的含硫原油,原因是轻质的低硫原油能生产更多的高价值的汽油、柴油等轻质组分,同时加工轻质的低硫原油不需要复杂的炼油装置,能源消耗也很低。

世界著名的18种原油API度和硫含量,如图1所示。

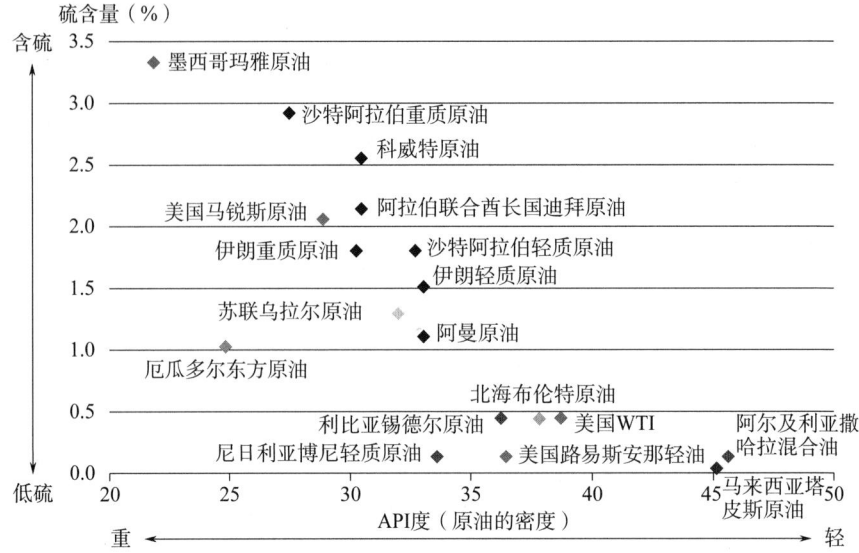

图 1　世界著名原油的密度和硫含量

资料来源：美国能源信息署，2012 年 7 月 16 日。

二、国际石油市场三大标杆原油简介

从新闻报道中，我们经常看到谈论国际石油价格时，会出现英国布伦特原油（Brent）、美国西得克萨斯中质原油（WTI）或迪拜/阿曼原油（Dubai/Oman）价格变化的情况，这些油种价格的涨跌说明的是国际石油市场价格变化的趋势，也在很大程度上牵动着当今世界经济、金融形势的变化。

布伦特、WTI 和迪拜/阿曼三种原油的价格之所以有如此的功用，就在于它们是当今国际石油市场的标杆原油，世界上很多国家生产的原油在交易时以这 3 种原油中的某一种价格作为参照来决定自身的价格水平，从而使这 3 种原油价格的变化直接代表了国际石油市场的价格走势。

从多年来的国际石油贸易实践看，一种原油要成为标杆原油，必须具备 4 个基本的条件：稳定和充裕的产量；具有地理上便利、方便的运输条件，金融市场和政策稳定且鼓励市场各种交易行为；充足的仓储设施以支持市场交易活动的发展；有与其他交易中心进行贸易的方便的交货点，允许套利，从而使价格能反映全球供需的变化。

其他原油与标杆原油之间，通过商定或公认的差别进行关联，这些商定的差别包括：品质差，主要指原油的 API 度，与标杆原油相比是轻还是重；硫含量；从产量到炼厂的运输成本；包括炼厂开工率在内的区域或全球石油供需情况。

考虑到目前在国际石油市场的影响力，本文重点将介绍布伦特原油价格体系的演变历程。

布伦特原油：世界使用最广泛的标杆原油，被用为欧洲、地中海、非洲、澳大利亚和某些亚洲国家生产的轻质、低硫原油的价格标杆。

布伦特原油价格体系，由在北海生产的 5 种轻质低硫原油组成。最初的四种具体包括：英国布伦特（Brent）和福蒂斯（Forties）油田生产的原油，挪威埃科菲斯克（Ekofisk）和奥塞贝格（Oseberg）油田生产的原油。由于相关油田产量的下降，从 2018 年开始，布伦特原油报价机构普氏公司将挪威特罗尔（Troll）油田的产量，列入了布伦特原油价格系列。

布伦特油田发现于 1972 年，1978 年投入生产。20 世纪 80 年代，普氏公司将布伦特油田生产的现货原油用作特定装期的北海生产原油现货的价格标杆，被称为"即期布伦特"（Dated Brent）。1988 年，现货市场的布伦特原油，变成了伦敦国际交易所（ICE）布伦特期货合同的基础，即期布伦特和 ICE 布伦特期货价格被大量用于很多金融和贸易安排中，并成为全球原油价格体系的主要组成部分。

1982 年，布伦特油田的产量达到峰值 50.4 万桶/日，但随着产量不断下降，用于交易的布伦特原油越来越少，降低了即期布伦特的流动性，使得市场交易越来越困难。2002 年，普氏公司将英国福蒂斯油田和挪威奥塞贝格油田的产量，纳入了布伦特系列。2007 年，普氏公司又将挪威埃科菲斯克油田的产量纳入了布伦特系列。自此之后，即期布伦特又被称为布伦特 BFOE，即布伦特价格中的 4 种构成原油的首字母。

2006 年，布伦特原油价格体系中 4 个油田的装船量超过 140 万桶/日，2012 年下降到不到 100 万桶/日。2013 年，布伦特原油的装船量为 86 万桶/日，占当年世界原油产量 7600 万桶/日的 1%。2011—2014 年间，由于油价上涨带来的投资不断增加，2013—2015 年布伦特原油价格体系油田的产量和装船量不断增加。2015 年，布伦特原油价格体系中 4 个油田的装船量达到 103 万桶/日，但 2016 年下降到 94.8 万桶/日（图 3）。

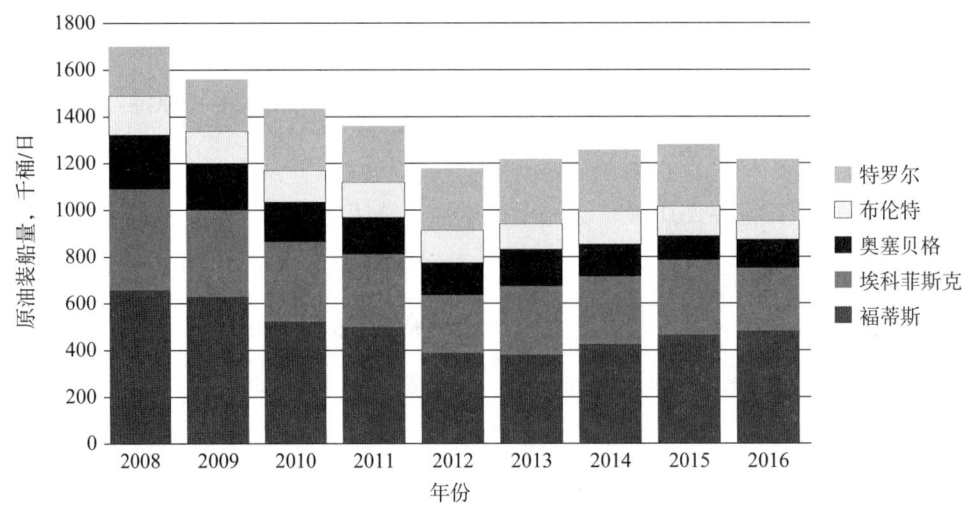

图 2　2008—2016 年即期布伦特原油装船量

资料来源：美国能源信息署，2017 年 3 月 10 日。

特罗尔油田增加进来后，布伦特价格体系的油田变成了 5 个，即期布伦特由布伦特 BFOE 变成了布伦特 BFOET，整个即期布伦特的装船量上升到 120 万桶/日。

虽然布伦特作为标杆原油的重要性日益增大，但作为初始油田，布伦特油田的产量越来越小。投产 40 多年后，作为布伦特油田的操作者，壳牌于 2017 年 5 月开始拆除海上平台和与油田相关的 154 口油井等生产设施，布伦特油田宣布正式关闭，但由于已经有了替代的油田产量，并未对布伦特原油价格体系产生任何实质性的影响。

西得克萨斯中质原油（WTI），是美国生产的轻质低硫原油，用作俄克拉荷马州库欣地区交易的原油作价。与此同时，WTI 也作为美国生产的其他原油价格标杆，如墨西哥湾生产的中质含硫马锐斯原油、北达科他生产的轻质低硫的贝肯原油。此外，WTI 还作为美国从加拿大、墨西哥和南美国家进口原油的价格标杆。

迪拜/阿曼原油是第三大标杆原油，是中质含硫原油，用于中东地区生产的向亚洲市场出口原油的作价。

20 世纪 80 年代，欧佩克官价体系瓦解后，中东石油生产和出口国销往亚洲地区的原油，主要基于普氏公司评估的阿曼与迪拜原油现货均价。不过，市场参与者普遍认为，普氏公司有关阿曼和迪拜原油现货价格的计算方法存在缺陷，没有包含全部交易，缺少公开、透明和公正；与此同时，迪拜原油产量不断下降，也削弱了其市场影响力。

2007年6月1日，设立于阿拉伯联合酋长国的迪拜商品交易所，推出了阿曼原油期货合约，作为阿曼原油和迪拜原油官方售价的唯一标杆。

2018年10月1日，沙特阿美公司将迪拜商品交易所的阿曼原油期货月均价格和普氏公司的迪拜原油平均现货价格，作为自己对亚洲原油出口的作价公式，参考比例为50∶50。作为世界最大的石油出口国，沙特阿拉伯此举正式明确了迪拜/阿曼原油的价格标杆作用。除沙特阿拉伯外，阿曼、迪拜、巴林和科威特也将迪拜/阿曼原油价格，作为它们向亚洲市场出口原油的官价标杆。

本文撰写于2018年11月底

市场才是决定国际石油价格走势的内在最根本力量

2018年即将结束的12月27日,中国石油化工集团公司(以下简称"中国石化")所属的联合石化爆出石油期货巨额亏损,一时舆论哗然,股市大幅异动。

从新闻媒体中,我们经常看到石油阴谋论和话语权的讨论。有专家和媒体认为,某些国家通过经济、金融和军事等多种手段,掌控石油话语权,操纵油价,损害有关国家的利益,维护自己的霸权。

客观冷静地分析当前的国际石油形势,美国操纵不了石油价格;实事求是地回顾160年来世界石油工业的历史,除极其短暂的时期外,没有任何一个企业、组织或国家,能掌控石油话语权,更不能操纵油价。160年世界石油工业的历史告诉我们,市场才是决定国际石油价格走势的内在最根本力量。

一、美国既没有石油话语权也操纵不了石油价格

2018年,美国总统特朗普最操心的事之一,就是石油价格。

2018年年初以来,特朗普有关油价的代表性推文有:4月20日,指责欧佩克,油价被人为炒高不可接受。6月13日,油价太高了,欧佩克又在忙了不是好事。6月22日,希望欧佩克增产,让油价降下来。7月4日,称欧佩克是垄断组织,马上降价。11月12日,希望沙特阿拉伯和欧佩克不会削减原油产量,按市场供应。11月21日,油价下跌,很棒!就像给美国和全世界大减税,但可以再低一些。12月5日,希望欧佩克保持当前水平供应,不限产,世界不希望看到油价高企,也不需要高油价。

与特朗普相比,美国无数石油生产商应该更加"愤怒"!2018年,作为标杆原

油的美国西得克萨斯中质原油（WTI）价格，一直大大低于北海布伦特原油。除 6 月 26 日和 27 日两天外，布伦特现货价格均大大高于 WTI，一半左右时间高于 WTI 5 美元/桶以上，高于 10 美元/桶的有 14 天，价差最大的 10 月 23 日为 12.18 美元/桶（图 1）。

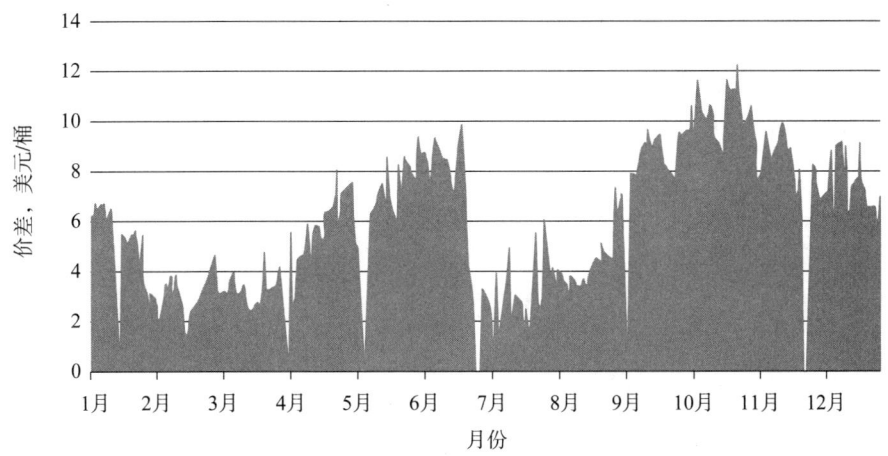

图 1　2018 年布伦特与 WTI 现货的价差

资料来源：美国能源信息署，2018 年 12 月 28 日。

WTI 与布伦特的走势，说明美国石油行业一直被人"欺负"！2013 年 2 月，布伦特与 WTI 的价差达到创纪录的 23 美元/桶。自开展交易以来，20 世纪末和 21 世纪初很长时间里，WTI 价格高于布伦特约 5% 左右，此时的美国是世界第一大石油进口国；从 2010 年前后开始，随着页岩革命的成功，美国石油产量不断扩大和进口量的逐渐减少并正在变成石油净出口国，WTI 价格却调头向下长时间低于布伦特。

美国是当今世界第一经济、金融和军事强国，石油以美元计价，WTI 在纽约商业交易所交易，在俄克拉荷马库欣交割。WTI 原油硫含量和品质均好于布伦特，理论上 WTI 的价格要高于布伦特。开展布伦特原油期货交易的伦敦国际石油交易所，总部位于美国亚特兰大，是按照美国特拉华州法律成立的洲际交易所的全资子公司。一般人的观念里，无论从哪一点看，今天的美国肯定拥有石油话语权，能操纵石油价格，但现实是美国生产的石油价格大大低于布伦特，贵为美国总统的特朗普一直在为油价操心。因此,我们看到的事实清楚地说明,今天的美国既没有石油话语权,也操纵不了石油价格。

二、160年来只是在极短的时期里某些企业或组织拥有过石油话语权

自1859年以来,世界石油工业已走过了160年的历史,油价的暴涨暴跌循环往复是其历史主线。认真细分,仅在3个非常短暂的时期,洛克菲勒、"七姊妹"和欧佩克拥有过石油话语权。

(一)洛克菲勒与标准石油公司

1870年1月10日,洛克菲勒成立了标准石油公司。1911年,标准石油公司基本控制了美国的石油生产、炼油、运输、销售和出口,成为一个从原油生产、提炼到销售的一体化国际大石油公司,是世界石油工业历史上第一家拥有石油话语权的企业。1911年5月,美国最高法院以反垄断为由,将标准石油公司解体为38家公司。

(二)"七姊妹"对国际石油市场的控制

世界石油工业历史上,以埃克森、壳牌、英国石油公司为代表的"七姊妹"曾显赫一时,在一定的时期内曾控制着国际石油市场,拥有石油话语权:

一是1928年9月的"阿克纳卡里协议"和1932年12月的"分配协议要点",确定"单一基点价格制",油价在美国墨西哥湾定价,运往世界其他地区的石油加上从墨西哥湾的标准运费。

二是"双重基点价格制"。第二次世界大战结束后推行"马歇尔计划"过程中,在欧洲国家的强烈要求下,"七姊妹被迫同意",从中东运往欧洲的石油价格,等于从美国墨西哥湾出口的原油价格加上从中东运往欧洲的运费,而不再参照从美国墨西哥湾的标准运费。

三是合击摩萨台。1951年3—5月,伊朗实施石油国有化,摩萨台被任命为首相,接管英伊石油公司,成立伊朗国家石油公司。1953年8月,伊朗国王将摩萨台赶下了台。摩萨台国有化危机的3年时间里,"七姊妹"停止购买伊朗的石油,伊朗被淹没在自己的石油中。

(三)欧佩克与石油话语权

1960年9月14日,沙特阿拉伯、委内瑞拉、科威特、伊朗和伊拉克成立欧佩克,后卡塔尔、利比亚、阿尔及利亚、印度尼西亚等陆续加入或退出,最多时成员国有15个,目前有14个成员国。

欧佩克出名主要是在1973年10月第四次中东战争期间,利用沙特阿拉伯等国对美国、荷兰等实施石油禁运,从"七姊妹"手中夺取了油价决定权,将油价提高到11.651美元,1974年1月1日与1973年1月1日相比,油价大约上涨了340%,形成了第一次石油危机,国际石油市场自此进入了欧佩克的时代(图2)。

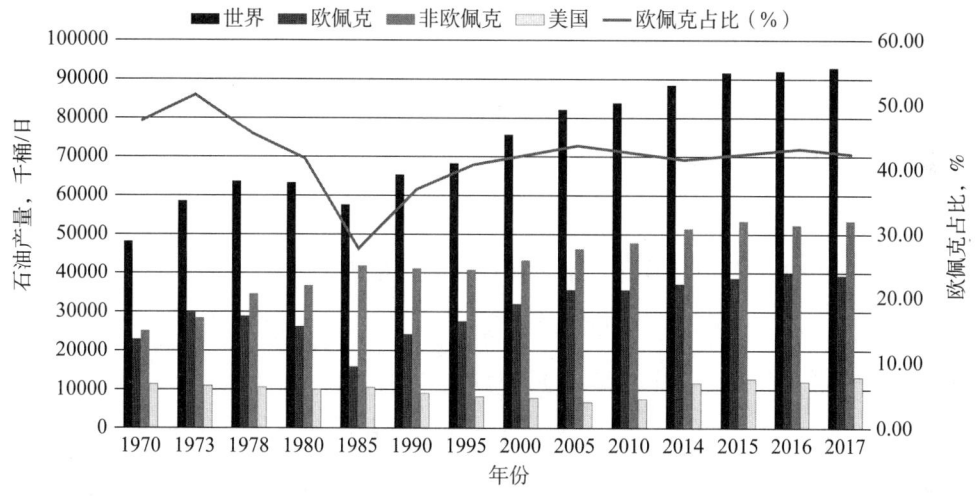

图2 1970—2017年世界石油产量构成和欧佩克占比

资料来源:英国石油公司,世界能源统计评论,2018年6月。

从1960年至今的59年间,欧佩克真正拥有石油话语权,也就是1973年10月第一次石油危机期间。第二次石油危机油价暴涨到45美元/桶,是由于伊朗革命和两伊战争引发的。2004年至2014年油价暴涨到147.27美元/桶,是由当时的市场供需等多种因素导致的。从1981年开始,虽然不断减产,欧佩克也没有能阻止1986年油价暴跌,20世纪90年代油价一直处于历史低位。从2017年年初开始,欧佩克联合俄罗斯等减产,促使油价于2018年10月3日回升到86.29美元/桶,但此后又跌回到50美元/桶上下。

1980年5月,就在第二次石油危机油价暴涨到最高位时,欧佩克发表了《有关长期石油战略报告书》，提出石油价格应该根据物价、外汇汇率和经济合作与发展组织（以下简称"经合组织"）国家实际国民生产总值增长率调整。当然，国际石油价格从来就没有按欧佩克的设想来展开。

剔除不同语境下的情感因素，从世界石油工业历史的角度冷静地分析，无论是洛克菲勒的标准石油公司，还是"七姊妹"和欧佩克，在拥有石油话语权的一刻起，事实上必须承担起国际石油市场秩序维持者的角色和责任，其手段就是通过控制自己的产量来平衡市场，但在新进入者石油产量不断扩大的冲击下，油价又一次从暴涨走向了暴跌，其对国际石油市场的话语权也就很快失去。

三、市场才是决定国际石油价格走势的内在最根本力量

"阴谋论"和"操纵说"更多的是想象和推测，当前世界主要石油期货交易机构都是纯商业机构，国际石油市场符合完全竞争市场的基本假设，市场才是决定国际石油价格走势的内在最根本力量。

（一）"操纵说"和"阴谋论"的现实往往是一地鸡毛

作为现代石油工业的发源地和诞生了世界主要石油公司的美国，也是石油"操纵说"和"阴谋论"的发源地。早在20世纪初，美国媒体和社会大众，包括马克·吐温等知名作家，将标准石油公司描绘成不正派、残酷的代表，洛克菲勒也被描绘成没有道德的强盗，其外表和秃顶都成了道德败坏的象征。

2004—2014年油价大涨期间，美国又盛行起"操纵说"和"阴谋论"。一方面，社会舆论认为，当时的美国总统小布什和副总裁切尼，自身从事的是石油业，代表的是美国石油利益集团，美国政府有意推动油价上涨；二是华尔街众多机构，尤其是花旗和高盛，有意炒高油价。2006年6月，美国国会开始对石油期货交易展开调查。2008年6月，美国商品期货管理委员会组成多部门参加的特别任务组，调查石油期货中人为操纵市场的情况。2011年4月，奥巴马任命由美国总检察长牵头，成立原油和天然气价格欺诈问题特别工作组，调查交易商和投机者操纵油气价格的行为。当然，时至今日，我们都没有看到油价"操纵说"和"阴谋论"的官方结论。

一个非常有趣的现象是，每当某些我们认为具有极大影响力的机构预测油价要大涨时，往往很快油价就暴跌，代表性的就是号称世界顶级投资银行的美国高盛。

2008年5月6日,高盛认为,原油价格在未来两年内可能升至200美元/桶高位。2018年5月,在油价突破80美元/桶后,高盛劝说投资者平仓结利太早,油价还有上涨的空间。

在一般人眼里,期货投机机构具有"操纵"油价的能力,但面对油价的大幅度波动,却无能为力,损失惨重。国际上,2017年8月,号称"原油之神"的美国石油期货交易员安迪·霍尔亏损30%后,关闭了对冲基金。曾押对2008年油价大跌的伦敦安杜兰商品基金,2018年7月亏损15.2%。2018年11月20日油价大跌后,美国对冲基金经理詹姆斯·科迪埃哭着向投资人诉说,石油市场动荡亏掉了全部资金。截至2018年12月19日,国内多支原油类QDII基金的净值全部变成负收益,油气主题QDII基金自10月以来净值跌幅普遍超过20%,其中部分原油QDII基金的最大净值跌幅已接近40%。2018年12月27日,作为亚洲最大的石油贸易商,中国石化的联合石化未能幸免于油价暴跌的重击。

(二)三大能源期货交易所都是典型的商业机构

纽约商业交易所、伦敦国际石油交易所和迪拜商品交易所,是世界三大能源交易机构,布伦特、WTI和迪拜/阿曼原油期货代表着国际石油价格的趋势。

1983年3月30日,纽约商业交易所推出WTI期货交易。2001年11月交易所完成股份制改革,是一个以盈利为目的的商业性机构。2008年,纽约商业交易所被芝商所集团收购。芝商所集团成立于1848年,是一家私人机构,拥有芝加哥商业交易所、芝加哥期货交易所、纽约商业交易所和纽约商品交易所四大交易中心,提供包括利率、股指、外汇、能源、农商品、金属、气象及房地产等为标的的期货与期权产品交易和清算,150多个国家的客户可以通过电子交易系统参与交易。

1988年6月23日,伦敦国际石油交易所推出布伦特原油期货合约。2000年4月交易所改制成一家营利性公司,2001年6月被洲际交易所收购。洲际交易所总部位于美国亚特兰大,成立于2000年5月,是一家按照美国特拉华州法律成立的公司,拥有遍布美国、加拿大和欧洲的23个交易所和市场,业务横跨9700种交易合约和证券交易。2005年,洲际交易所在纽约证券交易所公开上市。

布伦特原油价格体系,由在北海生产的5种轻质低硫原油组成。布伦特油田1978年投入生产,1982年达到峰值50.4万桶/日后产量不断下降,2002年英国福蒂斯和挪威奥塞贝格油田、2007年挪威埃科菲斯克油田、2018年挪威特罗尔油田纳入布伦特原油价格体系，使即期布伦特的装船量维持在120万桶/日。投产40多年后，壳牌公司2017年5月开始拆除生产设施，布伦特油田正式关闭。

2007年6月1日，迪拜商品交易所开始阿曼原油期货交易。2012年交易所重组，芝商所占股50%，阿曼政府占股29%，迪拜控股占股9%，剩余的12%股份由交易所部分会员所有，由迪拜金融服务局监管，在芝商所结算中心结算，会员包括华尔街大型投资银行、世界主要石油期货现货交易商和中国有关石油公司。稳定生产20多年后，2013年迪拜原油产量下降到只有3.4万桶/日，为此阿曼原油补充进来，形成迪拜/阿曼原油价格体系，当时阿曼原油的产量为94万桶/日。

（三）国际石油市场是一个近乎完全竞争的市场

微观经济学认为，符合4个假设条件就是完全竞争的市场：第一，大量的买者和卖者，任何一个生产者或消费者都不能决定市场价格。第二，产品同质性。第三，资源流动性。第四，信息完全性，市场上每一个买者和卖者都掌握着与自己的经济决策有关的一切信息，做出自己最优的经济决策，获得最大的经济效益。

对照以上假设条件，国际石油市场基本上就是一个近乎完全竞争的市场。第一，国际石油市场存在大量的石油生产和消费者（国），欧佩克成员国最多时仅有15个，第一次石油危机时市场份额为51.52%，目前为32%左右，而石油消费者的数量则更多，很多石油消费者（国）也是生产者，如中国和美国等。第二，常规和非常规石油都是无差别的，具有完全的替代性，很多炼油厂商在设计时特别强调原料油资源的多样性，选择多样性的原油。第三，世界上任何一个石油生产者（国）可以自主地销售自己的资源，石油消费国也可以根据本国炼油企业的设计标准按最经济原则进口所需的原油。即使某个时期因某方面的原因，某些石油生产国或消费国被禁运，哪怕时间长达数十年，如美国对伊拉克和伊朗的禁运，但终有解禁的一天。这就是说，国际石油贸易是充分流动的。第四，20世纪80年代后期以来，随着石油现货和期货交易的兴起和不断流行，加之世界范围的信息革命，国际石油市场和交易基本处于完全透明的状态。

正是国际石油市场具有完全竞争的性质，160年来，无论是洛克菲勒标准石油公司、"七姊妹"，还是欧佩克，其拥有的石油话语权都是极其短暂的，市场力量迫使油价一轮又一轮地暴涨暴跌轮回，无数的个人、企业或组织都如过眼烟云，只留作案例供我们分析和研究。

页岩革命的成功，不但使美国崛起为世界第一石油生产大国，重回19世纪末和20世纪初石油业的黄金时代，更为重要的是，它正在彻底改变20世纪70年代第一次石油危机后的国际石油市场格局。经过2014年下半年油价大跌的磨炼，竞争力不断增强的9000多家美国页岩油气生产商，正在市场规律的驱使下，迫使沙特阿拉伯、俄罗斯等石油生产国和欧佩克不得不一次又一次承担起市场平衡维持者的责任，我们已经并将会一再看到，国际石油市场完全竞争市场的性质将更加突显，市场将在国际石油价格的走势中更加发挥决定性的作用。

本文撰写于2019年1月初

决定欧佩克和超级欧佩克会议结果的究竟是谁？

与令人关注的俄罗斯世界杯一样，国际社会高度关注的另外一件大事，即2018年6月22日在奥地利维也纳举行的欧佩克第174届部长级会议和6月23日在同一地点举行的第四届欧佩克—非欧佩克部长级会议，这两个会议要讨论的是2018年下半年世界石油产量和随之而来的石油价格走势。

一段时间以来，我们看到了一个新的名词在当前的国际石油市场和世界经济领域日益重要，即"超级欧佩克（Super OPEC）"，或另一种表述"欧佩克+（OPEC+）"。但从2018年6月22日、23日会议前后的事实看，超级欧佩克并不是24国，而是美国、俄罗斯和沙特阿拉伯3个国家，这个超级三角才是决定当前和未来国际石油形势的决定性因素和最重要的力量。

一、油价暴跌催生了超级欧佩克的诞生

欧佩克，成立于1960年9月14日，创始成员国为沙特阿拉伯、委内瑞拉、科威特、伊朗和伊拉克，目前有14个成员国。

2016年9月28日，欧佩克在阿尔及利亚阿尔及尔举行的第170次特别会议上，决定将该组织14个成员国的石油产量目标控制在3250万~3300万桶/日。这是自2008年12月以来8年后达成的首次"冻产"协议。同年11月30日，欧佩克在维也纳举行第171次部长级会议，决定从2017年1月1日起成员国的产量限额为3250万桶/日，每天减产120万桶，有效期为6个月并可延长。同年12月10日，欧佩克和非欧佩克产油国在维也纳举行部长级会议，俄罗斯、阿塞拜疆、巴林、文莱、赤道几内亚、哈萨克斯坦、马来西亚、墨西哥、阿曼、苏丹和南苏丹，同意从2017年

1月1日起减产55.8万桶/日，有效期6个月，其中俄罗斯减产30万桶/日。这次联合减产，是自2001年11月份以来15年后，世界主要石油生产国首次联合减产以稳定国际石油市场。俄罗斯能源部长诺瓦克表示："这是一个真正的历史性事件，一个登峰造极的成就。这是第一次有这么多分布在世界各地的产油国聚集在一起完成这样的成就。"至此，由24个世界主要石油生产和出口国组成的超级欧佩克就正式诞生了。

2017年5月25日，欧佩克与非欧佩克产油国在维也纳召开的会议上，决定延长2016年年底达成的原油减产协议9个月至2018年4月1日。2017年11月30日，欧佩克在维也纳召开的第173届部长级会议，决定延长减产协议至2018年年底；与此同时，欧佩克和阿塞拜疆、巴林、文莱、哈萨克斯坦、马来西亚、墨西哥、阿曼、俄罗斯、苏丹和南苏丹10国发表"合作宣言"，承诺于2016年12月10日达成的减产合作继续有效，2018年全年继续减产。

2018年6月22日、23日的会议决定，自7月1日起增加石油产量，并于2018年12月4日召开会议，超级欧佩克将再次讨论国际石油市场形势。

二、"两个60%"决定了超级欧佩克在国际石油市场的影响力

自2016年12月10日诞生以来，超级欧佩克无疑是非常成功的，其联合减产行动对国际石油市场和油价的影响已经显现并日益重要。

以欧佩克一揽子价格为例，在超级欧佩克诞生前的2016年12月9日，为50.95美元/桶。一年后的2017年12月8日，上涨到61.03美元/桶。2018年4月19日为70.96美元/桶，5月15日为75.47美元/桶，5月22日达到最高位77.19美元/桶。这样，到5月22日，欧佩克一揽子价格上涨了12.35美元/桶，并且从4月19日到6月21日的46个工作日内，都保持在70美元/桶以上。

给市场留下更深刻印象的，是布伦特原油价格的变化。2018年3月23日，布伦特原油价格上升到70.45美元/桶；5月7日收报76.17美元/桶；5月17日，触及80.50美元/桶，为2014年11月以来首次。这样，从2月6日到5月17日的100天时间里，布伦特原油价格上涨了13.97美元/桶，上涨幅度为21%，并突破了70美元/桶、75美元/桶和80美元/桶3个重要心理关口，为国际石油市场历史所罕见。

超级欧佩克的联合减产行动之所以如此具有影响力，主要是由这 24 个国家在当今国际石油市场的重要性所决定的。

从资源储量看，截至 2018 年 1 月 1 日，超级欧佩克 24 个国家合计的探明石油储量约为 1.4 万亿桶，占世界总探明石油储量的 82%。

更为重要的是，从石油产量看，2018 年第一季度，超级欧佩克 24 个国家合计的石油产量约为 5800 万桶/日，约占世界石油总产量 9809 万桶/日的 60%。当今世界的剩余石油生产能力约为 300 万桶/日，超级欧佩克减产量为 180 万桶/日，约占世界剩余石油生产能力的 60%。这也就是说，虽然自 2017 年下半年以来不断上涨的油价刺激了世界主要石油生产国如美国、加拿大、巴西和挪威等，开足马力生产，但事实上世界剩余石油生产能力基本上都在超级欧佩克手里。

三、美国、俄罗斯和沙特阿拉伯才是真正的超级欧佩克

随着 2017 年下半年以来油价的不断上涨，国际社会要求超级欧佩克停止减产的呼声越来越高。

由于受到 2014 年下半年油价暴跌严重、越陷越深的也门和叙利亚冲突及与伊朗不断恶化的关系、《沙特阿拉伯 2030 愿景》宏伟目标的实施和沙特阿美公司的上市等事件的影响，都需要一个较好的油价。因此，沙特阿拉伯不仅积极推动 2016 年 9 月以来的欧佩克"冻产"及与俄罗斯等的联合减产，并将自身的出口量一度减少到只有 700 万桶/日的低水平。但是，由于受到美国越来越大的压力，2018 年 6 月 22 日会议前，沙特阿拉伯多次公开表示，希望中止减产协议，第三季度要增加石油产量。

对 2018 年 6 月 22 日会议态度最有意思的国家是伊朗。6 月 20 日，伊朗石油部长赞伽内公开表示，伊朗方面不同意欧佩克小幅上调石油产量，欧佩克不能接受美国总统特朗普的指令，欧佩克并非是美国能源部的组成部分。但很快，赞伽内又表示，会议可以讨论增产的问题。从媒体公布的消息看，沙特阿拉伯和伊朗两国会前举行了小范围会议。从会议的结果看，伊朗会上同意增加石油产量。2018 年 3 月初，就是这位部长在接受华尔街日报采访时表示，应该放松石油生产限制，希望将油价维持在每桶 60 美元左右，以抑制美国页岩油生产。伊朗的态度之所以如此反复无常，

根本原因是5月8日，特朗普宣布中止伊朗核问题协议，重新启动对伊朗的制裁。

欧佩克内部另一油价强硬派委内瑞拉，由于自身面临的困境，在国际石油市场的影响力越来越小。委内瑞拉是世界第一大石油资源国，拥有的探明石油储量为3032亿桶。1998年，委内瑞拉石油产量达到历史最高位，约为345万桶/日。2017年，委内瑞拉石油产量仅为192.7万桶/日。目前，委内瑞拉的石油产量大约只有140万桶/日，比年初下降了50万桶/日。正是由于委内瑞拉的不断减产，使5月份超级欧佩克的减产执行率高达147%，实际减产约270万桶/日。5月20日，马杜罗宣布赢得大选，但随后美国、欧盟和拉丁美洲很多国家，不承认大选的合法性。委内瑞拉的石油产量，将有可能从目前的140万桶/日下降到80万桶/日，到2018年年底将没有原油出口，有可能在58年后退出欧佩克。

自2016年年底以来联合减产导致的油价不断上涨，给俄罗斯带来了巨额的石油收益，为此修正了2018年预算，油气收入将达2.7万亿卢布，原本1.27万亿卢布的赤字将被抵消，预算盈余为4406亿卢布，成为自2011年以来的首次预算盈余。但是，5月25日，在圣彼得堡国际经济论坛期间，俄罗斯总统普京表示，俄罗斯对能源和石油价格的无休止上涨不感兴趣，每桶60美元的原油价格是均衡价格，足以进行必要的投资。而油价一旦超过60美元，不仅给消费者带来一些问题，甚至对生产者也非常不利。因此，俄罗斯能源部长诺瓦克多次明确表示，希望在2018年6月23日的会议上，讨论增产150万桶/日。

2017年，美国已成为世界第一大石油天然气生产国。目前，美国的石油产量已达1090万桶/日，出口量一度超过265万桶/日。一般的理解，无论是石油生产商或是美国政府，都应该欢迎超级欧佩克的减产行动，希望油价尽可能地高。但是，公开对油价不断上涨表示不满的，却是美国总统特朗普。2018年4月20日，特朗普发推特，指责欧佩克，认为油价被人为地炒得这么高，不是好事也是不可接受的。6月13日，特朗普第二次发推特，称油价太高了，欧佩克又在忙了，这不是好事。6月22日，就在欧佩克会议正在举行期间，特朗普第三次发推特，希望欧佩克增产，让油价降下来。

特朗普之所以不希望看到油价不断上涨，主要原因有两个方面：一是多年来美国人一直享受着相对较低的汽油价格，但在过去一年时间里，全美汽油零售价格已经大涨 25% 至每加仑 2.92 美元。据测算，汽油每提高 10 美分，美国百姓每年就将多支出 106 亿美元。2017 年 1 月 20 日，特朗普就任时列出的"美国第一能源计划"，提出本届政府的政策是"为辛勤工作的美国人降低能源价格"。因此，汽油价格的不断上涨，有违特朗普竞选和就任时宣传的口号。更为重要的是，2018 年是美国中期选举年，汽油价格的不断上涨将直接影响即将到来的美国中期选举。二是由于用于原油和成品油出口的基础设施不足，导致产量不断增加的大量高质量原油运不出、销不动，严重影响了美国原油的国际市场实际售价。2018 年以来，美国得克萨斯中质原油与布伦特原油的价差不断扩大，一度超过 13 美元/桶。因此，高涨的国际石油价格对美国众多的石油生产商来说，没有多大的实际意义。

正是由于以上原因，美国政府希望沙特阿拉伯在 2018 年 6 月 22 日会议上中止减产协议，提高石油产量。虽然俄罗斯与美国的关系不断恶化，但在石油价格问题上，俄美两国的看法和政策却是惊人的一致。2018 年 6 月 23 日会后，俄罗斯能源部长诺瓦克宣称，做出增产的决定是基于市场分析，而不是特朗普的推特，但吃瓜群众心里明白就是了。因此，我们看到的 6 月 22 日、23 日的会议结果，虽然通过了 24 个国家超级欧佩克部长们的认真讨论，但真正决定这两天会议的，是美国、俄罗斯和沙特阿拉伯，这三国才是真正的超级欧佩克。

四、中国应采取积极措施应对复杂的国际石油市场形势

2017 年，中国已经是世界第一大原油进口国。2018 年 1—5 月，中国进口原油 1.9 亿吨，同比增长 8.0%。假定油价上涨 10 美元/桶，不考虑运输、保险等附加费用，1—5 月中国进口原油的采购成本，就将多支付 138.7 亿美元，约合 889.06 亿元人民币。2018 年 5 月，中国 CPI 同比上涨了 1.8%，PPI 同比上涨了 4.1%。国家统计局的解释是，受国内成品油调价影响，汽油和柴油价格分别上涨 3.7% 和 4.1%，影响 CPI 上涨约 0.07 个百分点；受国际原油价格上涨影响，石油和天然气开采业上涨 7.5%，PPI 涨幅比上月扩大 4.3 个百分点。截至 6 月 8 日，中国共进行了 12 次成品油价格调整，其中 7 次上涨。以北京市汽油标准品为例，油价累计上涨了 590 元/吨。因此，我们当然应该欢迎 2018 年 6 月 22 日、23 日超级欧佩克会议的结果，并真切地希望会议的结果能落到实处，世界石油市场的供给能够增加。

2017年，伊朗和委内瑞拉分别是中国第五和第八大原油进口来源国，进口量分别为3115万吨、2177万吨，合计5292万吨，占当年中国原油进口总量的12.6%。美国恢复对伊朗的制裁和委内瑞拉石油产量的不断减少，促使我们尽早寻找进口替代国。2017年，美国只是中国第14位的原油进口来源国，原油进口量只有区区的765.43万吨，但在2018年5月19日中美两国达成中国增加从美国进口能源资源的协议，目前中国从美国进口原油的数量已上升到约50万桶/日的水平。随着2018年6月15日中美两国贸易争执的升级，中国有可能对从美国进口的原油征收25%的关税，这将事实上关闭中国从美国进口原油的大门。上述事件累加在一起，将影响中国6000万吨以上的原油进口规模，会对中国的原油进口、石化企业的生产产生一定的影响，我们应尽早采取措施加以应对，将影响降到最低的水平。

本文撰写于2018年6月底

石油武器？别砸了自己的脚！

2018年10月13日，因《华盛顿邮报》专栏作家贾迈勒·卡舒吉失踪，美国总统特朗普表示将严惩沙特阿拉伯。10月14日，沙特阿拉伯卫星电视台总经理图尔基·阿尔达克希尔称，沙特阿拉伯决策层已经讨论了30多种潜在反击措施，全球都将遭殃。如果80美元的油价就让特朗普总统不爽，谁都不该排除油价上涨至100美元、200美元，甚至继续翻倍的可能性。一时间，沙特阿拉伯将使用石油武器，搅动着国际石油市场，成了国际热点新闻。当日，国际石油价格跳涨2%。

石油武器成名于1973年10月的第四次中东战争，引发了第一次石油危机。今天如再一次使用石油武器，国际石油价格可能会大涨，但受伤害最大的，不是美国，而是包括中国在内的广大石油进口国和已经风声鹤唳的世界经济，并最终会给沙特阿拉伯带来巨大的冲击。

一、石油武器作为令人恐惧的名词，成名于第四次中东战争

1973年10月6日，埃及进攻以色列，第四次中东战争爆发，叙利亚和伊拉克随后参战。从10月10日开始，以色列军队进行反攻，收回并占领了埃及、叙利亚大片领土。10月22日，联合国安理会通过338号决议，10月24日各国停火，战争结束。

1973年10月17日，欧佩克决定使用石油武器，减产5%。当晚，阿布扎比减产12%，停止向美出口。10月19日，美国向以色列提供22亿美元的紧急援助，沙特阿拉伯宣布减产10%，对美实行禁运。到10月22日，阿拉伯产油国都减产10%，对美国、荷兰禁运，随后禁运扩展到加拿大、巴林、关岛和新加坡等地。

1973年年底，欧佩克会议决定，除美国和荷兰外，对其他国家不再实行禁运，

改减产为增产10%，1974年1月开始增产5%。1974年3月17—18日，欧佩克会议决定，解除对美国的石油禁运，9月4日解除对荷兰的禁运，石油武器到此结束。

1973年10月上半月，阿拉伯产油国产量为2080万桶/日，减产和禁运最严重的12月为1580万桶/日，实际减产约为500万桶/日。

使用石油武器的后果引发了第一次石油危机，具体表现有：一是美国出现汽油短缺和恐慌，加油站出现大排长龙的现象。二是石油价格大涨。1973年10月16日，欧佩克海湾六国单方面把原油标价提高70%，阿拉伯轻油价格由每桶3.011美元提高到5.119美元。同年12月22—23日，欧佩克决定，1974年1月1日阿拉伯轻油价格由每桶5.11美元提高到11.651美元。与1973年1月1日相比，1974年1月1日的欧佩克原油标价大约上涨了340%。三是1974—1975年出现了战后严重的世界经济危机，1973年世界经济增长率为6.9%，1974年下降到2.8%，1975年进一步下降到只有1.9%。

二、石油武器的效果，取决于当时的国际石油市场环境

1908年，伊朗发现石油拉开了中东石油大开发的序幕。1954年，埃及总统纳赛尔在其《革命哲学》中提出，石油是组成阿拉伯力量的三要素之一。自此，阿拉伯政治家就探讨使用"石油武器"问题。

1956年7月第二次中东战争期间，为支持埃及，沙特阿拉伯对英国和法国实施石油禁运，加之欧洲消费石油的2/3需通过的苏伊士运河被关闭，西欧出现了石油短缺，伦敦出现了马拉汽车的奇观，实行汽油配给，比利时禁止星期日私人驾车外出。为此，美国开始实施"油援计划"，向欧洲输送石油。这是沙特阿拉伯等阿拉伯产油国首次使用石油武器，但在美国提供石油援助的情况下没有形成更大的危机。

1967年6月第三次中东战争爆发后，伊拉克、阿尔及利亚、科威特和沙特阿拉伯宣布停止石油生产，向支持以色列的国家实行禁运。不过，由于伊朗和委内瑞拉没有减产反而大幅度增产，禁运并未产生实际效果，沙特阿拉伯财政面临严重困难。8月底召开的阿拉伯国家首脑会议，决定恢复石油生产和出口。这是历史上沙特阿拉伯等阿拉伯产油国第二次使用石油武器，由于欧佩克内部政策协调问题，未产生实效。

1973年10月,沙特阿拉伯等阿拉伯产油国之所以能成功使用石油武器,主要原因有:一是1973年9月前后,世界石油生产已达到最大能力,约为5853万桶/日左右,已不存在剩余生产能力。二是作为当时的世界最大石油生产国,美国石油产量已处于阶段性的峰值,已经没有剩余石油生产能力,而1956年7月和1967年6月阿拉伯石油生产国使用石油武器时,美国剩余石油生产能力约为25%,可以支援西欧。1973年,进口原油占美国原油消费的50%,中东北非国家占美国进口原油的37.6%,美国已经形成对沙特阿拉伯等阿拉伯产油国的高度依赖。

1973年10月之后,不同时期某些石油生产国为了某种诉求,表示要使用石油武器,但均没能实施。1978—1980年的第二次石油危机,是由于伊朗伊斯兰革命和两伊战争引发的。2004—2014年上半年的油价大涨,主要是由于国际石油市场的供需变化引起的。

三、目前存在使用石油武器的条件,但更应维护国际石油市场的稳定

当前的国际石油形势与45年前相比,发生了根本的变化,维护国际石油市场的稳定而不能使用石油武器,应成为国际社会的共识。

(一)沙特阿拉伯具有使用石油武器的能力,也恰好存在市场环境

沙特阿拉伯是世界最大石油生产和出口国之一,在国际石油市场拥有举足轻重的地位。2018年1月1日,沙特阿拉伯探明石油储量为2662亿桶,世界第二,占比15.7%。2018年9月,沙特阿拉伯原油产量为1051.2万桶/日,排名世界第三,原油出口量约750万桶/日,是欧佩克的老大,约占欧佩克原油产量的32.09%,世界原油产量的10.63%。

目前的国际石油市场处于紧平衡状态,10月初油价冲破80美元/桶。由于美国的制裁,从11月4日开始,伊朗约300万桶/日的原油有可能退出市场,委内瑞拉石油产量比年初下降了50万桶/日以上,利比亚内乱石油产量非常不稳定。此时沙特阿拉伯使用石油武器,减产10%,国际石油市场在11月初就有可能出现500万桶/日的缺口,就会发生如同1973年10月阿拉伯产油国使用石油武器时基本类似的情况;如果沙特阿拉伯将石油产量减少到750万桶/日,意味着减产300万桶/日,加上伊

朗、委内瑞拉和利比亚产量的减少，国际石油市场的缺口将高达700万桶/日。届时，石油价格会否暴涨到200美元/桶可能存在一定的疑问，但冲过100美元/桶，完全是一个大概率的事件。

与45年前相比，沙特阿拉伯今天没有可能号召阿拉伯产油国或欧佩克联合减产，对美国等实行石油禁运，但因美国禁止伊朗石油出口和委内瑞拉减产等因素，客观上为沙特阿拉伯使用石油武器创造了市场环境。

（二）石油武器已不会对美国造成直接和根本性的伤害，包括中国在内的广大石油进口国受到的伤害会更大

与第四次中东战争时期相比，45年后国际石油市场最大的变化，是美国地位的反转。

现代石油工业1859年诞生于美国，美国保持了多年世界石油产量第一的地位。1970年，美国石油产量达到阶段峰值，为1129.7万桶/日，2008年下降到678.4万桶/日。由于页岩革命的成功，从2009年起，美国石油产量扭转了下降的势头。2014年，美国石油产量增长到1176.8万桶/日，2017年上升到1305.7万桶/日。2018年2月和6月，美国分别超过沙特阿拉伯和俄罗斯，又成为世界第一大原油生产国。

目前，除仍净进口原油外，美国已成为石油产品的净出口国。2018年上半年，原油成为美国最大的石油出口物品，日均为180万桶，6月份达到创纪录的220万桶/日；同期，美国中间馏分油的日均出口数量为130万桶，车用汽油的出口数量为91.3万桶/日。

2017年，美国石油对外依存度已下降到19%，681.1万桶/日净进口的原油中，来源于加拿大的占45.41%，为309.3万桶/日；波斯湾国家的为171.3万桶/日，沙特阿拉伯94.9万桶/日。2018年7月，美国无论是净进口或是从沙特阿拉伯等波斯湾国家的原油进口数量，都在下降。自2012年以来，美国就没有进口伊朗原油。

2018年7月，美国从沙特阿拉伯净进口的原油为87.6万桶/日（表1）。由于美国最大的炼油企业莫蒂瓦公司，为沙特阿美公司全资拥有，炼油能力为60.3万桶/日，这就是说沙特阿拉伯出口原油的绝大部分供应自己的炼厂。

以上数据可以看出,如果今天的沙特阿拉伯使用石油武器,对美国实施石油禁运:一是影响的将主要是自己在美国投资的炼油企业;二是,2018年上半年美国日均原油出口为180万桶,美国自产原油完全可以抵消沙特阿拉伯禁运的影响;三是美国拥有6.6亿桶战略石油储备,动用能力为400万桶/日。因此,除因国际油价上涨引起的美国国内连锁反应外,不会导致如同1973年10月那样的美国国内石油供应短缺和恐慌,不会对美国产生直接和根本性的伤害。

表1 2018年7月美国原油净进口主要来源

项目	数量(千桶/日)	比例(%)
净进口量	5785	100.00
加拿大	3142	54.31
波斯湾地区	1339	23.15
沙特阿拉伯	876	15.14
伊拉克	485	8.38
科威特	63	1.09
阿拉伯联合酋长国	-84	0.00
伊朗	0	0.00

资料来源:美国能源信息署,2018年9月28日。

2017年,国际石油市场一个标志性事件,就是中国超过美国成为世界第一大原油进口国。以中国和印度为代表的亚太地区、非洲和欧洲,2017年石油消费增长分别为3%、2.5%和1.9%。除非洲净出口石油外,亚太和欧洲都是石油净进口地区,石油对外依存度高达77.21%和76.51%,其中中国约为70%,印度为81.56%,日本、韩国、德国、法国、意大利和南非等国都是100%(表2)。沙特阿拉伯原油出口的约70%、油品出口的约45%,流向了亚太地区;原油出口的约10%和油品出口的约40%,流向欧洲。沙特阿拉伯是中国第二大原油进口来源国,2017年向中国出口5218.39万吨原油,占进口原油的12.40%。这也就是说,如果沙特阿拉伯使用石油武器,直接受到冲击的将是中国、印度、南非等广大的发展中石油进口国家,欧洲、日本和韩国等工业化国家也会遭殃。

表2 2017年世界主要地区和国家石油对外依存度

单位：千桶/日

项目	亚太	中国	印度	日本	韩国	欧洲	德国	法国	意大利	南非
石油消费	34574	12799	4690	3988	2796	14980	2447	1615	1247	580
石油产量	7879	3846	865	0	0	3519	0	0	86	0
石油进口	26695	8953	3825	3988	2796	11461	2447	1615	1161	580
对外依存度，%	77.21	69.95	81.56	100.00	100.00	76.51	100.00	100.00	93.10	100.00

资料来源：英国石油公司，《世界能源统计评论》，2018年6月。

需特别指出的是，与2017年以来石油价格不断上涨相伴随的是美元持续升值，很多发展中国家的经济已处于风雨飘摇之中。2017年年初执政以来，特朗普政府一系列"美国优先"政策，引发全球贸易争端，世界经济已处于风声鹤唳之中。世界银行根据两次石油危机的数字统计认为，如果世界原油价格上升10美元/桶并持续一年时间，则世界经济的年增长率会下降0.5%，发展中国家会下降0.75%。因此，目前无论从世界整体经济形势还是广大发展中国家来说，都将无法承受沙特阿拉伯石油武器带来的油价暴涨后果。

（三）当前国际石油市场更多需要的是稳定，石油武器是一把会自戮的双刃剑

2016年4月，沙特阿拉伯颁布《沙特阿拉伯2030愿景》，开展雄心勃勃的经济改革，要摆脱对石油的依赖，沙特阿美公司将择机推向资本市场，沙特阿拉伯需要一个稳定的国际石油市场，与中东和世界主要国家保持良好的关系。目前，沙特阿拉伯介入了也门和叙利亚的内战，与伊朗交恶，围堵卡塔尔，与加拿大关系恶化。沙特阿拉伯记者卡舒吉遇害事件后，沙特阿拉伯股市大跌，重大投资项目面临流产，很多知名人士和企业宣布不参加"沙漠达沃斯"未来投资会议，西方七国联合要求沙特阿拉伯说明记者事件的真相。特朗普宣称，他曾告诉过沙特阿拉伯国王，如没有美国的支持，沙特阿拉伯政权维持不了两周。这句话虽然刺耳，但较大程度上说明美沙关系的现实。因此，当前和未来经济发展、外交和政权维系等一系列需要，都不允许沙特阿拉伯使用石油武器。

从2000年6月以来，美国部分国会议员就在持续推动"反石油生产及出口同业联盟（NOPEC）"法案。2011年出版的《渡过难关：让美国重新登顶》一书中，特朗

普就认为美国可以以违反反托拉斯法起诉欧佩克。2018年以来，特朗普4次发推特，指责欧佩克推高油价。如果此时沙特阿拉伯使用石油武器导致油价大涨，将引发美国社会的愤怒，美国国会和特朗普极有可能通过NOPEC法案，从而给欧佩克带来灭顶之灾，其后果及其巨大的负面影响将是沙特阿拉伯无法承受的。

1973年10月的石油武器，直接改变了世界能源行业的趋势。一是世界主要工业化国家组建了国际能源署，目前已有30个成员国，统一协调能源政策，应对市场波动；二是国际能源署成员国拥有的政府和商业储备数量高达44亿桶，相当于净进口的186天；三是大力支持非欧佩克油气资源的开发，不断挤压欧佩克市场份额；四是积极支持新能源、可再生能源的开发，部分国家将在21世纪30年代前后禁售燃油汽车。正是上述行动，导致了1986年、2014年的油价暴跌和20世纪90年代、2014年下半年后的低油价，国际石油市场大幅度波动。一段时间以来，行业都在讨论石油时代终结的话题，很多国家也在为此做准备。国际能源署和欧佩克本身，十分忧虑2017年以来油价的不断上涨，预测2019年世界石油消费将下降。因此，再一次使用石油武器及带来的油价暴涨，有可能将加速上述进程，自1965年以来作为世界第一大能源的石油可能会过早地被送进历史。

20世纪两次石油危机和2004—2008年油价大涨之后，就是油价的暴跌，给石油出口国带来巨大冲击，不得不进行痛苦的经济调整。扎基·亚马尼是世界石油史上的传奇人物，曾担任沙特阿拉伯石油大臣长达25年，亲自领导了1973年10月石油武器的使用并一手导演了1986年的油价暴跌，长时间一度是沙特阿拉伯和欧佩克石油政策的灵魂人物。正是亲身经历国际石油市场20多年的动荡，亚马尼认识到，必须努力将国际石油价格保持在合理的水平，否则沙特阿拉伯会同世界上很多资源丰富的石油生产国、出口国一起，坐在卖不出去的巨大石油湖上。

因此，我们衷心地希望，今天沙特阿拉伯年轻的当权者，应该认真听一听其前辈的教诲，更多地努力维护国际石油市场的稳定，维系中东地区的和平与安宁，展现国际石油市场负责任的理性形象，深刻地领会石油武器真正的含义，否则最终受到伤害的，只会是自己！

本文撰写于2018年10月底

石油与核：一对冤家的生死纠缠

正在热映的《碟中谍6：全面瓦解》，伊森·亨特领导的不可能任务小组要去完成的"不可能任务"，是拆除恐怖组织放置的3枚足以毁灭几千万人的核弹。从1996年至2018年拍了6部的《碟中谍》，终于玩起了死神的玩具——核武器。

从媒体上，我们时常会看到：因核问题，伊朗曾被禁止石油出口，美国要求所有国家在2018年11月4日前停止进口伊朗石油；因核问题，联合国安理会通过决议减少朝鲜的石油进口数量。回顾历史，核与石油更像是一对冤家，某些国家和已成历史人物对两者关系的处理及其结果，令人掩卷深思并不胜唏嘘。

当今是石油的时代，世界绝大多数国家的经济社会离不开石油，石油更是产油国收入的主要来源。正是石油在当今社会不可替代的作用，某些国家发展核武器依赖石油，某些国家出现了核问题，石油被当成禁止出口或进口的商品，是重要的外交政策手段和工具。

一、核：死神与天使的结合体——原子弹与核电站

一般认为，爱因斯坦1905年发表的《关于光的产生和转化的一个启发性观点》等4篇划时代论文并推导出质能方程，即 $E=mc^2$，为人类社会使用核奠定了理论基础。

1939年年初，德国科学家哈恩和斯特拉斯曼发表铀原子核裂变现象的论文，在实验上证明了人类社会可以利用核。

核，首先展现的是死神的一面，就是研制并使用原子弹。1942年8月美国执行"曼哈顿工程"。1945年8月6日和9日，美国先后在日本广岛和长崎投下了两颗原

子弹，日本成为第一个被核武器轰炸的国家。1945年8月15日，日本宣布投降，第二次世界大战正式结束。

1953年8月和1954年2月，苏联和美国分别进行了氢弹试验并拥有了氢弹。至此，用时不到50年，人类社会掌握了目前为止威力最大的杀人武器——原子弹和氢弹。

1千克铀全部裂变释放的能量，比1千克TNT炸药爆炸释放的能量大2000万倍，并具有放射性等巨大杀伤破坏作用。因此，国际社会一致公认，核武器有可能带来人类文明的毁灭。

核，天使的一面，利用核燃料发电，就是核电站。1951年，美国建成世界第一座实验性核电站；1954年，苏联在奥布宁斯克建成的核电站并网发电。至此，人类社会掌握了一种崭新的能源——核能。

1千克铀可供利用的能量相当于燃烧2700吨标准煤，没有碳排放，安全运行情况下没有污染，是清洁能源。

1968年7月1日，各国开始签署《核不扩散条约》，并自1970年3月5日起正式生效，目前共有191个国家和地区签字，明确了有关核问题的3个最重要原则：一是"五常拥核"，美国、苏联、英国、法国、中国五国，也即安理会5个常任理事国合法拥有核武器；二是无核国保证不研制、不接受和不谋求获取核武器；三是把和平核设施置于国际原子能机构的国际保障之下，并在和平使用核能方面提供技术合作。

核不扩散条约确立的三大原则，奠定了今天国际社会有关核问题应遵循的基本准则。

二、石油与核电站：相辅相成，为人类文明发挥积极的作用

2018年年初，30个国家拥有447台运行核电机组，总装机容量为3.92亿千瓦。2017年，核能相当于5.964亿吨油当量，占世界一次能源消费总量的4.41%（图1）；核发电量为25551.3太瓦时，占世界总发电量的10.31%，排在煤电（38.05%）、天然气发电（23.15%）和水电（15.89%）之后，为世界第四大电力来源。

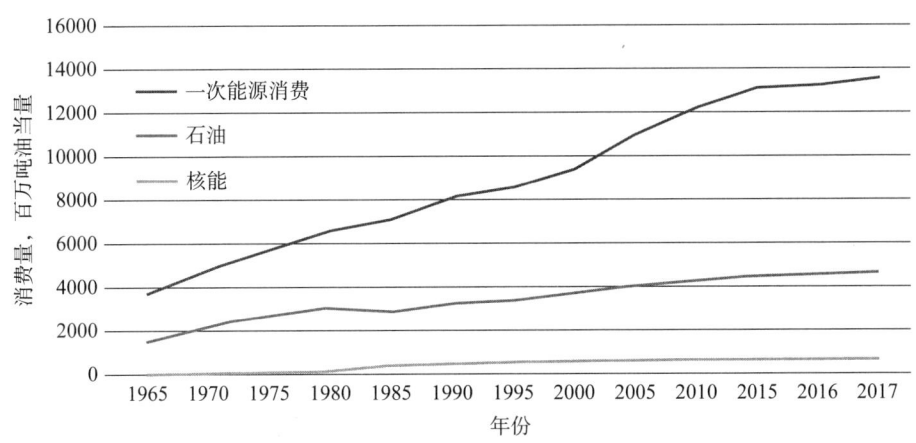

图 1　1965—2017 年世界一次能源、石油和核能消费的变化
资料来源：英国石油公司，《世界能源统计评论》，2018 年 6 月。

目前，世界上有 180 座动力堆为大约 140 支舰船、潜艇提供动力；有大约 240 座研究堆运行在 56 个国家，进行使用核技术的科学探索。

60 多年来，世界核能使用取得了长足的进展，但人类也为此付出了惨重的代价，最有代表性的是 3 次重大核事故：

一是 1979 年 3 月 28 日的美国三里岛核事故，为核事故的第五级，无人员伤亡。此后的 33 年间，美国没有再建设新的核电站。二是 1986 年 4 月 26 日，苏联的乌克兰境内切尔诺贝利核电站第四号反应堆发生爆炸，切尔诺贝利城被废弃，是历史上最严重的核电站事故，首例被评为第七级事件，计算通货膨胀后的灾难总损失大约为 2000 亿美元。三是 2011 年 3 月 11 日，日本东北太平洋地区发生里氏 9.0 级地震和海啸，福岛核电站受到严重的影响，部分燃料厂房发生氢气爆炸，放射性物质泄漏，事故等级为第七级。截至 2017 年年底，东京电力公司支付的赔偿总额，包括临时预付补偿在内，已达 76821 亿日元（约合人民币 4619.95 亿元）。

常规核电站属于核裂变，缺点是使用铀矿资源过大和核废料问题。为此，人类社会一直在努力寻找新的能源来源，其中受控核聚变是最有可能的选项之一。目前，世界上共有 4 个大型受控核聚变装置。1991 年 11 月中旬，美、俄、日本和欧盟四方同意集中人力、财力和智慧，实施国际热核实验反应堆计划。2006 年 5 月，中国加入了"国际热核实验反应堆"计划。

目前，以法国、德国和瑞士为代表的欧洲国家正在掀起去核化运动。1971 年，全球核能发电量占比为 2.00%，1995 年达到峰值 17.51%，1996 年之后逐年下滑，2017 年只有 10.31%。在可以预见的将来，核能作为电力来源的比例还会逐渐降低。

1965 年，世界完成了能源消费结构由煤炭向石油的转变，人类社会进入了石油的时代，石油占 39.4%，超过煤炭的 39%，当年核能占比为 0.16%。2017 年，石油在世界一次能源消费中占比为 34.21%，仍是第一，54 年间只下降了 5.19%，核能增加到 4.41%。在核聚变技术取得重大突破并实现商业化之前，核能无法与石油竞争，2030 年我们这个时代仍将是石油的时代。2050 年人类社会若要踏入核时代，还需付出更多的努力。

三、石油与核武器：一再上演的人间悲剧和重要的外交政策工具

自从拥有核武器后，人类社会多次面临核大战，最著名的就是 1962 年 10 月的古巴导弹危机，美苏双方都在核按钮旁徘徊，人类社会空前地接近毁灭的边缘，其 13 天被认为是人类存亡的最危险时刻。

细致梳理，世界上 3 个国家，拥有丰富的石油资源和巨额的石油收入，但皆是因为与核武器扯上了关系而招来了巨大的灾难。

伊拉克的萨达姆。伊拉克是世界上著名的石油资源国和生产大国，是欧佩克 5 个创始会员国之一。1956 年，在美国的帮助下，伊拉克启动了"和平利用原子能"项目。1962 年，苏联援助伊拉克建设了一个 2 兆瓦的科研堆。1975 年 9 月，伊拉克和法国签署价值 3 亿美元的合同，条件之一是未来 10 年内，每年以市场价向法国提供 7000 万桶原油，购买两座使用高浓缩铀的反应堆。萨达姆公开宣称，伊拉克正在进行"阿拉伯世界获得核武装的第一次努力"。1981 年 6 月 7 日，以色列战斗机摧毁了伊拉克的反应堆，萨达姆多年来的核梦想化为乌有。此后，萨达姆下令把核计划秘密转入地下，到 1990 年年底，伊拉克已经生产了 60 吨低等级铀。

1990 年 8 月 2 日，伊拉克入侵科威特，当天联合国安理会通过 660 号决议并于 8 月 6 日通过 661 号决议，谴责入侵并要求无条件撤军，实施包括石油出口在内的全方位禁运。第一次海湾战争的失败，伊拉克的多数核设施被摧毁，接受联合国的核查。1991 年 7 月，萨达姆下令销毁所有大规模杀伤性武器。

从 1990 年 8 月 2 日海湾危机起，经第一次海湾战争，直至 1996 年 5 月 20 日，

伊拉克一直被联合国禁止石油出口，经济遭受了极大的困难并产生了严重的人道主义灾难。从1996年5月20日开始，在联合国的严密监督下，对伊拉克实施"石油换食品"计划，直至萨达姆被推翻后才于2003年11月20日结束。

2003年3月20日，还是在大规模杀伤性武器的罪名下，美国、英国联合发动了第二次海湾战争，4月8日占领巴格达，2003年12月13日活捉了萨达姆并将其于2006年12月30日绞死。

利比亚的卡扎菲。利比亚石油资源十分丰富，是欧佩克成员国。1969年9月1日，卡扎菲开启长达42年的统治。充足的石油收入，尤其是20世纪70年代的两次石油危机，使卡扎菲特别想拥有核武器。据传，20世纪70年代，卡扎菲曾提出以一亿或两亿美元购买一颗原子弹的代价，同多个拥有核武器的国家进行过接触。1981年，在苏联的援助下，利比亚建成了核研究反应堆和核研究中心。

1982年，美国宣布禁止进口利比亚石油，禁止出口石油技术和设备。1986年1月8日，美国宣布冻结利比亚的财产，下令美国5家石油公司和石油技术人员撤出。1986年3月24—25日、4月15日，美国对利比亚发动了"草原烈火""黄金峡谷"军事行动，击沉击伤了利比亚多艘军舰，炸毁雷达站、军用飞机，卡扎菲养女被炸死。1988年12月21日，泛美航空公司103航班途经英国苏格兰洛克比村庄上空时被炸毁，造成270人死亡，其中188人为美国人。此后十多年间，利比亚与美、英等国关系全面恶化，受到了包括石油出口、投资等全方位的严厉制裁。

1990—2003年间，利比亚在铀浓缩技术上取得突破，拥有了气体离心机和原子弹设计资料。2000年开始，利比亚达到年产10个核弹的水平，已经到了核门槛的边缘，只是没有核试验。2003年3月20日，美国发动了第二次海湾战争。2003年8月，利比亚承认对洛克比空难负责，赔偿27亿美元并交出有关人员。2003年12月19日，利比亚政府宣布弃核、弃化学武器和中远程导弹计划，将核武器资料和离心机运往美国。2011年2月17日，利比亚爆发大规模示威抗议，3月19日起英国、法国、美国等多国军队发动对利比亚的空袭，8月22日反政府武装攻入首都的黎波里，卡扎菲政权倒台，10月20日，卡扎菲被活捉并被枪杀。

前景未卜的伊朗核问题。伊朗是世界最大的油气资源国和生产国之一，是欧佩克5个创始会员国之一。1957年，伊朗和美国签署民用核合作协议。1992年，伊朗与俄罗斯签署《和平利用核能协议》。1995年1月，伊朗与俄罗斯签署总价为10亿美元的布什尔轻水反应堆核电站项目合同。2003年10月，国际原子能机构估计，伊朗已经迈进了核门槛。2006年4月11日，伊朗宣布已成功生产出纯度3.5%的低纯度浓缩铀。2006年7月，伊朗核问题被提交至联合国安理会，安理会通过多份对伊朗的制裁决议。2015年7月14日，伊朗核问题达成历史性的全面协议。2016年1月16日，伊朗与国际社会达成的《联合全面行动计划》进入"执行日"。

伊斯兰革命期间的1979年11月4日，伊朗学生占领美国大使馆，由此引发了长达444天的"人质事件"。1979年11月14日，卡特总统宣布禁止美国从伊朗进口石油，冻结伊朗资产。自此，美国对伊朗实施了近40年的制裁，核心内容就是制裁伊朗的油气产业。1996年美国克林顿政府实施的《伊朗制裁法案》、2010年奥巴马政府实施的《全面制裁伊朗、问责和撤资法案》，禁止任何人向伊朗的石油工业进行大规模的投资，这就是美国的"二级制裁"。2012财年的《国防授权法》中，美国就要求从2012年3月1日起，任何购买伊朗出口石油和其他产品的国家必须终止购买，否则将受到美国的制裁。2012年7月1日，欧盟对伊朗实施了全面的石油禁运。2018年5月8日，美国总统特朗普宣布中止伊朗核协议，要求所有国家11月4日停止进口伊朗的石油。2018年以来伊朗从俄罗斯取回两批20%的浓缩铀并一再威胁要封锁霍尔木兹海峡。由此，引发了新一轮的伊朗核问题危机，石油与核这一对冤家又一次站到了对立面。

当前国际社会另一令人关注的核问题就是朝鲜核问题，虽然朝鲜不生产更不出口石油，但因其石油消费全部依赖进口，石油就成了不同时期解决朝鲜核问题的重要工具和手段。

1994年10月21日，朝鲜和美国就核问题签署了框架性协议，美国牵头成立朝鲜半岛能源开发组织，为朝鲜建造轻水反应堆，并每年向朝鲜提供50万吨重油。在朝鲜半岛能源开发组织成立之前，美国向朝鲜提供了15万吨重油。1995—2010年，美国向朝鲜提供了相当于1.46亿美元的重油。1995—2004年对朝鲜的能源援助中，韩国共出资13.644亿美元；日本耗资4.809亿美元；美国花费了4.051亿美元，欧盟赞助了1.214亿美元，其中涉及对朝鲜援助重油的3/4由美国提供。2002年12月12日，朝鲜宣布解除朝美核框架协议，立即重新启动核设施，美国宣布停止向朝鲜提供重油。

2017年5月4日，美国通过《对朝封锁与制裁现代化法》，封锁朝鲜原油和石油产品进口。2017年9月3日，朝鲜进行了氢弹实验，9月11日联合国安理会通过第2375号决议，将朝鲜的煤气、柴油和重燃油进口减少大半，全面禁止天然气和其他石油替代产品的进口，规定从2017年10月1日起至2017年年底对朝鲜原油供应限额为50万桶，而从2018年1月1日起每年的供应量限制为200万桶。2018年6月12日，特朗普与金正恩在新加坡举行会谈并签署联合声明，双方关系缓和，但6月22日特朗普签署行政令，把涉及"朝鲜（威胁）的国家紧急状态"延长一年，禁止朝鲜进口石油。7月12日，美国驻联合国代表团，要求所有成员国立即停止对朝鲜出口石油。这样，禁止朝鲜进口石油又成为重要的外交政策工具，核与石油又一次被扯到了一起。

2018年7月1日，是《核不扩散条约》签署50周年纪念日。曾经拥有核武器的乌克兰、南非和哈萨克斯坦，主动弃核。印度、巴基斯坦和朝鲜公开进行过核试验，被认为是有核国家。以色列虽未进行过公开的核试验，但被公认为是拥有核武器的国家。由于拥有大量核电站和铀，钚的实际库存量足以制造6000枚核弹，日本是准核国家。2018年，全球核弹头总数为14465枚（表1），足以毁灭地球N次。

表1 2018年世界核弹头数量

国家	数量（枚）
俄罗斯	6850
美国	6450
法国	300
中国	280
英国	215
巴基斯坦	140～150
印度	130～140
以色列	80
合计	14465
朝鲜	10～20
日本	6000

资料来源：1. 瑞典斯德哥尔摩国际和平研究所，2018年6月18日。其中，朝鲜的核弹头不包括在总数内。
2. 这个国家的核材料够造6000枚核弹，美国为何对它总是"网开一面"？新浪新闻，2018年7月30日。

社会舆论对于一国是否拥有核武器，有不同的认识。如有舆论认为，利比亚的卡扎菲如不主动弃核，就不会落得悲惨的下场。

从核的死神和天使的两面性看，人类社会，应理性地禁止并放弃核武器，当今和未来，核应该更多地展示天使的一面，与石油一起发挥能源的作用，造福于人类社会，祈求两者的生死纠缠不要再现。

我们更想祈求的是，伊森·亨特领导的不可能任务小组在未来新的《碟中谍》中，永远不要再去碰死神的玩具——核武器，而去玩一些令观众心旷神怡的新奇玩意儿。

本文撰写于2018年9月初

艰难再平衡中的国际石油市场

国际石油市场正处于不断再平衡的过程中。2017年，国际原油价格不断走高。虽然主要石油生产国于2017年11月30日达成了联合减产协议，但2018年及未来一段时间国际石油市场形势却不容乐观，原油价格的走势充满变数。

一、2017年国际石油市场供需状态得到较大改善，处于再平衡过程中

2017年，以由14种原油构成的欧佩克一揽子原油价格为例，油价走势基本是一条不断攀升的曲线。1月3日油价为53.13美元/桶，12月29日为64.47美元/桶，两者相比上涨了11.34美元/桶；油价最低为42.58美元/桶（6月22日），最高为64.47美元/桶（12月29日），高低价差为21.89美元/桶。相较于2015年和2016年，2017年欧佩克一揽子原油价格平均分别上涨了32.92美元/桶和11.01美元/桶。因此，从原油价格走势看，2017年的国际石油市场是近几年来少有的好年景。

原油价格的变化是国际石油市场供需状况的最直接反映。因此，仅从原油价格走势看，2017年国际石油市场供需状态已得到较大改善，国际石油市场正处于再平衡的过程中。

（一）自2014年下半年石油价格暴跌以来，世界石油消费快速增长

2005—2015年的10年间，世界石油消费年均增长率为1.0%。在低油价的刺激下，2015年，世界石油消费同比增长1.9%，每天增加189.9万桶，接近过去10年平均增速的2倍。2016年，世界石油消费同比增长1.5%，每天增加155.5万桶。国际能源署（IEA）估计，2017年世界石油消费同比增长1.6%，每天增加150万桶。2017年，

世界石油需求量为9765万桶/日，大大高于2014年的9290万桶/日、2015年的9481万桶/日和2016年的9613万桶/日。2017年第三季度和第四季度的石油消费量均已突破9800万桶/日，分别为9800万桶/日和9820万桶/日。可见，2014年下半年暴跌后的低油价，已经刺激世界石油需求的增长，石油价格与石油消费的负相关关系可从2014年以来的石油消费数据再次得到证实。

（二）在需求恢复性增长的带动下，世界石油供给不断增加

2014年，世界石油供给量为9370万桶/日。2015年，正是在世界石油消费同比增长1.9%的带动下，世界石油供给跃升到9650万桶/日，较2014年增加了280万桶/日。2016年，世界石油供给增至9700万桶/日。2017年前3个季度，世界石油供给分别增至9660万桶/日、9770万桶/日和9780万桶/日。不过，当前世界真实的石油生产能力远远大于统计出来的产量，2017年石油价格之所以会出现这种不断攀升的走势，一个重要的原因是人为干预的结果，它并不完全是市场自发形成的。主要理由有两个：一是2016年11月30日，欧佩克第171届部长级会议决定，成员国实施120万桶/日的减产行动；二是2016年12月10日，世界上十多个非欧佩克产油国——阿塞拜疆、巴林、文莱、哈萨克斯坦、马来西亚、墨西哥、阿曼、俄罗斯、苏丹和南苏丹等与欧佩克联合减产，这些国家共减产约60万桶/日。两者相加，世界上主要石油生产国共联合减产180万桶/日。2017年5月，欧佩克和非欧佩克产油国决定将减产协议延长至2018年3月；2017年11月30日，决定将减产协议延续到2018年年底。因此，正是由于欧佩克和非欧佩克产油国的共同努力，才较好地控制了世界石油供给，从而较为有效地消除了石油市场对于供应的担心，使得原油价格不断攀升。

（三）突发事件对原油价格产生了短期影响

当然，2017年的国际石油市场远比仅从需求和供给方面分析的情况要复杂得多，这一年发生的众多突发性政治、经济、军事等事件以及自然灾害、极端天气，都在一定时期对国际原油价格的不断上涨，起到了推波助澜的作用。不过，在总体供大于求的情况下，这些突发事件对原油价格的影响都是短期的、临时性的，没有导致国际石油市场更大的危机。

1. 地区大国之间的冲突引起国际原油价格动荡

2017年6月5日，沙特阿拉伯、阿拉伯联合酋长国、埃及和巴林等国突然宣布与卡塔尔断交，理由是卡塔尔支持恐怖主义和干涉他国内政，这些国家宣布对卡塔尔实施制裁，关闭与卡塔尔的陆海空联系，并禁止卡塔尔公民前往这些国家。与此同时，由沙特阿拉伯领导的多国联军也宣布中止卡塔尔参与联军行动，原因是卡塔尔支持在也门的恐怖组织，与也门反政府武装胡塞组织有"勾连"。6月23日，四国通过科威特向卡塔尔递交了"13点要求"清单作为解决断交危机的条件。7月4日，卡塔尔外交大臣穆罕默德表示，沙特阿拉伯及其盟国在海湾外交危机中向多哈提出的要求根本无法满足，卡塔尔拒绝接受这些国家提出的苛刻要求，认为这些要求违背了国际法。以沙特阿拉伯、伊朗、伊拉克、科威特和阿拉伯联合酋长国为主的海湾国家，截至2017年1月1日拥有的探明石油储量为8135亿桶，占世界总量的47.7%。阿拉伯国家之间发生的这一突发事件，直接引起了国际原油价格的动荡。2017年6月5日，布伦特原油期货价格上扬了1.1%，升至50.48美元/桶。

2. 主要石油生产国内部所发生的事件影响国际原油价格走势

最著名的是2017年11月初发生的沙特阿拉伯"反腐运动"。2017年11月4日，沙特阿拉伯国王萨勒曼宣布成立以王储穆罕默德为主席的最高反腐委员会，并逮捕了11名王子、38名现任和前任大臣，包括沙特阿拉伯王室的多名"重量级"人物，例如有"中东巴菲特"之称的瓦利德王子。11月5日，载有1名沙特阿拉伯王子和数名政府官员的直升机在沙特阿拉伯靠近也门边界的阿西尔省坠毁，包括王子、2名机组人员和4名政府官员在内的7名机上人员全部遇难。11月6日，布伦特原油期货早盘价格触及2015年7月以来的高点，为每桶62.44美元，较上一个交易日收盘价上涨0.3%，较6月份创下的2017年低点高出40%；美国西得克萨斯中质原油期货早盘价格触及每桶56美元，也是2015年7月以来的最高水平，较2017年低点上涨1/3。12月28日突发的伊朗示威和骚乱也对国际石油市场产生一定冲击。这一事件起自伊朗第二大城市马什哈德，随后蔓延至多座城市，造成了人员的伤亡和财产损失。受示威和骚乱的影响，2017年最后一个交易日，美国西得克萨斯中质原油（WTI）2月期货收盘价上涨0.97%，报收于60.42美元/桶，为两年半以来首次收于60美元/桶上方；布伦特原油3月期货收盘价上涨1.07%，报收于66.87美元/桶。

3. 战争以及库尔德人独立公投影响原油价格走势

战争对原油价格产生影响最有代表性的事件，是2017年4月6日美军向叙利亚沙伊拉特军用机场发射了59枚巡航导弹，以报复4月4日发生在叙利亚的化学武器袭击事件。4月7日，WTI原油期货价格攀升约1美元/桶，最高涨幅约为2%，达到52.84美元/桶；布伦特原油期货价格涨幅约为2%，最高至56.3美元/桶。

2017年还发生了一件对国际石油市场产生较大影响的事件，即伊拉克北部的库尔德人独立。库尔德地区是伊拉克主要的石油生产区，拥有450亿桶石油储量，甚至超过了欧佩克成员国之一的尼日利亚，全球最大的现役油田之一——基尔库克油田就在该地区。2016年，该地区日均原油产量为54.46万桶，占伊拉克全国石油产量的约12%，与厄瓜多尔和卡塔尔等欧佩克成员国产量相当。2016年，伊拉克库尔德地区日均出口原油51.5万桶，2017年上升至58.36万桶。库尔德地区虽然深处内陆，但可以借助陆上输油管线从土耳其杰伊汉出口原油，输送能力为70万桶/日，就近供应欧洲市场。俄罗斯石油公司是库尔德油气行业的最大投资者，不到1年就投资40亿美元。伊拉克北部库尔德人于2017年9月25日进行独立公投，支持票占92.73%，反对票只占7.2%。此次公投从开始到结果出炉，伊拉克以及邻国土耳其、伊朗、叙利亚一直持激烈的反对态度，担心公投的连锁反应会危及本国安全和领土完整，法国和美国也公开表示反对。10月16—17日，伊拉克军队与其结盟的民兵发动了48小时闪电战，夺回了北方基尔库克省和基尔库克油田，以及尼尼微省和迪亚拉省先前被库尔德人占领的地区，包括主要城市摩苏尔和摩苏尔大坝，把库尔德人完全限制在北部三省的自治区内。库尔德人公投及其所引起的地区紧张局势，对国际原油价格的影响立竿见影。在公投当日的2017年9月25日，WTI 11月原油期货收盘价格上涨1.56美元/桶，至52.22美元/桶，涨幅为3.1%；布伦特11月原油期货收盘价格上涨2.16美元/桶，至59.02美元/桶，涨幅为3.8%。

4. 石油供应方面的突发事件对国际原油价格产生了即时影响

2017年12月11日，北海油田的福尔蒂斯输油管线发现裂缝被关闭。该管线是英国最大的管线，通过将85个油田连接到英国本土，运输了英国北海油气产量的近40%，每日输送能力为45万桶。福尔蒂斯原油管道还为英国格兰奇茅斯的炼油厂提供服务，该炼油厂提供了苏格兰约80%的燃料。受此影响，12日布伦特原油价格跳涨逾 1.5%，至 65.70 美元 / 桶，达到 2015 年 6 月以来的最高位，并使其对 WTI 的溢价扩大至 7 美元 / 桶以上，创 2015 年 5 月以来最高溢价。12 月 26 日，利比亚一条向锡代尔港口输送原油的管道被炸毁，利比亚原油日产量减少 7 万～10 万桶，使得本处于年底交易清淡时期的国际原油价格大涨，其中布伦特原油期货收涨 1.77 美元 / 桶，报收于每桶 67.02 美元，涨幅为 2.71%，盘中触及 2015 年 5 月以来的最高值；WTI 原油期货攀升 1.50 美元 / 桶，报收于每桶 59.97 美元，涨幅为 2.57%，盘中触及 60.01 美元 / 桶，为 2015 年 6 月底以来的最高水平。

5. 自然灾害和极端天气对国际原油价格产生了影响

近年来，世界范围内的自然灾害和极端天气越来越频繁，对国际石油市场的影响越来越大。2017 年 8 月底的"哈维"飓风，造成美国 11.2%~16% 的炼油能力以及 70 万桶 / 日陆上、43 万桶 / 日海上石油生产停产，得克萨斯州沿海港口关闭，导致亚洲市场的汽油期货价格大涨 7%，美国汽油零售价平均上涨 10%，升至 2015 年 8 月以来的最高水平。不过，由于大量炼油厂关闭带来的美国国内原油需求减少，国际原油价格走出了与美国国内成品油价格相反的走势。8 月 31 日，布伦特原油价格收于 53.38 美元 / 桶，环比小幅下跌 0.5%，WTI 原油价格收于 47.23 美元 / 桶，环比大幅下跌 5.9%。"哈维"飓风还导致国际石油市场另一重大事件。在"哈维"飓风肆虐的 5 天里，美国墨西哥湾沿岸最多时有 11 个港口关闭，有装载着超过 1800 万桶原油的 28 艘油轮滞留海上不能靠港。为此，8 月 31 日，美国政府宣布，从路易斯安那州西哈克伯里的战略石油储备油库动用 40 万桶低硫原油、60 万桶含硫原油供应菲利普斯 66 位于路易斯安那州查尔斯湖的炼油厂，这是 5 年来美国首次动用战略石油储备。

二、2020 年前国际石油市场再平衡会否继续？

从目前到 2020 年，国际石油市场会进一步迈向再平衡吗？从有关资料分析，未来 2～3 年国际石油市场的走势充满了不确定性，在 2018 年和未来一段时间下结论还为时尚早。

（一）2018 年世界石油需求增长将会放缓

国际能源署 2017 年 11 月份的《石油市场报告》认为，2018 年世界石油需求增长1.3%，石油消费增加约130万桶/日，是2015年以来增长速度最低的一年。非常有意思的是，自2017年8月份以来，国际能源署对于2018年世界石油消费的增长日益趋于悲观，8月份的《石油市场报告》预估2018年世界石油需求增长1.4%，即增加140万桶/日。同样，欧佩克也不看好2018年的世界石油消费增长。欧佩克在2017年12月13日公布的11月份市场报告中，预测2018年世界石油需求增长151万桶/日，低于2017年153万桶/日的石油消费增长。

（二）世界过剩的石油生产能力仍然存在并将继续扩大

据美国能源信息署（EIA）的统计，2013—2017年，欧佩克剩余石油生产能力分别为216万桶/日、207万桶/日、146万桶/日、115万桶/日和210万桶/日。国际能源署认为，欧佩克目前有效的剩余石油生产能力为217万桶/日，其中沙特阿拉伯一国占80%。国际上两大权威能源机构的看法是一致的，即当前欧佩克的剩余石油生产能力在200万桶/日左右。

从近年世界石油生产情况来看，2016年非欧佩克产油国的原油产量下降约100万桶/日，主要是由于美国减产56万桶/日、中国减产30.2万桶/日。根据国际能源署的统计，2016年非欧佩克产油国原油产量下降110万桶/日。非欧佩克产油国原油产量下降的原因很复杂，可能有生产项目寿命到期永久关闭的原因，但更主要是因为2014年下半年以来的低油价使得投资减少，石油生产项目难以维持而关闭，在油价上涨到一定水平时这部分产能会有所恢复。

根据以上资料推算，当前国际石油市场静态剩余生产能力应该不低于300万桶/日，其中欧佩克拥有的剩余生产能力应该在200万桶/日左右，欧佩克和非欧佩克产油国联合减产的180万桶/日原油产量大约只占当前世界剩余生产能力的60%。当前，欧佩克的伊朗、伊拉克等都在积极吸引外资扩大石油生产能力，利比亚受破坏的石油生产能力正在不断恢复中，尼日利亚艾基那（Egina）超深水油田在2018年下半年投产后将使该国原油产量提高10%。为缓解严重的经济困难，委内瑞拉石油产量也必须要逐渐恢复。2018年和未来一段时间，仅上述欧佩克成员国的原油生产能力就会至少增加300万桶/日以上。同时，哈萨克斯坦、巴西等非欧佩克产油国的原油产量也会不断增加。其中，哈萨克斯坦拥有的中东之外最大的油田——卡沙甘油田已于2016年10月底恢复生产，2017年的原油产量预计将达到

40万桶/日左右。随着桑托斯盆地盐下层的大量发现和新项目的不断投产，巴西的原油产量迅速增加，2017年11月27日，巴西巨型利布拉油田首次产出原油。综合估算，上述国家2018年及其后续年份新增的原油生产能力应该大大超过300万桶/日。

（三）世界石油库存仍处在高位，可以对国际石油市场起到很好的平衡作用

以经济合作与发展组织（OECD）国家为例，2017年8月拥有的原油、成品油库存处于标志性的30亿桶以上，合计31.15亿桶，高于5年平均线1.7亿桶。虽然由于受"哈维"飓风的影响，9月份石油库存下降，且自2015年11月份以来首次低于30亿桶的标志线，但仍维持在29.7亿桶的高水平。此外，自2014年下半年原油价格暴跌后，国际石油市场就出现了一个非常有趣的现象，石油生产国、贸易商等将大量的原油和成品油存放在油轮中，等待出售时机，在国际石油市场上形成了规模庞大的"浮动"库存。2016年6月，路透通讯社发表了一系列海上油轮及储油船的卫星照片，历数了从中东、新加坡到中国上海、青岛等世界各地海上漂浮的油轮情况，凸显全球供油严重壅塞情况，称约两亿桶石油被迫在海上漂流或停泊，上不了岸。2017年5月初，全球主要石油运输路线之一的马六甲海峡共有35艘油轮，总装量为6500万桶原油。据估计，2017年6月中旬，全球有超过50艘超大型油轮用于存储原油，存储量高达6000万桶，而2017年2月海上储油的峰值高达7000万桶。

（四）沙特阿拉伯、俄罗斯和美国的能源政策和石油产量将直接影响国际石油市场的再平衡

1. 沙特阿拉伯

2017年11月30日联合减产的绝对主力是沙特阿拉伯，其希望通过联合减产将石油价格提升到较高水平。2014年下半年以来的原油价格暴跌，给沙特阿拉伯带来了巨大冲击。2015年，沙特阿拉伯的石油出口收入从2014年的2844.24亿美元下降到1579.62亿美元，不到最高年份2012年3374.8亿美元的一半，首次出现了413亿美元的经常账户赤字。2017年，沙特阿拉伯国内生产总值预计收缩0.5%，为8年来的首次负增长；财政赤字为613亿美元，超出预期约80亿美元，近4年财政赤字累计达2580亿美元；现金储备较前几年的峰值也减少了超过2000亿美元。

2016年4月25日，沙特阿拉伯颁布了《沙特阿拉伯2030愿景》，确定了三大愿景目标：阿拉伯与伊斯兰世界心脏、全球性投资强国、亚欧非枢纽。沙特阿拉伯国

王萨勒曼在当天的电视讲话中宣称:"到2030年,我们将不再依赖石油。"6月7日,沙特阿拉伯内阁会议通过了《2020年国家转型计划》,作为《沙特阿拉伯2030愿景》的组成部分,希望2020年实现非石油经济收入增加3倍(由436亿美元提高至1413.3亿美元),原油开采能力维持在1250万桶/日,天然气产能从110亿立方英尺/日增至178亿立方英尺/日。

沙特阿拉伯还启动了世界最大石油公司——沙特阿拉伯国家石油公司(沙特阿美公司)的上市计划。沙特阿拉伯政府预计,沙特阿美公司整体估值高达两万亿美元,如按计划出售其5%的股份,将可为主权财富基金募集近1000亿美元的资金。沙特阿美公司上市,需要2018年有一个较高的原油价格。

另外,动荡的中东,使得沙特阿拉伯的国家安全和政权稳定面临严重的威胁,沙特阿拉伯在中东四处出手,这些都需要巨额的金钱来支持。连2017年11月初发生的沙特阿拉伯"反腐",也正在以交纳高额赎金的方式加以解决。

正是由于以上原因,沙特阿拉伯希望有一个较好的原油价格。有报道称,沙特阿拉伯希望的国际原油价格为60美元/桶。

2. 俄罗斯

俄罗斯对于2017年11月30日的联合减产协议态度一直暧昧不清。虽然俄罗斯最终同意了联合减产协议,但前提是由俄罗斯等国组成的市场监督委员会在2018年6月对国际石油市场进行再评估,以决定共同减产行动是否继续。俄罗斯是世界最大的石油生产国,2017年9月的石油产量为1127.9万桶/日,虽然其承担的减产义务是30万桶/日,但实际减产量为31.8万桶/日。相对于油价暴跌的2014年和2015年,近年来不断上涨的油价已使俄罗斯的石油收入不断改善。2017年前10个月,俄罗斯出口石油2.14亿吨,同比增长0.5%,实现出口收入769.3亿美元,比2016年同期的596.6亿美元提高30%。据有关报道,俄罗斯希望的石油价格为50美元/桶。只要国际原油价格达到这一水平,俄罗斯依靠其庞大的石油产量,就能较好地支持其经济社会的正常运行。俄罗斯不希望看到的是,国际原油价格不断上升,使美国和世界其他国家的石油产量不断增加,侵蚀其市场份额。从2017年下半年以来,俄罗斯很多官员一直表示,国际石油市场已经存在过热的现象,不希望看到油价上涨过快。因此,如果2018年第一季度和上半年原油价格上涨过快、过高,俄罗斯有可能在 6 月份经过评估后退出减产协议，或可能在 6 月份会议前就采取不遵守减产协议的行动。

3. 美国

对 2017 年油价不断上涨和 11 月 30 日联合减产协议最满意的，应该是美国页岩油气生产商。目前，美国的石油产量已上升到 978 万桶/日，接近 1970 年 1000 万桶/日的历史最高水平。美国 8000 多家页岩油气生产商终于熬过了 2014 年、2015 年最艰难的日子，它们不但生存下来了，还将生产成本由过去的每桶 60 多美元降低到 35 美元左右。目前，美国七大页岩油产区共有 5946 口油井未完井。根据行业的生产规律，这些未完井的油井全部完成还需要 3 年时间，待这些油井完工投入生产，2018 年或之后美国的页岩油供应量将大幅增加。5 年后，美国的页岩油产量可能增加 350 万桶/日。因此，2018 年及以后，美国的石油产量肯定会增加，且可能会大幅度增加。国际能源署预期美国油气行业将迎来最大繁荣，2018—2025 年，美国将在全球石油供应增幅中占 80%。21 世纪 20 年代后期，美国将自 20 世纪 50 年代以来首次成为石油净出口国。正是得益于产量的迅速增加和成本的不断降低，就在欧佩克成员国和俄罗斯等控制石油产量时，美国的页岩油气生产商却在不断占领市场。美国已成为中国主要的原油供应国之一，2017 年 12 月其对中国的石油出口量可能上涨到 40 万桶/日。

2017 年 1 月上任以来，美国总统特朗普就不惧被全世界谴责而退出了"巴黎气候协定"，颁布一系列政策支持页岩油气、煤炭等产业的发展，以迎来美国能源产业的"黄金时代"。特朗普总统本人已成为美国能源业的最大"推销员"，2017 年 7 月 6 日他在参加"三海峰会"时就宣称，如果"三海倡议"国家需要能源，只需来一个电话。2017 年 11 月初，在对中国进行国事访问时，其庞大代表团中大部分是能源企业，所签订的 2535 亿美元的经贸大单中半数是能源项目。

事实上，美国页岩油已成为当前国际石油市场的边际生产者，决定了当前和未来一段时间国际原油价格的"天花板"。从世界石油生产的特点来说，要成为国际石油市场的边际生产者，需有两个不可或缺的条件：一是边际生产商的石油应该能直接替代常规石油资源，不需要在消费和加工过程中再增加更多的过程和成本，否则会减少这种石油资源的市场竞争力。从这方面看，加拿大油砂和委内瑞拉重油缺少与常规石油资源的直接竞争力，只能作为低价格资源参与国际石油市场竞争。二是具备一定的产量规模，能对一定时期的国际石油市场供需平衡造成直接冲击。从目前国际石油市场现状看，只有美国页岩油可以作为国际石油市场的边际供应者。我们一般所称的"页岩油"，学术上应称为"致密油"，是高品质的轻质原油资源，开采后可以直接使用，可以与欧佩克及非欧佩克国家生产的大部分高品质轻质原油竞争。2017年6月，美国页岩油的产量超过500万桶/日，折合年产量约2.5亿吨。从单一原油资源品种来看，美国页岩油的产量与沙特阿拉伯轻质原油的产量基本相当，是目前国际石油市场产量最大的两个原油品种，两种原油的品质也具有较大的相似性。正是由于庞大的产量，使得页岩油产量的变化直接决定了当前国际市场原油价格的走势。

除供需这一最基本的因素外，原油价格还受很多其他因素的影响，例如动荡的中东、捉摸不定的世界政治经济形势、日益频繁的极端天气和自然灾害等，其中任一突发事件都可能使得2018年及以后国际油价出现剧烈动荡。20世纪70年代的两次石油危机，就是由于第四次中东战争、两伊战争和伊朗革命而引发的。不过，正如2017年所发生的众多突发事件一样，在当前国际石油市场总体供给大于需求以及世界主要石油消费国拥有庞大的石油储备的情况下，除非中东地区发生大规模、影响波及这一地区主要国家的突发性事件，或大国之间发生规模较大且影响深远的突发性事件，否则一般事件对国际石油市场和石油价格的影响都将是短期的、临时性的。

综合分析以上因素，我们认为，2014年下半年暴跌以来的油价恢复得似乎快了一点，当前合理的国际原油价格不应该超过50美元/桶。考虑到季节性和突发性事件等因素，加上2017年11月30日的联合减产行动，如果2018年第一季度油价保持在60美元/桶以上甚至超过70美元/桶，那么2018年第二季度和第三季度油价会面临较大的下行压力，而且油价维持在60美元/桶以上的时间越长，未来油价下行的压力也将越大。

对世界石油工业近160年的历史，尤其是20世纪70年代以来的国际油价大幅度波动进行分析，我们认为，2018年至2040年，国际石油市场仍有可能会出现一至两次石油危机，有很大可能再次出现高于150美元/桶或低于30美元/桶的油价，而且60美元/桶以上的油价维持时间越长，出现石油危机的可能性就会越大。世界石油工业的特点，决定国际石油市场是一个周期性波动的市场，油价的大幅度波动是常态，市场力量是导致国际油价波动的最根本的内在因素。从长周期看，任何"阴谋"或"黑幕"都难掀起波澜。由于人类的天性以及对金钱无止境的追逐，理想的国际油价是不可能存在的，全球能源治理将会面临很多难以克服的难题和障碍。

本文撰写于 2017 年 12 月

油市2018：炽热寒冬之后的春夏秋天会更加灼人吗？

与极寒冷的天气形成鲜明反差的是，2018年1月的国际石油市场却是异常炽热的，是2014年下半年油价暴跌以来最好的开局。以由14种原油构成的欧佩克一揽子原油为例，2018年开年第一个交易日的1月2日为64.84美元/桶，1月31日上涨到66.28美元/桶，1月25日最高为68.46美元/桶，分别上涨了1.44美元/桶和3.62美元/桶。在1月份的22个交易日中，21个交易日的价格超过65美元/桶，12个交易日超过67美元/桶。良好的开局，能预示着2018年国际石油价格全年都处于较高的水平吗？

回顾2017年石油价格的变化历史，非常有助于我们分析和研判2018年的油市。2017年的国际石油价格走势基本上是一条不断攀升的曲线。以欧佩克一揽子原油价格为例，1月3日为53.13美元/桶，12月29日为64.47美元/桶，两者相比上涨了11.34美元/桶。2017年石油价格之所以会走出这样的曲线，主要是由4个因素导致的：一是自2014年下半年石油价格暴跌以来，世界石油消费快速增长。2005—2015年的10年间，世界石油消费年均增长率为1.0%。2015年，世界石油消费同比增长1.9%，接近过去10年平均增速的2倍。2016年和2017年，世界石油消费分别增长1.5%和1.6%。二是世界主要石油生产国联合减产并能较好地实施，有效地管控了国际石油市场的供给。从2016年11月底开始，欧佩克联合俄罗斯、阿塞拜疆、墨西哥等十多个产油国，每天减产180万桶。2017年，世界主要石油生产国非常难得地很好履行了自己的承诺，并一致同意继续履行减产协议到2018年年底。三是2017年是一个多事之年，大量诸如石油生产国的内部动荡、中东地区大国冲突、战争、石油生产事故、自然灾害、极端天气等突发事件和美元币值的变化等，都不断推动着2017

年石油价格的走高。如伊拉克库尔德地区的公投事件，就曾使油价上涨超过3%以上。四是从2017年6月底开始，石油期货市场的对冲基金又开始押注原油。

讨论2018年剩余11个月的石油价格走势，是一个典型的短期市场判断且风险极大，但是我们认为，以下6个方面将是影响油价走势的主要因素：

一是2018年世界石油需求增长将会放缓。国际能源署估计，2018年世界石油需求增长1.3%，增加约130万桶/日，是2015年以来增速最低的一年。在2017年12月13日公布的11月份市场报告中，欧佩克预测2018年世界石油需求增长151万桶/日，低于2017年的石油消费增长。

二是世界过剩的石油生产能力仍然存在并将继续扩大。根据不同机构多种资料推算，当前国际石油市场静态剩余生产能力应该不低于300万桶/日，其中欧佩克拥有的剩余生产能力应该在200万桶/日左右。目前，欧佩克成员国都在积极吸引外资扩大石油生产能力，哈萨克斯坦、巴西和加拿大等非欧佩克产油国的原油产量也会不断增加，2018年新增的原油生产能力应该大大超过300万桶/日。

三是沙特阿拉伯、俄罗斯和美国的能源政策和石油产量将直接影响国际石油价格的走势。首先，沙特阿拉伯希望较高的油价。2017年，沙特阿拉伯国内生产总值预计收缩0.5%，为8年来的首次负增长，财政赤字为613亿美元。2016年4月25日，沙特阿拉伯颁布了《沙特阿拉伯2030愿景》并启动了世界最大石油公司沙特阿美公司的上市计划。动荡的中东和沙特阿拉伯在中东四处出手，这些都需要巨额的金钱来解决。2017年11月初发生的"反腐"，也正在以交纳一千多亿美元的高额赎金方式加以解决。因此，在沙特阿美公司正式上市前，沙特阿拉伯都希望油价处于较高的水平。有报道称，沙特阿拉伯希望的国际原油价格为60美元/桶。其次，俄罗斯不希望油价过高。俄罗斯是世界最大的石油生产国。2017年前10个月，俄罗斯出口石油2.14亿吨，同比增长0.5%，实现出口收入769.3亿美元，比2016年同期的596.6亿美元提高30%。2018年1月24日，俄罗斯卢克石油公司总裁阿列克佩罗夫表示，公司近3年的预算是基于每桶50美元编制的，如果原油价格维持在每桶70美元逾6个月，俄罗斯则应开始从减产协议退出。2018年1月12日，俄罗斯能源部长诺瓦克提出，欧佩克及非欧佩克产油国要讨论从全球减产协议顺利退出的可能性。再次，美国页岩油是当前和未来一段时间国际石油价格的"天花板"。2017年11月份,美国石油产量已达 1003.8 万桶/日,接近历史最高水平。2018 年 1 月 26 日,美国的石油产量为 991.9 万桶/日,已与沙特阿拉伯的石油产量基本相当,其中页岩油的产量超过 500 万桶/日,成本为 40 美元/桶上下。国际能源署预计,美国油气行业将迎来最大繁荣,2018—2025 年,美国将在全球石油供应增幅中占 80%。

四是世界石油库存保持在高位,可以对国际石油市场起到很好的平衡作用并足以应对较大规模的市场短缺。2017 年 9 月底,经济合作与发展组织国家拥有的原油、成品油库存总量为 45.58 亿桶,相当于 98 天的消费量和 193 天的进口量;其中,该组织政府可控制的原油和成品油库存为 15.74 亿桶,相当于 34 天的消费量。从 2014 年第三季度以来,经济合作与发展组织国家拥有的石油库存,就基本上稳定维持在这一水平。

五是从 2017 年第四季度以来的油价不断上涨,期货投机起了很大的作用。据美国商品期货交易委员会公布的数据,从 2017 年 6 月底到 2018 年 1 月 23 日止当周,对冲基金和其他基金经理人将与石油相关的 6 种最重要的期货和期权合约净多仓增持 4400 万桶,至纪录高位 14.84 亿桶;这一期间,投资组合经理人已将纽约商品交易所和洲际交易所西得克萨斯中质油、美国汽油、美国取暖油和布伦特原油、欧洲柴油的净多仓增持了 11.74 亿桶。当前,国际石油市场出现了大量对冲基金做多原油的热潮,很多投机机构已经将押注原油作为了当然之选。

六是突发事件肯定将导致油价的短期波动。捉摸不定的世界政治经济形势、异常多变的大国关系和美国特朗普政府的对外政策、动荡不安的中东、日益频繁的极端天气和自然灾害等,2018 年仍将是不平静的年份。不过,在当前国际石油市场总体供给大于需求以及世界主要石油消费国拥有庞大石油库存的前提下,除非发生大规模、影响深远的突发性事件,例如美国对伊朗政策的剧烈调整等,否则 2018 年突发事件对国际石油价格的影响都将是短暂的、临时性的。

综合以上因素,我们认为,2014 年下半年暴跌以来的油价恢复得似乎快了一点,当前合理的国际石油价格不应该超过 50 美元/桶。如果 2018 年第一季度油价保持在 60 美元/桶以上甚至超过 70 美元/桶,那么 2018 年第二和第三季度油价会面临较大的下行压力,第四季度油价应该会因季度性因素而回升。从全年看,2018 年欧佩克一揽子原油平均价可能为 65 美元/桶上下,当然也极有可能因突发事件而出现高过

75 美元 / 桶的高油价和低于 50 美元 / 桶的低油价，但这些都将是短暂的。当然，以上结论是基于正常市场供需的情况下分析得出的，鉴于当前市场上存在大量持有净多头希望推高油价的对冲基金，2018 年国际石油形势将会非常复杂，但在市场供需基本面较为清晰和诸如俄罗斯等主要产油国已意识到油价过快恢复不利于油市长期稳定的情况下，2018 年石油价格持续走高的可能性不大，2018 年剩余时间的国际石油市场不应该比 1 月份更加灼人。

本文撰写于 2018 年 2 月初

国际油价为何上演震荡戏码?

国际石油价格 2 月上旬从 1 月份的高位持续回落,但 2 月中旬开始又不断上涨。2 月 19—23 日的一周时间里,布伦特原油价格上涨近 4%,美国原油升 3%。2 月 26 日,布伦特原油上涨 0.19 美元,收报每桶 67.50 美元,盘中触及 3 周高位 67.90 美元;美国原油升 0.36 美元,收报每桶 63.91 美元,触及 20 日高位 64.24 美元。不过,2 月 27 日油价调头下跌。2 月 28 日,美国原油跌 1.37 美元或 2.17%,结算价报 61.64 美元;布伦特 5 月原油跌 1.79 美元或 2.7%,结算价报每桶 64.73 美元。3 月 1 日,油价继续下跌,其中布伦特原油收跌 0.9 美元或 1.4%,结算报每桶 63.83 美元;美国原油收跌 0.65 美元或 1.1%,结算报每桶 60.99 美元,盘中低见 60.18 美元,两大合约日低均触及两周低位。在这么短的时间内,国际石油价格之所以上演了一轮过山车,主要是由一些短期市场因素导致的,未来一段时间油价可能存在较大的下跌空间。

一、近期油价走出过山车行情的主要原因

2 月中旬以来国际石油价格之所以不断上涨,主要有以下 5 个方面的原因:一是沙特阿拉伯为了阿美石油公司的上市力挺油价。1—3 月,沙特阿拉伯的原油产量将远低于产量上限,同时出口的平均值将低于 700 万桶/日。与此同时,2 月 23 日、24 日,沙特阿拉伯能源、工业和矿产资源大臣法力赫在不同的场合表示,国际石油市场的库存在减少,欧佩克和主要非欧佩克产油国将研究长期的、永久的稳定国际石油市场的机制,国际石油市场将进一步再平衡。二是欧佩克 2 月份石油产量降至 3228 万桶/日,为 2017 年 4 月以来最低。其中,埃尔感(El Feel)油田关闭,

使利比亚石油减产 7 万桶/日。2017 年全年，委内瑞拉石油产量下滑近 13%，触及 28 年以来的最低水平。今年 1 月委内瑞拉的石油产量已降至近三十年来的最低水平，只为每天 160 万桶上下。与此同时，非欧佩克产油国墨西哥的石油产量也在不断下降，2017 年全年下降了 22 万桶/日，预计 2018 年还将下降 14 万桶/日，目前石油产量约为 210 万桶/日。三是欧洲需求获得了一定的提振。寒流袭击整个欧洲大陆促使一些炼油厂推迟维护，支持需求和扶助结束一轮获利了结。四是 2 月 23 日的数据显示，对冲基金和基金经理所持的美国原油多仓增加，为 4 周内首次。五是美国能源信息署（EIA）公布的数据显示，2 月 16—20 日这一周美国原油库存意外减少 160 万桶，市场原本预期美国原油库存增加 180 万桶，但因净进口降至纪录低位，出口大幅上升，使美国原油交割地库欣原油库存进一步下降。

而 2 月底以来石油价格之所以又调头下跌，主要是由于两个方面的原因：一是 2 月 28 日，美国能源信息署公布报告，2 月 23—27 日当周，美国原油库存增加 300 万桶，高于分析师预估的增加 210 万桶；美国汽油库存意外增加 250 万桶，而分析师原本预期为下降 19 万桶，这样美国汽油期货一度下跌 3.1% 至每加仑 1.9354 美元。正是由于库存的大增，使 2 月 28 日国际油价大跌。二是就在同一天，美国联邦储备系统新任主席鲍威尔发布了首次向美国众议院金融服务委员会进行半年度货币政策的书面证词并进行了国会首日听证，明确表达了进一步加息的立场，美元指数上涨超过 90 点。

二、短期油价走势前瞻

就在国际石油价格不断上涨的同时，美国的石油产量也在不断上涨。据美国能源信息情报署统计，截至 2018 年 2 月 16 日，美国国内的石油产量由 1 月 12 日的 975 万桶/日上升到 1027 万桶/日，增加了 52 万桶/日。这样，市场上产生了美国原油产量大增为何没有压低油价的疑惑。

事实上，不断增加的美国石油产量已经并将继续成为抑制国际石油价格上涨的最重要因素。由于国际石油价格不断上涨，从 2017 年第四季度以来，美国的石油产量迅速增长。从 2017 年 10 月份开始，美国的石油产量已经超过并保持在 1000 万桶/日的水平。由于技术的不断进步和美国石油公司竞争能力的不断增强，美国页岩油产量的持续增加不断超过了此前的最乐观的预期。美国拥有世界上最先进的炼油企业，这些企业根据美国和世界石油市场原油、成品油价格最优化地配置原油资源和进出口成品油。随着美国石油产量的不断增长，美国的原油和成品油出口量也水涨船高。2018年1月12日，美国原油和成品油合计出口量为635.6万桶/日，其中原油出口量为124.9万桶/日，成品油出口量为510.7万桶/日。而到2月16日，美国原油和成品油的合计出口量上升到675.2万桶/日，其中原油出口量为204.4万桶/日，成品油出口量为470.8万桶。正是由于产量和出口量的不断增加，连沙特阿拉伯阿美石油公司都要考虑并计划，将美国出口的石油销往亚洲市场。美国能源信息署估计，2018年美国的石油产量将超过1100万桶/日，而美国原油产量将稳固增加到21世纪中叶，2030年将增加至1500万桶/日，2050年则增加至1900万桶/日。

美国原油产量的不断增长，大大抵销欧佩克减产的成果。正是由于美国石油产量的不断增加，迫使沙特阿拉伯不断减少自己的石油产量，以维持国际石油市场的供需平衡，沙特阿拉伯的石油出口量已低于700万桶/日的水平。在阿美石油公司上市前，可以预料的是，沙特阿拉伯一定会采取一切措施维持国际石油市场的稳定，将国际石油价格保持在60美元/桶以上的水平。但是，从1986年和2004年下半年油价暴跌的历史看，沙特阿拉伯的经济承受能力有限，一旦沙特阿美公司上市，或是其经济无法承受时，沙特阿拉伯有可能又将重回争夺市场份额的政策，届时国际石油市场又将面临更大的下跌压力。

由于国际石油价格的不断上涨，欧佩克预计，非欧佩克产油国2018年供应市场的原油数量将大大超过其此前的预测。在其月度石油市场报告中，欧佩克把其对非欧佩克2018年原油日产量预测上调到了5926万桶，比2017年的预测增加了140万桶以及比上个月的预测增加了32万桶。自从其2017年11月份报告以来，欧佩克已把其对非欧佩克原油产量预测提高了72万桶/日。

正是在这一情况下，市场气氛已转向了悲观。据一项调查看，有60%的受访者表示，油价可能会做进一步的回落，降幅可能会达到70美分/桶。而一直希望油价坚挺的沙特阿拉伯也感受到了压力。据市场人士称，沙特阿拉伯可能降低其4月出口至亚洲的所有品级的原油价格，其轻质油4月份的官方销售价格将可能下跌40美分/桶，以应对自2月以来亚洲对于中东地区原油需求的下降。

当然，近期油价走势中有一个重大的不确定因素，即地缘政治因素，一方面，中东的局势仍在动荡，未来存在较大的不确定性；另一方面，有消息称美国可能会进一步制裁委内瑞拉。

本文撰写于2018年3月初

市场的近忧、产业的机遇和行业的远虑
——对2018年美国剑桥能源周的深度评析

2018年3月5—9日,第37届剑桥能源周(CERA Week)在美国休斯敦举行。剑桥能源周有能源界的"达沃斯论坛"之称,在世界能源界和经济界具有重要的影响。此次能源周有来自世界七十多个国家、超过3500名代表参会,其中包括30位能源部长和重要政府官员,世界上主要石油公司的董事长或CEO们。当然,这样重要的会议,世界能源界两大主要国际组织——国际能源署和欧佩克也不会落下,其主任和秘书长也都悉数到会。据称,此次会议是剑桥能源周历史上参会人数最多的一次,充分说明了目前时点下行业内外对世界石油天然气和能源形势的高度关注。

2018年剑桥能源周的主题是"临界点:新能源未来的战略",其英文原文为"Tipping Point: Strategies for a New Energy Future",无论看中文翻译或是英文原文,估计我们都不知其所云。从现场的有关报道看,对于什么是"临界点"?其具体包含什么样内容?包括能源周的金牌主持人丹尼尔·耶金博士在内,也都没有讲清楚。不过,认真分析各方媒体报道的180多场大会和各类专题会上有关机构和代表们发表的报告及观点,结合对当前国际石油形势和未来可能趋势的分析,我们认为,此次能源周事实上向我们展示了对短期国际石油形势的近忧,中长期石油天然气行业的机遇和长期能源形势的远虑,这些近忧、机遇和远虑,应引起我们的高度重视,中国石油和能源行业应清醒地认识,并积极地加以应对。

一、近忧，即对短期国际石油形势之忧，当前和未来一段时间的国际石油市场如何保持再平衡

2018年3月5日，就在能源周开幕的当晚，欧佩克秘书长巴尔金多与美国主要石油公司的高管们举行了非正式晚宴。虽然在新闻发布会上，巴尔金多表示，2017年能源周上欧佩克和美国石油公司一致认为，需要加强对话，不过在这一次晚宴上，"我们没有与他们讨论油价，也没有讨论石油减产问题。这不是我们对话的目的"。当然，无论巴尔金都先生公开说什么，行业人士心里都十分清楚的是，作为欧佩克的秘书长，与美国主要石油公司的高管们见面，无论谈与不谈，无法回避的话题，一定是石油生产供需形势和油价的走势问题。

2014年下半年油价暴跌以来，在低油价的刺激下，世界石油需求持续增长。2015年，世界石油消费同比增长1.9%；2016年和2017年，世界石油消费分别同比增长1.5%和1.6%。更为重要的是，2016年年底，在欧佩克的积极推动下，欧佩克和包括俄罗斯、哈萨克斯坦和阿曼等在内的世界主要石油生产国，联合减产180万桶/日，并要维持到2018年年底。我们知道，正是欧佩克和俄罗斯等的联合减产，使国际石油价格不断上涨，2017年年底和2018年1月，一度上涨近70美元/桶。但是，减产带来高油价的负面影响是，美国的石油产量不断增长。由于技术的不断进步和美国石油公司竞争能力的不断增强，美国页岩油产量的持续增加不断超过了此前最乐观的预期。从2017年10月开始，美国的石油产量已经超过并保持在1000万桶/日以上的水平。2018年2月2日至3月2月间，美国的石油产量更是上升到了1025万桶/日以上，已处于历史的最高水平。美国能源信息署（EIA）估计，2018年全球石油消费预计仅增长170万桶/日，而美国的石油产量将增长200万桶/日，也就是说今年的全球石油消费增长将全部被美国石油生产商收入囊中。当前，美国页岩油产量的激增，正在重演历史：2012年美国石油产量增长100万桶/日，2013年增长120万桶/日，2014年再增长180万桶/日，夺取了全球石油需求增长的多数份额，把市场推向供应过剩，不断压缩欧佩克的市场份额，从而导致了2014年下半年的油价暴跌，促成了随后的油价大跌。

更为重要的是，就在这次能源周期间，国际能源署（IEA）发表了其最新的市场

预测，预计 2017—2020 年间全球石油消耗量共计将增加 370 万桶/日，而同期美国石油产量将增长近 300 万桶/日，巴西产量将增加 70 万桶/日。美国、巴西、加拿大和挪威均未参与石油减产行动，这些国家的产量增加，将使全球油市直到 2020 年都保持充足供应，至少在 2021 或 2022 年前，对欧佩克原油的需求不会持续增加。

因此，对于欧佩克来说，事实上面临的市场压力越来越大，2018 年 2 月其石油产量降至 3228 万桶/日，为 2017 年 4 月以来最低，其主要是 3 个方面的原因导致的：一是埃尔感（El Feel）油田和沙拉拉（Sharara）油田的关闭，利比亚石油减产；二是 2017 年全年，委内瑞拉石油产量下滑近 13%，触及 28 年以来的最低水平，今年 1 月委内瑞拉的石油产量已降至近三十年来的最低水平，只为每天 160 万桶上下。三是沙特阿拉伯大幅度减少石油产量和出口量，其石油出口的平均值已低于 700 万桶/日。正是在这种情况下，欧佩克某些石油生产国已意识到减产导致高油价带来的负面影响。据一项调查看，有 60% 的受访者表示，油价可能会做进一步的回落，降幅可能会达到 70 美分/桶。而一直希望油价坚挺的沙特阿拉伯也感受到了压力。据市场人士称，沙特阿拉伯可能降低其 4 月出口至亚洲的所有品级的原油价格，其轻质油 4 月份的官方销售价格将可能下跌 40 美分/桶，以应对自 2 月以来亚洲对于中东地区原油需求的下降。伊朗石油部长尚甘尼在接受华尔街日报采访时表示，欧佩克可能在 6 月同意于 2019 年开始放松当前的石油生产限制，伊朗希望将油价维持在每桶 60 美元左右，以抑制美国页岩油生产。如果油价跳涨至 70 美元左右，将会激励美国页岩油增产。尚甘尼表示，伊朗将谨慎地寻求部分恢复自身生产，伊朗目前的石油产量约为 380 万桶/日，可能增加约 10 万桶/日。面对年初不断上涨的油价，2018 年 1 月 12 日，俄罗斯能源部长诺瓦克提出，欧佩克及非欧佩克产油国要讨论从全球减产协议顺利退出的可能性。2018 年 1 月 24 日，俄罗斯卢克石油公司总裁阿列克佩罗夫表示，公司近 3 年的预算是基于每桶 50 美元编制的，如果原油价格维持在每桶 70 美元逾 6 个月，俄罗斯则应开始从减产协议退出。

当前，减产以抬高油价的主力是沙特阿拉伯，其主要原因一方面是为了世界最大石油公司沙特阿美公司的上市，有报道称，沙特阿美公司可能于 2018 年 10 月或 2019 年上市，沙特阿拉伯王储穆罕默德·本·萨勒曼于 3 月初访问英国和美国，据称其主要目的就包括为沙特阿美公司上市的地点与有关方面进行会谈；另一方面，自 2014 年下半年以来的油价暴跌使沙特阿拉伯经济受到重创，2017 年经济出现负增长，加之在也门的军事行动和其他地区争夺中，都需要大笔的金钱。不过，今天欧佩克和沙特阿拉伯面对的，不是如俄罗斯这样的石油生产国，而是由近九千家石油个体户组成的美国页岩油生产商，投资者、资本市场迫使他们不断增加石油产量，以求尽可能多地获取现金流和利润，特朗普政府更是从环境、税收等诸多政策方面支持美国石油天然气和煤炭的生产，以求重现美国能源黄金时代。因此，虽然从 2 月中旬以来，国际石油价格上上下下，但市场上所有参与者都明白，对保持国际石油价格最后一根稻草的压力正在变得越来越大。这就是为什么在此次能源周的第一天，欧佩克要同美国石油生产商进行见面，这就是 2018 年剑桥能源周所反映出来的一忧。

二、机遇，即中长期石油仍将维持其主导的能源地位，世界石油产业未来需巨额投资，天然气的重要性将日益增强

这几年，石油需求峰值一直是研究界、产业界和社会各界共同关心的话题，观点和看法也有较大的差距。在此次能源周上，BP 集团 CEO Bob Dudley 提出，世界正在快速发展，需要更多能源，21 世纪 30 年代末达到石油需求峰值，2040 年石油需求量仍将超 1 亿桶。BP 最新的能源展望认为，世界正走向最多元化的能源组合，其中石油、天然气和煤炭各占 1/4，另外 1/4 来自可再生能源和核能。从 2018 年"剑桥能源周"石油大佬嘴里传出来一个普遍的声音，油气仍是工作重点！壳牌 CEO Ben van Beurden 强调，石油和天然气将继续成为"壳牌数十年的核心"。

目前世界原油需求非常强劲，有史以来首次接近 1 亿桶 / 日的大关。3 月 5 日，国际能源署（IEA）在会议期间发布的《2018 石油市场报告》中和其署长法提赫·比罗尔的有关讲话中，认为从需求端来看，全球原油需求依然强劲，特别是那些新兴经济国家。例如，未来 5 年中国和印度的原油需求占全球原油需求的 50%，要是将其他新兴经济体的原油需求也考虑在内，全球原油需求仍处于稳步增长的状态。在此次能源周上，欧佩克秘书长巴尔金多认为，能源行业目前面临的最重要问题之一是缺乏投资，石油行业在 2015—2016 年的衰退期间经历了 1 万亿美元的亏损。沙特阿美公司首席执行官阿敏·纳赛尔在会议上指出，尽管可再生能源的增长速度不断

加快，石油仍将在可预见的未来保持其在全球能源结构中的关键作用。未来 20 年石化市场需求的增加也将带动额外投资和原油需求，保守估计，未来 5 年每天需要约 2000 万桶的新产能。全球石油和天然气行业需要在未来 25 年内投资超过 20 万亿美元，以满足预期的需求增长并弥补发达油田的自然衰退。

面对气候问题的压力，参会的代表们和世界主要石油公司均表示，将更多的发展天然气业务，天然气业务会成为未来公司的投资重点和主要方向，道达尔和壳牌都表示正在向天然气进行转移，以对冲未来对化石燃料的更多禁令，过去传统的国际大石油公司都在向"气油公司"转变。就在此次能源周上，3 月 8 日，全球最大的两大石油公司壳牌和沙特阿美公司将在全球范围内合作天然气项目，双方已经签署了一份全方位的合作协议，旨在改变世界能源格局。

三、远虑，即远期世界能源格局将如何变化？是"清洁"能源还是传统能源的"清洁"化使用

2018 年 3 月 7 日，美国能源部长里克·佩里在"剑桥能源周"的全体大会上发表主旨演讲，称得益于产业创新和技术突破带来的革命，美国页岩油产量不断上升，成本持续下降，能源是美国优势产业，美国将加大相关基础设施建设，向国际市场出口更多原油和天然气。更为重要的是，在这次演讲中，佩里提出了"新能源现实主义"的概念，称美国今后的能源政策将回归到"现实主义"的政策上来，更多地依靠国内能源，更多依靠技术创新来解决能源安全问题，同时不是要去除化石能源，而是能清洁、更高效地利用化石能源，要让能源产业成为美国经济增长的主力，解决更多就业问题。佩里当天在会上说："事实证明，稀缺的不是能源，而是创新"。创新和技术进步将用于开发新能源，同时让传统能源变得更清洁。这是特朗普政府的能源部长第一次明确对美国当前和未来的能源政策进行解释和说明。

2017 年 1 月 20 日，唐纳德·特朗普就任美国第 45 任总统。就在其就任不久，白宫网站列出特朗普政府将要优先处理的六大"头号问题"，其中第一条就是"美国第一能源计划"。这个计划全文只有短短的 7 段，366 个单词，开宗明义就提出美国本届政府的政策是"为辛勤工作的美国人降低能源价格，尽量开发本土能源，减少国外石油进口，继续页岩革命"。2017 年 1 月 24 日，美国总统特朗普签署了"拱心

石"（Keystone XL）和达科他（Dakota Access）输油管线工程的行政命令，以扩大基础设施建设和缓解运输瓶颈；3月28日，在二十多名煤矿工人和一些政府官员的见证下，特朗普在美国环境保护局签署一份名为"能源独立"的行政命令，解除对美国能源生产的限制、废除政府的干涉。特朗普说，这是"美国能源生产一个新时代的开始"。2017年6月1日，特朗普在白宫的记者会上宣布："即日起，美国将停止落实不具有约束力的《巴黎协定》。"2017年8月4日，美国国务院发表声明说，美国已在当天向联合国递交文书，正式表达退出《巴黎协定》的意愿。在此次能源周的演讲中，美国内政部长辛克（Ryan Zinke）明确，美国政府正在实质性提升油气基础设置项目的审批速度，从奥巴马执政时期的8年审批周期缩短至目前的1~2年，以加快能源项目的开发进度。因此，可以说，此次剑桥能源周上佩里提出的"新能源现实主义"，是特朗普"美国第一能源计划"的进一步完善和具体阐述，它预示着美国特朗普政府将执行区别于奥巴马政府实际更多依靠可再生能源、依靠国际合作和国际机制的"自由主义"政策。

事实上，在此次会议上，包括欧佩克秘书长巴尔金多和国际能源署署长比罗尔等都认为，传统的化石能源本身不是问题，问题是如何减少排放以及如何开发清洁能源，在今后相当长时间里，传统化石能源仍将是全球能源消费主体。从会议大多数代表的观点看，在可预见的未来，传统化石能源仍将占据能源市场的主导地位，市场前景向好。

目前，中国已是世界第一大能源消费国，世界第二大石油消费国，第一大石油进口国，第六大石油生产国。如加上海外权益油产量，石油产量则可排名世界第四。中国已是世界能源和石油市场重要的组成部分及举足轻重的力量，中国有关能源和石油企业也已在世界能源、石油天然气总体格局中发挥着重要的作用。因此，此次剑桥能源周给了我们的三点启示，我们认为无论是中国的有关企业，还是政府部门，都要积极地加以应对。第一，鉴于当前和未来国际石油价格走势存在较大的不稳定性，有关企业的生产经营活动应有更大的灵活性，要持续加强管理，降低成本，不断提升自己的市场化竞争能力。第二，未来相当长时间内，油气仍是世界能源消费的主体，投资需求巨大，这就为中国企业继续做强做大提供了机会，但与此同时，要积极转变自己的产品结构和业务模式，高度重视天然气的生产经营活动，在满足世界天然气消费迅速增长的同时,更多地要为美丽中国建设和中国能源消费、生产结构的转变贡献力量。第三,在大力发展可再生能源、新能源的同时,还要继续大力推进中国能源使用清洁化的工作。目前和未来相当长时间,中国消费的主体能源来源仍将是传统的煤炭和石油,如何更好地清洁化使用好这些传统的能源资源,无论其现实意义还是经济价值,都是巨大的、不可替代的。第四,当前,美国的石油天然气资源正在不断涌向国际市场,在可以预见的将来,美国的煤炭也将会大规模出现在国际市场。鉴于美国的科技实力、基础设施和企业的市场化竞争能力,特朗普提出的重现美国能源黄金时代,应该是可以预见的大概率事件,未来廉价的美国传统能源资源越来越大地冲击世界能源市场。中国作为世界第一大能源消费大国和石油进口国,加之复杂的中美经济贸易关系,国家相关政府部门应及早研究在这一情况下,中国能源消费、生产政策,乃至中国对美贸易政策,在能源领域保障"中国梦"和"两个一百年"宏伟目标的顺利实现。

本文撰写于 2018 年 3 月中旬

80美元会是过去和未来一段时间国际石油价格的极值吗？

2018年2月6日，我在《中国石油报》发表的对2018年国际石油形势的分析文章中提出，由于特朗普可能会调整对伊朗的政策等原因，2018年国际石油价格有可能突破75美元。5月9日，特朗普提前3天宣布中止伊朗核协议，布伦特原油大涨2.36美元或3.2%，报收77.21美元/桶。

2月6日，布伦特最低为66.53美元/桶，美国西得克萨斯中质原油（WTI）为63.39美元/桶，均为2018年的最低价。3月23日，布伦特涨到70.45美元/桶，5月17日触及80.50美元/桶，为2014年11月以来首次。5月25，布伦特跌破78美元/桶，WTI跌到70.17美元/桶。

2月6日至5月17日的100天时间里，布伦特上涨了13.97美元/桶，涨幅为21%，分别突破70美元/桶、75美元/桶和80美元/桶3个重要心理关口，为国际石油市场历史所罕见。布伦特与WTI的价差越来越大，最高达8.5美元/桶。

一、近期油价不断上涨主要是突发事件和期货投机共同作用的结果

2018年，世界石油总需求量约为9900万桶/日，增长约为150万桶/日。当前世界石油供应充足，石油生产国的首要任务仍然是如何消化掉约300万桶/日以上的过剩生产能力。

当前最希望看到油价上涨的国家，仍是沙特阿拉伯。一是为沙特阿美公司的上市创造较好的条件；二是领头出兵也门，卷入叙利亚内战，与伊朗全面对抗，大笔采购军火，需要大把的金钱；三是《沙特阿拉伯2030愿景》实施，短期还需要石

油提供大笔的资金。有消息称,沙特阿拉伯乐于看到原油价格升至 80 美元 / 桶甚至 100 美元 / 桶。

2018 年以来,石油生产国的实际减产约为 270 万桶 / 日,执行率高达 150% 以上,主要是由于委内瑞拉石油产量的大幅度减产促成的。目前,委内瑞拉的石油产量大约只有 140 万桶 / 日,比年初下降了 50 万桶 / 日。

从 2017 年第四季度以来,大量期货投资资金进入了石油市场,很多投机机构将押注原油作为了 2018 年的首选,尤其将重点押在了布伦特的期货上。根据伦敦洲际交易所的数据,截至 4 月 10 日的一周内,对布伦特的投机性净多头头寸涨至 63.2454 万手合约,创 2011 年 1 月以来最高。从 5 月 10 日开始,美国的基金经理纷纷冲入能源领域,对任何与原油相关的资产进行广泛押注。正因为如此,2018 年以来布伦特率先升穿几大心理关口,与 WTI 价差不断拉大。

非常有意思的是,2018 年油价不断上涨的最主要"功臣"和最直接的"推手",应该是美国总统特朗普。每当特朗普宣布要在国际上采取什么行动时,油价就闻风上涨,其中最有代表性的是对叙利亚的动武和中止伊朗核协议。

二、未来一段时间的国际石油价格应该回调到合理的水平

4 月 20 日,特朗普发推特,指责欧佩克,认为目前世界石油产量达到了创纪录的水平,海上的油轮装满了石油,油价被人为地炒得这么高,不是好事也是不可接受的。虽然仍存在较大的不确定性,但综合多种因素考虑,未来一段时间的油价应从目前的高位回落,行业和研究界普遍认为,2018 年油价应处于 50~70 美元 / 桶区间,理想的油价应为 60 美元 / 桶。5 月 25 日,在圣彼得堡国际经济论坛期间,俄罗斯总统普京表示,60 美元 / 桶的油价是平衡的价格。

首先,油价上涨太快、太高,不利于世界经济的稳定。有机构测算,油价每增长 10%,将使石油消费国的 GDP 增速增长减少 9 个基点。本次油价上涨与美元升值同步进行,对世界上很多国家而言,面临石油进口成本实质性增加、国内成品油价格飙升和本国货币贬值的多重压力。前者如印度,后者如阿根廷。国际能源署最新的估计,将 2018 年世界石油需求增长下调到 140 万桶 / 日。

其次,美国本身也不欢迎油价的急剧上涨。目前,美国已成为世界上第一大石

油天然气生产国。由于经济目前已经有点过热，美元处于加息通道，2018年还将至少加息两次，过高的油价不可避免地带来更大的通胀压力，使美国政府面临更艰难的选择，这就是为什么4月20日特朗普会发推文批评欧佩克的深层次原因。

第三，联合减产的石油生产国，面临国际社会越来越大的道义压力；同时，高油价带来以美国为首的石油生产国产量不断增长，自身市场份额日益被侵蚀。5月25日，俄罗斯能源部长诺瓦克表示，将在6月22日举行的会议上，讨论减产协议问题。

第四，2018年4月以来，美国原油产量已高达1070万桶/日以上，5月上旬的石油出口量达到创纪录的256万桶/日。2018年，美国的石油产量将增长200万桶/日，全球石油消费增长可以全部由美国提供。此外，巴西、加拿大、哈萨克斯坦等国的石油产量也在不断增加。

第五，3个因素将会给未来的油价带来一定的压力。一是伊核问题，将直接带来260万桶/日伊朗石油出口的不确定性。二是委内瑞拉大选后，美国、欧盟和拉丁美洲很多国家都不承认大选的合法性，将加大对委内瑞拉制裁，委内瑞拉的石油产量有可能从目前的140万桶/日再下降到80万桶/日。三是从5月28日开始，美国将开启驾驶季，一般来说汽油需求的提升将带来原油价格的上涨。

第六，突发因素会对油价的走势带来一定的不确定性。目前，伊核问题、委内瑞拉问题都已经摆上了台面，朝核问题对油价的影响不是很大，西半球传统的飓风季还有一个季度多的时间。但是，沙特阿拉伯因改革以来国内形势复杂，中东混乱的局势，美国总统特朗普对外政策的不可预知，大量投机资金仍在市场中，未来短期油价仍存在大幅波动的可能性。

目前，中国已经是世界第一大能源消费国和石油进口国，油价的大幅度波动会对中国的经济社会产生重要的影响。截至5月25日，国内成品油价格从3月28日以来已连续5次上调，累计调价高达910元/吨。经过改革开放四十多年的努力，中国主要石油公司已经高度国际化，油价的大幅度波动，不可避免地会影响到公司的正常运作。我们认为，当前或到2020年前，国际石油市场远未达到供需平衡的状态，国际能源署等机构也认为未来石油的供给正在继续扩大。因此，就公司稳健经营来说，2018年5月升穿80美元/桶的油价应该被视作一个偶发的例外，是天上掉下的馅饼，应理性地在 60 美元/桶或之下安排公司的预算和支出，应不断努力提升国际市场的竞争能力。国际上一些大石油公司对此就有十分清醒的认识。5 月 18 日，英国石油公司首席执行官戴德立在接受媒体采访时就表示，油价长时间维持在 80 美元以上的市况是不健康的，油价将降至每桶 50~65 美元。

本文撰写于 2018 年 5 月底

2019年国际石油价格得听特朗普的

2018年，国际石油价格上演了一场过山车，在10月3日至11月23日的50天时间里，布伦特油价跌去了近1/3，抹去了年内全部涨幅，再一次说明了国际石油市场的无常、无情和市场力量的强大！

油价大幅波动说明，2014年下半年暴跌以来的国际石油市场仍没有达到再平衡，2017年年初以来，尤其是2018年上半年的国际石油价格上涨太快，油价快速下跌是市场的再一次理性回归。2019年或至2020年年底，国际石油市场将面临越来越大的供需失衡压力，国际石油价格的走势很大程度上将受美国石油产量和特朗普所左右。

一、2018年国际石油市场再一次上演了一场油价过山车

2018年1月2日，布伦特为66.57美元/桶，1月24日上涨到70.53美元/桶，4月30日为75.17美元/桶。5月17日，布伦特收于77.13美元/桶，但盘中触及80.50美元/桶，为2014年11月以来首次。5月22日，布伦特上涨到79.57美元/桶，为上半年最高水平。

从9月11日起，布伦特一路上涨，9月24日为81.2美元/桶；10月3日上涨到86.29美元/桶，创4年以来的最高水平。

10月3日之后，油价一路下跌。10月18日，布伦特跌破80美元/桶，为79.29美元/桶；11月13日、20日和23日，布伦特分别大跌4.67美元/桶、4.26美元/桶和3.8美元/桶，跌幅分别为6.66%、6.38%和6.07%。也是在11月20日，布伦特自2月上中旬之后，再次跌回到2018年1月2日第一个交易日的水平。11月30日，布伦特价格收于58.71美元/桶，创下了2018年以来的最低价（图1）。

图1 2018年国际石油价格走势

1月2日至10月3日,布伦特上涨了19.72美元/桶,涨幅为29.62%;最高价与最低价的价差为27.58美元/桶,跌幅为31.96%。11月30日,与1月2日第一个交易日相比,下跌了7.86美元/桶。

近年来,WTI大大低于布伦特。截至2018年11月30日,除仅有的6月26日和27日两天外,布伦特均高于WTI,且一年中有一半左右的时间,布伦特要高于WTI 5美元/桶以上。其中,高于10美元/桶的,有14天;价差最大的,是10月23日,为12.18美元/桶。

二、2018年国际石油价格的过山车是市场力量发挥作用的结果

冷静并客观分析2018年国际石油市场形势,我们看到的是,需求增长乏力,供给大幅增加,突发事件未产生预期效果,高油价已经引起世界性的反弹。

(一)2018年世界石油需求增长乏力

2018年第四季度,世界石油总需求为1.001亿桶/日,前3个季度分别为9820万桶/日、9850万桶/日和9980万桶/日。按年计算,2018年,世界石油总需求增长1.3%,增加的量为130万桶/日。2017年与2016年相比,世界石油总需求增加了152万桶,增长1.6%。因此,2018年世界石油总需求从增加的量和增长速度来看,都已下降。

2018年，世界三大石油消费国分别为，美国第一，消费总量为2033万桶/日，占世界的20.5%；中国第二，消费总量为1307万桶/日，占世界的13.18%；印度第三，消费总量为483万桶/日，占世界的4.87%。三国合计石油消费总量为3823万桶/日，占世界的38.54%。

2018年世界石油总需求的增长，也主要来源于这3个国家：中国第一，增加49万桶/日；美国第二，增加了37万桶/日；印度第三，增加了26万桶/日。三国合计，为112万桶/日，占当年世界石油总需求增加量的86.15%。

（二）2018年世界石油供给大大高于需求

2018年8月，世界石油总供给量为1.0103亿桶/日，到目前为止最大，比2017年增加了357万桶/日，是2018年世界石油总需求增加量130万桶/日的2.75倍。

从2018年年初以来，美国、俄罗斯和沙特阿拉伯三国石油产量一直在快速增加。从第一季度到第三季度，美国石油产量增加了158万桶/日，俄罗斯增加了31万桶/日，沙特阿拉伯增加了48万桶/日，三国合计237万桶/日，占同期世界石油增加量240万桶/日的98.75%。以2018年10月当月为例，美国、俄罗斯、沙特阿拉伯合计增产393万桶/日，大于同期世界石油增量的357万桶/日。

11月，美国原油产量为1170万桶/日，俄罗斯为1137万桶/日，沙特阿拉伯为1130万桶/日，三国原油产量均创造了历史性的高位。

（三）快速上涨的油价已经使市场和社会都产生了负面效果

1. 世界炼油三大指标从第三季度末开始下跌

2017年，世界原油加工量为8070万桶/日，2018年第一季度也为8070万桶/日，第二季度略升到8110万桶/日，第三季度大增到8310万桶/日，10月为8130万桶/日。按季对比，2018年第三季度世界原油加工量最高，比第一季度增加了240万桶/日，但10月份已开始下降。

2018年1月，美国炼厂开工率为91.7%，8月上升到97.21%，10月跌破90%为89.14%。2018年1月，欧洲地区炼厂开工率为89%，7月微升到89.01%，8月和9月开始下降，10月下跌到只有85.09%。2018年1月，亚太地区炼厂开工率为97%，9月下降到90%。

2018年1月，欧洲炼厂毛利5.1美元/桶，10月为2.58美元/桶，下降了

2.52 美元 / 桶。1 月，亚洲炼厂毛利为 8 美元 / 桶，10 月为 5.39 美元 / 桶，下降了 2.61 美元 / 桶。1 月，美国炼厂毛利为 10.3 美元 / 桶，5 月份为 18.5 美元 / 桶，10 月为 16.15 美元 / 桶，相比 5 月份下降了 2.35 美元 / 桶。

2. 经合组织国家石油库存已超过 5 年平均值

2018 年第三季度，经合组织国家企业的石油库存为 28.754 亿桶，超过了 5 年平均值，其中 9 月增加了 5910 万桶。2018 年第三季度，经合组织国家企业石油库存增加的数量，是 3 年来最大的季度增加值。

3. 油价高涨—经济下滑—社会动荡传递链接开始发力

2018 年 5 月，在 2018 年第一轮油价上涨过程中，印度油价连日飙升，5 月 21 日更创下新高。有评论认为，高油价导致的进口费用大增、卢比贬值，有可能压垮印度经济。

2018 年 5 月和 8 月，世界上部分国家出现了货币危机，其中最有代表和影响的是阿根廷和土耳其，前者比索急剧贬值，后者里拉大幅暴跌，这些都与当时急剧上涨的油价有直接关系。

从 2018 年 11 月 17 日开始，大量法国民众走上巴黎等街头进行抗议，引发了社会动荡，被称为"50 年以来最大的暴乱"。法国常用燃料是柴油，在过去的一年中上涨了 23%，目前为 1.51 欧元 / 升，是 18 年来的最高价。黄马甲运动的导火索，是法国政府计划从 2019 年 1 月 1 日开始，对汽柴油分别征收 3.9% 和 7.6% 的碳税。12 月 4 日，法国总理菲利普宣布，冻结 3 项应该从 2019 年 1 月 1 日起生效的税收。

（四）对伊朗制裁预期的逆转成为压垮油价的最后一根稻草

2018 年 5 月 8 日，美国总统特朗普宣布中止伊朗核协议。6 月 26 日和 7 月 2 日，美国国务院公开喊话，希望所有国家在 11 月 4 日前将从伊朗的石油进口削减至零，并在此后不断重申这一立场。当时，很多机构认为，伊朗石油完全被禁止出口，国际石油价格有可能上涨到 100 美元 / 桶。

2018 年 6 月，伊朗出口的原油和凝析油为 270 万桶 / 日。从 7 月份开始，法国和韩国停止进口伊朗石油，9 月伊朗原油和凝析油的出口量下降到只有 190 万桶 / 日。与此同时，在特朗普的一再要求下，6 月 23 日举行的第四届欧佩克—非欧佩克部长级会议，决定停止减产，自 7 月 1 日起各产油国可以自行决定自己的产量。

11月5日，美国宣布对伊朗石油出口禁令正式生效，但中国、印度、希腊、日本、土耳其、意大利与韩国7个国家及中国台湾地区获得180天的豁免，得以继续进口伊朗石油。

这样，预期的11月4日之后市场供应短缺没有出现，市场紧张的气氛一扫而空，继10月18日布伦特跌破80美元/桶之后，11月13日、11月20日和23日出现了3次大跌。

三、2019年及2020年国际石油价格将持续面临下行压力

2019年世界石油市场需求增长有限，供给严重过剩，高额库存有待消化，特朗普将继续施压，沙特阿拉伯和俄罗斯将要保证自身利益的同时支持特朗普的油价政策，国际石油价格2019年和2020年将持续走低。

（一）2019年世界石油需求增长有限

国际能源署预计，2019年世界石油需求增加140万桶/日，将达到1.006亿桶/日，按年增长1.4%，低于2017年的1.6%。需求增长主要来源于：一是亚太地区，增加80万桶/日，占2019年世界增量的57.14%；二是北美地区，增加20万桶/日，占2019年的14.29%。

欧佩克预计，2019年世界石油需求增加仅为129万桶/日，增长率为1.31%，总需求为1.0008亿桶/日（表1）。需求增长主要来源于发展中国家和地区，其中，印度增长最快，为4.04%；中国第二，为2.67%；非洲地区为2.45%；俄罗斯和中亚地区为1.87%；美国为1.15%。

国际能源署和欧佩克都在不断调低对未来的预期。如10月份的《石油市场报告》中，国际能源署将对2019年世界石油需求与9月份相比，大幅调减了20万桶/日。在11月份的《石油市场月报》中，欧佩克将2019年世界石油需求由10月份的增长136万桶/日，下调到129万桶/日，增长率也由上月的1.38%下调到1.31%。

（二）2019年世界石油供应充足且将持续增长

国际能源署估计，目前欧佩克成员国原油生产能力为3557万桶/日，2018年10月的原油产量为3299万桶/日，剩余生产能力为207万桶/日，且没有考虑委内瑞拉石油生产。

美国能源信息署预测，2019年美国原油产量将由2018年的1090万桶/日，增长到1206万桶/日，增加116万桶/日，增长10.64%。因此，仅美国增加的量，就可基本冲抵欧佩克与非欧佩克的减产量。

2017年美国油气探明储量创历史纪录，其中原油和凝析油探明储量增加68亿桶，创47年来的纪录，达420亿桶；天然气探明储量增加123.2万亿立方英尺，大增36.1%，达到464.3万亿立方英尺，创下了2014年以来新的纪录。2014年下半年油价暴跌以来多年的市场考验，美国很多页岩油生产商的成本已大幅度下降到35美元/桶的水平，市场竞争能力不断增加，美国在世界石油市场所占份额和影响力会不断扩大。

2019年，巴西石油产量将增加20万桶/日，达到350万桶/日。有研究估计到2027年，巴西将成为欧佩克外全球最大的石油生产国；到2035年，巴西石油产量将占到全球新增供应量的1/3。

目前，从北极到拉丁美洲、非洲沿海等地区，大量新油田不断被发现，并迅速被投入生产，未来世界石油供给是十分充裕和有保证的。

表1 2015—2019年世界石油需求与供给

项目	2015年	2016年	2017年	2018年第一季度	2018年第二季度	2018年第三季度	2018年第四季度	2018年	2019年
世界石油需求	9416	9561	9727	9780	9802	9932	9998	9879	10008
非欧佩克石油产量	5751	5665	5753	5911	5945	6050	6103	6003	6219
欧佩克天然气液和非常规石油产量	605	615	623	627	632	636	641	634	645
欧佩克原油产量	3190	3286	3262	3239	3220	3258	—	—	3144
欧佩克原油产量占比（%）	33.88	34.36	33.54	33.12	32.85	32.80	—	—	31.41

说明：单位为万桶/日。其中2019年欧佩克的原油产量为市场预计对其的需求。
资料来源：欧佩克，《石油市场月报》，2018年12月12日。

（三）庞大的石油库存为2019年石油价格设置了防摔垫

2018年9月，经合组织国家企业和政府拥有的全部石油库存，为44.407亿桶，可供消费92天，可满足进口需要190天。

规模庞大的石油库存，一方面，对生产国带来了巨大的压力，使市场销售不畅；

另一方面，为2019年可能出现突发事件对国际石油市场造成的冲击，设置了缓冲垫，基本可以消除2019年国际石油价格出现长时间暴涨的可能。

（四）争夺市场份额将成为石油生产国2019年主要工作

第五届欧佩克—非欧佩克部长级会议决定减产120万桶/日，国际石油价格短期产生了一定的反弹，但12月10日下跌近3%，其主要原因：一是减产120万桶/日，没有达到市场的预期，市场普遍认为至少需减产140万~180万桶/日，才能减轻供需压力，并有助于庞大库存的逐渐消化；二是减产协议的落实存在很大的难度，如何协调伊拉克、阿拉伯联合酋长国、科威特等国减产，是一个较大的难题。

俄罗斯对减产提高石油价格一直就不是很热心，承担减产23万桶/日的义务，大大低于欧佩克和市场的预期，其背后深层次的原因是，普京一直反对油价过高。5月25日，在圣彼得堡国际经济论坛期间，普京表示，60美元/桶的油价是平衡的价格。7月16日，在赫尔辛基与特朗普举行首脑会谈后，普京公开表示，俄罗斯将与美国共同监管世界油气市场，不希望看到油价过高。11月28日，普京表示，俄方对60美元的油价感到满意，是公平且很好的。

为确保减产的成功，沙特阿拉伯再次当起了浮动石油生产国，承担大部分的减产责任。对于欧佩克来说，进入2019年以后，艰难的不是卡塔尔的退出，而是面对美国、巴西和其他地区石油产量的不断增加，内部如何平衡好伊朗、伊拉克等国的关系，保证减产的落实。从20世纪80年代初第二次石油危机后的历史看，面对市场份额的不断下降，任何决议都将失去效力，欧佩克将变成一盘散沙。2019年和未来的时间里，我们极有可能再次看到这一现象。

（五）特朗普会继续成为国际石油价格的守门人

目前，美国成为世界最大的石油和原油生产国，石油产量超过1600万桶/日，原油产量超过1150万桶/日。11月30日当周，原油和成品油的净出口总量为21.1万桶/日，美国已成为原油和成品油的净出口国，75年来美国首次实现了能源独立。

从年初以来，特朗普一直通过推文打压油价，代表性的推文有：4月20日，指责欧佩克，认为油价被人为炒高，不可接受；6月13日，称油价太高了，欧佩克又在忙了，不是好事。6月22日，在欧佩克第174届部长级会议期间，希望欧佩克增产，让油价降下来。7月4日，美国国庆当日，称欧佩克是垄断组织，美国为保护其很多成员国花了很多的钱，马上降价。11月12日，称希望沙特阿拉伯和欧佩克不削减原油产量，按市场供应。11月21日，称油价下跌，是给美国和全世界大减税，可以再低一些。11月23日，将油价下跌揽功到自己身上。12月5日，明确提出欧佩克要保持当前水平的石油供应，不限产。世界不希望看到油价高企，也不需要高油价。

作为世界最大的石油生产国，特朗普一直打压油价，其内在的逻辑是：一是正如特朗普一再表示的，高油价不利于世界经济。法国出现"50年以来最大的暴乱"——"黄马甲"运动，就是高油价的直接后果。同样作为世界较大石油生产和出口国之一的俄罗斯，面对不断上涨的油价，俄罗斯政府在下调石油消费税的同时，11月12日开始冻结国内汽车燃料价格至2019年3月底。二是高油价冲击了美国大众，不利于特朗普的选票和谋求连任。不断高涨的国内汽油价格，侵蚀了美国大众的可支配收入，平均每个美国家庭用于其他消费的支出将减少440美元，使全部美国人2018年多花380亿美元，可能抹去特朗普税改所带来的1/3的好处。

2020年，特朗普极有可能会继续谋求连任，即使当今的美国已成为石油的净出口国，2019年和2020年，特朗普仍将继续打压国际石油价格，希望将国际石油价格维持在较低的水平。

2018年发生的两个事件，将为特朗普谋求控制2019年至2020年油价，得到较强有力的支持。一是7月16日赫尔辛基会谈，普京与特朗普基本统一了对油价的看法。虽然美俄关系不时恶化，但只要油价不长时间低于60美元/桶或跌到40美元/桶以下，普京仍将会继续支持特朗普打压油价。二是2018年10月2日发生的沙特阿拉伯记者卡舒吉遇害事件，虽然目前特朗普对此采取了低调处理的政策，但美国国内舆论和部分国会议员，正在讨论追究沙特阿拉伯王储萨勒曼的责任。这一事件已成为特朗普拑制沙特阿拉伯的强有力手段，未来特朗普和美国国会，会在不同情景下，要求沙特阿拉伯配合美国的油价政策，沙特阿拉伯政府也将不得不从维持欧佩克、自身的石油出口收入和更重要的与美国的关系考虑，很大程度上将配合特朗普的油价政策。因此，未来一段时间里，俄罗斯和沙特阿拉伯两个石油生产大国，将在维护自身基本利益的同时，很大程度上会配合特朗普，共同采取较为一致的行动，将国际石油价格控制在较低的水平。

近年来WTI与布伦特存在较大价差，主要原因是美国石油出口的基础设施不配套。从2017年以来，美国已经在加紧建设能源、尤其是石油出口基础设施，2019年上半年大量基础设施将投入运营，从而使美国二叠地等地区的页岩油可以方便地进入国际石油市场。因此，从2019年年中开始，预计WTI与布伦特的价差会不断收窄，并同时也将不断压低以布伦特为标杆的国际石油价格。

综合以上分析，2019年布伦特原油的均价应为65美元/桶，2020年应为60美元/桶。当然，因突发事件等因素，2019年和2020年，国际石油价格有可能出现80美元/桶或更高的油价，但不会维持太长的时间；同样，国际石油价格也有可能出现40美元/桶或更低的价位，但这一低价也不会维持较长的时间。

从近160年世界石油工业的历史看，一定时期的国际石油市场存在某一水平的合理油价，市场力量最终会迫使长时间偏离的油价回归理性。2018年11月出现的油价大跌，就是2017年以来油价在人为因素干预下快速上涨的一次理性回归。我们认为，未来5年左右时间里，布伦特均价60美元/桶，就是这一时期合理的价格水平。

本文撰写于2018年12月底

石油价格涨多少必须回调,有人划好道了!

2019年第一季度国际石油价格持续上涨,美国石油生产商和欧佩克受益最大。

2019年第二和第三季度,国际石油市场面临较大的供需压力,石油价格可能突破75美元/桶或达到80美元/桶,不过由于存在多种抑制因素,特别是美国总统特朗普将打压油价过快和过高上涨,国际石油价格持续上涨并长期保持在80美元/桶以上高位的可能性不大。

一、第一季度油价持续上涨,美国石油生产商和欧佩克收益最大

1月2日,布伦特原油以54.12美元/桶开盘,3月29日以68.39美元/桶收盘(图1)。从开收盘价看,第一季度布伦特上涨了14.27美元/桶,涨幅为26.37%。期间,3月29日创出了第一季度最高价,为68.89美元/桶,与目前为止的最低价,即1月2日开盘价对比,高低价差为14.77美元/桶,涨幅为27.29%。

1月1日,美国西得克萨斯中质原油(WTI)以45.77美元/桶开盘,3月29日以60.14美元/桶收盘(图1)。从开收盘价看,第一季度WTI上涨了14.37美元/桶,涨幅为31.4%。期间,3月29日WTI创出了第一季度最高价,为60.73美元/桶,与目前为止的最低价,即1月2日44.35美元/桶对比,高低价差为16.38美元/桶,涨幅为36.93%。因此,第一季度无论是开收盘和高低价差,WTI的涨幅都大于布伦特。

1月2日,欧佩克一揽子原油以52.14美元/桶开盘,3月29日以67.23美元/桶收盘(图1)。从开收盘价看,第一季度欧佩克原油价格上涨了15.09美元/桶,涨幅为28.94%。期间,3月21日创出了第一季度最高价,为67.78美元/桶,与1月2

日第一个交易日开盘价,也是目前为止的最低价相比,第一季度欧佩克原油价格上涨了15.64美元/桶,涨幅为30%。因此,从第一季度开收盘和高低价差看,欧佩克一揽子原油价格仅次于WTI,欧佩克成员国收获满满。

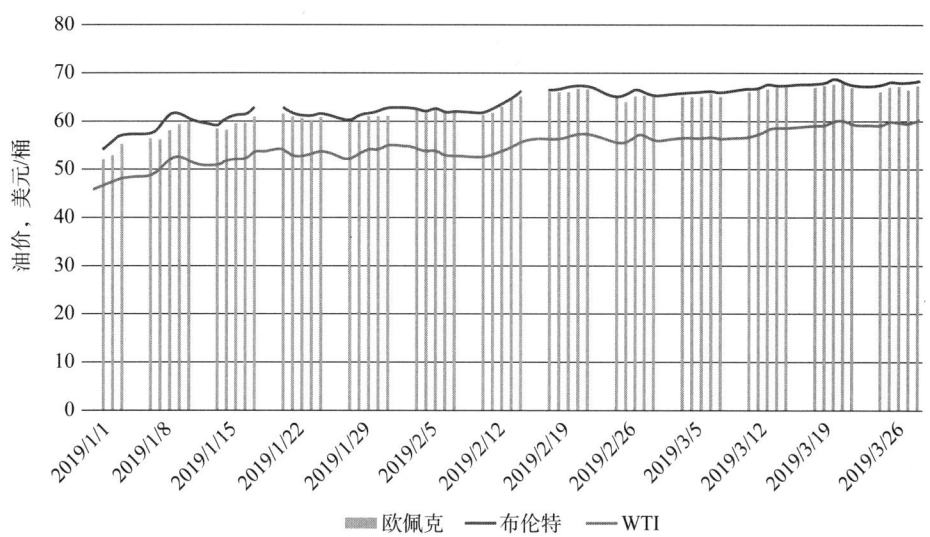

图1　2019年第一季度布伦特、WTI和欧佩克一揽子原油价格走势

第一季度,布伦特与WTI一如既往地存在较大的价差,2月15日最大为10.66美元/桶,1月30日最小为7.42美元/桶;不同于WTI,欧佩克一揽子原油与布伦特的价差极小,一般为1美元/桶上下,且出现了4次高于布伦特的现象(图2)。

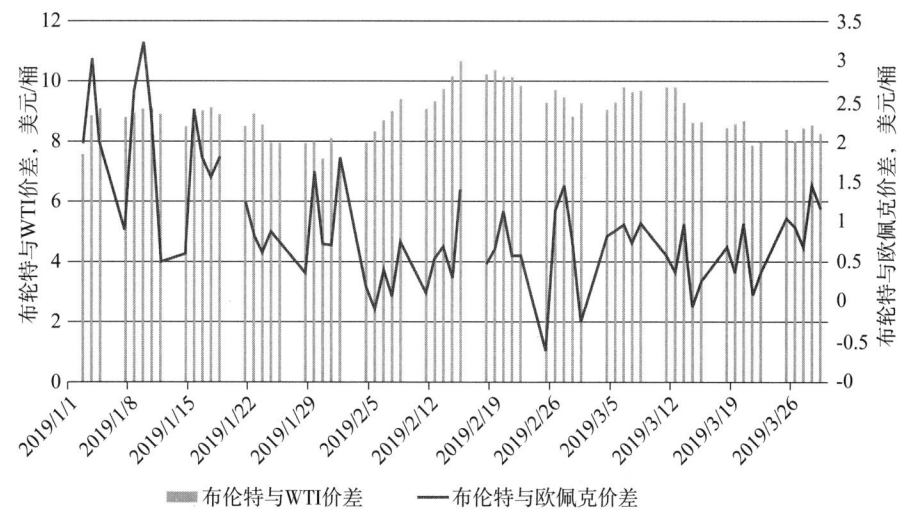

图2　2019年第一季度布伦特与WTI、布伦特与欧佩克价差

二、沙特阿拉伯大力减产和美加产量下降是油价持续上涨的主要原因

2019年第一季度国际石油价格之所以会走出一条不断上涨的曲线,主要原因是沙特阿拉伯等产油国的大力减产。

(一)欧佩克超额减产

2018年12月6日和7日,欧佩克第175届部长级会议与第5届欧佩克及非欧佩克部长级会议决定,从2019年1月1日起为期6个月,联合减产120万桶/日,其中欧佩克减产80万桶/日,非欧佩克减产40万桶/日。

根据欧佩克截至2019年第4期的《石油市场月报》,2018年12月,欧佩克原油产量为3159.1万桶/日,2019年1月下降到3077万桶/日,2月下降到3054.9万桶/日,3月下降到3002.2万桶/日。这样,2019年1月欧佩克石油产量下降了82.1万桶/日,减产履约率为102.63%;2月下降了104.2万桶/日,减产履约率上升到130.25%;3月下降了156.9万桶/日,减产履约率大升至196.13%。

3月份,欧佩克原油产量已处于2015年2月以来的最低水平。

(二)沙特阿拉伯对减产贡献最大

2018年11月,沙特阿拉伯原油产量达到创纪录的1102.1万桶/日,2019年3月下降到979.4万桶/日,处于4年来的最低水平。与2018年最高石油产量相比,3月沙特阿拉伯减产了122.7万桶/日。

因此,欧佩克承担的减产责任,基本上是由沙特阿拉伯一国承担的,且实际减产量已大大高于欧佩克应该承担的数量。

(三)委内瑞拉动乱带来了石油产量的被动下降

2019年第一季度欧佩克的减产履约率之所以如此之高,还有一个重要的客观因素,就是委内瑞拉的被动减产。

2006年,委内瑞拉石油产量达到最高峰,为334万桶/日。近年来,委内瑞拉石油产量不断下降,2018年12月下降到116.5万桶/日。2019年3月10日前后,委内瑞拉石油产量下降到只有50万桶/日。

(四) 美国和加拿大等季度性减产加剧了供应紧张

进入 2019 年之后,由于季节性等多方面因素的影响,非欧佩克产油国 2 月的石油产量与 2018 年相比,下降了 80 万桶,其中减产主要来自美国和加拿大。

2018 年 12 月,美国石油产量为 1651 万桶/日,2019 年 1 月和 2 月分别下降到 1633 万桶/日和 1638 万桶/日,下降了 18 万桶/日和 13 万桶/日。与此同时,由于阿尔伯塔省生产商的强制性减产,2019 年 1 月加拿大的石油产量下降了 23.5 万桶/日。

因此,虽然俄罗斯没有履行减产承诺,但是在沙特阿拉伯大力减产,加之美国和加拿大石油产量的下降,2019 年第一季度全球石油供应比 2018 年有较大幅度的减少。根据国际能源署的统计,2018 年 12 月,全球石油供应量为 1.0154 亿桶/日,2019 年 1 月和 2 月分别下降到 1.0009 亿桶/日和 9975 万桶/日,减产的量分别为 145 万桶/日和 179 万桶/日。

三、第二和第三季度油价存在较强的持续上涨动力但涨幅受限

进入春夏季后,全球将迎来用油高峰期,市场供给较为紧张,国际石油价格面临较强的上涨动力,但也存在多种抑制油价上涨的因素,尤其是美国总统特朗普不希望看到油价过快过度上涨,从而油价的上涨幅度将会受到限制。

(一) 全球石油需求将在第二和第三季度进入旺季

国际能源署认为,2019 年全球石油需求将增加 140 万桶/日,大于 2018 年的 130 万桶/日。其中,第二季度全球石油消费为 1.004 亿桶/日,第三季度将上升到 1.013 亿桶/日,比第一季度的 9960 万桶/日分别增长 80 万桶/日、170 万桶/日(表1)。

表 1 国际能源署和欧佩克对 2019 年第二及第三季度全球石油消费的预测

组织	项目	2017 年	2018 年	2019 年第一季度	2019 年第二季度	2019 年第三季度
国际能源署	石油消费	97.90	99.20	99.60	100.40	101.30
	增量	—	1.30	0.40	0.80	1.70
欧佩克	石油消费	97.29	98.72	99.02	99.18	100.59
	增量	—	1.43	0.30	0.16	1.57

说明:1. 单位为百万桶/日;
  2. 2019 年第二和第三季度的增量,为与 2019 年第一季度相比。
资料来源:国际能源署和欧佩克,2019 年有关石油市场报告。

欧佩克预测，2019年全球石油需求将增加121万桶/日，石油消费将超过1亿桶/日的大关。2019年第二季度，全球石油消费为9918万桶/日，第三季度为1.0059亿桶/日，比第一季度的9902万桶/日分别增长16万桶/日、157万桶/日。

作为世界第一大石油消费国，美国的石油消费存在明显的季节性。从每年5月底的阵亡将士纪念日长假期开始到9月初的劳工节结束，为美国的驾车旅行高峰期，是美国石油产品需求旺盛的季节，汽油零售价格将处于一年中的最高水平，往往会拉高WTI的价格。

（二）沙特阿拉伯对资金的渴求将使其尽最大可能推高油价

石油出口是沙特阿拉伯政府主要收入来源。2015—2017年间，沙特阿拉伯政府收入的70%左右来源于石油出口。也门的战争《沙特阿拉伯2030愿景》目标的实施，都需要源源不断的巨额的石油收入。近日，沙特阿美公司宣布收购沙特阿拉伯基础工业公司70%的股权，将耗资691亿美元，加上积极推进上市计划，都迫使沙特阿拉伯政府需要较高的油价。

2018年，沙特阿美公司的收入为3550亿美元，净利润高达1111亿美元，是苹果公司的两倍，比埃克森美孚、壳牌、雪佛龙、英国石油公司等公司的净利润之和还多。早在2019年年初，有媒体称，沙特阿拉伯希望将油价推高到80美元/桶。3月10日，沙特阿拉伯能源大臣法力赫明确表示，在2019年6月底的会议前，不会改变联合减产的政策。

（三）伊朗、委内瑞拉和利比亚局势的恶化将加剧石油供应紧张

联合减产行动中，伊朗、委内瑞拉和利比亚不受限额的约束，但恰恰是这三国给国际石油市场的供给带来了较大的不确定性。

2018年11月5日，美国宣布对伊朗石油出口禁运，8个国家及地区暂获180天的豁免，2019年5月豁免到期。有外媒称，已有3个国家明确2019年5月后将从伊朗进口的石油降至为零。2019年2月，伊朗的原油产量为274.3万桶/日。因此，即使届时美国仍豁免部分国家，但明确停止进口的3个国家只能从市场寻找其他供应来源，至少涉及100万桶/日左右的供应量。

委内瑞拉拥有世界第一大探明石油储量，2019年3月上旬石油产量已下降到只有区区的50万桶/日水平。国际能源署认为，委内瑞拉石油产量下降趋势难以逆转。

2011年8月卡扎菲政府倒台以来，利比亚就一直内乱不止。2019年3月，利比亚原油产量为109.8万桶/日，主要供应欧洲。4月4日以来，哈夫塔尔领导的利比亚国民军开始进攻首都的黎波里，联合国秘书长古特雷斯的调停失败，美军撤出了特遣队，印度撤出了维和人员，意大利埃尼集团撤出了石油技术人员。

（四）对世界经济衰退的忧虑、俄罗斯的立场和美国总统特朗普的态度将决定石油价格未来的涨幅

当前存在着众多影响油价上涨的因素，将大大抑制2019年第二和第三季度油价上涨的速度和幅度，并有可能导致油价的回调。

1. 对世界经济衰退的忧虑是油价挥之不去的阴影

一季度以来，世界上出现了多种较严重影响经济信心的事件。如3月下旬开始，美国3月期和10年期美债收益率自2007年来首现倒挂，且两年期美债到10年期美债的收益率都已经低于联邦基金有效利率，美国乃至全球股票市场出现波动；3月中下旬开始，土耳其出现了股债汇市三杀等。正是在这一背景下，虽然总体上持续上涨，但期间曾短暂直接带来了油价较大幅度的下跌。

有机构认为，2019年和2020年两年美国经济增速将放缓至2.4%和2.0%，低于2018年的2.9%。4月2日，国际货币基金组织、世界贸易组织和欧盟，同时发布贸易问题拖累全球增长的预警，一致认为全球增长动能正在丧失，可能会陷入停滞状态。评级机构惠誉预计，2019—2020年全球经济增长将从2018年的3.2%放缓至2.8%。美银美林表示，2019年全球经济增长将显著放缓，限制了原油价格涨幅。

2. 俄罗斯的立场决定联合减产的命运

2018年，普京多次明确表示，不希望看到油价过快过高上涨，认为60美元/桶是合理的油价。2019年4月9日，普京指出，不支持不受控制的油价上涨，今年晚些时候讨论减产协议问题。

根据联合减产协议，俄罗斯承担的减产量应为22.8万桶/日。欧佩克认为，2018年俄罗斯石油产量为1135万桶/日，2019年3月产量为1149万桶/日，没有履行减产承诺。国际能源署的统计认为，2019年2月俄罗斯石油产量比上月增长了38万桶/日，与其承诺的数量相比仅减产了8万桶/日。

早在2018年12月底，俄罗斯石油公司总裁谢钦就致信普京，认为联合减产协议将给俄罗斯带来战略威胁，给美国制造了领先优势，联合减产应该被终止。2019年3月28日，俄罗斯能源部长诺瓦克称，已告知沙特阿拉伯能源大臣法利赫，不能保证减产协议延长至2019年年底，如果减产协议7月1日到期后没有延长，俄罗斯石油产量可能会再次增加。2019年4月初，俄罗斯主权财富基金负责人表示，6月份后减产或许不再必要，应随机增加产量，俄罗斯可能会在6月份增产石油22.8万桶，甚至生产更多的石油。消息公布后，油价小幅下跌。

3. 美国不断增加的石油产量将抑制油价上涨，特朗普更会为油价设置天花板

作为世界第一大石油生产国，美国石油产量的不断增加并抢占市场份额一直是欧佩克和俄罗斯的心头大患。2019年3月底，美国原油产量扭转了1~2月份下降的势头，再度攀升10万桶/日，达到1220万桶/日的水平。随着7月1日二叠纪管道投入运营，原油出口将在目前300万桶/日的基础上，再增加50万~60万桶/日。与此同时，截至4月5日的一周内，美国增加了15座活跃钻机，升至831台，为2018年5月份以来最多单周涨幅，预示着未来石油产量将会再增加。

美国被称为汽车轮子上的国家，石油消费中汽油排名第一，约占46.1%。交通支出排在住房之后，是美国家庭第二大支出，占16%左右。正因为如此，汽油价格是美国社会普遍关心的话题，直接影响到选票，作为总统的特朗普必须给予高度关注。

2019年4月8日，美国普通汽油平均零售价格为2.745美元/加仑，已超过2018年全年平均水平。截至3月底，特朗普2019年共发了4条油价推文，2月25日和3月28日的推文直指欧佩克，认为油价太高了，欧佩克应该增加石油产量。随着3月24日耗时近两年的"通俄门"调查告一段落，为特朗普谋求连任扫清了最大的障碍。可以预料的是，至2020年大选前的时间里，特朗普将会更加高度关注油价问题。如同2018年一样，从现在至9月底，如果美国普通汽油价格接近3美元/加仑，将会引起特朗普的激烈反应，一条接一条指责欧佩克并要求沙特阿拉伯增加石油产量的推文就会出现，届时沙特阿拉伯必然会如同2018年6月一样，结束减产并增加石油产量。

2019年4月4日，《反石油生产和出口卡特尔法》（NOPEC）议案在美国众议院司法委员会获得通过，虽然最终能否成为法律还存在很大的疑问，但其本身就足以警告沙特阿拉伯和欧佩克在石油价格和减产行动中要小心谨慎，以免给欧佩克带来

灭顶之灾。对于在石油交易中放弃美元反击美国 NOPEC 法案的传闻，4 月 8 日沙特阿拉伯迅速做出反应，能源大臣法利赫发表声明称报道不实，没有计划在原油交易放弃美元，几十年来销售原油一直以美元结算，有利于其实现货币和外汇政策目标。阿拉伯联合酋长国能源部长马兹鲁伊也于同日表示，欧佩克从未声明将改变交易的基础货币。这一事件说明的是，在与美国关系中，沙特阿拉伯和欧佩克没有更多的选择。

4 月 9 日，布伦特原油最高触及 71.34 美元 / 桶，达 2019 年以来的最高水平。综合以上分析，2019 年第二和第三季度，国际石油价格将在目前水平上继续上涨，涨破 75 美元 / 桶存在非常大的可能性。从历史的经验看，进入夏季后，突发灾害性天气等会对石油生产和运输产生较大的影响，油价极有可能达到或突破 80 美元 / 桶。但是，由于对世界经济衰退的忧虑、俄罗斯的政策、美国的石油生产，特别是特朗普的政治需要，2019 年第二和第三季度，国际石油价格长时间高于 80 美元 / 桶的可能性不大，且一旦高过 80 美元 / 桶，就有可能会向下回调，沙特阿拉伯和俄罗斯等将会放弃减产转而增加石油产量。

本文撰写于 2019 年 4 月中旬

日益清晰的特朗普能源政策及其广泛而深远的影响

2016年年底竞选成功后,特朗普的能源政策就是世界各国、尤其是研究界关注的热点话题之一。执政一年半以来,特别是刚刚结束的7月11日北约峰会和7月16日美俄首脑会晤之后,特朗普的能源政策应该说已经非常清晰。

仔细观察执政一年半以来特朗普在能源方面所采取的一系列举措,我们看到的是,能源在特朗普手中已经成为十分有效的对内政策工具和强有力的对外政策武器。作为世界第一能源生产大国,手握能源武器并使用得日益娴熟的特朗普,将对当前和未来相当长时间的世界经济政治及能源局势产生重大的影响。作为世界第一能源消费和石油进口大国,我们要对此进行认真的研究并积极地应对。

一、美国正在实现能源独立

美国是世界第一大能源生产国,强大的能源生产能力,支撑了美国作为世界第一经济和军事大国的地位,在未来相当长时间里,为其保持世界经济政治和军事霸权,提供了广阔的政策选择空间。

2017年,美国一次能源生产总量为87.536千万亿英热单位(约合36.38亿吨标准煤或21.88亿吨油当量),其中煤炭、天然气、原油和天然气液为主的化石能源为67.98千万亿英热单位,占一次能源生产总量的77.66%;核能所产生的电力为8.419千万亿英热单位,占9.62%;可再生能源为11.137千万亿英热单位,占12.72%(图1)。

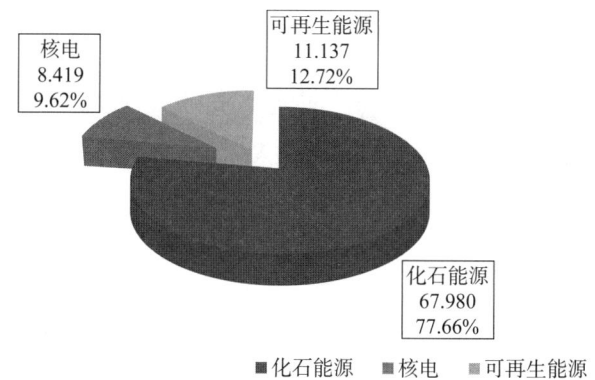

图 1　2017 年美国一次能源生产构成

说明：千万亿英热单位。

2017 年，美国一次能源消费总量为 97.728 千万亿英热单位，扣除动用的库存，当年一次能源消费进口的数量为 7.437 千万亿英热单位，能源对外依存度仅为 7.61%（图 2）。美国一次能源消费的峰值是在 2007 年达到的，为 101.015 千万亿英热单位，自此后的十多年间，在保持经济较好发展的同时，美国一次能源消费都没有超过 2007 年的数字。

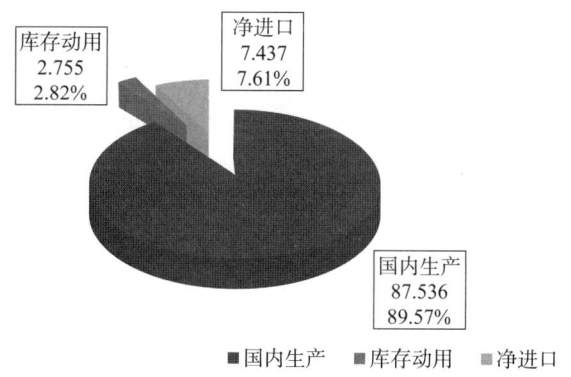

图 2　2017 年美国一次能源消费构成

说明：千万亿英热单位。

今天的美国正在实现能源独立，这是自 20 世纪 70 年代第一次石油危机后 40 多年间，历届美国政府持续努力的结果。

二、执政一年半以来，特朗普的能源政策日益明朗并不断清晰

2016年年底竞选成功后，在组建内阁班子时，特朗普选择由出身埃克森美孚董事长兼首席执行官的雷克斯·蒂勒森担任国务卿。雷克斯·蒂勒森在埃克森美孚工作41年，从工程师起步，2004年起的12年间担任埃克森美孚首席执行官。埃克森美孚公司起源于洛克菲勒1882年创建的标准石油公司，是世界上最大的石油公司之一。2018年3月31日，蒂勒森离职。从2017年2月1日算起，虽然蒂勒森担任国务卿仅一年零一个月的时间，但其作为特朗普政府的首任国务卿，说明了石油在特朗普本人和其政府中重要的地位和影响力。

2017年1月20日，特朗普就任美国总统后不久，白宫网站列出特朗普政府将要优先处理的六大"头号问题"，其中第一条就是"美国第一能源计划"。这个计划全文只有短短的7段，366个单词，明确提出美国本届政府的政策是"为辛勤工作的美国人降低能源价格，尽量开发本土能源，减少国外石油进口，继续页岩革命"。认真研究这个文件并观察执政一年半以来的有关举措，我们认为，这个文件虽然简短，但是非常重要，特朗普能源政策的出发点和落脚点，就是为美国民众降低能源价格，一年半以来特朗普的很多举措，就是为了兑现这个承诺并努力实现这个目标。

对内政策上，特朗普能源政策的目标是要把美国能源产业带入"黄金时代"。上台执政以来，特朗普在多种场合表示，美国本届政府将采取一系列措施，把美国能源产业带入"黄金时代"，大力支持天然气、煤炭和石油出口，让美国掌握"能源主导权"。为此，特朗普采取了很多具体而较为有效的措施。

2017年3月28日，在二十多名煤矿工人和一些政府官员的见证下，特朗普签署"能源独立"的行政命令，暂停了多项奥巴马时期的计划和法令，包括《清洁电力计划》，重新强化化石燃料在美国经济中的作用，解除对美国能源生产的限制、废除政府的干涉。特朗普说，这是"美国能源生产一个新时代的开始"。

2017年6月1日，特朗普在白宫的记者会上宣布："即日起，美国将停止落实不具有约束力的《巴黎协定》。"特朗普认为，《巴黎协定》让美国处于不利位置，美国将重新开启谈判，寻求达成一份对美国公平的协议。2017年8月4日，美国国务院发表声明，美国已在当天向联合国递交文书，正式表达退出《巴黎协定》的意愿。

2017年1月24日，特朗普签署了"拱心石"和达科他输油管线工程的行政命令，给美国石油行业更多自由，以扩大基础设施建设和缓解国内因页岩油产量大增而带来的运输瓶颈问题。与此同时，美国内政部宣布，正在实质性提升油气基础设施项目的审批速度，从奥巴马执政时期的8年审批周期缩短至目前的1~2年。

对外贸易方面，向世界推销产量日益增长的石油和天然气，特朗普成了美国能源产品的首席推销员。2017年7月6日，特朗普在波兰参加"三海峰会"时表示，可以在15分钟以内，启动一个液化天然气的合作协议，如果你们要能源，只需来个电话。

2018年7月11日，北约峰会期间，在与北约秘书长斯托尔滕贝格共进早餐时，特朗普称柏林与莫斯科的关系"不恰当"，德国因依赖能源供应而成为"俄罗斯人的俘虏"。特朗普指出，美国保护德国、保护法国、保护北约所有国家，但很多国家却选择和俄罗斯达成管道协议，向俄罗斯支付数十亿美元，这非常不合适。美国一直反对德国和欧洲国家参与修建俄罗斯直接通往德国的北溪天然气2号管道项目。2018年3月，美国国务院发言人诺尔特表示，美国政府可能考虑对北溪天然气2号管道项目的参与者，以触发《以制裁反击美国敌人法案》进行惩罚。2018年4月底在访问美国期间，特朗普就告知德国总理默克尔，要求德国放弃对北溪天然气2号管道项目的支持。特朗普和美国政府之所以大力反对德国和欧洲参与北溪天然气2号管道项目，除了战略上的考量之外，一个重要的原因，就是希望并要求欧洲更多地购买美国的液化天然气，为美国日益增多的液化天然气寻找市场。

中美经贸关系中，特朗普也积极推销美国的油气资源。2017年11月8—10日对中国的国事访问中，石油天然气合作是重中之重，特朗普随行的29家企业中就有11家是能源类企业，双方签订的2535亿美元经贸大单中，能源项目几乎占了半壁江山。中美贸易摩擦中，美方希望中国加大从美国的进口，首选就是以油气为主的能源产品。

不断上涨的国际石油价格，成了特朗普的一块心病，打压油价成了特朗普一段时间的主要工作。2018年4月20日，特朗普发推特指责欧佩克，认为油价被人为炒高，不是好事也不可接受。同年6月13日，特朗普发推特，称油价太高了，欧佩克又在忙了，不是好事。6月22日，就在欧佩克第174届部长级会议期间，特朗普发推特，希望欧佩克增产，让油价降下来。7月4日，美国国庆当日，特朗普发推特，称欧佩克是垄断组织，不帮忙缓解油价，而美国为保护其很多成员国花了很多的钱。正是在特朗普的一再要求下，沙特阿拉伯主导的欧佩克决定增加石油产量。为了应对2018年11月4日禁止伊朗石油出口可能带来的石油价格上涨，美国政府已经在讨论动用6.6亿桶战略石油储备的可能性，国际能源署也在考虑使用成员国拥有的近44亿桶石油库存。

对外关系方面，石油成为特朗普强有力的武器，对伊朗和朝鲜的石油禁运最有代表性。2018年5月8日，特朗普宣布中止伊朗核协议。5月21日，美国国务卿蓬佩奥提出了被戏称为要求伊朗投降的12项新要求。6月26日和7月2日，美国国务院两次公开喊话，希望所有国家在11月4日前将从伊朗的石油进口削减至零。

2017年5月4日，美国众议院通过《对朝封锁与制裁现代化法》，封锁朝鲜的原油和石油产品进口渠道。2017年9月11日，联合国安理会批准第2375号决议，对朝鲜进行制裁，将煤气、柴油和重燃油进口减少大半，全面禁止天然气和其他石油替代产品的进口。即使与金正恩2018年6月12日在新加坡举行会谈并签署联合声明，双方关系缓和之际，特朗普于6月22日签署行政令，把涉及朝鲜（威胁）的"国家紧急状态"延长一年，继续保持对朝鲜的经济制裁，其中包括禁止进口石油。7月12日，美国向联合国制裁委员会递交文件，要求所有联合国成员，立即停止对朝鲜石油出口。

相比伊朗和朝鲜，特朗普对另一个一贯反美的石油生产国委内瑞拉的态度还算较为温和，制裁仅停留在经济层面。2017年8月，美国政府禁止委内瑞拉政府和国有石油公司在美国市场发行新债。2018年3月20日，特朗普发布了一项命令，禁止美国公民使用委内瑞拉石油币进行交易。5月20日，马杜罗宣布赢得大选，5月21日特朗普签署行政命令，对委内瑞拉追加经济制裁。到目前为止，美国并没有对委内瑞拉的石油出口实施禁运，委内瑞拉国家石油公司全资子公司、同时也是美国第三大炼油和销售公司的雪铁戈石油公司，正常营业。有媒体称，2017年8月10日，在讨论如何制裁委内瑞拉的会议上，特朗普曾提出出兵入侵委内瑞拉的想法，并在2017年9月联合国大会期间同4位拉丁美洲国家领导人共进晚餐时，详细讲述了对委内瑞拉动武的想法。2018年7月5日，美国白宫国家安全委员会发言人称，美国将继续考虑"所有可用的选项"来帮助委内瑞拉人民"恢复民主、稳定和繁荣"，其中包括军事手段，但是最重要的是美国目前并未对委内瑞拉采取军事行动。目前，由于自身原因，委内瑞拉石油工业正处于崩溃边缘，石油产量大幅度下降，在国际石油市场的影响日益势微。

三、特朗普能源政策的核心内容及中国的对策建议

通过对执政一年半以来的有关举措进行详细的观察和认真地分析，我们认为，特朗普的能源政策主要包括以下3个方面的内容：

第一，不受气候协定等国际责任的约束，大力支持石油、天然气和煤炭等传统化石能源的生产，努力实现美国能源的"黄金时代"，作为国内经济基础和支柱产业，并作为重要的出口商品，通过能源行业的繁荣，来支撑美国整体经济的较高速度增长。

第二，不断扩大国内产量，施压沙特阿拉伯并联手俄罗斯，形成国际石油市场的超级三角，将石油价格保持在较合理的水平，进而尽最大可能保持美国国内石油等能源产品的价格低廉。

第三，石油、天然气作为重要的对外政策武器，对某些石油生产国实施出口禁运，对某些石油进口国实施进口禁运，实现美国政府重要的外交政策目标。

分析认为，当前美国经济处于近十多年来最好的时期，失业率降至18年来新低，充分就业，美元进入加息通道。2018年11月6日，美国将进行中期选举。最新民意调查，特朗普所在的共和党在中期选举中首次领跑。特朗普本人对于两年之后的新一届大选，信心满满。虽然双方矛盾重重，但7月16日美俄首脑会晤后，普京公开表示，与美国共同监管世界油气市场，不希望看到油价过高。因此，在未来两年时间里或有可能在未来6年时间里，特朗普的能源政策，将主导美国和世界的能源形势，我们将有很大可能看到的景象是：大量较为廉价的美国石油、天然气和煤炭等传统化石能源，源源不断地涌入国际市场，国际石油和天然气价格维持在相对低位，美国将继续使用石油或天然气作为武器，对敌对的国家进行出口或进口禁运制裁，从而实现特朗普的"能源统治"目标。

中国是世界第一大能源消费和石油进口国，高度依赖国际市场的石油和天然气资源，面对日益清晰并有可能在未来较长时间里持续发挥作用的特朗普能源政策，我们必须采取有效措施，积极加以应对。

第一，能源市场是一个高度国际化的市场，今天的美国已是世界第一大石油天

然气生产国，政治体制决定，虽然较高的油气价格有利于美国的能源行业，但会伤及美国普通民众，势必影响即将到来的美国中期选举和两年后的大选，正是在这种情况下，特朗普施压沙特阿拉伯，联手俄罗斯，不断增加石油产量，抑制国际石油价格的不断上涨，力图将石油价格维持在一定的水平。我们认为，在未来相当长时间，特朗普打压石油价格可能将是常态。对于中国来说，较合理的油价，有利于石油进口和经济社会发展，但另一方面的问题是，中国的石油行业已经高度国际化，中国的能源行业和多种所有制的能源类企业，要将自己长期发展的油价预算控制在较合理的水平，持续加强经营管理，努力控制成本，不断提升自己的市场化竞争能力和水平。

第二，妥善处理好与敏感国家的关系。2017 年，中国原油进口来源国中，伊朗位居第五，委内瑞拉位居第八，合计为 5292 万吨，占原油进口总量的 12.6%。更为重要的是，中国在这两个国家中，还有大量的能源类投资项目。美国施压德国和欧洲减少从俄罗斯进口天然气，有利于中国增加从俄罗斯进口天然气，中俄天然气管道东线项目的迅速推进可能也得益于此。不过，2017 年冬天气荒已经说明，天然气管输具有较强的自然垄断性，中国应从供应安全的角度，系统考虑与周边有关国家的管输天然气供应问题。多年来，中国与朝鲜存在复杂的经贸往来，应站在更高的层次，思考当前和未来与朝鲜的能源贸易关系。

第三，从长远考虑，处理好与美国的能源贸易。当前，对于中美双方来说，能源贸易均不在对方占有多大的比重，也不存在重要的相互依赖关系，但是，由于美国已是世界第一大石油天然气生产国，中国是世界第一大能源消费和石油进口国，双方未来持续扩大能源贸易的空间很大。目前，中美两国经贸关系十分复杂，中美两国的能源企业，应更多地从商业利益出发，通过持续扩大并不断加深双方石油、天然气和煤炭等贸易，从加深双方的能源贸易理解和互惠做起，为不断改善双方经贸和政治关系做出积极的贡献。

本文撰写于 2018 年 7 月中旬

美国能源行业正在进入"黄金时代"或"能源新时代"?

在竞选期间和上台执政后,美国总统特朗普一再宣称,美国本届政府将采取一系列措施,把美国能源产业带入"黄金时代"。特朗普认为,繁荣的天然气、煤炭和石油出口,将推动美国能源行业进入"黄金时代"。2017年1月就任后不久,白宫网站列出特朗普政府将要优先处理的六大"头号问题",其中第一条就是"美国第一能源计划"。2017年3月28日,在二十多名煤矿工人和一些政府官员的见证下,特朗普签署"能源独立"的行政命令,解除对美国能源生产的限制、废除政府的干涉。

2018年,是特朗普上台执政的第二年,对比2017年而言是完整的执政一年,特朗普能源政策的效果如何?虽然我们不清楚美国能源行业进入"黄金时代"的量化标准是什么,不过近日,美国能源信息署发布报告,回顾并总结了2018年美国能源行业取得的成就。依据这份报告,我们将简要地看一看2018年美国能源行业的现状。

一、2018年美国的能源消费和生产概况

2018年,美国一次能源消费总量为101.268千万亿英热单位,比2017年增长了4%,不但超过2007年美国历史上最高的一次能源消费总量数字,而且还增长了0.3%(图1)。

2018年,美国一次能源生产总量为96千万亿英热单位,比2017年增长8%,创历史最高纪录,且一次能源生产总量增长速度比一次能源消费增长速度高了4%(图1)。

正是在这种情况下,2018年美国一次能源出口增长18%,达到21千万亿英热单位,从而使得美国能源净进口下降到只有3.611千万亿英热单位,占一次能源消费总量的3.57%,为54年来最低的水平(图1)。

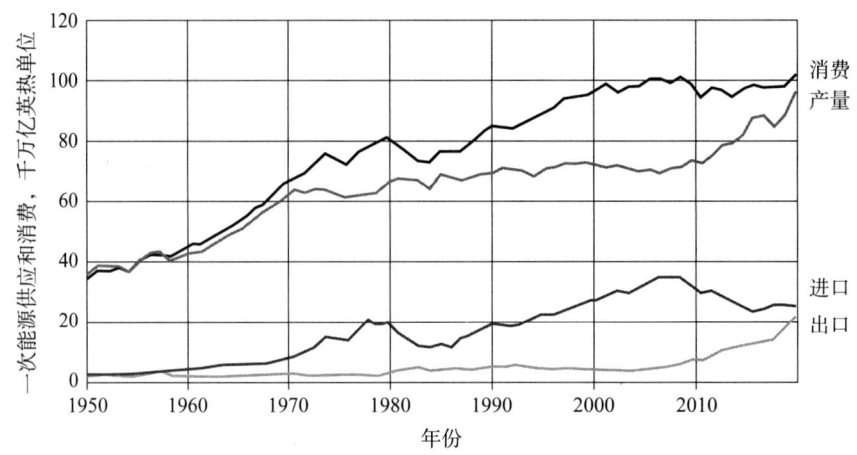

图 1　1950—2018 年美国一次能源供应和消费

资料来源：美国能源信息署，2019 年 5 月 8 日。

从各类能源资源看，2018 年，石油和天然气占美国一次能源生产总量的 57%，分别比 2017 年增长 17% 和 12%。此外，2018 年，美国天然气液产量也比 2017 年增长了 14%；可再生能源比 2017 年增长了 4%，其中太阳能增长了 22%，风能增长了 8%，生物质能增长了 2%。

与 2017 年相比，2018 年美国核发电量没有发生变化。

煤炭是 2018 年美国能源生产中产量唯一下降的能源资源，比 2017 年下降了 2%（图 2）。

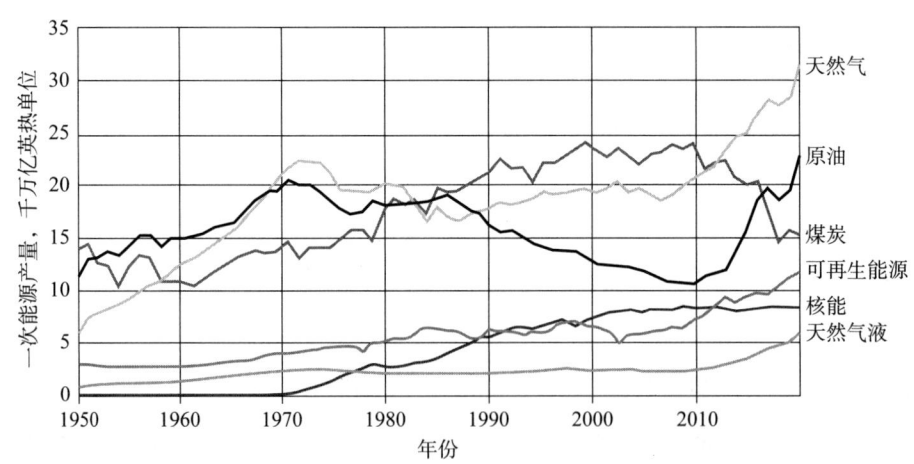

图 2　1950—2018 年美国一次能源产量构成

资料来源：美国能源信息署，2019 年 5 月 8 日。

二、石油和天然气成为美国主要出口能源

2018年,美国一次能源消费虽然也有增长,但增长速度低于生产。从能源资源看,2018年石油产量和消费之间的差距最大,其中原油产量增长了17%,但国内石油消费仅增长2%,从而带来了原油出口比2017年大涨73%,成品油出口大涨6%。

原油和成品油出口,占2018年美国一次能源出口总量的68%。2018年美国一次能源出口增长的部分,基本全部来源于原油和成品油,其中成品油出口量高达10.2千万亿英热单位,折合为560万桶/日;原油出口量几近翻番,为4.2千万亿英热单位,折合为200万桶/日,超过煤炭和天然气的出口总量,成为美国第二大出口的能源(图3)。

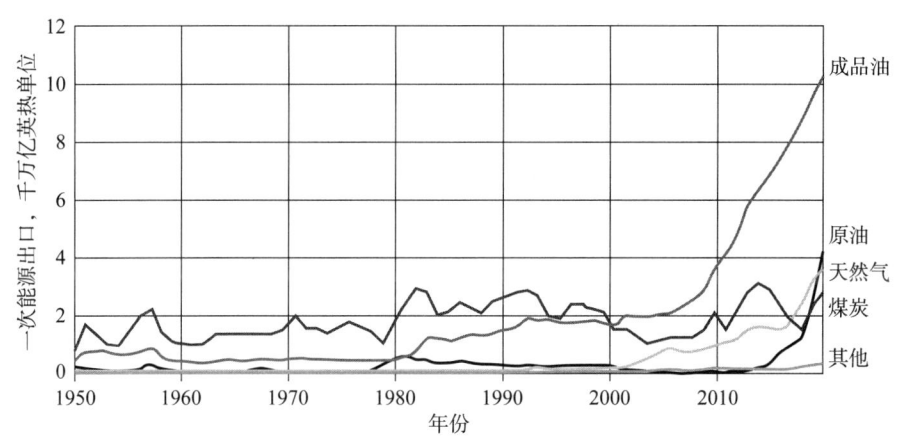

图3 1950—2018年美国一次能源出口构成

资料来源:美国能源信息署,2019年5月8日。

2018年,美国天然气和生物质能(乙醇)出口也创下了纪录,煤炭出口量也创下了2013年以来的最高水平。

2018年,美国煤炭出口量为1.16亿短吨,占煤炭产量的15%,创5年来的最高水平,其中动力煤为5400万吨,炼焦煤为6200万吨(图4)。2018年美国出口的煤炭中,动力煤出口的平均价格为59美元/吨,炼焦煤为138美元/吨。

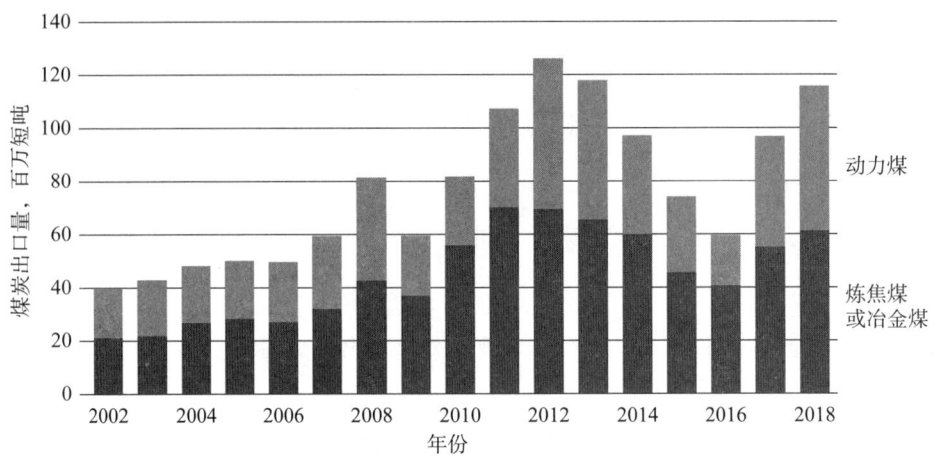

图 4　2002—2018 年美国煤炭出口

资料来源：美国能源信息署，2019 年 3 月 27 日。

三、当前美国仍是原油净进口国

与 2017 年相比，由于创纪录的能源出口数量，2018 年美国能源进口下降了 2%，是 1964 年以来的最低水平。2018 年，美国是煤炭、焦炭、成品油、天然气和生物质能的净出口国。

不过，自 1944 年以来，美国就一直净进口原油，虽然 2018 年美国原油的净进口数量已下降到 1991 年以来的最低水平，但当前美国仍是原油净进口国（图 5）。

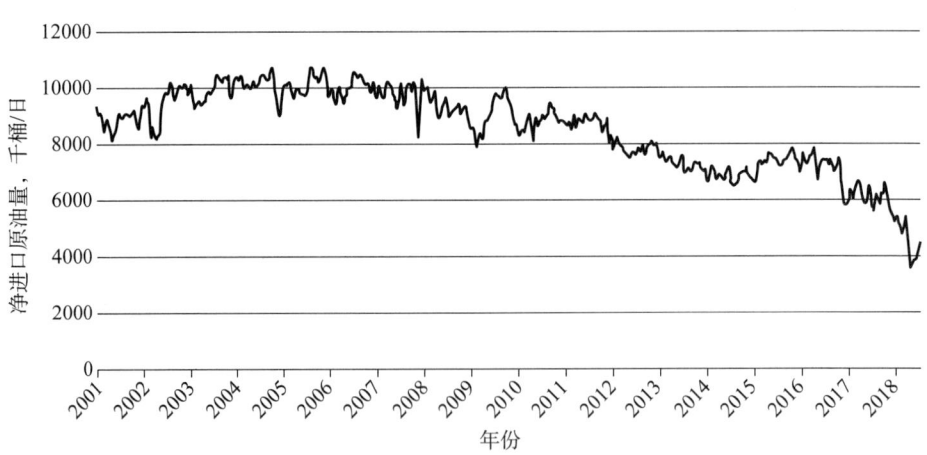

图 5　2001 年 11 月以来美国净进口原油的数量

资料来源：美国能源信息署，2019 年 5 月 22 日。

以 2018 年 12 月 28 日为例，美国净进口原油的数量为 501.5 万桶 / 日，而 2019 年 5 月 17 日为 402.1 万桶 / 日。

2018 年 3 月 7 日，在美国休斯敦举行的第 37 届剑桥能源周上，美国能源部长里克·佩里发表主旨演讲，称"在 20 世纪 70 年代，国内有学派主张美国的能源生产已达顶峰，并将随着时间的推移而下降，导致永久的能源短缺，然而，事实证明，这些能源悲观主义者可能预测失误，因为从来就没有能源短缺，有的只是想象力和对创新能力信心的短缺。"在这次演讲中，佩里提出了"新能源现实主义"，即美国今后的能源政策将回归到"现实主义"的政策上来，更多地依靠国内能源，更多依靠技术创新来解决能源安全问题，同时不是要去除化石能源，而是能清洁、更高效地利用化石能源，要让能源产业成为美国经济增长的主力，解决更多就业问题。

2019 年 3 月 13 日，在第 39 届剑桥能源周上，佩里认为，美国正在进入"能源新时代"。佩里表示，对美国来说，能源独立已经不再只是一个响亮的口号，而是一个已经实现的事实，美国拥有涵盖传统化石能源、可再生能源和核能等多种形式的丰富能源资源，这些资源实力正在引领美国进入到一个能源发展的新时代。正是由于创新的力量，美国才能够将在 2020 年成为能源净出口国，并有希望在未来 30 年中始终保持能源净出口国的地位。

如前所叙，由于缺少量化的具体标准，我们无法把握美国能源行业是否正在进入"黄金时代"，但认真分析 2018 年美国能源行业的数据，对照佩里的讲话，我们认为，2018 年美国正在进入"能源新时代"的表述，应该更加符合美国能源行业当前的实际，其核心内容就是美国正在迈向"能源独立"。

本文撰写于 2019 年 5 月底

2018年美国一次能源消费出现恢复性增长

2018年，对世界能源行业来说，一个重要的事件是，作为全球能源消费第二大国的美国，一次能源消费出现了恢复性增长并创出了历史最高纪录。

自2009年以来，中国就是世界能源消费第一大国。虽然从一次能源消费总量看，2018年美国与中国相比仍有较大的差距，但当年美国的一次能源消费增长速度已超过中国。作为世界第二大能源消费国，美国能源消费形势的变化，将对全球能源形势产生巨大而深远的影响。因此，2018年美国一次能源消费的恢复性增长，是一个偶发现象还是一个长增长周期的开始？应引起能源行业和研究界高度关注。

一、近十年来美国能源消费首次出现恢复性增长，对外依存度降到个位数水平

2018年，美国一次能源消费总量达到创纪录的101.268千万亿英热单位，比2017年增长了4%。无论从绝对值还是百分比来看，2018年美国一次能源消费的增长都是自2010年以来最大的增长速度。

根据美国能源信息署的统计，在2018年之前，2007年是美国一次能源消费总量最高的年份，为100.971千万亿英热单位，自此之后的10年间，美国一次能源消费总量都没有超过2007年的数字。

与2007年创出的前一纪录对比，2018年美国一次能源消费总量不但创造了新的纪录，而且还增长了0.3%（图1）。

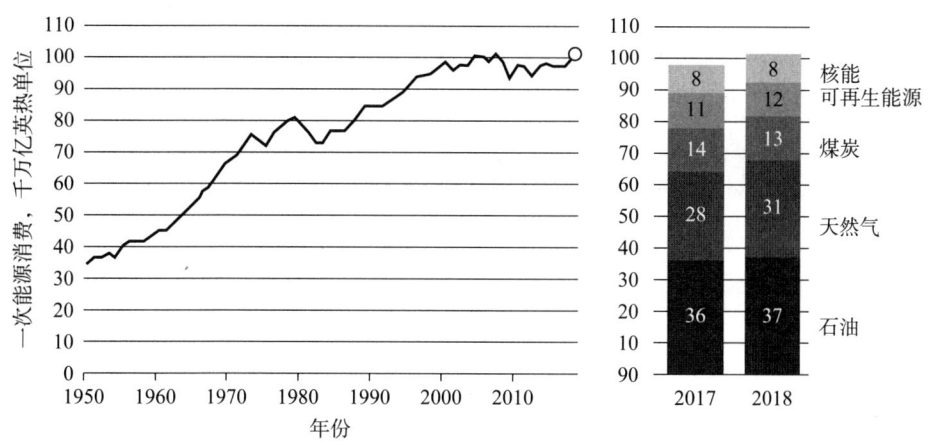

图 1　1950—2018 年美国一次能源消费

资料来源：美国能源信息署，《月度能源评论》，2019 年第 3 期。

1953 年，美国成为能源净进口国，能源净进口量为 0.447 千万亿英热单位，仅占能源消费总量的 1.19%。自此之后，美国净进口能源的数量就不断增长，2005 年达到峰值，能源净进口的数量为 30.197 千万亿英热单位，能源对外依存度为 30.15%（图 2）。

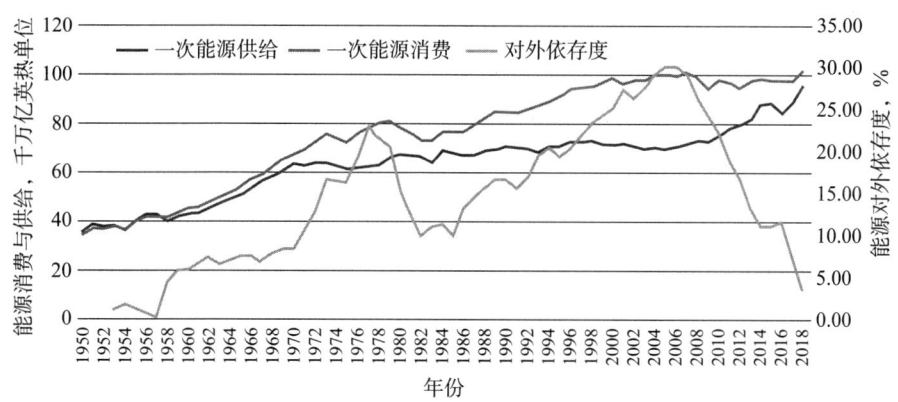

图 2　1950—2018 年美国能源消费、供给与对外依存度

资料来源：美国能源信息署，《月度能源评论》，2019 年第 3 期。

2018 年，美国仍是能源净进口国，净进口的能源数量为 3.611 千万亿英热单位，能源对外依存度已下降到只有 3.57%。

二、传统化石能源是美国能源消费的主体且都创出历史纪录

石油、天然气和煤炭三大化石能源,是美国能源消费的主体,占 2018 年美国一次能源消费总量的 80%,合计增长了 4%。与 2017 年相比,2018 年美国天然气消费增长了 10%,也创了历史纪录。2018 年,美国煤炭消费下降了 4%,但由于天然气消费的高速增长,加之石油、可再生能源和核能的小幅增长,弥补了煤炭消费的下降(图 3)。

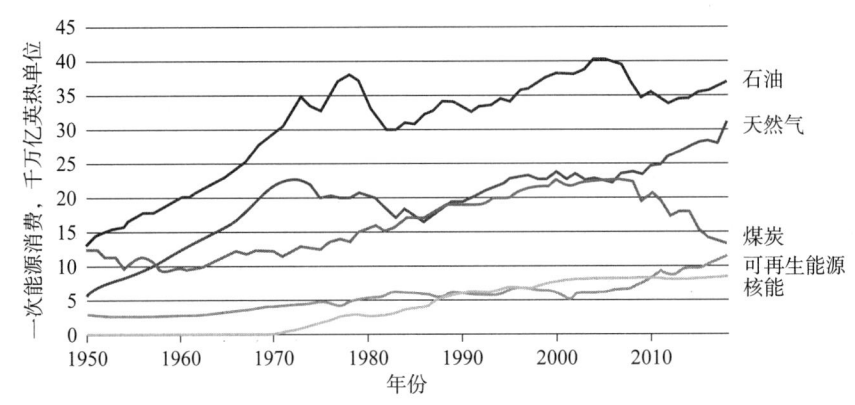

图 3 1950—2018 年美国一次能源消费构成

资料来源:美国能源信息署,《月度能源评论》,2019 年第 3 期。

2018 年,美国石油消费达到 2050 万桶 / 日(图 4),等于 37 千万亿英热单位,创 2005 年以来的最高水平,比 2017 年增长了 50 万桶 / 日。2018 年美国石油消费的增长,主要来源于工业部门,增加了 20 万桶 / 日;由于柴油和航空燃料需求的增长,2018 年美国运输部门的石油消费增长了 14 万桶 / 日。

美国天然气消费也在 2018 年创下了最高纪录,为 831 亿立方英尺 / 日,等于 31 千万亿英热单位,约为 8583.81 亿米³/ 年。2018 年,美国各行业的天然气使用量都有所增加,主要是受天气相关因素的影响,冬季供暖和夏季空调制冷需求的增加。随着越来越多的天然气发电厂投入使用,现有天然气发电厂的使用频率越来越高,电力部门的天然气消耗量与 2017 年相比增加了 15%,达到 291 亿立方英尺 / 日。2018 年,住宅、商业和工业部门的天然气消耗量也有所增长,与 2017 年相比,分别

增长了 13%、10% 和 4%。

2018 年，美国煤炭消费量为 6.88 亿短吨（图 4），等于 13 千万亿英热单位，是连续第五个年头下降。与 2017 年相比，2018 年美国煤炭消费下降了 4%，基本全部来源于发电用煤的下降。燃煤发电厂继续被更新、效率更高的天然气和可再生能源取代。2018 年，淘汰燃煤发电能力 12.9 千万亿瓦，新增天然气净发电能力 14.6 千万亿瓦。

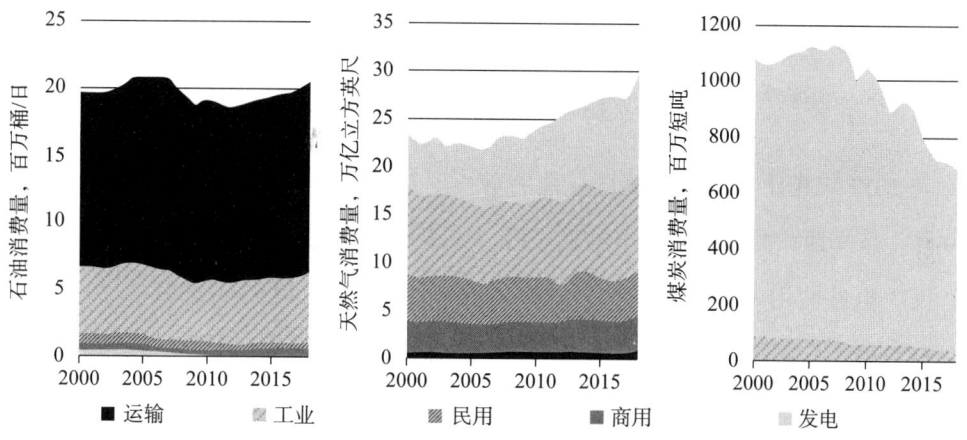

图 4　2000—2018 年美国分类化石能源消费

资料来源：美国能源信息署，《月度能源评论》，2019 年第 3 期。

与 2017 年相比，2018 年美国可再生能源消费增长了 3%，达到创纪录的 11.5 千万亿英热单位（图 5），绝大部分是由新增的风力和太阳能发电推动的，其中风力发电增长了 8%，而太阳能发电大幅增长了 22%。

生物质能消费主要用于运输燃料，如燃料乙醇和生物柴油，占 2018 年可再生能源消费总量的 45%，比 2017 年增长 1%。

2018 年，美国水电消费减少了 3%，风能、太阳能和生物质能消费的增加弥补了这一部分的减少。

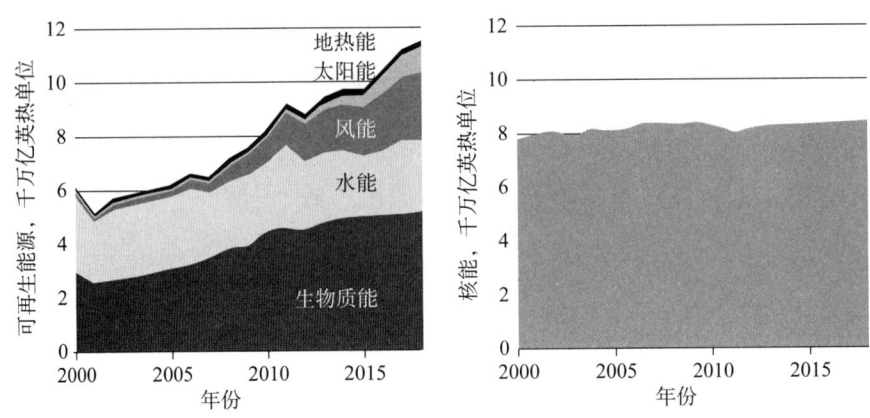

图 5　2000—2018 年美国分类非化石能源消费

资料来源：美国能源信息署，《月度能源评论》，2019 年第 3 期。

与 2017 年相比，2018 年美国核能的增长不到 1%，但仍创下了历史纪录。2018 年 9 月，新泽西州的牡蛎溪核电站退役后，美国运行的核电站数量下降到 98 座。不过，反映电站使用效率的年均核电站能力因子 2018 年为 92.6%，略高于 2017 年的 92.2%。

三、2018 年美国能源消费的恢复性增长会持续吗？

2009 年之前，美国一直是世界能源消费第一大国，在这一年被中国超越，自此之后一直保持世界能源消费第二大国的位置，2018 年两国的座次虽然没有改变，但增长速度已经发生了变化。

根据国际能源署的统计，2018 年，中国一次能源消费总量为 31.55 亿吨油当量，增长速度为 3.5%，同期美国一次能源消费总量为 22.27 亿吨油当量，增长速度为 3.7%。而根据中国国家统计局公布的数据，2018 年中国一次能源消费总量为 46.4 亿吨标准煤，比上年增长 3.3%。本文中引用的美国能源信息署的数据，2018 年美国一次能源消费增长的速度为 4%。

2009 年中国之所以超越美国成为世界第一大能源消费国，主要原因包括：一方面，进入 21 世纪以来，中国经济的高速增长，带来了能源消费迅速增加；更为重要的另一方面是，虽然这一期间美国经济维持了一定的增长速度，但由于能源效率的提高等多方面的原因，美国一次能源消费总量和石油消费总量都在下降。例如，

2007年美国一次能源消费达到峰值后，能源消费总量稳步下降；2005年美国石油消费达到峰值9.384亿吨，此后虽然有波动但一直稳定在9亿吨之下，最低的石油消费量出现在2012年，为8.17亿吨。

基本的常识是，一个国家的经济保持一定的增长速度，尤其是制造业在经济活动中占有一定的比重，一般来说会带来能源消费和石油消费的增长，至少不可能再持续下降。在拙著《石油的时代》第14章"周期性波动是未来国际石油市场的常态"，讨论中期国际石油市场形势时，对于美国未来一段时间能源、石油消费可能的趋势，我的基本看法是，再工业化和制造业回归，美国有可能成为未来世界能源、石油消费的一匹黑马。主要的依据包括：早在奥巴马时代，美国就出台了一系列以平衡增长为背景的经济复苏提振政策，最具标志性的当属2010年8月11日生效的《美国制造业振兴法案》，旨在帮助美国制造业降低生产成本，增强国际竞争力，提振实体制造业，创造更多就业岗位。而在竞选期间和执政后，特朗普将推动再工业化，引导美国实体经济复苏，作为其执政的主要经济政策，要重建美国，让美国再次强大，主要政策举措包括"制造业回流"、投资基建、减税致富和公平贸易等。具体到能源行业，自2017年1月份上台执政以来，特朗普就表示，繁荣的天然气、煤炭和石油出口，将使美国能源业迎来"黄金时代"。

2018年，美国国内生产总值（GDP）增速为2.9%，虽然没有达到特朗普提出的3.0%的水平，但已是2015年以来的最高增长速度，GDP总量为20.494万亿美元，是世界上首个GDP总量超20万亿美元的国家。而从能源行业来看，2018年无论是石油还是天然气产量，美国都创出了历史最高纪录，美国能源行业重回"黄金时代"正在变为现实。正是在这一背景下，2018年，美国一次能源消费扭转了10年来的下降趋势，出现了恢复性增长并创出了历史最高纪录。

2018年美国能源消费增长的势头会持续吗？在2019年1月发布的《2019年度能源展望报告》中，基于2018—2050年美国国内生产总值年均增长为1.9%的前提假设，美国能源信息署认为，从目前至2050年美国一次能源消费总量将保持低速增长。从2019年开始的约二十年时间里，除2019年、2020年和2021年3年外，美国一次能源消费总量都将维持在100千万亿英热单位之下的水平。2038年，美国一次能源消费总量将重新回到100.37千万亿英热单位。2038—2050年，美国一次能源消费将低速增长，2050年为106.55千万亿英热单位（图6）。这就是说，2018年至2050年的33年间，美国一次能源消费总量仅增加6.42千万亿英热单位，年均仅增长0.1945千万亿英热单位，年均增长率低到仅为0.19%。

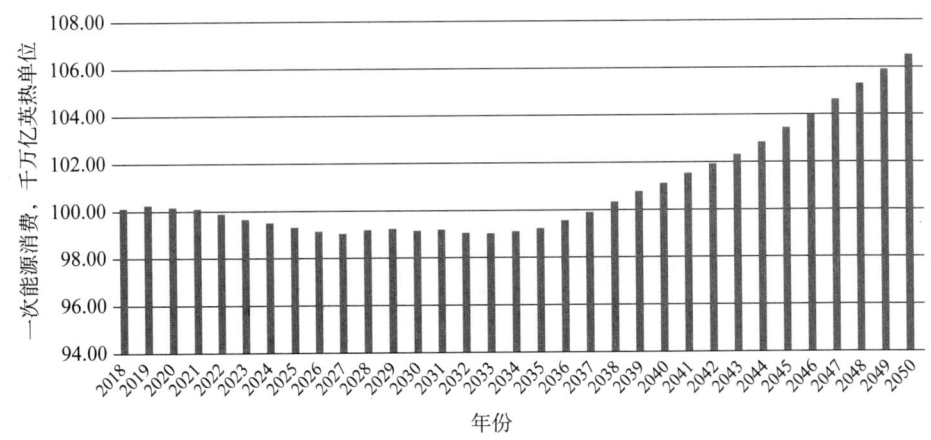

图6　2018—2050年美国一次能源消费趋势预测
资料来源：美国能源信息署，2019年度能源展望，2019年1月。

基于对未来三十多年美国能源生产和消费的对比分析，美国能源信息署得出的一个重要结论是，自20世纪50年代以来首次，2020年美国能源生产总量将大于消费总量，美国将成为能源净出口国，且这一势头将一直保持到2050年。

因此，依据美国能源信息署的这一预测，2018年美国一次能源消费的恢复性增长，应是偶发现象，不会持续，从现在至2050年的三十多年时间里，美国一次能源消费仅会维持非常低的增长速度。

对未来的预测是有风险的，尤其是长达三十多年时间周期的预测。未来三十多年美国能源消费形势的变化，会如同美国能源信息署所做的预测那样吗？让我们拭目以待吧！

本文撰写于2019年4月底

市场之手使世界天然气市场发生巨变

——第17届中美油气工业论坛参会随笔

2017年11月14—16日,第17届中美油气工业论坛在浙江省宁波市举行,来自中美两国能源主管部门、石油天然气企业、咨询机构和新闻媒体等约两百名代表出席了会议。本次论坛讨论的主题是天然气,会上双方分别就两国天然气产业政策、发展前景及液化天然气(LNG)贸易和投资进行了探讨与交流。

我多次参加中美油气工业论坛,但本次论坛给我留下了非常深刻的印象,会上中美双方政府、企业界热烈的讨论,充分体现了当前世界石油天然气行业的热点和未来发展的趋势。

我们知道,天然气是当前世界能源行业的热点,在20世纪70年代两次石油危机的刺激和21世纪初国际油价暴涨的推动下,世界天然气产业获得了迅速的发展,2000—2016年,世界天然气产量增长了约1.2万亿立方米,年均增长7.63%。更为重要的是,据国际能源署统计,2015年全球能源消费增长的一半来自天然气。2016年,世界天然气产量为3.54万亿立方米,消费量为3.55万亿立方米,在世界一次能源消费中占24.13%,仅次于石油和煤炭,是世界第三大能源消费来源。

对于当前的中国,天然气更具有特殊的意义。近年来由于全国各地雾霾严重,必须尽快改变中国以煤炭为主的能源消费结构,中国已成为世界增长最快的天然气消费市场,本次论坛的主题可谓切中社会热点。

在本次论坛上,有很多美国企业都向中国推销LNG,虽然其中不乏国际大石油公司,但多的还是很多中小企业,这些企业有的在美国北部的阿拉斯加州,有的在美国南部的路易斯安那州,它们都提出非常优惠的条件,希望将体量巨大的LNG长期销往中国,而参会的美国政府代表则表示将积极协调解决双边贸易中诸如巴拿马运河 LNG 船运输和出口税收等问题。

两天会议中，美国公司向中国销售 LNG 的热情，不身在会场，是无法感受的。这使我想起了 2005 年 6 月在新奥尔良市举行的第六届中美油气工业论坛，彼时美方代表表示，由于美国国内的油气产量已经达到顶峰，2025—2035 年，美国油气消费只能依靠进口，当时已规划要建设十多个 LNG 接收站，将从世界市场大量进口 LNG。而中国恰巧也有相似规划。因此，会场上的气氛相当凝重，似乎世界上两个最大的能源消费国，将立即开展 LNG 资源的激烈争夺。

如今世界能源形势发生了巨变，美国成为世界上重要的油气出口国。今天的形势是，中美不再争夺 LNG 资源，而美国企业迫切地想向中国出售尽可能多的天然气，占领中国市场。今天这样的巨变，是 12 年前在新奥尔良与会的中美双方代表所无法想象的。

这是页岩革命结出的硕果。美国《华尔街日报》资深专栏作家格雷戈里·祖克曼所著《页岩革命——新能源亿万富豪背后的惊人故事》一书，讲的就是美国页岩革命的过程，故事的时间段是 20 世纪 90 年代后期到 2013 年上半年，涉及了如乔治·米切尔、奥布里·麦克伦登和谢里夫·苏基等我们今天耳熟能详的美国页岩革命知名人物。宁波会议期间，手头正好有这本书，利用休息时间我读完了这本约 35 万字的著作，作为三十多年的石油行业从业人员，祖克曼告诉我们，就在中美双方在新奥尔良为两国未来可能要面临的 LNG 争夺战而焦虑时，米切尔等人的页岩革命已经基本成功，当然苏基还在积极争取政策和资金，建设从国外进口 LNG 的接收站，只不过今天这些接收站用于为米切尔等人出口 LNG。

美国页岩革命之所以成功，正是众多像乔治·米切尔等一心要发大财的石油个体户们持续努力的结果，美国页岩革命的成功得益于约八千家美国中小企业，而不是如埃克森美孚这样的大企业。与此相一致，本次宁波会议上，积极向中国推销 LNG 的，也主要是一些名不见经传的中小企业。多年来我一直呼吁对中国的能源体制实行市场化改革，我们的能源行业应该出现千千万万家中小企业，发挥这些企业的创造性和市场快速反应能力优势，否则日益严重的油气对外依存度和能源消费中煤炭持久的高比重，给中国带来的负面影响将无法承受。

论坛结束后，我于 11 月 16 日晚回到北京，正好是本年度中国较大一次成品油价格调整的前夜，从机场回家的路上，无论是五环路上的中国石油加油站还是小区附近的中国石化加油站和民营企业的加油站，都没有出现排队加油的现象，看来中国的消费者已日益理性了。我更加希望看到的是，通过十多年的努力，在保证中国自身油气消费需求的同时，中国的企业也能到美国和世界各地去销售石油和天然气，中国也能像美国一样实现能源独立，中国的成品油价格也能像美国一样低廉。

本文撰写于2017年11月底

苏基的创富故事和疯狂的美国液化天然气出口项目建设

——第18届中美油气工业论坛纪实之二

2018年9月19—20日，第18届中美油气工业论坛在美国石油之城休斯敦举行，来自中美两国能源和商务政府部门、石油天然气行业和金融界等约160位代表出席了本次论坛，就中美两国的能源政策、油气等企业加强在双方和在第三国的合作等方面进行了深入的交流。本次论坛讨论的重点，是液化天然气，多家正在建设的美国液化天然气项目的代表介绍了项目情况。论坛安排参观了美国最著名的液化天然气项目，即切尼尔能源公司（以下简称"切尼尔"）的萨宾帕斯液化天然气终端。

从本次论坛得到的资料和听了6家美国液化天然气公司的情况介绍，结合到萨宾帕斯半天的现场参观和回想起当年谢里夫·苏基建立切尼尔的创富过程，我个人的感受是，只能用"疯狂"两个字来形容当前美国液化天然气出口项目的建设热潮，不远的将来美国将成为世界第一大液化天然气生产和出口国，其在国际天然气市场的作用和影响力会越来越大。

一、切尼尔是目前美国最大的液化天然气运营商，其成长经历是典型的从白手起家到亿万富翁的美国创富故事

对于国人来说，切尼尔液化天然气项目非常耳熟。2017年11月9日，美国总统特朗普访问中国期间，中国石油与切尼尔签署了合作备忘录。2018年2月9日，中国石油与切尼尔签署了液化天然气购销协议，中美首单液化天然气长期贸易合同落地，合同签约量为120万吨/年。正是借助于中国石油的这份购销协议，切尼尔的科珀斯克里斯蒂液化天然气项目第3条生产线完成了最终投资决策，并成为自2015年6月以来美国第一个完成最终投资决策的液化天然气项目。

切尼尔是谢里夫·苏基于20世纪90年代末期建立的，是纽约证券交易所上市公司。苏基是黎巴嫩移民，经营过酒吧和餐馆，其在洛杉矶的餐馆还涉及美国棒球明星辛普森的著名世纪谋杀大案。切尼尔成立的初衷，是想在美国勘探开发石油和天然气，但经过多年失败之后，2000年开始计划建设进口液化天然气接收设施，满足美国日益增长的天然气需求。2002年9月，切尼尔靠借来的500万美元贷款，建设萨宾帕斯液化天然气接收站，2004年夏天同道达尔和雪佛龙签署了为期20年的设施使用协议，每天为这两家公司气化20亿立方英尺的天然气，使用费为每家公司2.5亿美元/年。

2005年，美国国内的天然气产量跌到21世纪以来的最低水平，但天然气需求旺盛，为此美国计划建设40个液化天然气的进口设施。但是，没有想到的是，此后美国的页岩革命已经取得突破，国内天然气的产量止跌回升。2008年4月21日切尼尔的萨宾帕斯液化天然气接收站开幕剪彩后，总共只接收了5船进口的液化天然气，此时从国际市场向美国进口液化天然气已经变得荒谬可笑，切尼尔股票跌到只有一杯咖啡的价格，大量裁员，处于破产的边缘，苏基也抵押了自己的全部家产。

2010年6月，切尼尔宣布投资天然气液化设施用于出口，2011年10月与BG公司签署了出口350万吨液化天然气的协议，黑石基金和淡马锡等投资了二十多亿美元。这样，切尼尔起死回生，业务从接收进口液化天然气转变为出口液化天然气，股票也大幅度回升。截至我们参观的2018年9月20日当日，萨宾帕斯项目累计向世界28个国家出口了458船液化天然气，其中的56船、超过400万吨出口到了中国，中国已成为美国第三大液化天然气出口目的地。这就是行业一般所说的，中美两国液化天然气合作的第一个窗口期。

目前，切尼尔拥有萨宾帕斯、科珀斯克里斯蒂两个液化天然气项目和规划中的一个中型项目，合计能力为6350万吨，是美国第一大、世界第四大液化天然气供应商。2020年，切尼尔将成为仅次于卡塔尔石油公司的世界第二大液化天然气运营公司。

经历过九死一生并最终成为亿万富翁后，谢里夫·苏基离开了切尼尔，与英国石油公司前首席执行官马丁·休斯顿和自己的前下属、切尼尔原财务总监和市场总监梅格·金特尔一起，成立了泰利尔液化天然气公司，规划建设拥有自己的气田、管网和液化天然气终端的一体化天然气项目，允许最终用户参与投资并锁定液化天然气的交货价格，其中液化能力为 2760 万吨，试图再现一次切尼尔的创富故事。

二、萨宾帕斯终端，也许还说明因时而变是企业的永恒经营之道

从本次论坛所在地的休斯敦会场，到切尼尔的萨宾帕斯液化天然气终端，车程约两个半小时左右。汽车出休斯敦后，一路向墨西哥湾开进，越靠近墨西哥湾，我们看到的是越来越稀的人烟，但炼油厂、化工企业和储罐码头却越来越多，世界最大的独立炼油企业美国瓦莱罗能源公司的阿瑟港炼厂就在高速公路的右边。

图 1　切尼尔萨宾帕斯液化天然气终端入口处

萨宾帕斯液化天然气终端位于得克斯萨州和路易斯安那州的交界处，属路易斯安那州，在离海岸还有一段距离的河口里。我们在现场看到，终端的码头有两个泊位，水深约 15 米左右，一艘液化天然气船正在装船，已经建成了 4 条生产线，第五线生产线正在建设中，有 5 台储罐，终端拥有自备的天然气电站，现场还有大片的空地可以建设新的液化天然气设施。

在现场参观时，我们还发现，当年谢里夫·苏基建设的用于接收进口液化天然气的设施仍在。现场接待我们的切尼尔工程师介绍，目前道达尔和雪佛龙仍在为设施支付费用。

从事企业、行业和政府部门有关行业规划工作多年，其中最头痛的一个问题是，

一个规划可以在多长的时间内仍然可行且是正确的？在萨宾帕斯现场，除当年切尼尔建设的用于接收进口液化天然气的设施在晒太阳外，上游不远处可以看到的地方，还有一个正在晒太阳的液化天然气接收站，据现场接待人员称，这是卡塔尔天然气公司建设的，当年是为了接收从卡塔尔向美国出口液化天然气用的。联想到2005年6月底，我很清楚地记得，在新奥尔良举行的第六届中美油气工业论坛上，当时中美两国代表讨论的，是如何避免在国际天然气市场中竞争资源，似乎国际天然气市场即将发生中美两国资源争夺的大战，会场的气氛是非常凝重的。但是，在短短的不到10年的时间里，油气行业却发生了完全反转的变化。现在看来，不仅是企业和专家们，就连拥有多种资源的政府主管部门，也不能很好地认识行业的趋势。

站在墨西哥湾烈日下的萨宾帕斯，感慨颇多。一方面，我们的认知水平永远有限；另一方面，过去的十多年时间里，我们身处的这个石油天然气行业的变化实在是太快了。最为重要的是，萨宾帕斯晒太阳的设施告诉我们的是，企业经营所有的战略只能是因时而变。

三、美国正在大规模建设液化天然气出口项目，未来将成为国际天然气市场最重要的供应方

据不完全统计，美国已经批准10个液化天然气出口设施，其中6个在建，还有23个正在办理审批手续过程中。本次论坛中，安排了切尼尔、全球风险、木兰花、塞姆普拉、下个世纪和泰利尔6家美国液化天然气项目的代表，介绍了各自项目的建设情况，这6家企业合计已经投产和计划建设的液化天然气生产能力为1.8亿吨。这些项目若能如期建成，2025年前后美国将成为世界第一大液化天然气生产和出口国，大大超过卡塔尔规划中的1.1亿吨液化天然气的能力。

从论坛美方代表提供的材料和交流中得知，美国正在建设的几个液化天然气项目，每吨液化天然气产能EPC总承包的费用约为500美元。一个880万吨液化天然气设施建设的全部费用，约为60亿美元。一家美国液化天然气项目的代表，在论坛会场表示，在买方参加项目建设融资的前提下，未来可提供的液化天然气价格为每百万英热单位FOB 3美元。由于拥有成本极低和产量巨大的页岩气、十分优越的建厂条件和灵活的、不同于卡塔尔等传统液化天然气出口国的合同和计价方式，当前

和未来美国的液化天然气具有极强的成本优势，其市场竞争能力会非常强，对国际天然气市场的影响力将越来越大。

在萨宾帕斯现场考察中，我们发现，墨西哥湾沿岸之所以成为美国最重要的炼油化工中心，得益于优越的自然条件，一是人口稀少，不会发生高昂的拆迁问题，便于开展大规模炼油化工项目建设；二是港口条件好，很多的液化天然气项目都建设在河口地区或内河，可以满足建设15米水深码头的条件。我在国内参与了多个原油成品油码头和液化天然气接收站项目评估工作，目前国内已经很难找到建设液化天然气接收站的码头选址，即使通过多种方式建设，也成本高昂。这一优越的自然条件，也将大大助力美国液化天然气产业的发展。三是美国有规模庞大并市场化运作的管网系统，为不断增长的天然气产量和建设液化天然气出口项目提供了方便且成本低廉的管输网络。正是由于具有如此优越的条件，美国液化天然气出口设施大部分建在墨西哥湾沿岸，可以方便地向欧洲、拉丁美洲和亚太地区出口。

相比2017年11月在中国宁波举行的第17届中美油气工业论坛，本次论坛给所有参会的中方代表留下深刻的印象，美国天然气产业非常繁荣，或可以用另外一句话来形容，即美国的天然气产业正处于欣欣向荣之中。只有置身于论坛的现场，通过与参会的美国油气企业代表的深入交流，尤其是参观切尼尔萨宾帕斯终端的所见就能明白，为什么9月25日在第73届联合国大会中，特朗普会说"我们已经成为整个地球上最大的能源生产国。美国随时准备输出我们充足的、经济可支的石油、清洁煤和天然气"。为什么特朗普会成了美国能源行业的第一推销员，在出访中将推销美国的液化天然气作为首要任务，甚至不顾基本的外交礼仪，力压德国等欧洲盟国，要多买美国的液化天然气，反对这些国家参加北溪天然气2号管道项目建设，要它们减少购买俄罗斯的天然气。我们将越来越会看到，随着规划中的庞大的液化天然气项目建设并投产，美国将作为世界第一大液化天然气生产和出口国，出现在国际天然气市场。因天然气的出口问题，美国政府会做出更多的经济、外交，甚至军事的行动。

9月22日早晨约5时许，经约14个小时的飞行，我们从美国休斯敦回到了北京。大风之后的凌晨，天空碧蓝，清澈透明，能见度极好。从机场回家的路上，美丽的朝霞正从东边升起，周六并恰好是中秋节假日第一天的京城，万籁俱静，路上车辆少有的稀少，一路顺畅。

参加了多次中美油气工业论坛，但此行的心情却十分复杂。高兴的是，作为一个行业论坛已经成功举办了18届，实属不易。18，对于全世界的华人来说，都是一个十分吉祥的数字。作为世界最大的油气进口和生产国的中美两国，石油和天然气是当前和未来两国关系中无论如何都回避不了的话题。作为从业三十多年的国际能源和石油天然气行业研究人员，我衷心地希望，这个已经举办了18届的中美两国油气行业的论坛能顺利地举办下去，希望通过行业的交流和沟通，有助于中美两国更大范围的理解和合作。

（说明：2018年9月19—20日，我赴美国休斯敦，参加第18届中美油气工业论坛，在大会进行了演讲并主持了一个分论坛。为时两天的会议，安排紧凑，内容丰富，感受也非常的多。为此，特分两篇纪实文字，简要记叙这次会议的基本情况和个人感受。这是纪实的第二篇，介绍的是参观切尼尔萨宾帕斯终端的情况和感受。）

本文撰写于2018年9月底

经合组织2018年石油形势变化的安全意涵

2019年4月19日，国际能源署（IEA）发布《2018年石油关键趋势》报告，分析了经合组织2018年石油生产、炼油、贸易、炼油产品净交付和库存等方面的形势。

经合组织几乎占当今全球石油消费的半壁江山，在国际石油市场拥有举足轻重的影响力。认真研读这份报告，除对经合组织国家的石油生产和消费形势有一个总体的了解外，印象最深的是，得益于美国页岩革命的成功，曾经是经合组织最为关切的石油安全问题已处于历史最好水平，这将对当前和未来的国际石油形势产生重大而深远的影响。

一、经合组织在国际石油市场举足轻重的影响力

经合组织，成立于1961年9月30日，目前计有成员国36个，总部设在巴黎。

经合组织成员国基本上是当今世界主要发达国家，代表性的如美国、日本、西欧国家等。2010年，经合组织国家国内生产总值（GDP）占全球的72%，2010年仍保持在54%。正因为如此，经合组织国家一直主导着全球石油消费。

1965年，即从全球范围看，石油第一次取代煤炭成为世界第一大能源消费来源，经合组织国家的石油消费合计为2310.3万桶/日，占当时全球石油消费总量3126.2万桶/日的73.90%。可以说，当时全球石油消费的近3/4，都是由经合组织成员国消费的。54年后的2018年，虽然中国和印度等发展中国家石油消费迅速增长，但经合组织国家的石油消费仍保持在4770万桶/日，占当年全球石油消费总量9920万桶/日的48.08%，几乎占当今全球石油消费的半壁江山。

虽然经合组织国家是世界主要石油消费国，但从全球石油供给看，它也是国际

石油市场重要的石油供给方。1965年,经合组织国家的石油产量为2153.9万桶/日,占当年全球石油供给7490.7万桶/日的28.75%。同样是54年后的2018年,经合组织国家的石油产量为2660万桶/日,占当今全球石油供应1.001亿桶/日的26.57%。这也就是说,54年间,从供给端看,经合组织国家的石油产量仍保持在全球石油供应1/4以上的水平。

二、2018年经合组织国家石油生产和消费形势

在《2018年石油关键趋势》报告中,国际能源署全面回顾了2018年经合组织国家的石油生产和消费等情况,主要内容如下。

(一)石油产量概况

2018年,经合组织成员国的原油、天然气凝析油和炼油原料等石油产量与2017年相比,增长了10.3%。从全年看,2018年经合组织每个月的石油产量都达到了创纪录的水平,从年初到年底都保持在超过1亿吨的水平。从绝对数来看,经合组织成员国石油产量的增长,不是个别国家而是普遍现象,其中美洲成员国的增长最多,为12.2%,欧洲成员国增长0.6%,亚太成员国增长2.5%。

2018年第三季度,美国石油产量增长达到了创纪录的水平,2018年与2017年相比增长17.1%,为1.05亿吨。由于原油产量的反弹,加拿大石油产量也按年增长了8.1%,但墨西哥石油产量下降了6.3%。

由于2017年年底英国大陆架几个项目的投产,2018年英国石油产量增长了10.1%(图1),位居经合组织欧洲国家第一。2017年年中,由于储存设施的不足,意大利瓦德阿格里地区几个设施临时关闭,但2018年这些设施的重启,使当年意大利的石油产量增长了12.6%。不过,经合组织欧洲国家意大利石油产量的增长被挪威石油产量的下降所抵消。2018年,挪威石油产量下降了6.2%,主要原因包括:部分油田在2018年进行维护,老油田产量的自然下降,而且这些老油田产量的自然下降没有得到新油田投产的补充。

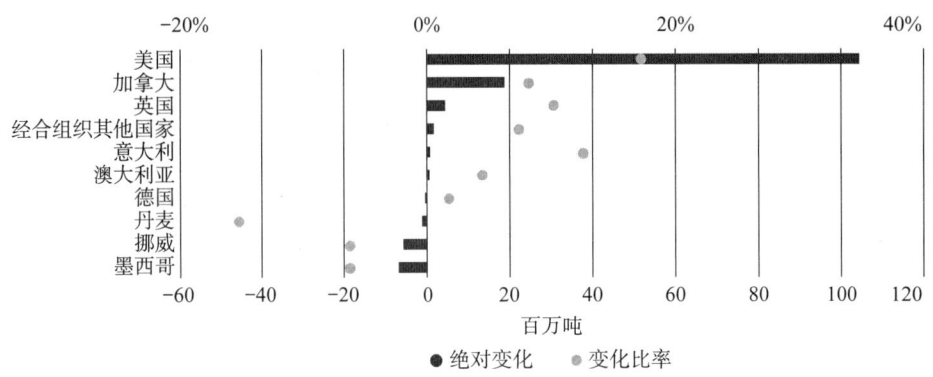

图 1　2017—2018 年部分经合组织国家原油、天然气凝析油和炼油原料的增长
资料来源：国际能源署，《2018 年石油关键趋势》，2019 年 4 月 19 日。

经合组织亚太国家石油产量的增长主要来源于澳大利亚，2018 年澳大利亚的石油产量增长了 4.4%，主要原因是液化天然气项目投产后凝析油产量大增。

2018 年经合组织北美国家增加的石油产量占了整个经合组织的 85%，其中美国一国占了 56%（图 2）。

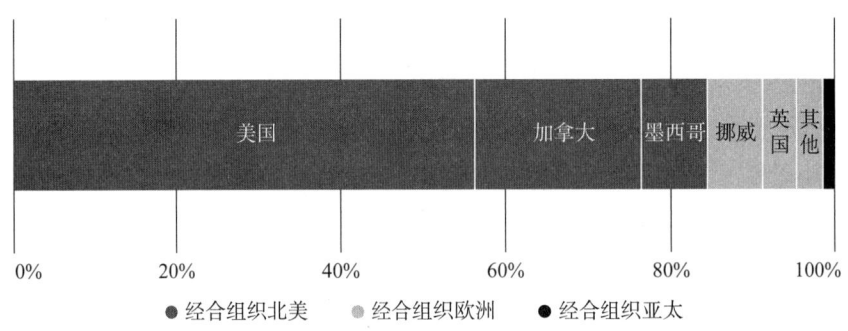

图 2　2018 年分地区和国别对经合组织原油和天然气凝析油产量的贡献
资料来源：国际能源署，《2018 年石油关键趋势》，2019 年 4 月 19 日。

（二）炼油产量概况

与 2017 年相比，2018 年经合组织国家的炼油产量下降了 0.3%。分地区看，北美地区增长了 0.6%，但欧洲地区下降了 1.5%，亚太地区下降了 0.4%（图 3）。

2018 年，美国炼油产量增长了 2.2%，是经合组织成员国中炼油产量增长最大的国家，主要来源于中间馏分产品增长了 1.9%。从绝对数来看，2018 年墨西哥炼油产量是经合组织成员国中下降最多的，与 2017 年相比下降了 19.7%（图 4），主要原因是 2018 年下半年马德罗炼油厂开始长时间维护。

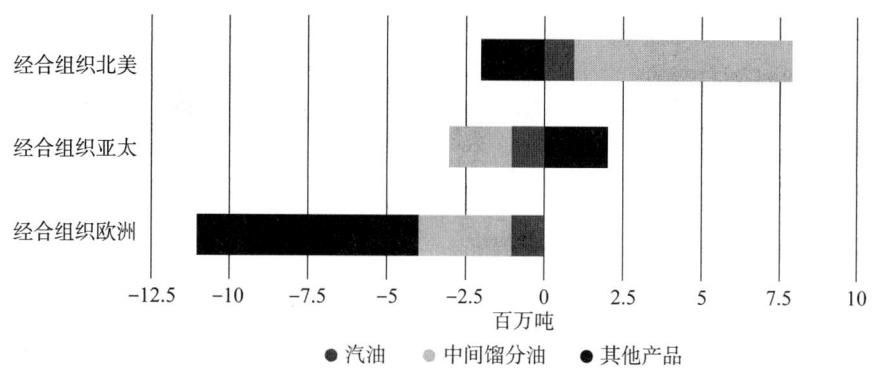

图 3　2017—2018 年分地区经合组织炼油产量
资料来源：国际能源署，《2018 年石油关键趋势》，2019 年 4 月 19 日。

经合组织欧洲成员国的炼油产量 2018 年都出现了下降。其中，德国炼油产量下降 4.4%，主要原因是 2018 年 9 月拜仁炼油厂的爆炸，导致了 2018 年最后一个季度炼油产量下降。此外，2018 年其他几个炼油厂的维护，也加剧了德国炼油产量的下降。2018 年，法国炼油产量也下降了 5.9%，主要原因是第二季度炼油厂的维护。

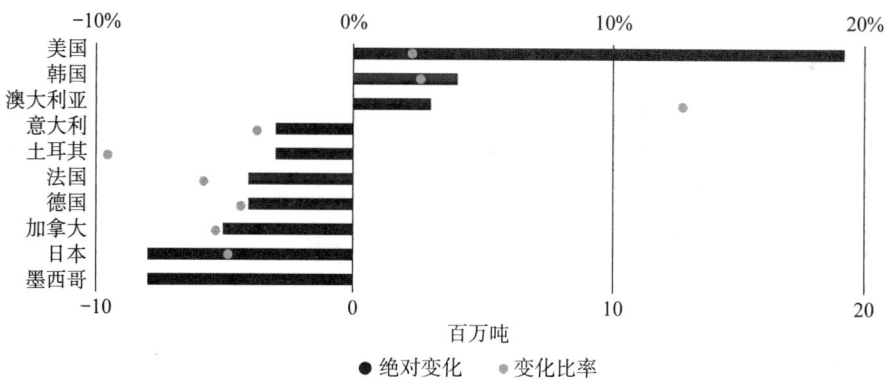

图 4　2017—2018 年部分经合组织国家炼油产量增长
资料来源：国际能源署，《2018 年石油关键趋势》，2019 年 4 月 19 日。

经合组织亚太地区国家 2018 年炼油产量增长了 2.6%。其中，日本的炼油产量下降了 4.9%，主要原因除例行的炼油厂维护外，还有 9 月份大地震导致的北海道炼油厂的非计划关停；不过，2018 年韩国炼油产量增长了 2.5%，澳大利亚炼油产量增长了 12.6%，弥补了日本炼油产量的下降。

（三）石油贸易概况

与 2017 年相比，经合组织国家包括原油、天然气凝析油和炼油原料等的石油进口下降了 2.7%，而且所有地区都出现了下降。其中，欧洲地区下降最大，为 3.0%，北美地区下降了 2.7%，亚太地区下降了 2.0%。

2018 年，经合组织国家从伊朗和俄罗斯进口的石油分别下降了 41.6% 和 9.8%，而从美国进口增长了 55.1%。从国别看，2018 年沙特阿拉伯取代俄罗斯，成为经合组织国家最大的石油进口来源国，但进口量下降了 2.8%，而俄罗斯是 2017 年经合组织国家最大的石油进口来源国（图 5）。

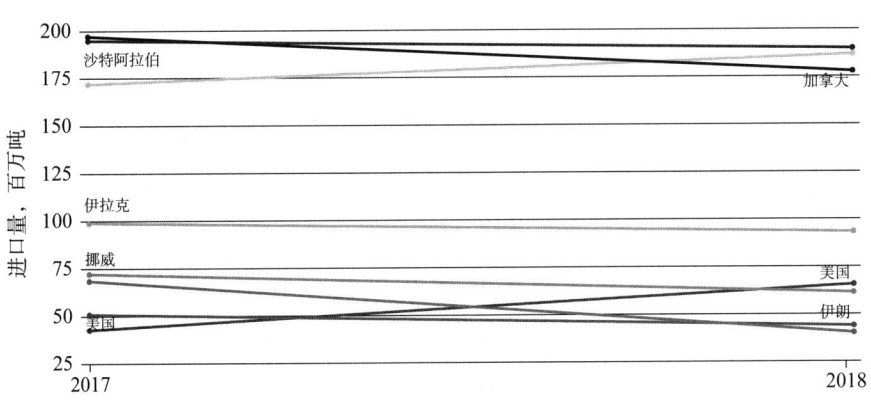

图 5　2017—2018 年经合组织主要进口来源国（原油、天然气凝析油和炼油原料）
资料来源：国际能源署，《2018 年石油关键趋势》，2019 年 4 月 19 日。

与 2017 年相比，经合组织成员国 2018 年石油产品的进口量增长了 3.1%，其中北美地区增长了 11.0%，亚太地区增长了 6.1%，但欧洲地区下降了 0.5%。从产品来看，最为显著的是，2018 年经合组织国家的航空燃料进口增长了 18.1%。

总体上看，经合组织国家净出口炼油产品，与 2017 年相比，2018 年增长了 0.3%。2018 年，经合组织国家包括原油、天然气凝析油和炼油原料等的石油出口增长了 13.3%。

（四）炼油产品净交付量概况

2018 年，经合组织国家炼油产品净交付量与 2017 年相比增长了 1%，其中北美地区增长了 2.4%，欧洲地区增长了 0.15%，亚太地区下降了 1.6%。

经合组织北美地区 2018 年炼油产品净交付量的增长，主要是来源于汽油/柴油的净交付量增长了 4.8%，其中由于寒冷的冬季，美国炼油产品净交付量增长了 5.1%，加拿大增长了 3.8%。不过，2018 年经合组织北美地区的石脑油需求下降了 13.6%（图 6）。

2018 年，经合组织亚太国家的炼油产品净交付量与北美类似，其中汽油/柴油的净交付量增长了 1.5%，而石脑油下降了 5.5%。从国别看，澳大利亚的汽油/柴油净交付量增长了 6.9%，而日本和韩国的石脑油需求分别下降了 5.5% 和 5.4%。

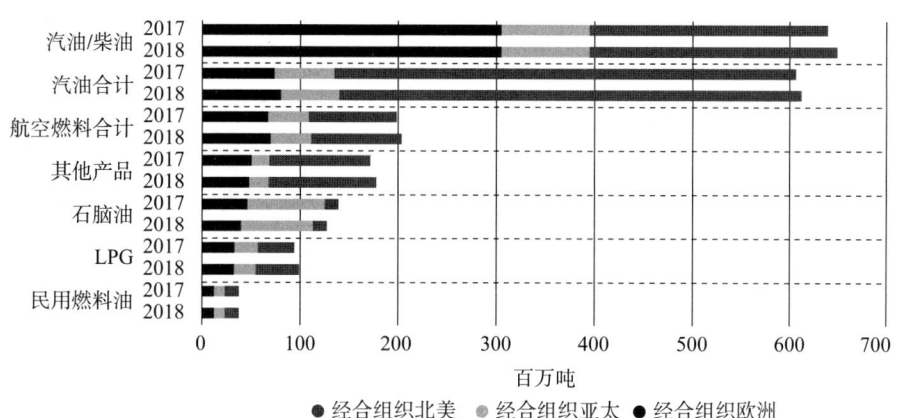

图 6　2017—2018 年经合组织炼油产品净交付量

资料来源：国际能源署，《2018 年石油关键趋势》，2019 年 4 月 19 日。

2018 年，经合组织欧洲国家的炼油产品净交付量增长主要是航空燃料带动的。

与 2017 年相比，2018 年经合组织欧洲国家的航空燃料消费增长了 4.3%，其中英国增长了 3.8%，法国增长了 3.5%。

从总体上看，航空燃料消费在所有经合组织成员国都有不同程度的增长，与 2017 年相比，2018 年增长了 2.6%。

（五）石油库存变化概况

与 2017 年相比，经合组织成员国的石油库存 2018 年没有发生多大的变化，年底时保持在 5.31 亿吨，其中北美地区增长了 1%，但欧洲地区下降了 1.2%，亚太地区下降了 1%。

虽然 2018 年第一季度美国俄克拉荷马库欣的原油库存大幅度下降，但由于一级产品库存增长了 170 万吨、二级产品库存增长了 60 万吨，导致 2018 年经合组织北美地区的石油库存增加了 230 万吨（图 7）。

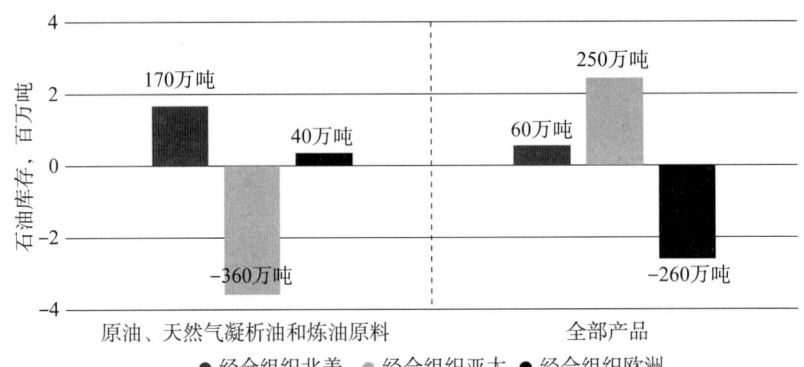

图 7　2017—2018 年经合组织石油库存变化
资料来源：国际能源署，《2018 年石油关键趋势》，2019 年 4 月 19 日。

由于石油炼制产品的库存动用了 260 万吨，2018 年经合组织欧洲地区的石油库存下降了 220 万吨，其中德国最大，下降了 50 万吨。

2018 年经合组织亚太地区石油库存下降了 110 万吨，主要是由于韩国的原油、凝析油和炼油原料库存下降了 310 万吨所致。

2019 年 2 月底，经合组织国家的石油库存为 28.71 亿桶，高于 5 年平均值。

三、2018 年经合组织石油形势变化的三点结论

认真分析国际能源署这份 2018 年经合组织石油形势的报告，我们可以得到以下三点结论，这三点结论说明的是，由于美国页岩革命的成功和正在走向能源独立，经合组织石油对外依存度正在持续下降，石油安全越来越有保证，国际石油市场的供给也正在变得越来越宽松。

第一，美国在经合组织国家石油形势变化中起到了决定性作用。

众所周知的是，美国是当今世界第一大石油生产和消费国，正是这一地位，决定了美国在经合组织国家石油形势中无可替代的地位和作用。

2018 年，美国石油消费总量为 2045 万桶 / 日，占经合组织国家石油消费总量 4773 万桶 / 日的 42.85%；同期，美国石油产量为 1548 万桶 / 日，占经合组织国家石油总产量 2665 万桶 / 日的 58.09%。

正如报告所展示的那样，2018 年，美国石油产量的增量占了经合组织的 56%，而炼油产量增长了 2.2%，是经合组织增长最大的国家，炼油产品的净交付也增长了 5.1%。因此，基本可以说，美国石油生产和消费的变化，就基本上决定了经合组织当前石油形势的变化。

第二，经合组织石油对外依存度持续下降，石油安全形势处于历史最好水平。

1965 年，经合组织国家石油消费的对外依存度为 53.19%。第一次石油危机时的 1973 年，经合组织国家石油消费的对外依存度达到历史最高峰，为 64.82%。自此之后至 2010 年的 38 年间，经合组织国家的石油消费对外依存度高高低低变化，但总体趋势是不断下降，2010 年下降到 60.28%。

从 2010 年以后，美国石油产量不断增加，2018 年无论是原油产量还是广义上的石油产量都创了历史纪录，进口石油的数量不断减少，正在迈向能源独立。由于美国石油生产和消费在经合组织拥有主导地位，其结果除美国自身石油对外依存度大幅度下降外，作为一个整体，经合组织石油对外依存度也在不断下降。

根据国际能源署的统计，2014 年以来的 5 年间，除 2016 年有所反弹外，经合组织国家石油消费对进口的依赖从 2014 年的 50%，大幅下降到 2018 年的 44.23%，已处于 1965 年以来的最低水平（图 8）。

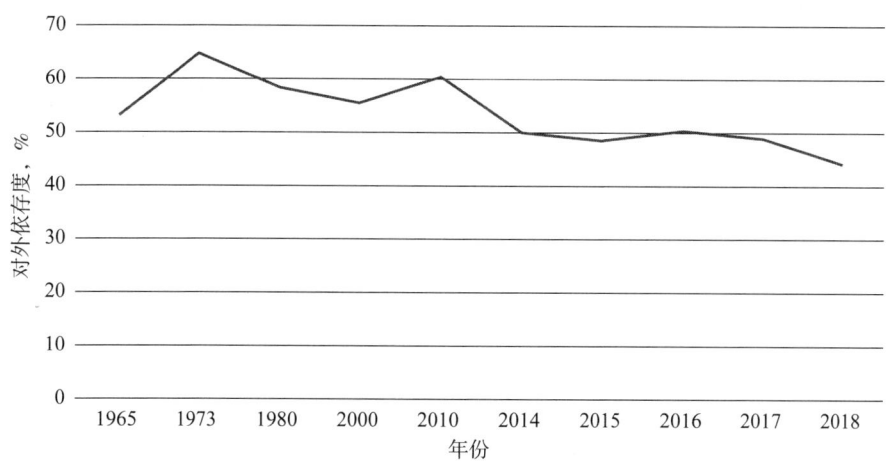

图 8　1965—2018 年经合组织石油对外依存度

资料来源：1. 英国石油公司，世界能源统计评论，2018 年 6 月；
　　　　　2. 国际能源署，石油市场报告，2019 年 3 月。

因此，作为经合组织能源合作的官方机构，国际能源署的官员们在撰写这份报告时，其心情应该是非常愉悦的，因为1974年该组织成立时的主要目标正在成为现实。

第三，经合组织对传统的诸如俄罗斯、沙特阿拉伯和伊朗等国石油进口数量的减少，预示着国际石油市场的供应将更加宽松。

报告中的数据说明，2018年经合组织国家从伊朗和俄罗斯进口石油的数量大幅度下降，沙特阿拉伯取代俄罗斯成为经合组织国家最大石油进口来源国，但是从沙特阿拉伯进口石油的绝对数量也在下降，而从美国进口石油的数量大幅度增加。

报告中这些数据反映的是当前国际石油市场正在发生的结构性变化。更为重要的，经合组织国家的石油安全形势实质上要比百分比数据的下降更好，因为这些数据说明，一方面，经合组织对传统的石油进口来源，如俄罗斯和中东产油国的依赖在减少；另一方面，经合组织石油供应的内循环在增加，即经合组织国家的石油消费，将更多地来源于美国、加拿大和澳大利亚等这些组织内的石油生产和出口国。

国际石油市场供需这一结构性变化，带来的就是全球石油供给越来越宽松。鉴于未来相当长时间美国石油产量仍将增加，石油出口量将持续扩大。因此，我们将会看到，未来国际石油市场的供给将是十分充足的，包括中国在内的广大发展中石油进口国，会有更多、更广泛的石油进口来源可供选择。

本文撰写于 2019 年 4 月底

欧盟国家天然气的进口概况

一段时间以来，我们经常看到这样的新闻，美国总统特朗普公开要求德国总理默克尔，不参与俄罗斯通往德国的北溪天然气 2 号管道项目建设，购买更多的美国液化天然气，美国国务院公开表示要对参与北溪天然气 2 号管道项目的欧洲公司进行制裁。那么，欧盟国家消费的天然气到底来自哪里？其构成如何？根据美国能源信息署的有关资料，本文将就此进行简要的介绍。

欧盟由 28 个国家组成，这 28 个国家消费的天然气只有约 25% 由内部国家供应，其余主要来源于进口，如图 1 所示。

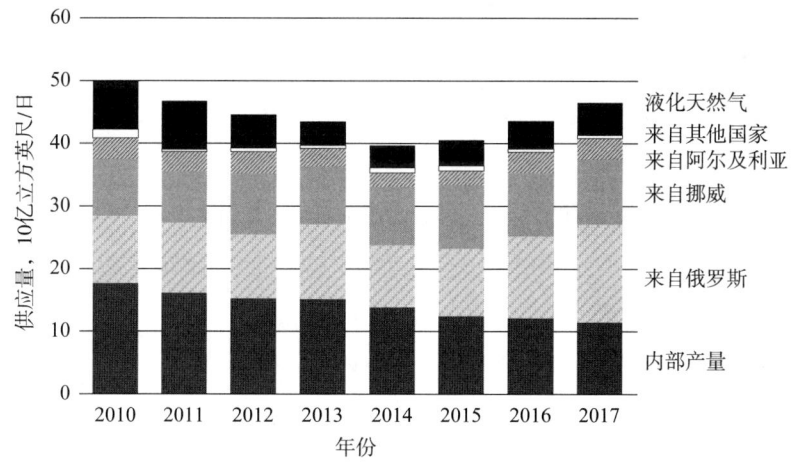

图 1 2010—2017 年欧盟天然气供应构成

进口管输天然气是欧盟 28 个国家主要天然气供应来源。2017 年，从俄罗斯进口的管输天然气占欧盟国家天然气消费的 35%，从挪威进口的占 24%，合计占 59%，即欧盟国家消费的天然气半数以上来源于俄罗斯和挪威两个国家。近年来，欧盟从俄罗斯、挪威进口的管输天然气持续增加。2018年上半年，从俄罗斯进口的天然气与2017年同期相比增长了8%，达到创纪录的171亿立方英尺/日。

2017年，欧盟28国中有13个国家进口液化天然气，进口量为平均每天51亿立方英尺，占欧盟天然气供应的11%，占世界的13%。2011年，欧盟国家液化天然气的进口量达到近年来的最高水平，自此以后，虽然进口量连续3年增长，但都没有超过2011年的水平（图2）。

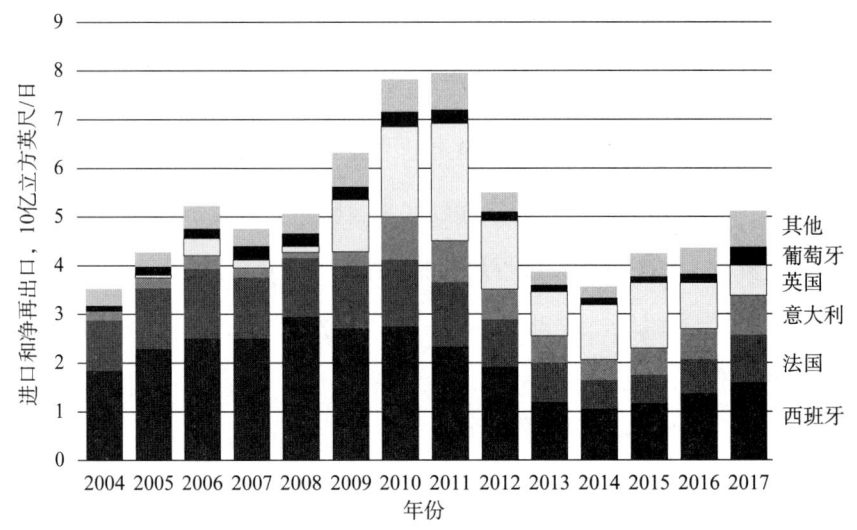

图2　2004—2017年欧盟液化天然气进口和净再出口

欧盟28国液化天然气的进口能力为200亿立方英尺/日，占世界的1/5，2010年设施使用率为50%，近年来由于再气化能力的扩大已经超过了需求和液化天然气的进口，进口设施的使用率已下降到20%~25%（图3）。

欧盟28国液化天然气的进口受天然气消费变化的影响很大。2011—2014年，欧盟28国中的很多国家，尤其是英国和西班牙，天然气价格较高带来发电用天然气消费的减少，从而影响了液化天然气的进口。但是，近年来，欧盟28国中发电用天然气消费在持续增长。2017年，由于西班牙、意大利、葡萄牙水电的减少和法国核电站非计划停机，导致了天然气消费和液化天然气进口的大增。

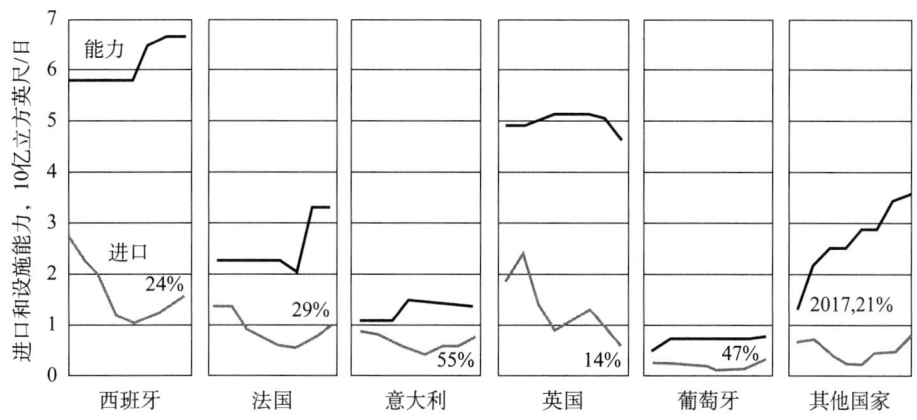

图 3　2010—2017 年欧盟液化天然气进口和设施能力

2017 年，欧盟国家内部天然气产量占供应量的 25%，其中英国和荷兰天然气产量占了 2/3。近年来，欧盟国家内部天然气的产量持续下降，由于气田逐渐枯竭和设施老化，尤其是荷兰的格罗宁根大气田限制生产，未来欧盟国家的天然气产量还将持续下降。

欧盟国家液化天然气的进口，目前正在成本的基础上，与现存和新建的管道气，尤其是俄罗斯的管道气进行竞争。从俄罗斯通往德国的北溪天然气 2 号管道，输气能力为 53 亿立方英尺 / 日，预计 2019 年年底竣工，将成为进口液化天然气强有力的竞争者。

本文撰写于 2018 年 10 月底

当前日本能源消费现状和核事故对煤炭油气形势的影响

2018年,世界能源行业的一个标志性事件,就是中国超过日本,成为世界最大的天然气进口国,其中中国天然气进口总量为9039万吨,日本为8280万吨。

3月11日,是日本大地震8周年纪念日。正是由于这场大地震导致的福岛核事故,近年来日本能源消费结构发生了很大的变化,煤炭、油气消费和进口也随之大变。为此,本文将简要介绍当前日本的能源消费现状、核事故及其对煤炭油气消费形势的影响。

一、日本已经处于能源消费与经济社会发展较为理想的状态

日本是世界第三大经济体,是世界公认的高度发达国家,其国民普遍拥有良好的教育、极高的生活水平和素质,在环境保护、资源利用等许多方面堪称世界典范。

与高度发展的经济水平相一致的是,虽然人口仅为1.26亿,但日本是世界第五大能源消费国,排名中国、美国、俄罗斯和印度之后,2018年一次能源消费总量约为4.611亿吨油当量,人均一次能源消费高达3.66吨油当量。

2005年,日本一次能源消费总量达到峰值,为5.305亿吨油当量,自此之后就一直下降并始终低于这个水平。2009年,日本一次能源消费总量首次下降到低于5亿吨油当量,为4.723亿吨油当量,但是2010年又反弹回到了5.038亿吨油当量。不过,自2011年开始,日本一次能源消费总量又下降到5亿吨之下并一路走低。

2018年与2005年相比,日本一次能源消费总量下降了6940万吨油当量,下降幅度为13.08%。

尤其引人注目的是,2014年以来的5年间,除2017年为正增长外,其余4年日

本的一次能源消费都在持续下降，2018年为近五年来的最低水平（图1）。

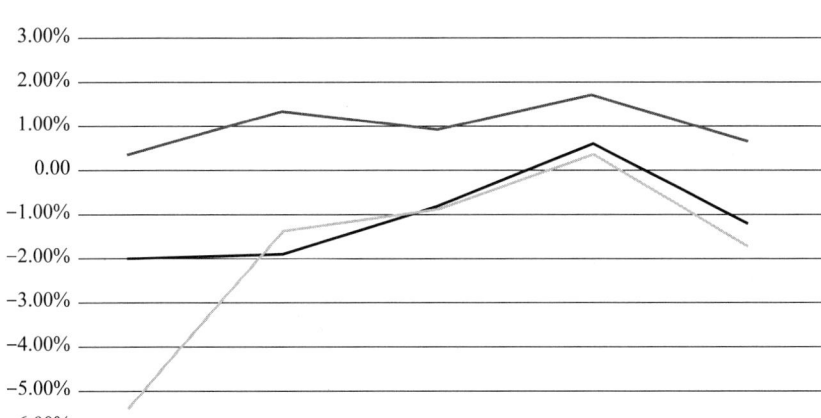

项目	2014年	2015年	2016年	2017年	2018年
——国内生产总值增长	0.37%	1.35%	0.94%	1.71%	0.70%
——一次能源消费增长	−2.00%	−1.90%	−0.80%	0.60%	−1.20%
——能源消费性系数	−5.41%	−1.41%	−0.85%	0.35%	−1.71%

图1 2014—2018年日本经济增长与能源消费

资料来源：日本能源经济研究所，2019年2月13日。

自2005年以来的14年，日本国内生产总值有3年（2008年、2009年和2011年）是负增长，其余11年虽然有高有低，但都是正增长，而同期日本一次能源消费总趋势是下降的，除个别年份外，基本都是负值。这就是说，2005年以来，日本经济在实现一定增长的同时，能源消费不但没有增长而且是下降的。因此，仅从能源消费与经济社会发展关系来看，从2005年以来，日本经济社会发展已经迈入了较为理想的状态，其经济发展质量已经非常之高。

从能源消费结构来看，日本也早已进入了较为理想的状态。2005年，日本能源消费结构为：石油第一，占46.55%；煤炭第二，占23.12%；天然气第三，13.92%；核能第四，占12.64%；水电第五，占3.77%。这也就是说，2005年，石油天然气合计已占日本一次能源消费的60.47%，早已超过了半壁江山。

2018年，日本一次能源消费结构中，石油第一，占39.12%；煤炭第二，占26.51%；天然气第三，占23.51%；可再生能源第四，占4.52%；水电第五，占4.02%；核能排名第六，仅为2.32%（图2）。

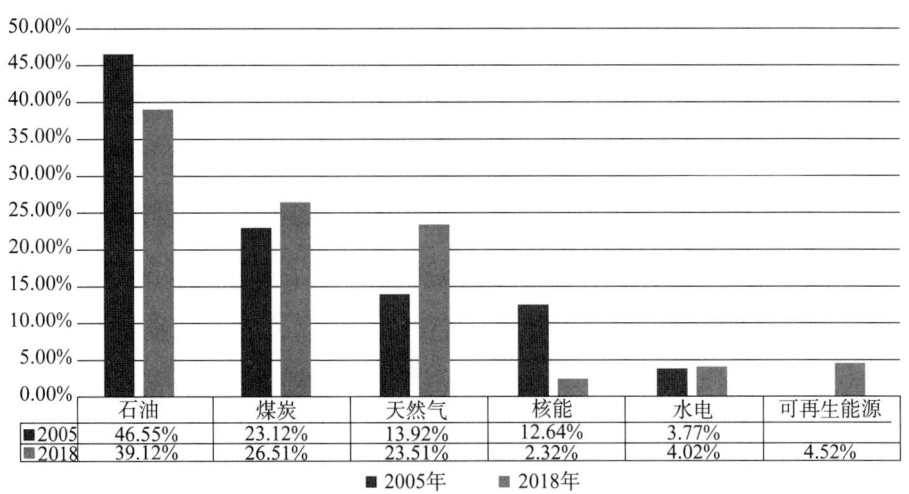

图 2 2005 年和 2018 年日本能源消费结构

资料来源：1. 2005 年日本能源消费结构，《世界能源统计评论》，英国石油公司，2006 年 6 月；
2. 2018 年日本能源消费结构，日本能源经济研究所，2019 年 2 月 13 日。

二、近年来日本核能利用的重大变故

日本是世界第三核电大国，仅次于美国和法国，高峰时核发电量曾占发电总量的 30%（图 3）。1963 年 10 月 26 日，日本第一台核电机组投入运行。至 2010 年，日本共有 54 座核反应堆，总装机容量为 47 吉瓦，核能占国家一次能源消费的 13.22%。

2018 年，日本一次能源消费结构中，核能所占比例之所以排名最后且仅为 2.32%，主要原因是，2011 年 3 月 11 日，日本东北太平洋地区发生里氏 9.0 级大地震，福岛第一和第二核电站受到严重的影响，其中福岛第一核电站的放射性物质泄漏到外部，被定为核事故最高分级 7 级，与切尔诺贝利核事故同级。为此，从 2013 年起，50 年来首次，日本关闭了全部核反应堆，进行强制安全检查和升级，2013 年 9 月至 2015 年 8 月核电在一次能源消费中所占的比例为零。

2015 年 8 月、10 月，日本鹿儿岛县的仙台 1 号和 2 号反应堆，首批重启投入运营。自此之后，日本核反应堆陆续重新启动。2018 年前，日本仅 4 座核反应堆投入运营。2018 年，日本有 5 座核反应堆投入运营。这样，截至目前，日本投入运营的核反应堆共有 9 座，总发电能力为 8.7 吉瓦。

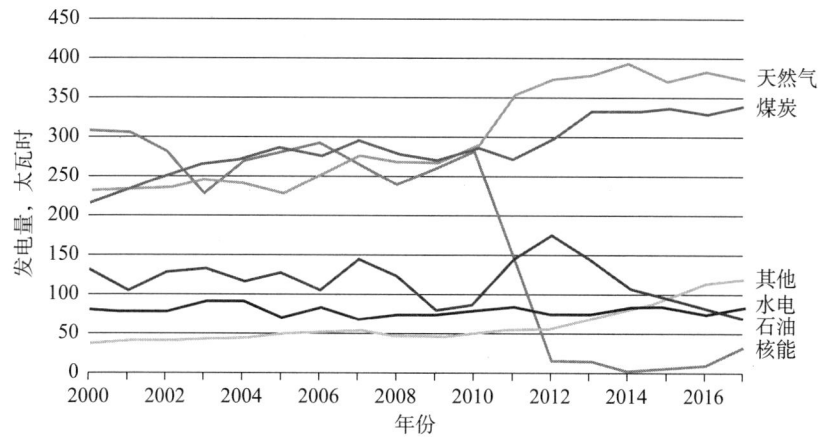

图 3　2000—2017 年日本发电燃料构成

资料来源：美国能源信息署，2019 年 3 月 4 日。

根据 2014 年 4 月批准的长期能源规划，2030 年日本核电要占全国总发电量的 20%~22%，为此届时需要 25~30 座核反应堆投入实际运营。福岛核事故后，日本有 20 座核反应堆永久退役。目前，日本共有 35 座核反应堆，其中 9 座在运营，6 座得到日本核监管局的初步批准，12 座仍在考察中，8 座仅仅完成重启的申请。

三、核电站关启对日本煤炭油气消费等的影响

2013 年 9 月至 2015 年 8 月，由于关闭了全部核电站，日本只能以煤炭、石油和天然气等化石燃料发电来替代核发电。2010 年，化石燃料发电占日本总发电量的比例为 62%，2015 年上升到 82%，2017 更是上升到 85.63%。

2002 年，日本国内停止开采煤炭，所需煤炭全部依赖进口，主要来源于澳大利亚。2011 年，日本煤炭的进口量为 1.93 亿短吨，2015 年增长到 2.1 亿短吨。从 2015 年开始，随着中国和印度煤炭进口量的快速攀升，日本下降为世界第三大煤炭进口国。福岛核事故之前，煤电占日本总发电量的 23%，2015 年增长到 31%，2017 年为 33%。日本政府计划，2030 年，煤电占总发电量的比例仍维持在 26% 的水平。

受核电站关闭的影响，天然气发电在所有化石化燃料中所占比例增长最快。2010 年，天然气发电占日本总发电量的比例为 30%，2015 年迅速上升到 42%，2017 年下降到 37%。日本政府计划，2030 年，液化天然气发电占日本总发电量的比例为 27%。

2011年大地震之前，由于运营成本高，设备老化和环保压力大，日本发电企业开始拆除燃油发电站。不过，随着核电站的关闭，日本部分燃油电站又投入使用。2010年，日本发电用的燃料油和原油消费量为17.5万桶/日，2012年上升到59万桶/日，占发电总量的比重为18%。随着油价的不断攀升和燃料替代，2015年日本发电用的石油消费量下降到27万桶/日，占发电总量的比重也下降到9%。

2011—2013年，由于发电用的煤炭、油气进口数量大幅度增长，加之这一期间石油价格的不断走高，日本发电企业每年增加300亿美元的费用，用于支付额外增加的进口化石燃料。

与此同时，由于这一期间日元对美元的贬值，石油价格不断上涨，使得日本的对外贸易形势不断恶化。三十多年来，日本一直是贸易顺差国，2010年贸易顺差高达650亿美元，但2014年日本出现了创纪录的1160亿美元（12.8万亿日元）贸易逆差。2014年下半年石油和天然气价格的下跌，加之随着核电站重启后进口化石燃料数量的下降，使得2015年日本的贸易逆差下降到220亿美元（2.8万亿日元）。

四、当前和未来日本液化天然气的消费和进口

日本是世界第一大液化天然气进口国，天然气的消费全部依赖进口且全部为液化天然气，2016年占世界液化天然气贸易量的32%。2016—2018年，日本液化天然气的进口量为日均110亿立方英尺。2018年，日本液化天然气的进口量为8280万吨，进口费用约为431亿美元，其中进口量比2017年下降了0.9%。

核反应堆重启后，需要近四年时间才能达到满负荷运营的状态。随着2015年8月第一台核反应堆的重启和核反应堆重启数量的不断增加，核发电在日本发电总量中的比例将不断上升，日本进口化石燃料的数量也将随之下降。2019年，日本液化天然气的进口量将减少500万吨，或7亿立方英尺/日，占2018年日本发电用天然气消费的10%，全年液化天然气进口量的6%。

日本液化天然气的进口来源非常广泛。最近两年里，从澳大利亚进口的液化天然气超过总进口量的1/3，澳大利亚取代了马来西亚和卡塔尔成为日本液化天然气最大的进口来源国。2016—2018年，来源于澳大利亚、马来西亚和卡塔尔的液化天然气，占日本进口总量的60%（图4）。

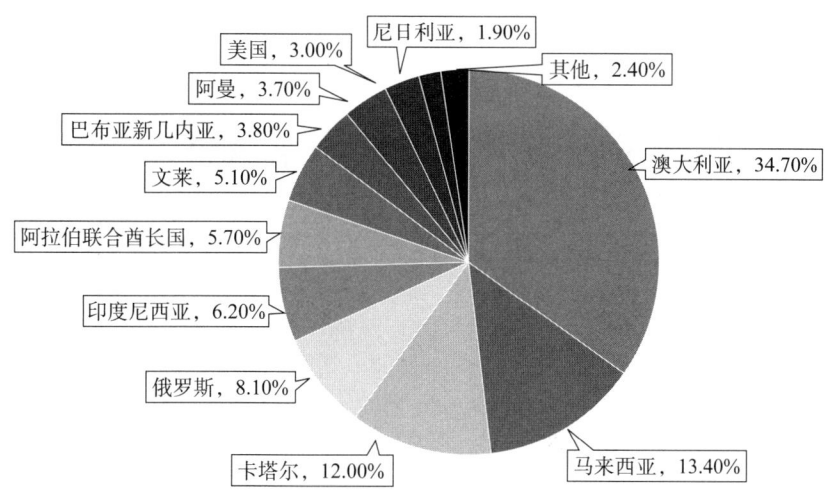

图 4　2018 年日本液化天然气进口来源

资料来源：美国能源信息署，2019 年 3 月 4 日。

目前，日本从美国进口的液化天然气仅占很小的比例，但 2018 年进口量从 2017 年的 1.6 亿立方英尺/日上升到 3 亿立方英尺/日。日本从美国进口的液化天然气，采用的是与美方自由港、卡梅伦和凹点液化天然气出口项目供应方签订长期协议的方式。事实上，日本绝大部分进口的液化天然气都是与外国供应商签订长期协议，而且这种长期协议在下一个 10 年可以展期。

近年来，中国天然气消费迅速增长，2018 年天然气消费增长速度高达 17.7%，其中液化天然气进口的增长速度高达令人称奇的 41.2%。2018 年中国 9039 万吨进口的天然气中，5378 万吨是液化天然气。初步计算，只要液化天然气进口的增量达到 2500 万吨，中国就将超越日本成为世界第一大液化天然气进口国。随着日本核电站重启数量的增加和进口液化天然气数量的下降，即使 2019 年实现不了这个目标，2020 年实现这个目标的可能性将非常大。因此，2020 年，作为世界第一大天然气进口国，中国将很有可能再次超越日本成为世界第一大液化天然气进口国，届时中国将会成为双料的世界第一大天然气和液化天然气进口国。

本文撰写于 2019 年 3 月中旬

日本是世界第三大煤炭进口国

作为世界第三大经济体，2018年，日本排名中国、美国、印度和俄罗斯之后，是世界第五大能源消费国。与一般人印象中不同的是，作为世界上公认的发达国家，日本的能源消费不但依赖三大传统化石能源，还高度依赖煤炭。

依据新近出版的英国石油公司2019年版《世界能源统计评论》和美国能源信息署等资料，本文将简要介绍日本的一次能源消费和煤炭进口等方面的情况，以使对日本的能源消费有更全面的了解。

一、持续走低的日本一次能源消费

根据2019年版《世界能源统计评论》的数据，2018年，日本一次能源消费总量为4.541亿吨油当量，排名世界第五。与2017年相比，2018年日本一次能源消费下降1.1亿吨油当量，同比下降0.24%。

日本的能源消费峰值是2005年达到的，为5.309亿吨油当量，自此之后直至2018年都没有超过这一水平，2016年下降到近年来的最低水平，为4.508亿吨油当量，2017年和2018年有所反弹。

2018年，日本的一次能源消费中，石油第一，占比40.17%；煤炭第二，占比25.88%；天然气第三，占比21.91%；可再生能源第四，占比5.58%；水电第五，占比4.02%；核能排名最后，仅占比2.44%。这样，由石油、煤炭、天然气、水电和核能构成的传统能源，占日本一次能源消费的94.42%。因此，今天的日本能源消费不仅基本依赖传统能源，更严重依赖石油、煤炭和天然气三大传统化石能源，三大传统化石能源占比87.96%（图1）。

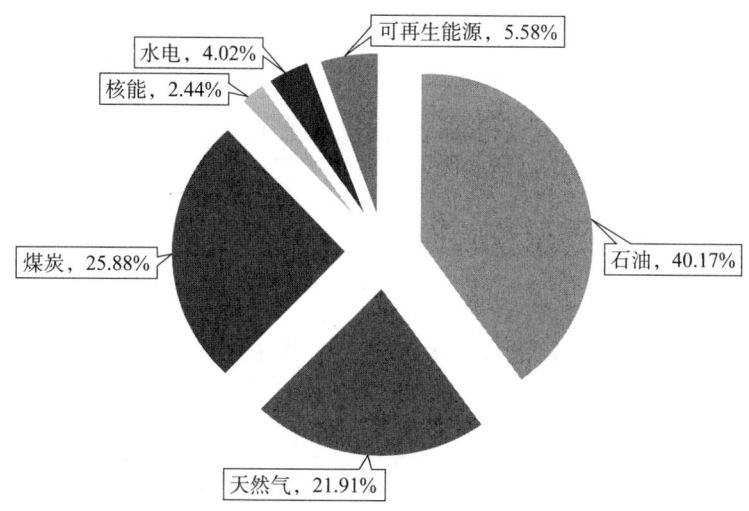

图 1 2018 年日本一次能源消费构成

资料来源：英国石油公司，《世界能源统计评论》，2019 年 6 月。

今天的日本一次能源消费之所以出现如此的结构，主要是受 2011 年 3 月 11 日大地震的影响。2011 年 3 月 11 日，日本东北太平洋地区发生里氏 9.0 级大地震，福岛第一核电站的放射性物质泄漏。为此，从 2013 年起，日本关闭了全部核反应堆，进行强制安全检查和升级，2013 年 9 月至 2015 年 8 月核电在一次能源消费中所占的比例为零。从 2015 年 8 月到目前为止，日本仅 9 座核反应堆投入运营，总发电能力为 8.7 吉瓦。

因此，一般来说，将 2010 年视为日本能源消费最正常的一年。2010 年，日本一次能源消费总量为 5 亿吨油当量，其中，石油第一，占比 40.25%；煤炭第二，占比 24.7%；天然气第三，占比 16.99%；核能第四，占比 13.22%；水电第五，占比 3.82%；可再生能源最后，占比仅为 1.02%。

二、2018 年日本的煤炭消费和进口

日本的煤炭消费峰值是 2013 年达到的，按折算成油当量后的数字，为 1.212 亿吨油当量，自此之后至今，一直都低于这个数字，且逐渐走低，2018 年创出了煤炭消费的新低，为 1.175 亿吨油当量。

由于国内煤炭生产基本全部关闭，日本消费的煤炭几乎全部依赖进口，进口动力煤满足发电需求，进口冶金煤用以生产粗钢，2000—2017 年日本煤炭进口量如图

2所示。2018年，日本进口了2.1亿短吨煤炭（约1.9亿公吨，1公吨等于1.1023短吨），排名中国和印度之后，位列世界第三大煤炭进口国。根据2019年版《世界能源统计评论》的数据，2018年中国进口了1.465亿吨油当量的煤炭，印度进口了1.417亿吨油当量的煤炭。

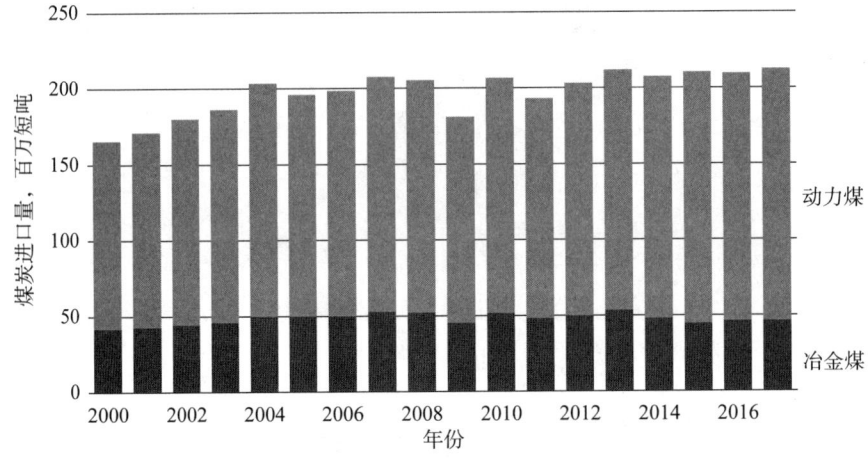

图2　2000—2017年日本煤炭进口量

资料来源：美国能源信息署，2019年6月14日。

澳大利亚是日本主要的煤炭进口来源国，2018年向日本出口了1.28亿短吨的煤炭，占日本当年煤炭需求的61%。同年，印度尼西亚向日本出口了3200万短吨煤炭，俄罗斯为2100万短吨，美国为1300万短吨，加拿大为960万短吨，四国合计占日本煤炭进口的35%（图3）。

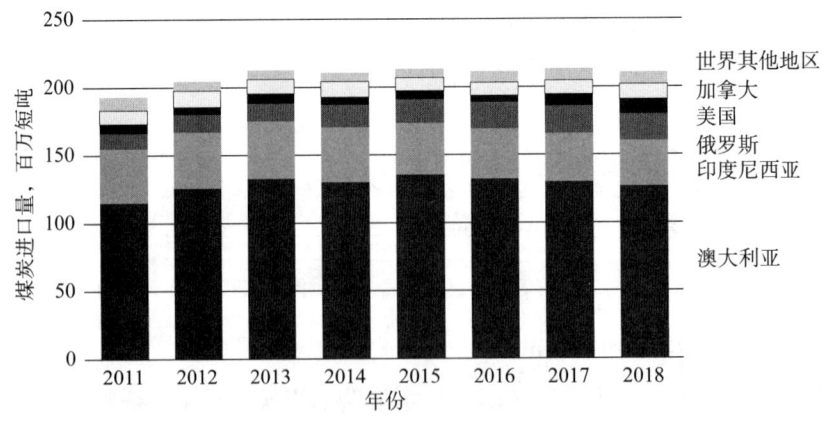

图3　2011—2018年日本煤炭进口量

资料来源：美国能源信息署，2019年6月14日。

2018 年，美国对日本出口动力煤增长了 20%，截至 2019 年 3 月的出口量比 2018 年全年增长了 38%。

依据 2019 年版《世界能源统计评论》，2018 年日本的总发电量为 1051.6 太瓦时，其中天然气是最大的发电用能源，占比 36.76%；煤炭第二，占比 33.02%；可再生能源第三，占比 10.66%（图 4）。因此，燃煤发电约占日本总发电量的 1/3。

2018 年，日本 90 座以上的燃煤电厂共生产了 3170 亿千瓦时的电力。燃煤所生产的电力，在日本 2018 年发电量中所占的比例，创出了 2011 年福岛核事故以来的新高。2010 年，燃煤发电占日本总发电量的 25%，核电占 29%（图 5）。

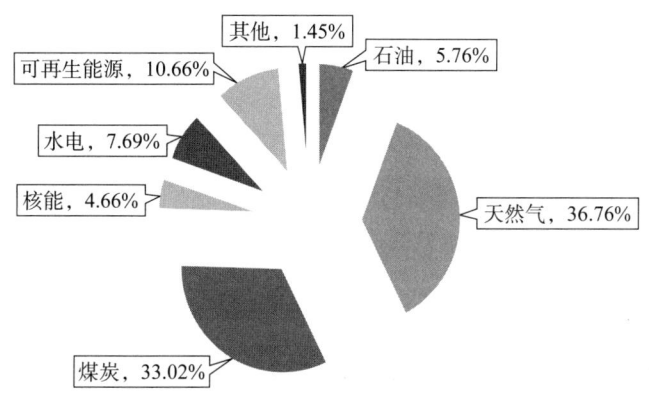

图 4　2018 年日本发电用能源构成

资料来源：英国石油公司，《世界能源统计评论》，2019 年 6 月。

2011 年之前，日本经济产业省计划，2030 年减少燃煤发电的一半以上，由核电替代减少的燃煤发电，核电届时占日本总发电量的 50%。然而，由于福岛核事故和随后核电站的陆续关闭，目前日本经济产业省的设想是到 2030 年核电占比 20%~22%，可再生能源占比 22%~24%，煤电占比 26%，天然气发电占比 27%。

未来 10 年，日本发电企业计划建设 20 千兆瓦燃煤发电能力。不过，这一计划到底能实现多少，取决于有多少个关闭的核电站会重启和电力市场非煤竞争者能占有多少发电市场份额。

日本政府承诺，2030 年二氧化碳排放量将减少 26%。因此，发电企业新建燃煤电站，将面临日本政府环境政策的压力，取决于日本二氧化碳减排具体实施的努力程度。此外，与人口中心的距离，也决定新建的燃煤电站能否开工建设。

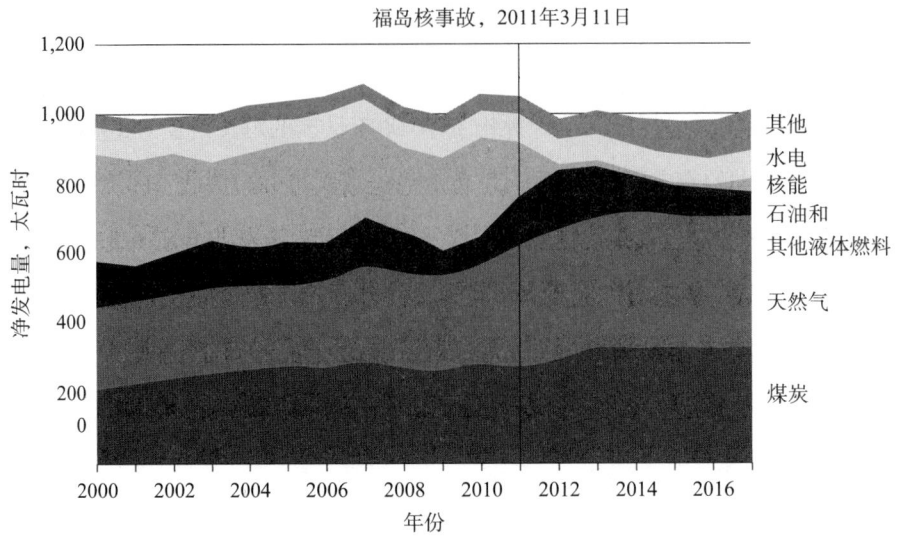

图 5　2000—2017 年日本净发电量

资料来源：美国能源信息署，2019 年 6 月 14 日。

当前，日本政府鼓励发展更加高效的燃煤技术，如超超临界燃煤电厂，以满足环保的需要。超超临界燃煤电厂的二氧化碳排放，比传统的燃煤电厂要少得多，但仍是天然气发电排放的近两倍。

日本经济产业省目前计划，到 2030 年燃煤发电量中的 50% 来源于超超临界燃煤电厂。为此，日本的投资者正大力投资高效燃煤发电，而不再投资传统设计的燃煤电厂。

本文撰写于 2019 年 7 月下旬

澳大利亚正在成为世界最大的液化天然气出口国

位于南半球的澳大利亚虽然是人口小国，但却是资源大国，从铁矿砂到牛奶、羊毛等农产品，都是其重要的出口商品，其中煤炭、天然气等能源产品，更是澳大利亚出口商品的大头，在澳大利亚对外贸易、经济社会发展和国际市场中发挥越来越重要的作用。

依据澳大利亚工业、创新和科技部及英国石油公司、美国能源信息署等有关机构的数据，本文将简要介绍澳大利亚能源行业，尤其是液化天然气生产和出口方面的情况，以便对这个较为典型的资源出口型国家有更深入和全面的了解。

一、资源和能源行业与澳大利亚的经济发展

根据 2019 年 3 月澳大利亚官方公布的数据，2018 年澳大利亚经济增长 2.7%，国内生产总值（GDP）为 18970.45 亿澳元，按照平均汇率折合，约为 1.4322 万亿美元，居世界第 13 位，人口约为 2486 万，人均国内生产总值为 56261 美元。

作为发达的工业化国家，服务业和国内消费支撑了澳大利亚的经济发展，2017—2018 年度服务业占国内生产总值的 61%，但资源和能源行业在澳大利亚国民经济中占有十分重要的地位，澳大利亚经济具有明显的"资源出口型"特征，财政和国际贸易平衡很大程度上取决于矿业、能源等资源产业的出口。

根据 2019 年 6 月澳大利亚工业、创新和科技部发布的《资源和能源季报》，由铁矿砂、煤炭、石油和天然气等构成的资源及能源行业，占 2018 年澳大利亚国内生产总值的 8.8%，货物出口的 73%，货物和服务出口的 58%，贡献了截至 2019 年 3 月当季澳大利亚国内生产总值增长的 13%，截至 2019 年 5 月雇佣员工人数超过 24.7 万人。

自从 2016—2017 年度资源和能源商品的出口货值超过 2000 亿澳元后（图 1），

近年来，澳大利亚资源和能源商品出口规模和价值都在不断增长，2017—2018 年度为 2280.27 亿澳元，2018—2019 年度更是上升到 2780 亿澳元。

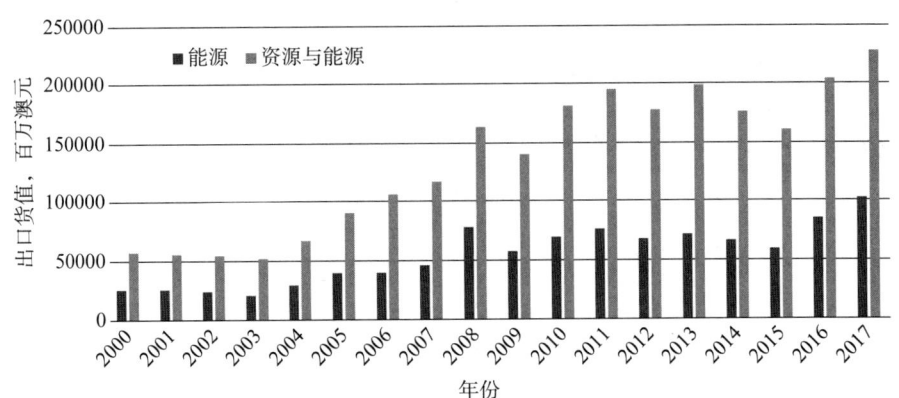

图 1　2000 年以来澳大利亚资源与能源出口货值

资料来源：澳大利亚工业、创新和科技部，《资源和能源季报》，2019 年 6 月。

澳大利亚工业、创新和科技部预测，2019—2020 年度，资源和能源商品出口将再创纪录，比 2018—2019 年度增长 3.4%，达到 2850 亿澳元。

正因为有如此的经济结构，澳大利亚经济发展对国际贸易的依赖较为严重，以 2002 财政年度为例，外贸总额为 2403.93 亿澳元，占当年国内生产总值的 34.5%。在这其中，资源和能源商品的出口，起到了决定性的作用。从统计数据看，2008 年全球金融危机以来，资源和能源出口收入的波动，与澳大利亚名义 GDP 的波动存在极大的相关性（图 2）。

图 2　澳大利亚名义 GDP 与资源和能源商品出口收入波动

资料来源：澳大利亚工业、创新和科技部，《资源和能源季报》，2019 年 6 月。

二、拥有丰富的能源资源但生产和消费都高度依赖国际市场

澳大利亚拥有丰富的能源资源，煤炭资源尤为丰富，能源消费几乎全部依赖的传统化石能源，无论是能源生产还是消费都高度依赖国际能源市场。

2019年1月1日，澳大利亚剩余探明煤炭资源储量为1474.35亿吨，排名美国、俄罗斯之后，位居世界第三，排名中国之前，占世界煤炭资源总储量的14%。同期，澳大利亚天然气剩余探明储量为2.4万亿立方米，石油剩余探明储量为40亿桶。

澳大利亚是煤炭和天然气的净出口国。2018年，澳大利亚煤炭产量为4.855亿吨，出口量为2.494亿吨，产量的一半以上用于出口，是世界第一大煤炭出口国；天然气的产量为1301亿立方米，出口量约为919亿立方米，70%以上的天然气用于出口。

2018年度，澳大利亚冶金煤三大出口国分别为：印度，25%；中国，22%；日本，20%。动力煤三大出口国分别为：日本，39%；中国，24%；韩国，15%。液化天然气三大出口国分别为：日本，39.1%；中国，32.1%；韩国，10.8%（表1）。

表1 2018年澳大利亚液化天然气出口目的地

单位：10亿立方米

国家	数量
日本	39.1
中国	32.1
韩国	10.8
中国台湾	3.5
新加坡	2.8
印度	2.0
马来西亚	1.2
阿拉伯联合酋长国	0.2
巴基斯坦	0.1
泰国	0.1
合计	91.9

资料来源：英国石油公司，《世界能源统计评论》，2019年6月。

2018年澳大利亚的石油消费量为5110万吨，石油产量仅为1520万吨，石油净进口量为3590万吨，即70%以上的石油消费依赖进口。但是，事实上，澳大利

亚既出口同时也进口原油和成品油，加之国内炼油能力不足，只能依靠国际市场进行资源配置。其中，2018年澳大利亚原油和凝析油的产量为28.6万桶/日，出口的数量为22.5万桶/日，进口量高达38.6万桶/日；104万桶/日的成品油消费量中，64.5万桶/日来源于进口，比例高达62.02%。

2019年8月19日，澳大利亚公共政策智库澳大利亚研究所发布报告称，根据化石燃料二氧化碳排放量来衡量，澳大利亚仅次于俄罗斯和沙特阿拉伯，是世界第三大化石燃料的出口国。

2018年，澳大利亚一次能源消费总量为1.443亿吨油当量，其中石油占比第一，为36.94%；煤炭占比第二，为30.7%；天然气占比第三，为24.67%。三者合计，为92.31%，这就是说，澳大利亚的一次能源消费几乎全部依赖传统化石能源。

三、正在向世界最大的液化天然气出口国迈进

从全年数据看，2018年世界最大的液化天然气出口国是卡塔尔，当年液化天然气的出口量为1048亿立方米，占全球4310亿立方米液化天然气出口总量的24.3%，澳大利亚排名第二，马来西亚排名第三，两国液化天然气的出口量分别为919亿立方米和330亿立方米（图3）。

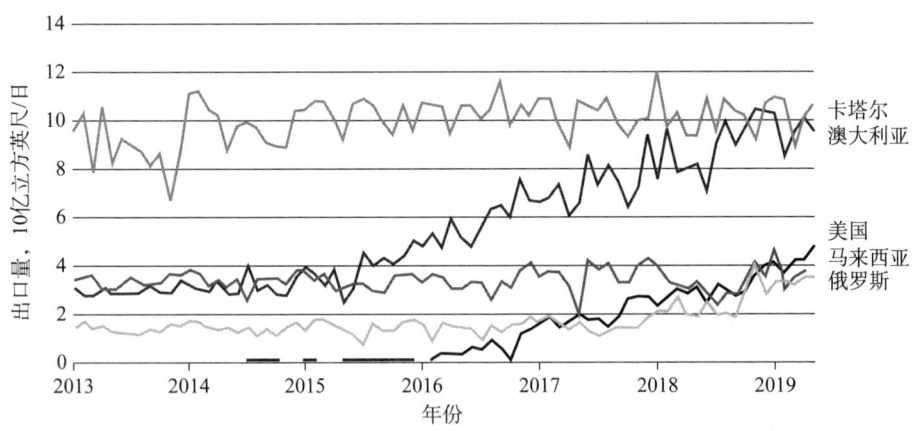

图3　2013年1月至2019年5月有关国家液化天然气出口
资料来源：澳大利亚工业、创新和科技部，《资源和能源季报》，2019年6月。

根据澳大利亚工业、创新和科技部的数据，澳大利亚正在超越卡塔尔，成为世界最大的液化天然气出口国。2018年11月和2019年4月，澳大利亚在液化天然气出口能力和出口量上，都已超越了卡塔尔。2020年，随着正在建设的新项目投产并进入满负荷运营状态，美国能源信息署预计，澳大利亚液化天然气出口将常年超过卡塔尔。

2011年至2019年，澳大利亚液化天然气出口能力从26亿立方英尺/日，增长到超过114亿立方英尺/日（图4）。澳大利亚工业、创新和科技部预测，随着惠特斯通、伊希提斯和普莱里德浮式液化天然气项目的投产和满负荷生产，2020—2021年澳大利亚液化天然气出口能力将增长到108亿立方英尺/日。

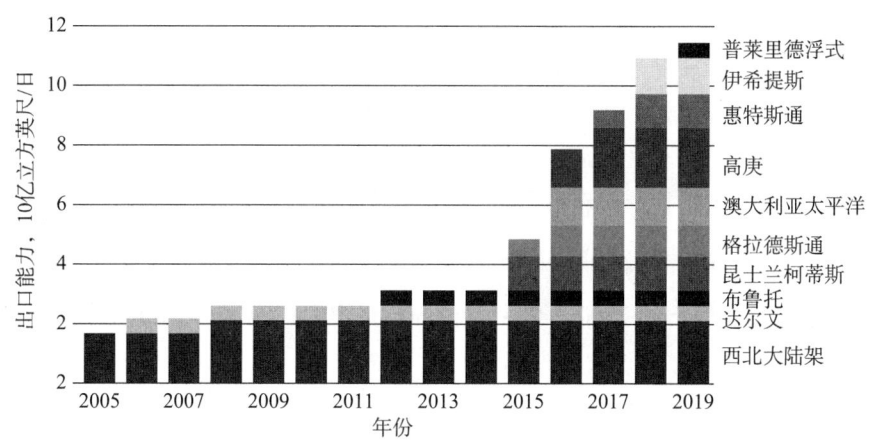

图4　2005—2019年澳大利亚各液化天然气项目出口能力

资料来源：美国能源信息署，2019年8月12日。

2012年开始，澳大利亚西北大陆架建设了5个液化天然气出口项目，陆上的项目有布鲁托、高庚、惠特斯通和伊希提斯，海上的项目就是普莱里德浮式液化天然气项目。普莱里德浮式液化天然气项目，位于澳大利亚西北大陆架的海上，是2012—2018年澳大利亚8个新建液化天然气出口项目中的最新一个。目前，澳大利亚西北地区液化天然气总的出口能力为81亿立方英尺/日。

2015年至2016年，在澳大利亚东部的昆士兰柯蒂斯岛上，建设了昆士兰柯蒂斯、格拉德斯通和澳大利亚太平洋3个液化天然气出口项目，总的能力为34亿立方英尺/日。澳大利亚东部的3个项目，都使用煤层气作为原料生产液化天然气。

目前，澳大利亚共有 10 个液化天然气出口项目，已有和正在建设的能力合计为 8760 万吨，出口规模可以达到 8800 万吨 / 年（图 5）。

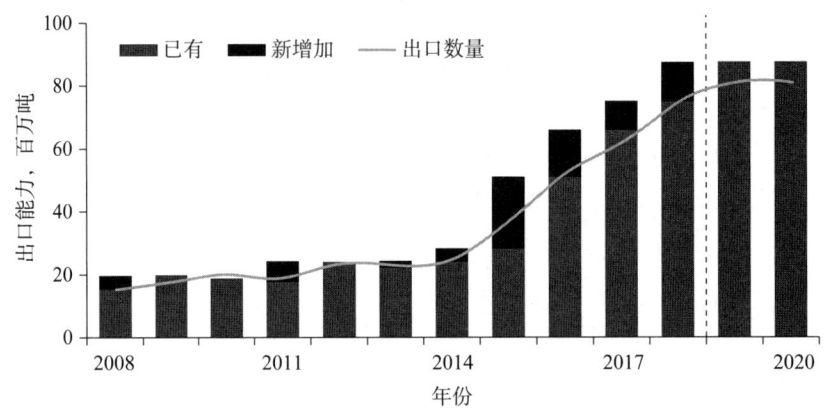

图 5　2008—2021 年澳大利亚液化天然气出口能力
资料来源：澳大利亚工业、创新和科技部，《资源和能源季报》，2019 年 6 月。

根据澳大利亚工业、创新和科技部的官方统计数据，2018 年澳大利亚出口了 7000 万吨液化天然气，比 2017 年增长了 22%。2018—2019 年度，澳大利亚的液化天然气出口数量将增长到 7500 万吨，价值 500 亿澳元；2020—2021 年出口数量将增加到 8100 万吨。

澳大利亚液化天然气出口到世界上十多个国家和地区，包括中东的阿拉伯联合酋长国，其中的绝大部分是根据长期合同出口到 3 个国家：日本、中国和韩国（图 6）。近年来，澳大利亚液化天然气出口中越来越多的份额被运往中国，以满足中国日益增长的天然气需求。其余数量几乎全部出口到亚洲其他国家，偶尔也有少量出口到亚洲以外的目的地。

在亚洲市场销售的液化天然气，绝大部分都是长期合同，部分合同期限超过 20 年，绝大部分与油价挂钩，澳大利亚出口的绝大部分液化天然气价格也是与油价挂钩的。2014 年 6 月至 2019 年 6 月亚洲液化天然气合同与现货月度价格，如图 7 所示。

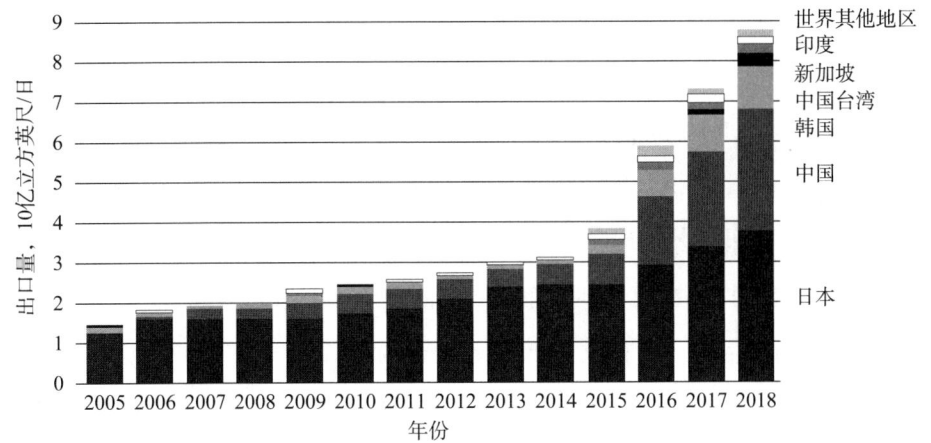

图 6　2005—2018 年澳大利亚液化天然气出口目的地
资料来源：美国能源信息署，2019 年 8 月 12 日。

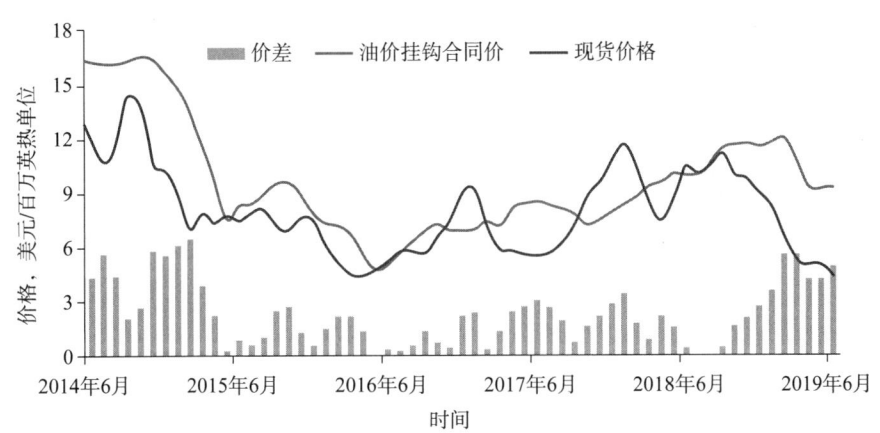

图 7　2014 年 6 月至 2019 年 6 月亚洲液化天然气合同与现货月度价格
资料来源：澳大利亚工业、创新和科技部，资源和能源季报，2019 年 6 月。

2018 年年底开始，国际市场液化天然气现货价格大幅度下降，即便是在 2018—2019 年北半球冬季的时候也是如此，主要原因是美国、澳大利亚和俄罗斯液化天然气出口能力的不断扩大，而作为世界第一和第三买家的日本、韩国进口量即下降了。在此背景下，预计未来国际市场液化天然气现货价格仍将维持在低位，其中亚洲市场液化天然气现货价格将在 2018 年平均 9.8 美元/百万英热单位的基础上，2019 年将下降到 5.7 美元，2020 年为 6.8 美元。

作为高度市场化的国家,澳大利亚虽然大规模出口液化天然气,但近几年东部各州的天然气市场一直在经历短缺和价格上涨,原因是昆士兰州一些液化天然气出口设施的煤层气产量未能满足液化天然气出口的承诺。在短缺期间,项目开发商一直使用从国内市场购买的天然气来补充自己的产量。为此,澳大利亚政府实施了几项举措,以缓解东部各州国内天然气供应的短缺问题。

几家私营公司提议在澳大利亚东南部开发液化天然气进口码头。在规划的 5 个液化天然气进口项目中,肯布拉港液化天然气接收项目(规划的进口能力为 30 亿立方英尺 / 日)处于最领先的阶段,已获得必要的选址许可,并与澳大利亚客户签订了一份承购合同。如果建成,肯布拉港项目将从 2021 年 1 月,使用挪威浮式液化天然气巨头霍格公司的"霍格加伦"号浮式存储和再气化装置投入生产。

本文撰写于 2019 年 8 月底

苏联能源工业的发展现状及前景

近年来,国际上一些有影响的报刊和能源问题专家不断发表文章,探讨苏联的能源、尤其是石油问题,美国中央情报局之类的情报机构也一直非常重视苏联的能源问题。苏联的能源问题之所以引人注目是由于其对苏联本身和在国际上的巨大影响决定的。本文想就苏联能源基本情况、能源发展前景及对内对外影响和中国与苏联能源合作等问题谈几点看法。

一、苏联能源工业的基本情况及特点

苏联是当今世界的能源资源大国和产量大国。1989 年,苏联能源总产量约为 23 亿吨标准燃料,居世界第一位,其能源产量是中国同期能源产量的 2.3 倍。从各行业看,苏联的能源生产则更加引人注目:

(一) 苏联是世界上第七大石油资源大国,但其石油产量则居世界首位,出口量居世界第二

据美国《油气杂志》统计,1991 年 1 月 1 日,苏联探明石油储量为 570 亿桶,位于沙特阿拉伯、伊拉克、阿拉伯联合酋长国、科威特、伊朗和委内瑞拉之后,居世界第七位,占世界探明石油储量的 5.7%。自 1974 年以来,苏联石油产量超过美国一直居世界首位。1990 年,苏联石油日产量为 1150 万桶,占同年世界石油日产量的 19.06%,是欧佩克最大产油国沙特阿拉伯和非欧佩克第二大产油国美国石油产量之和的 85.6%。更为重要的是,苏联是仅次于沙特阿拉伯的世界第二大石油出口国,其石油出口量在国际石油贸易中占很大的份额。1989 年,苏联每天出口石油 390 万桶,占国际石油贸易量的 1/8,是中国同年石油产量的 1.4 倍。

(二)苏联是世界上天然气储量和产量最大的国家

据《油气杂志》统计,1991年1月1日,苏联天然气探明储量为1600万亿立方英尺,居世界首位,占全世界天然气探明储量的38%;1989年苏联天然气产量达7600亿立方米。苏联天然气出口约占世界天然气贸易量的1/3,1989年达800亿立方米,在其国内能源出口中占1/4以上。

(三)苏联煤炭储量居世界首位

苏联的煤炭储量为110兆亿吨,占世界煤炭总储量的45%,1989年苏联煤炭产量达7.40亿吨,是仅次于中国的世界第二大煤炭生产大国。

(四)苏联核能较为发达,已形成一套自立于国内的从科研、设计、制造到施工的核工业体系

从1954年建立世界第一座5000千瓦核电站起,到1990年底,苏联运行的核电站达59座,核电装机容量为4100万千瓦,占其国内电站装机容量的13%。1987年,苏联核发电量达1870亿度,仅次于美国和法国,居世界第三位。三十多年来,苏联一直执行一条立足于国内的核能发展方针,其核燃料工业、核动力制造业、特种合金、建筑工业以及为保证核电站安全运行而服务的系统力量雄厚,每年至少能制造8个100万千瓦的压力堆核电站设备。

苏联能源工业的特点是发展迅速,能源消费结构合理。苏联之所以拥有当今世界令人瞩目的能源工业,是经过几十年艰苦努力得来的。1960年苏联能源产量仅为每天1025万桶石油当量,而1980年则上升到2758万桶石油当量,20年间增长了1.7倍,年均增长速度达5.1%,同期苏联年均国民生产总值增长率为4.15%,能源弹性系数为1.23。这就是说,在这20年间,苏联能源工业以超过国民生产总值的速度发展,从而形成了一个强大的能源工业。此外,约在1970年前后,在苏联的能源消费构成中,包括天然气在内的液气体能源所占的比例就已超过了以煤为主的固体燃料,实现了能源的优化组合。1989年在苏联的能源消费构成中,煤只占18%左右,而天然气却占1/3以上,这种能源消费构成在发达资本主义国家都是很少见的。天然气成为苏联的主要能源来源,这说明苏联在寻找优质、污染少的能源方面,已在当今世界上迈出了领先的一步。

苏联能源工业之所以具有上述特点,是由下列一些政策决定的:

（1）以重工业为重点的国内经济发展政策，使苏联的能源工业发展迅速。从 1917 年十月革命成功后，苏联基本上一直执行以重工业为重点的经济发展政策。虽然这种政策导致了今日苏联所面临的一系列问题，但是值得肯定的是，苏联能源工业却由此而迅速发展起来了。以石油工业为例，由于从第五个五年计划（1951—1955 年）开始，苏联采取优先发展石油工业的方针，在 1960—1980 年的 20 年间，苏联的石油产量由 1.479 亿吨上升到 6.032 亿吨，年均增长率为 25.4%，从而使苏联石油工业一跃成为世界第一。

（2）重视对能源行业的投入。苏联不但重视能源工业，而且还将有关政策落到实处。1976—1980 年间，苏联全部投资增长了 3.3%，但能源行业的投资却增长了 6.8%；1985 年，苏联全部投资增长了 3%，能源行业的投资则增长 5.4%。在过去的 15 年里，苏联能源工业吸收了全部投资的 70%。石油工业的投资具有代表性。1966—1985 年用于发展油气工业的投资总额超过 1500 亿卢布，其中仅 1981—1985 年间就投入了 662 亿卢布；1970 年全国工业投资中石油工业占 8.8%，而 1981—1985 年则上升到 22%。目前，在苏联国民经济各部门中，石油工业的投资仅次于机器制造业，居第二位。

（3）能源发展政策具有战略眼光，核能和天然气开发和应用工作重视早，成效大。第二次世界大战中的 1942 年 12 月，美国科学家在芝加哥大学建成了世界上第一座核反应堆，但在世界上第一个建成核电站的却是苏联。1954 年，苏联在奥布宁斯克建成了装机容量为 5000 千瓦的世界上第一座核电站。从此以后，世界范围内大规模使用核电才提上了日程。20 世纪 70 年代，考虑到国内 90% 的矿物燃料和 80% 的水力资源集中在东部，而人口的大部分和对能源的需求则主要集中在西部的地域不平衡，苏联决定大力发展核电，欧洲部分只建核电站而不再发展烧矿物燃料的电站。由此，苏联核电发展迅速，1979—1987 年的 8 年间，苏联核电站装机容量增加了 2100 万千瓦以上，由占各类电站装机总容量的 4.7% 上升到 9.6%，使苏联迅速成为世界第三大核电大国。此外，在 20 世纪 50 年代末，当中东和其他产油国和地区还在将大量天然气白白放空烧掉的时候，苏联已开始重视天然气的回收利用工作，并专门成立了天然气工业部，天然气的开发利用由此获得了巨大的发展。1960—1982 年的 22 年间，天然气产量以年均 11.5% 的高速度增长，并年年超额完成任务，从而使天然气成为苏联的主要能源来源。苏联较早地重视天然气和核能，使国内各种能源获得了较合理的开发，国内能源消费结构趋向合理，并由此走上了能源大国的道路。

二、90年代苏联石油生产形势严峻，但总的能源形势不会出现大的问题

自1988年开始，苏联石油生产下降，不能完成国家计划，日产量比1987年下降1万桶，1989年又比1988年少产油1300万吨，比上年减产2.6%。同年，苏联的煤炭产量也开始下降，产煤量比上一年减少3000万吨。但1989年苏联天然气超额完成计划，产量达7960亿立方米。这样，1989年苏联能源生产只少完成任务的1.8%，少向消费者提供9.48亿卢布的产品，国内没有出现大的能源危机。种种材料表明，90年代苏联石油生产形势严峻，但同时由于天然气产量将大幅度上升，总的能源形势不会恶化。

（一）90年代苏联石油生产将日益严峻，产量会有较大幅度的下降

（1）由于近年来执行的一条重开发、轻勘探的政策，苏联石油储量逐年减少，储产比已处于使石油产量逐渐下降的边缘。据美国《油气杂志》公布的数字，1988年1月1日苏联探明石油储量为590亿桶，而1989年1月1日下降到585亿桶，1990年1月1日下降到584亿桶，1991年1月1日又下降到570亿桶，但同期苏联累计产油177.135亿桶，这表明，1988—1991年间，苏联新增加的探明石油储量少于石油产量，石油生产在吃老本。1991年1月1日，苏联石油储量与产量之比由1970年的23年剧降到13年，低于15年这一石油地质学家公认的可维持产量或有增产潜力的储采比的水平。据苏联石油天然气工业部估计，全苏联石油产量1995年将下降到5.26亿吨，2005年将下降到5亿~5.2亿吨。

（2）各大主力油田普遍进入生产后期，而且生产活动正在逐步向地质和气候条件极其严酷的东部转移，因而扭转产量下降的趋势极为困难。苏联目前主要产油区有三个：高加索、伏尔加-乌拉尔和西西伯利亚。前两个产油区石油生产分别于1970年和1976年达到最高峰后都在下降。第三个产油区虽开发时间不长，产量占全苏联石油总产量的2/3，但该产油区石油产量已处于下降时期，而且再大幅度增产的

可能性不大，理由是：1）该油田的含水率虽未达到前两个油田80%的水平，但也达到75%，估计1995年将达80%左右；2）西西伯利亚自然条件恶劣，生产基建费用高，投资大，油田的勘探开发工作极为困难，而且苏联石油生产越往东移，上述困难将越大，油田开发工作将越来越慢；3）新发现的油田储量小，开采成本高。以西西伯利亚最大的油田秋明油田为例，自1970年以来所发现的储量只有1970年的1/27，日产量只有1970年的1/30，而且每增加1吨生产能力的成本由1970年的48卢布上升到1988年的88卢布和1990年的129卢布。开发这些油田需大量资金，据估计如果到1995年石油产量维持在6.1亿~6.2亿吨，就需投资860亿~890亿卢布，苏联财政赤字已接近4000亿卢布；另据1991年7月15日法国《费加罗报》称，苏联外债达650亿美元，而且石油投资已相当大，这样要再给石油业增加大量投资，是相当困难的。

（3）技术水平低、组织机构混乱和国内局势不稳将大大阻碍石油的开发活动。1）经过几十年的努力，苏联虽然建立了一套较完整的石油勘探、开发和运输体系，但一般认为，苏联的石油技术水平比西方落后20~30年左右，东部和深海的石油勘探开发工作不是苏联自己所能完全负担的，必然引进西方技术。西方虽对开发苏联的石油资源很感兴趣，而且有两百家左右的合资企业正在谈判中，但从石油行业的特点看，即使外国企业在20世纪90年代能大量涌入苏联，6~7年内也不会产生很大的效果，石油产量不会由此而大增。2）1989年苏联石油工业的组织机构有了较大幅度的变化，撤销了石油工业部，将该部和天然气工业部合并，成立了石油天然气工业部，下属各企业实行完全的经济核算和自筹资金，并大力精简机构。此举虽在一定程度上提高了劳动生产率，但由于诸多的关系没有理顺，使石油生产产生了不少混乱。苏联石油和天然气工业部第一副部长费拉诺夫斯基认为，1989年石油产量的下降，部分原因就是石油和天然气部的重组、削减工作人员等造成的。苏联石油工业组织机构再次进入顺序尚需一段时间。3）近年来，民族冲突、商品供应严重短缺和各加盟共和国的独立运动使苏联国内局势严重不稳，石油生产受到很大冲击。如阿塞拜疆穆斯林和基督教居民的冲突，使这个地区占全苏60%的石油和天然气设备的生产活动陷入停顿，从而使苏联各地区石油生产因缺少零配件而停工待料；而各共和国的独立运动，使欲与苏联合作开发石油的外国公司找不到合作的真正伙伴，大大阻碍了西方石油公司进入苏联的势头。美国前能源部长施莱辛格指出,上述事件将对苏联石油生产产生长期的、持久的影响。

(二)迅速发展的天然气、巨大的节能潜力和经济增长的不景气将一定程度地抵消石油减产造成的困难

(1)苏联天然气生产前景广阔,将部分地顶替石油产量的不足。人们普遍认为,天然气行业是苏联经济中为数不多的取得成功的行业之一。天然气正在成为苏联的过渡性燃料,它将把苏联经济由依赖石油的时代带向依赖煤炭—核能的下个世纪。根据苏联制定的未来20年"长期能源规划",原定到2000年全苏联天然气产量达1万亿立方米的计划将提前到1995年实现。据大卫·威尔逊在其《苏联的能源需求》一书中估计,90年代苏联的天然气产量将以2.4%的年均速度增长,未来10年里天然气将顶替其全部可替代的其他燃料。

(2)苏联节能潜力巨大,可通过节能挤压国内能源消费,从而减轻能源供求的压力。苏联的能源浪费极为严重,经济效益很低。据苏联对外经济委员会对外经济关系研究所的费明斯基教授估计,单位国民生产总值的能耗,苏联是先进工业化国家的3倍以上;西德《商报》1990年2月18日载文认为,苏联能源消费比主要工业化国家高40%~100%。这样,苏联有很多节能工作可做。据苏联统计局称,1989年苏联节约的能源达3亿吨标准燃料。根据1984年苏联政府制定的《苏联能源长远规划纲要》,在20年中苏联单位国民生产总值能耗要降低12%~17%,节约的能源要达5.4亿~5.8亿吨标准燃料。

(3)苏联经济近期内不会有较大的增长,国内能源需求的压力不会太大。由于戈尔巴乔夫实行改革而导致的国内一系列矛盾的激化,苏联国内局势极不稳定,国内经济建设受到严重影响,在20世纪90年代的一定时期内,苏联不会出现经济建设的高潮。苏联国内对能源需求不会太旺盛,从而可以缓解对能源供应的压力。

三、苏联石油生产困难将对国内经济形势、东欧和古巴、朝鲜的经济和政局及国际石油市场产生重大的影响

(一)苏联国内经济生活将面临严重困难

(1)硬通货收入减少,国际收支失衡。苏联能源产品的出口是其硬通货收入的

主要来源，其中石油出口占其硬通货收入的60%~75%。苏联石油减产造成的出口下降，必然带来硬通货收入的减少。1989年与1988年相比，苏联石油出口由1.442亿吨下降到1.273亿吨，减少了0.7%。按每桶18美元计算（即每吨131.4美元），1989年苏联石油出口收入就比1988年减少22.2亿美元。1990年头9个月，苏联石油出口又减少了1290万吨。硬通货收入的减少必然造成苏联的信用危机。据英国《经济学家》周刊1990年5月19日估计，苏联拖欠西方公司的货款达100亿美元左右。为此，日本4家公司中止了300亿日元的供货合同。目前，苏联外债已近750亿美元。日益严峻的石油生产形势，将大大干扰苏联未来对外经济活动的进行。

（2）国内生产、居民生活将受到危害，有可能加剧国内政治形势的不稳。作为经济运转的血液，石油减产必然会给其他生产领域和人民群众的生活带来重大的影响。据1990年1月15日的《金融时报》称，1989年冬天，西西伯利亚很多采油井，因得不到取暖用油，在零下50摄氏度的严寒中被迫关闭。据西德《商报》和美国《纽约时报》报道，由于严重缺乏汽油和柴油，1989年和1990年苏联农业生产受到重大损失。1990年，苏联农业出现了历史上少有的好收成，但由于上半年缺少17.6万吨汽油和61.6万吨柴油，全苏联农工综合体的5000辆汽车不能发动，很多庄稼因不能及时收割而烂在田里。1990年冬天，全苏联有40个大城市的热力供应存在10%~20%的缺口，为此苏联最高苏维埃在10月29日专门开会讨论本不该由它讨论的过冬能源问题。塔斯社指出，苏联议会之所以讨论这一问题，是害怕石油等能源减产造成的影响会使本来就很复杂的国家局势更加激化。

（二）东欧、古巴和朝鲜的经济和政局将蒙上阴影

（1）东欧转型困难重重。在1989年剧变前，东欧与苏联的政治、经济和军事关系，从某种程度上可以说，是苏联通过向它们提供廉价能源、尤其是石油来维持的。除罗马尼亚外，东欧国家基本上都完全依赖苏联的石油，如保加利亚从苏联进口88%的石油，捷克斯洛伐克为99%，波兰为93%，匈牙利为99%，东德为123%。其中东德不但100%的石油依赖苏联，而且还将从苏联进口的一部分石油再出口赚取硬通货。更为重要的是，苏联向东欧提供的石油是低于国际石油市场价格的一半并以卢布结算的。据《真理报》评论员叶夫根尼·沙什科夫称，1971—1980年间，苏联就是以这种方式向经济互助委员会6个东欧社会主义国家提供了755亿美元的

间接补贴；另据美国《华尔街日报》估计，如果东欧国家按国际市场价格购买苏联石油和天然气，苏联每年将多收入100亿美元以上。但是，近年来苏联的上述做法正在急剧发生变化。首先，由于石油减产，苏联已开始大幅度减少对东欧国家的石油供应。1986年，苏联向东欧国家提供4350万吨石油，1988年下降到3770万吨，1990年前9个月比计划削减30%；其次，从1991年开始，改变过去的售油结算方式，将按国际石油市场价格并以美元结算向东欧提供的石油。由于苏联政策的变化，处于经济、政治转型之中的东欧将雪上加霜。随着苏联石油供应的减少，东欧国家目前普遍面临能源危机，匈牙利由此发生了出租汽车司机反对汽油涨价的全国性示威活动。为了缓解国内能源紧张形势，东欧国家纷纷从欧佩克进口石油，1989年为每天75万桶，1990年估计将达每天125万桶。但极为不幸的是，海湾危机造成的油价上涨，使本来外汇储备极少的东欧国家负担沉重。据欧洲共同体委员会估计，海湾危机造成的油价上涨和其他影响，使东欧损失近140亿~180亿美元。这样，东欧国家如想顺利转型，必须花大力气解决能源供应问题。1990年12月14日欧洲共同体首脑会议提出在能源问题上向东欧提供帮助，以便这些国家渡过困难。

（2）古巴、朝鲜的经济发展和政治稳定面临严重威胁。除东欧外，古巴和朝鲜也严重依赖苏联的石油。古巴每年从苏联进口1300万吨左右的石油和石油制品，并将其中的200万吨用于国际石油市场上转售。朝鲜每年所需的950万吨的石油中，苏联提供的约为610万吨，其中约300万吨用于在国际石油市场上转售。因而，这两个国家的经济运转在很大程度上也是建立在苏联石油基础上的。但是，苏联目前对它们正在执行同东欧同样的政策。苏共国际部长法林公开宣布，苏联已减少对朝鲜提供石油，"本应用于出口的那600万吨石油不得不转用于苏联国内的农业上"。古巴党的机关报《格拉玛报》报道，1990年苏联将削减向古巴提供石油的20%。由于苏联减少石油供应，上述两国正面临严重的困难。古巴大量汽车停开，政府从国外进口70万辆自行车以解决国内交通问题。古巴全岛的停电次数不断增加，1990年5月间，晚8时到10时用电高峰期，完全停止向哈瓦那大片地区供电。8月29日古巴已基本上进入了原为对付全面军事封锁的"非常时期"，卡斯特罗号召全国人民起来"拯救革命，拯救古巴社会主义"。路透社新闻分析称，苏联减少向朝鲜提供石油，可能将起到一种削弱朝鲜经济的作用，朝鲜正面临着能源危机。特别需要指出的是，从 1991 年开始，古巴、朝鲜将不得不以硬通货并按国际市场价格向苏联购买石油，如何筹措这笔资金，对这两个国家来说将是一个巨大的难题。可以肯定地说，古巴、朝鲜未来的能源危机将越来越严重，苏联可能以石油为借口向它们施加政治上的压力，它们的政局稳定将取决于如何解决这场能源危机。

（三）国际石油市场将受到冲击

苏联是世界第二大石油出口国，其出口量的变动将直接影响国际石油市场的稳定和油价的涨落，如 1989 年 10 月 30 日和 31 日，欧洲现货市场布伦特原油价格在两天内涨价 1.1 美元，涨幅达 5.6%，其直接原因就是苏联政府宣布 1990 年将削减石油出口。90 年代，随着石油生产的下降，苏联的石油出口将不断减少。此外，为履行对一些国家承担的义务，近年来苏联从中东地区进口石油用来再出口。1987 年，苏联从阿尔及利亚、伊朗、伊拉克和利比亚进口 1373 万吨石油，1988 年上升到 1931 万吨，1989 年从中东每天进口的石油达 99.15 万桶。苏联驻伦敦使馆政治顾问加利辛认为，从长远看，苏联将越来越依赖中东的石油以进行再出口。这样，作为石油出口大国的苏联不断减少出口，并以一个石油进口国的身份进入中东，将对 90 年代的国际石油市场的稳定带来不可低估的影响。

四、苏联能源开发的经验和教训对中国很有启发，中国与苏联能源合作领域广泛、前景广阔

（一）优先发展能源工业的政策应落到实处，中国应大力增加对能源工业的投入

能源是中国国民经济发展的一条短腿，持续的能源供求紧张严重阻碍了中国国民经济的稳定协调发展，因而，如何摆脱中国能源生产困境，是一个重大的研究课题。从苏联的情况看，苏联能源工业迅速发展的主要原因，就是国家重视、投资倾斜政策落到实处。中国虽一直也重视发展能源工业，强调对能源行业实行倾斜性投资政策，但这一切并未落到实处，如"五五"期间，中国能源工业投资占全社会固定资产的投资比例为 20%，"六五"期间降到 16.6%，"七五"前 3 年又降到 14.1%。这样，中国能源工业发展后劲不足，亏损严重，煤炭行业 1989 年亏损六十多亿元，石油行业亏损四十多亿元。因而，要想使中国能源生产摆脱困境，就必须改变这种政策，国家应对能源工业高度重视，使能源工业的投资从目前的占全社会固定资产

投资的14%左右，逐步提高到20%~23%。

（二）应大力发展天然气工业，尽快发展核电，使中国能源消费结构有所改变

苏联能源政策具有战略眼光，核能和天然气抓得早，见效快，从而缓解了由于石油生产困难而造成的能源供求紧张局面。但是，多年来中国能源工业偏重于煤炭和石油，对核能和天然气重视不够，在能源消费结构中固体燃料所占的比例超过70%，而且在煤炭和石油生产面临困难时，无其他燃料来源能缓解能源供不应求的压力。这样，中国应大力发展天然气工业，将它作为能源工业中的一个重点行业来抓，并加紧在东部和东北部经济发达地区多建一些核电站，迅速赶上发达国家，使中国能源供求局面有一个大的改观。

（三）重视石油勘探工作，准备好充分的石油后备储量，解决好当前生产和长远生产的关系

苏联当前石油生产面临困难的主要原因，在于近年来苏联执行一条重开发、轻勘探的政策，石油探明储量逐年减少，石油生产吃老本，对产量要求太大，生产缺少后劲。从地质矿产部长朱训在1990年12月13日的《光明日报》上发表的文章看，中国石油生产正面临与苏联石油工业相类似的情况。由于油气勘查工作没有及早地得到加强，探明石油后备资源严重不足，储采比大幅度下降，以致石油年产量处于较缓慢增长的状态，大庆等主力油田都普遍进入了生产成熟期。为了避免出现与苏联石油生产同样的局面，国家可否考虑抓住当前经济调整的机遇，在节能节油上多下功夫，减轻石油工业上产量的压力，少追求些眼前利益，让石油工业集中力量进行勘探后备资源的工作，使石油工业具有长期发展的能力，适应中国未来经济发展的需要。

（四）利用地域优势，取苏联之长补中国所短，积极开展与苏联的能源合作

（1）苏联能源开发正在东移，与我边境接壤，尤其是与我东北部接壤的地区将成为苏联能源开发的重点地区，而中国这些地区，特别是东北部，是中国重工业集中的地区，能源需求大，中国应利用地理优势，可考虑用易货或其他方式从苏联上述地区进口能源，以缓解中国局部地区能源供不应求的局面。

此外，中国可利用大量闲置的地质勘探力量和石油生产能力，尤其是大庆等油田的技术和人力，参与苏联上述地区的能源开发。据报，日本和韩国有参与开发苏联远东地区能源资源的计划，中国可考虑与日本、韩国联手，利用它们的资金，发挥中国人力和技术特长，共同开发苏联远东的能源。

（2）苏联拥有一套完整的和较先进的核能技术，而发展核能是中国未来能源开发的目标之一，中国可考虑在引进西方先进核能技术较困难的情况下，引进苏联的核能技术，借以消化吸收，为中国自己的核能技术打下基础。

（3）苏联天然气勘探、开发、运输技术在当今世界是领先的，而中国的天然气开发工作则刚刚起步，中国应充分借鉴苏联在天然气开发方面的经验，为中国天然气工业的发展服务。

本文撰写于1990年底

俄罗斯油气政策的理想与理性

2019年6月6—8日,俄罗斯版达沃斯的第23届圣彼得堡国际经济论坛举行,世界主要石油生产国和国际大石油公司的高官们出席。置身论坛的现场,能源、尤其是石油天然气议题,似乎无所不在。

作为论坛主要组成部分,第二届中俄能源商务论坛同期举行,来自两国金融、能源界的约四百名代表出席,签署众多合作协议,中俄元首接见了参会代表。近3年来,俄罗斯都是中国最大的原油进口来源国,东线天然气管道正在紧张施工中。俄罗斯与中国的能源合作,经常成为媒体的头条。事实上,作为世界主要油气出口国,为应对内外环境的急剧变化,俄罗斯正积极调整油气政策,以有助于实现能源强国的战略,同时也利于国际油气市场的稳定。

一、拥有丰富的油气资源,国际油气市场两大巨头之一

2019年1月1日,俄罗斯拥有的剩余探明石油储量为1062亿桶,排名世界第六,占世界的6.1%。俄罗斯天然气资源更加丰富,剩余探明天然气储量为38.9万亿立方米,世界第一,占世界的19.8%。

除丰富的资源外,俄罗斯在国际油气市场中的地位,更多地体现在庞大的石油天然气产量和出口量。当今世界,只有美国能与俄罗斯比肩,俄美是国际油气市场两大巨头。

俄罗斯是世界第三大石油生产和第二大石油出口国。2007年,俄罗斯石油产量首次超过沙特阿拉伯,成为世界第一。此后,美国、俄罗斯和沙特阿拉伯作为三大石油生产国,不时更替世界第一的地位。2018年,美国成为世界第一大石油生产国,

俄罗斯排名第三,石油产量为 5.56 亿吨(图 1)。

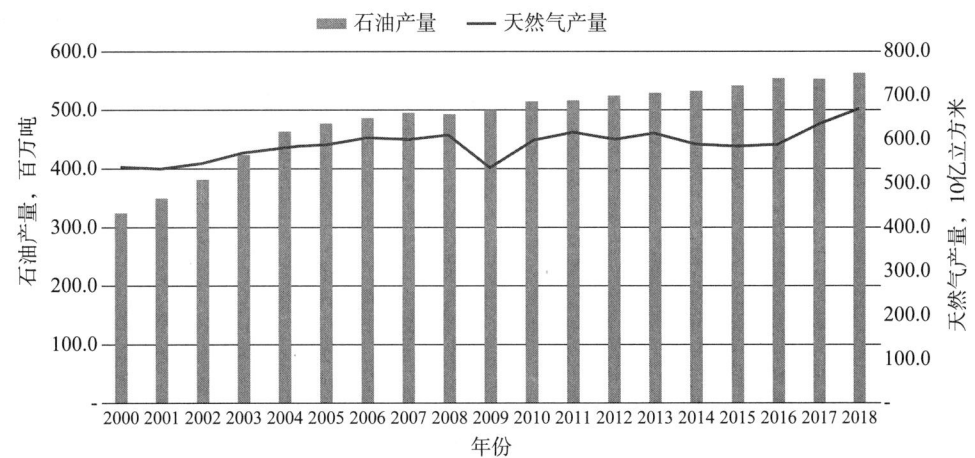

图 1　2000 年以来俄罗斯的石油和天然气产量

说明：文中引用的数字系俄罗斯官方统计,与本图有差异。
资料来源：英国石油公司,《世界能源统计评论》,2019 年 6 月。

目前,美国虽是世界最大的石油生产国,但还是净进口国。与美国不同的是,由于国内石油消费量有限,俄罗斯是石油净出口国,2018 年石油净出口量为 4.17 亿吨,排名沙特阿拉伯之后,世界第二。

2018 年,俄罗斯天然气产量为 7250 亿立方米,排名美国之后,世界第二,但天然气出口量为 2250 亿立方米,世界第一。

二、能源强国,通过国际油气市场展示强大的实力和话语权

能源强国是俄罗斯的国家战略。近年来,通过支持沙特阿拉伯"减产保价",联合伊朗等国成立天然气出口国论坛,俄罗斯不断在国际油气市场展示强大的实力和话语权。

(一)推行能源强国战略,亚太是油气出口的主攻市场

能源在俄罗斯国民经济中拥有无可替代的作用。2018 年,俄罗斯能源体系创造了国内生产总值的约 25%,贡献了俄罗斯财政收入的约 45%。

能源是俄罗斯内政外交的核心。有机构统计,在前两任期间,能源问题占到了普京政府外交政策的 70%。自 2000 年执政以来,普京领导下俄罗斯能源战略的核心,

就是能源强国,通过充分利用能源资源的优势,打造能源大国强国,使之转化为经济发展的动力和强大的国际影响力,借此建设"强大的俄罗斯"。

近年来,至少每 5 年俄罗斯就会更新一次能源战略。2003 年,俄罗斯出台了《2020 年能源战略》;2009 年 11 月,出台了《2030 年前能源战略》;2014 年 2 月,出台了《2035 年前能源战略草案》。

2035 年俄罗斯能源战略的核心内容:降低对能源经济的依赖,调整能源结构,加大能源科技创新,拓展亚太市场等。俄罗斯政府希望,到 2030 年,全面融入国际能源市场,最大程度获得利润;而到 2035 年,保持并巩固作为国际能源市场领导者之一的地位。

油气出口方面,《2035 年前能源战略草案》提出,作为俄罗斯能源出口的传统市场,欧洲能源消费增长空间不大,未来能源消费增长主要集中在亚太地区。为此,一方面,扩大对亚太市场油气的出口规模。2035 年,石油与石油产品出口比例从 12% 增到 23%,其中原油要增到 32%;天然气出口比例从 6% 增到 31%,液化天然气出口量 2020 年达到 3000 万吨,2035 年达到 1 亿吨;另一方面,大力提高高品质石油产品的出口规模,成品油和石化产品的出口占总出口的比例不低于 40%,重油出口量从 2010 年的 5700 万吨下降到 2035 年的 2000 万吨,而发动机燃油出口量从 2010 年的 4400 万吨增到 2035 年的 5800 万吨。

2019 年 6 月 14 日,俄罗斯能源部长诺瓦克称,计划 2035 年之前将液化天然气的产量提高至 1.2 亿~1.4 亿吨,为目前的约 5 倍,全球市场份额从 2018 年的 6% 左右提高至 20% 左右,使俄罗斯成为与卡塔尔等国比肩的出口大国,其中对亚太地区的出口最高将占产量的 70%。

(二)支持沙特阿拉伯"减产保价",展示维稳国际石油市场的实力

2014 年下半年,国际油价暴跌。为稳定国际石油市场,从 2016 年年初开始,欧佩克就在积极努力冻结自身的石油产量,并同以俄罗斯为首的世界主要石油生产国讨论减产。2016 年 9 月 28 日,欧佩克决定冻产;11 月 30 日,欧佩克决定从 2017 年 1 月 1 日起,减产 120 万桶 / 日,有效期为 6 个月并可延长;12 月 10 日,欧佩克和俄罗斯、哈萨克斯坦等世界主要石油生产国达成一致,从 2017 年 1 月 1 日起减产 55.8 万桶 / 日。

2017年1月1日的联合减产，是15年来世界主要石油生产国首次联合减产，24个石油生产国合计减产175.8万桶/日，约占石油总产量的2%。其中，俄罗斯承担的非欧佩克减产量最大，为30万桶/日。

2017年10月5日，两国建交后，沙特阿拉伯国王首次访问俄罗斯，萨勒曼与普京举行了单独会谈和高级代表团扩大会议。萨勒曼表示，在油气问题上，沙特阿拉伯寻求同俄罗斯继续开展合作，以实现国际原油市场的稳定。

2017年11月底，以俄罗斯为首的10个非欧佩克石油生产国，与欧佩克发表"合作宣言"，承诺于2016年12月10日达成的减产合作继续有效，同意2018年全年继续减产，以支持欧佩克维持国际石油市场稳定的努力。

2018年12月7日，欧佩克—非欧佩克部长级会议决定，以2018年10月产量为基础，2019年共同减少石油产量120万桶/日。其中，非欧佩克减产40万桶，俄罗斯承诺的减产数量为22.8万桶/日，占非欧佩克减产数量的57%。

（三）推动成立天然气出口国论坛，力图控制国际天然气市场

进入21世纪以来，作为世界第一大天然气出口国，俄罗斯联合伊朗等国，积极推动成立类似于欧佩克那样的天然气生产国组织，谋求控制国际天然气市场和天然气价格。

2001年5月，天然气出口国论坛在德黑兰举行第一届部长级会议，11个天然气出口国派员参加，论坛正式成立。2007年1月，伊朗领袖哈梅内伊提出要把天然气输出国论坛变成天然气卡特尔。同年2月，普京表示，成立"天然气欧佩克"是个"挺有意思的想法"。

2008年12月23日，论坛第七届部长级会议在莫斯科举行，普京出席会议并指出，廉价天然气时代即将终结，由于现有的气田资源逐渐枯竭，而未来具有利用前景的气田又远离消费中心，天然气勘探、开采和运输的费用无疑将上涨。在这次会议上，论坛制定了《章程》和《功能协议》两个重要文件，正式变成国际组织。

2013年7月，论坛在莫斯科举行第二届首脑会议，发表联合宣言，提出坚持天然气价格与石油价格联动机制，以长期合约稳定市场的同时，加强全球范围内协作确保天然气生产商和供应商的利益。峰会上，俄罗斯坚持维护天然气市场传统的"游戏规则"，即：按照"照付不议"原则与不同国家签订长期合同、与油品一揽子挂钩的天然气定价机制及垄断干线管道输气能力。峰会结束后，普京在新闻发布会

上表示，峰会达成的共识，包括坚持"照付不议"的天然气长期合同、与油品挂钩的定价机制等，论坛成员将共同抵制那些不恰当的压力。

目前，论坛有俄罗斯、伊朗等12个成员国以及伊拉克等5个观察员国。其中，12个成员国天然气探明储量占世界的约62%，管道天然气贸易占世界的约40%，液化天然气贸易占世界的约58%。

三、面对国际油气市场结构性变化，俄罗斯正不断调整油气政策

页岩革命的成功，使美国正在由能源净进口国变成净出口国，国际油气市场发生了根本性的结构变化。为此，俄罗斯不断调整自己的油气政策，以适应急剧变化的内外环境，更好地实现能源强国战略。

（一）改革石油税制，增强油气产业竞争力并保护自身利益

2018年7月24日，俄罗斯国家杜马通过了石油业税改法案，从2019年1月1日开始实施。

俄罗斯石油税制改革的核心内容是，在2019—2024年间逐步将原油出口税降至为零，同时提高相同数额的石油开采税，对远离大型港口的炼油厂（包括西伯利亚地区在内）提供税收减免，向高辛烷值汽油占总产量10%以上的炼油厂提供救济，2016—2024年间向相关基础设施投资至少600亿卢布（约9.5亿美元）。

税制改革前，俄罗斯石油行业实行的是石油资源开采税和原油出口关税分离的制度，其中原油出口关税征收额度与国际油价挂钩且呈线性关系。2017年以来，俄罗斯原油出口关税起征税区间为4个，关税税率为0.30。正是由于这一制度，俄罗斯原油出口税经常变动，中国有关媒体对此高度关注，并引发了5月初所谓俄罗斯提高对中国出口原油关税的乌龙新闻事件。

本次石油税制改革，是俄罗斯为实现2035年能源战略，改变国内经济结构的重大战略举措，着眼于提高油气行业的国际竞争力。俄罗斯希望，通过石油税制改革，减少对石油业的补贴，保证石油开采方、出口方的收支平衡，为振兴俄罗斯经济注入数万亿美元的资金。

通过税制改革，俄罗斯还可减少对欧亚经济联盟国家的石油出口税损失。在传统税制下，如白俄罗斯从俄罗斯进口的石油不用征税。2018年，白俄罗斯从俄罗斯

进口石油 2400 万吨，除自用外出口多余的部分，有一定的收益，俄罗斯损失的石油出口税总额超过 30 亿美元。

（二）与沙特阿拉伯保持一定的距离，以维护自身的市场份额

2017 年年初以来，俄罗斯支持并参与沙特阿拉伯"减产保价"行动，且两年间多赚了 1200 亿美元，但在具体行动中却与沙特阿拉伯保持了一定的距离。早在决定 2018 年 4 月 1 日减产到期后是否延续时，俄罗斯的态度就摇摆不定，并坚持成立市场监督委员会，经常性地对国际石油市场的供需状态进行评估，以决定下一步的行动。

2018 年 5 月 17 日，布伦特原油突破 80.50 美元 / 桶。5 月 25 日，在第 22 届圣彼得堡国际经济论坛上，普京公开表示，俄罗斯对能源和石油价格的无休止上涨不感兴趣，每桶 60 美元的原油价格是均衡价格，足以进行必要的投资，而油价一旦超过 60 美元，不仅给消费者带来一些问题，甚至对生产者也非常不利。正是这一态度，2018 年 6 月 23 日欧佩克与非欧佩克会议上，决定放弃减产转而讨论增产。

对抗是俄美两国的常态，但近年来在油价问题上却惊人的一致。2018 年 7 月 16 日，与特朗普在赫尔辛基举行首脑会谈后，普京表示，俄罗斯将与美国共同监管世界油气市场，不希望看到油价过高。

2019 年 6 月 6 日下午，在圣彼得堡国际经济论坛上，面对自 5 月初以来"跌跌不休"的油价，普京表示，俄罗斯与欧佩克对于合适的油价有不同的看法，对于俄罗斯来说，60~65 美元 / 桶的油价就是舒适的油价，因为俄罗斯预算是基于 40 美元 / 桶油价编制的。

2019 年 6 月 7 日上午，在圣彼得堡国际经济论坛"全球能源：挑战和机遇"分论坛讨论中，沙特阿拉伯能源大臣法利赫和俄罗斯能源部长诺瓦克被问得最多的问题，就是对油价的看法和 2019 年上半年减产到期后的两国政策，主持人多次提到 6 月 6 日普京的表态。6 月 10 日，沙特阿拉伯与俄罗斯在莫斯科举行了第六次贸易、经济、科学和技术合作政府间委员会会议，宣布普京将于 2019 年 10 月访问沙特。法利赫表示，现阶段俄罗斯没有决定是否延长减产协议，俄罗斯内部就 2019 年下半年应生产的原油数量有分歧，俄罗斯石油公司总裁谢钦反对延长减产协议，理由是美国可能借机挤占俄罗斯在国际原油市场的份额。

(三)积极推动北溪天然气 2 号管道项目的同时,改善与乌克兰的关系

目前,俄罗斯是欧盟最大的天然气供应国。2017 年,欧盟天然气消费的 35% 来源于俄罗斯。2018 年上半年,欧盟从俄罗斯进口的天然气,与 2017 年同期相比增长了 8%,达到创纪录的 171 亿立方英尺 / 日。

由于历史的原因,俄罗斯过去输往欧洲天然气的 80% 需通过乌克兰,乌克兰消费的天然气中约 250 亿立方米需从俄罗斯进口。近年来,俄罗斯和乌克兰两国的关系每况愈下,从持续的有关天然气价格、过境问题,发展到克里米亚归属,最终演变为乌克兰东部的局部战争。为此,俄罗斯一直在努力建设绕开乌克兰的天然气管线,其中最有代表性的就是给自己招致一系列麻烦的北溪天然气 2 号管道项目。

北溪天然气 2 号管道项目,是俄罗斯天然气工业股份公司与 5 家欧洲公司合作建设的跨地区天然气管道输送项目,通过波罗的海,绕开乌克兰,直接将俄罗斯的天然气输往德国和欧盟国家,年输气量为 550 亿立方米,总投资 95 亿欧元。俄罗斯宣称,北溪天然气 2 号管道项目投入使用后,欧盟进口的俄罗斯天然气成本将下降 13%,每年可能为欧盟节省约 80 亿欧元。

北溪天然气 2 号管道项目的实施,首先招致了美国的激烈反对,美国总统特朗普多次公开表示,德国甚至整个欧盟,都将因这个管道项目成为俄罗斯天然气的"俘虏",带来欧盟天然气供应安全问题,美国多次表示要制裁参与北溪天然气 2 号管道项目的欧洲公司。

欧盟内部对于北溪天然气 2 号管道项目也有不同的看法,包括德国在内的一派认为,北溪天然气 2 号管道项目可以增加欧盟天然气供应的多样性;但更多的欧盟东欧成员国、波罗的海国家和乌克兰等,则猛烈抨击,欧盟为此通过了"天然气法令",试图将管道置于欧盟的监管框架之下。

面对北溪天然气 2 号管道项目建设面临的困境,俄罗斯采取了多种灵活的政策,其中软化对乌克兰的态度最有代表性。2019 年 6 月 13 日,俄罗斯能源部长诺瓦克在与欧洲委员会能源联盟副主席谢夫乔维奇举行会谈后表示,俄罗斯准备在现行条件下延长经由乌克兰向欧盟输送天然气的运输合同,并恢复向乌克兰供应天然气,价格下调 25%。

"给我 20 年,还你一个强大的俄罗斯"!初步核算,2018 年俄罗斯国内生产总值

103.63 万亿卢布，约为 1.64 万亿美元，人均 1.12 万美元。今天看来，丰富的油气资源和灵活的油气政策，正是普京努力兑现这一承诺并实现能源强国的主要手段和工具。

（说明：2019 年 6 月初，我赴俄罗斯圣彼得堡，参加 6 月 6—8 日举行的第 23 届圣彼得堡国际经济论坛和第二届中俄能源商务论坛，主持了"中俄油气领域发展政策及前景"的讨论。本次赴俄罗斯参会，感触很多，形成了两篇文章，其中第一篇文章为参会观感，第二篇文章是对俄罗斯油气政策的个人感受。）

本文撰写于 2019 年 6 月下旬

黄沙、黑金和愿景

——一周走马观花沙特阿拉伯的杂记和随想

2018年3月23—31日,我在沙特阿拉伯达兰、延布和利雅得3个城市进行了旅行。一周的时间虽然很短,但对于三十多年来一直研究石油问题的我来说,此行的收获很大,感受也是非常深刻的。

一、达兰之行,探寻沙特阿拉伯石油发祥地和重要设施

Damman,中文译名为达兰或达曼,是沙特阿拉伯东北部濒临波斯湾的一座城市,是东部第一大港和全国第二大港,东部省的省会。对于石油行业人士来说,这个城市之所以著名,是因为它是沙特阿拉伯国家石油公司——沙特阿美公司总部所在地,沙特阿拉伯第一口油井就在这里。因此,可以说达兰是当今世界大型石油生产和出口国之一——沙特阿拉伯石油工业的发祥地和运营中心。

沙特阿美公司总部所在地为达兰的 Dhahran,即宰赫兰。3月24日下午3时后,在抵达达兰后不久,冒着中东特有的酷热,通过3道有军警荷枪实弹把守的大门,终于进入了阿美的总部。阿美总部的占地非常广阔,是很大一片基本上寸草不生的戈壁,各个办公楼之间的距离都非常远,只有开车才能到达。担任二十多年沙特阿拉伯石油部长的纳伊米,也住在阿美总部,其住宅是一栋黑色的、贴大理石的建筑。据说,纳伊米经常在阿美总部散步。在阿美总部行政大楼的停车场车棚上,建有一兆瓦的太阳能电站。

1933年5月29日,美国加利福尼亚标准石油公司支付3.5万英镑金币从沙特阿拉伯政府取得石油勘探特许权,建立了沙特阿美公司。在阿美总部,我们参观了生活区的一区、二区和正在建设中的新的生活区。其中,一区基本上全部是一层的独

栋式院落，标准的美国洛杉矶郊区中产阶级住宅模式，只是间隔没有美国本土那样大；二区，大部分也是一层的建筑，但主要是连排式的。而正在建设中的新的生活区，则是典型的沙特阿拉伯式建设，土黄色的二至三楼带院落的楼房，窗户不多。在这一大片生活区里，学校、医院和商场一应俱全，还有高尔夫球场等健身设施和养马场，可以不出生活区就能很舒适地生活。3月24日是星期六，是休息日，我们不时看到，在生活区学校的操场上、马路上和高尔夫球场上，有很多人在锻炼。

沙特阿拉伯的第一口油井，就位于沙特阿美公司总部内。从1933年下半年开始，沙特阿美公司就在沙特阿拉伯进行勘探开发活动。1938年3月，在进行了3年不断失败的钻探后，沙特阿美公司在达兰的第七号井终于在打到1440米时涌出了大量的石油。自此，沙特阿拉伯的石油开发活动拉开了序幕。丹尼尔·耶金在其名著《奖赏》中称："1938年3月，第七号井的发现开创了新的时代。宰赫兰在加速建设急需的工业、行政、住宅等设施。这里将成为美国中产阶级的近郊区，沙漠中的一块绿洲。"我们今天看到的沙特阿美公司总部，就是这样建立起来的。沙特阿拉伯的第一口油井，今天已经不产油了，只是一个纪念地，晚上离开阿美总部时，我们沿其纪念地转了一圈，也算是对沙特阿拉伯艰难石油开发岁月的致敬吧。

达兰之行还有一个重要的目的，就是参观塔努拉角（Ras Tanura）石油出口设施。研究石油的人士都非常熟悉一个名词，就是20世纪70年代第一次石油危机后，一说到国际石油价格时，一定会谈到塔努拉角出口的沙特阿拉伯34度阿拉伯轻油的价格，它是当时欧佩克原油的标杆价，也是国际油价的重要参考。塔努拉角石油出口设施，建于20世纪30年代，沙特阿拉伯第一船石油经此出口。今天，塔努拉角的石油出口能力为550万~600万桶/日，约为每年3亿吨，是世界最大的石油出口港。塔努拉本身是一座独立的城市，距离达兰约六十多千米，塔努拉加上邻近的朱拜勒，是沙特阿拉伯重要的炼油和石化产业基地。3月25日，我们赶到了塔努拉角，从塔努拉海滩眺望了有关出口设施。非常巧合的是，从阿布扎比飞达兰的飞机正好经过塔努拉角上空，在飞机上看到了一个巨大的人工岛及两艘正在装载的油轮，当时还在纳闷这是什么地方？对比从塔努拉海滩和从飞机上看到的景象，终于明白了当时飞机上看到的就是塔努拉角的石油出口设施。

二、延布的参访，现场参观中国海外最大的炼油项目

去延布旅行的主要原因，是中国石化在这里与沙特阿美公司合资建设并运营了一个炼油项目，即延布炼厂。2011年4月，延布炼厂项目审批和论证时，我是专家组成员之一，对这个项目留有很深的印象。

延布位于沙特阿拉伯西海岸，红海之滨。2012年1月14日，中国石化和沙特阿美公司签署了合资协议，中国石化持股37.5%，沙特阿美公司持股62.5%，加工能力为40万桶/日，即2000万吨/年，原料油为沙特阿拉伯重油，产品全部出口，其中绝大部分为柴油。延布炼厂，是中国石化在海外投资兴建的第一座炼油厂，也应该是目前中国在海外投资的最大和最现代化炼厂。炼厂的实际投资约80亿美元。2015年1月16日，首批30万桶柴油装运出口。2016年1月20日，国家主席习近平和沙特国王萨勒曼在利雅得共同出席延布炼厂投产启动仪式。自投产以来，项目运营稳定，效益可观。

3月27日下午，我们参观了炼厂装置区和控制中心。虽然我参加了国内很多炼油项目的评估工作，参观过很多炼厂，但这是我现场参观过的第一个单系列2000万吨/年的炼油项目。由于项目是典型的燃料型炼厂，流程非常短，加之是一次性建设的，装置安排非常紧凑、集中，各装置按流程进行了非常紧密的布置，相关装置的规模在建设时，乃至目前基本上也是世界上最大的。装置先进，材质标准高。控制中心也不大，分四大单元，对全厂的装置和罐区进行全自动化控制和操作。延布炼厂加工的沙特重油，是在塔努拉角装船并通过霍尔木兹海峡运过来的，炼厂拥有两个30万吨线码头。

延布是沙特阿拉伯重要的原油和成品油出口港。来源于沙特阿拉伯最大的、也是世界最大的加瓦尔油田和沙特阿拉伯东部其他油田的轻质原油，通过1200多千米的横越阿拉伯半岛的东西输油管线，输到延布港，从红海出口到世界各地，从而可以不用通过波斯湾的霍尔木兹海峡，这条管线的年输送能力为一亿吨，港口可依靠50万吨的巨型油轮。在延布工业区炼厂生产的成品油，也通过延布港，向世界各地出口。从海上，我们远眺了延布原油和成品油码头及其储罐区。

三、导弹威胁下的利雅得，拜访国际能源论坛并参加能源安全会议

3月25晚，利雅得受到了也门胡塞武装3枚导弹的袭击。3月27日晚，在担惊受怕中，我们从延布飞往沙特阿拉伯首都利雅得，开始本次沙特阿拉伯之旅的最后一站。

3月28日下午，我们拜会了国际能源论坛，也即IEF。IEF是世界重要的政府间国际能源组织之一，成立于2002年，目前有八十多个成员国，其中既有能源消费国，也有能源生产国。IEF现任、也是第四任秘书长是中国石油经济技术研究院原院长、首席研究员孙贤胜博士。孙贤胜秘书长在IEF总部热情地接待了我们，带领我们逐一参观了IEF大会议厅、图书资料中心等设施，简要介绍了IEF近期将要举办的主要活动。IEF总部位于武装保卫森严的利雅得使馆区，这一区域应该也是利雅得环境最好的区域，难得的绿树成荫。IEF总部是一个独立院落，办公楼是一栋两层的L型小楼，整洁、宽敞，有一个非常漂亮的小花园。

3月29日全天，阿卜杜拉国王石油研究中心举行"海湾合作委员会国家与东北亚能源安全讨论会"，来自中国、美国、印度、韩国、新加坡和沙特阿拉伯、阿拉伯联合酋长国等国的四十多位专家参加了讨论会，会议分为4个专场，分别讨论了能源和石油资源不断充实下的能源安全、经济考量而非实际供应中断下的能源安全、能源资源低碳化背景下长期能源安全的新风险和能源安全新结构下的机会等话题，会议讨论非常热烈，某些话题到了无法中断的境地。讨论会上，有关中国的能源、石油问题，尤其是3月26日挂牌交易的上海原油期货和石油人民币，是大家普遍关心的话题，讨论尤为热烈，有时都到了争论的程度。

四、三点感受和随想

从事石油问题研究三十多年来，沙特阿拉伯一直是关注的重点国家。这一次的旅行，一方面圆了实地考察沙特阿拉伯的梦想，更为重要的另一方面是，对这个世界最重要的石油生产国有了最直观的感受，能更好地理解沙特阿拉伯一系列内政及外交政策。

（一）严峻的安全形势，安全考虑会给沙特阿拉伯带来较为沉重的经济负担

在沙特阿拉伯的旅行中，我们发现，无论是在达兰、延布，更明显的是在利雅

得，走到那里，都是一个比一个大的院子。更为重要的是，这些院子，尤其是一些比较重要的机关、企业和外国人居住区的院子，都是由混凝土高墙和铁丝网围成，一般有3道门，是弯弯曲曲的防冲撞布局，最外一道由持枪的武装警卫守卫，对进入的汽车都要用反光镜检查底盘，完全是一幅美国反恐电影的场景。直观的感受是，安全保卫肯定会是一笔巨大的支出。例如，在我们居住和参加会议的阿卜杜拉国王石油研究中心，是一个典型的大院，最外一道门的武装警卫，就配备有数十辆带警灯的车辆，大院内24小时都有警卫巡逻。

由沙特阿拉伯领头的阿拉伯国家联军介入也门内战已3年时间了，也门的胡塞武装还不时向沙特阿拉伯发起反击。3月25日，也是沙特阿拉伯介入也门内战3周年的日子，胡塞武装向沙特阿拉伯发射了7枚导弹，其中3枚射向了利雅得哈立德国王国际机场，这些导弹虽然被拦截，但还是造成了1名平民死亡、2人受伤。说实话，在利雅得期间我们一直非常担心，害怕局势升级，因为阿卜杜拉国王石油研究中心就在哈立德国王国际机场附近。听在研究中心工作的朋友说，3月25日晚，他们听到了巨大的爆炸声。就在我们在利雅得期间，中国外交部领事司和驻沙特阿拉伯使领馆向在沙特阿拉伯的中国公民发出了安全警示。

目前，中东地区处于百年来最混乱的时期。除介入也门内战外，沙特阿拉伯还与中东地区较大的国家之一伊朗公开对立，并不时发出战争的威胁。严峻的国内安全保卫和越来越大范围卷入的地区冲突，都需要沙特阿拉伯花费巨额的经费，这就是我们看到的为什么2017年5月美国总统特朗普访问沙特阿拉伯和沙特阿拉伯王储萨勒曼2018年3月访问美国时，都签署巨额军火采购协议的原因。在可以预见的将来，中东地区和沙特阿拉伯国内的安全形势如没有根本性改观，沙特阿拉伯用于安全和军事方面的开支，会越来越大，将成为其越来越沉重的负担。

（二）积极推行和实施《沙特阿拉伯2030愿景》，摆脱对石油的过高依赖，是沙特阿拉伯必须执行的长期政策

与想象存在很大反差的是，从踏出机场的一刻起，我们看到的沙特阿拉伯就是一座座土黄色的院落和遍地的黄沙，即使是首都利雅得，也只有可数的几栋高楼，街道也非常不整齐，不像是在富得流油的产油大国，更像是在中国西北的县级小城，感觉每年数千亿美元的石油收入似乎都没有用于国内的建设。

2016年4月25日，沙特阿拉伯颁布了《沙特阿拉伯2030愿景》，国王萨勒曼称："到2030年，我们将不再依赖石油。"同年6月7日，沙特阿拉伯通过了《2020年国家转型计划》，希望通过经济结构性改革以实现收入多元化和振兴经济，大幅提高非石油经济的收入。同时，沙特阿拉伯启动了沙特阿美公司的上市计划。

我们旅行过的3个沙特阿拉伯城市中，在很多地方都能看到《沙特阿拉伯2030愿景》的标语、宣传牌和国王、王储的画像。作为一个研究工作者，过去看《沙特阿拉伯2030愿景》等材料，简单地认为这些仅是沙特阿拉伯国王和政府国家治理的需要，在3个城市实地旅行后，才能更加深入地理解，作为国家的执政者，改变沙特阿拉伯对石油高度依赖的单一经济结构，对国家进行现代化建设的必要性和紧迫性。从另一方面看，对于中国的众多企业来说，这也是一个巨大的商机。

（三）战略对接"一带一路"，更加积极主动地参与沙特阿拉伯的经济转型和国家现代化建设

目前，中国已有140多家企业在沙特阿拉伯开展多方面的业务。除上面提到的中国石化参股建设和运营的延布炼厂项目外，中国石油、中国石化、中国海油等中国石油企业，还参加了沙特阿拉伯众多的石油天然气勘探开发活动、石油管道和石化项目的建设工作，中国铁建等还参加了沙特阿拉伯轨道交通等城市基础设施建设。电信企业，如华为参加了沙特阿拉伯全境的4G网络和智慧城市建设工作。在达兰等很多地方，都可以看到中国家电企业格力电器的广告。

古丝绸之路历史曾将中国和沙特阿拉伯两国连在一起，今天，"一带一路"倡议和沙特阿拉伯的《沙特阿拉伯2030愿景》再次将双方紧密联系起来。除石油天然气外，沙特阿拉伯正在大力推进的经济转型和国家现代化建设，有很多领域中国都可以发挥积极的作用。2018年3月底，在访美签署的近四千亿美元经贸大单中，就有沙特阿拉伯王储萨勒曼与软银集团孙正义签署的在沙特阿拉伯建设全球最大太阳能产业园区的协议，而光伏产业正是中国的强项。在沙特阿拉伯旅行期间，路上除了日本的汽车外，可以看到大量韩国现代汽车，我们经常被问到是不是韩国人，这说明中国企业还需花更大的精力开拓沙特阿拉伯的市场。接待我们的有关单位多次提到，在进行市场开拓时，中国企业需花更大的精力研究沙特阿拉伯的政策，避免投资的失误和损失。除广为流传的麦加轻轨项目亏损外，在延布工业园，我们看到，由北京某企业承建的皇家管理委员会大楼，工期已达9年，已是一个烂尾工程。目前，沙特阿拉伯国内经济政策正处于不断变化期，已开始征收增值税和企业所得税。

从战略上看，中国应高度重视在沙特阿拉伯西海岸的开拓工作。虽然沙特阿拉伯主要油气田在东部的波斯湾沿岸，但由于沿波斯湾涉及伊朗、伊拉克、科威特、巴林、卡塔尔、阿拉伯联合酋长国等复杂的关系，美国在中东的军力主要部署在波斯湾沿岸，我们发挥力量的余地有限。沿红海的沙特阿拉伯西海岸，是《沙特阿拉伯2030愿景》重点发展的地区，存在大量的商机。从地理上看，红海是中国西向欧洲、地中海必经的海上商贸通道，面向中国投资不断增多的苏丹、埃塞俄比亚、索马里和埃及等非洲地区，与中国拥有军事基地的吉布提隔海相望，可互为犄角。因此，建议国家应将中国在沙特阿拉伯发展的重点放在西海岸，相关企业也应在这里投入更多的精力。

从石油化工行业来说，沙特阿拉伯积极致力于扩大本国的石化炼油能力，变出口原油为更多地出口高附加值的油品和化工产品。中国炼油能力已经过剩，成品油出口量越来越大，延布炼厂就是投资产油国、开拓国际市场的积极尝试。因此，中国相关企业应积极抓住《沙特阿拉伯2030愿景》的机会，大力投资其石化产业。

3月30日下午，在即将结束旅行赴利雅得哈立德国王国际机场两个多小时前，一场沙尘暴从远处袭来，很快能见度就不到100米，利雅得迷失在漫漫沙尘中，位于利雅得市中心的沙特阿拉伯地标性建筑王国大厦也不见了踪影。能遇到了这么严重的沙尘暴，本次的沙特阿拉伯之旅可以在没有遗憾中圆满结束了。在漫漫沙尘中并晚点约一个小时之后，阿拉伯联合酋长国航空公司的飞机将我们带向了迪拜，我们踏上了回国之路。衷心地祝愿，遍地黄沙同时也是遍地石油的沙特阿拉伯，在《沙特阿拉伯2030愿景》的引领下实现经济转型，以巨额的石油储量将自己建成像迪拜那样的现代化、开放的国家并从此不再依赖石油。

最后，衷心感谢给我们提供周到、精心帮助的多家国内外单位和朋友们，正是你们热情的帮助，使我们的旅行顺利开展并取得丰硕的成果。衷心希望，你们不再受到导弹袭击等意外事件的惊扰，在沙特阿拉伯生活和工作顺利，安好、幸福！

本文撰写于2018年4月初

正在褪去神秘面纱的沙特阿拉伯石油行业

20世纪70年代中期国有化以来,沙特阿拉伯石油行业一直被一团迷雾包裹着,只能远看,无法近观,诸如主力油田的真实产量和剩余探明石油储量等数据,是国家的核心秘密,行业一般只能推测,无法得到公认的准确数据。正是在这一背景下,引发了长期以来行业盛行用诸如"沙漠的黄昏"等名词,来形容沙特阿拉伯石油生产即将枯竭,世界将发生新一轮石油危机。

2019年4月1日,沙特阿拉伯国家石油公司即沙特阿美公司,在国际市场第一次公开发行债券。正是这次融资行为的招股说明书,使得沙特阿拉伯石油行业的诸多核心数据四十多年来第一次正式向全世界公开,沙特阿拉伯石油行业褪去了神秘的面纱。根据沙特阿美公司的债券招股说明书,我们来看一看沙特阿拉伯石油行业的真实面目。

一、沙特阿美公司是世界上最赚钱的公司

根据招股说明书,2018年,沙特阿美公司净利润为1111亿美元,与2017年相比增长46.2%,相当于苹果、谷歌和埃克森美孚净利总和,比五大国际石油公司净利润之和还要多300多亿美元,是全球利润最高的企业。

2018年,沙特阿美公司的息税前收益为2240亿美元,较苹果公司的820亿美元多约两倍,当年资本开支为351亿美元,派息582亿美元。

沙特阿美公司由沙特阿拉伯王国政府全资拥有,作为一家国有公司,沙特阿美公司须将50%的利润上缴沙特阿拉伯政府。此外,以石油价格70美元/桶为基准,沙特阿拉伯政府征收沙特阿美公司20%的特许权使用费,如果油价高于这一水平,

特许使用费比例就继续增加。

2015—2017年，沙特阿美公司为沙特阿拉伯政府贡献约70%的财政收入。

正是因为丰富的石油资源和巨额的石油收入，沙特阿拉伯成为世界上较为富有的国家之一。2018年，沙特阿拉伯人口约3340万，国内生产总值为7824.83亿美元，中东国家中最高，人均国内生产总值为2.3566万美元，世界排名第35位。

二、沙特阿美公司是世界最大石油生产商

由于统计口径的不同，对于沙特阿拉伯的石油产量，不同机构的统计数据略有差距。如根据欧佩克秘书处出版的2019年5月"月度石油市场报告"，一手信源的2018年沙特阿拉伯原油产量为1031.7万桶/日，这一数字不包括天然气液的产量。而根据国际能源署2019年4月的《石油市场报告》，同样不包括天然气液，沙特阿拉伯的原油产量为1033万桶/日。

根据招股说明书，2018年，沙特阿美公司包括天然气液在内的石油产量为1360万桶/日，是世界最大石油生产商，石油生产成本为2.8美元/桶。

2018年，沙特阿美公司收入的69%来源于上游的石油和天然气业务，其余来源于下游业务。

不包括与科威特中立区的50万桶/日石油产量，招股说明书证实，沙特阿美公司的最大石油生产能力为1200万桶/日，这一口径也不包括天然气液。多年来，沙特阿拉伯一贯执行的长期石油政策是，保持200万桶/日的剩余生产能力，为此每年需支付的费用约为20亿美元。正是基于这一政策，虽然近年来不断有新项目投产，但沙特阿拉伯最大石油生产能力都没有超过1200万桶/日，这些新投产的项目，一方面用于补偿现有油田产量的下降，更重要的另一方面是使加瓦尔油田的产量维持在较低的水平。目前，为了实现这一目标，沙特阿美公司正在转向成本更高的海上油田，如马里安、祖鲁夫和贝里油田。

加瓦尔油田发现于1948年，1951年投入生产，是世界最大的常规油田。多年来，行业一般认为，加瓦尔油田的最大生产能力应为500万桶/日左右。但根据招股说明书，加瓦尔油田的最大生产能力为380万桶/日。不过，即使如此，加瓦尔油田的产量仍是世界上另外一个超级油田，即伊拉克鲁迈拉油田产量的两倍以上。招股说明

书指出，对于沙特阿拉伯来说，加瓦尔油田至关重要，因为其最终产量将占该国最终石油产量的一半以上。

三、庞大的石油储量得到了公开证实

一般概念是，沙特阿拉伯是世界最大的剩余探明石油储量国，拥有世界最多的石油资源。根据权威的英国石油公司《世界能源统计评论》，1980年沙特阿拉伯的剩余探明石油储量为1680亿桶，世界第一并一直保持到2009年。从2010年开始，委内瑞拉的剩余探明石油储量超过沙特阿拉伯，成为世界第一，沙特阿拉伯退为世界第二，两国的位置自此一直保持至今。2010年，委内瑞拉的剩余探明石油储量为2965亿桶，沙特阿拉伯为2646亿桶。2018年1月1日，委内瑞拉的剩余探明石油储量为3032亿桶，沙特阿拉伯为2662亿桶。

早在本次公开发行债券之前，沙特阿美公司委托独立审计机构，即总部位于美国达拉斯的石油咨询公司德戈利尔—麦克诺顿审计公司对沙特阿美公司的石油和天然气储量进行了独立审计。2019年1月9日，德戈利尔—麦克诺顿审计公司发布报告，称沙特阿拉伯剩余探明石油储量为2685亿桶，剩余天然气探明储量为319.5万亿立方英尺。国际能源署2019年4月发布的《石油市场报告》中，沙特阿拉伯剩余探明石油储量和最大石油生产能力如表1所示。

表1 沙特阿拉伯剩余探明石油储量和最大石油生产能力

	液态储量（百万桶）	综合储量（百万桶油当量）	最大可持续生产能力（百万桶/日）
加瓦尔	48254	58319	3.800
库莱斯	20100	21402	1.450
萨法尼耶	33664	34029	1.300
谢巴	13617	14864	1.000
祖鲁夫	30417	31313	0.825
其他	80718	96963	3.625
合计	226770	256890	12.000

说明：1. 时间为截至2018年12月31日。
2. 液态储量包括原油、凝析油和天然气液。
资料来源：国际能源署，《石油市场报告》，2019年4月。

根据 2019 年 4 月 1 日的招股说明书，截至 2018 年 12 月 31 日，沙特阿拉伯剩余探明石油储量为 2569 亿桶油当量，其中包括 2014 亿桶原油和凝渐油，254 亿桶天然气液，185.7 万亿立方英尺天然气，石油剩余可生产年限为 52 年。

招股说明书认为，由于剩余探明石油储量的品质非常之高，80% 左右沙特阿拉伯剩余探明原油储量的采收率为 41%~80%。

四、炼油业务是沙特阿美公司未来扩张的重点

从债券的招股说明书看，沙特阿美公司未来的投资重点是炼油行业。

目前，沙特阿美公司 1/3 以上的石油产量，供应给其全资和合资炼油厂。2018 年年初，沙特阿美公司的炼油能力为 540 万桶/日。具体包括，在沙特阿拉伯拥有的 3 家炼油厂，全资拥有美国最大的炼油企业，即位于美国得克萨斯州阿瑟港的莫蒂瓦炼油公司，炼油能力为 60.3 万桶/日。预计 2019 年年底，沙特阿美公司在沙特阿拉伯和马来西亚的新的炼油项目将投入生产，从而使其炼油总产能达到目前石油产量的一半以上。

除此之外，沙特阿美公司还在谈判购买印度信实公司炼油和石化业务 25% 的股份，价值约为 100 亿 ~150 亿美元。

沙特阿美公司计划，未来将其炼油网络扩大一倍，努力成为全球最大的炼油商。到 2030 年，沙特阿美公司的炼油产能将有一半位于沙特阿拉伯以外。

沙特阿美公司 2019 年 4 月公开发行债券的原因，是计划耗资 691 亿美元，收购沙特阿拉伯基础工业公司 70% 的股权，预计融资为 100 亿 ~150 亿美元。从本次公开发行债券的结果看，吸引了全球投资者逾 1000 亿美元资金，打破了新兴市场经济体发行债券的纪录，沙特阿美公司最终募集了 120 亿美元固定利息债券。

机构普遍认为，这次公开在国际市场发行债券，沙特是阿美公司 2016 年以来一直积极努力开展的公开上市的一次有益尝试。一方面，通过公开石油产量、储量等核心数据和说明未来发展战略，使沙特阿美公司不再神秘；更为重要的另一方面是，通过公开募集债券，展示了沙特阿美公司的市场价值，为其未来最终走向资本市场实现两万亿美元的价值奠定了较好的市场基础。

作为世界第二大石油资源国和世界最大的石油生产商，沙特阿拉伯石油行业褪去神秘的面纱，沙特阿美公司走向资本市场，逐渐向世界和行业增加透明度，我们认为，这将对当前和未来国际石油市场的稳定起到积极的作用。

本文撰写于 2019 年 5 月底

用原油发电,产油大国的无奈之举

一般人的眼里,沙特阿拉伯非常富有,有豪华的皇宫,有黄金打造的马桶。据媒体报道,2017年3月,沙特阿拉伯国王萨勒曼访华期间,为上下专机方便,自带了两部镀金的自动扶梯,沙特阿拉伯代表团租完了北京几乎所有的奔驰S级和迈巴赫级轿车。

沙特阿拉伯之所以有钱,就在于是世界第二大石油资源国和第一大原油出口国。时至今日,可能石油资源过于丰富,沙特阿拉伯还在大量直接燃烧原油用于发电,是目前世界上最大的用原油发电的国家。依据美国能源信息署等有关资料,本文将简要介绍沙特阿拉伯能源消费、石油进出口,尤其是发电用能源方面的情况。

一、石油和天然气基本包揽了全部一次能源消费

根据2019年版《世界能源统计评论》,2018年沙特阿拉伯一次能源消费总量为2.592亿吨油当量,仅占世界的1.87%。

由于丰富的石油资源,在一次能源消费结构中,石油占了绝对的比例。2018年沙特阿拉伯一次能源消费中,石油的消费量为1.626亿吨油当量,占比62.73%,是世界大国一次能源消费中,石油占比最高的国家;天然气的消费量为9640万吨油当量,占比37.19%(图1)。石油和天然气合计,在2018年沙特阿拉伯一次能源消费中,占比99.92%,几近100%,这也就是说,沙特阿拉伯一次能源消费几乎全部由石油和天然气构成,这在世界性大国中可能是绝无仅有的。

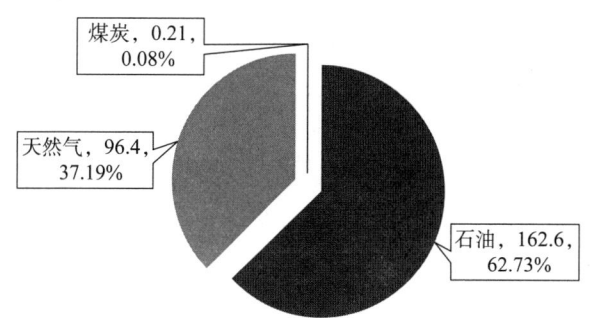

图 1　2018 年沙特阿拉伯一次能源消费结构

说明：百万吨油当量。
资料来源：英国石油公司，《世界能源统计评论》，2019 年 6 月。

二、世界第一大原油和第二大石油出口国

根据 2019 年版《世界能源统计评论》，2018 年沙特阿拉伯石油产量为 1228.7 万桶/日，占当年世界石油总产量的 13%，仅次于美国，是世界第二大石油生产国。

不过，根据 2019 年 4 月 1 日沙特阿拉伯国家石油公司，即沙特阿美公司在国际市场第一次公开发行债券的招股说明书，2018 年，包括天然气液在内，沙特阿美公司的石油产量为 1360 万桶/日。

而根据欧佩克秘书处出版的 2019 年 6 月《月度石油市场报告》，一手信源的 2018 年沙特阿拉伯原油产量为 1031.7 万桶/日，这一数字不包括天然气液，2019 年 5 月下降到 967 万桶/日。

近年来，沙特阿拉伯原油出口一般维持在 700 万桶/日上下（图 2）。由于承担了欧佩克和非欧佩克产油国联合减产的绝大部分义务，据路透社的调查，2019 年 6 月沙特阿拉伯的原油产量为 980 万桶/日，大大低于 1031.1 万桶/日的减产承诺水平，从而使得当月的原油出口量低于 700 万桶/日。

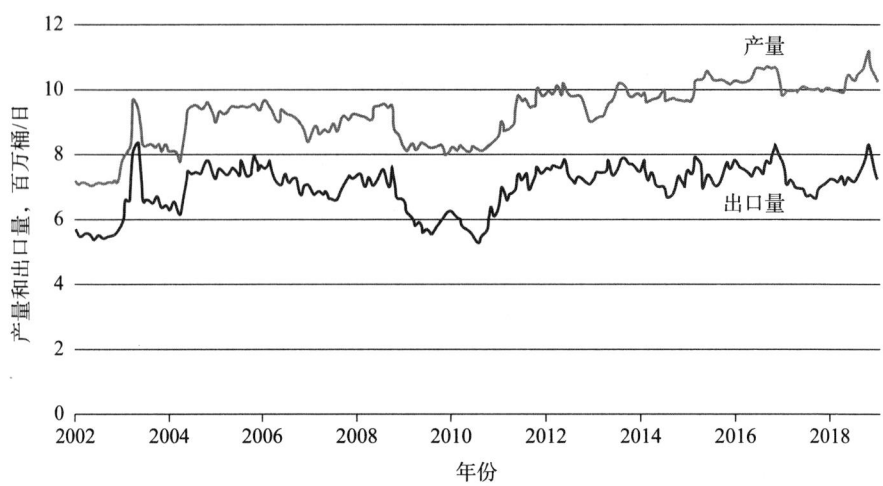

图2　沙特阿拉伯原油产量和出口量

资料来源：美国能源信息署，2019年5月1日。

多年来，沙特阿拉伯一直努力提高国内炼油能力。2009年，沙特阿拉伯日均原油处理能力为180万桶，2018年上升到日均260万桶（图3）。

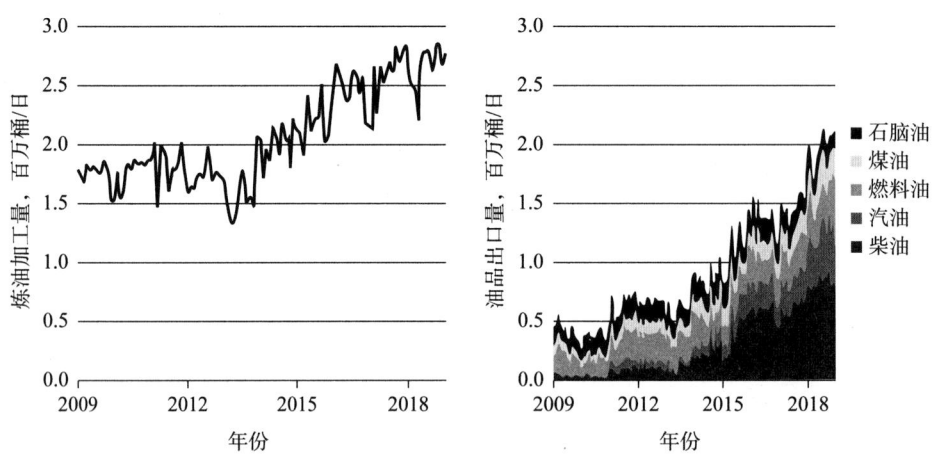

图3　沙特阿拉伯炼油加工量和油品出口量

说明：喷气燃料包括在煤油中，其他油品出口价值太低而未显示。
资料来源：美国能源信息署，2019年5月1日。

目前，沙特阿拉伯原油处理能力已达到290万桶/日，而且随着40万桶/日的吉赞炼油厂2019年投产，炼油能力还将进一步提高。

随着原油炼制能力的不断提升，沙特阿拉伯油品出口数量也不断增加。2009—2018年，沙特阿拉伯油品出口增长了4倍，从40万桶/日增加到200万桶/日（图3）。虽然也进口油品，但通过几年的努力，目前沙特阿拉伯已成为油品的净出口国。2018年，沙特阿拉伯出口最多的油品是柴油，为80万桶/日；汽油和燃料油次之，分别为40万桶/日和30万桶/日。

根据2019年版《世界能源统计评论》，2018年，沙特阿拉伯出口原油3.674亿吨，出口成品油5620万吨，进口成品油1090万吨，也即当年石油净出口量为4.127亿吨，低于俄罗斯的4.391亿吨，是世界第二大石油出口国。不过，2018年，俄罗斯原油净出口量仅为2.754亿吨，低于沙特阿拉伯的3.674亿吨。因此，如从原油净出口量看，沙特阿拉伯是2018年世界第一大原油净出口国。

三、积极努力用天然气和燃料油替代原油发电

2018年，沙特阿拉伯总发电量为383.8太瓦时，其中石油发电占比39.24%，天然气发电占比60.71%，合计为99.95%（图4），也就是说，与一次能源消费结构一样，沙特阿拉伯的发电能源来源也近乎100%依赖石油和天然气。

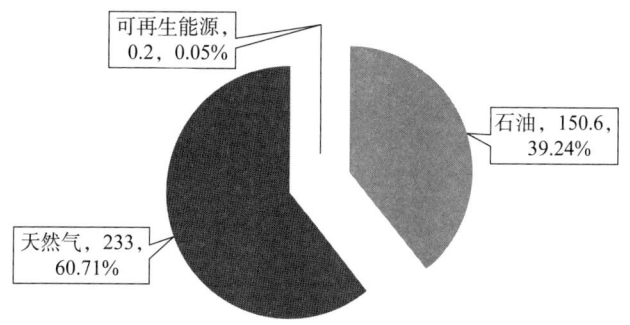

图4　2018年沙特阿拉伯发电能源构成

说明：太瓦时。
资料来源：英国石油公司，《世界能源统计评论》，2019年6月。

一般来说,世界上绝大多数国家都是消耗煤炭或天然气用于发电,满足国内电力需求。由于国内不生产煤炭,目前生产的天然气绝大多数都是伴生气,加之高含硫非伴生气处理困难和天然气价格过低,使得沙特阿拉伯不得不大量直接燃烧原油用于发电。

自 2000 年以来,沙特阿拉伯电力消费翻番,2012 年达到 2320 亿千瓦时。多年来,沙特阿拉伯是世界上用原油发电数量最多的国家(图 5)。

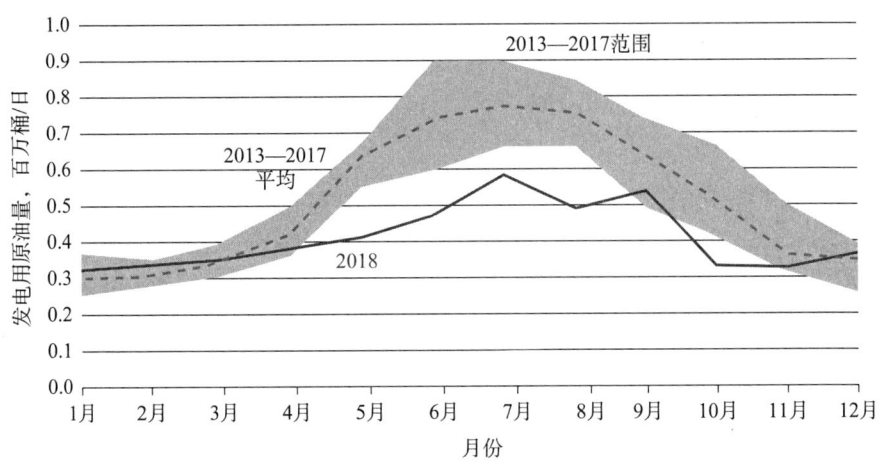

图 5　沙特阿拉伯直接发电用原油

资料来源:美国能源信息署,2019 年 5 月 1 日。

2009 年至 2013 年夏季,沙特阿拉伯直接燃烧用于发电的原油,平均为 70 万桶/日,而 2014 年 7 月上升到 90 万桶/日,为 2010 年 8 月以来的最高水平。同期,即 2009 年至 2013 年夏季,中东另外两个最大的直接燃烧原油用于发电的国家,是伊拉克和科威特,但这两个国家日均直接用于发电的原油数量均仅为 8 万桶/日。

2015 年夏天,沙特阿拉伯原油直接用于发电的数量达到创纪录的水平,6 月至 8 月间,为日均 90 万桶。

不过,自 2015 年以后,沙特阿拉伯用于发电的原油数量逐年下降。2016 年 7 月和 8 月,沙特阿拉伯直接用于发电的原油分别为 69.7 万桶/日和 73.9 万桶/日,2017 年同期下降到 65.7 万桶/日、65.9 万桶/日,而 2018 年同期则又下降到 58 万桶/日、49 万桶/日。

2015—2017年，沙特阿拉伯用原油发电的数量，是伊拉克的3倍，后者被认为是这一期间世界第二大用原油发电的国家，日均使用原油发电的数量为15万桶。

2018年，沙特阿拉伯直接用于发电的原油为40万桶/日，是2009年以来的最低水平，其中2018年夏天，沙特阿拉伯原油直接用于发电的数量大降了41%，为50万桶/日。

沙特阿拉伯取代直接燃烧原油用于发电的能源来源，主要是天然气和燃料油。

沙特阿拉伯生产的天然气，大部分是伴生气，是随着原油生产而从油井中产生的，不过近年来，非伴生气产量也在不断增加。2018年，沙特阿拉伯天然气的产量和消费量均为1121亿立方米，比2017年增长了2.6%（图6），这说明目前沙特阿拉伯天然气的消费完全自给自足，尚未进口天然气。

2016年，沙特阿拉伯瓦西特天然气处理厂达到最高设计能力，为25亿立方英尺/日，这个处理厂是设计用来处理非伴生气的，目前主要处理哈斯巴和阿拉比亚海上气田生产的天然气，这两个气田都是2016年投产的。沙特阿拉伯正在投资更多的天然气处理厂，包括正在建设的法迪利天然气处理厂，该厂将于2019年年底完工，可以用来处理陆上和海上气田生产的非伴生气，处理能力为25亿立方英尺/日。

目前，沙特阿拉伯正通过两条途径增加天然气的供应：一是提高国内天然气的产量，计划将国内天然气产量从目前的140亿立方英尺/日提高到230亿立方英尺/日；二是从国际市场购买液化天然气。2019年5月22日，沙特阿美公司与美国桑普拉能源公司签署协议，计划未来20年时间每年从后者购买500万吨液化天然气，并耗资数十亿美元购买该公司位于美国得克萨斯州亚瑟港建设的液化天然气出口项目第一阶段25%的股权。

除天然气外，沙特阿拉伯也使用燃料油来替代原油用于发电。尽管由于环境的考虑和其他燃料的竞争，世界绝大部分地区的燃料油消费在下降，但沙特阿拉伯燃料油的消费却在不断增长。2015—2018年，沙特阿拉伯燃料油消费增长了25%，达到日均50万桶。

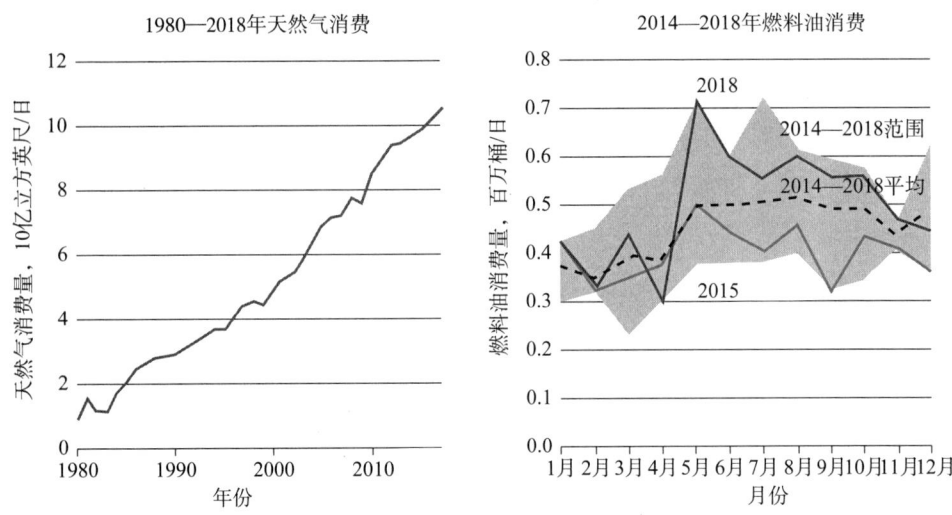

图 6　沙特阿拉伯天然气和燃料油消费

资料来源：美国能源信息署，2019 年 5 月 1 日。

根据阿格斯的研究，2020 年世界范围船用燃料油对硫含量限制带来的一个结果是，大量高硫燃料油将被送往沙特阿拉伯，用于替代原油发电。2016 年 6 月，沙特阿拉伯燃料油的进口数量为 15.1 万桶/日，2017 年 6 月增长到 18.7 万桶/日。2018 年前 8 个月，沙特阿拉伯燃料油进口数量，按年增长了 60%，达到 29.1 万桶/日，其中 6 月份更是大幅增长，到达创纪录的 42.5 万桶/日。

沙特阿拉伯政府规划，在 2014 年 58 千兆瓦的基础上，2032 年发电能力将提高到 120 千兆瓦，主要通过发展太阳能和核能来实现。

尽管国内炼油能力增加，但由于直接用于发电的原油数量的减少，理论上沙特阿拉伯可用于出口的原油数量会不断增加。但是，为了稳定国际石油价格，沙特阿拉伯与其他欧佩克成员国和俄罗斯等主要非欧佩克产油国决定减少石油产量，这将导致沙特阿拉伯原油产量和可用于出口的原油数量也随之减少。

本文撰写于 2019 年 7 月中旬

袭击沙特阿拉伯石油设施不改当前宽松的国际石油供需形势

2019年9月14日，就在国人还沉浸在"十五的月亮十六圆"的中秋假期气氛中时，远在中东的沙特阿拉伯传出了石油设施被炸的消息。对一般大众来说，这仅是假日期间众多国际国内新闻之一，但行业人士一致的感受是，周一工作日开盘之时，国际油价肯定会大涨，分歧仅是上涨多少和涨到多高的问题。

中东是当今世界的油库，沙特阿拉伯、伊朗等世界主要石油生产和出口国聚集于此，涉及这些国家的石油生产和出口的事件，无一例外地会影响到国际石油市场的形势，成为世界舆论的焦点之一。沙特阿拉伯石油设施被袭击，是近年来一系列类似事件之一，是复杂中东形势的又一个突发事件，其中涉及区域内沙特阿拉伯、伊朗、也门和域外大国，如美国等多重复杂的利益关系。展望未来，中东的乱局仍会持续下去，但在当前国际石油市场供应充足的背景下，油价的上涨是暂时的，不会改变国际石油价格长期持续承压的大势。

一、中东是世界的油库，沙特阿拉伯是世界第二大石油资源、生产和出口国

2019年1月1日，以沙特阿拉伯、伊朗、伊拉克、科威特等为主的中东国家，剩余探明石油储量为8361亿桶，占世界总的剩余探明石油储备的48.3%，当今世界可供开发的石油资源总量的一半都在这一地区，是名副其实的世界油库。其中，沙特阿拉伯是世界第二大石油资源国，同期剩余探明石油储量高达2977亿桶，仅次于委内瑞拉，占世界总的剩余探明石油储量的17.2%。此外，伊朗、伊拉克和科威特的剩余探明石油储量都在1000亿桶以上，也都处于世界石油资源国排名前十之内。

丰富的石油资源，其自然的结果就是同样庞大的石油产量。2018年，以沙特阿拉伯、伊朗、伊拉克、科威特等为主的中东国家石油产量为3176.2万桶/日，占世界石油总产量的33.5%，正好占到了1/3。其中，沙特阿拉伯是世界第二大石油生产国，当年石油产量为1228.7万桶/日，仅次于美国，占世界总产量的13%。

与规模巨大的产量相一致的是，中东地区是世界最主要的石油输出地。2018年，中东地区的石油出口数量为2464万桶/日，占全球石油贸易量的比重为34.5%，超过了1/3。其中，沙特阿拉伯是世界第二大石油出口国，当年的石油出口量为855.3万桶/日，仅次于俄罗斯，占世界石油贸易量的12%。

中东地区的石油生产和出口国，绝大多数都环绕在波斯湾周边，从而突显的是波斯湾及其相关设施在国际石油市场中的重要作用，最有代表性的就是霍尔木兹海峡和沙特阿拉伯的塔努拉角油港。其中，2018年，通过霍尔木兹海峡的日均石油运输量为2100万桶，占全球海运石油贸易的1/3，约等于全球石油消费的21%；通过海峡的液化天然气数量，占全球液化天然气贸易量1/4以上。塔努拉角的石油出口能力为550万~600万桶/日，约为每年3亿吨，是世界最大的石油出口港。

正因为中东地区在世界石油生产、出口和贸易方面的无可替代的地位，涉及霍尔木兹海峡、沙特阿拉伯和伊朗等石油生产的任何重大新闻事件，都会在国际石油市场掀起或大或小的波动，20世纪70年代的两次石油危机，就是因为第四次中东战争引发的沙特阿拉伯等国的石油禁运、两伊战争和伊朗革命而引发，研究世界经济、石油问题的专家学者和大量仍健在的西方国家普通民众，每当谈起石油危机都会色变，对当时抢购汽油的场景仍记忆犹新。

二、复杂的中东局势，也门成为伊朗和沙特阿拉伯热战的场所

一般大众的眼里，中东一直不太平。第二次世界大战后，有名的中东战争至少4次以上，其中主要因以色列与周边的阿拉伯国家而发生，时至今日阿拉伯国家和以色列之间的冲突仍不时成为世界媒体的头条。20世纪末，因石油问题，伊拉克入侵科威特，引发了两次海湾战争，萨达姆政权垮台，带来了导致巨大人道主义灾难的"伊斯兰国"极端恐怖主义活动。

伊朗是历史悠久的文明古国，是中东的大国，拥有丰富的石油天然气资源，在

国际石油天然气市场具有举足轻重的地位。其中，剩余探明石油储量为1556亿桶，占世界的9%，排名第四；剩余探明天然气储量为31.9万亿立方米，仅次于俄罗斯，排名世界第二，占世界的16.2%。

1979年伊斯兰革命后，由于人质事件、宗教等众多复杂的原因，伊朗与美国为主的西方国家交恶四十多年，与同处本地区的沙特阿拉伯成了生死对头。

美国对伊朗的制裁起自1979年底，为时最长也最为严厉，涉及石油天然气生产、贸易和投资等方方面面。2003年以后，由于核问题，联合国安理会通过了多次决议，如2006年12月23日的第1737号决议、2007年3月24日的第1747号决议、2008年3月3日的第1803号决议和2010年6月9日的第1929号决议，对伊朗实施制裁。2010年，欧盟开始对伊朗进行制裁。2012年7月1日，欧盟对伊朗实施了全面的石油禁运。通过多年的谈判，2015年7月，伊朗与美国、俄罗斯、中国等六国达成核问题协议，2016年1月16日国际社会解除了对伊朗的制裁，伊朗生产的石油重新进入国际石油市场。

2017年1月，特朗普上台执政后，于2018年5月8日宣布中止伊朗核协议，要求所有国家在11月4日前将从伊朗的石油进口削减至零，经过2018年11月5日对8个国家和地区的180天进口豁免后，2019年5月2日起不再给任何国家进口伊朗石油的豁免，宣称要将伊朗的石油出口归零。多年来，尤其是近两年来，美伊两国争斗中，伊朗不时宣布，如果自己的石油不能出口，波斯湾地区的其他石油生产国也将无法出口石油。正是在这一背景下，2019年5月12日和6月13日，6艘商船在霍尔木兹海峡附近遭到袭击，沙特阿拉伯多次受到了与其处于战争状态的也门胡塞武装的袭击，包括弹道导弹袭击和无人机攻击等。

除自2010年年底"阿拉伯之春"以来一直处于战乱中的叙利亚之外，阿拉伯半岛处于战争状态的就是也门，沙特阿拉伯和伊朗直接卷入了也门内战。2014年，由于能源改革大幅度提高汽油、柴油价格，也门陷入了内乱，2015年1月胡塞武装占领了也门总统府等政府机构，软禁了总统和总理。2015年3月，沙特阿拉伯对也门境内胡塞武装控制的目标发动空袭，组成多国联军，介入了也门内战，耗资近三千亿美元。自此之后，双方你来我往，战斗不断升级，胡塞武装向沙特阿拉伯境内众多的目标发射弹道导弹，发起无人机攻击，沙特阿拉伯封锁也门陆海空口岸。

自2015年以来在与也门胡塞武装的长期冲突中,沙特阿拉伯指责伊朗为胡塞武装提供军火,是幕后黑手,而伊朗无一例外地加以否认,也门事实上已成为沙特阿拉伯和伊朗争夺地区影响力的热战场所。

三、沙特阿拉伯石油设施受袭的影响是短暂的,不改国际石油市场供应宽松的现实

9月16日油市开盘后,正如普遍所预料的,国际石油价格大涨,布伦特原油开盘跳涨17%,并续涨到19%,最高触及71.95美元/桶;美国西得克萨斯中质原油开盘大涨15%,最高触及63.34美元/桶。在沙特阿拉伯放出可能需要数月才能恢复受损的石油产量消息后,9月15日俄罗斯《报纸报》发表文章称,国际石油价格有可能上涨到100美元/桶。

目前,受联合减产的影响,沙特阿拉伯的原油产量约为980万桶/日,原油出口量不到700万桶/日。9月14日,沙特阿拉伯遭到无人机袭击的两处石油设施分别为:胡赖斯油田和布盖格原油处理厂,前者是沙特阿拉伯第二大油田,最大生产能力为145万桶/日;后者为世界最大的原油处理厂,处理能力约为700万桶/日。9月15日,沙特阿拉伯能源部和沙特阿美公司发表声明,称将关停一半的石油生产,影响近570万桶/日原油的产量,约占到全球原油日产量的5%。

事实上,近年来,尤其是自2018年下半年以来,国际石油市场供应充裕。目前,世界石油产量约为1亿桶/日,约有500万桶/日以上的石油产量或因技术原因或因国家关系等原因,无法进入国际石油市场,国际石油价格一直承压之中,以沙特阿拉伯和俄罗斯为主的超级欧佩克不得不持续减产120万桶/日左右,以维持国际石油市场的稳定。

从历史的经验看,短期减产500万~600万桶/日,就会引发石油危机,石油价格就会暴涨,20世纪70年代的两次石油危机就是如此。但是,今天沙特阿拉伯减产570万桶/日的影响只会是短期的、暂时的,不会引发石油危机,更不会带来国际石油价格长时间的大涨,主要原因包括:

一是9月14日,国际能源署在袭击事件发生后,立即发表声明,表示正密切关注和跟踪事件的进展。2019年第二季度,经济合作与发展组织国家的石油库存为45

亿桶，其中政府拥有的储备为15.42亿桶，行业拥有的库存为29.61亿桶，可供消费93天。因此，如若沙特阿拉伯的减产带来油价的持续上涨，国际能源署将极有可能动用石油储备以应对市场的冲击。

二是9月15日，美国总统特朗普宣布，必要时将释放战略石油储备以应对供应不足，随后美国能源部长佩里表示美国随时准备动用石油储备。目前，美国政府拥有的战略石油储备约为6.6亿桶，是世界规模最大的、政府拥有的石油储备。

三是美国、俄罗斯等国的石油生产商，会利用沙特阿拉伯减产的机会，抢占更多的市场份额，沙特阿拉伯石油如长时间不能重新进入国际石油市场，将面临失去市场份额的风险。

9月16日，俄罗斯能源部长亚历山大·诺瓦克接受媒体采访时称，这次袭击影响了全球能源安全，但目前全球商业石油储备足以弥补中短期的石油缺口，将于9月16日晚些时候与沙特阿拉伯能源部长阿卜杜勒-阿齐兹·本·萨勒曼通电话，双方一直保持联系，监测局势。

阿拉伯联合酋长国能源部长和其他消息人士称，欧佩克正在评估沙特阿拉伯石油设施遇袭对油市的影响，9月16日欧佩克秘书长巴尔金多将与国际能源署署长比罗尔讨论了油市的情况。

因此，对于沙特阿拉伯来说，虽然因为沙特阿美公司的上市需要较高的油价，与俄罗斯联合减产的主要目的也是如此，但如若长时间减产，其结果可能适得其反。

受本次沙特阿拉伯石油设施受袭、石油减产影响最大的，可能是中国和亚太地区国家。沙特阿拉伯的原油和成品油出口到世界各地，但亚太地区是其主要出口市场，其中，原油合计为2.505亿吨，占原油出口总量的68.18%；成品油合计为2520万吨，占成品油出口总量的44.84%。中国是沙特阿拉伯最大的石油出口目的地国，2018年出口到中国的原油为5670万吨，占沙特阿拉伯原油出口总量的15.43%；出口到中国的成品油为450万吨（表1）。进入2019年以来，沙特阿拉伯又成为中国第一大原油进口来源国。

表1 2018年沙特阿拉伯原油和成品油出口目的地

	加拿大	美国	中南美洲	欧洲	中东	非洲	澳大利亚	中国	印度	日本	新加坡	其他亚太国家	合计
原油	5.6	43.3	3.4	41.3	13.7	9.6	0.5	56.7	39.3	57.4	10.7	85.9	367.4
成品油	0.1	1.5	0.3	16.5	5.2	7.4	0.2	4.5	6.9	2.3	3.2	8.1	56.2

说明：数量为百万吨。
资料来源：英国石油公司，《世界能源统计评论》，2019年6月。

与此相反的是，截至2019年4月的数字显示，美国从沙特阿拉伯进口原油的数量大幅度下降，2019年前4个月为日均60万桶/日，5月和6月只有日均50万桶/日，主要供应沙特阿拉伯自己在美国投资的炼厂莫蒂瓦能源公司。

9月14日袭击发生后，虽然也门胡塞武装立即宣布承担责任，但沙特阿拉伯能源大臣萨勒曼表示，此次袭击是波斯湾发生的石油设施、泵站、油轮遇袭的延伸，影响了全球石油供应，威胁了全球经济，意指袭击是伊朗所为。美国国务卿蓬佩奥也于9月14日迅即表示，伊朗总统鲁哈尼和伊朗外长扎里夫在佯装采取外交努力，在各方缓和局势的呼声中，伊朗却针对全球能源供应发动了前所未有的攻击，眼下并无任何证据显示袭击是来自也门境内。

今天陆续公开的大量照片和视频表明，沙特阿拉伯受到袭击的石油储罐和处理厂等设施，是巡航导弹类武器的精确打击，其攻击距离超过1000千米，常识上看是也门胡塞武装之类的游击队无法做到的，似乎印证了蓬佩奥有关袭击不是来自也门境内的说法。

就在此次袭击发生前，9月10日，博尔顿被解除国家安全顾问的职务后，有媒体放出消息，称美国国务卿蓬佩奥说特朗普准备在无预设条件的情况下，与伊朗总统鲁哈尼会面，并有意放松对伊朗的制裁。9月15日，特朗普发推文称，有理由相信知道谁是幕后主使，炮弹已上膛，但仍在等待沙特阿拉伯的意见，将在什么条件下继续行动，并指出与伊朗无条件见面是假新闻。

因此，此次袭击绝对是敏感时期的敏感事件，袭击的很多具体细节，还需更多的时间才能真相大白；其对美国与伊朗、沙特阿拉伯与伊朗关系究竟会产生什么样的影响，也需一定的时间才能逐渐清晰；这一次特朗普是否会像6月20日伊朗击落美国"全球鹰"无人机后,在发动对伊朗军事打击前10分钟取消行动?所有的这一切,都让我们拭目以待吧,但可以肯定的是,就像其动荡的历史一样,当前和未来的中东也一定不会是太平之地。

本文撰写于 2019 年 9 月中旬

沙特阿美公司上市：金娃娃是否很快变成烫手山芋？

11月3日，沙特阿拉伯政府批准沙特阿拉伯石油公司（即沙特阿美公司）在沙特阿拉伯证券交易所上市。11月9日，沙特阿美公司发布招股说明书，11月17日将开启首次公开募股，12月5日将公布最终发行价、发行股份数量和比例。2016年6月以来，沙特阿美公司上市一直是全球关心的话题。750亿美元现金股息的承诺，足以吸引任何投资人，但作为世界最大的石油公司，沙特阿美公司上市的长期表现能否如沙特政府所愿，可能将是一个巨大的问号。

一、出身豪门并王家加持，沙特阿美公司可谓根红苗正

1933年5月29日，美国加州标准石油公司（1984年更名为雪佛龙）以3.5万英镑金币等的代价，与沙特阿拉伯政府达成为期60年、涉及93.24万平方千米区域的石油特许开采协议，加州阿拉伯标准石油公司成立，沙特阿美公司正式诞生。

1938年3月，位于达兰的油井打出了大量的石油。1939年4月，第一批原油从塔努拉角出运，沙特阿拉伯成为石油大国的历史拉开了序幕。同年9月，沙特阿拉伯又将特许权面积扩大20.7万平方千米，租期95年。这样，沙特阿美公司取得了近114万平方千米的租借地，等于美国国土面积的1/6，占沙特阿拉伯国土的70%。与此同时，位于沙特阿拉伯东部、濒临波斯湾的宰赫兰，开始建设沙特阿美公司的总部和生活区，其中的生活区完全按照美国洛杉矶郊区中产阶级住宅的模式建设。

1936年，得克萨斯燃料公司（1959年更名为德士古公司）拥有了加州阿拉伯

标准石油公司的半数股权。1947 年 5 月 12 日，新泽西标准石油公司（1972 年更名为埃克森公司）和纽约标准石油公司（1966 年更名为莫比尔公司）分别以 20% 和 10% 的股份，入股加州阿拉伯标准石油公司，并将其更名为阿拉伯美国石油公司（Arabian American Oil Co.），简称阿美公司（Aramco）。阿美公司的名称就此产生，雪佛龙、德士古和埃克森公司各持股 30%，莫比尔公司持股 10%。

20 世纪 40 年代，沙特阿拉伯陆续发现数个大油田，其中世界最大的加瓦尔油田于 1948 年被发现。20 世纪 60 年代开始，资源国开始了收回石油资源主权运动。1973 年，沙特阿拉伯政府获得了阿美公司 25% 的股份，1974 年上升至 60%。1980 年 3 月 9 日，在累计支付约 20 亿美元后，沙特阿拉伯百分之百地取得了阿美公司的股权，但是直到 1988 年，阿美公司仍是按照美国特拉华州公司法注册和运营的公司。

1988 年 11 月 13 日，沙特阿拉伯政府成立了沙特阿拉伯石油公司，作为国家石油公司，将阿美公司并入这家新成立的公司。为保持历史连续性、尤其是原阿美公司在行业的影响，沙特阿拉伯将新设立的公司简称为沙特阿美公司。这样，成立四十多年后由 4 家美国石油巨头参股的阿美公司正式终结，沙特阿美公司是一家设立于沙特阿拉伯的公司，不再遵守美国特拉华州的法律，今天我们所看到的沙特阿美公司正式出现，即将公开上市的也即是这一家沙特阿美公司。

二、光鲜亮丽的沙特阿美公司，是世界最赚钱的企业

自国有化之后，沙特阿美公司不再公开公司运营等核心数据，成为世界最神秘公司之一。2019 年 4 月 1 日，沙特阿美公司发布了债券招股说明书，11 月 3 日发布了上市公告，11 月 9 日发布了公开上市的招股说明书，这些由世界顶级咨询机构编写的文件，不但专业，而且详实，沙特阿拉伯石油生产的有关核心数据正式公布于众。

（一）拥有世界第二的剩余探明石油储量

一般概念是，沙特阿拉伯拥有世界最多的石油资源。根据权威的英国石油公司《世界能源统计评论》，1980 年沙特阿拉伯剩余探明石油储量为 1680 亿桶，世界第一并保持到 2009 年。从 2010 年开始，委内瑞拉剩余探明石油储量超过了沙特阿拉

伯，成为世界第一并一直保持至今。2019年1月1日，委内瑞拉剩余探明石油储量为3033亿桶，沙特阿拉伯为2977亿桶。

11月9日的招股说明书显示，截至2018年12月31日，沙特阿拉伯在沙特阿美公司运营油田的全部油气资源储量总计为3362亿桶油当量，其中原油和凝析油2615亿桶，天然气液361亿桶，天然气233.8万亿立方英尺（含143.2万亿立方英尺非伴生气）（表1）。

根据2017年12月24日生效的沙特阿拉伯政府与沙特阿美公司租让协议，除特定地区外，授予沙特阿美公司在沙特阿拉伯境内油气资源的勘探、开发和生产专营权，期限为40年并可延展20年；60年后，在沙特阿拉伯政府与沙特阿美公司就展期条件达成一致的情况下，可再延期40年。因此，理论上，沙特阿美公司拥有100年的油气专营权。

截至2018年12月31日，沙特阿美公司拥有的剩余探明油气资源储量为2569亿桶油当量，其中原油和凝析油为2014亿桶，天然气液为254亿桶，天然气为185.7万亿立方英尺，可生产年限为52年（表1）。

表1 沙特阿拉伯石油天然气资源储量（2018年12月31日）

	数量	单位
沙特阿拉伯	3362	亿桶油当量
原油、凝析油等	2615	亿桶油当量
天然气液	361	亿桶油当量
天然气	233.8	万亿立方英尺
沙特阿美公司	2569	亿桶油当量
原油、凝析油等	2014	亿桶油当量
天然气液	254	亿桶油当量
天然气	185.7	万亿立方英尺

资料来源：沙特阿美公司招股说明书，2019年11月9日。

（二）沙特阿美公司是世界最大的石油生产商

由于统计口径的不同，不同机构统计的沙特原油产量数据略有差异，基本在1000万桶/日上下。

招股说明书显示，截至2018年12月31日，包括原油、凝析油和天然气液等在内,2018年度沙特阿美公司的石油产量为1356.7万桶/日,其中原油产量为1031.5万桶/日,是世界最大的石油生产商(表2)。

表2 沙特阿美公司石油天然气产量(2018年12月31日)

	数量	单位
油气产量	1356.7	万桶油当量/日
原油	1031.5	万桶油当量/日
凝析油	21.8	万桶油当量/日
天然气油	20.3	万桶油当量/日
丁烷	32.8	万桶油当量/日
丙烷	56.5	万桶油当量/日
液态烃产量小计	1162.9	万桶油当量/日
天然气	8856	百万立方英尺/日
乙烷	993	百万立方英尺/日
气态烃产量小计	9849	百万立方英尺/日

资料来源:沙特阿美公司招股说明书,2019年11月9日。

招股说明书说明,不包括与科威特共有的中立区50万桶/日石油产量和天然气液,截至2018年12月31日沙特阿美公司最大原油生产能力为1200万桶/日。2013—2018年,为保持剩余石油生产能力,沙特阿美公司共支付了355亿美元的成本。

作为世界最大的油田,截至2018年12月31日,加瓦尔油田的储量为583.2亿桶,原油产量为380万桶/日。招股说明书指出,对于沙特阿拉伯来说,加瓦尔油田至关重要,因为其最终产量将占该国最终石油产量的一半以上。

(三)炼油业务是沙特阿美公司未来扩张的重点

沙特阿美公司的发展目标是,成为上下游一体化的全球性能源企业,投资下游炼油和化工业务是其未来扩张的重点,为此收购了沙特阿拉伯石化巨头沙特阿拉伯基础工业公司。

11月9日发布的招股说明书显示,截至2018年12月31日,沙特阿美公司炼油能力为490万桶/日,包括国内独资的93万桶/日,国内合资的190.5万桶/日,国际合资的202.9万桶/日,净炼油能力为310万桶/日。

除国内3个炼油项目外,沙特阿美公司全资拥有美国最大的炼油企业莫蒂瓦炼油公司,炼油能力为60.3万桶/日;参股了韩国、中国、马来西亚等国炼油项目。招股说明书显示,沙特阿美公司正在谈判收购印度信实公司炼油和石化业务20%的股份。

预计2019年年底,沙特阿美公司炼油总产能将达目前石油产量的一半以上,未来炼油能力将扩大一倍,努力成为全球最大的炼油商,到2030年炼油产能的一半将位于沙特阿拉伯境外。

(四)沙特阿美公司是世界最赚钱的企业

根据11月9日的招股说明书,2018年,沙特阿美公司净利润为1110.71亿美元,与2017年相比增长46.34%,相当于苹果、谷歌和埃克森美孚净利总和,比五大国际石油公司净利润之和还要多三百多亿美元,是全球利润最高的企业。其中,营运现金流为1210亿美元,自由现金流858.49亿美元,平均资本利润率为41.1%(表3)。

表3 沙特阿美公司关键财务指标

单位:亿美元

	2018年12月31日	2019年6月30日
息税前利润	2128.04	925.06
税息折旧及摊销前利润	2238.27	989.85
自由现金流	858.49	379.8
净利润	1110.71	468.99
平均资本利润率	41.10%	36.00%
资本负债比	-8.60%	2.40%

说明:2019年6月30日的平均资本利润率为截至2019年6月30日的12个月数字。
资料来源:沙特阿美公司招股说明书,2019年11月9日。

截至2019年6月30日,沙特阿美公司的净利润为468.99亿美元,资本负债比仅为2.4%。

三、当今世界最大的提款机,难言会有一个更美好的未来

为了沙特阿美公司的公开上市,沙特阿拉伯政府开出了非常诱人的条件。但是,公开上市能否如其所愿,尤其是公开上市后的市场表现如何,不仅仅取决于这些条

件，更重要的是石油这个当今世界最传统的行业能否有好的前景，沙特阿美公司的表现能否如市场预期。

（一）除能赚钱外，资本市场追逐的更多是未来

什么样的企业是好公司或是有未来的公司？资本市场给出了非常简单的答案，两个企业最有代表性并最能说明问题。

一是苹果公司。2019年11月11日，股价为262.20美元，市值为1.16万亿美元，市值世界第一。2019年以来，苹果公司的股价上涨超过65%，市值增加超过4000亿美元，相当于膨胀了一个摩根大通（市值4089亿美元）。虽然2019财年营收2602亿美元，同比减少2%，但市场认为苹果公司的股价还有很大的上升空间，其原因除能产生大量现金流外，流媒体服务、向服务业务的转型，更为重要的是苹果公司的创新能力等都给投资者带来了巨大的想象空间。

二是中国石油。2019年11月12日，收盘价为5.63元/股，刷新历史最低纪录，市值跌破万亿元下降到9841.82亿元。作为中国最大的国家石油公司和世界第四大公司、第三大石油公司，2007年11月5日头顶亚洲最赚钱公司光环上市，第一天总市值达到8.89万亿元，创下A股史上市值最高纪录。但是，12年后的今天，中国石油不但股价一再创最低纪录，市值更是缩水超7.9万亿元。中国石油股价的一跌再跌，原因很多，其中最重要的一条恐怕是，身处石油这个当今世界最传统的行业，中国石油基本不能给投资者多少想象的空间。

石油行业是当今世界最大的实体产业之一，2019年世界500强前十大公司中，有6家是石油天然气公司。在这6家公司中，仅沙特阿美公司一家是非上市公司。2019年11月12日，排名第三位壳牌公司的股价为59.89美元，市值为2497.41亿美元；排名第七位英国石油公司的股价为39.13美元，市值为1269.98亿美元；排名第八位埃克森美孚的股价为69.37美元，市值为2937.01亿美元。

2019年，苹果公司排名世界500强第11位，低于沙特阿美公司的第六位，更低于中国石油的第四位，但其市值却是世界第一。

（二）承诺巨额现金股息，沙特阿美公司将成为市场最大的提款机

11月9日的招股说明书中，沙特阿美公司承诺，除任何潜在的特别股息外，2020年普通股的现金股息总额不少于750亿美元。

此外，沙特阿美公司还承诺，基于公开发行 200,000,000,000 流通股为基础，2020—2024 年间，任何季度的现金股息不低于每股 0.09375 美元。如果低于这个数字，沙特阿拉伯政府将放弃其股份的现金股息，投资者将优于政府优先获得现金股息。沙特阿美公司承诺，致力于通过原油价格周期，向股东提供可持续且不断增长的股息。

2018 年沙特阿美公司的息税前利润为 2128.04 亿美元，是苹果公司 230.34 亿美元的近十倍。如按招股说明书，2020 年仅派息金额就将是苹果公司 2018 年息税前利润的 3.26 倍。因此，沙特阿美公司无疑将成为全球资本市场最大的提款机。

（三）三大不确定性，让市场对沙特阿美公司的未来画上巨大的问号

遵循行业惯例，沙特阿美公司的招股说明书专业且完整，风险提示非常详细，大到经济前景、恐怖袭击，小到商业纠纷等。事实上，以下三大风险应该是沙特阿美公司当前和未来面临的主要风险，它们不但会影响公司未来的发展，更直接影响到投资者对公司的估值和态度。

（1）石油是世界最传统的行业，沙特阿美公司未来没有多大的想象空间。进入 21 世纪以来，由于全球对环境问题的关注，新能源、尤其是清洁能源发展迅速，石油产业持续承压，石油行业的未来受到越来越大的质疑。11 月 10 日发布的招股说明书中，沙特阿美公司引用行业顾问公司 IHS Markit 的预测指出，石油需求将在 2035 年左右达到峰值，届时原油和其他液体燃料的需求增长将趋于平稳，2045 年全球石油需求将低于 2040 年。招股说明书提出的另一个情境假设是，全球从化石燃料撤离的速度将加快，21 世纪 20 年代后期石油需求见顶。

因此，虽然没有明确表明自己的观点，但借用行业顾问的看法，沙特阿美公司将石油行业未来这一最大的疑问直接摆到了所有投资者的面前，这一做法还是值得肯定的。

（2）作为政府的心头肉，沙特阿美公司很难达到市场期望的透明度。沙特阿美公司是沙特阿拉伯的命根子，是政府的心头肉。2015—2017 年，沙特阿美公司为沙特阿拉伯贡献约 70% 的财政收入。正是因为丰富的石油资源和巨额的石油收入，沙特阿拉伯成为世界上最富有的国家之一。自公开上市的消息传出以来，市场就一直对沙特阿美公司能否符合透明度和监管的要求持高度怀疑的态度。正是由于这方面

存在的问题，沙特阿美公司的上市地点一变再变，从纽约、伦敦变成可能的香港、东京，最终退回到国内。

目前，由 11 人组成的沙特阿美公司董事会中，有 5 人为非沙特阿拉伯籍国际知名人士，其中一名为女性，这些董事能否在重大决策中发挥应有的作用，市场和分析人士应该都心知肚明。未来持有沙特阿美公司股票的投资人，无论是机构还是散户，拥有的权利可能更多的还是分红。

（3）作为欧佩克的老大，沙特阿美公司的石油政策没有多少回旋空间。自 1960 年 9 月成立以来，沙特阿拉伯一直就是欧佩克的老大。进入 21 世纪，尤其是 2010 年以后，由于美国页岩革命的成功，国际石油市场供应过剩。正是在这一背景下，从 2017 年 1 月 1 日开始，沙特阿拉伯主导了欧佩克，并联合俄罗斯等石油生产国促成减产保价和推价行动。行业基本一致的看法是，未来相当长时间，甚至有可能到 2050 年，国际石油市场都将处于较为宽松的供应环境，欧佩克、尤其是沙特阿拉伯都将面临保市场份额或保石油价格的艰难选择。此外，自成立以来，西方国家一直认为欧佩克是一个卡特尔组织，近年来美国更在酝酿"非欧佩克法案"，要除之而后快。因此，作为一个上市的公众公司，沙特阿美公司如何处理好这些问题，面对的并不是一个轻松的选择题。

事实上，长期以来，对于众多的产油国国家石油公司来说，如何处理好政府与市场的关系，似乎都是一个永远无解的死结。

进入 21 世纪后石油价格暴涨的 10 年，应该是石油资源变现的最佳时机，但当时陷入石油价格会无休止上涨幻觉之中的石油资源国，根本不可能会让投资者分享石油资源的红利。早在第一次石油危机时的 20 世纪 70 年代，时任沙特阿拉伯石油大臣的亚马尼等就担心，可能有一天沙特阿拉伯会坐在巨大的卖不出去的石油湖上。今天，已经醒悟了的沙特阿拉伯年轻当权者，正在努力试图抓住行业的最后时机，虽然有巨额现金股息的护佑，但 11 月 18 日包括中国在内的沙特阿美公司国际路演最后一刻全部被取消，阿美公司能否从沙特阿拉伯国内走向国际资本市场，投资者是否会给沙特阿美公司表现的机会，让我们拭目以待吧！

本文撰写于 2019 年 11 月底

剪不断理还乱的伊朗核问题及其巨大的国际影响

一段时间以来,美国对中国中兴公司的制裁成为社会各界热议的焦点。事实上,这一事件源起于伊朗核问题,是自1979年以来的近四十年美国对伊朗持续制裁的后果,中兴公司只不过是被美国政府制裁的多家公司和个人之一。

2017年1月特朗普上台以来,伊朗核问题成为国际社会的热点话题,特朗普提出的中止或修改伊朗核协议的5月12日最后期限已进入了倒计时,国际社会都在紧张地关注着伊朗核问题的最新进展。

一、伊朗核问题的由来

20世纪50年代后期,伊朗开始了其核能发展计划,建立了一个核电站、6个核研究中心和5个铀处理设施。

1976年,伊朗与德国签署在布什尔建造两个120万千瓦机组核电站的合同,计划20世纪80年代初建成。不过,由于1979年的伊斯兰革命以及随后爆发的两伊战争,布什尔核电站建设项目被迫中断。1992年,伊朗和俄罗斯签署《和平利用核能协议》。1995年1月,伊朗与俄罗斯签署总价为10亿美元的布什尔轻水反应堆核电站项目合同,俄罗斯负责向伊朗提供核燃料、设备、技术以及人员培训等。1996年2月,布什尔核电站在俄罗斯的帮助下开始兴建,但后因多方面的原因,工程建设一拖再拖。

2003年2月9日,伊朗总统哈塔米宣布,伊朗发现铀矿并已成功提炼出铀,将建设铀转换和铀浓缩设施。2003年10月,德黑兰核研究中心进行钚回收试验。国际原子能机构估计,伊朗已经分离出100克的钚,美国和西方国家的情报部门认为伊朗已经迈进了核门槛。至此，伊朗核问题正式引起国际社会的高度关注并最终演变成国际热点问题。

在国际原子能机构等积极斡旋下，2003年10月，伊朗中止了铀浓缩活动并于同年12月18日正式签署了《不扩散核武器条约》附加议定书。2004年4月，伊朗宣布暂停浓缩铀离心机的组装；9月21日，伊朗开始将37吨"铀黄饼"的一部分用于铀转化试验；同年11月，中止了与铀浓缩有关的一切外围活动。

由于同国际原子能机构等的谈判没有达成一致，2005年8月，伊朗又重新启动作为铀浓缩准备阶段的铀转化活动。2006年1月3日，伊朗宣布恢复中止两年多的核燃料研究工作；4月11日，宣布已成功生产出纯度3.5%的低纯度浓缩铀，成为国际"核八强"之一（5个联合国安理会常任理事国、印度、巴基斯坦、伊朗）。2011年9月12日，布什尔核电站正式启动。

二、国际社会对伊朗核问题的态度

2003年6月19日，国际原子能机构理事会主席发表关于伊朗核问题的"总结性声明"，敦促伊朗迅速纠正在执行与《不扩散核武器条约》有关的保障协定中存在的所有问题，立即和无条件地签署和执行保障协定的附加议定书。同年9月12日，国际原子能机构通过决议，要求伊朗在10月底前公开其核计划，签署《不扩散核武器条约》附加议定书，允许国际原子能机构突击检查其核设施，终止提炼浓缩铀。2004年，国际原子能机构在多次的会议中，要求伊朗终止一切与制造核武器有关的核活动，认定伊朗多次不履行《不扩散核武器条约》的义务。

联合国对伊朗核问题的态度是非常明确的，联合国安理会为此通过了多项决议，其中最主要的有2006年12月23日的第1737号决议、2007年3月24日的第1747号决议、2008年3月3日的第1803号决议和2010年6月9日的第1929号决议，对伊朗实施核计划和弹道导弹项目进行制裁，实行禁运，冻结有关人员和公司的资产，在机场和港口检查伊朗空运公司和伊斯兰航运公司的货物等。

自2006年5月起，包括中国在内的美、法、英、德、俄六国，就开展了关于伊朗核问题的协商及与伊朗的谈判。2013年10月16日，伊朗在日内瓦与六国谈判，提出解决问题新方案；同年11月24日，伊朗与六国在日内瓦就解决核问题达成一项阶段性协议。2014年1月12日，伊朗与六国达成协议，同意自2014年1月20日开始落实2013年11月24日在日内瓦达成的第一阶段协议，冻结其部分核计划换取六国放松部分制裁。2015年4月3日，伊朗与六国就至少在10年内限制核计划达成框架性协议。2015年7月14日，伊朗核问题最后阶段谈判达成历史性的全面协议，包括主体部分和5个附件，涉及制裁问题、核领域问题、六国与伊朗联合委员会的工作、核能合作以及协议执行计划。另外，此次达成的文件还包括联合国安理会的一份决议草案。同年7月20日，联合国安理会通过决议，支持伊朗核问题的协议。2016年1月16日，伊朗与六国达成的《联合全面行动计划》进入"执行日"，联合国、欧盟和美国取消或大幅放松了自2010年以来不断加码的对伊朗制裁。

三、近四十年来美国对伊朗的制裁

历史上，伊朗与美国曾有非常好的双边关系，尤其是在巴列维国王执政的前期，是美国重要的盟友，被称为"波斯湾的宪兵"。

1978年年初，伊朗发生大规模动荡，1979年1月国王流亡海外，霍梅尼领导的伊斯兰革命成功。1979年11月4日，伊朗学生占领美国大使馆，将52名美国外交官和平民扣为人质，由此引发了长达444天的"人质事件"。1979年11月14日，卡特总统签署第12170号行政命令，宣布禁止美国从伊朗进口石油，冻结伊朗在美国的约120亿美元资产。自此，美伊关系全面交恶。1980年，美国和伊朗断交。

1987年，里根总统签署第12613号行政令，禁止从伊朗进口货物或服务。1992年，布什总统签署《伊朗—伊拉克武器防扩散法案》，对参与伊朗武器扩散的外国实体做出制裁。

1995年3月17日，克林顿总统签署第12957号行政令，禁止美国公司资助开发伊朗境内石油资源。1995年5月6日，克林顿签署第12959号行政令，禁止美国与伊朗贸易及对伊朗投资。1996年，美国通过了《伊朗制裁法案》，将制裁措施的适用对象扩大到美国公司以外的主体，禁止任何人向伊朗的石油工业进行大规模的投资。

小布什和奥巴马时期，美国对伊朗制裁的力度不断加大。如2000年实施的《伊朗、朝鲜和叙利亚防扩散法案》，禁止美国公司与涉及伊朗大规模杀伤性武器发展的公司开展业务；2006年的《支持伊朗自由法案》，规定美国不与帮助伊朗发展生化或核武器的实体签署合作协议；2010年7月1日实施的《全面制裁伊朗、问责和撤资法案》，对向伊朗出口敏感技术的第三国实施出口限制，对向伊朗出口石油制品或帮助伊朗石油生产的实体实施制裁；2012财年的《国防授权法》，规定同伊朗央行有石油业务的金融机构，在美国的资产将被冻结；2013财年的《国防授权法》，制裁伊朗能源、船运、造船和港口部门，全面限制伊朗石油出口。奥巴马签署的第13574号、13590号、13622号和第13645号行政令，限制美国的金融机构与帮助伊朗石油发展的实体和个人之间的业务，对进行伊朗里亚尔结算的外国金融机构实施制裁。2016年12月1日，美国参议院一致通过将即将到期的《伊朗制裁法案》有效期延长10年，至2026年年底。

在竞选期间，特朗普就将伊朗核协议称为"史上所有国家曾做过的最糟糕的交易"之一，需要取消或重新谈判。2017年9月19日，在联合国大会的讲话中，特朗普表示，伊朗与六大国达成的协议"让美国难堪"，表示要退出协议。2017年10月13日，特朗普发表讲话，称核协议未能完全、永久限制伊朗的核计划，而伊朗则利用该协议获得大量资金，美国政府将与国会密切合作，处理伊朗核协议中存在的"多项缺陷"。2018年1月12日，特朗普表示"要么修改伊朗核协议中存在的灾难性不足，要么美国将退出协议"。要在4个方面修改协议：确保伊朗全面接受国际核查、确保伊朗无法接触到核武器、去除伊朗核协议的时限并确保伊朗永远无法拥有核武器、明确远程弹道导弹与核武器项目密不可分并且试射行为将受到严重制裁。特朗普称，这是最后一次延长对伊朗核问题的制裁豁免期。根据相关规定，每隔120天，美国总统都要确定是否延长针对伊朗核问题的制裁豁免期。因此，2018年5月12日，是美国将要决定伊朗核协议命运的最后期限。

在长达近四十年的美国对伊朗制裁中，核心内容就是制裁伊朗的油气产业。1996年，美国克林顿政府实施的《伊朗制裁法案》、2010年奥巴马政府实施的《全面制裁伊朗、问责和撤资法案》，禁止任何企业向伊朗石油工业投资超过2000万美元；禁止任何人向伊朗提供价值超过一百万美金的石油产品；禁止帮助伊朗发展石油工业；禁止向伊朗提供石油、天然气开发生产的设备；购买伊朗国债；帮助伊朗出口石油；成立与石油开发有关的合资公司；帮助伊朗石油公司融资、保险等等。

根据2012财年的《国防授权法》，从2012年3月1日起，任何购买伊朗出口石油和其他产品的国家必须终止购买,否则将受到美国的制裁。当时,美国授予了日本等 11 个国家 6 个月的制裁豁免权,而中国和印度等国没有立即获得制裁豁免权。

从 1992 年布什总统签署的《伊朗—伊拉克武器防扩散法案》开始,美国政府颁布的多项法案中,将制裁措施的适用对象扩大到美国公司和个人以外的主体,这就是美国将制裁手段适用到全世界的"任何人",也就是一般所称的"二级制裁",或"长臂管辖"或"域外效力"。

四、中兴公司受制裁的法律依据及其他中国公司和个人受到的制裁

细致梳理,中兴公司受到制裁的法律依据是,1992 年布什政府颁布的《伊朗—伊拉克武器防扩散法案》以来的若干美国法令,尤其是 2010 年 7 月 1 日奥巴马签署的《全面制裁伊朗、问责和撤资法案》。

2010 年 7 月 1 日美国实施的《全面制裁伊朗、问责和撤资法案》,其最重要的是域外效力,即该法令适用于所有人(包括实体),包括那些与美国没有业务关系的人或者在美国没有业务的人。法令规定,如果向伊朗所提供的产品、货物、服务、技术、信息或其他支持的公平市场价值为 100 万美元或在 12 个月期间内合计达到 500 万美元,即会引发制裁。美国总统可以对从事可能受制裁行为的人处以 3 项或 3 项以上的制裁,包括禁止向被制裁者发放出口许可证等。

正是在这一背景下,2016 年 3 月,中兴公司就受到了美国司法部的指控。2016 年 4 月,中兴公司承认违反美国出口管制,公司愿意承担责任。2017 年 3 月 8 日,中兴公司与美国政府达成和解,支付 8.92 亿美元的刑事和民事罚款,给美国商务部工业与安全局 3 亿美元罚款被暂缓。2018 年 4 月 16 日,美国商务部宣布,因为中兴违背了 2017 年达成的协议条款,禁止向中兴通讯出售零部件并立即生效,持续 7 年。

早在 2012 年,中国的珠海振戎公司和昆仑银行就因涉伊朗业务而被美国制裁。2017 年 2 月 3 日,美国宣布对伊朗进行制裁,其中包括宁波新世纪进出口有限公司等两家中国公司和 3 名中国公民;3 月 24 日,美国宣布对违反禁令向伊朗等出售大规模杀伤性武器相关设备与技术的 11 个单位和个人实施制裁,其中包括 6 家中国公司和 3 名中国公民。

五、美国等的制裁对伊朗经济社会和国际石油市场的影响

伊朗是重要的油气资源国。石油储量全球第四,为1584亿桶,占世界的9.3%;天然气储量全球第一,为33.5万亿立方米,占世界的18%。

美国和国际社会的制裁,影响了伊朗的油气产业和经济社会的方方面面。伊朗石油产量从2011年底的400万桶/日下降到2013年第四季度的273万桶/日,2012年年初之后石油出口量曾下降了100万桶/日以上;石油出口量剧降60%,伊朗政府由此每月至少损失30亿美元。伊朗油气出口收入从2011—2012年的1150亿美元降到2013—2014年度的630亿美元。自2010年开始,伊朗国内生产总值快速下滑,2010年为5.9%,2011年为3%,2012年为-1.9%,是20年来的首次负增长;2013年为-1.5%。国际大石油公司纷纷宣布停止向伊朗提供石油产品,陆续撤出伊朗。中国、日本、韩国、印度等亚洲国家也大幅减少了从伊朗进口石油。由于美国的制裁,伊朗失去了欧洲各大保险公司对伊朗油轮的承保,使大部分油轮放弃运送伊朗原油。而制裁的解除使伊朗的石油收入大幅度增加。在制裁解除前,伊朗每月只能获得7亿美元的石油收入,2016年年末日出口量增至370万桶,月销售收入将升至39亿美元。

对国际石油市场来说,对伊朗制裁的解除或再次对伊朗实施制裁,其影响都将是非常复杂和十分巨大的。2016年1月18日,是国际社会解除对伊朗制裁后的第一个交易日,国际原油价格亚市盘初暴跌逾1美元,触及近十三年以来的最低水平。2016年1月份的一周时间里,油价跌破每桶30美元,为12年来首见。2017年,伊朗的石油产量已经恢复到380万桶/日,是仅次于中国的世界第七大石油生产国。如果美国重启对伊朗的制裁,意味着在制裁实施的第一年,伊朗的石油产量将减少40万~50万桶/日;中国、印度或土耳其如果被迫加入制裁的话,伊朗石油产量将减产60万桶/日。有机构和专家认为,5月12日后美国重启对伊朗的制裁,国际石油价格有可能冲破100美元/桶。一段时间以来,伊朗核问题的动向已经成了影响国际石油形势和油价走势的最直接因素。

相比国际社会同样关注的另一个核问题——朝鲜核问题,伊朗核问题则更加复杂,其影响更加巨大和也更加深远。虽然法国、德国、俄罗斯等都在积极努力,试

图缓解紧张局势，但伊朗本身态度强硬。从地区关系上来说，伊朗核问题涉及中东地区的伊朗与沙特阿拉伯、以色列国家间的关系，沙特阿拉伯和以色列是美国的重要盟友和地区的支柱，加之伊朗在叙利亚问题上的政策和介入，使之与沙特阿拉伯、以色列的关系更加紧张，它们会直接影响美国对伊朗的关系。4月30日，以色列总理内塔尼亚胡表示，以色列掌握的10万份秘密文件证明，伊朗在核协议方面向世界撒了谎，伊朗并没有放弃核计划。更加重要的是，中东是世界的石油库，即便页岩革命成功后美国对中东的关注日益减轻，但考虑到石油在世界经济政治中至关重要的作用，美国不会让伊朗拥有核武器并在中东拥有更大的影响力。因此，在当前和未来相当长时期里，美国对伊朗执行的只能会是遏制的政策。伊朗是中国第五大原油进口来源国，2017年原油进口量为3115万吨，伊朗核问题的未来走势肯定会给中国石油进口、海外投资和有关企业的国际化经营等带来较大的影响。伊朗核问题下一步究竟走向何方？5月12日即将来临，让我们拭目以待吧！

本文撰写于2018年5月初

伊朗会再一次被自己的石油淹没吗？

2018年5月8日，美国总统特朗普宣布中止伊朗核协议。6月26日和7月2日，美国国务院两次公开喊话，希望所有国家在11月4日前将从伊朗的石油进口削减至零。因为石油，伊朗又一次被推上了国际社会的风口浪尖。

作为欧佩克创始成员国，伊朗可谓因石油而命途多舛。伊朗的石油曾淹没过自己，引发过第二次石油危机，被美国和欧盟长期石油禁运。面对美国的新一轮制裁，伊朗真的有可能再一次被自己的石油淹没，伊朗及其诸多的相关方，都应冷静并建设性地而非意气用事地积极应对。

一、石油成为独一无二的战略商品即源于伊朗

19世纪90年代，法国地质学家发表报告认为，伊朗可能蕴藏有相当数量的石油。1872年和1889年，路透社的创始人朱利叶斯·德·路透，在伊朗获得了石油开采的特许权。1901年5月28日，生于英格兰的澳大利亚人威廉·达西，同当时的波斯国王穆扎法尔丁签署了特许权协议，支付两万英镑的现金、两万英镑的股票和开采地年纯利16%的收入，获得了伊朗3/4地区为期60年的石油开采权。1908年5月25日，在经过7年的艰苦努力之后，伊朗在纳夫坦地区打出了石油。1909年4月19日，英国石油公司的前身——英伦—波斯石油公司的股票正式公开发行。1912年7月，伊朗的阿巴丹炼油厂正式建成投产，成为第二次世界大战前世界最大的炼油厂。

1914年6月17日，在时任英国海军大臣丘吉尔的支持和推动下，英国议会批准了英国政府同英伦—波斯石油公司签订的一项协议：英国政府向英伦—波斯公司投资200万英镑，获得公司51%的股权；英国政府派出两名董事进入董事会，对涉

及海军燃料合同和一些重大政治问题有否决权；20 年内向英国海军提供燃料。这样，石油在历史上第一次成了国家政策的工具，成为独一无二的战略商品。

二、摩萨台的国有化——伊朗第一次被自己的石油淹没

1951 年 3 月，伊朗议院通过石油国有化方案。4 月 28 日，穆罕默德·摩萨台被任命为首相，接管英伊石油公司的油田和炼油厂。5 月 1 日，伊朗宣布取消英伊石油公司的石油开采权，把该公司的财产收归国有，成立伊朗国家石油公司。但是，由当时世界最大的 7 家石油公司（即埃克森、美孚、雪佛龙、德士古、海湾石油公司、皇家荷兰/壳牌集团、英国石油公司）组成的"七姊妹"事实上控制国际石油市场，这些公司在伊朗国有化之初就向英伊石油公司保证，不买伊朗的石油。与此同时，美国国务院代表美国石油公司宣布，面对伊朗对英国公司采取单方面行动的情况下，不愿在伊朗从事经营活动。这样，伊朗虽然将石油生产权收归了自己，但一滴石油也无法进入国际石油市场，伊朗政局发生动荡，1953 年 8 月摩萨台接管了伊朗军队，国王逃往国外，但 3 天后，伊朗国王在美国中央情报局的帮助下重返国内，将摩萨台赶下了台。

1954 年 9 月 19 日，伊朗政府同由美、英、法、荷石油公司组成的国际石油财团签订一项协议，规定石油资产原则上是伊朗国有的，由这些公司组成一个国际石油财团来管理伊朗的石油生产和销售，国际石油财团获得了伊朗西部和南部 25.4 万平方千米领土石油勘探、开采、提炼的专营权，期限 40 年。伊朗政府还给予英国石油公司以国有化损失的赔偿。1955 年 4 月，5 家美国公司将自己在伊朗国际石油财团中 1/8 股份让出，给 9 家美国独立石油公司。

在由摩萨台国有化引发危机的 3 年时间里，伊朗被淹没在自己的石油中，此时的国际石油市场，有伊朗石油也行，没有伊朗石油也行，伊朗的石油对国际石油市场并无多大的影响，国际石油市场的控制权牢牢掌握在英美国际大石油公司手中。

三、第二次石油危机——伊朗石油对国际石油市场的最大冲击

1973 年第一次石油危机后，大量的石油收入和不切实际的现代化建设，再加上土地改革的失败和国王专制统治，伊朗国内矛盾激化，以霍梅尼为首的宗教界领导

进行推翻国王统治的运动。1979年1月16日，伊朗国王巴列维流亡国外。2月1日，流亡国外的伊朗精神领袖霍梅尼返回国内。2月12日，宣布推翻君主制，巴列维王朝宣告结束。4月1日，通过全民公决，伊朗伊斯兰共和国宣告成立。

1980年9月22日，伊拉克空军对伊朗德黑兰国际机场和大不里士等10个空军基地进行空袭，两伊之间开始了长达8年之久的战争。1988年8月20日，双方停火，两伊战争结束。由于阿拉伯河沿岸是两伊的重要石油生产地，伊朗最大的石油城阿巴丹大部分被毁，并最终被夷为平地，原油出口中心和最大的储油港哈尔克岛损失严重。战争开始后第三天，伊朗就基本上停止出口石油。伊拉克最大的炼油厂巴士拉也受到伊朗的大规模空袭，最大的原油出口站法奥被伊朗占领，通往地中海的输油管也被炸。1984年2月份，伊朗占领伊拉克的马季农岛，伊拉克发动了轰炸伊朗油轮、封锁伊朗海上石油出口的"油轮战"，伊朗以牙还牙，也在海湾水域袭击过往油轮。

1978年9月，伊朗石油日产量为610万桶，出口量为每天550万桶左右。到1978年圣诞节，伊朗完全停止石油出口，国际石油市场每天减少供应约550万桶。从1978年10月底开始，国际石油价格不断上涨，9月份的每桶12.78美元，上涨到11月份的每桶18.73美元，12月份达19.18美元。从1979年5月起，国际石油价格又开始上涨，5月份为每桶28.94美元，6月份为35.40美元，最高价格为38美元。1979年下半年，随着两伊战争的开始和逐渐升级，国际石油价格10月份为每桶38美元，12月份达每桶41美元，最高达每桶45美元。至此，世界石油工业史上的第二次石油危机就这样发生了。

四、美国和欧盟的石油禁运——让伊朗社会记忆犹新

从20世纪80年代以来，伊朗对外关系中，一直面临两大难题，一是与美国长期交恶，二是因核问题受到国际社会的制裁。

历史上，伊朗与美国曾有非常好的双边关系，巴列维国王执政的前期，是美国重要的盟友，被称为"波斯湾的宪兵"。1979年，霍梅尼领导的伊斯兰革命成功，特别是1979年11月的"人质事件"，卡特总统宣布禁止从伊朗进口石油，冻结伊朗在美国的约120亿美元资产。1980年，美国和伊朗断交。自此，美国和伊朗两国正式交恶，对伊朗实施了近四十年的制裁。

在长达近四十年的制裁中,核心内容就是制裁伊朗的油气产业。例如,1996年,美国克林顿政府实施了《伊朗制裁法案》、2010年奥巴马政府实施的《全面制裁伊朗、问责和撤资法案》,对伊朗的油气产业进行制裁,并将制裁措施的适用对象扩大到美国公司以外的主体,禁止任何人向伊朗的石油工业进行大规模的投资,这就是所谓的"二级制裁"。美国政府通过的2012财年《国防授权法》,规定从2012年3月1日起,任何购买伊朗出口石油和其他产品的国家必须终止购买,否则将受到美国的制裁,只有美国总统才可以对在此法实施前6个月内,已经大幅度减少其从伊朗购买原油数量的国家享受阶段性制裁豁免权。当时,美国授予日本等11个国家6个月的制裁豁免权,而中国和印度等国家没有立即获得制裁豁免权。

从20世纪50年代后期,伊朗开始了其核能发展计划。2003年10月,美国和西方国家的情报部门认为伊朗已经迈进了核门槛。2006年4月11日,伊朗宣布成功生产出纯度3.5%的低纯度浓缩铀,成为国际"核八强"之一(5个联合国安理会常任理事国、印度、巴基斯坦、伊朗)。多年来,联合国等国际社会一直都在反对伊朗开展铀浓缩活动,试图通过外交努力解决伊朗核问题。联合国安理会通过了多次决议,如2006年12月23日的第1737号决议、2007年3月24日的第1747号决议、2008年3月3日的第1803号决议和2010年6月9日的第1929号决议,对伊朗实施制裁。2010年,欧盟开始对伊朗进行制裁。2012年7月1日,欧盟对伊朗实施了全面的石油禁运。

美国和国际社会的制裁,给伊朗经济社会带来了巨大的负面影响。伊朗石油产量从2011年底的400万桶/日下降到2013年第四季度的273万桶/日,2012年年初之后曾下降了100万桶/日,石油出口剧降60%。国际货币基金组织估计,伊朗油气出口收入下降了47%。自2010年开始,伊朗国内生产总值增速快速下滑,2010年为5.9%,2011年为3%,2012年为-1.9%,是20年来的首次负增长,2013年为-1.5%。2008—2012年,伊朗里亚尔贬值近30%,通货膨胀加剧。

五、面对新一轮的制裁,伊朗和国际社会的选择都将十分有限

(一)伊朗的石油生产高度依赖国际市场

2018年1月1日,伊朗拥有的剩余探明石油储量为1572亿桶,占世界的9.3%,排名第四位,可生产年限为86.5年;剩余探明天然气储量则更大,为33.2万亿立方

米，占世界的17.2%，仅次于俄罗斯，排名第二位，可生产年限为148.4年。

伊朗是世界第五大石油生产国，半数以上的原油和23%以上的成品油依赖国际市场。2017年，伊朗的原油产量为470万桶/日，出口量为250万桶/日，原油产量的53.19%需出口到国际市场。2017年12月，伊朗的炼油能力为220万桶/日。2017年，伊朗国内的石油消费量为170万桶/日，成品油出口量为50.7万桶/日，23.05%成品油需出口国际市场，其中83%为LPG和燃料油，但其汽油需从国际市场进口，进口量为8万桶/日，占其汽油消费量的16%。

伊朗是世界第三大天然气生产国，排名美国、俄罗斯之后。2017年，伊朗的天然气产量为2690亿立方米，其中453亿立方米回注油田以增加采收率。与美国、俄罗斯不同的是，伊朗天然气绝大部分用于国内消费，2017年国内天然气消费量为1954亿立方米，是美国、俄罗斯和中国之后的世界第四大天然气消费国。伊朗天然气贸易量很小，只占世界管道天然气贸易量的1%。2017年，伊朗通过管道出口了127亿立方米、进口了48亿立方米天然气，进口主要来自土库曼斯坦，73%的出口到土耳其，不具备液化天然气的出口和进口能力。

（二）美国为阻断伊朗石油出口做足了准备，伊朗石油进口国等相关方都已在着手撤出

6月30日，美国总统特朗普发推特称，已与沙特阿拉伯国王萨勒曼通电话，要求沙特阿拉伯每日增产200万桶。7月3日，官方消息证实，沙特阿拉伯已经在增加石油产量，5月份增加了70万桶/日，石油产量已经接近2016年11月以来的创纪录水平1072万桶/日，7月份将达到或超过1100万桶/日，未来最高可达1200万桶/日。

过去两年里，得益于页岩革命的成功，美国石油产量猛增，2018年6月已达到了1090万桶/日，出口达到了创纪录的300万桶/日。

与此同时，俄罗斯的石油产量也在不断增加，6月份俄罗斯的石油产量从5月的1097万桶/日增加至1106万桶/日。

目前的国际石油市场事实上已经形成了一个超级三角，分别为美国、俄罗斯和沙特阿拉伯，2018年6月这3个国家的石油产量都已达到了1100万桶/日的水平，合计约为3300万桶/日，可以满足全球石油需求9910万桶/日的1/3。

早在欧佩克6月22日举行第174届部长级会议前，特朗普就3次发推特，要求

欧佩克中止减产，增加石油产量。在这次会议上，沙特阿拉伯在美国的压力下，主导了欧佩克增加产量。2018年6月份，欧佩克石油产量增加32万桶/日，12个设定了减产目标成员国的石油产量较5月增加68万桶/日。

市场上还有传闻，11月2日中期选举期间，美国政府有可能释放1亿桶战略石油储备，平抑阻断伊朗石油出口后石油价格可能的上涨。目前，美国政府拥有的战略石油储备为6.6亿桶。此外，经济合作与发展组织国家拥有的政府和企业石油库存为43.87亿桶，等于这些国家93天的消费量和国际能源署成员国186天的净进口量。

当前国际石油形势非常类似于20世纪50年代初，市场的供应充足，有无伊朗石油无关紧要，主要石油消费国手中还拥有庞大的石油储备，更不会因伊朗而引发另一次石油危机。尤为重要的是，与20世纪80年代初不同的是，美国已成为世界最大的石油生产国和重要的出口国，不再依赖中东生产的石油，对外政策已经有很大的可选择空间。今天的世界，石油已经成为出口国有可能会自伤的双刃武器。

2017年度，在伊朗出口的250万桶/日原油中，中国、印度、韩国、土耳其、意大利、法国、阿拉伯联合酋长国和日本是其八大出口国，占出口总量的87%（图1）。从目前的情况看，除土耳其外，这些国家都在为11月4日停止从伊朗进口石油做准备。在伊朗开展业务的能源和非能源类多国企业，大部分已宣布停止业务并开始撤出。中国是伊朗2017年最大石油出口国，伊朗是中国第五大原油进口国，进口量为3115万吨。中国外交部多次声明，将在符合各自国际法义务的框架内保持与伊朗的正常交往与合作。

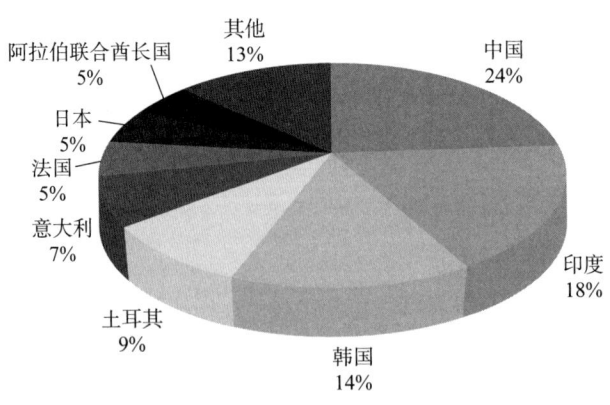

图1　2017年伊朗原油和凝析油出口目的地

2016—2017 财政年度，伊朗石油和天然气出口收入为 570 亿美元，2014—2015 财政年度为 336 亿美元，增长了 69.64%，主要来源于 2016 年年初制裁解除后石油出口的恢复。伊朗石油部长赞加内称，石油生产和出口收入占伊朗政府财政收入及国家外汇收入的比例分别为 55% 和 75%。不过有关机构估计，伊朗政府收入的 70% 和外汇收入的 90%，来源于石油。因此，市场都很清楚，没有了石油出口收入，对伊朗意味着什么。目前，伊朗的经济形势严峻，物价飞涨，德黑兰等地连日发生抗议活动，德黑兰的大巴扎、两大手机和电子中心关闭，里亚尔对美元的汇率由官方的 4.2 万暴跌到 9 万兑换 1 美元。

伊朗总统鲁哈尼称，伊朗正面临一场与美国的"经济战争"，如果不能出口石油，那将意味着整个地区的石油都不能出口；伊朗第一副总统贾汉吉里警告，沙特阿拉伯等争夺伊朗石油市场份额的国家要付出代价。7 月 2 日，鲁哈尼出发前往瑞士和奥地利，开展"头等重要"的西欧之行，力图维持伊核协议。我们真心希望看到的是，面对今天的国际石油形势，伊朗和相关方都能冷静地坐下来对话，"经济战争"还是不要真正打起来的为好！

本文撰写于 2018 年 7 月初

制裁困境中的伊朗难有选择

2019年4月22日,白宫宣布,美国政府将于5月2日起不再给予8个国家或地区进口伊朗石油的豁免,新一轮美国对伊朗的制裁落下了最重要的一道闸门。

2018年5月8日宣布中止伊核协议、重启新一轮对伊朗制裁已过去一年时间,美国对伊朗的制裁包括经济军事等方方面面,其中石油领域是重点。面对美国全方位的制裁,小到企业,大到某些国家政府或欧盟这样的国际组织,都有心无力;伊朗经济社会受到了巨大的冲击,拟议中的主要反制措施后果堪忧,难有有效的反制措施选择。

一、新一轮美国对伊朗的制裁不断收紧,石油是核心

1979年11月4日,伊斯兰革命期间,伊朗学生占领美国大使馆,由此引发了长达444天的"人质事件"。自此之后,美国与伊朗关系交恶,美国开始了长达40年的对伊制裁。

2018年5月8日,美国总统特朗普宣布中止伊朗核协议,一年来美国对伊朗新一轮制裁的政策目标已十分清晰,措施不断收紧。

(一)美国对伊朗新一轮制裁的政策目标

2017年1月上台以来,特朗普多次表示,伊核协议未能完全、永久限制伊朗核计划,伊朗则利用该协议获得大量资金,伊核协议为"史上所有国家曾做过的最糟糕的交易"之一,需要取消或重新谈判。

2018年5月21日,美国国务卿蓬佩奥在美国传统基金会发表演讲,提出对伊朗的12项要求,包括中止弹道导弹计划、放弃插手叙利亚和也门的事务、停止在中东

地区的军事行为、大幅削减核武计划等。

2018年8月7日，特朗普发推文，称任何与伊朗做生意的人，都不能与美国做生意，划出了世界上所有企业与伊朗业务的底线。

（二）美国对伊朗新一轮制裁已涵盖经济军事等方方面面

2018年5月15日，美国宣布，制裁伊朗中央银行行长赛义夫；5月22日，美国宣布制裁5名伊朗人，指责他们与也门、伊朗伊斯兰革命卫队"圣城旅"和伊朗弹道导弹项目有关；7月底，美国下令，美国地毯商必须在同年8月6日前将所有伊朗进口产品降至零，不允许从其他国家进口伊朗制造的地毯。

2018年8月6日，美国全面重启对伊朗的制裁，包括伊朗涉及美元、黄金等贵金属以及煤炭、其他金属、工业相关软件等的买卖，与伊朗货币相关交易，与伊朗政府发行主权债务相关活动，伊朗汽车行业等；10月16日，美国宣布制裁伊朗国民银行、伊朗拖拉机制造公司、穆巴拉克钢铁公司以及其他与投资、商品和工程有关的二十余家企业。

2018年11月5日，美国对涉及伊朗金融、航运、航空、能源等领域的超过700个个人、实体、飞机和船只实施制裁；中国、印度、意大利、希腊、日本、韩国、土耳其和中国台湾地区计8个国家或地区，可以继续购买伊朗石油6个月。

2019年1月24日，美国宣布对4个涉及与伊朗革命卫队有关的实体进行制裁，包括两家与马汉航空相关的航空公司；3月22日，美国政府对伊朗14名个人和17个实体进行制裁，认定与伊朗防御创新和研究组织有关联，向被美国制裁的伊朗国防实体提供支持；4月8日，美国宣布，认定伊朗伊斯兰革命卫队为"外国恐怖组织"，制裁同伊朗革命卫队有经济往来的个人和银行等实体。

2019年4月22日，美国宣布，此前给予8个国家和地区进口伊朗石油的制裁豁免在5月2日到期后将不再延续。

2019年5月4日，美国宣布，给予伊朗阿拉克重水反应堆、福尔多核燃料浓缩厂和布什尔核电站项目90天的制裁豁免，以改善对伊朗民用核计划的持续监督。

外媒报道，2019年5月初，美国正在考虑将对伊朗的制裁扩大石化产品出口，该业务是伊朗仅次于石油的第二大出口收入来源。

二、面对美国新一轮对伊朗的制裁，国际社会有心无力

一年来，伊核协议相关方积极努力，试图挽救协议并规避美国制裁对自身企业的影响。不过，到目前为止，无论是一个主权国家的政府、国际组织或是从事商业活动的企业，看来都无力改变残酷的现实。

（一）伊核五国态度积极，努力挽救伊核协议

2018年5月26日，伊朗核问题五国与伊朗在维也纳召开会议，中国、俄罗斯、法国、德国、英国参加，讨论解决伊朗核协议的方案，防止美国的制裁。

2018年7月6日，伊朗核问题六国外长会议在维也纳召开，重申各方共同维护执行伊朗核协议不动摇，继续维护和落实伊朗核协议；提供伊朗相关补偿，与伊朗进行更广泛的经济合作以确保伊朗的金融通道畅通，确保伊朗原油及相关产品的出口，有效支持与伊朗开展贸易的实体，鼓励对伊朗继续投资等。

2018年9月24日，伊朗核问题六国外长会议在纽约联合国总部举行，认可伊朗已全面有效履行核领域承诺，对伊朗解除制裁，保障伊朗从中获得经济红利，保护其经济实体与伊朗自由开展合法的贸易。

（二）欧盟出台阻断法案和新支付方案，试图另辟通道

2018年8月7日，欧盟更新后的"阻断法令"正式生效。"阻断法令"1996年引入欧盟，当时即为反制美国"域外法权"。阻断法令规定，如美国对别国的制裁殃及欧盟企业，涉事企业无需遵守相关制裁法案，可索赔损失及冲销外国法院基于制裁法案所做判决的影响。

2018年8月底，欧盟决定建立一个独立于美国的欧洲支付渠道，绕开SWIFT支付系统，并为此筹备设立"特殊目的机构"。但是，奥地利直接拒绝主持该计划，到目前为止没有任何一个欧盟成员国愿意牵头建立这个系统。

2019年1月31日，德国、法国、英国发表联合声明，宣布设立与伊朗贸易的专门机制，核心是INSTEX结算机制，INSTEX总部将设在巴黎。从目前有关资料看，该系统不适用于伊朗石油等重要的能源贸易领域，重点仅是"对伊朗人最重要的部门"，如不受美国制裁的食品、药品和医疗器械等。根据联合国的数据，2017年欧洲向伊朗出口药品的价值为8.8亿美元。

（三）国际组织和商业企业自保为上，纷纷中止与伊朗的业务

2018年11月，SWIFT宣布，为维护全球金融体系的稳定性和完整性，伊朗进入SWIFT银行间网络的渠道正式关闭。

2018年5月8日之后，诸如道达尔、雷诺、西门子、马士基和三星等在内的大批世界各国企业，中止了在伊朗的投资和贸易活动，纷纷撤出伊朗，保险公司不再为与伊朗相关业务的运输等商务活动提供保险。其中，欧盟的企业冒着受欧盟处罚的风险，也撤出了伊朗，"阻断法令"没有实效。

2018年7月，俄罗斯石油公司和俄罗斯天然气工业股份公司宣布，计划向伊朗的油气行业投资500亿美元，并可能与伊朗达成"石油换商品"的交易。但是，2018年12月初，俄罗斯方面称已停止了与伊朗就有关合作的商谈，且俄罗斯对伊朗没有任何义务。事实上，伊朗与俄罗斯之间的双边贸易几乎微不足道。2017年，伊朗对俄罗斯出口的货物价值仅3.92亿美元，2018年为5.33亿美元，当年两国双边贸易总额也只有17.4亿美元。

三、针对不断收紧的美国制裁，伊朗可选择的反制措施十分有限

美国重启制裁一年来，伊朗经济社会受到了巨大的冲击，内部不稳，拟议中的主要反制措施后果堪忧，维持正常的石油出口和油气行业的投资几无可能。

（一）制裁重启一年来，伊朗经济社会受到了巨大的冲击

2016年，是近年来伊朗最好的年份，国内生产总值增长高达13.4%，2017年也保持在3.7%的水平。世界银行报告称，2018年伊朗经济增长为-1.6%，人均实际GDP增长率为-2.6%，失业率为11.7%。2018年，与委内瑞拉、阿根廷一样，伊朗经济出现了负增长。

截至2019年3月，伊朗真实通货膨胀已高达253%。2019年4月28日，伊朗里亚尔官方汇率为42000兑1美元，而市场实际汇率约为144000兑1美元。国际货币基金组织的数据显示，伊朗的通胀率达到与苏丹相似的程度，仅低于委内瑞拉和津巴布韦，创下自1980年以来的最高水平。

2019年4月初，国际货币基金组织和世界银行同时将伊朗2019年经济增长，分别下调为-6%和-4.8%。

随着美国制裁的收紧，伊朗民众的生活受到了非常大的影响，示威游行不断。据伊朗媒体报道，自2018年6月以来，伊朗多个城市举行示威游行，抗议伊朗经济问题。

面对美国制裁和国内经济恶化，伊朗政府十分不稳。2018年7月底，伊朗中央银行行长被解职；8月5日，在打击金融欺诈行动逮捕的45人中，包括了中央银行副行长；8月初，劳工部长被革职；8月26日，财政部部长被解职；10月20日，工业和交通部部长同时辞职。

2019年2月25日，伊朗外交部长扎里夫宣布辞职。扎里夫获美国丹佛大学国际法博士学位，是对美温和派，主张谈判解决与美国分歧。2月27日，鲁哈尼宣布拒绝扎里夫的辞职。

2019年4月21日，伊朗最高领袖哈梅内伊宣布，侯赛因·萨拉米接替穆罕默德·阿里·贾法里，出任伊斯兰革命卫队总司令。

（二）经常宣传的两项主要反制措施，事实上后果堪忧

一年来，伊朗不断出台措施反制美国的制裁。如4月30日鲁哈尼宣布，驻中东地区的所有美军都是恐怖分子，美国政府则是恐怖主义的支持者。系统梳理，伊朗拟议中的主要反制措施有以下两项：

一是退出伊朗核协议和核不扩散条约。2018年5月15日，伊朗宣布，考虑退出伊朗核协议，将铀浓缩从4%以下恢复至高于20%的纯度；6月4日，伊朗最高领袖哈梅内伊命令伊朗原子能组织立即提高铀浓缩能力，尽快恢复到19万"分离功单位"的水平；8月中旬，伊朗宣布，将把寄存在俄罗斯的核燃料，分10次全部运回国。2019年4月9日，鲁哈尼下令在纳坦兹核设施安装20台IR-6型离心机；4月28日，扎里夫确认，伊朗正在考虑退出《不扩散核武器条约》；5月8日，鲁哈尼宣布，伊朗中止履行伊朗核协议部分条款，不再对外出售重水和浓缩铀，给予伊朗核协议各方60天执行原油和银行行业的承诺。

是否退出伊核协议，尤其是是否退出核不扩散条约是伊朗核问题的底线，伊朗一旦退出伊朗核协议和核不扩散条约，就意味着重回伊朗核协议签署前的境地。5月7日，得知伊朗可能暂停核协议中的部分承诺后，法国政府人士表示，如果伊朗违背核协议承诺，欧盟和国际社会可能会重新对其实施制裁。

二是军事封锁霍尔木兹海峡。一年多来,军事封锁霍尔木兹海峡一直是伊朗经常宣传的口号,伊朗军队不断在霍尔木兹海峡地区举行演习。2019年4月28日,伊朗武装部队总参谋长巴盖里称,如果敌人恶意行为增加,伊朗可以封锁霍尔木兹海峡。

霍尔木兹海峡是波斯湾连通印度洋的唯一通道,大量货物贸易需通过海峡运输。其中,石油数量约为1850万桶/日,占世界海运石油贸易量的30%、世界石油贸易和产量的20%以上;液化天然气数量约占30%以上的世界液化天然气贸易。因此,一旦霍尔木兹海峡被封锁,石油和天然气价格将大幅度上涨,有可能导致新一轮世界经济危机。

作为国际水道,霍尔木兹海峡有国际法保证。两伊战争期间,为应对伊拉克和伊朗发动的袭船战,美国联合英国、法国、意大利、荷兰、比利时以及沙特阿拉伯等国军队护航,伊朗海军几乎损失所有大型作战平台,1988年7月3日伊朗IR655号班机被美军舰击落,290名乘客和机组人员全部罹难。2019年4月15日,美国宣布,首次向阿拉伯联合酋长国达弗拉空军基地部署F-35战机;5月5日,美国林肯号航母战斗群起航前往波斯湾,并在卡塔尔部署4架B-52重型轰炸机;5月7日,美国国务卿蓬佩奥临时取消赴德国行程,突访伊拉克,协调对伊朗的政策。

从1984年开始,美国就将伊朗列入支持恐怖主义国家的名单,认为伊朗是恐怖主义主要赞助国。对于恐怖袭击,国际社会的态度是非常明确的,任何目的的恐怖袭击都将受到国际社会的一致谴责。

(三)石油贸易和油气投资领域,伊朗面对的将是无情的现实

2018年1月1日,伊朗拥有的剩余探明石油储量为1572亿桶,占世界的9.3%,排名第四位;剩余探明天然气储量为33.2万亿立方米,占世界的17.2%,仅次于俄罗斯,排名世界第二。

维持正常的石油出口几无可能。2019年4月,伊朗原油出口量只有110万桶/日。4月30日,鲁哈尼称,未来几个月美国人会看到伊朗仍在出口石油。早在4月22日美国宣布对伊朗的石油出口不再豁免前,3个国家已经决定停止进口伊朗石油,其他国家也已经大幅度减少进口数量。市场基本一致的判断是,从5月份开始,伊朗石油出口将大幅度下降,可能会低到只有40万桶/日的水平,主要通过陆路等灰色市场出口到某些邻近的国家。1980年以来伊朗的石油产量与石油出口收入如图1所示。

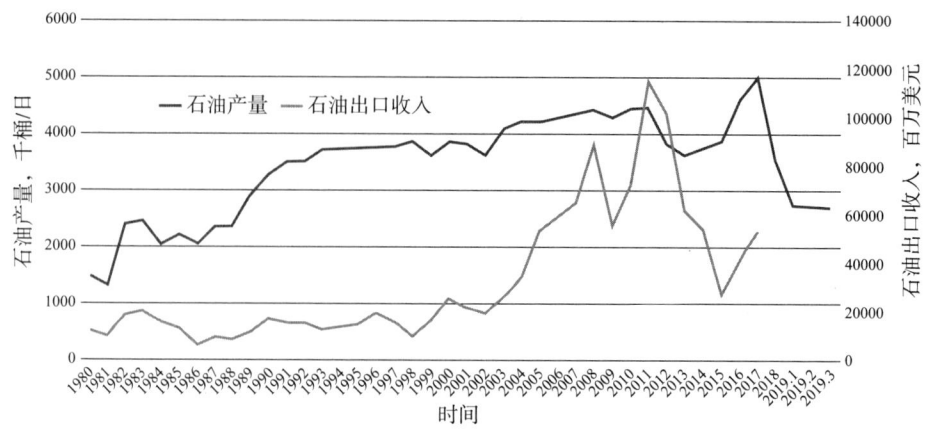

图1　1980年以来伊朗的石油产量与石油出口收入

资料来源：1. 1980—2017年石油产量，英国石油公司，《世界能源统计评论》，2018年6月；
2. 2018年和2019年1—3月原油产量，欧佩克，《月度石油市场报告》，2019年第4期；
3. 1980—2017年石油出口收入，欧佩克，《年度统计公报》。

油气领域的国际投资活动已全部停止。伊朗是世界第三大天然气生产国，与美国、俄罗斯不同的是，天然气主要用于国内消费，占一次能源消费的67%，世界上绝无仅有。卡塔尔是目前世界最大液化天然气出口国，主力气田北方气田紧邻伊朗的南帕斯气田，是已知世界最大气田。伊朗核协议生效后，伊朗将南帕斯气田的开发列为重点，法国道达尔、中国的中国石油都参与该气田的开发。目前，不仅仅南帕斯气田，其他伊朗重要的油气开发和石油化工项目均已停止。

当前国际石油天然气市场供应充足，生产国都在努力争夺市场份额。从石油供应看，4月23日，国际能源署宣布当前世界石油剩余供应能力约为330万桶/日，供应充足。4月27日，普京表示，俄罗斯已经作好准备，不仅仅满足中国的需求，还会满足全球各地伙伴的需求。从天然气供应看，2018年，中国超越日本，成为世界第一大天然气进口国，俄罗斯、卡塔尔、澳大利亚都在积极争取更多的中国天然气市场份额，美国更是谋求向中国出口更多的石油和天然气资源。

4月22日，美国宣布不再豁免伊朗石油出口后，油价曾短暂上涨，但5月8日布伦特原油已跌回到4月5日的水平，说明市场并不担心可能的供应紧张。更为重要的是，随着美国不断收紧制裁，伊朗丰富的油气资源将失去国际市场，伊朗可能将错失一轮发展机会。

本文撰写于2019年5月初

委内瑞拉与伊拉克：
石油生产国的两个极端样本

一段时间以来，因经济极度困难而引发内乱的委内瑞拉上了世界和中国媒体的头条，各路专家对委内瑞拉的困境从不同角度进行了解读，其中石油是回避不了的话题，也是解读的重点内容之一。

委内瑞拉为什么会出现当前极度困难的经济形势，无论多长篇幅的分析和解读，感觉总似如鲠在喉。非常有意思的是，将委内瑞拉放在国际石油市场大背景下，与曾经很长时间占据媒体头条但今天已基本了无声息的伊拉克可以进行很直观的对比，两国人民遭受的苦难让我们深感痛心，但更重要的是两国现实的巨大反差让我们无法释怀。

一、国际石油市场曾经辉煌并相互支持的两大风云国家

分析和评说160年来的世界石油工业历史，无论如何都绕不开两个国家，即委内瑞拉和伊拉克。

（一）拥有丰富的石油资源，石油生产历史悠久

2018年1月1日，委内瑞拉探明石油储量为3032亿桶，占世界17.9%，世界第一。同期，伊拉克探明石油储量为1488亿桶，排名世界第五，占世界8.8%。

1913年，壳牌在委内瑞拉马拉开波湖一带勘探石油。1922年12月14日，劳斯巴罗索斯2号井发生大井喷，委内瑞拉由此拉开了石油开发的热潮。1929年，委内瑞拉石油产量达1.37亿桶，成为仅次于美国的第二大产油国；1960年，委内瑞拉石油产量为10.41亿桶，占世界石油产量的13.6%。

1927年10月15日，基尔库克西北的巴巴格格打出了第一口油井。1928年7月

31日，壳牌、英波石油公司、法国石油公司和由几家美国石油公司控制的近东发展公司等，联合设立伊拉克石油公司并分别取得了23.75%的股权，签署了著名的"红线协定"，对伊拉克和海湾地区的石油利益进行了瓜分。1934年，伊拉克石油投入商业生产，至第二次世界大战爆发前，石油产量每年维持在390万吨左右。

（二）委内瑞拉是欧佩克的缔造国，伊拉克首都巴格达是欧佩克的诞生地

欧佩克的缔造者，就是委内瑞拉的佩雷斯·阿方索。1958年1月，阿方索担任矿物和碳化氢部长，主张产油国政府不但要增加石油收入，还应控制石油生产和销售。

1959年4月16日，阿拉伯联盟常设石油委员会在开罗召开会议，阿方索率领委内瑞拉代表团列席。会上，阿方索与伊拉克等国代表秘密聚会，达成"君子协定"，产油国保护定价体系，建立国营石油公司，争取利润六四分成，建立炼油厂，向石油业下游扩展等。正是这次秘密聚会和达成的"君子协定"，成为欧佩克的雏形。

1960年9月10日，在伊拉克政府的邀请下，委内瑞拉、沙特阿拉伯、科威特、伊朗和伊拉克代表在巴格达聚会。9月14日，会议决定成立一个永久性的组织，命名为欧佩克。

（三）石油政策高度一致，相互支持

1948年11月15日，委内瑞拉规定，政府至少获得石油生产净收入的50%。年底，埃克森同委内瑞拉政府签订了协议。这是世界石油史上，产油国同大石油公司签订的第一个利润对半分成协议。

1961年12月11日，伊拉克收回了99.5%的租让区。1973年3月1日，伊拉克宣布，实行石油国有化，国家取得对石油资源的所有权。

2000年8月10日，委内瑞拉总统查韦斯从伊朗以陆路方式进入伊拉克，与萨达姆举行会谈，萨达姆亲自为查韦斯驾车兜风。查韦斯是第一次海湾战争结束后，第一位访问伊拉克的国家元首。第二次海湾战争战败后，萨达姆被抓，委内瑞拉公开反对处死萨达姆。

二、伊拉克：苦难中重新崛起的石油巨人

自 1980 年 9 月以来至今，是伊拉克人民苦难的 40 年。不过，从 2008 年开始，伊拉克开始了石油生产的重建和恢复，今天已成为世界第五大石油生产国。

（一）苦难的 40 年，伊拉克生灵涂炭

1980 年 9 月 22 日，是伊拉克苦难 40 年的开始，伊拉克空袭伊朗，开始了长达 8 年之久的两伊战争。在这场未见胜负的战争中，伊拉克死亡 18 万人、伤 25 万人，直接损失高达 3500 亿美元。战前，伊拉克拥有 370 亿美元外汇储备，战争结束时外债为 700 多亿美元。

就在两伊战争结束后不到两年的 1990 年 8 月 2 日，伊拉克入侵科威特，由此引发了海湾危机、第一次海湾战争和第二次海湾战争，伊拉克人民迎来了更大的苦难。第一次海湾战争结束后，伊拉克军队整体作战能力损失 2/3 以上，伤亡达 8.5 万~10 万人，石油工业、交通等基础设施被摧毁，直接经济损失约 2000 亿美元，GDP 下降到只有战前的 1/3，人均收入降至不足 400 美元。第二次海湾战争，萨达姆政府被推翻，萨达姆被活捉并被绞死，伊拉克军队被彻底打垮，超过 10 万士兵和平民死亡，480 多万平民沦为难民。

第二次海湾战争结束后，伊拉克处于无政府状态，成为恐怖活动的场所。2014 年 6 月，极端组织宣布在伊拉克和叙利亚建立"伊斯兰国"。鼎盛时期，极端组织控制了伊拉克约 1/4 领土，儿童和平民被作为人肉盾牌，大量人员伤亡，数量空前的民众流离失所。2017 年 12 月 9 日，伊拉克宣布，政府军解放了被极端组织占领的所有领土。

库尔德问题一直是伊拉克政府长期头痛的重大问题之一。2017 年 9 月 25 日，库尔德地区进行公投，希望组建独立的国家。就在公投的同一天，伊拉克议会通过决议，认定公投及其结果无效，要求在基尔库克等有争议地区部署军队。2017 年 10 月 16—17 日，伊拉克军队夺回基尔库克省和基尔库克油田等被库尔德人占领的地区。

（二）遭受严厉的石油制裁，经济崩溃

因入侵科威特，联合国对伊拉克实施全面制裁，其中石油出口禁运从 1990 年 8 月 6 日开始至 2003 年 11 月 21 日结束，是历史上最为严厉、为时最长的联合国对石

油生产国石油出口的制裁。石油出口完全被阻断，伊拉克陷入严重经济困难，1995年民众的配给额已经降到了联合国规定的温饱线以下，每人每天的生活费不足1美元，造成了大约50万~150万伊拉克平民死亡，婴幼儿死亡率大幅度上升，基础设施完全被摧毁，退回到前工业化的状态并原地踏步。

为解决严重的人道主义危机，自1996年12月10日起，联合国实施"石油换食品"，伊拉克完全丧失自己石油出口的管理自主权，石油出口由联合国管理。根据"石油换食品"计划，伊拉克累计出口了34亿桶原油，总价值655亿美元，其中约有460亿美元用于购买食物和药物等作为人道救援物资，援助了伊拉克60%的人口。

（三）重建石油生产，已成石油巨人

2003年5月22日，联合国安理会通过1483号决议，解除对伊拉克长达13年的全面制裁，伊拉克开始了战后经济重建工作，其中石油工业重建是重点。

2008年6月30日，伊拉克政府宣布开展国有化以来首次对外国公司的石油领域开放招标。自此至2018年4月26日，伊拉克共举行了五轮油气田招标，开放了鲁迈拉、基尔库克等主要油气田，包括中国有关石油公司和英国石油公司、壳牌、道达尔、埃克森美孚、埃尼和卢克等国际大石油公司，主导了伊拉克石油生产的重建恢复工作。

第一次海湾战争结束后，伊拉克石油产量跌至30万桶/日的历史底位，2003年5月也只有90万桶/日。2012年，伊拉克石油产量增加到每天317.1万桶，接近历史最高的1979年。2015年，伊拉克石油产量为403.1万桶/日，超过伊朗，成为欧佩克第二大石油生产国。2017年，伊拉克日均原油产量为440万桶，日均出口原油380万桶。

2018年1月，伊拉克石油部长宣布，原油生产能力已达到500万桶/日。2018年12月，伊拉克原油产量为471.2万桶/日。根据计划，2020年，伊拉克石油生产能力将达到650万桶/日。

1980年，伊拉克石油出口收入为260.96亿美元，GDP为535.86亿美元。1991年，伊拉克石油出口收入跌至历史最低点，仅为3.51亿美元，1995年GDP下降到只有61.87亿美元，为1980年以来的最低水平。随着石油生产的逐渐恢复，伊拉克石油出口收入和GDP都不断提高。2006年，伊拉克GDP增长到648.05亿美元，超

过1980年的水平。2012年，伊拉克石油出口收入达到940.9亿美元，为历史最高，GDP也增长到2195.6亿美元。2014年下半年油价暴跌后，伊拉克石油出口收入有所下降，仍保持在597.3亿美元。2018年1—7月，伊拉克石油出口净收入为540亿美元，接近2017年全年的水平（图1）。

1991年和2003年，美国发动了两场海湾战争，推翻了萨达姆政权，国内外媒体和专家们曾认为，美国此举是为了伊拉克的石油。2017年1月21日，在其上任后的第二天，特朗普在美国中央情报局发表讲话时宣称，美国"应该占有伊拉克的石油资源……战利品属于获胜者"。但是，据公开资料统计，战后伊拉克历次石油招标中，中国是最大的外国投资者，中国石油是最大的单一外国投资公司。美国《纽约时报》认为，"美国打败了萨达姆，但中国赢得了伊拉克。"

2018年，伊拉克是中国第四大原油进口来源国，出口的原油为3622万吨；同期，伊拉克是美国第五大原油进口来源国，出口的原油约2750万吨。

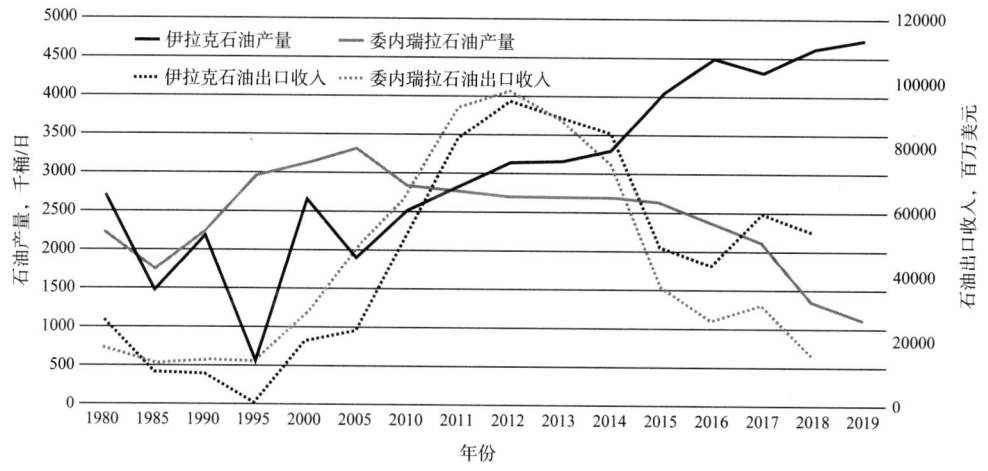

图1　1980年以来伊拉克和委内瑞拉石油产量及石油出口收入

说明：1.产量单位为千桶/日，收入单位为百万美元；

  2.2018年和2019年石油产量为原油产量，其中2019年为2019年1月份；

  3.2018年石油出口收入为2018年1—7月石油出口净收入。

资料来源：1.1980年至2017年石油产量，英国石油公司，《世界能源统计评论》，2018年6月；

  2.2018年和2019年石油产量，欧佩克，《月度石油市场报告》2019年2月12日；

  3.2018年石油出口收入，美国能源信息署，《短期能源展望》，2018年8月。

三、委内瑞拉：和平年代自己打碎金饭碗的没落石油贵族

从 1999 年至今，虽然是委内瑞拉和平的 20 年，但其石油产量却从世界第八位跌到了第 15 位之外，跌去了三分之二，委内瑞拉也从拉丁美洲的瑞士变成了民众食不果腹的难民输出大国。

（一）大力推行国有化，取得石油完全主权

查韦斯上台执政后，在经济领域全面推行国有化，其中石油行业是重点。1999 年，委内瑞拉颁布了新宪法，对私营部门参与能源产业加以限制。2001 年 11 月，颁布《碳化氢化合物法》，规定在与外国公司的石油合作项目中，委内瑞拉国有石油公司须占股份 51% 以上。

从 2003 年 2 月开始，查韦斯宣布委内瑞拉进入石油国有化的第一阶段，即"石油完全主权"阶段。2006 年 1 月 1 日，委内瑞拉收回出售给外国公司的 32 块油田。2007 年 2 月 26 日，委内瑞拉将重油带的外资控制项目转为由委内瑞拉国家石油公司控制。2007 年 5 月 1 日，查韦斯宣布，奥里诺科河流域重油区全部油田收归国有，在能源领域实现了真正意义上的独立。为此，查韦斯亲自驾车到委内瑞拉东部的一块油井作业区，升起委内瑞拉国旗。

2009 年 5 月 8 日，查韦斯宣布，将 76 家外国石油服务公司全部收归国有。此外，委内瑞拉政府还接管了马拉开波湖地区属于外国石油承包商的 300 艘船只和其他运输设备。

2008 年 4 月 15 日，委内瑞拉通过《石油高价特殊贡献法》法案，征收暴利税，规定布伦特月平均价格超过每桶 70 美元时，征收高出部分的 50%，当月平均价格超过每桶 100 美元时征收比例将提高至 60%。

（二）石油工人大罢工，产金蛋的母鸡被玩坏

2002 年 12 月 2 日，委内瑞拉爆发了全国性大罢工，要求查韦斯下台，大罢工持续到 2003 年 2 月，全国有 80% 的行业加入，支持罢工的人数达 1600 万。

大罢工中，委内瑞拉国家石油公司 4 万名职工中有 3.5 万人参加，大罢工瘫痪了委内瑞拉石油工业。2002 年 12 月底，原油产量从过去的每天 280 万桶下降到只有 20 万桶，不到罢工前的 10%，炼油厂关闭，出口停顿，加拉加斯很多加油站已经无

油可加，社会生活基本瘫痪。

石油出口是委内瑞拉政府收入全部来源，国家石油公司被称为是委内瑞拉"产金蛋的母鸡"。大罢工结束后，查韦斯将国家石油公司 1.8 万名员工开除，约占员工总数的 40%，并解聘了大量高级管理人员，将管理层换为自己的亲信。自此之后，曾经是世界最好公司的委内瑞拉国家石油公司，变成为一家冗员充斥、严重缺乏技术人才的庞大无效率组织。2010 年，委内瑞拉国家石油公司的员工人数超过了 10 万，比大罢工时增加了两倍多，2016 年 10 月更增加到 15 万人。

（三）产量大幅度下降，石油收入已入不敷出

1999 年，委内瑞拉石油产量为 309.5 万桶 / 日，位居世界第八位。查韦斯执政 14 年间，有 9 年时间委内瑞拉的石油产量维持在 300 万桶 / 日之上，2006 年产量高最，为 334 万桶 / 日。2006 年之后，委内瑞拉石油产量逐渐下降，2013 年已下降到 268 万桶 / 日。幸运的是，查韦斯赶上了 21 世纪初油价的好时期，委内瑞拉石油出口收入多年保持在高位。1999 年，委内瑞拉石油收入仅为区区的 209.63 亿美元，2008 年增长到 890.34 亿美元，2012 年为 935.69 亿美元，为历史最高。

2013 年 3 月 8 日马杜罗上台执政以后，就没有查韦斯幸运了。一方面，委内瑞拉石油产量直线下降。2016 年，石油产量下降到 215.4 万桶 / 日，2017 年下降到只有 192.7 万桶 / 日。2018 年，石油产量逐月下降，全年日均只有 134.1 万桶，12 月份下降到 116.5 万桶 / 日。2019 年 3 月 10 日前后，因大停电等影响，委内瑞拉石油产量下降到只有 50 万桶 / 日。更为不幸的是，2014 年下半年油价暴跌，委内瑞拉石油收入随之大幅度下降。2016 年，委内瑞拉石油出口收入只有 264.73 亿美元，只是 2012 年的 28.29%。2018 年 1—7 月，委石油出口净收入更下降到只有区区的 160 亿美元。包括汽油在内，委内瑞拉需要的一切基本全部依赖进口，不断下跌的石油收入，使其国际收支不断恶化。2013 年，委内瑞拉国际收支为入超 46 亿美元，但 2015 年已变为出超 160.51 亿美元，2016 年仍为出超 38.7 亿美元。

与伊拉克不同的是，虽然查韦斯和马杜罗一直将反美作为自己对外政策的招牌，但时至今日，美国并未对委内瑞拉实施石油禁运，委内瑞拉国家石油公司全资子公司雪铁戈，是美国第三大炼油和销售公司，在美国拥有 6 座炼厂、59 座油库和 13800 个加油站。

综合公开资料，自 2006 年以来，中国给予委内瑞拉的贷款总额应该在 500 亿~600 亿美元之间，委内瑞拉用于偿还的石油出口数量最低为 10 万桶/日，最高时为 64 万桶/日。据信，委内瑞拉尚欠中国约 200 亿美元贷款。2018 年 7 月，委内瑞拉经济和财政部长称，中国向委内瑞拉提供 2.5 亿直接投资和 50 亿美元的特别贷款，用于石油生产有关项目。

2018 年，委内瑞拉是中国第九大原油进口来源国，出口的原油为 1663 万吨；同期，委内瑞拉是美国第三大原油进口来源国，出口的原油约为 3000 万吨。

当前，经历 40 年苦难的伊拉克正在恢复稳定，不断增加的石油收入正在使人民生活日益向好，而国际能源署称委内瑞拉石油产量下降趋势难以逆转，人民生活改善无望。两国之所以如此天壤之别，就在于石油产业采取了不同的政策，前者对外开放，大力引进外资，石油资源变成了财富，后者对外关上大门，虽然名义上完全掌握了石油资源的主权，但资源无法变成财富，不能造福大众，与垃圾无异。

本文撰写于 2019 年 3 月中旬

能源问题制约了非洲的经济发展

非洲是当今世界上最贫穷的大陆，虽然 20 世纪 60 年代和 70 年代非洲经济发展速度较快，如 60 年代非洲国内生产总值平均年增长率为 5.8%，70 年代为 5.2%。进入 80 年代以后非洲经济发展进入较为困难的时期，这十年间非洲国内生产总值年均增长率只有 1.6%，人均年国民生产总值下降 2%。非洲目前经济形势虽有所改善，但 1990 年和 1991 年全非洲平均国内生产总值增长率也只有 2.6% 和 3.3%，而撒哈拉以南非洲 1991 年人均国内生产总值则为负增长。非洲经济发展缓慢、经济增长率不断下降的原因很多，有内在的，也有外在的，有主观的，也有客观的，但严重的能源问题是制约非洲经济发展的重要原因之一。

一、非洲能源开发现状

从能源开发现状看，除个别能源类型和个别国家外，非洲地区在世界上所占的地位比较轻。

（一）油气生产在世界上比重小，开发区集中

非洲的石油开采业始于 1909 年，埃及的贾姆萨是非洲石油开发最早的地区。20 世纪 50 年代非洲石油开发规模不大。1950 年，非洲石油产量只有 264 万吨，1960 年为 1386 万吨。但是，随着 50 年代中期后北非撒哈拉油气田和西几内亚湾油气资源的开发，非洲石油产量急剧上升，1970 年非洲石油产量达 2.9323 亿吨，1980 年为 3.0757 亿吨。1980 年后，非洲石油产量止步不前，1990 年约为 2.94336 亿吨。1991 年非洲平均日产石油 627.5 万桶，只占同期世界石油日产量的 10.47%，在世界各大洲中仅高于西欧，位居世界倒数第二。

非洲石油生产地比较集中，北非和西非地区是非洲主要的产油区。1990年北非石油产量为1.524亿吨，占全非石油产量的51.79%。到目前为止，非洲大陆的66个沉积盆地中约有21个已发现油气，其中8个已进行了大规模的开发，它们是：撒哈拉地区的三叠盆地、伊利兹盆地、苏特尔盆地和埃及的苏伊士盆地，西非几内亚湾大西洋沿岸的尼日尔河三角洲盆地、加蓬盆地、下刚果盆地和宽扎盆地。1992年1月1日，非洲石油探明储量为604.875亿桶，占世界石油探明储量的6.1%；非洲石油储采比只有26年，远远低于世界石油储采比45年的水平。目前非洲共有13个产油国，其中产油量超过日产70万桶的只有阿尔及利亚、埃及、利比亚和尼日利亚四个国家。其余国家的石油开采量都很小。

1992年1月1日，非洲天然气储量为310.241万亿立方米，占世界同期天然气储量的7.08%。与此基本相一致的是，非洲天然气产量占世界的比例也很小。1989年非洲天然气产量为221.7928万TJ（1TJ等于10的12次方焦耳），占同期世界天然气产量的3.15%，其主要生产国是阿尔及利亚、埃及、利比亚、尼日利亚和突尼斯五国。

（二）煤炭生产量小，南非一国占很大的比重

据世界能源大会的《1989年世界能源资源调查》统计，非洲煤炭地质储量为2179亿吨，经济可采储量为341.3亿吨，分别占世界的1.6%和3.8%。另据世界银行估计，非洲探明煤炭储量为1350亿吨。非洲煤炭资源的地理分布高度集中在赞比西河以南的南部非洲：南非269亿吨，占全非洲的79%；博茨瓦纳35亿吨，占全非洲的10.3%；斯威士兰18亿吨，占5.3%；津巴布韦7.6亿吨，占2.2%。1989年，非洲煤炭产量为1.3895亿吨，只占世界同期煤炭产量的4.25%。南非是非洲最大的产煤国，同时也是世界第六大煤炭生产大国，1989年煤炭产量为1.324亿吨，占全非洲煤炭总产量的95%以上。南非的煤炭主要用作燃料、电力生产和化工原料。南非还是非洲最大的煤炭出口国，80年代以来年出口量都在3000万吨以上，1989年出口了4250万吨，约占年产量的32%，是世界第三大煤炭出口大国。

用煤炭提炼石油是南非煤炭开发利用最引人注目的地方。1954年，南非萨索尔公司在萨索尔堡建成了第一座煤炼油工厂，每吨煤可生产240千克液体燃料，年生产能力为30万吨，主要产品为汽油、液化石油气、喷气燃料、煤油、柴油和其他

化工产品。1974年和1979年南非又先后建立了萨索尔一厂和二厂，生产动力燃料。据估计，萨索尔煤炼油工程的年生产能力为340万吨，产量可满足南非总需求量的21%。

（三）水力资源开发程度浅，装机容量少

水力资源是非洲最有开发前途的能源资源之一。据1989年世界能源大会的资料，非洲水力资源总储量为3.14万亿度，约占世界水力资源总量的16.3%，仅次于亚洲和拉丁美洲，居世界第三位。但是由于各种条件的限制，非洲水力资源的开发程度很低，只有3.8%，大大低于世界平均开发程度的23.3%和工业发达国家的50%。到1989年，全非洲已有36个国家建有水电站，总装机容量为1888.4万千瓦，占世界的3.06%。

（四）铀矿产品大部分作原料输出

非洲铀矿资源特别丰富，其探明储量为77.8万吨，占资本主义世界的30%，仅次于北美居世界第二位。此外，还有26.3万吨的推定储量，占资本主义世界的10.7%。非洲的铀矿资源主要分布于南非、纳米比亚、尼日尔、加蓬、中非和阿尔及利亚，上述六国占全非总储量的99%，其中南非就占一半。

非洲铀矿开采始于1922年的扎伊尔。70年代以后，由于核能的迅速发展，铀在能源中的地位日益受到重视，由此非洲铀资源开采迅速发展。1970年，非洲铀矿的开采量为3567吨，1980年迅速上升到1.5482万吨，1989年减少到1.04万吨，占世界总产量的29.81%。南非是非洲最大的铀矿生产国，也是世界第二大生产国，1989年生产铀矿6530吨。非洲国家由于技术水平的限制，铀矿产品除南非外，全部输往欧美发达国家进行加工提炼。

二、非洲能源存在的问题及其对经济发展的影响

非洲能源生产和消费存在着三大问题，这些问题严重地阻碍了非洲经济的发展。

（一）非洲能源产量、消费量和人均能源消费量都是世界最低水平，大部分国家能源消费依赖进口，经济发展没有足够的能源保证

当今世界经济发达国家都是能源生产或消费大国，如美国、日本等，这也就是

说，在一定程度上能源消费水平是衡量一个国家发达水平的标志。这一点是与非洲当前实际情况相吻合的，与非洲在当前世界经济中不占多大分量相一致的是，非洲能源总体水平在世界上也只占很小的分量。据联合国1989年版的《世界能源统计年鉴》统计，1989年非洲商业能源总产量6.458亿吨，商业能源总消费量为2.549亿吨，分别占同期世界商业能源总产量和总消费量的6.08%和2.5%，只有同期美国一国能源产量和能源消费量的31.41%和10.18%。而撒哈拉以南非洲的能源产量和能源消费量在世界上的比例就更小。据世界银行1989年发表的《撒哈拉以南非洲：从危机到持续增长》报告统计，撒哈拉以南非洲商业性能源的产量只占世界的1.8%，消费量只占世界能源消费总量的0.5%。1960年非洲人均能源消费量只有209千克，只有世界人均数量的16%；1986年，人均能源消费量虽然上升到424千克，但也只有世界平均水平的22.4%，还不到1950年世界人均能源消费量的一半；1989年非洲人均能源消费量为409千克，下降到只有世界平均水平的20.89%。1989年非洲人均电耗为487千瓦时，只是世界平均水平的22.14%。80年代非洲人均能源消费的增长率只有0.9%。而相比较而言，印度人均商业能源消费是非洲的两倍，1970—1986年平均能源消费年增长率为4.6%。

更为严重的是，非洲能源生产国集中，大部分国家能源消费依赖进口。据统计，非洲沿海国家和地区的能源生产和消费量分别占全非洲的99.1%和99.5%，其中南非一国1989年能源生产和消费就占全非洲的20.6%和41.47%。与这种能源生产和消费高度集中的特点相一致的是，非洲大部分国家能源不能自给自足。除阿尔及利亚、突尼斯、利比亚、埃及、尼日利亚、喀麦隆、加蓬、刚果、扎伊尔、安哥拉、科特迪瓦和南非12个国家外，其余的国家能源消费2/3靠进口，其中有10个国家的能源自给率只有2%~10%。

（二）石油出口和消费进口单一性严重，出口国和进口国经济发展受石油市场的冲击大

据联合国统计，1989年非洲石油产量和消费量分别占能源总产量和总消费量的65.84%和44.16%，而煤炭分别只占21.51%和39.47%。另据世界银行统计，撒哈拉以南非洲主要能源来源是石油，1988年石油占能源消费的70%，天然气占9%，水电占9%，煤占12%。从能源消费结构来说，非洲能源生产和消费中的这种石油占较大比例的特点有利于经济发展。但是，由于石油生产国的石油收入是其财政收入的主要来源，非洲石油生产国生产的原油大部分用于出口。如非洲在 1989 年生产了 2.72 亿吨石油，但只消费了 1.06 亿吨，出口了 1.97 亿吨。其中安哥拉、刚果、加蓬石油产量的 100% 和利比亚的 77.22% 用于出口。而进口国消费的能源则大部分是从国际石油市场上进口的石油，其中有 15 个完全依赖进口能源的国家中几乎单一地进口原油或油品。

由于上述特殊的石油生产和能源消费结构，进入 80 年代以后国际石油形势的变化对非洲国家经济发展造成严重的不利影响。1986—1990 年，非洲石油生产国的石油收入与前 5 年相比减少了 50%。仅 1986 年，即原油价格最低的一年，欧佩克 4 个非洲成员国阿尔及利亚、加蓬、利比亚和尼日利亚石油收入比前一年减少了 161.24 亿美元，撒哈拉以南非洲石油出口国的收入也减少了 83 亿美元，而该地区石油进口国只节约了 11 亿美元。从这一对比可看出，同从石油价格下降中得到好处的工业化国家不同，非洲国家的石油出口收入的大幅度下降，大大抵消了石油进口费用减少所带来的利益。这样，从整体上看石油降价给非洲造成的是损失而不是有所得。此外，石油价格下跌还给非洲带来了另一个不利的影响，即由于石油出口收入减少，欧佩克削减了对非洲的援助。

在石油降价的冲击下，石油生产国被迫进行重大的经济计划调整。阿尔及利亚从 1986 年度开始大规模紧缩财政，公共开支从 1230 亿第纳尔减少到 900 亿第纳尔，国家预算削减 20%，设备预算从 590 亿第纳尔减少到 45 亿第纳尔。利比亚的石油收入从 1980 年的 220 亿美元减少到 1985 年的近 100 亿美元，1986 年石油收入只有 50 亿美元左右，1985 年国家投资预算从 1980 年的 100 亿美元下降到 50 亿美元。1987 年，虽然油价略有回升，但是世界银行在它的报告中说："撒哈拉以南非洲的形势令人不安……石油出口国的情况很坏，它们的增长率下降了 4%。在该地区的石油进口国中，经济增长率只有 2%。"正是由于非洲国家特殊的石油生产和消费结构，由于非洲国家对出口初级产品、矿产品依赖很深，世界银行认为非洲国家不可能从原油价格下跌中受益。

（三）农村用能几乎全部依赖薪柴等生物质能，严重破坏生态环境，农业生产受到重大损失

与世界其他地区相比，非洲地区严重依赖生物质能。据世界银行估计，非洲人口中的 4/5 依赖薪柴，木柴占非洲能源消费量的 2/3。据 1987 年的一项统计，在发展中国家中，非洲的肯尼亚能源消费中生物质能所占的比重最高，为 80.5%；尼日利亚名列第三，为 71.3%。1975—1978 年间，非洲木材采伐量中的 87.8% 用作燃料，而世界平均水平只有 47.1%，是世界最高水平。目前，非洲五千多万人面临薪柴不足，而且人数还在增加。按目前的趋势估计，到 2020 年薪柴的需求量至少将增加三倍，农村地区的薪柴需求量每 12~15 年就增加一倍。到 2000 年在大部分撒哈拉以南非洲国家，农村用薪柴将占整个薪柴使用量的 50%~75%。薪柴的消费速度大大高于其自然增长率，非洲薪柴供应将长期不足。如肯尼亚 1983 年消费薪柴 2130 万吨，但树木生长量每年只有 1300 万吨，预计到 1995 年该国将短缺木柴 1200 万吨，2000 年短缺量将达 3100 万吨。由于能源消费严重依赖薪柴，非洲森林资源受到很大的破坏。据联合国粮农组织的一项统计，非洲热带雨林每年减少 1.3 万平方千米，热带稀树草原每年减少 2.5 万平方千米。森林资源的大量被砍伐，使非洲生态环境受到严重破坏，水土流失严重，沙漠化进程加快，水旱灾害不断发生，农业生产外部环境日益恶化，非洲粮食自给率不断下降。如非洲独立初期，粮食自给率达 98%，70 年代末下降到 70%，80 年代上半期只有 50%，目前虽有所回升但也只有 81%。

三、90 年代能源困难仍将阻碍非洲的经济发展

90 年代非洲经济要获得较好的发展，必须具备多种条件，其中能源问题尤为突出。只有充足的能源供应，未来的非洲经济发展才有可靠的保证。但是从目前的情况看，90 年代的非洲能源开发面临很大的困难，能源工业不会有大的改善，非洲能源现存的问题仍将存在下去，能源仍将是非洲经济发展的瓶颈。

（一）艰巨的政策调整将使非洲国家 90 年代不可能将发展能源工业列为国家的重点

非洲能源现状说明了非洲能源与经济发展有以下两大关系，其一是能源工业在当前非洲大部分国家还不具备作为一个独立工业门类的条件，能源行业本身不能作

为一个独立的部门来促进国民经济的发展；其二是非洲能源消费水平低，大部分国家依赖进口能源，经济发展没有充足的能源保障。这两点说明，90年代非洲国家要想使经济稳定发展，必须重视发展能源行业，其经济政策必须带有重点发展能源工业的倾向性。但是，从非洲国家目前的经济发展政策中可看出，能源行业不可能成为未来经济发展的重点。其理由有，一是能源生产国，特别是石油生产国不可能再大力发展这一行业。非洲国家经济结构最显著的特点之一是畸形的单一产品，其结果是在这些国家的出口中大部分是初级的农产品和矿产品，其中如石油生产国严重依赖石油出口。这种畸形的经济结构，使非洲国家受到不公正的国际经济环境的严重影响，如80年代的大部分时期，非洲出口都处于负增长，1981—1988年间累计入超570亿美元，在这其中因石油价格下降非洲产油国的石油收入减少占很大的因素。在这种形势下，非洲石油生产国从80年代中期以来就开始对石油严重依赖的产业结构进行调整，大力发展非石油产业。如在1985—1989年的"二五"计划期间，阿尔及利亚就将对石油行业的投资由"一五"期间的占工业投资的40%减少到22.8%，增加了对农业和轻工业的投入。因而，在20世纪90年代非洲能源生产国虽然不可能很快摆脱对单一能源生产和出口的依赖，但是也不可能再大力发展这一行业。二是非洲非能源生产国当前经济发展的重点是农业。从总体上来说，非洲是个农业洲，解决人民吃饭问题是非洲面临的头等大事。正是由于这一原因，80年代下半期以来非洲国家经济政策调整的重点是大力发展农业，而且在20世纪90年代这一政策仍将执行下去。所以就非洲非能源生产国来说，90年代能源工业也不可能是国家的发展重点。

（二）非洲未来的能源开发是有资源保证的，但庞大的开发资金需求非洲国家无力负担

一般地说，能源需求增长是与国民生产总值的增长相一致的，而且在低收入国家可能还要快一些，没有充足的能源供应，国民经济不可能取得稳定的增长。如据世界银行估计，在过去的25年里发展中国家的商业能源消费是与国内生产总值增长同步的。世界银行在认真研究非洲经济发展形势后认为，假如未来非洲想达到计划中的年均国内生产总值增长4%~5%的水平，商业能源产量增长率必须在5%。这就是说，1986—2020年，非洲商业能源产量将增加6倍；从产品类型看，发电量将增长 7 倍，天然气将增长 10 倍，固体燃料（煤和褐煤）增长 3 倍，其余的由石油提供。非洲的能源资源是丰富的，其中仅撒哈拉以南非洲的探明石油储量就可消费 120 年。假定在未来 30 年里天然气的消费量增加一倍，撒哈拉以南非洲现有的天然气储量就可够这些国家消费一个世纪以上。这样，年均 5% 的能源增长仅只会消耗很少一部分已知的石油、天然气、煤、水电和地热资源。但是，世界银行估计，为达到能源生产这一增长率，非洲国家将在能源工业上投入大量资金，其中撒哈拉以南非洲将从 1990 年的 20 亿美元增加到 2000 年的 47 亿美元（1989 年价格），在未来 10 年里能源总投资将达 280 亿美元，大约等于这些国家年均国内生产总值的 2%。鉴于非洲大部分国家都面临较严重的资金短缺问题，如到 1991 年年底非洲国家外债总额已达 2800 亿美元，占国民生产总值的 91%，还债额占出口收入的 30%~50%；加之非洲许多国家的发展计划所需资金的 75% 左右由西方国家提供，有的甚至完全依赖西方国家提供发展资金，但 1986—1990 年外国投资者从非洲抽走了 300 亿~500 亿美元的资金。这样，该地区国家很难拿出如此大量资金用于能源开发，未来非洲能源生产肯定将无法满足经济发展的需要。

（三）90 年代的国际能源环境不会刺激非洲国家去大力发展自己的能源行业

由于 70 年代两次石油危机的影响，从 80 年代中期以来，国际能源市场长时间供大于求，以石油为代表的能源价格一直处于较低的水平，这一形势在整个 90 年代还将持续下去。在这种情况下，非洲国家没有动力去大力开发自己的能源资源，立足自身解决能源困难。因而从总体上说，未来非洲能源生产和消费在世界能源总形势中的地位不会有多大的改变，非洲能源方面存在的问题仍将是这一地区国家经济发展速度不会加快的重要原因之一。

本文撰写于 1992 年 7 月

有无石油都在挨饿的苏丹

2019 年 4 月 11 日，苏丹发生军事政变，军方宣布解除总统巴希尔的一切职务。位于非洲的苏丹，一时间上了媒体的头条。

因为石油，带来了苏丹的战乱，导致了苏丹的分裂。27 年前，一幅《饥饿的苏丹》照片，让苏丹引起了国际社会的高度关注。时至今日，无论有无石油，南北苏丹都仍没有解决民众的饥饿问题，与 27 年前几无变化。

一、内战延续六十多年，达尔富尔危机最为著名

苏丹位于非洲东北部，分裂前国土面积约为 249.58 万平方千米，是非洲国土面积第一大国，人口近五千万。苏丹历史悠久，公元前 2800 年至公元前 1000 年曾为古埃及的一部分。公元 7 世纪，阿拉伯人大量移入。1956 年 1 月 1 日，独立为苏丹共和国。

经过数个世纪发展，苏丹北部大部分人口是阿拉伯人，肤色黑中偏白，信仰伊斯兰教，通用语言是阿拉伯语；南部十个州，基本上都是土著黑人，信仰原始宗教和基督教，通用语言为英语。正是由于这种独特的人种、宗教和文化结构，为苏丹长期动乱和分裂，埋下了伏笔。

因反对与北方组成独立国家，早在独立期间，苏丹军队中的南方籍官兵发动兵变，数支南方反抗力量于 1963 年 9 月组成统一的"阿尼亚尼亚"军，与北方军队交战。1972 年，《亚的斯亚贝巴协定》签署，给予南部有限度的自治权，苏丹第一次内战结束。

1983 年，苏丹宣布全国实施伊斯兰律法，引发南部不满，第二次内战爆发。

2005年1月9日，在内罗毕签署《全面和平协议》，同意成立苏丹南方自治政府，伊斯兰律法在南部不适用，并承诺在2011年举行南苏丹独立公民投票。2011年1月9日至15日，苏丹南部举行公投，超过98.83%的民众支持独立。2011年7月9日，南苏丹共和国正式独立，同年7月14日成为联合国第193个成员国。

在六十多年的战乱中，由民族纠纷引发的达尔富尔危机，成为苏丹现代历史中最有代表性的事件并引起了国际社会的高度关注。

达尔富尔地区位于苏丹西部，面积50多万平方千米，人口约750万，毗邻利比亚、乍得和中非等国，居住着包括阿拉伯人、富尔人和黑人等80多个部族。因争夺水草资源，武装冲突不断，许多地方一直处于无政府状态。

2003年2月，达尔富尔地区黑人居民相继组成"苏丹解放军"和"正义与平等运动"两支武装力量，要求实行地区自治，展开反政府武装活动。历经反政府武装同政府军的冲突（2003—2006年）、阿拉伯部落之间的冲突（2006年5月至2010年年底）和非阿拉伯部落间的冲突（2010年年底以来），至少40万人在冲突中死亡，260万人逃离家园，周边国家产生了大量严重的难民问题，从而形成达尔富尔危机。

安理会于2004年7月、9月和11月先后通过了第1556号、第1564号和第1574号决议，敦促苏丹政府和达尔富尔反政府武装加速政治谈判。2004年7月和2005年5月，联合国秘书长科菲·安南两次前往达尔富尔地区，以推动和平进程。2006年5月，《达尔富尔和平协定》签署。2007年7月，安理会授权在达尔富尔地区部署联合国和非洲联盟驻达尔富尔特派团，以支持执行和平协议，保护平民、联合国人员和国际人道救援人员安全。2011年7月，《多哈和平协定》签署。时至今日，达尔富尔问题仍未得到有效解决。2019年4月17日，安理会举行苏丹达尔富尔问题公开会，讨论维护和平稳定问题。

六十多年的战乱中，苏丹有200多万人丧生，450多万人被迫离开家园，引发了一系列严重的侵犯人权行为和人道主义灾难。2005年3月31日，安理会通过决议，将达尔富尔地区的国际犯罪情势提交国际刑事法院。2009年3月4日，国际刑事法院裁定苏丹总统巴希尔在达尔富尔地区犯下战争罪、反人类罪，对其发出逮捕令。

二、因石油苏丹分裂，石油引发的流血仍在继续

虽然殖民者在19世纪末、20世纪初划分领地时留下的后遗症和宗教是苏丹分裂的主要原因，但石油问题是苏丹分裂和南苏丹独立的重要原因，石油是苏丹和南苏丹现代历史发展的"诅咒"，也是独立后南苏丹内部冲突不断的主要原因。

苏丹和南苏丹拥有丰富的石油资源。2018年1月1日，苏丹和南苏丹探明石油储量为50亿桶，在非洲排第五位，其中南苏丹拥有的探明石油储量为35亿桶，占70%，苏丹拥有的探明石油储量为15亿桶。

20世纪60年代，苏丹政府邀请意大利阿吉普、英荷壳牌和美国雪佛龙公司进入苏丹，进行油气勘探开发活动。1976年，苏丹港附近的苏阿金发现了天然气田，并陆续在南部地区发现大型油田。第二次苏丹内战期间，由于3名雇员被杀害，雪佛龙公司放弃开采权，撤离苏丹。1997年美国政府开始制裁苏丹，西方石油企业全部撤出。

1995年6月，中国和苏丹签署了第一份石油合作协议，同年9月24—29日，苏丹总统巴希尔访华期间达成了建立苏丹—中国采掘公司的协议，并签署了产品分成协议。这样，中国和苏丹的石油合作正式开始。1999年9月，苏丹成为石油出口国，到2000年前后苏丹建成了集生产、炼制、运输、销售于一体，包括上、中、下游的完整的石油产业链。2000年苏丹的石油产量为17.9万桶/日，而到2007年则上升到每天48.3万桶的历史最高值。

南苏丹独立前苏丹石油产量80%左右来自南方地区。根据全面和平协议，2005年至2011年7月，南苏丹每年分得南方油区所产石油收入约50%。在苏丹北部，石油收益占财政预算不到50%，而在南苏丹则占财政预算的98%，几乎完全依赖石油收益。南苏丹人寄望于独立后，丰富的石油资源能给他们带来更高的收入和更好的生活。正是在这一背景下，据知情人士透露，2011年7月9日南苏丹独立时，在南苏丹有限的宾馆里聚集着两种人，一种是政客，另一种来自西方大牌石油公司。

南苏丹独立后，南北双方为了石油利益又起争执。海牙国际法院2009年裁定，哈季利季油田地区属于苏丹北方。南苏丹独立后，苏丹石油日产量损失75%，哈季利季油田为苏丹最大油田，占苏丹石油日产量11.5万桶的近一半。2012年3月26日，

南苏丹宣布这一地区属于南苏丹，南苏丹军队于4月10日占领哈季利季油田，4月18日苏丹总统巴希尔对南苏丹宣战，南苏丹军队于4月20日撤走。

自2005年和平协议签署以来，南苏丹内部围绕石油财富分配的丑闻和内乱不断。2005—2013年，南苏丹有40亿美元的石油收入不知去向，成为南苏丹内部各派不和的主要原因之一。2013年7月23日，南苏丹总统基尔突然颁布命令，解散南苏丹政府并解除副总统马沙尔以及多位部长的职务。同年12月15日，南苏丹总统卫队中来自不同种族的士兵在首都朱巴发生枪战，最终演变成武装冲突并蔓延到南苏丹大部分地区。就在南苏丹独立5周年纪念日的前夜，2016年7月8日，南苏丹首都朱巴发生交火，双方动用坦克、火炮等重型武器，安理会以"最严厉的措辞"谴责这次冲突。

三、苏丹问题的舆论宣传，美国影视名人的影响和中国受到的责难

多年来，围绕苏丹问题，舆论宣传起到了非常重要的作用，美国影视名人的宣传推动了苏丹的分裂。与之相反的是，作为苏丹石油的主要投资和开发国，中国则受到了大量的责难。

（一）一幅照片将苦难的苏丹推向了国际社会

1993年3月26日，美国《纽约时报》刊登了南非自由摄影记者凯文·卡特拍摄的《饥饿的苏丹》照片。照片上，一位即将饿毙的苏丹女童，跪倒在地，而兀鹰正在女孩后方不远处，虎视眈眈，等候猎食女孩。这张照片，反映的是1993年苏丹战乱并由此而引发的大饥荒。照片一经刊出后，很快传遍世界，在各国激起强烈反响。

1994年，《饥饿的苏丹》获得了普利策新闻特写摄影奖。

获奖两个月之后，由于舆论的压力，拍摄人卡特在自己汽车内将排气管导入而自杀身亡。27年过去了，这张照片时常被拿出来说明当时苏丹民众经受的苦难。但令人遗憾的是，时至今日，南北苏丹仍战乱不已，无数的南北苏丹民众仍然吃不饱肚子。

（二）"苏丹先生"乔治·克鲁尼在苏丹问题中积极活跃

国际社会公认，美国影视名人在苏丹问题上发挥了重要的作用，南苏丹的独立

某种程度上得益于这些名人的推动。

2003年，电影《苏丹的迷途男孩》在美国上映，讲述的是很多苏丹男孩从内战中逃走，徒步几周到埃塞俄比亚，在那儿难民营遭到攻击，迫使他们又逃亡到肯尼亚，最后才被允许进入美国。如同《饥饿的苏丹》，这部电影使苏丹民众悲惨的命运为世人所知，促使很多美国人参与苏丹事务，同类的电影还如2007年的《达尔富尔》等。

美国一些民间机构和知名人士积极推动美国政府积极介入苏丹事务，这些人被称为"苏丹先生"，其中最有代表性的就是著名演员乔治·克鲁尼。

2006年，克鲁尼以私人身份访问达尔富尔战乱地区，拍摄了纪录片《达尔富尔之旅》，同时走访了相关国家，并在联合国发表了关于苏丹问题的演讲。2007年，克鲁尼担任纪录片《大漠与哀痛》的执行制片人和解说员，探访乍得和苏丹边境的难民营。2008年1月31日，克鲁尼被联合国任命为协调苏丹问题的"和平大使"。2010年，克鲁尼进入苏丹，自掏腰包赞助了一颗卫星并组成了一个小组，负责监控苏丹南北部分界地区的军事活动。2010年10月至2011年1月，美国有关广播电视网和有线新闻台关于苏丹的报道，三分之一都与克鲁尼有关，据称他的电话快拨键设的就是苏丹反叛领袖。2012年3月，克鲁尼在华盛顿的苏丹领事馆门口发动抗议示威游行并主动被捕，以便引起新闻舆论的关注。

正是在苏丹问题中的积极活动，克鲁尼为此受到了美国总统奥巴马的两次接见。

（三）在苏丹问题上中国受到的大量责难

苏丹曾是中国在非洲第三大贸易伙伴和第四大投资目的地，中国则是苏丹最大贸易伙伴和投资来源国。在南苏丹2011年独立前，中国累计向苏丹投资超过200亿美元，用于建设石油项目和非石油的援助项目。苏丹的石油工业基本上是由中国的企业，特别是中国石油建设起来的。苏丹2/3的原油出口中国，一度曾是中国第六大海外原油进口来源国。

1995年以来，中国石油就已进入苏丹，目前在苏丹、南苏丹先后有10个投资项目，拥有6座加油站和1座成品油库，大庆油田分公司等9家石油企业，工作的甲乙方员工489名。1996年以来，中国石化也进入了苏丹，有多家企业在苏丹从事勘探开发等业务，代表性的如2010年苏丹六区稀油管线建设工程等，中国石化也是苏丹原油的主要买家之一。

多年来，在苏丹内战和达尔富尔等问题上，中国成为矛盾的焦点之一。以美国为首的西方国家认为，中国为了石油利益而与苏丹独裁者做交易，中国"支持独裁政权""漠视人权""对非洲进行掠夺性开发"。2007年5月9日，108位美国众议员发表抗议信，要求中国向苏丹施加压力；同年6月5日，美国众议院通过了所谓苏丹达尔富尔问题涉华决议案，将达尔富尔问题与2008年北京奥运会挂钩。2008年2月，美国著名导演斯皮尔伯格辞去北京奥运会开幕式艺术顾问，理由是中国在苏丹达尔富尔问题上没有做出足够的努力。

2007年5月29日，中国政府达尔富尔问题特别代表刘贵今表示，中国和苏丹的石油合作是透明的、互利的、不排他的，石油合作有利于帮助苏丹发展经济，有利于从根本上解决苏丹的战乱和动乱问题，为苏丹的经济社会发展提供了很大帮助。中国政府为了缓解达尔富尔地区的人道主义危机，前后分四批，承担了总额一千多万美元的援助，为北达尔富尔州修建大坝项目投入了近三千万美元的资金。

对于南苏丹的独立，中国政府的态度是非常明确的。2011年7月9日，南苏丹举行独立庆典，中国特使与联合国秘书长潘基文、苏丹总统巴希尔、美国特使苏珊·瑞斯和约三十个国家元首参加；中国外交部长和国家主席分别致电，承认南苏丹共和国，祝贺基尔就任南苏丹共和国首任总统。

2005年10月起，中国就向苏丹派出维和部队；2007年11月，向达尔富尔派出维和工兵分队；2017年6月，向达尔富尔派出维和直升机分队。早在南苏丹尚未独立的2006年5月，中国就向南苏丹派出了维和部队，目前维和部队人数达1055人。

苏丹的战乱，也给中国造成了重大人员伤亡。如，2008年10月，中国石油有5名工人在苏丹遇害，十多年来累计有四十多位人员在苏丹牺牲。2016年7月10日，在南苏丹的内乱中，中国赴南苏丹维和步兵营两名维和人员牺牲、5人受伤。

苏丹是联合国公布的世界最不发达国家之一，南苏丹的独立带走了最大的支柱石油收入，苏丹经济每况愈下。2017年10月，美国解除对苏丹长达20年的经济制裁，但这并没有带来苏丹经济的好转，面包价格高涨，通货膨胀高企，民众生活必需品供应短缺，自2018年年底以来，多地发生示威活动并蔓延到全国。挨过20年美国制裁的巴希尔，因无法为民众提供足够的面包，没能看到好时光，因政变上台执政近三十年后也因政变而下台，未来苏丹走向何方令人关注。

南苏丹是世界上最贫穷的国家之一，90%的人口平均每天生活费不到1美元，几近全国赤贫。2018年9月12日，南苏丹冲突各方签署最终和平协议，在未来8个月内成立为期3年的新过渡政府。2019年4月12日，南苏丹问题联合监督与评估重组委员会召开第五次会议，呼吁继续推进和平进程。几乎与此同时，梵蒂冈为南苏丹领导人举行精神静修，南苏丹总统基尔和反对派领袖马沙尔参加。就在巴希尔被军事政变赶下台的同日，让全世界震惊的是，82岁的教皇方济各，跪倒在南苏丹双方领导人的脚下，逐一亲吻他们的鞋，恳求停止敌对行动，停战协定得到尊重，开始持久的和平。

我们衷心希望，南北苏丹政府和国际社会要共同努力，停止战乱，无论有无石油，都应让民众尽快吃饱肚子，让《饥饿的苏丹》悲惨的画面永成历史！

本文撰写于2019年4月中旬

页岩气开发正在改变阿根廷的天然气形势

阿根廷是拉丁美洲最大的天然气生产和消费国,虽然季节性出口天然气,但仍是天然气的净进口国。

作为世界第二大页岩气资源国,近年来页岩气和致密气开发不断取得进展,阿根廷天然气生产和消费形势正在发生重大的变化,天然气出口规模越来越大。根据美国能源信息署的有关资料,本文将简要介绍阿根廷天然气生产和消费,尤其是页岩气开发方面的情况。

一、拉丁美洲最大的天然气生产和消费国

根据英国石油公司新近出版的 2019 年版《世界能源统计评论》,2018 年阿根廷的天然气产量为 394 亿立方米,消费量为 487 亿立方米,净进口量为 93 亿立方米。从全球范围看,阿根廷的天然气产量和消费量分别只占 1%、1.3%,均只占很小的比例,但是无论是天然气的产量还是消费量,阿根廷均名列拉丁美洲第一,在拉丁美洲拥有举足轻重的地位。

2019 年 1 月 1 日,阿根廷剩余探明天然气储量仅为 0.3 万亿立方米,仅占同期世界的 0.2%,从全球范围看几乎不占比例,无实质性的重要性可言。

从统计数字看,1990 年—2018 年的 29 年里,仅 1999—2007 年的 9 年,阿根廷是天然气的净出口国,其余的 20 年都是天然气的净进口国(图 1)。

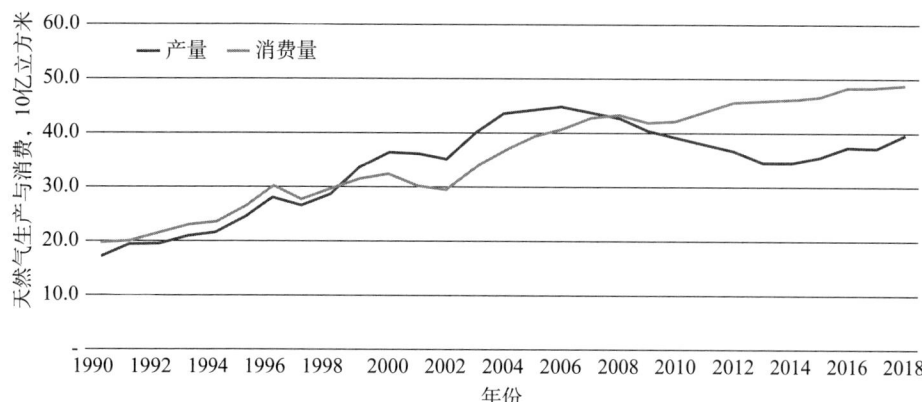

图 1　1990—2018 年阿根廷天然气的生产与消费

资料来源：英国石油公司，《世界能源统计评论》，2019 年 6 月。

二、阿根廷正积极开发世界第二大页岩气资源

据美国能源信息署 2013 年开展的全球页岩资源评估，阿根廷拥有全球第二大的页岩气储量和第四大的页岩油储量，是继美国和加拿大之后，世界第三个对页岩油气资源实现商业化开发的国家。

据估计，阿根廷的页岩气储量为 802 万亿立方英尺，页岩油储量为 270 亿桶，品质高、埋藏浅，是北美之外最好开采的页岩油气资源区，页岩气储量占全球总储量 10% 以上。阿根廷的油气资源主要集中在内乌肯、奥斯特拉尔和诺罗斯特 3 个盆地，占了天然气总产量的 85%。

据美国能源信息署的资料，阿根廷内乌肯盆地 3.48 万平方千米的巴卡穆埃尔塔地区（Vaca Muerta，西班牙语意为"死牛"），预计技术上可采的天然气资源为 308 万亿立方英尺，石油和凝析油资源为 160 亿桶，被认为是全球最有发展潜力的页岩区之一，有可能复制美国的页岩革命。

从地质上看，巴卡穆埃尔塔地区的页岩和致密层，与美国得克萨斯南部的鹰滩高度相似，有地质专家称，对于在地球另一端的阿根廷竟然有与美国鹰滩同样品质的页岩油气资源，感到令人震惊。

近年来，世界上最大的石油公司，如埃克森美孚、雪佛龙、道达尔和壳牌等，都纷纷进入阿根廷内乌肯盆地的巴卡穆埃尔塔地区，开展页岩油气的勘探开发活动。

2016年，埃克森美孚提出在未来的10年时间里，在巴卡穆埃尔塔地区投资100亿美元进行页岩油气的开发。2017年9月1日，埃克森美孚发表声明，投资两亿美元来提高巴卡穆埃尔塔页岩区的天然气产量，并向内乌肯省政府申请洛斯托多西苏尔区块为期35年的非常规生产特许权，埃克森美孚阿根廷子公司拥有洛斯托多西苏尔区块约80%的股份并担任作业者。

2017年3月，壳牌确认2020年前每年向阿根廷的油气开发活动投资3亿美元，同年4月在巴卡穆埃尔塔页岩区投资建设了一个新处理厂，每日能处理1万桶页岩油和600万立方英尺天然气。

2017年5月，道达尔公司宣布，投资5亿美元开发巴卡穆埃尔塔页岩区。2017年7月18日，道达尔、德国温特沙尔公司、泛美能源公司和阿根廷国家石油公司达成一致，共同投资11.5亿美元来增加阿根廷的页岩气产量。这两笔投资，分别为巴卡穆埃尔塔页岩区2015年以来和2017年3月以来最大的投资，估计将使天然气日产量增加一倍，从220万立方米增至450万立方米。

此外，雪佛龙公司也与阿根廷国家石油公司成立了合资公司，投资15亿美元用于巴卡穆埃尔塔地区页岩油气的开发。

世界著名的金融投资家乔治·索罗斯对阿根廷的页岩油气开发非常有兴趣，早在2014年年中就大幅度增持了阿根廷国家石油公司的股份，并取得了丰厚的收益。

目前，3.48万平方千米的巴卡穆埃尔塔地区只有4%处于开发阶段，23%的土地已被特许使用，剩余的73%土地待开发。

当前，阿根廷页岩油气开发面临的主要问题，是基础设施不足，投资成本过高。壳牌认为，在钻井中使用阿根廷制造钢制套管，成本比美国得克萨斯州高40%。埃克森美孚认为，巴卡穆埃尔塔地区的钻井成本是美国的2~3倍。

2019年上半年，阿根廷的天然气日产量为1.29亿立方米，石油产量为50.1万桶/日，其中来自巴卡穆埃尔塔地区的页岩气占天然气总产量约22%左右，页岩油占16%。

三、巴卡穆埃尔塔地区页岩气开发正在改变阿根廷天然气形势

自2008年开始，阿根廷变成天然气净进口国，通过管道从玻利维亚进口天然气，

同时也进口液化天然气。阿根廷进口液化天然气，使用的是布宜诺斯艾利斯附近的埃斯科巴港的浮式储存和再气化设施。1997—2019年阿根廷天然气贸易如图2所示。

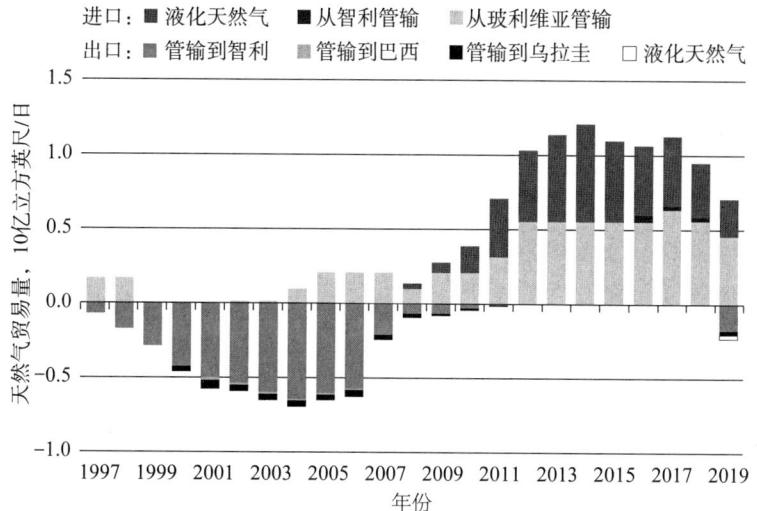

图2　1997—2019年阿根廷天然气贸易

资料来源：美国能源信息署，2019年7月12日。

过去3年里，由于内乌肯盆地巴卡穆埃尔塔页岩气和致密气产量的不断增长，阿根廷天然气产量稳定增加。2018年12月，巴卡穆埃尔塔天然气产量超过10亿立方英尺/日。近年来，阿根廷页岩气和致密天然气产量的增长，部分抵消了成熟气田产量的下降。随着天然气产量的增长，阿根廷重回天然气出口国，包括通过管道向智利、巴西出口天然气，并开始出口液化天然气。2019年6月6日，阿根廷第一船出口的液化天然气从探戈浮动液化天然气装置出货，由美国切尼尔能源公司经手执行。

一般来说，阿根廷温暖的月份（10月至4月），国内天然气的产量会超过消费量，但在寒冷的月份（5月至9月）则满足不了国内的需求，从而必须通过管道进口天然气，并进口液化天然气。最近两年，随着国内天然气产量的增长，阿根廷只在凉爽的月份（3月至10月）进口液化天然气（图3）。

由于地质上不具备建设大规模储存天然气设施的条件，阿根廷的天然气生产者不得不调整生产以适应季节性需求的变化。目前，阿根廷正在进行可行性研究，以寻求潜在的天然气储存场所。

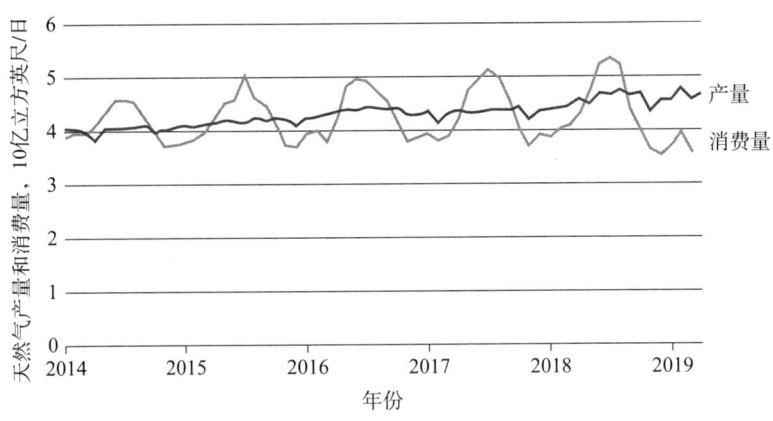

图 3 阿根廷月度天然气产量和消费量

资料来源：美国能源信息署，2019 年 7 月 12 日。

目前看来，直到从页岩气生产地到消费中心管道等基础设施建成之前，在凉爽的月份，阿根廷仍然需要进口液化天然气。

与北半球国家完全相反的天然气需求季节性特点，使得在液化天然气需求大户亚洲国家需求旺盛时期，阿根廷可以出口液化天然气。

通过现有的管道，巴卡穆埃尔塔天然气被输送到巴哈布兰卡港，探戈浮动液化天然气设施就位于该港口，这些管道过去主要用于输送进口到巴哈布兰卡港海上浮式储存和再气化设施的天然气。

探戈浮式液化天然气设施的生产能力为 50 万吨（0.7 亿立方英尺/日），有望提升到年均出口 8 船液化天然气。未来，探戈浮式液化天然气设施出口能力的再一步提升，取决于投资更多的陆上液化设施和管线，或使用更多的浮动液化设施。

2019 年 7 月 19 日，美国麦克德莫特公司宣布，获得了阿根廷国家石油公司一个 500 万吨/年液化项目的工程设计合同，以扩大巴卡穆埃尔塔地区的页岩气产量和出口量。

2018 年 7 月，阿根廷总统马克里表示，3 年内阿根廷将成为天然气净出口国，在 4~5 年内石油的出口将超过 50 万桶石油/日。根据阿根廷政府的数据，巴卡穆埃尔塔页岩区巨大的油气资源潜力，将使阿根廷的石油产量在 2023 年达到 100 万桶/日，天然气日产量达到 2.6 亿立方米。

本文撰写于 2019 年 8 月初

亚太经济合作中的能源问题

当前世界经济地域化和集团化发展迅速,出现了很多以地域所在国为主的经济圈。在这些经济圈中,以亚洲太平洋地区国家为主的亚太经济圈尤为引人注目。亚太经济圈在当今世界上是最具活力的地区,从 20 世纪 60 年代初以来,该地区经济一直高速增长,人们普遍认为,21 世纪将是亚太世纪。出于维护本地区各国的经济利益考虑,亚太各国都积极推进本地区间的经济合作,其中包括能源合作问题。本文试图分析亚太地区的能源形势,亚太地区能源合作现状和特点,并据此提出中国可以采取什么样的对策积极参加亚太地区的能源合作,以促进中国能源工业的发展。

一、亚太地区的能源形势

亚太地区能源形势的主要特点是能源需求增长迅速,供求缺口大。主要表现在以下 3 个方面:

(1)亚太地区能源需求增长迅速、供求缺口较大,本地区内能源不能自给自足。据 1990 年版的《亚太评论》统计,亚太地区的能源产量只占世界的 16%,而该地区的能源消费量却占世界的 20%,这样,该地区能源消费中的缺口必须依赖进口。据联合国《亚太统计年鉴》提供的资料,1965—1988 年的 23 年间,不包括美国和加拿大在内的 42 个国家和地区的能源消费,由 7.08 亿吨煤当量上升到 21.55 亿吨煤当量;而同期该地区的能源产量却只由 6.8 亿吨煤当量上升到 20.43 亿吨煤当量,能源产量一直未赶上能源消费量的增长,从而导致能源进口量逐年增加。1965 年亚太地区能源进口量为 2800 万吨煤当量,1988 年上升到 1.12 亿吨煤当量,增长了 4 倍。上述数字均不包括美国,如果加上美国,1988 年亚太地区的能源缺口则高达 5.41124

亿吨标准煤。亚太地区对从本地区以外进口石油的依赖更大，日本石油消费的70%、美国石油消费的50%、整个亚洲地区石油消费的73%都靠从亚太地区之外的国家和地区进口。

（2）亚太地区能源消费结构不合理，偏重于煤炭等固体燃料，而且相当多的国家还大量依靠薪柴等生物质能。从联合国亚太经济和社会委员会1988年出版的《亚太地区能源主要问题和前景》和1988年版的联合国《能源统计年鉴》提供的材料看，1988年该地区能源消费结构中，固体燃料所占的比例为50%以上，液体燃料所占的比例为39%左右，气体燃料为7%，电为3%。该地区发展中国家的能源消费结构中，固体能源所占的比例约为61%，液体能源所占的比例约为30%，气体能源所占的比例约为5%，电约为2%。亚太地区非商业性能源消费量大，有的国家80%的能源来自木柴和蔗渣等生物质能，据联合国1988年版《能源统计年鉴》的资料，1988年，世界消费的木柴为16.98亿立方米，蔗渣为2.4亿吨，而亚太地区分别为7.44亿立方米和7942.8万吨，占上述世界非商业性能源消费量的43.78%和33.05%。

（3）发达国家严重依赖进口能源是亚太地区能源形势的另一个重要特点。从1988年版的联合国《能源统计年鉴》看，1988年亚太地区美国、日本、韩国、泰国和菲律宾都是能源净进口国，其中美国进口4.29亿吨标准煤，日本进口4.5亿吨标准煤，韩国进口7783万吨标准煤，泰国进口1647.7万吨标准煤，菲律宾进口1663.1万吨标准煤。

亚太地区能源形势之所以有上述特点，是以下原因造成的，而且这些原因决定未来亚太地区的能源缺口将会更大，能源形势会进一步恶化：

（1）亚太地区经济发展迅速。一般认为，经济发展是与能源需求增长直接相关的，经济的高速发展必然造成能源需求迅速增长。60年代至70年代初，世界经济增长出现了一个黄金时期，资本主义经济飞速发展，与此同时亚太地区的经济发展也十分迅速。据统计，1965—1973年间，发达工业国家国内生产总值的年均增长率为4.7%，而同期亚太地区的新加坡、中国台湾、韩国和日本年均增长率超过上述国家一倍以上；印度尼西亚、中国香港、泰国和中国年均增长率超过上述地区50%以上；马来西亚和菲律宾超过上述地区20%~30%。70年代资本主义经济滞胀时期，亚太地区大多数发展中国家和地区仍然以3.9%~5.4%的速度发展。80年代前5年，亚太地区发达国家美国、日本、加拿大经济增长率为2.5%；除菲律宾外，亚太地区发展中国家和地区的经济增长率都在5%以上；而同期欧洲主要资本主义国家国内生产总值年均增长率却只有1%左右。进入80年代后期，亚太地区的经济发展更加引人注目。1988年，亚太地区平均经济增长率为6.8%，1989年为5.2%；而同期，欧洲共同体经济增长率只有3.8%和3.5%。据美国《亚洲华尔街日报》对包括中国和澳大利亚在内的12个国家及地区的调查，1988年和1989年，这些国家和地区的平均增长率在扣除通货膨胀后分别为8.4%和6.1%。预计1990年，亚太经济增长率为5%。经济学界普遍公认的看法是，1990年亚太经济仍将以高于世界其他地区的速度增长。

（2）人口众多。世界60%以上的人口聚居在亚太地区，其中亚太发展中国家的人口总数就占世界总人口50%左右，而世界40%以上的人口又集中在中国和南亚两个低收入地区。由于人口众多和人口集中在低收入国家，使得人均能耗的微小上升便会带动能耗总量的巨大增长，尤其在工业化和城市化进程中，人均能耗特别是电耗会大幅度上升。如在1960—1980年间，日本、中国台湾和韩国人均用电量年均增长率分别为7.4%、10.2%和14.8%。

（3）亚太地区能源产量集中，而且这些能源生产国又基本上都是耗能大国，能源出口量有限，不能满足本地区的能源需求。从《亚太地区能源主要问题和前景》的材料看，亚太地区固、液和气体能源主要生产国分别是中国、澳大利亚、印度尼西亚和印度。在这些国家中，中国的能源基本上自给自足，出口数量不大；澳大利亚煤炭出口量也有限；印度尼西亚是亚太地区的一个石油出口大国，但中国和印度尼西亚加起来出口的石油都无法满足日本对进口石油的需求；印度煤炭和石油产量在亚太地区虽说较大，但它本身还靠进口能源维持经济运转。从长远看，由于上述产能国国内能源需求日益增长，出口能源的数量将越来越少，整个亚太地区能源进口的数量将越来越大。

（4）能源，尤其是石油资源贫乏。亚太地区的能源资源储量只占全世界能源资源储量的16%，而其中石油资源的储量就更小。据美国出版的《油气杂志》统计，1991年1月1日，亚太地区探明石油储量为1342.48亿桶，只占世界探明石油储量的13.44%；同年1月1日，亚太地区石油产量为每天1497.79万桶，占世界石油产量的24%；亚太地区的石油储产比只有24年，大大低于世界石油储产比45年的水平。这就造成亚太地区的石油产量和消费量之间的缺口很大,日本和美国必须从本地区以外的国家大量进口石油。据《亚太评论》估计,90年代,亚太地区的石油消费年均增长率为3.6%,整个地区在未来10年里,石油消费每天将增加350万桶。到20世纪末,亚太地区国家的石油进口量会大幅度上升,如美国到20世纪末65%左右的石油需从国外进口,日本从本地区外进口的石油仍将保持在70%,而1990年12月6日的《远东经济评论》认为整个亚洲地区对进口石油的依赖程度将从目前的73%上升到90%。

二、亚太地区的能源合作及其存在的问题

由于严重依赖进口能源,亚太地区一些国家很热心推进本地区的能源合作,试图通过这种合作在本地区内解决能源供应问题,加强能源供应安全,近年推进能源合作的活动更趋活跃,但到目前为止实际成效不大。

1977年8月,太平洋贸易发展会议在旧金山举行的第九次会议上,讨论了太平洋地区矿产资源的生产、加工、资金供应和贸易等问题,这是亚太地区历史上首次谈到能源合作问题。从此之后,亚太地区的能源合作开始提上日程。到1989年为止,主要情况如下:

(1)日本是推进亚太能源合作最热心的国家。由于经济发展对进口能源的需求较大,日本政府和民间团体都积极推进本地区能源合作。1980年,日本环太平洋合作研究小组就拟定出《环太平洋设想资源战略大纲》,提出以日本、美国和加拿大为中心,在环太平洋区域内建立石油联合储存基地和紧急融通体制,共同开发新能源和创建资源能源联合研究所。同年5月,该小组又提出了《环太平洋合作构想最终报告》,再次提出了太平洋经济合作问题上的资源合作和交流。1984年,日本通产省决定实现"环太平洋煤炭流通计划",主张以美、日合作形式在东南亚国家建设煤炭火力发电站,由美国和澳大利亚提供煤炭,其参加国和地区包括加拿大、东南亚国家联盟、韩国和中国台湾。同年12月,日本通产省又提出《太平洋地区技术和能源合作方案》,其中有关能源问题的内容有:召开太平洋能源会议,建立煤炭火力发电站,促进各国间的能源合作。1985年3月,日本通产省制定了建立区域能源专家集团组织网络计划,搜集区域能源供求情况、前景等情报,对各国的能源政策提出建

议。同年4—5月，日本通产省又决定设立"环太平洋能源合作协议会"，其任务是根据能源专家组的报告，制定各国开发火力发电等电源开发计划和区域外的资源出产国向消费国提供资源的标准计划，研究日本能源领域向发展中国家提供经济、技术援助的问题。

（2）国际性和区域性组织积极促进亚太地区的能源合作，但仍处于研究阶段。亚太地区的能源合作问题也引起了一些国际性和区域性组织的重视。联合国亚太经济和社会委员会从60年代初开始研究亚太地区的能源生产、消费和贸易等问题，到1988年仅亚太地区的能源问题研究报告就提出了31份左右，对亚太地区的能源形势作了详尽的分析。1980年9月，第一次太平洋经济合作会议在澳大利亚国立大学举行，会议决定设立若干专门小组，就贸易、直接投资、通讯和能源等问题进行研究并向委员会提出报告。从此以后，太平洋经济合作会议矿产和能源专题小组成立并开始工作，到1989年，该专题小组分别在雅加达、汉城（现首尔）、马尼拉举行过3次会议，讨论亚太地区的能源生产、消费和贸易等问题。1986年8月，在新加坡召开了环太平洋能源和矿产会议，45个国家的四百多名科学家和企业家出席了这次会议。上述多次会议只是就亚太地区的能源形势交换意见，并未促成能源合作方面的任何实际行动。

（3）苏联近年来积极参与亚太地区的经济、尤其是能源合作。对亚太地区的经济合作问题，苏联在戈尔巴乔夫上台前后态度变化较大。如1980年2月，苏联报刊还发表文章批评亚太地区的经济合作。1986年7月，戈尔巴乔夫在符拉迪沃斯托克（海参崴）发表讲话，提出了在远东建立一个包括在全苏联分工和国际分工体系内的高效率的国民经济综合体的构想；1988年9月，戈尔巴乔夫在克拉斯诺亚尔斯克，指出西伯利亚和远东地区的开发是苏联全国性的任务，并在分析了亚洲、太平洋和印度洋的局势后，表示苏联将积极加入亚太经济圈。从此，苏联积极参加亚太地区有关经济合作的各种会议。苏联远东地区有十分丰富的资源，其中能源资源尤为突出，这里的煤炭储量占全国的34%，水力资源占全国的30%，东西伯利亚的石油储量估计比全苏联现有探明石油储量还要大。因而，苏联想通过东部地区的资源开发，尤其是能源资源的开发参加亚太经济合作，如苏联虽然尚未参加太平洋经济合作会议，但是已参加太平洋经济合作会议的渔业、矿产和能源、畜牧和谷物小组活动。近年来，苏联能源形势更趋恶化，英国《经济学家》称，据苏联有关政府部门估计，到1994年苏联有可能成为一个石油净进口国，为解决日益严重的能源危机，苏联准备大力引进外资发展能源部门，苏联有关计划人员认为，如利用本国的技术，到2000年苏联只能生产计划中应有的35%，因而解决这场能源危机的唯一办法就是对外开放本国能源部门。这样，苏联参加亚太地区有关经济活动的热情会更高，目前它正在通过日本的帮助想加入太平洋经济合作会议。

根据上述情况分析，亚太地区的能源合作具有如下特点：

（1）亚太地区国家虽积极热心于能源合作，不过实际参加国有限，程度不高。从1987年第二次太平洋合作会议矿产和能源专题小组参加国来看，虽然有14个国家和地区及3个区域性组织参加了这次会议，但这只占亚太地区国家很少一部分；更为重要的是，这个组织只是一个半官方性机构，会议只是一种学术交流，对各国政府决策并没有多大影响。因而，大规模的亚太地区的能源合作不是短时间能做到的。

（2）日本、苏联虽积极推进亚太能源合作，但从本国私利出发的目的性都很强，引起其他国家的疑虑。从亚太地区能源合作的历史看，日本态度最为积极，政府制定有关政策予以推进，这是由于日本经济发展高度依赖进口能源，是为了保证自己的能源供应安全。因而，有些国家不满日本积极推进亚太地区能源合作的自利目的，印度尼西亚外长穆赫塔尔就曾在议会的军事和外交委员会会议上指出，日本想把东南亚国家联盟地区变成其商品的市场和原料供应地。而苏联之所以积极参加亚太经济合作，是想借该地区日本、韩国等经济发达的国家和地区的资金和技术来开发其远东地区。

（3）亚太地区能源互补性有限，这将影响亚太地区能源合作的规模和前景。亚太地区的能源需求增长迅速，但能源资源有限，尤其是缺少石油这类优质能源资源，亚太地区无法完全在本地区内相互调节解决能源供求。当前和未来亚太地区都必须从世界其他地区进口能源，尤其是从中东地区进口大量的石油。正是这一现实，决定了日本在制定亚太地区的能源合作计划时，主要目标放在开发本地区的煤炭资源上。但是，随着世界各国对环境问题的日益关注，在煤炭的应用技术没有大的突破之前，煤炭的使用也不会有大的进展。因而，亚太地区的能源合作只会是小规模的、个别国家之间进行的，不会形成一个涉及整个亚太地区所有国家的合作运动，更不可能因能源合作而带动亚太地区的整体经济合作。

三、亚太地区的能源合作给中国带来的机遇和挑战

亚太地区的能源合作虽然带来大量促进中国能源工业发展的机遇，但更多的则是对中国能源工业的挑战。具体说来有：

（1）亚太地区能源合作的要求虽为中国能源工业的发展提供了一个有利的外部环境，但中国的能源工业尚不具备大规模参加亚太地区能源合作的能力。亚太地区能源供求矛盾大，该地区一些发达国家如日本等热心于能源合作，这对中国开展对外能源合作、利用外资促进能源开发是有利的，但是，中国能源工业存在的下述问题严重阻碍了对外能源合作的展开。

中国能源工业是一个满足国内需求尚有困难的行业，目前和在20世纪内都不具备大规模出口能源的能力。能否有效地对外进行能源合作，其最主要的条件之一是能否大量出口能源产品。新中国成立以来，中国的能源工业发展迅速，据1991年第一期《中国能源》提供的材料，到1989年中国已成为世界上第三大能源生产大国，其中原煤产量为10.45亿吨，居世界第一位；原油产量1.376亿吨，居世界第六位；发电量5847亿千瓦时，居世界第四位。40年来，中国能源工业的发展速度是世界少有的，但是应该看到的是，与中国经济发展的需要相比，中国能源工业还不能适应需要，能源供应不足长期困扰着中国经济的发展，能源部计划司在1991年第3期《中国能源》上发文认为，中国每年缺一次能源3%，目前发电装机容量约缺1900万千瓦，石油约缺1000万吨，大量交通工具在限油的情况下运行。90年代中国的能源缺口会更大，据1990年第三期《中国能源》提供的数据，到2000年能源缺口将达3亿~4亿吨标准煤。为换取经济建设所急需的外汇，中国通过控制国内用能而向国外出口能源，90年代这种能力将越来越小，而且有可能成为一个石油净进口国。

中国能源产品种类不合理。60年代中期前后，石油由于具有发热量高，热能利用效率高，经济效益好，运输、使用方便，污染小等特点，迅速取代煤炭成为世界主要能源来源，目前世界大部分国家能源消费结构中，石油约占40%~70%左右，世界各国对石油的需求量很大。两次石油危机之后，虽然世界各国都在努力摆脱石油，但至少在21世纪内，石油仍将是世界主要能源来源，而且在当今世界努力寻找的替代能源中，如煤炭这类污染大的传统能源将受到冲击，在能源消费中的地位将进一

步受到削弱。中国的能源产品结构中，煤炭所占的比例长期高达 70% 左右，年产 1.3 亿吨左右的石油在紧缩国内用油的情况下每年只能出口 2000 万吨左右，这样受能源产品种类所限中国不能大量出口市场急需的优质能源。

亚太地区天然气需求增长迅速。近年来，由于环境保护的压力，世界天然气消费直线上升，据 1990 年 12 月英国《石油经济学家》统计，1989 年世界液化天然气贸易量增长 6.8%，1990 年增长 5% 以上，其中亚洲地区 1989 年液化天然气贸易量增长 4.1%。亚太地区的日本和韩国是世界上第一和第五大液化天然气进口国，1989 年日本液化天然气进口量占世界液化天然气进口量的 67.6%，韩国占 4.2%。90 年代，亚太地区的天然气需求会有大的增长，如据 1990 年 10 月日本的《通产省能源供应展望》，到 2010 年，天然气在日本能源消费结构中所占的比例将由 1989 年的 10% 增加到 12.2%。这样，21 世纪内亚太地区的天然气贸易量会有大的增加，天然气出口前景广阔。但是，中国对天然气工业重视晚，1989 年，中国天然气产量虽达 144.9 亿立方米，居世界第 22 位，但完全用于国内消费，不能进入国际市场用于换取外汇。

（2）在参加亚太能源合作时，中国面临本地区其他国家的激烈竞争。因为客观条件的限制，中国只能作为能源出口国参加亚太地区能源合作，这样吸引外资开发中国的能源资源是中国参加亚太能源合作的主要目的。当前，作为能源出口国参加亚太地区能源合作的国家除中国外，还有苏联、澳大利亚和印度尼西亚，这些国家都在积极采取措施吸引外资开发自己的能源资源，如 1991 年 4 月苏联总统戈尔巴乔夫访问韩国期间，与韩国达成协议，韩国同意拿出数十亿美元，开发苏联远东地区的天然气。日本商界也准备与苏联合作开发苏联远东地区的能源资源。与中国相比，苏联远东地区具有与日本和韩国等主要能源消费市场近、能源资源尚未大规模开发的优势，而中国能源开发正向西移，因而苏联远东地区将是中国吸引外资开发能源资源的主要竞争对手。

中国应采取大力发展能源工业、优化能源产品结构、积极改善国内投资环境的政策改变中国能源工业的现状，利用亚太地区国家积极推进能源合作的热情为发展中国的能源工业服务：

（1）国家采取各种积极措施发展能源工业，尽快将中国能源工业由内需主导型变为内需有余、能大规模出口能源产品的行业。

1）将能源工业确立为主导型产业。中国一直将能源工业作为基础工业来对待，这一行业划分方式虽然看到了能源工业为其他行业提供原料这一特点，但对能源工业在国民经济中的地位估计不足。事实上，能源工业是一个综合性行业，除其本身向社会提供大量经济发展所必需的能源产品外，它还要求机械制造、电子仪表、化工、交通运输和通信等行业提供支持，其就业人数在全社会就业总数中占很大的比例。因而，发展能源工业不仅可为国民经济发展提供充足的能源，还可以以能源工业为龙头带动国民经济其他行业的发展。

2）大力加强对能源工业的投入并将之落到实处。能源工业是一个资金密集型行业，国家必须对能源行业进行大量投入。苏联拥有当今世界先进的能源工业，从其能源工业发展的经验看，重视对能源行业的投入是其能源工业迅速发展的重要原因，如在过去15年里，苏联能源工业吸收了全部工业投资增长的70%，1985年苏联全部投资增长3%，而能源工业投资增长了5.4%，1981—1985年间，石油工业的投资占全部工业投资的22%。中国虽也一直强调对能源工业实行倾斜性投资政策，但并未很好落实。从《中国能源》1990年第一期有关数据看，"五五"期间，中国能源工业投资占全社会固定资产投资比例为20%，"六五"期间降到16.6%，"七五"前3年又降到14.1%。在这种情况下，中国能源工业发展后劲不足，各行业亏损严重，据能源部统计，1990年煤炭行业亏损119.2亿元，1989年石油行业亏损18.16亿元。因而，要想使中国能源工业摆脱困境，能参加亚太地区的能源合作中，就必须改变这种政策，国家应对能源行业高度重视，使能源工业的投资从目前的占全社会固定资产投资的14%左右逐步提高到20%~23%。

（2）迅速改变中国能源工业的产品结构，使之适应亚太地区和世界能源市场的需要。经济的发展需要使用越来越多以石油为主的污染少的优质燃料，中国能源产品煤多油少的结构越来越不适应国内和国外市场的需要，中国这种能源产品结构不仅给国内造成日益沉重的环境负担，而且也使中国能源产品的出口在国际上缺少竞争力。从中国现有能源资源储量的现实看，由于石油储量相对较小，而煤炭储量较大，中国无法在短期内大量增加石油的出口，但是我们可使用新技术改变煤炭的形式，对煤炭进行脱硫处理，变固体的煤炭为液态，尤其是用煤提取石油，大量出口液态的煤炭,以弥补中国石油资源的相对不足。加速发展天然气出口。中国的天然气工业虽然发展较晚,基础较差,但是从世界范围来说,天然气也是一个发展较晚的新型产业,目前全世界只有苏联、印度尼西亚、阿尔及利亚、马来西亚、阿布扎比、美国、利比亚和文莱出口天然气,而且苏联还不具备出口液化天然气的能力,因而,相对来说世界天然气市场竞争并不十分激烈。这样,如果中国能利用这一有利时机,大力发展中国的天然气工业,并重点发展以出口为主导的液化天然气技术,将中国天然气工业发展的起点瞄准在世界和亚太市场最需要的地方,中国能源工业的现状就会有大的改观,有利于中国找出自己的优势参加亚太地区的能源合作。

(3)积极改善中国总体投资环境和能源行业小的投资环境,在国力允许的情况下大力吸引外资促进中国能源工业的发展。由于能源供求之间的巨大矛盾和从中东地区进口能源的不安全感,亚太地区国家,尤其是日本、美国和韩国等工业化国家和地区都有开发本地区能源资源,减少从中东地区进口能源的期望,这为中国吸引这些国家的资金开发中国的能源资源提供了极好的机会。1991年4月,日本三菱商事等公司决定提供1.5亿美元的贷款,用于开发中国的西部油田。据能源部统计,截至1989年年底,中国能源工业共利用外资99.4亿美元,但是这与中国能源工业发展的资金需要还相距甚远,尤其是中国的石油工业正在向西部进行战略转移,资金需求尤为巨大,中国能源工业面临艰巨的吸引外资的工作。客观上讲,虽然经过数十年的改进,中国的投资环境已有了较大的改善,但还存在大量严重阻碍引进外资的问题,能源工业本身也存在不少问题。从中国本身经济发展的需要着眼,国家应积极采取措施解决这些问题。同时,国家可考虑在迅速解决上述问题有困难的情况下,在能源行业全面实行海洋石油工业自主经营的政策,给予能源工业充分自主的便利,利用能源工业本身可用产品作吸引外资手段的特殊条件,让能源行业独立自主地吸引外资发展自身。不过,需要引起注意的是,由于能源工业是资本密集型行业,资金需求大,加之能源产品的国际市场价格捉摸不定,能源工业在吸引外资时要加强计划、量力而行,切不可盲目行事,避免重蹈墨西哥大量举借外资发展石油工业,而使国家背上沉重外债的覆辙。

本文撰写于 1991 年 5 月

上合组织国家间的能源合作：数据与思考

2001年6月15日的《上海合作组织成立宣言》和2002年6月7日的《上海合作组织宪章》中明确，要通过开展能源等领域的合作，促进地区经济、社会、文化的全面均衡发展，不断提高成员国人民的生活水平，推动建立民主、公正、合理的国际政治经济新秩序。

成立17年来，上海合作组织（以下简称"上合组织"）国家为能源合作进行了积极的努力，当前和未来相当长时间里，加深彼此间的能源合作还有较长的路要走。

一、上合组织国家中拥有世界级的油气资源和消费市场

目前，上合组织有8个成员国、4个观察员国和6个对话伙伴国。18个国家中，从能源角度看，既有油气资源大国，也有消费大国。土库曼斯坦虽然不是上合组织国家，但由于其在中亚、中国和世界天然气市场的重要地位，2007年8月的比什凯克峰会上土库曼斯坦总统首次被邀请参会，因此本文也一并将其纳入进行分析。

俄罗斯是世界上、同时也是上合组织成员国中最主要的油气资源国、生产国和出口国。2017年1月1日，俄罗斯石油探明储量约1100亿桶，约占世界的6.5%，排名世界第六；天然气探明储量为32.3万亿立方米，占世界的17.3%，排名世界第二。2017年，俄罗斯石油产量为1136万桶/日，70%以上的石油产量用于出口；天然气产量约为6900亿立方米，出口总量约为2250亿立方米，约占产量的1/3。2017年，俄罗斯的石油和天然气产量均为世界第二，仅次于美国。

伊朗是上合组织观察员国。2017年1月1日，伊朗的探明石油储量为1584亿桶，占世界的9.3%，高于俄罗斯，排名世界第四位；天然气探明储量为33.5万亿立方米，

占世界的 18%，排名世界第一。有估计称，伊朗拥有的天然气探明储量约价值 7 万亿美元。2017 年，伊朗石油产量为 380 万桶 / 日，天然气日产量约为 10 亿立方米，是世界第三大天然气生产国。

环里海地区拥有丰富的油气资源，号称"第二个波斯湾"，石油探明储量为 23.1 亿 ~45.7 亿吨，待发现资源量为 319.1 亿吨，总资源量为 342.2 亿 ~364.8 亿吨；天然气储量约为 14 亿 ~16 万亿立方米，超过世界总量的 4%。

哈萨克斯坦约 70% 的油气资源分布在卡沙甘和田吉兹两个大油田中。1993 年 4 月，哈萨克斯坦同雪佛龙等公司签署了为期 40 年、总投资额高达 200 亿美元的"世纪契约"。田吉兹油田于 1993 年投产，2006 年日产量已达 45 万桶，约占哈萨克斯坦石油总产量的 35%，2022 年该油田的年产量将达到 3900 万吨（约 85 万桶 / 日）。卡沙甘油田被认为是中东地区之外的最大油田，同时也是全球自 1968 年以来发现的最大油田，储量居世界第五，总投资超过 550 亿美元，堪称世界最昂贵的石油项目。2013 年 9 月 11 日，卡沙甘油田投入商业生产，日产量为 9 万桶，9 月 24 日因运输管道出现问题停产。2016 年 10 月 23 日，卡沙甘油田恢复生产，预计今后几年产量将达每年 1300 万吨。2018 年 4 月，哈萨克斯坦的石油产量为 195 万桶 / 日。

阿塞拜疆最大的油田是 Azeri-Chirag-Guneshli（ACG）巨型油田，拥有储量 7.6 亿吨，石油产量占整个阿塞拜疆的 70%。从 2007 年开始，阿塞拜疆石油产量迅速增长，成为非欧佩克国家中石油产量增长最快的国家。2018 年 4 月，阿塞拜疆的石油产量为 78.5 万桶 / 日。

乌兹别克斯坦和哈萨克斯坦拥有丰富的天然气资源，探明天然气储量分别为 1.1 万亿和 1 万亿立方米，分别占世界探明天然气储量的 0.6% 和 0.5%。2017 年 1 月 1 日，土库曼斯坦探明天然气储量为 17.5 万亿立方米，占世界的 9.4%，位居世界第四位，每年的天然气产量约 700 亿 ~800 亿立方米。

从消费端来看，18 个上合组织国家中，中国是世界最大的能源消费国和石油进口国，近年来天然气消费量和进口量也增长迅速。2017 年，中国的石油消费为 1240 万桶 / 日，对外依存度约 70%；天然气的消费量为 2373 亿立方米，对外依存度为 39.61。作为世界人口第二大国，近年来印度已成为世界石油消费增长最迅速的国家，2017 年石油消费量为 469 万桶 / 日，对外依存度为 81.62%。

二、油气生产国对出口高度依赖并奉行多元和多方向的出口政策

从世界石油行业看，重要的油气资源国，都存在着两大特点，一是国民经济对油气生产和出口的高度依赖，不少国家国民生产总值一半及出口70%左右，高度单一依赖油气资源；二是对外出口，奉行多元和多方向的政策，避免对某些国家或单一市场的过高依赖。

俄罗斯财政收入约50%来源于油气生产和出口。2018年以来，由于国际石油价格的不断上涨，俄罗斯取得预想之外的大笔收入。据俄罗斯海关统计，2018年第一季度，俄罗斯石油出口收入同比增长21.2%，达282亿美元，天然气出口收入同比增长22.6%，达124亿美元。为此，俄罗斯对预算进行了修正，2018年油气收入将达2.7万亿卢布，原本预计的1.27万亿卢布预算赤字将被抵消，还有4406亿卢布的预算盈余，成为俄罗斯自2011年以来的首次预算盈余。

俄罗斯油气主要出口市场是欧洲。2016年，俄罗斯石油产量的70%用于出口，其中原油出口量为520万吨/日，成品油出口量为240万吨/日。最大目的地，是欧洲国家，主要是荷兰、德国、波兰、芬兰等，大约占俄罗斯石油出口总量的70%。俄罗斯天然气产量的90%，是通过管道输往欧洲地区，主要包括德国、土耳其、意大利、白俄罗斯、比利时、法国和波兰等。欧盟天然气进口总量约34%来源于俄罗斯，其中芬兰、波罗的海和很多欧洲东南部国家，几乎所有的天然气进口都来自俄罗斯。2009年以后，俄罗斯才开始从萨哈林向日本、韩国等出口液化天然气。

里海地区新兴石油生产国哈萨克斯坦和阿塞拜疆，自独立以来，就积极引进西方国际大石油公司，油气生产已高度西方化。哈萨克斯坦田吉兹油田，就是由雪佛龙（50%）、埃克森美孚（25%）、哈萨克斯坦国家石油天然气公司（20%）、俄罗斯卢克石油公司和英国石油公司合资的卢卡库公司（5%）开发。卡沙甘油田，埃尼、道达尔、埃克森美孚、壳牌、哈萨克斯坦国家石油天然气公司各持有16.81%的权益，日本国际石油开发公司持有7.56%的权益，中国石油天然气集团公司仅持有8.4%的权益。阿塞拜疆ACG油田，由英国石油公司（35.78%）、美国雪佛龙公司（11.27%）、阿塞拜疆ACG公司（11.65%）、日本国际石油开发公司（10.96%）、挪威国家石油公司（8.56%）、美国埃克森美孚公司（8%）、土耳其国家石油公司（6.75%）、

日本伊藤忠公司（4.3%）和美国赫斯公司（2.72%）组成的阿塞拜疆国际作业公司（AIOC）负责开发。

里海地区有一条著名的管道，就是油气资源国出口重点面向欧洲的有力例证，这就是巴库—第比利斯—杰伊汉管线，即BTC管道。BTC管道，起自阿塞拜疆的巴库，经过格鲁吉亚的第比利斯，最终到土耳其杰伊汉，管道全长1768千米，总投资39亿美元，将阿塞拜疆ACG油田生产的原油输送到欧洲。这是独联体国家中，第一条不受俄罗斯控制的5000万吨石油出口能力的通道，管道由美国推动建设，英国石油公司占股30.1%并负责运营管理。

2017年，俄罗斯和中亚地区国家的原油出口量为692.3万桶/日，石油产品出口量为308.9万桶/日，合计石油出口总量为1001.2万桶/日。2018年3月18日，分别为688.4万桶/日、320.5万桶/日和1008.9万桶/日。俄罗斯和中亚地区国家出口的原油和石油产量，70%以上通过管道、船运，销售到了欧洲地区，欧盟30%以上的进口原油来自俄罗斯。

油气产业也是伊朗国民经济的支柱产业。因核问题和与美国关系的长期恶化，油气产业一直是被制裁，对伊朗的经济发展造成了严重的负面影响。2011年，伊朗的石油产量为400万桶/日，2013年第四季度下降到273万桶/日，2012年年初之后伊朗的石油出口量曾下降了100万桶/日以上，石油出口量剧降60%。自2010年开始，伊朗国内生产总值快速下滑，2010年为5.9%；2011年为3%；2012年为-1.9%，是20年来的首次负增长；2013年为-1.5%。从2016年年初开始，伊朗的石油生产和出口迅速恢复。2017年，伊朗的石油产量增加到380万桶/日，出口原油和天然气凝析油近10亿桶，其中原油7.77亿桶，天然气凝析油1.8亿桶，其中62%销往亚洲，38%销往欧洲，最大买家分别为中国、印度、韩国、日本。

天然气出口收入占土库曼斯坦商品出口额的60%以上，占全年财政预算收入的30%以上。土库曼斯坦的天然气出口共有3条管道，分别为：北向俄罗斯，中亚—中央天然气管道，最大年输气能力500亿立方米，经哈萨克斯坦、乌兹别克斯坦，向俄罗斯供气，该管线建于20世纪70年代。南向伊朗，科别兹—科尔德库伊管线和多夫列塔巴德—谢拉赫斯管线，输气总能力为每年200亿立方米。东向中国，中亚天然气管道A/B/C/D线，A/B/C线已投运，D线正在建设中，目前具有每年向中国输送 550 亿立方米天然气的能力。

三、从务实的角度，理性地积极推动上合组织国家间的能源合作

（一）在可以预见的将来，以俄伊为主的上合组织油气资源国，仍将继续奉行多元和多方向的出口政策，并积极联手以求在世界天然气市场中发挥更大的作用

对于俄罗斯来说，在石油领域，价格策略上，2016 年年底与欧佩克的联合减产，较有效地管控了世界石油供给，不断提升了国际石油价格，收到了非常好的经济效益。在可以预见的将来，只要国际石油价格不过快上升，俄罗斯就将继续执行与欧佩克联合控制石油产量，稳定国际石油市场的政策；出口市场上，欧洲仍将是俄罗斯石油的主导市场。在天然气领域，俄罗斯将继续使用庞大且成熟的天然气管网和由此形成的自然垄断，通过较大的价格竞争优势，与美国液化天然气竞争，确保欧洲是其天然气出口的主导市场。2017—2018 年度采暖季，俄罗斯天然气销往欧洲市场的价格约为 190 美元／千立方米，而美国销往欧洲液化天然气的价格为 265~295 美元／千立方米。面对不断增长的美国页岩油气出口量，加之欧洲石油和天然气消费增长有限，俄罗斯近年来才积极扩展亚太地区市场，中俄原油天然气管道陆续建成并投入使用，俄罗斯的油气资源在中国和亚太地区国家的市场占有率不断上升。俄罗斯的油气政策具有鲜明的两面性，即在保证欧洲传统油气市场的同时，向亚太地区扩张，这一政策不但是务实的，也是明智的，更是会长期坚持。

2016 年年初，国际社会解除制裁后，伊朗提出了雄心勃勃的油气开发计划，计划投资 1500 亿美元，恢复石油产量到 400 万桶／日以上，将天然气产量提升到 7000 亿立方米。2018 年 5 月 8 日，美国总统特朗普宣布重新启动对伊朗的制裁。5 月 15 日，欧盟外交事务代表莫格里尼表示，欧盟和伊朗会保持并深化经济合作，包括在石油和天然气方面的合作，计划在结算与伊朗的石油贸易时，使用欧元代替美元。但是，由于美国对伊朗的制裁具有域外效力，国际化经营的石油、银行、保险和船运等企业大部分会选择退出伊朗的业务，以避免美国的制裁。2018 年 5 月 16 日，法国道达尔公司宣布，暂停对伊朗南帕斯气田的投资。航运巨头马士基、全球最大的油轮运营商丹麦托姆（Torm），已经不再接来自伊朗的新订单。巴斯夫的子公司温特沙尔（Wintershall），将停止与伊朗的石油合作。无论伊核问题未来如何走向，伊朗对外政

策的重点将寻求欧盟的支持和帮助。早在 2006 年 3 月，伊朗就成立了国际原油交易所，2011 年 7 月 13 日，开展了以欧元、伊朗里亚尔和其他一篮子货币作为结算货币的原油交易，但对其自身的油气定价、生产和出口并未带来任何积极的影响，更不可能撼动以美元为主导的国际石油价格体系。

多年来，俄罗斯和伊朗一直在积极推动，成立类似欧佩克的天然气生产国组织。2001 年 5 月，天然气出口国论坛在伊朗首都德黑兰举行。目前，该组织有包括阿尔及利亚、玻利维亚、埃及、赤道几内亚、伊朗、利比亚、尼日利亚、卡塔尔、俄罗斯、特立尼达和多巴哥、阿拉伯联合酋长国、委内瑞拉 12 个成员国，以及伊拉克、哈萨克斯坦、荷兰、挪威、阿曼 5 个观察员。2008 年，论坛制定了《章程》和《功能协议》两个重要文件。2010 年，论坛在卡塔尔首都多哈设立了秘书处。2002 年，俄罗斯总统普京和哈萨克斯坦总统纳扎尔巴耶夫明确表示，要建成一个天然气卡特尔（类似于欧佩克的天然气垄断组织）。2007 年 1 月，伊朗领袖哈梅内伊也提出要把天然气输出国论坛变成天然气卡特尔。2011 年 12 月、2013 年 7 月和 2015 年 11 月，天然气输出国论坛共召开了三次峰会。

（二）中国与上合组织国家间的油气合作已取得了较大的成绩，管道天然气已形成了事实上高度的依赖

从实物贸易量来看，2017 年，中国从上合组织国家中的俄罗斯、伊朗、哈萨克斯坦、阿塞拜疆、蒙古国进口了 9576.03 万吨原油，占进口总量的 22.8%，其中俄罗斯、伊朗分别是第一大和第五大原油进口来源国。2016 年，俄罗斯出口到中国的原油为 95.3 万桶/日，占其出口总量的 18%，首次超过沙特阿拉伯，成为中国第一大原油进口来源国。2017 年，中国从哈萨克斯坦、阿塞拜疆进口的原油分别为 250.21 万吨和 128.17 万吨，占进口总量的 0.6% 和 0.3%。2017 年，中国天然气进口量为 920 亿立方米，其中管道气进口 417 亿立方米，液化天然气进口 503 亿立方米。2017 年中国进口的管道气中，通过中亚天然气管道进口的量为 387.38 亿立方米，同比增长 13.37%，占当年中国天然气消费总量的 16.32%。

从基础设施来看，中国同上合组织国家中，原油管道已建成中哈、中俄一期和二期三条，具有年输送 5000 万吨原油的能力；天然气管道已建成中亚天然气 A、B 和 C 线，具备 550 亿米^3/年的输送能力；正在建设的 D 线，具备 300 亿米^3/年的输送能力。年输送 380 亿立方米的中俄东线天然气管道，正在建设中，预计 2019 年 10 月北段（黑河—长岭）投产，2020 年年底全线贯通；年输送 300 亿立方米的中俄西线天然气管道，还在论证过程中。截至 2017 年 12 月 31 日，中亚天然气管线已向中国累计输气 2032.33 亿立方米。

因此，应该客观地看到，无论对于中国，还是向中国提供原油天然气的上合组织资源国，其当前的实物贸易量都已占到双方一定的比例，都已成为各方油气资源进口和出口的重要组成部分。更为重要的是，除伊朗外，中国与上合组织中的俄罗斯、哈萨克斯坦、土库曼斯坦等资源国的油气贸易，基本上都是通过陆上管道进行的。陆上油气管道虽然具有输送安全性、稳定性等特点，但容易形成自然的垄断，使中国对这些国家中的某国油气进口形成一定的依赖，容易在特定的情况下对中国的能源安全构成一定的冲击。2017 年冬季，中国局部地区出现天然气荒的重要原因，就是中亚天然气管道供气量减少造成的。2017 年度，土库曼斯坦已成为中国管道天然气进口第一大国，占管道天然气进口总量的 84.6%，中国已经事实上形成了对土库曼斯坦天然气的高度依赖。

（三）上合组织国家间的能源合作应理性地积极推动

从油气资源和消费市场看，上合组织具有能源合作的天然条件和基础，上合组织宣言和宪章中，表达了开展能源合作的愿望。但是，到目前为止，就整个组织的能源合作来说，还处于积极推动的过程中。最具代表性的，就是能源俱乐部的建设问题。2006 年秋的杜尚别峰会上，俄罗斯总统普京提出了建设能源俱乐部的倡议。自此之后，能源俱乐部的建设迟迟得不到推进。2013 年 9 月，比什凯克峰会上，中国国家主席习近平再次呼吁，建立上海合作组织能源俱乐部，建立稳定供求关系，确保能源安全。正是在这样的情况下，2013 年 12 月，上合组织能源俱乐部才正式成立。截至 2018 年 5 月 15 日，上合组织能源俱乐部共举行四次高官会议，各国还处于能源规划的对接和交流阶段。一段时间以来，中国学界提出了建设上合组织统一能源市场的设想，但是这一设想的实现，比起能源俱乐部的成立，可能需要更长的时间并进行更艰难的探索。

目前，中国的石油对外依赖已达到 70% 左右，天然气的对外依赖也已近 40%，未来石油天然气的对外依赖会更高。在高度分散化和中国企业高度国际化参与世界油气资源开发的大背景下，较高的石油天然气对外依赖虽然存在一定的风险，但并不可怕。不过，我们需要高度关注的是，中国的石油天然气进口不能过高地依赖某些特定的国家和地区，尤其是要避免陆上油气管道系统可能形成的自然垄断。由于历史、文化、民族和复杂多变的国际关系等多方面的原因，我们不能对某些国家或地区形成过高的油气资源进口依赖。

伊朗核问题是当前国际社会关注的热点话题，美国重启对伊朗的制裁，必然会对伊朗的油气资源开发、出口和对外经济合作，产生多方面的影响。中国外交部多次表态，在不违反自身国际义务的前提下，中国企业可以开展与伊朗的合作。上合组织的宣言和宪章中，均已明确表述，希望通过开展能源等领域的合作，推动建立民主、公正、合理的国际政治经济新秩序。从多年来的国际关系实践看，包括中国在内的相关国家应理性和智慧，处理好伊朗核问题及其引发的热点问题，冷静而踏实地做好上合组织国家间的能源合作，真正实现上合组织宣言和宪章中希望通过能源等领域的合作，达到促进地区经济、社会、文化的全面均衡发展，不断提高成员国人民生活水平的宏伟目标。

本文撰写于 2018 年 6 月初

上合组织能源合作的探索和实践应成为全球能源治理可资借鉴的有效范式

20世纪70年代以来，国际能源形势的剧烈动荡，给世界经济政治和人民生活造成了巨大冲击。如何建立有效的全球能源治理，让能源更好地造福人类社会，是国际社会多年来试图着力解决的一大课题。

上海合作组织早于"一带一路"，是"一带一路"的重要组成部分。成立17年来，上合组织在能源合作领域进行了卓有成效的探索和实践，积累了宝贵的经验，可为"一带一路"进一步推进所借鉴，更为重要的是，它应成为建立全球能源治理可资借鉴的有效范式。

一、从能源角度看，上合组织可以视为微缩版的世界能源市场

2001年6月成立以来，目前上合组织有8个成员国、4个观察员国和6个对话伙伴国。从能源角度看，这18个国家中既有油气资源大国，也有消费大国，基本上就是一个微缩版的世界能源市场。

俄罗斯是世界较大油气生产和出口国之一，石油储量排名世界第六，天然气排名第一。2017年，俄罗斯石油产量为5.54亿吨，71.36%用于出口；天然气产量为6356亿立方米，出口为2108亿立方米。

伊朗石油储量排名世界第四位，天然气排名第二。2017年，伊朗石油产量为2.34亿吨，天然气产量2239亿立方米。

环里海地区，拥有丰富的油气资源，号称"第二个波斯湾"。上合组织国家中的俄罗斯、伊朗、哈萨克斯坦和阿塞拜疆都是环里海国家。2017年，哈萨克斯坦的石油产量为8690万吨，阿塞拜疆的石油产量为3920万吨。

乌兹别克斯坦拥有丰富的天然气资源，天然气储量为1.2万亿立方米，2017年

天然气产量为 534 亿立方米。

作为世界第一大能源消费国，在上合组织国家中，中国是能源进口国和投资输出国。作为世界人口第二大国，2017 年印度的石油消费量为 2.22 亿吨，位居第三。尤为重要的是，印度石油消费增长迅速，很快将成为世界石油消费增长最快的国家。

由于地理位置因素，部分国家与上合组织产生了天然的能源合作关系。土库曼斯坦不是上合组织国家，但天然气储量排名世界第四，2007 年 8 月的上合组织比什凯克峰会上，土库曼斯坦总统首次被邀请参会。日本和韩国都是能源消费大国，石油和天然气消费全部依赖进口，对石油天然气安全供应和国际能源形势的变化非常敏感。

二、17 年来，上合组织进行了卓有成效的能源合作

（一）能源合作是上合组织的核心话题之一

2001 年 6 月 15 日的《上海合作组织成立宣言》和 2002 年 6 月 7 日的《上海合作组织宪章》中明确，要通过开展能源等领域的合作，促进地区经济、社会、文化的全面均衡发展，不断提高成员国人民的生活水平，推动建立民主、公正、合理的国际政治经济新秩序。

2006 年秋杜尚别峰会上，俄罗斯总统普京提出了建设上合组织能源俱乐部的倡议。2013 年 9 月，比什凯克峰会上，中国国家主席习近平再次呼吁，建立上海合作组织能源俱乐部，建立稳定供求关系，确保能源安全。2013 年 12 月，能源俱乐部正式成立，它是上合组织框架下发展和扩大能源合作的开放性多边平台。目前，俱乐部会员包括中国、俄罗斯、哈萨克斯坦、塔吉克斯坦、印度、巴基斯坦、蒙古国、阿富汗、伊朗、白俄罗斯、土耳其和斯里兰卡。截至 2018 年 5 月 15 日，能源俱乐部共举行了 4 次高官会议。

（二）上合组织国家间开展了不同形式的能源合作

一是成立天然气出口国论坛。在俄罗斯和伊朗的积极推动下，2001 年 5 月，天然气出口国论坛在伊朗德黑兰举行。2008 年，论坛制定了《章程》和《功能协议》两个重要文件。2011 年 12 月、2013 年 7 月和 2015 年 11 月，论坛共召开了 3 次峰会。

目前，天然气出口国论坛有 12 个成员国和 5 个观察员国。其中，12 个成员国的天然气探明储量占世界的 61.9%，管道天然气贸易占世界的 40.8%，液化天然气贸易

占世界的 57.8%。

二是签署《里海法律地位公约》。2018 年 8 月 12 日，俄罗斯、伊朗、哈萨克斯坦、阿塞拜疆和土库曼斯坦，签署了《里海法律地位公约》，明确里海是具有特殊法律地位的水体，五国享有共同开发权，禁止域外国家在里海沿岸驻军。条约的签署，为里海油气资源的进一步开发和上合组织国家间的能源合作，提供了良好的区域政治环境。

（三）中国是上合组织国家能源合作的核心参与方，形成了相互依赖、密不可分的紧密能源合作关系

从投资看，截至 2018 年 3 月底，中国对上合组织成员国各类投资存量约为 840 亿美元，工程承包累计营业额为 1569 亿美元，主要是大型能源、管线工程项目。

从基础设施看，中国同上合组织国家中，原油管道建成中哈、中俄一期和二期三条；天然气管道建成中亚天然气 A、B 和 C 线，正在建设 D 线。中俄东线天然气管道正在建设中，西线管道还在论证。

从实物贸易量看，2017 年，中国从上合组织国家中的俄罗斯、伊朗、哈萨克斯坦、阿塞拜疆、蒙古国进口了 9576.03 万吨原油，占进口总量的 22.8%，俄罗斯、伊朗是第一和第五大进口国。2017 年中国进口的管道气中，通过中亚天然气管道的量为 387.38 亿立方米，占消费量的 16.32%。

三、上合组织能源合作积累的经验应成为全球能源治理可资借鉴的范式

首先，上合组织是世界主要油气生产国和消费国之间的合作平台。

当前国际能源市场上存在欧佩克和国际能源署两大组织，前者由 15 个世界最主要的石油生产和出口国组成，后者由 30 个经合组织油气消费国组成。前者是为了获得对自己油气资源和石油价格的控制，被称为卡特尔，后者是为了对抗前者结成的消费者联盟。由 18 个国家组成的上合组织，包括了当今世界主要油气生产和消费国，17 年来相互合作而非争夺，更多的是交流和协调。

其次，上合组织能源合作不是排他的，油气主要供应国际市场。

欧洲，其中主要是荷兰、德国、波兰、芬兰等，大约占俄罗斯石油出口总量的 70%；90% 的俄罗斯天然气，通过管道输往德国、土耳其、意大利、白俄罗斯、比

利时、法国和波兰等。

哈萨克斯坦田吉兹油田和卡沙甘油田，主要是由美国雪佛龙公司（50%）、埃克森美孚（25%）等国际石油公司合资开发，中国石油仅持有卡沙甘油田8.4%的权益。阿塞拜疆ACG油田，由英国石油公司（35.78%）、美国雪佛龙公司（11.27%）等公司组成的阿塞拜疆国际作业公司（AIOC）负责开发。

里海地区著名巴库—第比利斯—杰伊汉管线，即BTC管道，面向欧洲出口阿塞拜疆ACG油田生产的原油，由英国石油公司负责运营。

2017年，伊朗2.34亿吨原油一半以上和50万桶/日的成品油用于出口，其中的62%销往亚洲，38%销往欧洲。

再次，上合组织能源合作，很好地照顾了区域关系国家的利益。

土库曼斯坦天然气出口主要输向中国，事实上已经是中国最大的管输天然气出口国。2017年，土库曼斯坦的天然气产量为620亿立方米，通过中亚天然气管线向中国出口了387.38亿立方米天然气，占中国管道天然气进口总量的84.6%。

论证15年的中俄原油管道项目，最初的设想是仅通向中国，最后建成通向俄太平洋沿岸的科济米诺湾，使俄罗斯原油出口兼顾了中国、日本、韩国或更远的美国市场。中国石油占股20%、丝路基金参股9.9%的俄罗斯亚马尔液化天然气项目，虽然出口市场主要面向中国和亚洲，但第一批出口的液化天然气，却是于2017年12月28日运载到英国哈维奇港并转道美国波士顿的埃弗雷特港。

17年持续努力和探索，上合组织国家能源合作的特点可概括为：油气资源国和消费国应相互合作而不是对抗；能源合作不能封闭而应是开放的，立足于全球市场；能源合作应照顾非组织内区域关系国的利益。我们认为，这三点应该是全球能源治理的最核心和最根本的原则，如果世界能源生产和消费国都能遵循并做到这三点，世界能源市场就能保持稳定，能源就能造福于人类社会的发展及福祉，全球能源治理才能真正落地并产生预期效果。

上合组织17年的能源合作探索和实践中，中国起到了关键性的作用，政府、企业和人员所积累的经验，必将大大有助于"一带一路"的进一步推进，也一定会为全球能源治理做出积极的贡献。

本文撰写于2018年10月初

欧佩克：目标与前景

1985年年底，国际原油市场形势剧变，到1986年3月，作为国际原油市场价格标准的阿拉伯轻油基准价格，由28美元/桶跌至低于10美元/桶，1983年3月欧佩克伦敦会议通过的"减产保价"战略失败，欧佩克价格体制瓦解。时至今日，国际原油市场形势更加恶化，7月北海油价一度跌破9美元大关。在此形势下，人们对欧佩克的命运甚为关切。本文试图从讨论欧佩克的目标和26年来它的目标变化及执行情况，着手探讨该组织的前景。

一、欧佩克的目标是什么？

任何一个组织，都是为了谋求一定的目标而建立的。而且目标执行得越顺利，其成就也就越大。

那么，作为一个原料输出国组织，欧佩克的目标是什么呢？该组织章程第二条对此规定为："（A）本组织的主要目标应是：协调和统一成员国的石油政策以及捍卫他们集体的和个别的利益做出最佳的抉择的办法。（B）为了消除有害的和不必要的油价波动，本组织应找出保证国际原油市场价格稳定的途径和办法"❶。此外，协助该组织工作的经济委员会，则规定其目标是："协助本组织在公正的水平上促进国际石油价格的稳定"❷。

另一方面，欧佩克宣布成立时所发布的公报对其目标也作了明确说明。众所周知，1960年9月欧佩克巴格达成立大会的背景是国际石油垄断资本在1959年2月和

---

❶ 1960—1980年欧佩克官方决议和新闻稿，牛津：帕加蒙出版社，1980年，第41页。
❷ 1960—1980年欧佩克官方决议和新闻稿，牛津：帕加蒙出版社，1980年，第39页。

8月先后两次削减油价，尤其是后一次，成立大会的公报对此作了明确反应："成员国实施中的十分必要的发展计划，其财政来源主要依靠从石油出口中获得；成员国在很大程度上依靠石油收入来平衡他们国家的年度预算……石油价格的任何变动必然影响成员国发展计划的实施"，因此，"成员国将要求石油公司保持他们的价格稳定，避免不必要的变动"[1]。

综上所述，我们可以简单地将该组织的目标概括为：在公正的水平上，寻求国际原油市场价格的稳定。

20世纪60年代该组织顺利地执行了上述目标。我们知道，到1970年，欧佩克的石油价格其名义价格未变，保持了1960年8月的1.80美元/桶，这正好完成了该组织第四届会议提出的"将原油价格恢复到1960年8月9日以前的水平"[2]这一任务，而这一点可以说是欧佩克目标在60年代的具体化。

整个60年代人们并不重视欧佩克，其原因在于该组织在这一阶段没有采取过重大行动，没有触动大公司，也未影响到消费国的利益。事实上，"在1973年以前的岁月里，欧佩克是个相对软弱的组织，其定价的能力是极端有限的"[3]。此说也许有欠公允，不管怎么说，"欧佩克在一开始便实现了一项重要的目标：它防止了继续削减牌价"[4]。

二、两次石油危机与欧佩克目标的偏离

人们常说，70年代是欧佩克的"黄金时代"。其原因在于该组织在这一阶段制造了1973—1974年和1978—1980年两次石油危机，标准油价被提高了近十九倍。

对于两次石油危机的影响，人们论之甚多，本文在此不讨论这个问题，而着力于探讨这两次危机中欧佩克目标的执行情况。

我们知道，在1973—1974年石油危机前，即1970—1973年9月间，油价曾由1.80美元/桶被提高到5.11美元/桶。不过，扣除通货膨胀后，1973年9月的油价

---

[1] 1960—1980年欧佩克官方决议和新闻稿，牛津：帕加蒙出版社，1980年，第1页。
[2] 1960—1980年欧佩克官方决议和新闻稿，牛津：帕加蒙出版社，1980年，第21页。
[3] Ali M. Jaidah: *An Appraisal of OPEC Oil Policies*, Longman Group Limited,1980. p108.
[4] （英国）安东尼·桑普森：七姊妹——大石油公司及其创造的世界，上海译文出版社，1979.p209.

与 1970 年相比仅略有上升（图 1）。当时，考虑到通货膨胀对油价的影响，欧佩克 1971 年左右几次调整油价，以抵消世界性通货膨胀对油价的侵蚀❶，这一阶段的提价正好完成了这一任务。而 70 年代初的这种提价完全是根据当时情况，为实现该组织的目标而做的努力。如以 1970 年为基数，这种提价可以说尚是公正的。

图 1 的两次石油危机造成油价大幅度上涨的结果表明，它已完全违反了该组织的目标。如图所示，即使扣除通货膨胀后的油价已不是稳定，而是几倍地增长。

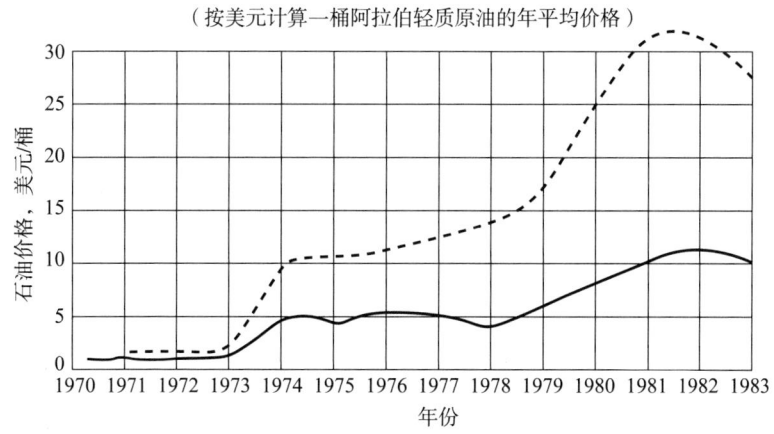

图 1　1970—1983 年石油价格

说明：虚线为日常标明价格；实线为除去通货膨胀，在 1970 年价格基础上计算的实际价格。
资料来源：(苏联)《新时代》，1983 年第 13 期。

如果我们再仔细剖析一下两次石油危机中欧佩克的活动，则更能说明问题。1973—1974 年石油危机的导因是 1973 年 10 月第四次中东战争，同年 12 月 22 日欧佩克 6 个波斯湾成员国部长在德黑兰开会时，伊朗国王召开记者招待会宣布将油价提至 11.65 美元/桶❷。1978—1980 年石油危机的导因是伊朗革命，西方产生石油恐慌，抢购石油成风，当现货市场价格抬至 41 美元/桶时，1980 年 12 月巴厘岛的欧佩克第 15 届会议规定其标准油价为 32 美元/桶，油价上限为 36 美元/桶。比较两次石油危机，我们不难看出，第一次石油危机在欧佩克内部并不存在统一的计划，整个禁运、减产行动是由该组织的阿拉伯成员国一手造成的，造成油价大幅度上涨不过是由于禁运、减产而导致的即兴之作，仅伊朗参加提价行动，而其他成员国则是附

---

❶ 1960—1980 年欧佩克官方决议和新闻稿，牛津：帕加蒙出版社，1980 年，第 105 页。
❷ 七姊妹，p325-326。

和罢了；如果说第一次石油危机尚有欧佩克几个阿拉伯成员国统一行动的话，那么第二次石油危机其成员国则各行其是。当时面对现货市场价格的不断上涨，欧佩克无所适从，1979年3月第56届会议通过决议，允许各成员国根据各自的具体情况提高油价。第一次石油危机尚规定了一个提价界限，而第二次石油危机中欧佩克已失去了对油价的控制，油价到顶后，它才通过一个价格决议。第一次石油危机是政治因素造成的，欧佩克部分成员旁观，但行动中的成员尚处于清醒之中，而且"它（指禁运——作者注）与促使石油涨价是毫不相干的，……禁运只是要引起西方公众对阿以问题的注意而已"❶。第二次石油危机是由偶然事件促发的，这期间整个欧佩克晕头转向了。

分析20世纪70年代两次石油危机中欧佩克的活动，可以说该组织大幅度提价是盲目的，而且第二次比第一次更具盲目性，眼前的好处冲垮了长期利益，可以说它违反并抛弃了"在公正水平上稳定石油价格"的目标。

从整个20世纪70年代欧佩克的行动中可以看出，除了早期那次提价执行了自己的目标外，两次石油危机中的提价是违反目标的。如果从所得货币绝对数量这个孤立方面来看，石油危机中该组织收获极大，70年代确是它的"黄金时代"，但这个"黄金时代"并不是明智地执行自己目标的结果，而不过是违反目标的、由偶然事件造成的偶然之得，然则，却因而带来了后遗症，逐步丧失掉该组织已一度掌握的石油定价决定权。

三、油价暴跌与欧佩克的新战略

从1981年开始，油价出现疲软，1983年欧佩克伦敦第67次会议决定将其基准油价由34美元/桶降为29美元/桶，并规定日产限额为1750万桶。面对现实，该组织减价减产，并在新的基础上实行"减产保价"。它又恢复了过去的稳定油价的目标，不过这次稳定油价的前提与60年代和70年代早期完全不同了。

自第一次石油危机后，因油价高涨而带来了世界性勘探活动空前活跃的结果，出现了一批非欧佩克的小石油输出国；石油期货市场的活跃以及石油对等贸易的流

---

❶ 七姊妹，p296。

行，石油现货市场的价格已完全不受欧佩克定价的影响，减产保价的结果是欧佩克已逐渐失去了一部分市场份额，特别是非欧佩克出口量的增加进一步使欧佩克既继续失去市场份额，也越来越无法控制价格，从而导致价格体制的彻底崩溃，产油国之间终于爆发了价格战。事实上，沙特阿拉伯石油部长亚马尼曾多次向非欧佩克产油国提出警告，一再说明油价下跌的不良后果，希望欧佩克及非欧佩克产油国能互相配合控制产量以保持油价；但是并未得到积极响应，终于沙特阿拉伯在1985年第三季度末与几家大石油公司签订了"净回值"贸易合同，放弃作为减产保价浮动生产国的责任，石油产量也随之上升。1985年12月油价开始暴跌，欧佩克价格体制瓦解，石油价格一泻千里，从20美元/桶跌至7月的10美元/桶左右。

  油价战的直接原因，国内外学者们一般归之于欧佩克"减价增产，保市场份额"的所谓"新战略"[1]。但就我个人看来，欧佩克是否存在这个"新战略"是值得商榷的。他们的根据在于1985年12月欧佩克日内瓦年会后所发表的公报中的一段话："考虑到世界石油市场上过去和将来大概会出现的事态发展，以及欧佩克生产不断下降的趋势，会议决定，欧佩克将确保和捍卫在世界石油市场上占据同其成员国发展所需收入相一致的合理的一份"[2]。尤其是这句话中"合理的一份"几个字。其实，会上成立的决定份额的6人委员会主席、委内瑞拉石油部长格里桑蒂会后对记者说，欧佩克以为市场"合理的一份"是每天1600万~1800万桶[3]。而当时人们估计该组织的日产量为1830万桶[4]，这已超过了"合理的一份"数额。不过在这以前和当时油价仍未大跌，可是时至今日也未见该委员会公布过具体生产限额，但油价却大跌了。如有"新战略"，其功用何在？

  此外据报道，在1985年12月日内瓦会议上，阿尔及利亚拒绝进入6人委员会，沙特阿拉伯和伊朗也采取同一行动[5]，而且伊朗石油部长礼萨·阿加扎德回国后在德

---

[1] 史敏：石油价格暴跌的原因及对世界经济的影响，世界经济，1985年第5期。有关这方面详细情况，见该杂志同期华展实的文章"欧佩克新战略讨论会纪要"。
[2] 合众国际社日内瓦1985年12月9日英文电。
[3] 合众国际社日内瓦1985年12月9日英文电。
[4] 合众国际社日内瓦1985年12月9日英文电。
[5] 路透社日内瓦1985年12月9日电。

黑兰电台广播的一篇讲话中强调,伊朗致力于维护石油价格[1]。所以,我们说欧佩克所谓"新战略"是否存在是值得商榷的。

事实上,亚马尼5月25日在沙特阿拉伯电视台的讲话中指明了这次油价下跌的真正直接原因。他说:"在过去四五年中,石油市场是由沙特阿拉伯维护的","沙特阿拉伯的行动(指放弃浮动生产国,实行净回值计价——作者注)引起了油价暴跌"[2]。究其原因,可以概括为两点:一是"亚马尼本人为维护沙特阿拉伯作为世界价格保护者和捍卫者的地位——有时甚至不惜损害沙特阿拉伯的国家利益——而做出的长期努力已遭失败"[3]。二是"石油收入日益减少迫使沙特阿拉伯动用外汇储备,外汇储备现在据说已经从1500亿美元下降到1000亿美元。这就向沙特阿拉伯王室敲响了警钟"[4]。

因此,我们认为,此次油价暴跌并不是什么欧佩克"新战略"造成的,而完全是沙特阿拉伯之所为。换句话说,沙特阿拉伯的目的在于让欧佩克成员国和非欧佩克产油国尝尝油价战是什么滋味,增产减价能否带来更多收入。就整体而言,自从"减产保价"战略失败后,它已没有什么目标可言了。

四、持续供过于求迫使欧佩克寻找新的目标

事实上,从目前到非欧佩克产油国、尤其是北海油田生产高峰期过后这一段时间里,欧佩克也许很难形成什么目标。

目前国际原油市场持续过剩,到非欧佩克产油国产量高峰过后的一段时间里,这种局势仍难改变。面对这种情况,摆在产油国目前的路只有3条:一是维护目前现状,既无法对油价做出任何决定,也不增产过多;二是各自为政继续开展油价战;三是再实行统一减产以促价格上升。

经过将近十个月的价格战之后,不论是欧佩克还是非欧佩克产油国都各自受伤不轻,不论大小产油国石油收入都下降得十分严重;即使是对西方工业化国家来说,到

---

[1] 法新社德黑兰1985年12月11日电。
[2] 路透社伦敦1986年9月30日电。
[3] 人民日报,1986年5月28日。
[4] (美国)优素福·易卜拉欣:石油动乱:沙特阿拉伯人决定增加石油产量,这可能引起一场价格战——他们改变了一贯维护产量限额的政策,签订了一项销售合同,华尔街日报,1982年9月16日。

目前为止也还看不到它们从低油价中得到了哪些好处。因此，第一、第二条路不论是欧佩克还是非欧佩克都感到有必要认真对待，特别是自1986年欧佩克历次会议均邀请非欧佩克产油国参加，从而加深了彼此了解，已共同认识到价格战继续下去，必将导致油价再次下跌。或许正是出于这一考虑，欧佩克8月14日日内瓦会议在最后阶段终于做出减产350万桶，从9月份开始试行两个月的决议。欧佩克的决议公布后，油价跟着上升，目前保持在14~15美元左右，而非欧佩克产油国也多表示支持配合减产。

就目前来看油价似乎可因此稳定在15~17美元左右的水平，而欧佩克似乎也已有可能继续执行其减产促价上升的政策。显然欧佩克这两个月的试行减产的成功与否不仅将涉及欧佩克这一组织会否进一步崩溃，同时也将决定油价能否继续稳定；即使欧佩克此次能顺利执行决议，但鉴于过去年多来减产保价的失败，其中仍包含一系列有待解决的问题。倘若油价在两个月内可以稳定下来而不至于下跌，那么在冬季来临时（1986年冬季气候也可能比1985年冷）刺激需求而油价上升的话，欧佩克成员国会否仍然遵守决议所定的产量限额，而非欧佩克是否会乘机大量增产以争夺这个不可多得的冬季销售时机。

即使欧佩克减产促价上升成功，但是它和几年前的性质也已不同了。几年前欧佩克尚有能力决定价格，而目前欧佩克几乎只能听任国际市场的价格，在非欧佩克产油国的生产能力下降之前，欧佩克已很难恢复到它在20世纪70年代时的日子了。因此在正常情况下，即不发生某种突发事件的情况下，摆在欧佩克面前的路，要保持价格稳定则是非常崎岖的。

但在另一方面，不论欧佩克或非欧佩克国家乃至于各主要工业国的政府却又希望有一个稳定的油价，以便它们能有计划地发展经济，在未来的日子欧佩克将扮演什么角色将决定于其本身的团结和非欧佩克在产量上的自我克制。

90年代以后，或许包括90年代一段时间，欧佩克也许能重执油价之牛耳，但其条件是世界石油探明储量不变，石油在能源消耗中仍属举足轻重，不过那时的欧佩克与现存的组织可能面目全非了，而且它必须有一个明确的、持之以恒、行之有效的目标。

本文撰写于1986年6月

福兮？祸兮？

——第173届欧佩克部长级会议前后的国际石油形势述评

两只靴子终于落地！

2017年11月30日，石油市场如坐针毡，等来了两个重要的消息。一是欧佩克在维也纳召开的第173届部长级会议决定，延长减产协议至2018年年底，也就是说源于2016年11月30日第171届部长级会议决定的成员国减产120万桶/日并将于2018年3月到期的决议，再延长9个月至2018年年底。二是，更为重要的是，欧佩克和世界上10个主要非欧佩克产油国阿塞拜疆、巴林、文莱、哈萨克斯坦、马来西亚、墨西哥、阿曼、俄罗斯、苏丹和南苏丹发表"合作宣言"，承诺于2016年12月10日达成的减产合作继续有效，这10个国家同意2018年全年继续减产，以支持欧佩克维持国际石油市场稳定的努力。

一段时间以来，围绕欧佩克的这次2017年年终会议，各种消息满天飞，石油价格更是上蹿下跳。为了本次会议取得预期结果，相关国家做了大量的工作。首先，为使世界主要非欧佩克产油国能继续减产，欧佩克必须摆平内部尼日利亚和利比亚的产量限额问题。2016年11月30日第171届部长级会议上，尼日利亚和利比亚不包括在120万桶/日的减产决定中。本次会议上，给这两个国家确定的产量限额分别为180万桶/日和110万桶/日。其次，俄罗斯对于减产的态度直接影响本次会议的结果。有评论认为，俄罗斯的态度才是真正决定11月30日这一天结果的最主要因素。本次会议前，俄罗斯的态度一直摇摆不定。有消息称，俄罗斯有关官员多次表示，国际石油价格是否已经过高，国际石油市场是否已经过热；俄罗斯有关石油企业更是表示，减产和国际石油价格的不断走高，已经让美国页岩油气抢走了俄罗斯的石油和天然气市场。2017年10月初，高龄的沙特阿拉伯国王萨勒曼首次访问俄罗斯，国际媒体普遍认为，就是为了应对低迷的国际石油市场，两个曾经的对手走在了一起。正是通过这些努力，现在我们看到的是，俄罗斯虽然不太情愿，但还是在11月30日与欧佩克签署了继续延长减产的合作宣言。

截至11月30日的国际石油价格走势，应该是国际石油市场各方皆大欢喜的。以由14种原油构成的欧佩克一揽子价格为例，本次部长级会议召开前一天的11月29日已上升到61.14美元/桶，而2017年开年的1月3日为53.13美元/桶，两者相比上涨了8美元/桶。这一年中，6月22日价格最低，为42.58美元/桶；11月7日价格最高，为62.07美元/桶。如果看曲线图，从年初到目前为止，欧佩克一揽子原油价格的走势基本上是一条不断攀升的曲线，石油生产国政府的官员和世界上每一家石油公司的高管们看到这条曲线都会非常高兴。可以说，无论我们找多少条理由来解释这条曲线2017年的走势，其最基本的或是最主要的原因，应该是欧佩克和非欧佩克产油国的减产行动奏效了。

从更深层次看，2017年的国际石油价格走势和11月30日两个消息的同时出现，应该是自2014年下半年油价大跌以来，石油生产国，其中也包括某些石油消费国都希望看到的结果。从欧佩克成员国来说，他们都望眼欲穿地迫切希望国际石油价格从低谷恢复并不断上升。通俗地说，14个成员国都迫切地需要钱，某些成员国更是需要无穷量的钱，无论是处于战争恢复中的伊拉克，被国际社会长期封锁解禁不久的伊朗，已处于国家债务违约中的委内瑞拉，还是过去财大气粗但今日已经捉襟见肘的沙特阿拉伯，都是如此。从世界主要非欧佩克产油国来说，如俄罗斯，无论是国内经济社会的需要，还是在叙利亚的行动，也都需要大量的金钱。从石油生产国的期望来说，2017年如此，2018年更是如此，尤其是拟议中的世界最大石油公司沙特阿拉伯阿美石油公司的上市，更需要2018年有一个好的石油价格，两万亿美元的市值才能实现，沙特阿拉伯人才能将自己沙漠底下巨大的石油资源提前卖出一个好价钱。因此，2018年，我们将会看到，欧佩克和诸如俄罗斯这样的世界主要非欧佩克产油国，一定会继续努力去维持国际石油市场的稳定，支撑国际石油价格的不断上涨。加之，动荡的中东、捉摸不定的世界政治经济形势、日益频繁的极端天气和自然灾害，这其中任一突发事件都可能使2018年的国际石油价格出现剧烈的动荡。

但是，石油生产国的部长们在松一口气的同时，还不能将心放到肚子里。对

2017年油价不断上涨最满意的，应该是美国页岩油气生产商和特朗普总统。八千多家的美国页岩油气生产商们终于熬过了2014、2015年艰难的世道，他们不但生存了下来，还将自己的生产成本由过去的每桶60多美元降低到了35美元左右，使美国的石油产量提升到了966万桶/日，自2016年年中以来增长了15%，基本上与沙特阿拉伯、俄罗斯石油产量不相上下。就在欧佩克成员国和俄罗斯等控制石油产量时，美国的这些页岩油气生产商们却在世界各地不断占领市场，如美国已成为中国主要原油供应国之一，12月份对中国的石油出口量可能会上涨到40万桶/日。自2017年1月上任以来，美国总统特朗普就不惧被全世界谴责而退出《巴黎气候协定》，颁布一系列政策支持页岩油气、煤炭等产业的发展，以迎来美国能源产业的"黄金时代"。特朗普总统本人已成为美国能源业的最大推销员，7月6日在参加"三海峰会"时就宣称，如果"三海倡议"的国家需要能源，只需来一个电话。11月初在对中国进行国事访问时，庞大代表团中的大部分是能源企业，在所签订的2535亿美元的经贸大单中半数是能源项目。因此，国际能源署在最新的报告中预言，美国油气行业将迎来最大的繁荣，从现在到2025年，美国将在全球石油供应增幅中占到80%。到21世纪20年代后期，美国将自20世纪50年代以来首次成为净石油出口国。这也就是在本次部长级会议前，俄罗斯再三踌躇的原因，俄罗斯方面已经对国际石油价格是否过热表示担心。正是在俄罗斯的要求下，11月30日的会议决定，由俄罗斯等国组成的市场监督委员会要在2018年6月对国际石油市场进行再评估，以决定共同减产行动是否继续。更令人震惊的消息是，11月中旬，挪威央行宣布，建议挪威主权财富基金撤销旗下金额高达370亿美元的石油天然气资产和投资。因此，从对近160年世界石油工业的历史和当前世界石油生产形势冷静分析看，2014年下半年暴跌以来的油价恢复得似乎快了一点，当前合理的国际石油价格不应该超过50美元/桶。如果在11月30日这两只靴子的推动下，未来一段时间国际石油价格保持稳定并进一步上涨，那么我们将有极大的可能会看到，2018年第二季度前后油价有可能会回头，并有可能再次降到50美元/桶以下。

对中国来说，油价是高好还是低好？2014年下半年油价暴跌时，社会上和学者们几乎一致的看法，是低油价对中国有利。但是，在2014年11月5日的一次会议上，我就指出，从总体上看，低油价不利于中国经济社会，更加不利于中国油气和能源行业的可持续发展。除国内近两亿吨的产量外，中国海外油气资源累计总投资已近3000亿美元，2016年中国海外油气权益产量为1.55亿吨，可排名世界石油生产国第九位，排在阿拉伯联合酋长国之后。近年来，我们从媒体中大量看到的是，中国油气企业在艰难地度日。近日，网传中国某国家石油公司将2010年以24.5亿美元收购的阿根廷石油项目以6亿美元出售。理性地看，一方面，我们应该欢迎11月30日的两个消息，要充分利用由这两个消息可能带来的一段时间国际石油市场的稳定和油价的上涨，能源企业要迅速并尽可能快地改善经营业绩，国家应继续积极支持可再生能源、新能源的发展，但另一方面，我们还要更加冷静地吸取教训，沉着应对未来仍将动荡不定的国际石油市场。

本文撰写于 2017 年 12 月初

面对6月22日的会议,我们该说点什么了?!

2018年6月22日,欧佩克和俄罗斯等世界主要石油生产国,将在维也纳举行会议,讨论减产协议的后续问题,国际社会对此高度关注。

作为世界第一大能源消费国和石油进口国的中国,也应该对此发表一下意见了。

一、2018年年初以来油价持续上涨,创造了油市的纪录

以由14种原油组成的欧佩克一揽子价格为例,2018年第一个交易日的1月2日,为64.84美元/桶,4月19日为70.96美元/桶,5月15日为75.47美元/桶,5月22日达到最高位77.19美元/桶。这样,到5月22日,欧佩克一揽子价格上涨了12.35美元/桶,并且从4月19日到6月13日的40个工作日内,都保持在70美元/桶以上。

相比欧佩克一揽子原油而言,给市场留下更深刻印象的,还是布伦特原油价格的变化。3月23日,布伦特原油上升到70.45美元/桶;5月7日收报76.17美元/桶;5月17日,触及80.50美元/桶,为2014年11份以来首次。这样,从年度最低价格的2月6日到5月17日的100天时间里,布伦特原油价格上涨了13.97美元/桶,上涨幅度为21%,并突破了70美元/桶、75美元/桶和80美元/桶3个重要心理关口,为国际石油市场历史所罕见。

二、油价的持续上涨,已经对世界经济带来了负面的影响

有机构认为,油价每增长10%,将使石油消费国的GDP增速增长减少9个基点。还有机构认为,假设油价在2018年三季度达到85美元/桶,并且维持在这个水平

直到 2020 年，全球 GDP 将放缓 0.6%，并同时提升通胀 1%。美国花旗银行警告，最近几个月油价大幅上涨，可能很快会给全球投资者创造一个"特别不利的环境"。

油价的上涨已经对很多国家产生了负面影响。印度新德里和孟买油价连日飙升，5 月 21 日更创下新高，国民大会党指责莫迪领导的中央政府没有为控制油价上涨采取有效措施。从 2017 年 6 月以来，巴西的油价上涨了近 60%。从 5 月 21 日开始，有近一百万的卡车驾驶员开始罢工，全国几乎瘫痪，巴西政府被迫承诺，油价到 2018 年年底将降低 0.46 美分，至少在 1 个月内保持稳定。6 月 1 日，巴西国家石油公司首席执行官佩德罗·帕伦特，因油价过高辞职。

本轮的油价上涨，是在美元升值的情况下发生的，恶化了石油进口国的经常账户赤字，导致本币贬值，通胀抬头，不得不通过加息来防止资金剧烈外逃。阿根廷创下了在 8 天内加息 3 次，将利率直接提高至 40% 水平的纪录，在向国际货币基金组织贷款创纪录的 500 亿美元情况下，还计划向中国贷款 50 亿美元；土耳其央行从 5 月下旬到现在已加息两次，印度尼西亚央行也在半个月时间里加息两次，印度央行比预期提前开启 4 年来的首次加息。就在 6 月 13 日美国联邦储备系统加息的当天，石油大国沙特阿拉伯央行也宣布加息 25 个基点。

三、世界主要石油生产国和消费国均已表态，希望油市稳定

自 2016 年年底以来的欧佩克和俄罗斯等世界主要石油生产国 180 万桶/日的联合减产，直接导致了本轮油价持续上涨。因此，欧佩克和俄罗斯正面临国际社会越来越大的道义压力。

最早对油价不断上涨表示不满的，是美国总统特朗普。4 月 20 日，特朗普发推特，指责欧佩克，认为油价被人为地炒得这么高，不是好事也是不可接受了。有传闻说，在 5 月 8 日宣布中止伊朗核协议的同时，美国就要求沙特阿拉伯和欧佩克提高石油产量，但 6 月 12 日欧佩克现任主席苏海尔·阿马兹鲁伊称，未收到美国方面要求提高石油产量的正式或非正式照会。不会，非常有意思的是，6 月 13 日，特朗普再次发推特，称油价太高了，欧佩克又在忙了，这不是好事。

2017 年，美国已经是世界最大的石油天然气生产国，并已成为成品油、煤炭等能源产品的净出口国，美国理应欢迎石油价格的上涨。特朗普之所以直接批评欧佩

克，最主要的原因是，在过去一年时间里，全美国汽油零售价格已经大涨 25% 至每加仑 2.92 美元，这将直接影响即将到来的美国中期选举。

2018 年第一季度，俄罗斯石油出口收入同比增长 21.2%，达 282 亿美元，天然气出口收入同比增长 22.6%，达 124 亿美元。为此，俄罗斯对预算进行了修正，2018 年油气收入将达 2.7 万亿卢布，原本预计的 1.27 万亿卢布预算赤字将被抵消，还有 4406 亿卢布的预算盈余，成为俄罗斯自 2011 年以来的首次预算盈余。但是，5 月 25 日，俄罗斯总统普京表示，对能源和石油价格的无休止上涨不感兴趣，每桶 60 美元的原油价格是均衡价格，而油价一旦超过 60 美元，不仅给消费者带来一些问题，甚至对生产者也非常不利。

当前，欧佩克内部对于 6 月 22 日会议是否要中止减产协议、增加石油产量，意见非常不统一。

由于需要为沙特阿美公司上市创造较好的条件，《沙特阿拉伯 2030 愿景》的实施和在也门的军事卷入、与伊朗的对抗等，均需要大把的资金，使沙特阿拉伯成为自 2016 年减产以来推高油价的主要推手。不过，特朗普一再对高油价表示的不满，使得沙特阿拉伯必须考虑减产协议的下一步执行问题。

2018 年年初开始，伊朗有关官员就表示，不希望看到油价过高，2018 年年中时应根据市场情况考虑减产协议问题。但是，由于 5 月 8 日美国中止了核协议并重启了制裁，目前伊朗的态度发生了变化，反对欧佩克应美国要求增加石油产量。

从 5 月份开始，俄罗斯和沙特阿拉伯已经突破了减产协议的限制，增加了石油产量。有媒体称，6 月 14 日世界杯开幕期间，俄罗斯总统普京将会晤沙特阿拉伯王储萨勒曼，我们但愿揭幕赛中俄罗斯队 5 比 0 大胜沙特阿拉伯队的结果，不要影响两人的会晤气氛，更不要影响双方对于中止减产协议政策的协调。

四、我们到了该说点什么的时候了

进入 2018 年以来，中国石油进口的数量持续增长，国际石油价格不断上涨，已经对中国的经济社会产生一定程度的不利影响。

2018 年 1—5 月，中国进口原油 1.9 亿吨，同比增长 8.0%。假定油价上涨 10 美元/桶，不考虑运输、保险等附加费用，中国进口原油的采购成本，就将多支付

138.7 亿美元，约合 889.06 亿元人民币。

根据国家统计局公布的数据，5 月份中国 CPI 同比上涨了 1.8%，PPI 同比上涨了 4.1%。官方的解释是，受国内成品油调价影响，汽油和柴油价格分别上涨 3.7% 和 4.1%，影响 CPI 上涨约 0.07 个百分点；受国际原油价格上涨影响，石油和天然气开采业上涨 7.5%，PPI 涨幅比上月扩大 4.3 个百分点。

截至 6 月 8 日，自年初以来中国共计进行了 12 次成品油价格调整。以北京市汽油标准品为例，油价累计上涨了 590 元 / 吨。

目前，中国与世界主要石油生产国均保持了良好的关系。一方面，中国是欧佩克对话国，2017 年 12 月 12 日，双方第二次高级别对话在北京举行；另一方面，中国与俄罗斯同属上合组织，是上合组织能源俱乐部主要成员。因此，面对 6 月 22 日会议是否中止减产协议的举棋不定，从维护世界经济稳定增长和世界人民福祉的角度出发，中国应明确表态，要求欧佩克和俄罗斯等中止 2016 年年底以来执行的减产协议，恢复正常的石油生产，以保持国际石油市场和价格的稳定。

本文撰写于 2018 年 6 月中旬

2016年以来欧佩克石油收入概况

一个基本的概念是，石油出口国都非常有钱和富有，似乎这些国家遍地都是黄金，特别是某些中东国家土豪们的挥金如土，更是给人们留下了非常深刻并抹之不去的这类印象。

基于美国能源信息署的有关统计资料，本文将简单地梳理2016年以来，欧佩克成员国的石油出口收入情况，具体分为两大类型，一是国家的石油出口收入，二是人均石油出口收入。

这里需要特别指出的是，本文介绍的石油出口收入，是石油出口净收入，指的是一国的石油产量减去国内的消费，是石油净出口所得，并且都是当年的币值，没有根据通货膨胀指数进行调整。

一、欧佩克成员国石油出口净收入

2017年，由于油价的上涨和石油出口量的增加，欧佩克成员国的石油出口净收入为5670亿美元，比2016年增长了29%，2016年为4410亿美元。

同样，由于油价的上涨，2018年欧佩克成员国的石油出口净收入将上升到7360亿美元。事实上，2018年欧佩克的石油产量为3230万桶/日，比2017年下降了30万桶/日，但由于油价的上涨弥补了石油出口量的下降，使得石油出口净收入持续增加。

预计2019年，欧佩克成员国的石油出口净收入将下降到7190亿美元，主要考虑的因素是届时国际石油价格可能会走低。

2016年以来，欧佩克各成员国的石油出口净收入具体情况，如表1所示，其中2018年和2019年为预估数字。

表1 2016—2018年7月欧佩克石油出口净收入

单位：10亿美元

国家	2016年	2017年	2018年	2019年	2018年1—7月
阿尔及利亚	20	22	—	—	16
安哥拉	26	31	—	—	22
刚果	3	5	—	—	5
厄瓜多尔	4	5	—	—	3
赤道几内亚	4	4	—	—	3
加蓬	3	4	—	—	3
伊朗	37	55	—	—	42
伊拉克	53	69	—	—	54
科威特	37	46	—	—	35
利比亚	2	11	—	—	9
尼日利亚	25	34	—	—	27
卡塔尔	24	31	—	—	23
沙特阿拉伯	134	167	—	—	130
阿拉伯联合酋长国	45	55	—	—	41
委内瑞拉	23	29	—	—	16
欧佩克合计	440	568	736	719	429

资料来源：美国能源信息署，《短期能源展望》，2018年8月。

沙特阿拉伯一国占欧佩克石油出口净收入的大头，2017年占比30%，为1670亿美元。从1996年以来，沙特阿拉伯占欧佩克石油出口净收入的比例，在28%至34%之间变动。

2017年，伊朗占欧佩克石油出口净收入的10%，为1999年以来的最高水平。由于石油出口被制裁，2012年至2015年间，伊朗的石油出口收入大幅度下降。

伊拉克2017年占欧佩克石油出口净收入的12%。这一年里，伊拉克石油产量和出口量持续增长，石油出口数量为380万桶/日。2017年9月，伊拉克库尔德人地区独立事件虽然导致北方地区石油生产和出口的停止，但伊拉克军队很快就占领了基尔库克地区的油田。与此同时，由于南方地区油田产量和出口量的增加，弥补了北方地区石油产量的减少。

自 2010 年以来，由于内战的影响，利比亚的石油收入变化不定，各派别争夺油田和出口设施，使石油产量和出口量非常不稳定。

2017 年，委内瑞拉石油收入下降，主要原因是由于国内严重的经济困难导致石油产量不断下滑所致。

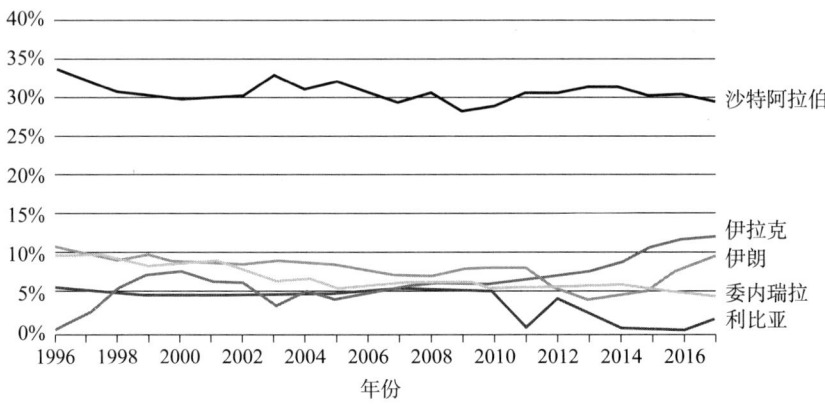

图 1 1996—2017 年沙特阿拉伯等国占欧佩克石油出口净收入比例概况

二、欧佩克成员国人均石油出口净收入

以上介绍的是欧佩克成员国的石油出口净收入情况，是以国家为单位的。不过，在我们一般人的眼里，一个国家的富裕程度，更多的还是看人均水平，这样才能更好地说明一个国家百姓可能的富裕程度，这才是土豪之所以能够存在的根本条件。

以人均计算，2016 年欧佩克成员国平均石油出口净收入为 912 美元，2017 年为 1147 美元，2018 年上升到 1459 美元，2018 年相比 2017 年增长 27%。不过，由于各国不同的人口基数和石油产量，欧佩克各成员国的人均石油出口净收入差距很大，其中卡塔尔最高，厄瓜多尔最低。

2016 年以来，欧佩克各成员国的人均石油出口净收入情况如表 2 所示，其中 2018 年和 2019 年均为预估数字。

表2 2016—2018年7月欧佩克人均石油出口净收入

单位：美元

国家	2016年	2017年	2018年	2019年	2018年1—7月
阿尔及利亚	490	532	—	—	374
安可拉	906	1024	—	—	714
刚果	543	559	—	—	895
厄瓜多尔	236	283	—	—	202
赤道几内亚	3017	3109	—	—	2106
加蓬	1536	1753	—	—	1289
伊朗	458	683	—	—	512
伊拉克	1431	1815	—	—	1366
科威特	9350	11303	—	—	8432
利比亚	363	1701	—	—	1449
尼日利亚	136	179	—	—	135
卡塔尔	9586	11844	—	—	8532
沙特阿拉伯	4167	5092	—	—	3875
阿拉伯联合酋长国	4856	5828	—	—	4289
委内瑞拉	720	897	—	—	498
欧佩克合计	912	1147	1459	1396	847

资料来源：美国能源信息署，《短期能源展望》，2018年8月。

从这张表中，我们可以看出，同样是石油出口国，人口少的国家，百姓的富裕程度可能就会高。与此同时，这张表更直观地说明，中东某些土豪国家，到底富裕到了什么程度，其挥金如土的底气何来？

当然，欧佩克各成员国真正的石油出口所得，即一般所称的石油美元，远比本文简要的介绍要复杂得多，它涉及这些国家的财政收入、进口和国际收支等经济活动与石油出口收入之间的关系，需要更加系统的数据进行定量分析，未来将专文分析和介绍近年来欧佩克石油美元的情况。

本文撰写于2018年10月底

支持还是反对？应该不是个问题！
——参加第三届欧佩克—中国高层对话会的思考

2019年10月21日，第三届欧佩克—中国高层对话在欧佩克维也纳总部举行。置身于经常出现在新闻镜头里欧佩克标志性的大会议室，流连于一楼的图书馆，翻阅五十多年前已经发黄的图书资料，一个被多次问到并在我的脑海中经常挥之不去的问题是：作为世界第一大能源消费和石油进口国，对于欧佩克大力推动的减产推价行为，我们是支持还是反对呢？

一、落脚维也纳实属欧佩克的无奈之举

维也纳号称"世界音乐之都"，有举世闻名的金色大厅，常与莫扎特、贝多芬连在一起，还有美丽的茜茜公主，世人眼中可能与石油没有半点关系。但是，位于狭窄的赫尔弗斯托弗大街17号，偏蓝色调现代装修风格的低矮建筑，在满眼巴洛克著名建筑群的维也纳虽然毫不起眼，却是当今在全球经济政治舞台，尤其是国际石油行业具有巨大影响力的欧佩克总部所在地，虽然没有一点国际组织总部的高大上，但绝对是当今全球石油等能源行业相关人士的梦想打卡地。

维也纳，并不是欧佩克中意的总部所在地，落脚维也纳对于欧佩克来说实为不得已之举。

1960年9月10—14日，欧佩克在伊拉克首都巴格达成立。1961年1月15—21日，在委内瑞拉加拉加斯举行的第二次会议上，欧佩克决定在瑞士日内瓦设立总部。1962年11月，根据联合国宪章第102条的规定，欧佩克作为一个永久性国际机构，正式向联合国秘书局登记。1965年6月30日，联合国经济和社会理事会正式承认欧佩克为国际组织。但是，瑞士政府认为，欧佩克仅仅是为了保护其成员国利益，与

国际利益无关，甚至怀疑其存在的意义。因此，瑞士政府一直拒绝给予其国际组织的外交地位。

出于提高维也纳国际地位考虑，奥地利政府却非常欢迎欧佩克。1965年6月24日，奥地利与欧佩克签订了东道国协定，承认其国际法人资格，承认欧佩克总部享有治外法权。这样，1965年7月7—13日的欧佩克第九届会议决定，将总部移往维也纳。

落脚维也纳之后，欧佩克总部至少换过3个地方。刚到维也纳的时候，欧佩克入住位于卡尔·吕格大街的"德士古大厦"，因其入住而改为"欧佩克大厦"。2010年3月，欧佩克总部搬到了目前的地址。

维也纳是国际公认的最宜居和安全的城市。但是，就在欧佩克最初落脚的"欧佩克大厦"，却发生了20世纪70年代最著名的绑架案。1975年12月21日，来自委内瑞拉外号"豺狼"的卡洛斯，率领6人小组闯进欧佩克总部，绑架了沙特阿拉伯石油大臣亚马尼和多位欧佩克部长等六十多名人质；22日，卡洛斯要了一架飞机，带着42名人质飞到阿尔及尔和的黎波里。在勒索到巨额赎金（据称估计在2000万到5000万美元之间，卡洛斯私自扣掉45%当作提成）后，人质被释放，卡洛斯当着摄影记者摘下墨镜，向全世界展现了自己的真面目。根据这一事件，法国导演奥利维埃·阿萨亚斯制作了纪录片《卡洛斯》，并于2010年在戛纳电影节播放。

关心国际时事，尤其是石油问题，就不可能不关心欧佩克的动态。近年来，经常出现在新闻镜头里的，就是这栋低矮建筑二楼的欧佩克大会议室，从这里传出的一星半点有关欧佩克成员国石油生产或与俄罗斯等国就石油生产的联合行动等消息，一定是国际新闻的头条，它不但会立即影响国际石油价格的涨跌，更会对全球大宗商品行情乃至世界经济产生即时的和深远的影响。

二、DoC 和 CoC 是什么梗？

一段时间以来，从巴尔金多秘书长本人到欧佩克的一干官员们，都在大力宣传 DoC 和 CoC。本次对话交流中，DoC 和 CoC 当然是欧佩克方面宣传的重点。

（一）何谓 DoC 和 CoC？

所谓 DoC，即欧佩克和非欧佩克产油国合作宣言（Declaration of Cooperation OPEC and non-OPEC），通俗地说就是欧佩克和俄罗斯等非欧佩克石油生产国联合削减石油产量的行动。

为了应对 2014 年下半年国际石油价格暴跌后市场严重的供应过剩，2016 年 11 月 30 日，欧佩克决定自 2017 年 1 月 1 日开始减产 120 万桶 / 日，后俄罗斯、哈萨克斯坦、墨西哥等 11 国加入并减产 55.8 万桶 / 日。国际石油价格从 2016 年的不足 50 美元 / 桶，上涨到 2017 年 11 月份的超过 60 美元 / 桶。2017 年 11 月 30 日，24 个欧佩克成员国和主要非欧佩克石油生产国在维也纳签署了合作宣言，即 DoC。

所谓 CoC，即石油生产国合作宪章（Charter of Cooperation between Oil Producing Countries），签署于 2019 年 7 月 2 日举行的第六届欧佩克与非欧佩克部长级会议，24 个参加 CoC 的石油生产国签署了该文件。CoC 宣称，基于 DoC 的成功，"为了石油生产国、消费国和全球经济的共同利益"，为了石油工业的可持续发展，24 国同意进一步加强合作。CoC 的三大原则是：公平、透明、平等。CoC 明确，设立部长会议，至少每年举行一次会议，由欧佩克和非欧佩克参加国担任联席主席；设立技术专家委员会，每年至少举行两次会议；参加国在任何时间通知部长会议联席主席后，即可退出 CoC。

欧佩克一再强调，CoC 是交流对话的平台，而非决策机构，对所有的参加国来说都没有承担某项特定行动的义务，对世界所有的石油生产国都是开放的，预计 2020 年开始生效。

（二）DoC 事实上是沙特阿拉伯和俄罗斯的"二人转"

自 2017 年 1 月 1 日实施以来，DoC 的减产目标分别有 180 万桶 / 日和 120 万桶 / 日两个阶段，沙特阿拉伯和俄罗斯承担的减产份额最大。如在 2017 年 1 月 1 日的减产 180 万桶 / 日目标中，沙特阿拉伯减产 48.6 万桶 / 日，俄罗斯减产 30 万桶 / 日，几占减产总目标的一半。

由于拥有世界第二大剩余探明石油储量，在油价问题上，沙特阿拉伯一直是温和派，不希望过高的油价对世界经济带来负面影响，刺激替代能源过快发展从而使石油成为无用之物。但是，为实施《沙特阿拉伯 2030 愿景》计划，沙特阿拉伯力主了 2017 年 1 月 1 日实施的 DoC，尽一切努力希望将油价推高到 80 美元 / 桶以上，使沙特阿美公司的市值达到 2 万亿美元，推动沙特阿美公司上市，将手中巨额的石油资源部分变现。2017 年 1 月 1 日以来，沙特阿拉伯的实际减产量经常超过 100 万桶 / 日，原油出口量下降到不到 700 万桶 / 日。

经多次推迟之后，11 月 3 日，沙特阿拉伯政府批准了沙特阿美公司的上市计划。因此，在沙特阿美公司没有最终上市，尤其是在国际市场上市前，沙特阿拉伯一定会继续尽最大可能维持 DoC。

作为世界最大的石油出口国，通过 DoC，俄罗斯近年来获得了超过 2000 亿美元的额外石油出口收入。因此，普京一直支持 DoC。不过，在实际行动上，俄罗斯对于 DoC 三心二意，一方面并未遵守减产的义务；另一方面，俄罗斯石油公司总裁谢钦一直公开不赞成 DoC。目前，俄罗斯石油公司正在积极推动总投资 1570 亿美元（10 万亿卢布）的沃斯托克项目，仅这一项目未来就将使俄罗斯石油产量增产 200 万桶 / 日。

（三）DoC 使欧佩克的存续面临越来越大的挑战

自 2017 年 1 月 1 日实施以来，欧佩克内部对于 DoC 有不同的意见，伊拉克和尼日利亚一直在超产生产，卡塔尔已经、厄瓜多尔即将退出欧佩克。

10 月 21 日对话交流会期间，有传闻称，作为欧佩克第三大石油生产国，阿拉伯联合酋长国不愿受减产的限制，正在考虑退出。阿拉伯联合酋长国 1967 年就加入了欧佩克，目前石油产量为 300 万桶 / 日。消息称，除不愿受减产限制外，阿拉伯联合酋长国还不满自己盟友沙特阿拉伯积极推动 DoC 是为了私利，不尊重欧佩克成员国的意见。

近年来，欧佩克内部石油产量增长最快的是伊拉克，目前产量约为 480 万桶 / 日，仅次于沙特阿拉伯，是第二大石油生产国，2020 年石油产量将达到 650 万桶 / 日。业内早有传闻，伊拉克将退出欧佩克。

不过，成立近六十年来，欧佩克成员国一直进进出出。坏消息出尽之后，欧佩克也迎来了好消息。10 月 30 日，在出席沙特阿拉伯"沙漠达沃斯"时，巴西总统博尔索纳罗表示，个人非常希望巴西成为欧佩克成员国。近年来，巴西石油产量增长迅速，2019 年 8 月达到 310 万桶 / 日。业界和巴西能源界本身对此都深表怀疑，不过巴西如若真的加入，对于即将迈入甲子之年的欧佩克来说，无疑是一剂强心针。

欧佩克方面对 DoC 实施的效果非常满意。在本次对话交流活动中，欧佩克一再表示，2018 年 DoC 的执行率达到 125%，而 2019 年 7 月 DoC 的执行率达到 159%；

自 DoC 实施以来经合组织国家的石油库存下降了 2.72 亿桶。我们认为，通过实施 DoC 并扩展成 CoC，欧佩克的如意算盘是，维持并增强自身在国际石油市场的影响力，保持国际石油价格的稳定并推动其上涨，谋求最大的经济利益。两者关系中，DoC 是基础，没有了 DoC，CoC 就不可能存在并失去存在的意义和价值。

三、我们应该支持还是反对 DoC 和 CoC？

为本次对话交流活动，欧佩克做了大量精心准备和安排，由此可以看出欧佩克对与中国对话交流活动的高度重视。

（一）中国和欧佩克高度依赖、相互需要

2018 年，中国原油进口量为 4.62 亿吨，其中从欧佩克成员国的进口量为 2.61 亿吨，占比 56.45%。除第一名的俄罗斯之外，欧佩克成员国中的沙特阿拉伯、安哥拉、伊拉克，分别位列 2018 年中国原油进口来源国的第二、三、四位。

2019 年多个月份里，沙特阿拉伯已超越俄罗斯成为中国第一大原油进口来源国，很多月份的进口量超过 770 万吨，一再创历史纪录。近来，中国从某些传统的原油进口来源国减少的进口量，主要依靠增加从沙特阿拉伯的原油进口来弥补。

2018 年，欧佩克成员国的原油产量约为 15.88 亿吨，中国进口占比 16.44%。分国别看，沙特阿拉伯原油出口总量中的 15.43% 出口到中国，加上成品油，中国是当年沙特阿拉伯第一大石油出口目的地国。2017 年是伊朗石油出口正常的年份，其原油和凝析油出口总量的 24% 出口到中国，中国是伊朗最大的石油出口目的地国。

（二）中国和欧佩克的对话交流活动开展早，层次高

2005 年 12 月 22 日，第一届中国—欧佩克高层对话在北京举行，时任欧佩克秘书长法赫德率团出席，时任国家发展和改革委员会主任马凯主持了会议，时任国务院副总理曾培炎会见了欧佩克代表团。

2006 年 4 月和 2007 年 10 月，在维也纳和北京分别举行了第一和第二届高层圆桌会议。2015 年 9 月，在维也纳举行了技术会议。2017 年 12 月 12 日，第二届高层对话会在北京举行。

2019 年 10 月 21 日的对话交流活动，是第三届欧佩克—中国高层会议，来自中国国家能源局、四大国家石油公司的三十多位代表，与欧佩克秘书长巴尔金多等欧

佩克官员们，就中长期国际石油市场形势、欧佩克政策、中国石油天然气工业、中国的能源转型等问题，进行了深入的交流和讨论。

（三）我们应该理性地看待 DoC 和 CoC 并积极参与

本次对话交流活动中，面对欧佩克一再的强调和宣传，我们如何看待 DoC 和 CoC？这并不是一个可以简单给出答案的问题。

从中国是世界第一大石油进口国的角度，这个问题很好回答，就是我们应该明确反对 DoC。以 2018 年进口原油 4.62 亿吨计，油价每上涨 10 美元/桶，中国就将多支付约 340 亿美元。

但是，将这一问题放在当前中国整体经济的大环境下，这个问题就不能如此简单地回答：

第一，2018 年中国国内石油产量 1.89 亿吨，排名世界第七；通过三十多年的努力并累计投资三千多亿美元，中国企业在境外拥有大量油气项目，权益油气产量约 2 亿吨，大部分项目是在 80 美元/桶、甚至 100 美元/桶以上油价下投资的。过低的油价既不利于国内石油生产的可持续发展，更不利于巨额境外石油项目的投资回收。因此，已经高度国际化的中国石油行业，需要一个适宜的国际石油价格。

第二，作为世界第一能源消费大国，在高度依赖煤炭等传统化石能源的同时，中国还高度依赖国际油气市场。能源消费结构的调整、鼓励和发展清洁能源、开展能源替代，需要适宜的油价；鼓励并加大国内油气资源的勘探开发，减轻对国际市场的依赖，需要适宜的油价；提高中国经济在世界经济的整体竞争力，提升能源使用效率是重点工作之一，更需要适宜的油价。因此，从国家长期能源战略的角度，我们需要一个适宜的油价和稳定、可预期的国际石油市场。

第三，2018 年，中国外贸进出口总值达 30.51 万亿元人民币，其中出口为 16.42 万亿元。当前，中国是世界第一贸易大国。对外贸易，是中国经济发展的三驾马车之一。石油价格不但是国际大宗商品变化的晴雨表，更直接反映了全球经济的健康状况。石油价格的下跌，虽然会减少中国进口石油的支出，但却不利于中国对外贸易。因此，已经高度全球化的中国经济，需要国际石油市场的稳定。

冷静地分析，中国理性的国际石油价格政策应该是：反对国际石油价格暴涨，但也不支持油价暴跌；世界石油生产、出口国和消费国的能源政策应该透明、稳定并可预期,国际石油市场应该稳定可预期;国际石油价格应该维持在有利于世界经济健康稳定发展、有利于全球石油行业可持续发展、有利于推动替代能源稳定发展的水平。

欧佩克,是20世纪60年代第三世界维持民族利益、争取经济独立的产物。成立以来不受待见,瑞士不让其总部落脚,美国很长时间称之为卡特尔,近来更在酝酿"非欧佩克法案",要除之而后快。今天,通过DoC和CoC,俄罗斯等非欧佩克产油国与欧佩克走到了一起,抱团取暖,维护自己的利益。160年的历史说明,石油工业是一个不能自我调节的行业,需要一个市场维护者。因此,今天和未来的我们,都应与欧佩克加强对话和交流,在明确表明中国对国际石油价格基本立场的同时,有选择地支持欧佩克和俄罗斯等稳定国际石油市场的努力,积极参与,共同探讨符合世界石油生产、出口国和消费国共同利益并有利于全球经济及石油行业稳定可持续发展的石油政策。

(说明:2019年10月21日,我赴维也纳,参加第三届欧佩克—中国高层对话,发表"中国的能源转型"演讲。对话交流活动结束后,参观了欧佩克图书馆,赠送了拙著《石油的时代》,查询并复印了几份20世纪60年代至80年代非常重要的研究资料。这一次与欧佩克的对话,感想很多,特形成本文。)

本文撰写于2019年10月底

泰国南部战略能源陆地桥项目概况及初步分析

泰国克拉运河项目，不时成为网络媒体的热点。事实上，这个项目的由来历史悠久，并有很多不同的变种，其中泰国南部战略能源陆地桥（SELB—Strategic Energy Land Bridge）项目是最重要的变种之一。根据网络公开资料，本文对项目的历史由来、经济性和可能存在的价值进行初步的分析，供批评指正。

一、SELB 项目背景及简况

马六甲海峡是一条繁忙的国际水道，同时也存在安全问题。如何避开马六甲海峡，开辟通向远东的新航道，是泰国及有关国家多年来议论的话题，主要方案有开凿克拉运河和修建 SELB 项目。

有关开凿克拉运河的议论在泰国已有三百多年的历史，第一次世界大战前的泰国曼谷王朝五世王朱拉隆功正式提出开凿克拉运河的设想。该运河全长 102 千米，宽 400 米，水深 25 米，双向航道。初步测算需耗时 10 年，耗资 280 亿美元。如果用非常规方式施工，如动用核能技术，则需 7 年时间，耗资将达 360 亿美元。泰国支持运河方案的代表人物是副总理差瓦立上将，1996 年 11 月他出任泰国总理后，即有意促成开凿克拉运河。为此，政府交通部成立调研委员会开展运河可行性研究，泰国议会上下两院也都设有相关的委员会。反对派的代表人物是国防部长探马拉上将，认为开凿运河耗费巨大，政府财政不堪重负，对生态环境会造成严重损害，技术难题也不易解决，其价值无法与苏伊士运河或巴拿马运河相比。塔信总理明确表示，政府目前没有开凿克拉运河的计划，主要是财力不足，缺乏施工经费和研究经费。他表示，如果民间或国际机构进行调研论证，泰国政府欢迎，可提供在泰国境内为调研所需的旅费和宿费，同时明确这种调研是无条件的，不可干涉泰国内政；政府不承诺调研论证后就一定开挖。据泰国一家民调机构2003年8月的调查显示，泰国国内仅有少部分人支持开凿运河计划；其余一部分人认为利弊参半，对是否挖河不置可否；一部分人则反对挖河。反对派认为工程经费有可能像以往泰国许多大型工程那样被贪污；开凿后也没有多少轮船通行；再者是担心出现国家分裂局面，泰国南部穆斯林聚居的5个府长期以来闹独立，而拟建运河刚好将这5府与国土主体隔开。由于以上原因，克拉运河方案被搁置，而SELB项目则突显为热点。

SELB项目最初起源于1989年3月，属于泰国政府制订的南部海岸发展规划的主要内容之一。该项目设计年输油量约为5000万吨，跨泰国南部克拉地峡的输油管线长度约为284千米，管线西端（西海岸）建设一个30万吨级、东端一个30万吨级和8万吨级的单点系泊码头，东西各建一个80万立方米储罐群。初步估计，项目建设投资71927万美元。SELB项目建设不存在技术障碍，建成后比马六甲路线缩短440千米，但在运行中需要增加装卸和管道运输环节。

1994年2月，美国贸易促进委员会（USTDA）赞助实施了SELB项目的可行性研究工作；1997年10月，由加拿大IPL、日本伊藤忠、三菱等公司完成相关石化项目的初步可行性研究报告；1998年，项目的主要实施方案完成。泰国计划于2004年第二季度至第四季度寻找合作伙伴并展开讨论和谈判，第三至第四季度完成项目可行性研究和环境影响研究等课题，乐观预计可于2005年开工，2007年中期竣工。

二、SELB项目的经济性

SELB项目输送原油的目标市场为远东地区的中国、日本、韩国及泰国本身。项目建成投入使用将使传统的海运航线分为三段：即中东至泰国西海岸段、原油管道段、泰国东海岸至目标市场段，忽略多段接卸、装运原油造成的损耗因素，原油消费客户对项目的认可程度将取决于传统海运路线运费与包含管道在内的三程运输的总费用比较。因此，原油管线项目的经济性定价公式为：管线潜在定价 = 原直航运费（中东—目标市场）− 海运航段1（中东—泰国西海岸）− 海运航段2（泰国东海岸—目标市场）。通过分析和计算，为保证相对竞争优势，管线的潜在定价应为0.064美元/桶。而按照自有资金内部收益率10%计算，如果管线项目要具有一定的经济效益，管线收费最低应为 0.344 美元 / 桶。从经济方面考虑，项目本身存在问题。

根据泰国国家石油机构（PTT）提供的情况，泰国政府有可能提供以下优惠政策：第一，免除泰国南部东、西岸原油储罐项目征地费用，按土地单价 5 万美元 / 公顷计算，260 公顷土地约减少投资 1300 万美元；第二，由政府财政负担管线沿途征地费用，按土地单价 1.5 万美元 / 公顷计算，沿线占地 1150 公顷约减少投资 1700 万美元；第三，政府对项目每年电力费用予以 25% 的减免。同时，如本项目能争取到利率为 2% 的国外政府优惠贷款，偿还方式按项目运营期均匀偿还贷款本金，即 25 年等额还本。即使能取得以上优惠条件，经调整测算，管线基准价格与油轮直航运费相比仍不具备竞争力，项目经济上仍存在问题。

三、有关国家对 SELB 项目的态度

SELB 项目的提出已经有 15 年时间，但是进展缓慢，有关国家对项目的态度存在着很大的差异。

作为本项目最大潜在受益国，日本对项目态度谨慎并有经济利益考虑，日本从经济、技术操作角度虽感兴趣，但很难认同泰国的乐观估计，虽表示愿意为该项目提供优惠贷款，但要求以泰国政府的名义贷款，并将该管道的材料设备合同和工程合同交给日本。泰韩之间尚未就该项目计划进行正式接触。

新加坡对该项目表示忧虑和关切，担心项目的建设会削弱马六甲海峡及其地区石油运输枢纽的地位，也对泰国建设新的石油贸易中心冲击本地区能源贸易格局表示不满。

阿曼认为中、日、韩等国家的石油进口量非常大，对于在泰国南部建立原油现货交易市场表示支持，愿意近距离贴近亚太这个需求急剧增长的市场。

四、对 SELB 项目的初步认识

（1）泰国意借 SELB 项目成为航运维修、石油炼化和石油储备基地，配合优惠的能源贸易政策，进而发展成为区域石油贸易中心，以此发展本国经济，争夺亚洲石油中心的地位。

（2）马六甲海峡目前存在的主要问题是非传统安全，即海盗活动和可能的恐怖

袭击，当前和未来相当长时间内不是其他通道和项目可替代的。SELB 项目虽然开辟了绕开马六甲海峡的新通道，但由于管道输送能力有限，且要面对几个国家的市场，对石油运输通道安全是否能发挥作用存在较大的疑问。

（3）为有效解决石油运输通道问题，似仍应首先通过多种手段积极介入马六甲海峡安全事务，营造安全环境。

附件一：马六甲海峡基本情况、存在的主要问题和安全前景

马六甲海峡位于马来西亚半岛和印度尼西亚苏里曼丹岛之间，全长约 260 英里（约 418 千米），连接安达曼海与南海，沟通太平洋和印度洋，是仅次于英吉利海峡的全球第二条最繁忙海道，是欧洲船只和中东油轮通往东亚的必经之路，最窄处仅 1.5 英里（2.4 千米）。目前，从波斯湾通过马六甲海峡到远东的日本、韩国海上距离约为 6300 英里（约 10000 千米）。从过去 5 年的统计数据看，VLCC（25.8 万吨级）油轮的运费约为每桶 1 美元，AFRAMAX（8 万吨级）油轮的运费为每桶 2 美元。

马六甲海峡存在的主要问题：

（1）马六甲海峡水深限制在 19.5 米，20 世纪 70 年代建造的 VLCC 必须减载通过，但是最近 10 年建造的大部分 VLCC 则不受其影响，运载量可达到 200 万桶。

（2）海峡的拥挤和由此而产生的碰撞事故。目前，每年通过海峡的船只超过 6 万艘，每天通过的石油超过 1000 万桶，海峡比较拥挤。但是，由于近年来先进技术的使用，航行安全问题已大大改善。据专家估计，即使通过的船只增加 3 至 4 倍，海峡仍处于安全航行的范围之内。

（3）海盗袭击，平均 3~6 天就发生一起海盗劫船事件。据国际海事组织发表的公告，由于海盗活动，每年国际贸易遭受的损失高达 160 亿美元。

（4）美国和印度军事力量已经渗透到海峡。在美国的全球战略中，马六甲海峡是必须控制的世界十六大咽喉水道之一。美国已经取得了新加坡海、空军基地的部分使用权，并援建马六甲沿岸的一些军事设施。同时，印度拥有孟加拉湾的安达曼尼科巴群岛，在马六甲海峡的西部入口处修建了海军基地，并部署重兵扼守海峡西口。

马六甲海峡作为国际水道，其航行自由和安全有国际法保障。

附件二：克拉运河方案与苏伊士运河、巴拿马运河的比较

设想的克拉运河与苏伊士运河、巴拿马运河相比，存在较大的差距。

一、苏伊士运河

苏伊士运河位于埃及境内，扼欧、亚、非三洲交通要道，沟通红海与地中海，使大西洋、地中海与印度洋联结起来。与绕道非洲好望角相比，从欧洲大西洋沿岸各国到印度洋缩短了5500~8009千米；从地中海各国到印度洋缩短8000~10000千米；对黑海沿岸来说，则缩短了12000千米。苏伊士运河全长175千米，河面平均宽度为135米，平均深度为21.98米，可供载重量25万吨的货轮通过。苏伊士运河从1859年开工到1869年竣工。1956年7月26日，埃及政府宣布将运河收归国有。亚洲和欧洲之间除石油以外的一般货物海运，80%经过苏伊士运河。目前，每年通过苏伊士运河的货物量占全世界海运货物总量的14%。苏伊士运河是埃及仅次于侨汇和旅游的第三大外汇收入来源。苏伊士运河自1975年6月重新启用到2000年6月的25年里，共为埃及征收的船只过境税达300亿美元。2003年有近1.6万艘船通过了苏伊士运河，运河收入达25.7亿美元，创运河自1869年开通以来的最高纪录。

二、巴拿马运河

巴拿马运河位于巴拿马共和国中部，连接巴拿马城和科隆、克利斯托巴尔港，沟通太平洋和大西洋。运河全长81.3千米，最窄处为152米，最宽处为304米，最大吃水深度12米，通航船舶载重量一般为4.5万吨，最大6.5万吨，不能通行大型油轮和集装箱船，1914年8月15号首次通航。巴拿马运河工程历时30年。在运河开通之前，往来于大西洋和太平洋之间的货船只能绕道南美洲的合恩角，运河的开通使北美洲东西海岸之间的距离缩短14800千米，从欧洲到亚洲或大洋洲缩短3200千米。巴拿马运河"连接南北美，沟通两大洋"，被称为"世界的桥梁""宇宙的心脏"，20世纪七大建筑奇迹之一。巴拿马运河在世界航运界占有重要地位，全世界约5%的贸易货运经过巴拿马运河。目前运河的最大用户是美国，每年约有20%的出口货物和10%的进口货物要通过运河。日本向美国和拉丁美洲地区出口的汽车50%以上要经过运河。中国每年有300多艘船只需通过这条国际水道。据统计，每年大约有13000艘船只通过巴拿马运河。在截至2003年9月30日的2003年财政年度，巴

拿马运河的收入达到 9.21 亿美元的历史最高水平。巴拿马运河对美国具有重要战略意义。凭借运河之利,环绕美国的三大洋连为一体,美军可以辐射全球。倘若没有巴拿马运河,美国海军利用合恩角遂行战略机动,至少需要 15 天左右时间。1996 年香港和记黄埔集团获得了巴拿马运河两端的巴波亚和克里斯托瓦尔港的经营权,管理权为 25 年,到期后可再延长 25 年。

由于克拉运河开通后,缩短的距离非常有限,所以航运业界人士估计,克拉运河开凿后,大约也只有 1/3 左右的船只不走马六甲海峡而改道通过克拉运河。

本文撰写于 2004 年 6 月

封锁霍尔木兹海峡？真的不要任性！

近一段时间以来，美国多次公开要求进口伊朗石油的国家，在2018年11月4日将进口量削减至零。作为回应，伊朗有关方面称，如果伊朗出口不了石油，则这一地区的其他国家也将出口不了石油，或更直截了当地表示，伊朗将封锁霍尔木兹海峡。这样，霍尔木兹海峡再一次成了世界舆论的焦点。

一、何谓霍尔木兹海峡？

霍尔木兹海峡（Strait of Hormuz）位于亚洲西南部，介于伊朗与阿拉伯半岛的阿曼角之间，东接阿曼湾，西连海湾，形似人字形，是波斯湾通往印度洋的唯一出口，有"海湾的咽喉"之称。

海峡东西长约150千米，最宽处97千米，最狭处38.9千米，南北宽56~125千米，平均水深70米，最浅处10.5米，最深处219米。世界上最大型的油轮，如50万吨级以上的ULCC，都可以畅通无阻地通过海峡。

霍尔木兹海峡的北岸是伊朗，南岸是阿曼。伊朗在海峡有重要的阿巴斯港，并控制着海峡中的主要大岛，如格什姆岛和霍尔木兹岛等。伊朗在海峡北岸部署有重兵，设置了各种射程的反舰导弹和短程弹道导弹阵地，大量各型军用船只在海峡附近游弋。

二、霍尔木兹海峡在国际石油市场举足轻重的地位

波斯湾沿岸共有7个产油国，分别为伊拉克、伊朗、科威特、卡塔尔、阿拉伯联合酋长国、巴林和沙特阿拉伯。2017年，上述七国的石油产量合计约为3130万桶/日，占世界石油产量的33.78%；拥有的剩余探明石油储量约为8000亿桶，占世

界的 47.6%。这些国家生产的石油，绝大部分要通过霍尔木兹海峡输往世界石油进口国。

从波斯湾出发，通过霍尔木兹海峡的石油运输通道有：波斯湾—霍尔木兹海峡—印度洋—马六甲海峡—中国、日本和韩国等；波斯湾—霍尔木兹海峡—印度洋—好望角—欧洲或美国；波斯湾—霍尔木兹海峡—红海—苏伊士运河—地中海—大西洋—欧洲或美国。

2016 年，通过霍尔木兹海峡石油的数量为 1850 万桶/日，约占世界海运石油贸易量的 30%、世界石油贸易和产量的 20% 以上。通过霍尔木兹海峡的石油，85% 输往亚洲市场，包括中国、日本、韩国等。

除伊朗本身外，波斯湾地区 7 个石油生产和出口国中，只有沙特阿拉伯和阿拉伯联合酋长国，有管道可以将自己部分生产的石油绕过霍尔木兹海峡，2016 年这两个国家通过管道输送的石油出口数量为 660 万桶/日，还有约 390 万桶/日的剩余能力。目前，可以绕过霍尔木兹海峡的波斯湾地区输油管道有：

（1）沙特阿拉伯的东西原油管道，横穿阿拉伯半岛，起自艾卜盖格到达红海的延布，全长约 1200 千米，输送能力为 500 万桶/日，目前的输油量为 200 万桶/日。

（2）沙特阿拉伯的艾卜盖格到延布的天然气液管道，与东西原油管道平行，输送能力为 29 万桶/日。

（3）阿拉伯联合酋长国的阿布扎比原油管道，从阿布扎比到海峡南部的富查伊拉港，输送能力为 150 万桶/日。

（4）两条闲置的管道，分别为起自伊拉克巴士拉穿过沙特阿拉伯到达延布北部的红海港口穆阿吉兹的管道（IPSA），输送能力为 165 万桶/日；通向黎巴嫩的泛阿拉伯管道，输送能力为 50 万桶/日。

（5）通向土耳其杰伊汉的伊拉克—土耳其管道，因受极端组织"伊斯兰国"反复破坏和横贯伊拉克南北的战略管道关闭，处于停用状态，其最大输送能力为 400 万桶/日。2017 年 12 月 24 日，伊拉克石油部启动招标，将新建一条输油管道，恢复从基尔库克省向土耳其费什哈布尔的石油出口，管道长 350 千米，输油能力为 100 万桶/日。

2016 年，30% 以上的世界液化天然气贸易需要通过霍尔木兹海峡。在波斯湾国家中，卡塔尔是世界第一大液化天然气出口国，液化天然气产量超过 7700 万吨，2017 年供应了世界液化天然气贸易总量的 26.7%。2017 年，世界 2.898 亿吨的液化天然气贸易量中，72.9% 来源于亚洲地区国家的需求。

国际社会普遍担心，如果霍尔木兹海峡被封锁而中止了波斯湾国家的石油出口，将引发全球性石油危机。有机构估计，国际石油价格有可能上涨到 120 美元/桶，或更吓人的 400 美元/桶。

三、两伊战争期间曾发生过惨烈的"袭船战"

1980 年 9 月 22 日至 1988 年 8 月 20 日，伊拉克和伊朗之间开展了长达 8 年之久的战争。伊朗最大的石油城阿巴丹大部分被毁并最终被夷为平地，原油出口中心和最大的储油港哈尔克岛损失严重。战争开始后第三天，伊朗就基本上停止出口石油。伊拉克最大的炼油厂巴士拉也受到大规模空袭，最大的原油出口站法奥被占领，通往地中海的输油管也被炸。由此，引发了第二次石油危机，石油价格一度上涨到 45 美元/桶。

1984 年 2 月份，伊拉克发动了轰炸伊朗油轮、封锁伊朗海上石油出口的"油轮战"，伊朗很快以牙还牙，也在海湾水域袭击过往油轮。自 1984 年 4 月起到 1988 年 7 月底发生的"袭船战"，约有 400 艘油轮和货轮遭到袭击，260 名海员遇难。如果从 1980 年 9 月两伊战争爆发算起，总共有 574 艘商船在海湾遭到袭击，有 420 名船员死亡，452 人受伤，完全被击毁的船只约 50 艘，总共货物损失约达 1000 万吨，船主损失在 20 亿美元以上。其中，中国香港董氏集团所拥有的世界最大油轮之一"海上巨人号"（全长 458 米，原油装载量 56 万吨，自重 26 万多吨，总计 82.5 万吨），于 1987 年 10 月、1987 年 12 月和 1988 年 5 月 3 次遭到伊拉克空袭，冲滩搁浅。

1987 年 6 月 30 日，美国总统里根下令组建"中东联合特遣部队司令部"，从 7 月中旬起开始为油轮护航，英国、法国、意大利、荷兰、比利时以及沙特阿拉伯等国的数十艘军舰和直升机也开进波斯湾，参与扫雷。由科威特出钱，美军租用了两座浮动式石油钻井平台，改装为警戒浮岛，并开展了行动代号为"祈祷的螳螂"的军事行动，伊朗海军几乎损失所有的大型作战平台，不得不接受国际社会的调停，结束了持续多年的"袭船战"，也结束了长达 8 年的两伊战争。

在这一期间，发生了一起严重的悲剧。1988 年 7 月 3 日，伊朗 IR655 号班机被美国海军导弹巡洋舰文森斯号击落，290名乘客和机组人员全部罹难。当时文森斯号正在伊朗水域内执行护航任务，美国方面称这架伊朗客机被误认为正在执行攻击的F-14雄猫式战斗机。

2011年年底和2012年年初，因为核问题，伊朗与美国等西方国家关系再度日益紧张。2011年12月，伊朗在霍尔木兹海峡举行军演，演练封锁霍尔木兹海峡的能力。从2012年年初开始，随着美国和欧盟宣布对伊朗进行石油禁运，伊朗政府和军方多次表示，伊朗保留封锁霍尔木兹海峡这一还击选项。2016年1月12日，两艘美国舰艇与10名美国水兵进入伊朗控制海域，被伊朗革命卫队扣押，伊朗虽在24小时内释放了10名水手，但在释放前官方电视台播放了美国水手双膝跪地、双手抱头的场景。2016年5月，伊朗军方再一次宣称，如果美国及其盟友继续威胁伊朗，伊朗将关闭霍尔木兹海峡以示惩戒。

四、霍尔木兹海峡对中国石油供应安全至关重要

20世纪80年代后期的两伊战争和袭船战期间，中国还是石油净出口国。但是，今天中国已经是世界第二大石油消费国和第一大石油进口国，霍尔木兹海峡对中国的石油供应安全至关重要。

2017年，中国原油进口总量为4.19亿吨，石油对外依存度约为70%，从波斯湾沙特阿拉伯、伊拉克、伊朗、阿曼、科威特、阿拉伯联合酋长国、也门、卡塔尔8个国家的原油进口量合计为1.82亿吨，占当年原油进口总量的43.4%，也就是说2017年中国半数左右的原油进口来源于中东波斯湾地区。

中国2017年8个中东原油进口国中，阿曼和也门的原油出口不需要通过霍尔木兹海峡，沙特阿拉伯和阿拉伯联合酋长国部分出口原油可以通过管输而不需要通过霍尔木兹海峡。这样，扣除伊朗对中国的出口原油，波斯湾5个产油国2017年对中国原油出口需通过霍尔木兹海峡，总量约为1.18亿吨，占当年中东八国对中国原油出口的64.84%，占当年中国原油进口总量的28.16%。

2017年，中国液化天然气的进口总量为3901万吨，来源于18个国家，其中最大的为澳大利亚（1782万吨），卡塔尔位居第二，为769万吨，占当年中国液化天然气进口总量的19.71%。

相比中国，由于页岩革命的成功，美国已经成为石油产品的净出口国，虽然仍净进口原油，但其对波斯湾地区产油国的依赖大大低于中国。2017年度，美国原油和石油产品的进口量为1007.5万桶/日，从波斯湾地区产油国的进口量仅为174.1万桶/日，仅占美国石油进口总量的17.28%，主要来源于沙特阿拉伯（94.9万桶/日）、伊拉克（60.6万桶/日）、科威特（14.5万桶/日）、阿拉伯联合酋长国（3.4万桶/日）和卡塔尔（0.6万桶/日），美国不从伊朗进口石油。2017年，美国原油和石油产品的净进口量只有373.2万桶/日。

2014年9月，中国海军舰艇编队访问伊朗阿巴斯港。2017年6月18日，由导弹驱逐舰长春舰、导弹护卫舰荆州舰和综合补给舰巢湖舰组成的中国海军远航编队，与伊朗海军在霍尔木兹海峡举行了联合演习。

霍尔木兹海峡作为国际水道，其地位有国际法的保证。对于伊朗封锁海峡的言论，国际社会的态度是明确的。美国多次公开表示，封锁海峡是不可跨越的"红线"，一旦伊朗那么做，美国可能动用武力。

自2009年以来，中国连续保持全球货物贸易第一大出口国和第二大进口国地位。2017年，中国货物贸易进出口总值为27.79万亿元人民币，是世界第一贸易大国。因此，无论是从保障中国石油进口安全，或是更重要的保持世界贸易通畅的角度，我们都应该高度关注霍尔木兹海峡的地位。事实上，早在2012年1月18日，时任国务院总理温家宝在卡塔尔的记者会上就表示，在任何情况下，霍尔木兹海峡都应当保持畅通，因为这涉及整个人类的利益，在此问题上采取任何极端举措，都违背全世界人民的愿望。

本文撰写于2018年8月中旬

不要在霍尔木兹海峡玩火！

2018年5月8日，美国宣布退出伊朗核协议，不断升级对伊朗的制裁。2019年5月2日，美国不再给予8个国家和地区进口伊朗石油的豁免，宣布要将伊朗石油出口归零。与此同时，伊朗对美国的制裁开始进行反制，其中军事封锁霍尔木兹海峡不时成为伊朗对外宣传的主要选项之一。

2019年5月12日和6月13日，6艘商船在霍尔木兹海峡附近遭到袭击。6月20日，伊朗击落一架美军无人机，美国计划对伊朗发动军事打击但最后一刻取消。随着美伊对抗的升级，围绕霍尔木兹海峡的军事冲突事实上已进入一触即发的状态。霍尔木兹海峡是世界最重要的石油天然气运输通道，历史上曾发生过惨烈的"袭船战"，惨痛的历史应该牢记，任何国家都不应该在霍尔木兹海峡玩火。

一、霍尔木兹海峡是世界最重要的石油天然气运输通道

霍尔木兹海峡位于亚洲西南部，介于伊朗与阿拉伯半岛的阿曼角之间，东接阿曼湾，西连海湾，形似人字形，是波斯湾通往印度洋的唯一出口，有"海湾的咽喉"之称。

海峡东西长约150千米，最宽处97千米，最狭处38.9千米，南北宽56～125千米，平均水深70米，最浅处10.5米，最深处219米。世界上最大型的油轮，如50万吨级以上的ULCC，都可以畅通无阻地通过海峡。在世界八大油气运输通道，即霍尔木兹海峡、马六甲海峡、苏伊士运河/苏伊士—地中海管线、曼德海峡、丹麦海峡、土耳其海峡、巴拿马运河和好望角中，霍尔木兹海峡的重要性位居第一。

霍尔木兹海峡的北岸是伊朗，南岸是阿曼。伊朗在海峡有重要的阿巴斯港，并

控制着海峡中的主要大岛，如格什姆岛和霍尔木兹岛等。

波斯湾沿岸共有 7 个产油国，分别为伊拉克、伊朗、科威特、卡塔尔、阿拉伯联合酋长国、巴林和沙特阿拉伯。2018 年，上述七国的石油产量合计约为 3100 万桶/日，占世界石油产量的 32.7%；拥有的剩余探明石油储量超过 8000 亿桶，占世界的 46.25%。这些国家生产的石油，绝大部分要通过霍尔木兹海峡输往世界石油进口国。

2018 年，通过霍尔木兹海峡的日均石油运输量为 2070 万桶，占全球海运石油贸易的 1/3，约等于全球石油消费的 21%（表 1）；通过海峡的液化天然气数量，占全球液化天然气贸易量 1/4 以上。

目前，绕过霍尔木兹海峡的办法非常有限，只有沙特阿拉伯和阿拉伯联合酋长国有在霍尔木兹海峡之外装载原油的管线，并且还有额外的管线输送能力可以规避霍尔木兹海峡。2018 年年底，这两个国家管线的输送能力为 650 万桶/日，实际输送量约为 270 万桶/日，尚有 380 万桶/日的能力（表 2）。

根据 ClipperData 公司公布的油轮跟踪数据，2018 年，沙特阿拉伯大多数原油和凝析油是通过霍尔木兹海峡运输的，其中绝大部分是出口到其他国家，只有少于 50 万桶/日的石油是从沙特阿拉伯的波斯湾港口运送到自己的红海港口。

表 1　通过霍尔木兹海峡的原油、凝析油和石油产品数量

项目	2014 年	2015 年	2016 年	2017 年	2018 年
通过霍尔木兹海峡的石油运输量	17.2	18.4	20.6	20.3	20.7
原油和凝析油	14.4	15.2	17.3	17.2	17.3
石油产品	2.8	3.2	3.3	3.1	3.3
世界海运石油贸易量	56.4	58.9	61.2	62.5	—
世界石油消费量	93.9	95.9	96.9	98.5	99.9
通过霍尔木兹海峡的 LNG 运输量	4.0	4.2	4.2	4.1	4.1

说明：石油数量为百万桶/日，LNG 数量为万亿立方英尺/年。
资料来源：美国能源信息署，2019 年 6 月 20 日。

表 2　2018 年在营的绕过霍尔木兹海峡管线

管线名称	国家	能力	实际通过量	剩余能力
东西原油管线	沙特阿拉伯	5.0	2.1	2.9
阿布扎比原油管线	阿拉伯联合酋长国	1.5	0.6	0.9
布盖格—延布天然气液管线	沙特阿拉伯	0.3	0.3	0.0
合计	—	6.8	3.0	3.8

说明：单位为百万桶/日。
资料来源：美国能源信息署，2019 年 6 月 20 日。

以中国为主的亚洲国家对霍尔木兹海峡的依赖最大。2018年，通过霍尔木兹海峡原油和凝析油中的76%是输往亚洲市场，中国、印度、日本、韩国和新加坡是主要目的地，这些国家占了通过霍尔木兹海峡原油和凝析油通过量的65%（图1）。

2018年，美国通过霍尔木兹海峡从波斯湾国家进口的原油和凝析油为140万桶/日，占进口数量的18%和石油消费的7%。

目前，中国是对通过霍尔木兹海峡运输石油和天然气依赖最高的国家之一。2018年，中国进口石油约30%，进口液化天然气约20%，需通过霍尔木兹海峡运输。

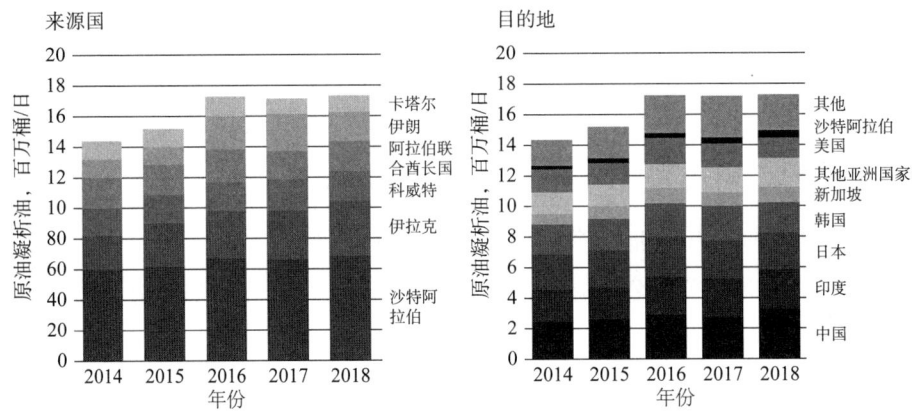

图1　通过霍尔木兹海峡原油凝析油来源国和目的地图

资料来源：美国能源信息署，2019年6月20日。

二、两伊战争期间惨烈的"袭船战"不应忘记

1980年9月22日至1988年8月20日，伊拉克和伊朗之间开展了长达8年之久的战争。伊朗最大的石油城阿巴丹大部分被毁并最终被夷为平地，原油出口中心和最大的储油港哈尔克岛损失严重。战争开始后第三天，伊朗就基本上停止出口石油。伊拉克最大的炼油厂巴士拉也受到大规模空袭，最大的原油出口站法奥被占领，通往地中海的输油管也被炸。由此，引发了第二次石油危机。

1984年2月，伊拉克发动了轰炸伊朗油轮、封锁伊朗海上石油出口的"油轮战"，伊朗很快以牙还牙，也在海湾水域袭击过往油轮。自1984年4月起到1988年7月底发生的"袭船战"，约有400艘油轮和货轮遭到袭击，260名海员遇难。如果从1980年9月两伊战争爆发算起，总共有574艘商船在海湾遭到袭击，有420名船员死亡，452人受伤，完全被击毁的船只约50艘，总共货物损失约达1000万吨，船

主损失在 20 亿美元以上。

在这次袭船战中，中国香港董氏集团所拥有的世界最大油轮之一"海上巨人号"（全长 458 米，原油装载量 56 万吨，自重 26 万多吨，总计 82.5 万吨），于 1987 年 10 月、1987 年 12 月和 1988 年 5 月 3 次遭到伊拉克空袭。1988 年 5 月 14 日，"海上巨人号"航经霍尔木兹海峡时，遭伊拉克战机攻击重创后，沉没在伊朗的卡克岛浅海海域，直到两伊战争结束。

1987 年 6 月 30 日，美国总统里根下令组建"中东联合特遣部队司令部"，从 7 月中旬起开始为油轮护航，英国、法国、意大利、荷兰、比利时以及沙特阿拉伯等国的数十艘军舰和直升机也开进波斯湾，参与扫雷。由科威特出钱，美军租用了两座浮动式石油钻井平台，改装为警戒浮岛，并开展了行动代号为"祈祷的螳螂"的军事行动，伊朗海军几乎损失所有的大型作战平台，不得不接受国际社会的调停，结束了持续多年的"袭船战"，也结束了长达 8 年的两伊战争。

在这一期间，发生了一起严重的悲剧。1988 年 7 月 3 日，伊朗 IR655 号班机被美国海军导弹巡洋舰文森斯号击落，290 名乘客和机组人员全部罹难。当时文森斯号正在伊朗水域内执行护航任务，美国方面称这架伊朗客机被误认为正在执行攻击的 F-14 雄猫式战斗机。

三、在霍尔木兹海峡玩火是有可能会自焚的

自 2019 年 5 月以来，霍尔木兹海峡的冲突不断升级。5 月 12 日，4 艘商船在霍尔木兹海峡附近的阿拉伯联合酋长国富查伊拉以东水域遭到袭击，其中两艘沙特阿拉伯船只的结构受到了严重破坏。6 月 13 日，挪威船东拥有的"前沿牵牛星号"和日本船东拥有的"国华勇气号"油轮，在霍尔木兹海峡入口处阿曼海的离伊朗海岸线不远的海域，遭遇袭击后发生爆炸，船上燃起大火，船员被迫弃船逃生。

6 月 13 日发生油轮袭击时，恰逢日本首相安倍晋三访问伊朗，这是 41 年来日本首相首次对伊朗进行的历史性访问，其中"国华勇气号"油轮是日本船东所拥有。

6 月 13 日两艘油轮遭到袭击后，美国指责系伊朗所为。6 月 20 日凌晨，美国海军一架 MQ-4C "全球鹰"高空无人机，在霍尔木兹海峡上空被伊朗地对空导弹击落。6 月 20 日晚，美军计划打击伊朗 3 处军事目标，但在军事打击前 10 分钟，特朗普取

消了军事行动。6月20日中止对伊朗的军事打击后,美国国家安全顾问博尔顿称,伊朗不要把美国的谨慎误以为是软弱,尽管美国取消了一次军事打击,但对伊朗采取军事行动仍然是一种选择。

自2019年4月15日以来,美国已经在伊朗周边国家部署了大量军事力量,主要包括:5万名士兵,18架F-15E攻击鹰战斗机轰炸机,12架F-35A闪电Ⅱ战斗机和4架B-52H战略轰炸机,在阿曼湾有林肯号航空母舰打击群,在亚丁湾有拳击手号两栖攻击舰打击群。

中国有一成语,叫"城门失火,殃及池鱼"。2019年5月和6月份霍尔木兹海峡发生油轮袭击后,虽然没有阻断石油运输,但已产生了较为严重的后果,除油价短暂上涨外,袭击活动使得通向霍尔木兹海峡的海上运输保险和费用等成本大幅度上涨,使有关国家,特别是中国已经受到了一定程度的影响。

2019年5月底,伦敦保险市场联合战争险委员会作出了修改船舶有关战争、海盗行为、恐怖主义和相关高风险海域范围的决定,大幅提高了保费和索赔金额。据估计,2019年5月和6月发生的6艘船舶袭击事件,其战争险索赔预计将相当于2019年全年预估战争险保费。2019年6月13日,挪威海事当局宣布,到达霍尔木兹海峡、位于北纬25°～28°和东经54°～58°范围内的挪威船只,要按照ISPS/MarSec 2级标准,提高安全措施。目前,几乎所有船东在航行至波斯湾时所支付的"额外保费",都正在不断上升。

除保费和安全措施提高带来的海上运输成本大幅度增加外,有关媒体报道,船舶受袭击后的6月13—20日,阿拉伯湾至中国之间的超大型油轮现货运价大幅上涨了101%。6月20日,200万桶VLCC油轮从阿拉伯湾到中国之间的即期运价涨到了3月以来的最高水平,达到每天25994美元,而5月份的平均价格为每天9979美元。

今天,我们不想推测谁是2019年5月和6月霍尔木兹海峡6艘船舶袭击事件的当事人,更不愿推演美伊一旦发生军事冲击的结果如何。但是,作为世界第一大石油天然气进口国,作为对霍尔木兹海峡依赖最高的国家之一,我们当然不愿看到在霍尔木兹海峡周边发生战事,除因为城门失火会殃及池鱼外,更为重要的是,中国还有一句成语,叫"玩火自焚",这是我们最不愿看到的,因为那时遭受损失的肯定不是区区几船油气了!

本文撰写于2019年6月下旬

巴拿马运河与美国的油气出口运输

2018 年，美国已成为世界最大的石油和天然气生产国，与此同时，石油和天然气的出口数量也越来越大。除与其邻近的加拿大和墨西哥建有管道系统外，美国向亚洲、欧洲和中南美洲，甚至包括部分出口到加拿大和墨西哥的石油及天然气，必须通过海运的方式来实现。

由于独特的地理位置，美国油气出口运输中，巴拿马运河起到了非常重要的作用。依据美国能源信息署的有关资料，本文将简要介绍巴拿马运河及其当前在美国油气出口运输中所起的关键作用。

一、巴拿马运河概况

巴拿马运河，位于拉丁美洲国家巴拿马共和国，连接太平洋和大西洋，横穿巴拿马地峡，是重要的航运通道，被誉为世界七大工程奇迹之一，运河的通航使太平洋和大西洋之间的航程缩短 1.6 万千米，承担着全世界 5%~6% 的贸易货运。

巴拿马运河 1914 年开始通航，属于水闸式运河，最宽的地方达 304 米，最窄的地方为 152 米。如以一侧的海岸线到另一侧海岸线计算，长度约为 65 千米；如以加勒比海的深水处至太平洋一侧的深水处计算，长度约为 82 千米。

根据 1979 年 10 月生效的新《巴拿马运河条约》与《关于巴拿马运河的永久中立和经营的条约》，巴拿马运河永远中立，对一切国家的船只开放。

2007 年 9 月 3 日，巴拿马运河开始进行扩建改造，于 2016 年 6 月完工，长 427 米、宽 55 米、深 18.3 米的第三套船闸建成，在原有巴拿马型船舶的基础上，超巴拿马型船舶可以轻松通过，运河货物年通过量可达 6 亿吨。

运河扩建后，业务量增长最快的船型为液化天然气船和液化石油气船。巴拿马运河管理局的数据显示，截至 2019 年 4 月 19 日，2019 年从运河新巴拿马型船闸通过的所有船只中，有约 51% 为集装箱船，其次为液化石油气船和液化天然气船，占比分别为 26.2% 和 11.3%。此外，也有一些散货船、罐船、汽车运输船和游轮等其他类型船从新船闸通过。

2019 年 1 月至 4 月中旬，平均每天有 7.5 艘新巴拿马型船舶从巴拿马运河通过，单日内通过量最多的一天为 12 艘次。

巴拿马运河管理局向巴拿马国会提交的运河运营报告显示，作为运河扩建后的第一个完整财年，2017 财年（2016 年 10 月至 2017 年 9 月）巴拿马运河实现收入 28.86 亿美元，比上财年增长 15.3%；货运量为 4.038 亿吨，比上财年增长 22.2%，由共计 13548 艘船承运。预计 2019 年，巴拿马运河的总收入将上升到 32.39 亿美元。

2017—2018 财年，巴拿马运河向巴拿马国库的财政贡献为 16.59 亿美元，而 2018—2019 财年的财政贡献预计约为 17.366 亿美元，从巴拿马运河通过的船只容积总吨数将达 4.507 亿吨。

美国是巴拿马运河第一大用户，中国是运河的第二大用户。2017 财年，通过该运河抵达美国或始发美国的货量占总货量的 68.3%，来自或前往中国的货运量占运河全部通过量的 18.3%。

二、巴拿马运河与美国的油气出口运输

由于地球表面的构成和各国地理位置决定，目前国际贸易大宗商品的运输，最常用和最经济的方式是使用大型或超大型的船舶，通过海运来实现的。

虽然出口商品目的地的统计数据并不说明运输路径，但对于某些出口商品的目的地来说，其运输路径是可以推测出来的。例如，从美国墨西哥湾地区出口商品到欧洲，最大的可能是通过大西洋；从墨西哥湾出口到中南美洲太平洋沿岸港口的货物，很可能要通过巴拿马运河；如果目的地是亚洲，运输路径可以有多种选择，如使用巴拿马运河，或使用苏伊士运河，或绕道非洲最南部。

在 2016 年 6 月改造完成前，在老的船闸系统下，巴拿马运河只能通过巴拿马型船舶。就油品运输来说，油轮约可装载油品 30 万 ~50 万桶，主要是汽油和柴油。

2016年6月，运河改造完成后，可以通过新巴拿马级船舶，油轮约可装载油品40万～60万桶（图1）。

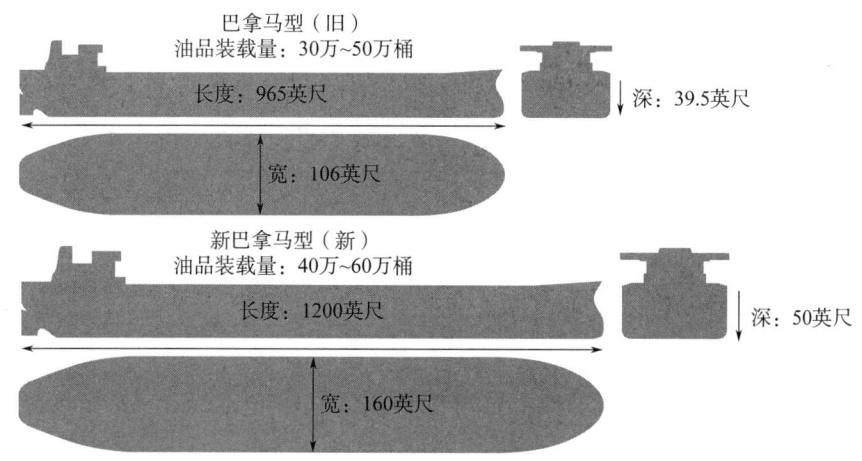

图1 巴拿马运河油船通航条件

资料来源：美国能源信息署，2016年6月23日。

2015年，通过运河的油品主要是南向运输的，即从大西洋输往太平洋，其中柴油和汽油占了绝大部分，分别为950万长吨和910万长吨。由于船型受限，运河输送的原油数量较小，且两边基本相等，分别为南向300万长吨、北向260万长吨（图2）。

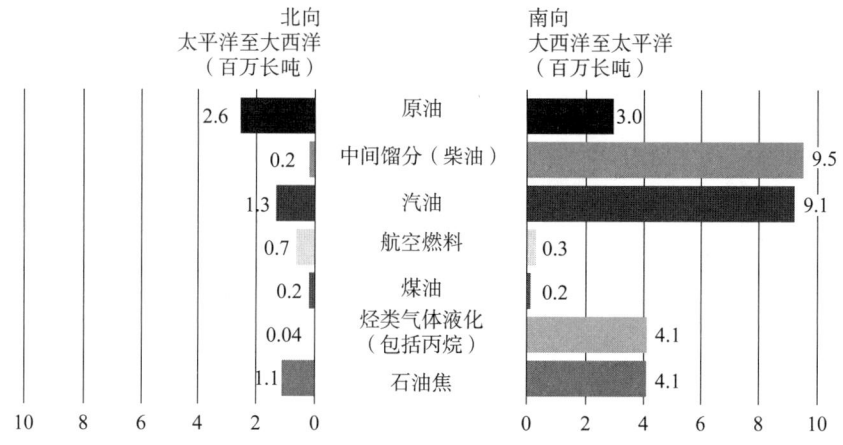

图2 2015年通过巴拿马运河的石油运输量

资料来源：美国能源信息署，2016年6月23日。

2016年之前，影响美国烃类气体液出口的主要因素是美国墨西哥湾地区基础设施的不足。到了2016年，墨西哥湾沿岸出口基础设施的增加缓解了这一限制，但巴拿马运河船闸的规模限制以及与替代航运路线相关的成本成为增加出口的主要限制。

出口美国规模巨大的烃类气体液最经济的方式，是用超大型气体运输船（VLGC）通过水路运输。绝大部分美国的烃类气体液生产和出口地区，位于墨西哥湾地区，而最大需求市场在亚洲，这样从美国墨西哥湾沿岸到亚洲的最短路线，是通过巴拿马运河。不过，巴拿马运河原船闸太小，无法让大多数VLGC过境，因此只能将烃类气体液使用小型船舶通过运河，这一过程被称为船对船转运，用于运往亚洲的美国丙烷出口。

2016年6月26日，巴拿马运河完成了1914年投运以来的首次改造扩建，建成了可以通航更大船舶的第三套船闸。自从运河扩建投运以来，来自美国墨西哥湾地区的烃类气体液，尤其是丙烷出口数量大增，因为可以通过运河使用最大型的船舶将这一类的物品运往亚洲目的地。

大部分通过巴拿马运河的石油，是从大西洋向南流向太平洋的。根据巴拿马运河管理局的统计数据，烃类气体液是最大宗的通过运河的石油商品。2018年，通过运河向南输送的烃类气体液为38.7万桶/日，而中间馏分油为26.6万桶/日，车用汽油为23万桶/日（图3）。

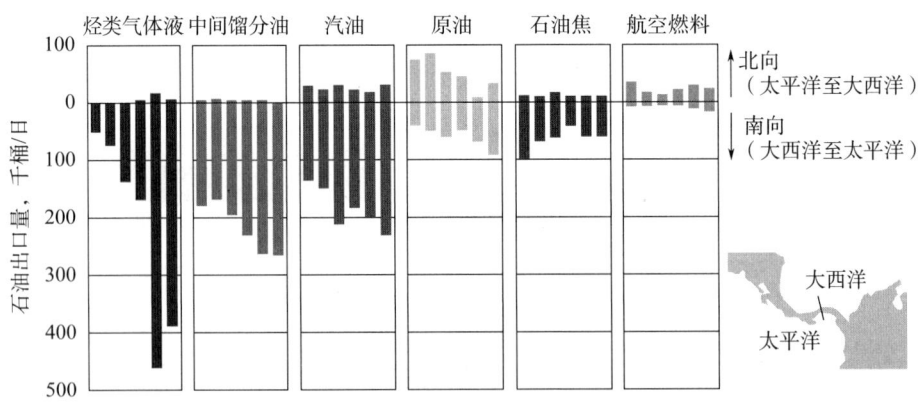

图3　2013—2018年美国通过巴拿马运河的石油出口量
资料来源：美国能源信息署，2019年4月29日。

运河扩建以后,超大型气体运输船可以通过新的船闸。这样,随着通过运河的超大型气体运输船数量的不断增长,美国墨西哥湾地区出口到亚洲的烃类气体液数量也迅速增加。2018 年,美国墨西哥湾地区烃类气体液五大出口目的地,有 4 个在亚洲,其中日本最大,日均进口量高达 28 万桶(图 4)。

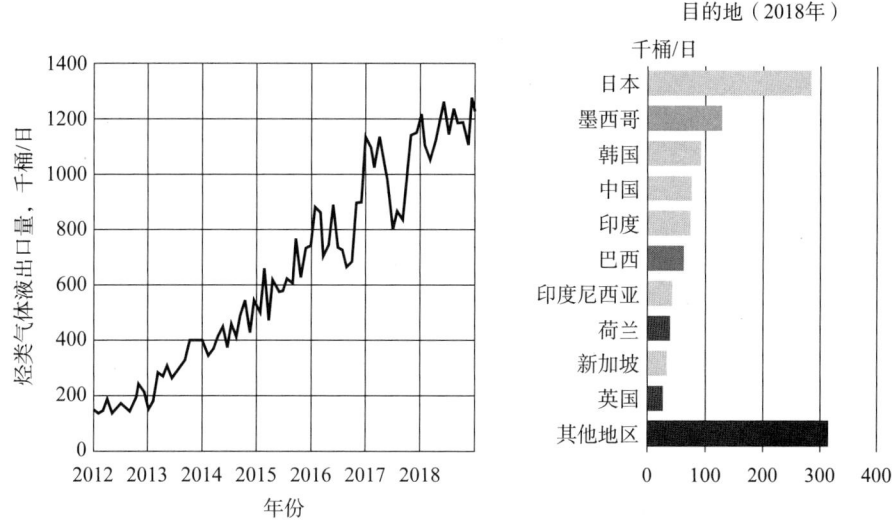

图 4　2012—2018 年美国墨西哥湾烃类气体液出口

资料来源:美国能源信息署,2019 年 4 月 29 日。

2018 年,太平洋沿岸的中南美洲国家,萨尔瓦多、厄瓜多尔、秘鲁和智利四国,共从美国墨西哥湾地区进口了 38.2 万桶/日的原油和油品(图 5),这一数字占了通过巴拿马运河南向石油运输数量的 36%。而对于某些产品来说,美国墨西哥湾地区出口商品所占的比例更大。如美国墨西哥湾地区向萨尔瓦多、厄瓜多尔、秘鲁和智利出口的中间馏分油,占通过运河所有南向中间馏分油数量的 79%,而航空燃料的比例为 76%。

自 2016 年 7 月完成扩建投运以来,截至 2019 年 4 月底已经有 687 艘液化天然气船通过了巴拿马运河,2018 年的运输量从 2016 年的 30 万吨上升到 1150 万吨。

2019 年 4 月 21 日,世界第二大液化天然气运输船,即"Q-Flex"级液化天然气船、装载量为 21 万立方米液化天然气的"Al Safliyah"轮,通过巴拿马运河,成为第一个通过巴拿马运河的 Q-Flex 级液化天然气运输船。目前,最大的液化天然气运输船,即运载量为 26.6 万立方米的"Q-Max"级液化天然气运输船,由于体积太大而无法通过巴拿马运河。

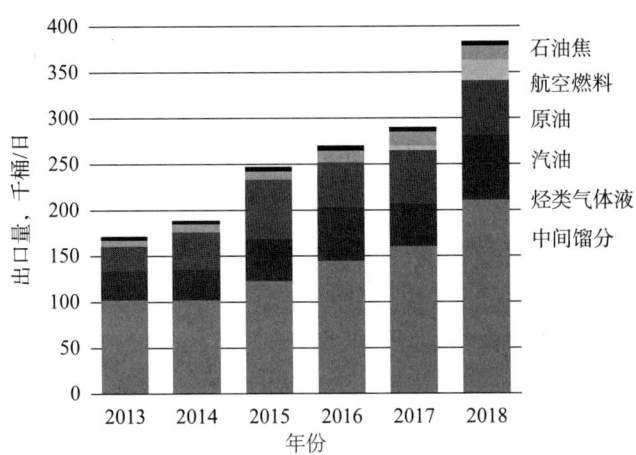

图 5　美国墨西哥湾向智利、厄瓜多尔、萨尔瓦多和秘鲁出口的石油
资料来源：美国能源信息署，2019 年 4 月 29 日。

因原油运输使用的船舶太大，即使扩建后的巴拿马运河也无法使用。正是这一限制，制约了美国原油流向中南美洲西海岸的目的地。相反，更多数量的美国原油，可以通过苏伊士运河或非洲南端输往亚洲目的地，或通过跨大西洋航线输往欧洲目的地。

本文撰写于 2019 年 5 月中旬

风平浪静的重要油气运输通道
——苏伊士运河

近来,作为世界最重要的石油和液化天然气运输通道,霍尔木兹海峡不时登上各类媒体的头条,有关国家围绕通过海峡的石油运输船只,你来我往地进行扣押等操作,口水战不断升级,大量飞机、军舰云集海峡,军事冲突大有一触即发之势。

与波涛汹涌、战云密布的霍尔木兹海峡相比,世界另一重要的石油和液化天然气运输通道,苏伊士运河则风平浪静。虽然苏伊士运河是世界最早一次石油危机的发源地,但近年来埃及政府不惜重金改造扩建运河,提供越来越优惠的条件吸引更多的船舶通过。根据美国能源信息署等有关资料,本文将简要介绍苏伊士运河、苏伊士—地中海原油管线及其在全球石油和液化天然气贸易运输方面的重要作用。

一、苏伊士运河及苏伊士—地中海原油管线概况

苏伊士运河,位于埃及境内,沟通印度洋、红海和地中海,北起塞得港南至苏伊士城,全长约190千米,由法国建造,1869年11月17日通航。

苏伊士运河的通航,为欧洲至印度洋和西太平洋提供了最短的海上航线,使从西欧到印度洋的航程比绕道非洲好望角缩短了8000~10000千米。以欧洲南部港口为例,从波斯湾绕行好望角的平均距离约为19000千米,如经苏伊士运河,航程缩短到2800千米左右,可节约航程近85%。

1869年11月通航后,苏伊士运河进行了多次改造和扩建,其中最重要的为20世纪70年代后期直至2000年的两阶段扩建、2014年至2015年的新建72千米长新运河。

苏伊士是平面式水道，无船闸，目前运河水面宽度为415米，深度为23.8米，可通行包括VLCC在内的绝大部分超大型船舶，全球最大的货运船舶——载货量达19100TEU的超大型集装箱船也可通过运河，曾经风光一时的苏伊士船型正在逐渐退出历史舞台。

据埃及苏伊士运河管理局公布的数据，2014年运河收入为54.65亿美元，通过的船只数量为17148艘，货运量为9.627亿吨；2015年运河收入为51.76亿美元，通过的船只数量为17483艘，货运量为9.987亿吨。2015年8月6日，耗资约85亿美元的72千米长的新运河建成通航至2018年8月的3年间，苏伊士运河的收入总计为158亿美元，通过船只总数为52199艘，货物总量达到30.1亿吨。

与巴拿马运河相比，苏伊士运河的船舶通过数量、货物量和收入都大得多，而且因为没有船闸，船舶通过和管理也简单得多。

苏伊士运河管理局预计，扩建升级后的苏伊士运河，2023年的收入将大幅提升至132亿美元。

据统计，目前世界海上货运总量的20%，欧亚国家之间货运量的80%，世界上25%的油轮，通过苏伊士运河。

与苏伊士运河同时存在的，还有一条国际石油市场十分重要的原油管线系统，即苏伊士—地中海原油管线，也被称为萨米德管线（SUMED pipeline）。苏伊士—地中海原油管线，由两条平行的直径12.8米管线组成，全长320千米，从红海的艾因苏赫纳港到地中海的西迪基里尔港，主要为从波斯湾地区运出的石油到地中海的陆上通道，以替代苏伊士运河，以便为油轮无法通过苏伊士运河时提供一种选择，管线的最大原油输送能力为280万桶/日，由阿拉伯管线公司负责运营。

苏伊士—地中海原油管线于1974年1月开工建设，1976年12月投运，1978年10月开始年输送能力8000万吨的第二阶段扩建工程，1995年8月开始年输送能力1.17亿吨的第三阶段扩建工程，1998年12月达到1.214亿吨设计能力。其中，艾因苏赫纳港可同时停靠4艘任意吨位的油轮，原油储存能力为620万立方米；西迪基里尔港可同时停靠5艘最大40万吨级的油轮，原油储存能力为480万立方米。

二、世界最早的一次石油危机因苏伊士运河而起

谈到石油危机时,人们印象中最深的是1973—1974年的第一次石油危机。但是,事实上,严格意义上最早的一次石油危机发生在1956年10月,就是因苏伊士运河而起。

1869年11月通航后,1875年英国收购了苏伊士运河公司的股份,1882年英国占领埃及并在运河区建立了最大的海外军事基地。1888年,君士坦丁堡大会公告,苏伊士运河为英国保护下的中立区,不论在和平还是在战争期间,向所有国家的船只开放,在运河水域里不得有任何敌对行动,不得在运河沿岸修建防御工事。

1954年10月19日,埃及与英国签订《关于苏伊士运河区军事基地的协定》,规定英军在1956年6月18日以前全部撤出运河区。1956年7月26日,埃及总统纳赛尔在亚历山大港解放广场向25万群众发表演说,宣布将苏伊士运河收归国有,英法对此强烈表示反对,从而引发了"苏伊士运河危机"。8月16—23日,以英、法、美为首的23国在伦敦开会,讨论"苏伊士运河危机"。9月23日,英法将运河问题提交联合国安理会讨论。10月29日,以色列、英国和法国联合向埃及发动军事进攻,第二次中东战争爆发。

战争爆发后,埃及凿沉了几十艘填满石块、水泥和旧啤酒瓶的船只,切断了运河。据统计,1955年苏伊士运河运输的货物中,2/3是石油,其中欧洲所需石油的2/3通过运河运送。与此同时,叙利亚工程人员破坏了伊拉克输油管沿线的抽油站,沙特阿拉伯对英国和法国实施石油禁运,科威特石油供应系统也被破坏。这样,欧洲面临严重的石油恐慌,西欧石油供应短缺70%,经济合作与发展组织的前身欧洲经济合作组织成立了一个石油紧急事务组,依据苏伊士运河危机前的石油需要、储备标准和各国能源供需分配石油;11月7日,英国宣布减少石油消费10%,加征新的汽油税,汽柴油价格和伦敦出租车费用大涨,留下了"苏伊士六便士"的笑谈,伦敦出现了马拉汽车的奇观,12月英国实行汽油配给;法国石油公司把销售量限制在危机前的70%;比利时政府禁止星期日私人驾车外出。

1956年12月,美国和欧洲的石油公司在美国政府的同意下,开始实验援助欧洲的"油援计划",借用和动员了第二次世界大战中盟军太平洋石油供应系统

和人员,向欧洲输送石油。1957年4月,苏伊士运河恢复了油轮通航,欧洲石油危机开始缓解,当月美国中止了应急石油救援计划,5月中旬英国停止了石油定量供应。

三、苏伊士运河在当前全球石油天然气贸易运输中的重要作用

2017年,通过苏伊士运河和苏伊士—地中海原油管线的原油和成品油,占世界海运石油贸易量的9%,液化天然气占全球贸易量的8%。

自2016年以来,通过苏伊士运河和苏伊士—地中海原油管线北向的石油数量增长逐渐趋缓,而南向的数量则不断增长(图1)。尤为重要的是,苏伊士运河已经成为美国和俄罗斯的原油、成品油输往亚洲和中东南向重要的通道。

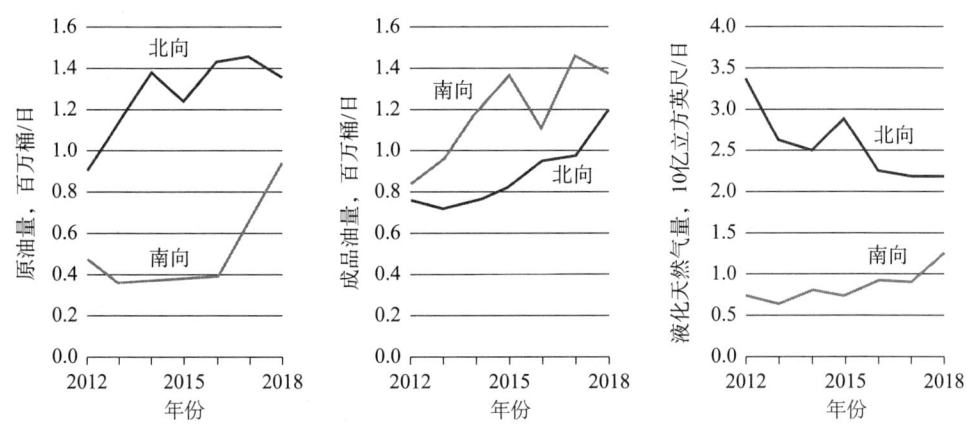

图1 2012—2018年苏伊士运河和苏伊士—地中海管线能源流量
资料来源:美国能源信息署,2019年7月23日。

2018年,北向通过苏伊士运河的石油,一半以上是输往欧洲和北美。沙特阿拉伯、伊拉克和伊朗等波斯湾石油生产国的石油,占了通过苏伊士运河北向石油运输的85%(图2)。近年来,通过苏伊士运河北向运输的成品油也不断增加,特别是沙特阿拉伯不断增加向欧洲的超低硫柴油出口。

2018年,苏伊士运河北向原油运输减少的主要原因包括:

不断增加的美国原油出口到欧洲,部分取代了历史上主要来自于波斯湾的原油;

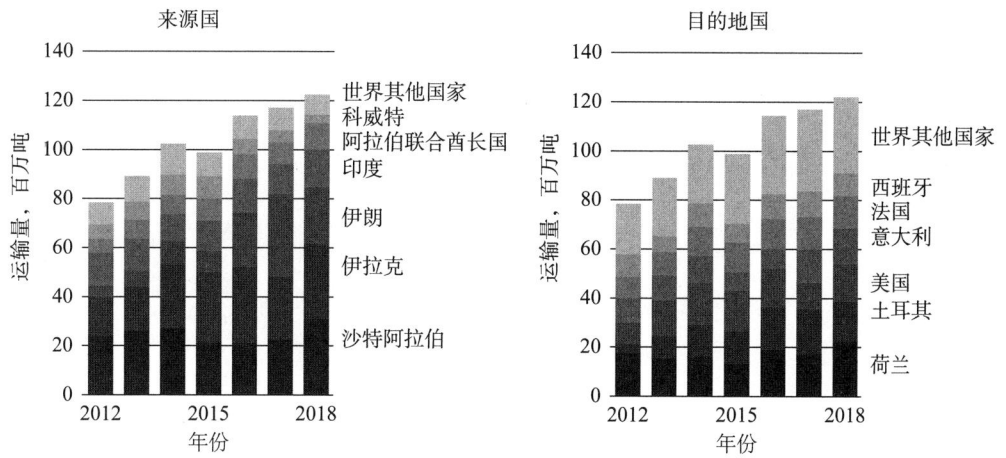

图 2　2012—2018 年苏伊士运河北向原油成品油运输数量

资料来源：美国能源信息署，2019 年 7 月 23 日。

沙特阿拉伯、伊拉克等主要波斯湾石油生产国，使用东向海上运输通道，出口到中国和需求日益增长的亚洲市场的原油数量不断增加，从而减少了对苏伊士运河的使用；

2018 年年底，美国改变了对伊朗的制裁政策，从而使得伊朗对欧洲的原油出口大幅度下降。

最近两年里，主要供应新加坡、中国和印度市场的南向原油运输，大涨了两倍以上。其中，来源于俄罗斯的石油出口，占了苏伊士运河最大的份额，为 24%；2018 年利比亚原油产量和出口量的增加，为苏伊士运河南向石油运输数量的增长，做出了很大的贡献；而美国原油、成品油，尤其是液化天然气产量和出口量的不断增长，也提升了苏伊士运河南向石油运输的数量（图 3）。

从总体上看，近年来通过苏伊士运河的液化天然气数量不断下降。通过运河北向的液化天然气，几乎全部（98%）来源于卡塔尔，主要输往欧洲市场。尽管目前卡塔尔仍是主要使用运河的液化天然气出口国，但近年来其越来越多的液化天然气输往到亚洲市场。

通过苏伊士运河液化天然气数量的变化，说明的是：美国页岩气产量和出口量的增长，欧洲市场需求的下降，全球特别是亚洲液化天然气市场的竞争。

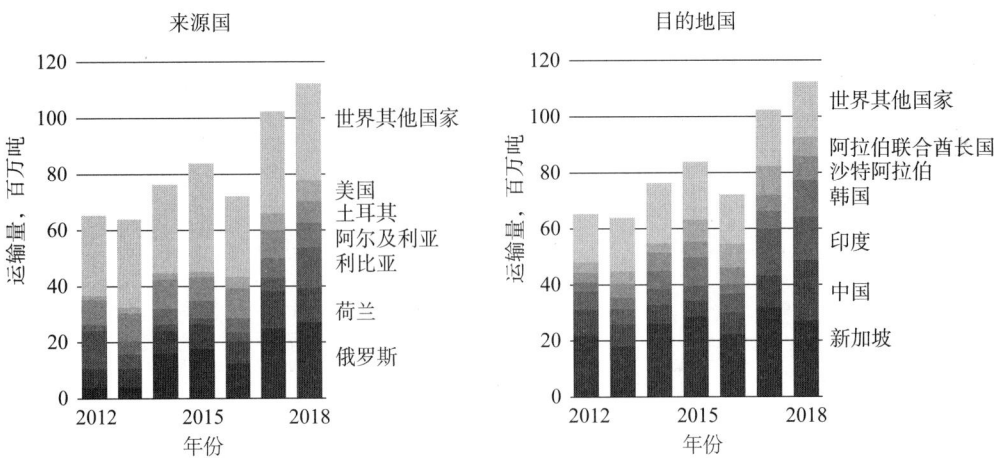

图3 2012—2018年苏伊士运河南向原油成品油运输数量

资料来源：美国能源信息署，2019年7月23日。

320千米长的在埃及境内的苏伊士—地中海原油管线，将原油从红海输往地中海，两条并行管线的合计最大原油输送能力为280万桶/日。如果苏伊士运河不能通行，苏伊士—地中海原油管线是将原油从红海输往地中海唯一的替代路线。2016年以来，由于苏伊士运河的扩宽和全球原油贸易流向的改变，通过苏伊士—地中海原油管线的原油数量不断下降（图4）。

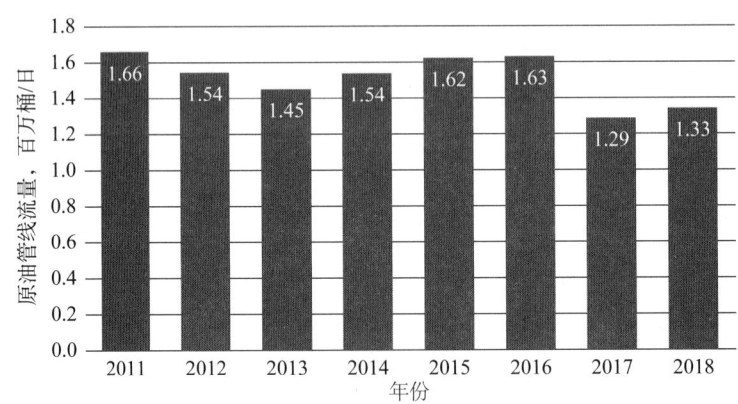

图4 2011—2018年苏伊士—地中海原油管线流量

资料来源：美国能源信息署，2019年7月23日。

近年来，为了吸引更多的船舶，尤其是油轮通过苏伊士运河，埃及政府不断颁布优惠政策，减少运河的通过费用。2017年8月，埃及宣布对运河通行船只给与50%的费用优惠，同时实行发票制度改革，实行单一票据制，提高通行效率和服务水平。从2018年1月1日起，苏伊士运河管理局对通过运河的，来自美国海湾、加勒比海区域及拉丁美洲驶往亚洲港口且船舶处于装载或压载状态下的部分满足条件的相关油轮，实施通行费折扣，优惠福利高达45%~75%不等，这一优惠政策将一直实施到2019年年底。

本文撰写于2019年7月底

第3篇

石油与中国

石油及能源与中国的经济社会建设

非常幸运的是，个人是中国改革开放的受益者，更是亲历者和参与者。从记事直至初中读书时，无论在家中还是在学校使用的煤油灯，一直记忆犹新。从当年街头少见的汽车，到今天的车满为患，仅是20多年内所发生的事。与这些巨大变化相一致的是，30多年来，部分国家重点能源工程，从过去书生式的个人研究文字，变成了作为企业负责人的亲自主持建设、运营及管理。所有这一切，都是个人学习、观察、实践和研究石油及能源问题35年间，所发生的一件件亲历的事件。个人学习、观察、实践和研究石油及能源问题的35年，是中国改革开放40多年中最重要的阶段之一，也是中国能源建设取得巨大成就的最重要时期之一。

本篇25篇文章，选择的是个人对中国石油及能源问题的观察、分析和思考。最早的一篇文章，撰写于20世纪80年代末，那时关注的重点还是煤炭和石油等能源供应的问题，是能源行业如何保证国民经济的正常运转和人民生活的基本需要。最新一篇文章，撰写并发表于2019年9月，讨论的是中国如何争取在全球石油天然气市场的话语权。这两篇文章非常具有代表性，表面上说明的是个人撰写有关中国石油及能源问题文章内容和主题的变化，但更深层次反映的是35年来，中国已经从当初的能源供应不足，变成了世界第一能源消费大国，世界第一大石油和天然气进口国。当然，除这两篇文章外，还有很多文章讨论的是，当时中国社会发展特定阶段能源行业面临的问题和个人的建议；更多的文章是近年来撰写和发表的，是从个人理解和多年研究、实践感受的角度，解答当前社会和大众普遍关注的中国石油及能源热点话题。

新中国成立70年来，尤其是改革开放四十多年来，中国能源行业不但支撑了中国经济的高速增长和世界第二大经济体的地位，能源行业本身也从国内走向了国际，成为全球能源行业的重要组成部分并拥有举足轻重的地位。个人的理解是，当前和未来相当长时间，中国能源行业面临的主要任务，是如何以自身的高质量发展，支撑起"中国梦"和"两个一百年"宏伟目标的实现。35年来，虽然个人持续不间断地开展了对石油及能源问题的学习、观察、实践和思考，个人的知识和认识肯定有限，本篇中有关对当前社会和大众普遍关切的中国石油及能源热点话题的分析和看法，更为重要的是，本篇中有关对中国石油天然气行业等能源行业进一步深化改革的思考，仅是个人之见，肯定存在不足和不完善之处，但其意义在于，应该可以给行业、研究界和同仁们以启发，以便集全行业共同的智慧，谋划中国石油天然气及能源行业、乃至中国经济社会更美好的未来，这也是个人应该且必须担起的责任和应尽的义务。

对中国能源问题的探讨

新中国成立40年来,中国能源工业发展迅速,1989年,一次能源总产量已达10亿吨标准煤,居世界第三位。但能源发展滞后、浪费严重,制约了中国国民经济的发展。为完成90年代中国经济建设的预定目标,采取积极的措施解决能源开发和节约问题乃是一项十分重要的课题,本文拟对此作一初步探讨。

一、存在的问题

(一)能源持续短缺,2000年前后可能更趋严重

(1)电力供不应求,90年代缺口将更大。自1970年以来,持续缺电已19年。1978年全国缺电力1000万千瓦,缺电量400亿度;1985年缺电力上升到1200万千瓦,缺电量增加到450亿~500亿度;1989年,缺电已达700亿度。缺电范围由沿海和华东地区扩展到内地。中国现有火电机组中有1/4属效度低、煤耗高的中低压机组,而且有的设备陈旧,增产潜力不大。按发电量翻一番的要求,到2000年中国发电机组容量需从现有的1.24亿千瓦增加到2.4亿千瓦,难度很大。目前中国仍主要依靠火力发电和水力发电,发电用煤占煤产量的27%。中国现有煤炭产量为10.4亿吨,到2000年计划达到14亿吨,即使拿出增产的4亿吨的1/2来发电,也只能增产电力7000万千瓦。按2000年电力需增加1.2亿千瓦计算,至少有5000万千瓦的缺口需用水电来补充,但是由于水电投资大,建设周期长,要达到这一目标难度不小。

(2)煤炭缺口很大,90年代有可能出现"煤炭断层"。1985年,全国缺煤2000万吨;1988年,仅发电用煤一项就缺800万吨;1989年,全国缺煤已达3900万吨。目前,中国采掘失调的矿井已从1986年的21处、2300万吨能力上升到82处、6000

万吨能力；约占统配煤矿产量1/4的四百多套综合采煤设备，半数已超过服役年限。中国统配煤矿已有3年未开新井，"七五"头4年统配煤矿开工矿井比计划少8000万吨，少投产4500多万吨，只完成计划开工规模的40.1%，投资规模的65.7%，导致煤炭产量完成国家计划不好。1987年，全国原煤产量比1985年增加4774万吨，年均增长2386万吨，低于"七五"计划要求平均每年增加2555万吨的水平；1987年，全国统配煤矿原煤产量4.20亿吨，比1985年增加1394万吨，年均增长617万吨，低于"七五"计划要求平均每年增长1184万吨的水平。"八五"后期，很少有新井投产，产煤量可能下降，2000年要完成年产14亿吨煤的计划相当困难。

（3）石油供应紧张，90年代产量可能下降。据统计，1985年至1989年，中国缺油都在1000万吨。由于燃油供应不足，大量运输工具不能充分发挥效益。1988年11—12月，有的省份汽车停运45%。1986—1989年4年间，中国石油产量增长的势头越来越小，增产量由578万吨下降到345万吨、300万吨和69万吨。按计划，1989年中国石油产量应达1.4亿吨，但实际产量只有1.37亿吨，比计划少产油300万吨，只比上年增产0.5%。目前，大庆油田等主力油田综合含水率平均为75%，有的高达80%，这些油田产量将呈下降趋势。在尚未开采的23.7亿吨可采储量中，小断层、低渗透油藏和稠油所占的比例高达65%，这些油藏弥补石油产量下降的能力有限。中国新疆塔里木盆地油气勘探取得重大突破，但要形成一定规模的生产能力至少需要7年左右的时间。2000年中国很难达到计划年产两亿吨油的水平，据估计，1995年前后中国可能成为石油净进口国。

（4）农村用能商品化低，用能无保障。广大农村用能仅占全国能源消费的3%，77%的用能是薪柴、秸秆等有机物。全国仍有2.5亿农村人口未用上电。预计90年代农村用能年均增长速度为3%，到2000年农村用能将达7亿吨标准煤。如果不再烧薪柴等有机物而使用矿物燃料和电力，则约需5亿吨标准煤。

总之，为实现90年代中国工农业总产值再翻一番的目标，对能源的需求越来越大。按工农业总产值年均增长7.7%计算，到2000年一次能源总需求将达14亿～17亿吨标准煤，但据测算，届时中国一次能源总产量约为13亿～15亿吨标准煤，缺口将达1亿～2亿吨。如果加上农村能源需求，缺口将更大，能源短缺的形势相当严峻。

（二）能源使用效率低，浪费严重

（1）与世界先进水平相比差距很大。据估算，1987年中国单位国民生产总值耗用的标准煤，是印度的1.64倍，巴西的3.82倍，日本的4.43倍，法国的4.97倍，西德的5倍。中国单位国民生产总值能耗是世界平均水平的3倍。中国主要耗能产品的能耗水平，与工业发达国家80年代初相比，大约高出30%~90%，为此，中国每年要浪费掉3亿吨标准煤。

（2）各地区总体能耗存在很大差距。1988年，能耗最低的浙江省，每万元国民生产总值只用5.36吨标准煤，上海次之，为5.68吨，而最高的省份则达26吨，高出浙江省的4.8倍。

（3）同一行业中能耗相差也很悬殊。中国每吨钢综合能耗最低的为1.17吨标准煤，最高的为2.28吨；每吨水泥熟料能耗最低的为107千克标准煤，最高的为215千克。中国电炉钢、铁合金、电解铝等8大耗电产品的平均耗电水平，与最低耗电水平相比，每年浪费电近百亿度。

（4）能源行业本身浪费相当严重。1988年，中国6000千瓦以上大电厂供电煤耗为每千瓦时431克，美国为379克，苏联为328克；1988年，全国统配煤矿自用煤1727万吨，占原煤产量的4%，而英国煤矿自用煤只占产量的0.45%；同年，中国石油业原油损耗率为1.89%，苏联为0.6%，美国由于实行密封流程，损耗接近于零。

（三）能源消费结构不合理，严重依赖传统化石燃料，而且在化石燃料中固体燃料所占的比重又过大

（1）70年代两次石油危机后，世界各国都在探索摆脱以煤、石油为主的化石燃料，开发核能和可再生能源，并取得了一定成绩。如美国1989年核能、水力发电和其他可再生能源占全部能源消费的11.4%，它们所发的电力已占发电总量的29.65%，用煤发电占56.52%。同年，中国能源消费中95%以上是以煤、石油为主的化石燃料，发电总量中煤电占79.7%，水力发电占20.3%，核电和其他可再生能源几乎等于零。

（2）在常规一次能源中，液体能源（主要是指石油、天然气）发热量高，热能利用率高，经济效益好，运输、使用方便，污染小，是优质能源。随着各国经济发展和人民生活水平的提高，液体能源在能源消费结构中所占的比例也越来越高。早在1965年，液体能源在世界能源消费结构中的比例就已超过了固体能源。1989年，

美国一次能源消费总量中，石油、天然气占65.4%，煤只占23.3%。日本、法国和加拿大等国一次能源消费中煤炭也只占30%左右。同年，中国一次能源消费中煤炭约占75%，石油和天然气还不到20%。

（四）缺乏能源安全保障

中国基本上没有能源战略储备。以1987年为例，中国能源总产量为8.9亿吨标准煤，当年消费就达8.58亿吨，占产量的96.3%。1988年，全国发电用煤库存不到400万吨，上海只有一天的库存。中国年产1.37亿吨石油，出口2400万吨，但国内商业周转不畅，没有战略储备。由于供应没有保障，时常出现发电厂无煤停机，石油外运码头无货压港现象。

二、主要原因

（一）能源发展速度滞后

能源是国民经济发展的动力，能源生产必须超前。从能源与经济发展的关系看，世界各国在工业化初期，耗能高的重工业在经济中比重较大，能源消耗增加，要求能源生产迅速赶上，反映能源生产增长速度与国民经济增长速度对比关系的能源弹性系数一般要大于1。如日本1960—1972年经济高速发展期间，能源弹性系数为1.15，美国1987年和1988年能源弹性系数仍分别为1和1.05。中国1979—1988年国民生产总值平均增长率为9.6%，能源生产年均增长率只有4.3%，能源弹性系数仅为0.448。据国家计划，1990年中国国民生产总值增长5%，但能源只增长3%，能源弹性系数也只有0.6。

中国能源发展之所以滞后，主要由于：

（1）现行价格体制使能源价格严重扭曲，不能弥补成本。1965—1987年22年中，全国统配煤矿原煤吨煤成本从15.78元上升到33.90元，增长了114.28%，但同期原煤吨煤平均出厂价只从17.68元提高到26.28元，仅增长48.6%。全国平均每吨采油成本从1980年的43.97元上升到1988年的94元，加上26元税赋，每吨100元左右的油价远远不够成本和税赋。"六五"期间，全国平均电价为每千度67.84元，比"二五"期间的74.33元下降了8.7%，但平均发电成本却由"二五"期间的每千度28.99元上升到"六五"期间的38.10元，增长了31.4%。1981—1987年，发电燃料每千度成本从20.73元上升到33.64元，上升62.28%，但同期每千度电力售价只增长19.2%。

由于上述原因，中国能源生产各行业亏损严重。1959—1988年30年间，统配煤矿全行业亏损达11年，企业亏损面超过50%的有19年。1986年，全国统配煤矿亏损12.9亿元，1987年17亿元，1988年38亿元，1989年上升到60多亿元。1988年石油行业亏损约14亿元，1989年上升到40亿元，1990年估计将高达60亿元。1988年，中国电力行业资金利润率由1980年的12%下降到3.72%，大大低于全国工业平均资金利润率10.65%的水平，1260个企业亏损，亏损额达6亿元。1989年，华东、华北两大电网出现了历史上第一次亏损，华东电网仅上半年就亏损了1.3亿元。

（2）国家对能源行业的"倾斜"政策未落到实处，投资逐年减少。一般认为，能源工业的投资应占全社会固定资产投资的20%~23%左右，苏联高达30%左右。中国"五五"期间，能源工业投资占全社会固定资产的投资比例为20%，"六五"期间降到16.6%，"七五"前3年又降到14.1%。从各行业看，1984年，中国煤炭采选业基本建设投资为54.54亿元，占投资总额的7.3%；1985年为54.05亿元，占投资总额的5%；1986年为56.6亿元，所占比例为4.8%；1987年为57.08亿元，比例降到4.2%。1981年，石油行业总工作量为54.2亿元，国家投资23.4亿元，占44.8%；1987年石油行业总工作量为183.8亿元，国家投资33亿元，占18%；1988年石油行业总工作量为214.2亿元，国家投资36.08亿元，占16.08%。世界银行曾对四十多个发达和发展中国家的电力投资作过统计，证明电力投资占国民生产总值的2%时才能适应经济发展的需要，但"六五"期间，中国电力投资只占国民生产总值的1%左右。

（二）对节能重视不够

中国节能工作起步晚。1973年第一次石油危机后，西方国家大抓节能，而中国则在1980年才编制节能计划，制定有关法规。中国1300个大中企业中，节能机构健全的只占26%。国家明令淘汰的高耗能设备、落后工艺仍在使用，如凝汽式小火电机组由1985年的1500万千瓦增加到1988年的2200万千瓦；柴油发电机组由1985年的1093万千瓦，增加到1988年的1450万千瓦。

设备陈旧落后。占工业总产值1/4左右的机电工业中，产品属60年代以前水平的约占70%以上，产量大、使用广泛的压缩机、风机、泵、阀门等产品能耗比国外高10%~20%。8000万千瓦火电设备中，约有25%属中低压机组，能耗极高。中国现有40万台工业和采暖锅炉，年耗煤量占全国煤产量约1/3，平均热效率只有50%~60%。

(三)非化石能源开发程度低,煤藏比例大,用能方式落后

(1)中国水力发电、核能民用化进展缓慢,可再生能源利用尚未提上日程。中国水力资源可开发容量为 3.78 亿千瓦,居世界首位,但现有水电装机总容量只有 0.3239 亿千瓦,水电资源利用率仅为 8.6%。"七五"后期,水电在全部电力中的比例逐年下降,1983 年为 24.6%,1989 年降到 20.3%。目前世界已有 429 座核电站在运营,生产能力为 310812 百万千瓦小时,核电已占世界电力的 1/6,其中南斯拉夫占 46.90%,比利时 65.5%,法国高达 69.9%;但中国只有两座核电站在建。预计到 2010 年,美国将进入可再生能源时代,届时可再生能源所提供的电力将超过 1.4 亿千瓦;丹麦计划到 1995 年 10% 的电力由风力发电提供;印度 2000 年将从可再生能源中获得到 1500 万千瓦电力,相当于 2.5 亿吨标准煤,占印度能源消费的 1/5。但中国可再生能源的研究和开发进展甚微,而且缺乏总体构想。

(2)能源资源储量,煤多油少。煤炭探明总储量为 8600 亿吨,石油探明储量只有 32 亿吨。

(3)能源使用方式原始。除 27% 的煤炭用于发电外,其余的基本上全部用于直接燃烧取暖和加热,没有气化和液化,不能用变态的煤来缓解中国石油严重紧缺。

(四)能源生产和消费地域分布不平衡

中国能源主要消费区是经济较为发达的东部和南部,本地区能源不能自给、需靠西部和东北部能源生产基地提供。生产和运输任何一个环节上出现问题,都将波及全国经济活动。

三、几点看法

中国能源战略的选择,既要缓解当前能源供需紧张局面,又要从长远着想,为经济持续稳定增长准备充足的优质能源。为此,必须开发与节约并重,优化能源组合并建立能源储备。

(一)能源开发:能源工业应适当超前发展,将能源弹性系数提高到 1 以上,扭转能源生产速度滞后于国民经济发展速度的局面

(1)将能源工业确定为主导产业。能源工业是一个综合性行业,包括机械制造、电子仪表、化工、交通运输、通信等,其就业人数在全社会就业总数中占很大的比

例。因而，发展能源工业不仅可为国民经济的发展提供充足的能源，还可以作为龙头带动其他行业的发展。

（2）逐渐理顺扭曲的价格，首先使能源各行业消灭亏损，获得维持简单再生产的能力，然后制定保证能源各行业稳定发展的价格政策，使其进入良性发展的轨道。

（3）重点保证能源工业的资金需求。能源工业的投资应从目前占全社会固定资产投资的14%左右，逐步提高到20%~23%。短期内，国家投资应力保煤炭、石油产量不出现大的滑坡，努力做到稳产，并改造更新发电设备，避免90年代能源形势的进一步恶化。从长期看，应为中国能源弹性系数达到1以上提供充足的资金。

能源行业应大力利用外资。改革开放以来，中国能源行业共利用外资99.4亿美元。但陆上石油生产尚未利用外资，下游石化企业也面临资金短缺问题。在西方对我经济制裁情况下，应特别重视吸收以王永庆为代表的台资。王永庆的台塑企业是石油"上下游源游交叉的产业体系"，可以考虑吸收它先向石化企业投资，然后扩大到整个石油、能源行业。

（4）继续以煤炭为重点；同时，大力开发水电资源，提高水力资源的利用率。在石油行业广泛使用二次、三次采油技术，保证现有油田的稳产，大力在新疆等地区寻找后备资源，迅速开发未动用的资源，使90年代石油供应稳中有升。

（5）在广大农村地区推广小水电、太阳能、沼气和省柴省煤灶，广泛种植薪炭林，使农村用能"再生化"，消除对环境的破坏，减缓农村对全国能源的压力。

（二）节约用能：提高能源利用效率，向节约要产量，树立节能工作长期化思想，逐渐使中国国民经济由高耗能型向能源节约型和高效型转变

（1）大力加强领导，将有关节能政策落到实处。国家在衡量一个地区或企业的经济效益时，应考虑能源利用效率标准，即在考察上缴利税的同时，也考察该地区或企业的单位产值能耗，以此鼓励和促进能源利用效率。

（2）提高全民节能意识，要让人民了解"地大而物不博，人口众多但资源贫乏"的国情。中国虽有高达8600亿吨煤炭探明储量，居世界前列，但能够用于开采的精查煤只有2100亿吨，由于中国煤炭回采率不到30%，只能采出600亿吨商品煤，仅够生产60年。中国石油储量32亿吨，仅占世界总储量的2.39%，人均不到22桶，只可生产22年。

（3）改进设备，提高能源利用率。广泛推广和应用节能新技术和新材料，充分利用1987年以来世界"超导热"所取得的成果，利用我们在超导研究中的优势，力争尽快使超导实用化。

（三）优化能源组合：逐步改变固体能源比例大于液体能源的不合理的能源消费结构

（1）以煤的液化，尤其用煤提取石油为目标，组织科技攻关。二次大战中的德国曾大规模用煤提取石油，南非目前用煤提取石油已达到商品化。中国如能将煤炭的一部分变为石油，石油资源不足的状况就可改观，液体能源在能源消费结构中的比例就会大大提高。

同时，大力进行煤的气化和电化工作，变输煤为输气、输电。

（2）逐步实现核能民用化。在东部和南部经济发达而能源贫乏的地区，适当多建一些核电站。应使核电在全国范围内逐渐代替火电、低温核供暖代替烧煤供暖，作为中国现代化的奋斗目标。在核能技术的选择上，应避免走工业化发达国家的老路，尽量采用先进技术，将核聚变作为核能发展的主攻方向。

（3）量力而行，保证一定规模的可再生能源的开发和利用，并列入国家有关能源开发计划，力争取得一定程度的实用化或第一手资料，为大规模开发和利用可再生能源做好准备。

（四）建立能源储备：逐步改善中国能源安全状况，使之具有应付某种突发事件的能力，保证国民经济的正常运转

（1）在思想上，树立"居安思危"的危机意识。

（2）拿出一定数量的煤炭作为一些大发电厂的日常储备，以防因断煤停机。尤其要在东部和南部经济发达地区建立一定规模的煤炭库存，应付生产和运输环节可能出现的问题。在全国各大石油外运码头，尤其在东部沿海和一些大江大河码头，建立常规石油储运设施，保证石油外运的正常进行，为中国一些外向型炼油和石化企业进入国际市场提供必要的条件。

（3）每年挤出一批煤炭和石油，用作战略能源储备，以防突发事件的发生，在能源领域保证国家安全。

本文撰写于1990年5月

对中国长期能源战略的四点建议

新中国成立四十多年来,中国能源建设取得了重大成就,已成为世界第三大能源生产国,强大的能源工业保证了中国经济的健康发展。尤为突出的是,在总结几十年建设经验和借鉴国外先进政策的基础上,中国能源政策的制定更趋合理化和科学化。但是,从目前国际国内形势看,如能在以下4个问题上加以重视,中国的长期能源战略就能更加适应新形势的发展,能更好地保证中国国民经济长期发展计划的实现。

一、调高速度,加深层次

由于能源工业是基础产业,所以很多国家能源政策的最基本点,是强调能源工业如何提供充足、优质的能源,保证国民经济的持续稳定协调发展。正因为如此,中国的能源政策是"开发与节约并重"。但是,从中国国民经济发展、能源开发的现状和未来趋势看,中国的长期能源战略应超越这一基本点,而应把能源战略提高到国家整体长期经济发展战略的高度,即中国长期能源战略应有两层目的,一是保证国内经济建设对能源的需要,二是以能源发展为突破口带动中国整体经济的发展。这样,在能源工业发展速度、能源战略与国民经济发展上应注意以下问题:

(一)能源工业高速发展,能源弹性系数应在1以上

中国能源长期紧张的最主要原因是能源工业发展速度滞后于国民经济发展速度。长期以来,国内能源研究界和能源政策决策者流行的看法是,能源弹性系数(反映一次能源产量增长速度与国民生产总值增长率之间的关系)为0.5时,就能保证中国的经济发展。但是,世界主要工业化和发展中国家过去几十年里经济高速增长时期

能源弹性系数一般都在 1 以上，如日本 1960—1972 年经济高速发展期间，能源弹性系数为 1.15，美国 1987 年和 1988 年能源弹性系数仍分别为 1 和 1.05。而且中国单位国民生产总值能耗是世界平均水平的 3 倍，21 世纪内中国经济又将处于高速增长时期。这样，0.5 的能源弹性系数是无法满足中国国民经济发展对能源需要的。因而，国家应考虑调整能源工业的发展速度，制定有关政策保证能源工业的发展速度与国民生产总值增长基本一致。

（二）能源开发应与提高落后地区经济发展相联系

由于能源资源储量的地域特点，中国目前和未来能源开发主要是在西北、西南经济发展落后地区。国家在制定有关能源发展战略时，不仅仅要考虑开发这些地区的能源资源，同时也应考虑调整全国的产业布局，利用这些地区能源丰富的优势，把一些与能源生产和能源利用相关的产业也放到这些地区来建设，如为能源生产提供设备和煤化工、油化工等，使这些地区不仅仅是能源生产基地，同时也是制造业和化工等基地，借机一次性地改变这些地区生产力落后的局面，提高这些地区经济发展水平。此外，国家为这些地区提高的扶贫资金和与扶贫有关的政策，也应相应地用在发展与能源有关产业建设上，形成以能源为龙头带动这些地区的经济发展。

（三）节能的最根本目的应是提高中国生产力发展的技术装备水平

世界范围的节能活动是在 70 年代两次石油危机后大规模展开的，一些国家取得了很大的成绩。如能源资源极为贫乏的日本，通过强有力的节能活动，不但使能源利用率大大提高，基本进入了节能型社会，而且通过这一活动对生产设备更新换代，从而使产品在国际上更有竞争力。中国能源浪费严重的一个重要原因，就是生产技术装备落后，如占工业总产值 1/4 左右的机电工业中，产品属 60 年代以前水平的约占 70% 以上，尤其是一些国有大中型企业的设备还是解放初期的。这些设备不但造成了能源效率低下，而且更为严重的是反映了中国生产设备陈旧落后，不利于中国参与世界经济的竞争。因而我们在制定节能政策时，应以广泛推广和应用节能新技术、新材料、新设备为主，使节能与提高中国生产力的整体水平联系在一起。

二、试行租让制，加速引进外资

改革开放以来，中国能源行业利用外资取得了很大的成绩。目前中国能源行业对外开放的步伐更大，沿海已全部对外开放进行石油勘探。但是，目前中国周边国家如越南、俄罗斯能源资源开发已成为西方资本投资的重点，中国能源行业吸引外资面临越来越大的困难，为更多地引进外资加速中国能源资源的开发，可考虑试行租让制。

租让制是国际石油勘探开发中盛行的合同方式，可以说中东石油就是由于租让制而得以迅速开发的。第一个租让制合同是1901年5月28日澳籍英国人威廉·诺克西·达西与伊朗国王签订的，此后在中东石油开发中都采用这一方式。40年代中期以后受委内瑞拉"利润对半分成原则"的影响，租让制内容发生了一定的变化；60年代欧佩克各成员国又对租让制合同内容作了较大的修改。1980年世界上还有121个国家在石油勘探开发中采用租让制，典型的如英国、挪威的北海石油勘探开发就是采用租让制的。

石油租让制的主要内容是：当地国政府将一定面积的土地在相当长的时间内划给一家公司，给予该公司从事石油业一切活动的经营自主权，但公司需给当地国政府一定数目费用和承担大量的义务。1958年科威特与日本阿拉伯石油公司签订的租让合同具有代表性，该合同规定：将7000平方千米的区域租给这家公司，为期44.5年，该公司在租让区内拥有石油勘探、开发和生产的自主权，对所生产的石油可自行炼制、销售或出口；但公司必须将石油利益的57%以所得税的形式上缴给科威特政府，租让费为所产原油的20%，在发现商业性油流时需支付100万美元的见油费，到发现商业性油流时每年还需支付150万美元的矿区地租，而当石油产量达每天7.5万桶时，公司还需建设能处理30%石油产量的炼油厂，公司企业工人的70%需是当地人。此外，合同还对公司的生产进度、环保义务、产油国参与经营以及纠纷解决等问题作了具体的规定。

由于不存在主权和殖民地被奴役问题，因而中国可参考国外租让制合同的主要内容并结合中国实际，在石油、煤炭和天然气等能源资源的开发中全面试行具有中国特色并更加优惠的租让制合同。

（1）可将中国地域广阔的陆上和海上，通过招标的方式在相当长的时间内租让给出价最高的外国公司。对目前已基本证实具有潜在石油、煤炭和天然气资源储量的地区，如新疆、山西、陕西和沿海地区，也可试行租让制推出由外商勘探开发。

（2）租让合同应扩大范围。在租让合同中除要求这些公司严格遵守中国有关法律并参照国际惯例给予它们充分的经营自主权外，还应超越现行的租让合同条款。如可结合中国可能租让区域的实际经济发展情况，让承租公司在主营石油、煤炭和天然气等能源勘探开发的同时，还可允许它们自营或通过招标的方式进行与能源开发有关或无关的加工工业、高技术产业和房地产等其他行业的开发，借此调动更多的公司参与中国能源租让开发的积极性。

三、建立战略能源储备，保证国家安全

70年代两次石油危机后，世界上很多国家都建立了数量不等的战略能源储备，而以美国、日本为主的工业化国家更是把建立战略能源储备放在保证国家安全的角度加以重视。中国目前虽是能源出口国，能源供应自给有余，但中国能源供应保证十分脆弱。首先，中国能源产销基本平衡，没有较多富余的能源以备急需。以1990年为例，中国能源总产量为10.2019亿吨标准煤，当年消费就达9.87亿吨，占产量的96.74%。1988年，全国发电用煤库存不到400万吨，上海只有一天的库存。其次，能源供应线潜伏着重大隐患。中国能源生产与消费存在着严重的地域不平衡。西北、东北是中国煤炭、石油生产基地，能源产品要通过几千千米的铁路和海路运往东部和南部经济发达地区，如发生某些不测事件或重大的自然灾害，使能源运输线受阻，东部和南部的经济生活有可能全面瘫痪。第三，中国局部地区和企业已严重依赖国外能源。1991年中国进口原油597.25万吨，是当年石油出口总量的31.04%，而1981年只进口7万吨，10年间增长了84倍。中国石油进口量之所以迅速增长，是由于国内石油供应不足，经济发达的广东、福建等沿海地区为满足区域经济发展而从国际石油市场上进口原油所致。此外，中国已有和正在兴建一批外向型的炼油和石化企业，基本上完全依赖进口原油。第四，中国有可能很快成为石油净进口国。中国目前虽是世界第五大产油国，但是从80年代中期以来石油产量一直徘徊在1.3亿吨，1991年石油产量只比1990年增长0.9%，石油生产日益不能满足国内经济建设的需要。尤为严重的是，大庆等主产油田已进入了高含水期，增产已极为困难，而目前尚无新油田能接替。据估计，90年代中期后中国将成为石油净进口国。

鉴于以上情况，中国应建立战略能源储备，以逐步改善能源安全状况，使之具

有应付某种突发事件的能力,保证国民经济的正常运转。为此应做到:

(1) 在思想上,树立"居安思危"的危机意识。

(2) 拿出一定数量的煤炭加大一些大发电厂的日常储备,以防因断煤停机。尤其要在东部和南部经济发达地区建立一定规模的煤炭库存,应付生产和运输环节可能出现的问题。在全国各大石油外运码头,尤其在东部沿海和一些大江大河码头,建立常规石油储运设施,保证石油外运的正常进行,为中国一些外向型炼油和石化企业进入国际市场提供必要的条件。

(3) 每年拿出一定数量的石油,用作战略石油储备,以防突发事件的发生,在能源领域保证国家安全。

四、选定重点,努力突破

中国目前能源开发采用以电力为重点,煤炭、石油、水电和天然气一齐上的政策,这虽然能最大限度地利用现有的能源资源,但如能考虑对下面3个方面加以重点支持,以图在相对短的时期内取得成果,不但有助于缓解中国能源供应紧张形势,而且对优化中国能源结构、适应未来人民生活对优质能源需求不断增加具有重要的意义。

(1) 花大力气进行洁净煤和煤炭液化工作。中国的能源消费结构极不合理,煤炭在中国能源消费中占75%以上,而石油和天然气则只占18%左右。这一能源消费结构除带来经济效益不高、运输量大等问题外,还造成了巨大的生态问题,中国已成为世界上第三大二氧化碳排放量的国家,而且到2025年中国将可能成为世界上最大的污染排放国。由于资源储量的限制,中国不可能很快改变这种能源消费结构,但是如果我们能下大决心,投入一定的人力和物力研究和加速使用洁净煤和煤炭的液化技术,使煤炭成为洁净、优质的能源,这对拥有庞大煤炭资源储量的中国是具有重要意义的。

洁净煤技术在美国已开始部分实用化,32个项目已进入了示范性运行,主要工艺有增压流化床联合循环发电、加天然气再燃和脱氮等。此外,日本已建立了洁净煤技术中心,由通产省提供资金,以促进亚太地区国家特别是中国的洁净煤技术开发和技术转让。这样,我应设法借用美国的部分技术和日本的资金,绕开基础技术而重点研究洁净煤的实用技术，走捷径，尽快争取洁净煤技术能在中国较大范围实用化。

煤炭液化技术在第二次世界大战中的德国就已实用，1944年就能生产67.5万吨航空燃料。目前，南非通过煤炭液化已能生产具有商业价值的高级汽油、航空燃料和化工产品。如中国能将煤炭液化技术较大规模地引进为我所用，将一部分固体的煤炭变为液体的石油，就可大大改变中国能源资源储量煤多油少的局面，无异于将现在的煤海都变成了大油田。

（2）天然气开发走外向型之路。中国天然气资源丰富，远景资源储量为33.36万亿立方米，仅次于苏联和美国，居世界第三位。但是中国天然气生产一直发展缓慢，1970—1990年的20年间天然气在中国能源生产结构中的比例一直保持在2%；1980—1989年间，天然气生产的平均增长速度只有0.17%。近年来，由于环境保护的压力，世界天然气消费直线上升，其中亚太地区已形成天然气消费热。1990年，世界天然气需求增长5%以上，其中亚太地区的日本和韩国是世界上第一和第五大液化天然气进口国。90年代亚太地区的天然气需求会有大的增长，出口前景广阔。如到2010年，天然气在日本能源消费结构中所占的比例上升到12.2%；欧洲和日本正计划投资400亿美元建设一条长达8000千米的连接东盟国家的天然管道。这样，虽然中国天然气开发起步晚，但如果能抓住亚太地区天然气需求大的机会，将天然气的开发全面推向亚太市场，就可迅速开发这一庞大的资源，使之成为中国主导能源出口产品。

（3）发展"微能源"。一般来说，国家制定的能源政策都强调"大能源"，即从全国的角度，开发能源资源，形成一些大的能源基地。但是，由于中国地域广阔，一些地区存在着具有地方特色的能源资源，如风能带、阳光地热集中区、沿海潮汐区和城市垃圾多等，这样，如果能将这些资源充分加以利用，形成一个个独立的、但能满足一定区域能源需要的地区能源中心，就可大大减轻国家的负担，从而形成能满足中国大范围的经济建设和一定区域各种需求的能源需要的两大能源系统。为发挥资源优势和与国家大能源建设相配套，避免争夺能源资源，国家在制定有关政策时应强调，"微能源"建设应以可再生能源、新能源和资源的再利用为主。

本文撰写于1992年10月

世界主要国家的石油储备及对中国建设石油储备的几点建议

第一次石油危机以后，随着1974年11月15日国际能源机构的建立，该组织要求其成员国建立可供90天消费的石油储备，这样大规模的石油储备正式出现。本文共分为4个部分，第一部分简要地介绍一下国际能源机构有关石油储备的规定，第二部分主要介绍美国石油储备的情况，第三部分主要介绍日本石油储备的情况，最后一部分主要是谈一下对中国建立石油储备的几点建议。

一、国际能源机构有关石油储备的规定

在当今世界中，国际能源机构成员国是建立石油储备最有代表性的国家，从数量和规模上来说，目前国际上拥有的石油储备最主要和绝大部分都在这些国家中，因而了解了这些国家的石油储备情况，也就基本上了解了当前世界主要国家石油储备的情况。

1974年11月15日，国际能源机构成立，针对1973年10月发生的第一次石油危机对国际石油市场的冲击，国际能源机构规定，其成员国需储备可供90天消费的石油储备，这样大规模的石油储备问题正式出现。

国际能源机构目前有23个成员国，由于各国的具体国情不同，这些国家在石油储备问题上的做法也有较大的差异。其中，加拿大、挪威，由于是石油出口国，基本上不建立石油储备；而澳大利亚，则由于石油进口量很小，也基本上没有建立石油储备。此外，在国际能源机构的23个成员国中，除美国和新西兰之外，都强制性地规定，经营石油业务的公司，必须承担石油储备的义务，对未能完成义务的公司进行惩罚。在该组织的成员国中，奥地利、丹麦、日本、瑞士和土耳其，对建立石

油储备的公司在储备设施的建设中提供政府担保、低息款贷和补贴，并提供储备的日常维护费用。

在国际能源机构成员国中，有7个国家是政府或是通过政府控制的机构建立石油储备的，它们分别是：丹麦、德国、意大利、爱尔兰、日本、荷兰和美国。

目前，国际能源机构成员国的石油储备体制共分为4种类型：

（1）仅仅是公司储备，这类国家有：澳大利亚、奥地利、比利时、芬兰、希腊、卢森堡、新西兰、葡萄牙、西班牙、瑞典、瑞士和土耳其；此外，加拿大、挪威和英国这3个石油出口国，也属于这一类型的国家；

（2）公司和政府储备兼有的国家：爱尔兰、意大利、日本和美国；

（3）公司和储备机构拥有的储备：丹麦、法国和荷兰；

（4）公司、储备机构和政府都拥有的储备：德国。

1980年，在国际能源机构成员国所拥有的石油储备中，公司所拥有的储备数量占储备总量的89%，1985年下降到74%，1993年11月却下降到69%，这表明了政府所拥有的石油储备数量不断上升。

国际能源机构成员国所拥有的石油储备数量在不断地变化。1980年1月1日，该组织成员国所拥有的石油储备量相当于131天的进口量，1986年达到最高峰，为相当于169天的石油进口量。自此以后，这些国家的石油储备数量不断下降，1990年下降到相当于150天的进口量，1994年又下降到只相当于135天的石油进口量。

在石油储备的动用方式上，国际能源机构成员国也不尽相同，如美国在石油供应危机开始时，就将大规模地动用石油储备，而日本则将动用政府所拥有的石油储备作为应付危机的最后手段；有的国家在危机开始时，首先控制石油消费，然后则根据具体情况决定是否动用石油储备。

自建立石油储备以来，从有关报道看，国际能源机构真正大规模动用石油储备的，只是在1991年的海湾战争期间。为了应付国际石油市场可能因海湾战争出现的动荡，1991年1月11日，国际能源机构宣布，一旦海湾爆发战争，该机构每天将向国际石油市场投放250万桶石油；同年1月28日，在海湾战争打响后，国际能源机构理事会又重申，继续执行其每天向市场投放250万桶石油的应急计划。1991年1月1日，国际能源机构成员国石油储备高达36亿桶，可供消费96天。与此同时，

1991 年 1 月 16 日，当时的美国总统布什批准动用美国战略石油储备，从近六亿桶的战略石油储备中准备每天向市场投放 112 万桶。按 1990 年上半年每天消费 1765.5 万桶计算，美国当时的战略石油储备可供全国消费 34 天左右。国际能源机构和美国的上述行动，为消除害怕市场供应可能中断的心理恐慌，起了巨大的镇静作用。

二、美国的石油储备基本情况

美国是目前世界上最大的石油消费国，目前每天的石油消费量约为 1840 万桶，但是美国的石油产量却在不断地下降，目前每天的石油产量约 647.3 万桶，而石油进口量为每天 688.2 万桶，石油进口量已超过了石油产量。

由于美国能源消费高度依赖石油，加之石油消费又严重依赖进口，所以美国对石油储备问题十分重视。美国的石油储备主要是政府掌握的"战略石油储备"。

美国的战略石油储备初始于福特政府时期，1975 年 12 月 22 日，当时的美国总统福特签署《能源政策和节约法》，宣布美国将建立 10 亿桶的战略石油储备计划。根据美国国会通过的第一阶段石油储备方案，美国在第一阶段将建立相当于 90 天进口量的石油储备，相当于 5 亿桶的储备量；1979 年，美国国会又将储备数量调整到 7.5 亿桶。到 1991 年 9 月 30 日，美国已完成了储备 7.5 亿桶石油储备能力计划的建设工作；到 1995 年 5 月，美国战略石油储备量约为 5.9 亿桶。

美国的"战略石油储备"储备的都是原油，由美国能源部的化石能源办公室（The Office of Fossil Energy）负责管理，这些战略石油储备主要是存放在美国得克萨斯州和路易斯安那州的 5 个大的废弃的盐洞里。

1995 财政年度里，美国"战略石油储备"的预算为 2.44 亿美元，主要用于战略石油储备的管理和日常维护工作。

三、日本的石油储备基本情况

日本的石油储备经历了几次大的变化，第一阶段是 60 天的储备计划，第二阶段是 90 天的储备计划，第三阶段是政府储备 3 万立方米、私营石油公司储备 90 天的储备计划，第四阶段是政府储备 5 万立方米、私营石油公司储备 70 天的计划。1995 年 3 月，日本石油储备的情况是：私营公司储备了近 4.54 万立方米，相当于 81 天的油品消费量；而政府所拥有的石油储备数量为4.501万立方米，相当于76天消费量的原油。

日本的石油储备分为两个类型，一是私营公司的储备，二是政府的储备。政府所拥有的储备是由日本石油公团管理的，仅仅储备原油，目前日本已完成了九大国家石油储备基地的建设并已投入了运营，第十个国家石油储备基地将在1996年8月建成并投入使用。

（一）石油储备的管理

日本石油储备实行公司制管理，即每一个国家石油储备基地，都设有一个国家石油储备基地公司，对储备基地进行日常管理。

从行政关系上来说，日本通商产业省的资源能源厅负责对国家石油储备问题进行指导，石油储备的具体业务由日本石油公团负责，包括：石油储备计划的规划和管理，对国家石油储备基地公司提供资金支持，对国家石油储备公司进行监督，提供70%国家石油储备基地的注册资本。国家石油储备基地的土地由日本石油公团购买并租让给每个国家石油储备公司使用，储备的原油由日本石油公团购买。

（二）资金来源

日本石油公团的资金来源于国家财政拨款，它源于1978年实行的石油税法，即日本对进口的原油、油品、液化石油气和液化天然气征收的税款。以1995财年为例，日本对进口的原油每立方米征收31.5万日元的进口税，对进口的石油气每立方米征收980万日元的进口税，油品每立方米征收204万日元的进口税。1995财政年度，日本共征收5270亿日元的石油税。由于日本政府规定对于进口石油所征收的税款，主要用于发展与石油有关的行业，这样，在1995年财年，日本石油公团得到了4910亿日元的财政预算。这4910亿日元预算的开支如下：用于政府石油储备的为3381亿日元，用于私营公司石油储备的为77亿日元，用于石油勘探开发的为1452亿日元。

四、对中国建设石油储备的几点建议

中国是一个石油生产大国，位居世界第五位。但是，由于中国经济的高速发展和石油资源探明量的相对不足，近年来中国的石油生产越来越不能满足经济发展对石油的需求，1993年已成为一个石油净进口国。据国家有关部门和专家的估计，未来中国石油进口量将越来越大，2000年将达4000万吨左右，2010年有可能达到一亿吨。这样，中国已对国际石油市场形成了一定的依赖，而且依赖的程度将越来越高，鉴于此，中国建立一定量的石油储备已势在必行。

（一）"九五"前两年进行试点工作，以便为"十五"及其以后的国家石油储备基地建设打下基础

虽然中国已经形成并将对国际石油市场形势更大的依赖，但是中国是一个以煤炭为主要能源的国家，而且国内石油资源的勘探密度也不高，石油产量增加的潜力还很大，因而在一定时期内中国不会出现像日本和美国那样的对国际石油市场高度的依赖，中国没有必要在短时期内建成大规模的石油储备，目前我们所要做的，是通过两到三年的时间，通过试点，探索出一套建设、管理和利用石油储备的经验，为将来在必要时大规模建设石油储备打下基础。

（二）试点工作应以现有的储运设施为基础

由于石油储备基地的建设需大量的资金，建设时间长，因而试点工作不应以建设新的石油储备设施为基础，而应以国内现有的石油储运设施为基础进行试点，探索出一条管理、运营中国石油储备设施的经验。

（三）明晰石油储备的概念和石油储备的目的

以美国和日本为例，它们建立的都是直接控制在国家手中的石油储备，或称之为"石油战略储备"。日本和美国之所以建立这样的石油储备，是有它特定的原因的，如日本石油消费基本上完全依赖进口，因而国际石油市场的任何风吹草动，都将直接威胁到日本经济的正常运转，危及日本的国家安全，所以日本不惜花大量的人力和物力，去建立大量的石油储备；美国虽然是一个石油生产大国，但是美国是一个高度依赖石油的国家，而且国内石油资源已消耗绝大部分，国内石油产量的增加有限，石油消费将越来越依赖进口，因而美国也必须建立直接由国家控制的石油储备，以保证自己经济的正常运转。正是由于这两个国家特定的国情，决定了这两个国家费巨资去建立"战略"类型的石油储备。

与上述两国不同的是，第一，中国是一个以煤炭为主要能源消费类型的国家，石油在国家能源消费中并不占主要的地位，这就说明了中国经济的发展并不完全依

赖于石油这一特定的能源类型；第二，虽然自1993年以来，中国已成为一个石油净进口国，而且未来一段时间内进口的数量将会增加。但是，中国国土的勘探率有限，可能会有一定数量的石油资源有待于发现和开发，因而在未来一段时间内中国对国际石油市场的依赖程度不会很高。鉴于以上两点考虑，中国在目前国力有限的情况下，没有必须去建立如同日本和美国那样大规模的"战略"类型的石油储备。目前情况下，我们所要做的和所能做的，是在中国沿海经济发达、石油需求量大、处于方便的海上交通线上并背靠国内主要炼油厂群的地方，寻找几个地点，在现有储运设施的基础上，建设与中国未来一段时期内进口石油数量成比例的石油储备基地。

中国建设石油储备基地的目的有以下几点，第一，在数量上与中国的进口量成一定的比例，以保证国际石油市场的动荡不影响中国经济的正常发展；第二，储备一定量的石油，保证中国沿长江炼油厂群生产活动的正常运转，即如果中国本国石油生产在受到某些突发性事件影响而不能正常运转时，能从这些储备基地中拿出一定量的石油，保证炼油厂生产的正常进行，保证中国经济运行的正常进行；第三，国家掌握一定量的石油，作为宏观调节的手段，如当国内用油高峰而供应紧张油价上涨时，可动用一部分石油储备的石油，以抑制油价，从而能达到控制国内物价的目的。

鉴于以上目的，建设中国的石油储备，应以原油为主，数量上以1000万吨上下为宜，管理上直接归国家计划委员会掌握，在具体运营方式上可采取建立直属计划委员会的国家石油储备公司或委托国家经营石油的大公司代为管理。

(四) 资金来源问题

建设一定量的石油储备，对于中国来说，目前最大的问题是建设和维护资金的来源问题。从目前中国的财力来说，我们不可能拿出一大笔钱，用于石油储备基地的建设和日常运营管理。但是，从日本的做法上看，我们可参照日本的做法，通过征收石油税、汽油税或某种油品税的办法，来筹集一笔资金，并将这笔资金专项用于石油储备基地的建设和管理上来。如果这种方法可行的话，就将需国家立法机关通过一定的法律，来征收这笔资金。

本文撰写于1996年3月

20世纪90年代后半期世界和中国石油产销形势及对策建议

20世纪90年代后半期世界石油消费将更加依赖以沙特阿拉伯、科威特、阿拉伯联合酋长国、伊朗和伊拉克等为主的中东产油国,由于中国经济的高速增长,石油生产赶不上石油消费的增长速度,石油进口量将越来越大,中东地区将成为中国的主要石油供应地,中国未来的石油供应安全保障将成为保证国民经济稳定协调发展的重大问题之一,因而从现在开始中国应早谋对策、早作打算。

一、20世纪90年代后半期的世界石油形势

储量资源决定中东地区将成为未来世界石油供应的主要地区,世界石油消费将严重依赖以沙特阿拉伯等为主的中东产油国。

未来世界石油需求仍将保持较高的增长速度,发展中国家的需求增长将尤为明显。由于未来世界经济的发展,世界石油需求将不断增长。据欧佩克的估计,90年代后半期世界石油需求增长将为年均0.8%,1995—2000年将由每天6696万桶增长到7230万桶,每天增加534万桶;2010—2020年间将由每天8040万桶增加到8600万桶。在未来世界石油需求的增长中,非经济合作与发展组织国家增长的速度将尤为明显。据估计,经济合作与发展组织国家石油需求每增长1桶,非经济合作与发展组织国家将增长4.7桶。

在非经济合作与发展组织国家中,以中国为主的亚太地区石油需求增长尤为迅速,有可能在21世纪末成为世界石油消费的第一大地区。历史上,北美和西欧地区历来是世界石油消费的主要地区。但是,据英国石油公司《世界能源统计评论》的统计,1990年亚太地区的石油需求超过了西欧的石油需求,超出量为每天43.5万桶;

而 1994 年，超出量已达到每天 300 万桶。据该杂志估计，到 1998 年，亚太地区（包括日本在内）的石油需求将超过北美，其中亚太地区的石油需求将达到每天 2130 万桶，而北美地区则只有 2120 万桶；而到 2000 年亚太地区（包括日本）的石油需求将达到每天 2350 万桶，北美地区的石油需求只有每天 2170 万桶，亚太地区将会把北美地区扔在后面，使亚太地区成为世界石油需求量最大的地区。

与亚太地区石油需求迅速增长局势相反的是，未来亚太地区的石油生产增长缓慢。1993 年亚太地区的石油产量为每天 676 万桶，虽然该地区国家正在大力修改政策，加大对外开放的力度，提供更加优惠的政策，但是由于石油资源量的不足，这些国家的石油产量将增长有限。据估计，到 2000 年和 2005 年，亚太地区国家的石油产量将只能由 1993 年的每天 676 万桶增长到每天 700 万 ~720 万桶和 690 万 ~710 万桶。因而亚太地区将主要依赖从世界其他产油地区、尤其是中东地区进口所需的石油。据英国石油公司《世界能源统计评论》的分析，1993 年亚太地区对进口石油的依赖为 59%，到 2000 年将上升到 72%；而 2000 年后亚太地区对进口石油的依赖将会更高。如果该杂志的估计是正确的话，2000 年亚太地区的石油消费将为每天 2350 万桶，而产量只有每天 670 万桶，这就意味着届时亚太地区国家将从世界其他产油国每天进口 1680 万桶的石油。

从总体上来说，未来世界石油产量的增长也是有限的，其中主要增长将来自欧佩克成员国。据估计，1995—2020 年间，非欧佩克的石油产量只能由每天 4200 万桶增长到 4700 万桶，而同期欧佩克国家的石油产量将由每天 2500 万桶增长到 3900 万桶，在未来的 15 年间欧佩克成员国的石油产量将每天增长 1400 万桶。

造成欧佩克成员国石油产量有能力大幅增长的主要原因，是由于该组织成员国拥有绝大多数目前世界已探明的石油储量。据美国《油气杂志》统计，截至 1996 年 1 月 1 日，世界探明石油储量为 10074.7 亿桶，其中欧佩克成员国拥有的探明石油储量就达 7762.1 亿桶，占世界已探明石油储量的 77%。在欧佩克成员国中，已探明的石油储量主要集中在以沙特阿拉伯、科威特、伊朗、伊拉克、阿拉伯联合酋长国为主的中东国家。截至 1996 年 1 月 1 日，上述五国的探明石油储量约 6200 亿桶，占同期世界石油探明储量的 61.5%，是名副其实的世界油库。正因为具有以上的资源条件，目前世界石油经济学界的普遍公认看法是，未来中东产油国将决定世界石油供应的局势,它们在未来世界石油供应的格局中将占有举足轻重的地位。

二、20世纪90年代后半期的中国石油形势

中国石油生产越来越满足不了石油消费的需要,将逐步加大对从中东进口石油的依赖,有可能成为世界主要石油进口国之一。

中国是世界上人口最多的国家,自改革开放以来,由于经济迅速发展和人民生活水平的不断提高,国内石油消费增长迅速。1991—1995年间,中国的石油需求增长率高达年均6.5%。1991年,中国的石油日均消费量为每天250万桶。据估计,到2000年,中国的石油消费量每天将达到420万桶;2010年将达到每天680万桶。

中国目前虽然是世界上五大石油生产国之一,但是由于资源的相对不足,石油生产已经日益不能满足石油需求增长的需要。从1993年起中国已成为一个石油净进口国,当年中国石油净进口量达998万吨。虽然1994年中国石油净进口量有所下降,但该年的石油净进口量仍维持在288万吨。1995年中国石油进口数量再度回升,全国进口原油1709万吨,创历史最高纪录,成品油进口量也增至1440.31万吨。未来中国石油进口量将越来越大,对进口石油的依赖将越来越严重。据中国的国家有关部门估计,2000年中国的石油进口量将达到4000万吨,2010年将上升到约1亿吨。但是,国外的有关能源机构和研究单位的估计数字远远大于我们自己的估计,如据国际能源机构估计,中国对进口石油的依赖率,1993—1994年为5%,2000年将上升到21%,2010年将高达42%,2010年中国的石油净进口量将达到每天280万桶,约合一年1.4亿吨。据此,世界上一些著名的能源专家认为,如果中国仍然保持目前的高速经济增长水平,那么到下世纪初期中国将成为世界上仅次于美国和日本的第三大石油净进口国。

从地域上来说,目前中国从世界上二十多个国家和地区进口石油,其中来自中东地区的为46.8%,来自东南亚地区的为39.4%,来自非洲的为10.2%,来自世界其他地区的为3.6%。预计到2000年,随着中国原油进口数量的增长,中东原油所占的比例将从现在的46%上涨到77%,2005年进一步上涨到92%。这样,到2000年之后,中国将主要依赖从中东地区进口所需的石油。

三、中国积极应对世界石油形势变化的建议

随着90年代下半期的国际和中国石油供需形势的变化,中国经济发展和社会稳定将面临一定的风险,中国的对外关系可能会出现较困难的局面。因而,我们应该利用中国目前的国际影响,结合中东国家的实际情况,从外交上搞好与中东产油国的关系,借以保证未来中国石油的稳定供应。

中东地区是当前和未来世界政治极为敏感的地区。由于拥有丰富的石油资源,以沙特阿拉伯、科威特、伊朗、伊拉克、阿拉伯联合酋长国为主的中东国家,在当前和未来的国际石油市场上占有举足轻重的地位,自第二次世界大战以来中东地区几次大的政治动荡,都多多少少与这一地区的石油有一定的关系。70年代的两次石油危机,都是直接由中东的产油国引发而起的。90年代初期,更由于争夺石油资源,引发了海湾危机和海湾战争。因而,由于拥有丰富的石油资源,中东地区仍将是未来世界主要大国的争夺焦点之一。这样,在20世纪90年代下半期和21世纪,随着中国对中东地区产油国石油进口依赖的加大,中国经济发展和社会稳定所面临的风险也就会越来越大。

从对外关系上来说,中国对中东地区国家石油进口依赖的加强,将给中国的外交工作带来较大的影响。众所周知的是,从石油绝对进口数量上来说,美国和日本是目前世界石油进口量最大的两个国家。美国虽然是目前世界上主要石油生产国之一,但是由于美国大量开采自己的石油资源,石油生产已进入非常困难的时期。据美国政府统计,美国目前每天大约生产原油650万桶,而每天进口的原油平均在700万~800万桶之间,1985年为每天进口320万桶。美国政府预测,到2000年,进口很可能将占消费量的57%,而1993年为43%。美国能源部预测,不论美国石油产量如何变化,到2010年欧佩克12个成员国——阿尔及利亚、加蓬、印度尼西亚、伊朗、伊拉克、科威特、利比亚、尼日利亚、卡塔尔、沙特阿拉伯、阿拉伯联合酋长国和委内瑞拉——的产量仍将占世界石油供应的一半;2000年之后这些国家的供应可能将增加到接近美国进口的60%。此外,到2010年,欧佩克的海湾石油生产国生产的石油在美国石油进口中所占的比例将从1995年的44%增加到65%。正是由于美国对进口石油和从中东地区进口石油的高度依赖,造成了第二次世界大战后美

国历届政府都特别重视中东地区，造成了1990年和1991年美国直接出兵海湾的海湾危机和海湾战争，造成了历届美国政府从不允许别国政府染指中东事务，而自己一家独霸中东。日本由于石油资源贫乏，所需石油基本上全部依赖进口，而来自中东的石油占日本石油进口的70%左右，因而日本政府也特别关注中东事务。如果到2000年后中国真的成为仅次于美国和日本的第三大石油进口国，在国际事务、特别是中东事务中，将受到美国和日本强有力的牵制，对外关系活动中可能会出现一个较困难的局面。

由于历史和石油资源丰富的原因，以沙特阿拉伯为首的中东产油国在石油开发方面的利用外资政策也是比较苛刻的。

以沙特阿拉伯、科威特和阿拉伯联合酋长国为例，这些国家的石油开发活动，主要垄断在以美国为主的西方大国石油公司手中，一般国家基本上进入不了这些国家的石油开发领域。如沙特阿拉伯的石油开发，主要是由该国的国家石油公司管理，但其具体操作者则是埃克森、德士古和谢弗隆等美国四大石油公司。除美国外，也只有日本的阿拉伯石油公司进入了沙特阿拉伯和科威特的中立区。海湾战争结束后，也许是出于感谢当时的所谓海湾战争参战国的需要，科威特对外宣布，招标开发与伊拉克交界的地区，但从有关报道看，有能力和有机会能得到这些地区的，主要是美国的石油公司。科威特此举的主要目的，也是主要为了吸引美国的石油公司参与，从而达到与美国加强关系的目的。

与上述三国不同的是，由于与美国为主的西方国家关系不好，美国的石油公司撤出了伊朗和伊拉克，这两个国家目前的石油开发领域处于一个相对较容易进入的时期。但是，由于各国的国情和内外环境不同，两国的政策也有较大的差异。伊朗对外国石油公司参与其石油开发活动实行严格的控制，陆上油田的开发基本上不允许外国公司参加，只是在海上油气田的开发中允许外国公司参加。如1995年在新闻界热闹过一阵子的美国大陆石油公司投标参与伊朗锡拉油气田开发的，就是一个海上油气田。由于美国政府的强制命令，大陆石油公司放弃了这一油田，法国道达尔公司接手了这一油田的开发工作。目前，在伊朗海上油气田开发中，虽然没有美国的大石油公司，但是以法国和意大利为主的大石油公司却十分活跃，它们基本上控制了伊朗的海上油气田的开发活动。由于在海湾战争中战败和受联合国的禁运制裁，伊拉克的油田开发活动基本上处于停顿状态。但是，法国、俄罗斯和英国等国的石油公司，已与伊拉克签署了大量开发油田的合同和协议。伊拉克自海湾战争后，一直积极地与法国、俄罗斯和英国的石油公司积极接触，此举的目的，是为了利用这些石油公司做自己政府的工作，以便联合国安理会能尽快解除对伊拉克的禁运制裁。

因为接受了70年代两次石油危机的教训，中东产油国目前在石油下游领域积极执行在主要石油消费国投资建设炼油厂和加油站的政策，以便占领这些国家的石油产品消费市场，为自己庞大的石油资源寻找出路。如沙特阿拉伯和科威特分别通过用原油参股、直接投资的方式，在美国、欧洲国家和亚洲国家建立炼油厂和加油站。这一现象虽然不属于中东产油国的吸引外资政策，但是它们的对外投资从另一侧面在一定程度也是保证了投资所在国的未来石油供应，因而也应该加以足够的重视。

借鉴国外的成功做法和我们工作中的实际感触，希望国家应积极采取相关政策，推进中国公司进入中东产油国的石油开发领域，积极吸引中东产油国到中国投资建设炼油厂等设施，并建立一定量的石油储备，保证进入21世纪后中国经济能稳定健康地发展。

（1）以国家的力量，积极推进中国的石油公司进入中东石油开发领域。

目前，中国存在四大石油公司，它们分别是中国石油天然气总公司、中国海洋石油总公司、中国石油化工总公司和中国化工进出口总公司，它们各有所长，但也各有所短，进入国际石油勘探开发领域虽然具备一定的能力，但如与以美国、欧洲国家为主的石油公司相比，则不具备多大的竞争力。为此，第一，国家可否考虑，利用中国与中东产油国良好的政治关系，以国家的名义，积极为中国的公司进入这些国家的石油开发领域争得一席之地；第二，为参与海外油田开发的公司提供优惠的政策，如在资金上提供优惠的贷款或贷款指标，支持这些公司；第三，在现有四大公司的基础上，组建联合公司或公司集团，形成一股较强的力量，与西方石油公司抗衡，尽快使中国的石油公司能进入国际石油勘探开发领域，并占有一席之地，利用国外的石油资源为中国的经济发展服务。

（2）提供优惠政策，积极引进中东产油国到中国投资，以资保证一定量的石油供应。

由于中国的石油消费市场庞大，对中东产油国有很大的吸引力，目前已有几个中东产油国正在与国内的几家公司和地区，探讨建设炼油厂和参与中国旧炼油厂改造，但由于种种原因，进展都不很大。虽然中东产油国到中国投资有占领中国石油消费品市场之意，但从另一方面考虑，如果这些国家的投资成功，也从一定程度上在一定量上保证了中国的石油供应，对中国的未来经济发展也是有好处的。因而，在政策上，我们应该更灵活一些，提供一些更加优惠的政策，尽快促成这些投资项目的建成。

（3）尽早准备，建立一定量的国家石油储备，为中国未来经济稳定的发展提供一定的保证。

中东是一个多事的地区，这一地区内部由于民族、宗教等原因，一直纷争不已；加之由于丰富的石油资源，又成为大国争夺的焦点，因而自第二次世界大战以来这一地区就一直动荡不定。这样，对中东地区形成一定的石油供应依赖后，将对中国未来的经济发展产生较严重的影响，为此，中国应尽快建立一定量的石油储备，以应付这一地区可能出现的问题，为中国经济的稳定发展提供可靠的石油供应保证。

本文撰写于 1996 年 11 月初

对中国石油工业实施"走出去"战略的思考

实施"走出去"战略,利用国内外两种资源、两个市场,是根据中国改革开放的社会实践和国民经济持续稳定发展的需要,具有重要意义的战略举措,是对二十多年改革开放政策的延续和提升,是对外开放基本国策的极大丰富。"走出去"战略源于石油资源问题。石油工业"走出去"的实践,不但使"走出去"战略的内容更加丰富,而且将使"走出去"战略的理论更加完善。

一、"走出去"战略提出的背景、过程和主要内容

(一) 背景

"走出去"战略提出的背景,是20世纪90年代后期国际石油价格的大幅度波动和由此对中国造成的巨大冲击。1999年1月,石油价跌破了每桶10美元的12年来的新低,10月份又涨破了30美元/桶的9年来的新高,价格涨了200%。2000年年中,国际石油价格又居高不下,突破35美元/桶。1993年中国由石油净出口国变为净进口国后,由于缺乏应对国际市场变化的手段,国际市场变动对中国的影响越来越大,"量价齐升"的问题非常严重。1999年1—2月,国际油价最低谷时期,进口原油297.94万吨,比上年同期减少了40%;1999年3月国际油价开始大幅回升,原油进口量也开始回升,当月进口原油433.25万吨,是2月的2.6倍;3月份,进口石油到岸价也在同步上升,比1—2月份提高了2.52美元/桶。但在这期间,石油的需求和供给之间实物层面的对比关系实质上并没有发生大的变化。有关专家认为,国际石油市场剧烈波动,是国际大资本操纵的结果,由于中国是最大的新增石油买家,此举多半是冲着中国而来。这样,石油安全问题受到了中央高层的极大关注。

（二）过程

"走出去"战略最早提出的，是时任国家领导人在 2000 年 10 月 9—11 日在北京举行的十五届五中全会和同年 11 月 28—30 日中央经济工作会议上的讲话。2001 年 3 月九届人大三次会议期间，时任国家领导人 3 月 7 日出席上海代表团的全体会议时，用较长时间谈到"走出去"的问题。2001 年 3 月 15 日，九届人大四次会议通过了《国民经济和社会发展第十个五年计划纲要》，"走出去"战略被列为 21 世纪第一个国家五年规划的主要内容之一。

（三）主要内容

"走出去"战略源于石油问题，占有并利用国外油气资源是"走出去"战略的主要内容之一。2000 年 10 月 9—11 日在北京举行的十五届五中全会和同年 11 月 28—30 日中央经济工作会议，前一个会是部署研究和制订十五规划，后一个会是部署 2001 年经济运行主要措施，在这两个会议上时任国家领导人都重点强调了重视石油安全，采取"走出去"战略，以多种途径、多元化的思路来解决中国石油供给和需求的矛盾，打破西方大国对石油控制权的垄断。2001 年 3 月九届人大三次会议期间，在出席 3 月 7 日上海代表团全体会议时，时任国家领导人在阐述"走出去"战略时指出：只有大胆地、积极地"走出去"，第一，才能弥补中国国内资源和市场的不足；第二，才能把中国的技术、设备、产品带出去，才能更有条件引进更新的技术，发展新的产业；第三，才能由小到大逐步形成我们自己的跨国公司，以便更好地参与全球化的竞争；第四，才能更好地促进第三世界的经济发展，增强反对霸权主义、维护世界和平的国际力量。

第九届全国人民代表大会第四次会议通过的《中华人民共和国国民经济和社会发展第十个五年计划纲要》，在序言中谈到经济和社会发展存在的突出问题之一，就是"水、石油等重要资源短缺"。对于如何实施"走出去"战略，纲要第五篇"改革开放"第十七章"扩大对外开放，发展开放型经济"中的第四节中集中谈了这个问题，纲要提出"实施'走出去'战略鼓励能够发挥中国比较优势的对外投资，扩大国际经济技术合作的领域、途径和方式。……支持到境外合作开发国内短缺资源，促进国内产业结构调整和资源置换。"

二、石油工业"走出去"的必要性

(一)油气需求趋势

1990年,中国原油消费量1.10亿吨,2002年达到2.46亿吨,年均增长率6.94%。石油和天然气在一次能源消费结构中的比例由1990年的17.7%提高到2002年的23.4%。预测中国2005、2010和2020年石油消费量分别为:2.69亿~2.88亿吨、3.14亿~3.62亿吨、4.03亿~5.02亿吨,其中值分别为:2.78亿吨、3.37亿吨和4.47亿吨。

随着中国经济的快速发展,环境保护要求越来越高,天然气需求增长迅速。1980年中国天然气消费量130亿立方米,2002年达到301亿立方米。预计2005、2010和2020年将分别为650亿立方米、1150亿立方米和2500亿立方米,年均递增12.5%。

(二)油气供需缺口趋势

2002年中国石油产量为1.67亿吨,石油消费量为2.457亿吨,石油净进口量达8360万吨,石油进口依存度超过34%。

2010年国内原油产量预测中值为1.75亿吨,天然气产量低值为800亿立方米;2020年国内原油产量预测中值为1.58亿吨,天然气产量预测低值为1050亿立方米。

预计2005年,石油缺口0.88亿~1.08亿吨,天然气缺口100亿~150亿立方米;2010年石油缺口1.43亿~1.70亿吨,天然气缺口300亿~350亿立方米;2020年石油缺口将达到2.59亿~3.01亿吨,天然气缺口将达到1100亿~1450亿立方米。

国内石油产量增长远落后于石油需求增长,石油供需缺口迅速扩大。为此,更大范围、更大规模地利用境外油气资源,已成为中国的必然选择,石油工业必须实施"走出去"战略。

三、石油工业"走出去"的可行性

(一)世界石油消费大国均利用国外油气资源支撑本国经济

世界石油消费最多的10个国家中除俄罗斯以外,都要大量依靠国外石油资源满足本国需求。

参与国际石油勘探开发活动,是石油消费大国的共同选择。石油消费国积极支持本国石油企业走出去,甚至动用国家资源为企业打开进入境外勘探开发市场的道路。政府运用政治、外交、经济手段,甚至军事力量积极维护本国在海外石油利益。

日本政府早在 70 年代就制定计划,支持本国石油企业走出去,开展海外石油勘探开发。目前,其海外份额产量已占其进口总量的 15% 以上。美国的埃克森、谢夫隆、德士古,法国的道达尔,意大利的埃尼等公司在总部所在国以外的石油产量都在 60% 以上。

(二) 世界油气资源十分丰富,未来 50 年不存在枯竭的危险

随着人类对地下资源认识的不断深化,世界待发现油气资源量和最终可采储量的评价结果都有较大增加。2000 年评价表明,世界待发现石油资源 1280 亿吨、比 1994 年评价结果几乎增加一倍,最终可采石油储量 3567 亿吨,比 1994 年评价结果增加 14.6%。

近十年来世界石油储采比始终保持在较高水平。2002 年世界石油剩余探明可采储量 1427 亿吨,比 1992 年增加了 4% 左右。2002 年世界原油产量 35.6 亿吨,比 1992 年提高了 11.6%。2002 年石油储采比达到 40.6 年。

世界油气资源分布极不均衡,主要集中于中东、北美和俄罗斯—中亚地区。2002 年中东石油剩余探明可采储量 934 亿吨,占全球的 65.4%。天然气剩余探明可采储量中,中东 56.06 万亿立方米,占全球的 36%,俄罗斯 47.57 万亿立方米,占 30.5%。

(三) 石油工业"走出去"的有利条件

1. 综合国力优势

经过几十年建设,中国已形成较完善的经济体系,经济规模不断扩大,发展水平不断提高,外汇储备连年增长。综合国力提高和国际收支状况改善,使中国有条件在国际市场进口油气资源,同时实现由以资本输入为主向资本输入与输出并存的转变。

2. 政治优势

境外石油勘探开发活动从来就是与政治紧密联系在一起。中国不称霸的大国形象和联合国安理会常任理事国地位,使许多发展中的石油资源国都希望得到中国政治和经济上的支持。中国与多数发展中的石油资源国存在传统友谊,在人权等国际

事务中有着共同利益。为中国利用境外油气资源,创造了良好的政治环境。

3. 外交优势

良好的外交关系是境外石油勘探开发的基石。中国一贯支持阿拉伯民族正义事业,受到阿拉伯世界的普遍赞扬。在共同的国际斗争中中国与非洲国家建立的深厚友谊,有利于中国在非洲开展石油合作。中国与中亚产油国和俄罗斯同是上海合作组织成员国,加强能源合作是各方的共同愿望。

4. 市场优势

中国不断增长的石油、天然气需求,形成了市场优势。今后相当长时期内,世界石油市场将供过于求,天然气供应能力过剩问题将更加突出。石油资源国,特别是天然气资源丰富的国家,越来越需要中国的市场。近年来,出于对中国市场优势的认识,一些国家或国家石油公司主动与中国进行能源对话、希望发展双方的油气合作,提出欢迎中国石油公司参与其上游油气田资源开发。

5. 企业优势

中国石油工业经过五十多年发展,已形成完整的、有特色的石油勘探开发技术体系和较强的国际贸易能力。中国石油公司是上中下游一体化的大公司,且有成龙配套的技术服务装备和技术服务队伍,可提供从地质勘探、石油开发、管道建设、炼厂设计施工等一系列综合服务。中国石油、中国石化、中国海油、中化等公司已在国际上建立起大公司形象,拥有较强的技术、经济实力。

四、石油工业"走出去"的现状和存在的主要问题

(一)"走出去"取得的成绩

石油工业最早实施"走出去"。自20世纪90年代以来,中国石油企业在党中央和国务院正确决策指引下,尝试走出国门参与国际石油勘探开发活动。先后筛选、研究和评估境外五十多个国家、上千个项目。目前,已累计签署37个海外油气勘探开发项目合同、2个管道项目合同、1个炼油项目合同、1个化工项目合同和若干个石油技术服务合同。2002年,中国石油企业在境外的原油权益产量已超过1500万吨,天然气权益产量24亿立方米。中国石油企业已在苏丹、哈萨克斯坦、委内瑞拉和印度尼西亚等国形成了若干千万吨或百万吨级生产能力的油气基地。经过境外油气勘

探开发实践，锻炼了队伍，扩大了影响，进一步了解了国际惯例，为加快走向海外市场打下较好基础。

(二)"走出去"遭受的主要挫折

1. 收购俄斯拉夫石油公司

2002年10月9日，俄罗斯总理签署了关于出售斯拉夫公司74.95%国家股份的指令，中国石油递交了有关申请材料，并获接受。受俄罗斯总理委托，在斯拉夫公司竞拍前，俄罗斯经济发展与贸易部长和俄罗斯能源部长分别会见了中国石油代表，明确提出希望中国石油退出竞拍，理由是中国石油收购俄罗斯国有资产不符合俄罗斯私有化的政策取向。同时，俄罗斯杜马以255票赞成、63票反对通过了一项声明，明确要求俄罗斯政府拒绝中国石油参加此次竞拍。俄罗斯国内部分媒体也进行负面报道，指责中国有战略图谋，俄罗斯存在来自中国的劳动移民、人口威胁等政治经济压力。在12月18日竞拍之前，中国石油退出该项目。

2. 收购哈萨克斯坦北里海油田权益

2003年3月，中国海油和中国石化与英国天然气国际有限公司（BG）签订协议，分别以6.15亿美元收购该公司在哈萨克斯坦北里海项目1/12（8.33%）的权益。该项目位于北里海北部哈萨克斯坦水域的极浅海部分，水深3~7米。项目共有17个区块，面积共5600平方千米。该项目包括1个世界级特大油田卡沙甘（Kashagan），1个发现区（Kalamkas），3个远景区（Kashagan SW，Kairan，Aktote）。卡沙甘（Kashagan）油田是项目的主体，卡沙甘油田地质储量为383亿桶，预测可采储量为143亿桶，是世界30年来的最大发现。油田的开发寿命约为40年，该油田预计在2006年投产，高峰期产量可达120万桶油当量，产量高峰稳产期可持续15年。该项目由多个国际著名跨国石油公司组成联合体参与，股东为埃克森美孚（Exxon Mobil）（1/6股权），壳牌（Shell）（1/6股权），阿吉普（ENI/Agip）（1/6股权）为作业者，法国道达尔菲里佛（Total FinaEif）（1/6股权），美国大陆·菲利普斯（Conoco Phillips）（1/12股权）和日本英派克斯（INPEX）（1/12股权）。5月中旬，因项目现有其他股东行使优先购买权，导致交易无法实现交割，协议终止。

(三)"走出去"存在的主要问题

1. 现行体制尚存较多不适应

境外勘探开发环境复杂,争夺日趋激烈,国外大石油公司千方百计挤压中国石油公司发展空间,加之中国利用境外油气资源起步较晚,缺乏国家专项法规指导,形式较为单一,未能形成合力。中国石油消费市场巨大,受现行体制影响,经贸、境外油气勘探开发互动、互促的协调机制还没有形成,越来越大的进口规模没能作为市场换资源的筹码充分发挥作用。国内有关部门对利用境外油气资源工作的管理、协调尚未理顺。

2. 对外能源合作尚需系统外交政策指导

世界主要消费国为确保油气稳定供应,均将石油作为其外交工作重点。目前,经济工作已成为中国外交活动的主要内容。石油问题,越来越引起党和国家领导人的高度重视,列入重要议事日程,围绕油气展开的外交活动日益频繁。相比之下,由于中国缺乏系统的能源外交政策指导,对资源国油气资料的收集、分析尚不深入;对资源国与油气有关主要社会力量的了解、接触尚不充分;对中国石油公司在当地活动的指导、协调和服务尚不到位;对外交支持机制尚未形成。故尽快制定以油气为核心的能源政策,已成为当务之急。

3. 扶持政策尚不完善

现行项目审批不能很好地满足境外勘探开发项目招标的时效要求。项目限额过低,审查内容过宽、环节过多。外汇管理与投资决策管理关系不顺。投资政策、税收政策未充分体现国家对境外油气勘探开发的支持。从近年来的实践看,迫切需要尽快出台一个明确的扶持境外油气勘探开发活动的管理办法。

4. 石油企业的境外投资活动尚需政府资金政策支持

石油工业是资金密集型行业,勘探资金沉没风险大。国际大石油公司年均勘探开发投资在50亿美元以上,据不完全统计,中国石油企业十多年来海外勘探开发投入不超过30亿美元,与国际大石油公司相比存在很大差距。从加快资源的占有和项目的获得角度看,加强对境外油气勘探开发活动的资金政策扶持,是十分必要的。

5. 勘探开发技术尚需更新和发展

中国石油企业在国内主要基于陆相沉积理论,而境外主要是海相沉积。在技术、手段和装备上，都不能很好适应境外石油勘探开发的需要，在管理、标准和规范等方面，还存在与国际接轨的问题，中国公司还有一个适应过程。

6. 复合人才缺乏，尚需系统培养

中国利用境外油气资源尚处初始阶段，对国际石油市场的把握、国际投资策略、当地法律和跨国经营运作较生疏。由于人才等原因，在石油贸易和境外项目运作过程中，信息滞后、反应迟缓。人才缺乏，是影响利用境外油气资源的一个极端重要问题，必须加快熟悉技术、经济、商务、法律和管理等复合型人才的培养。

五、石油工业"走出去"的基本指导方针、目标和策略

（一）基本指导方针

要统一规划，采用政治、经济、外交等手段，加强指导和协调，形成既灵活反应又统一对外的机制，促进与油气资源国和国际大石油公司的多层次、全方位的合作。

要实现进入方式多样化；要坚持油气并举、海陆并进、全面研究、重点突破；要坚持"两条腿走路"，以开发境外油气资源为主攻方向，以市场换资源，以油气贸易促进境外油气勘探开发，以油气勘探开发带动油气全面合作。

要不断创新，进一步深化石油企业体制改革，建立现代企业制度，提高油气勘探开发技术和管理水平，增强国际竞争能力，培育国际一流的大型能源公司。

要清醒认识到利用境外油气资源的复杂性；要长期打算、循序渐进、锲而不舍、量力而行；要把扩大利用境外油气资源，与对外工作和国家石油战略储备密切结合，相互促进。

（二）战略目标

在合理利用本国油气资源的前提下，确保实现合理价位上稳定、安全的油气供应战略目标。

（三）应采取的战略

为实现"走出去"利用境外油气资源的战略目标，需要实施国家一体化、多元化、大公司3项战略。

1. 实施有效有序推进的国家一体化战略

根据经济发展总要求，国家制定境外油气利用的整体规划，构建政治、经济、

外交、贸易等有机结合、统一对外的运行机制。充分发挥行业协会和中介机构的作用，逐步形成政府、行业协会、中介机构和企业分工明确、程序简化、运转高效的管理体制，确立国家政府部门境外油气项目审批的一站式工作模式。同时，要求在中国石油公司之间建立有效的协商机制，形成合力，维护国家利益，充分发挥各企业的优势，有效利用境外油气资源。

2. 实施灵活有效的进入方式多样化

要以贸易促合作，利用国内石油公司与世界主要产油国、大石油公司良好的合作关系，为进入产油国和开展与国际大石油公司的合作牵线搭桥；要以市场换资源，对中国出口的石油应有一定比例由中国石油公司生产；要积极推进中东产油国带资源来中国设立大型炼油项目；要鼓励中国石油公司参股引进LNG的上游资源开发。

利用境外油气资源，要坚持互惠、互利原则，要针对不同情况，采取不同方式，与目标地区和国家形成互补交换关系。中东国家关注的是资源安全，中国的市场资源有助于在中东国家获得勘探开发项目，与之形成市场—资源交换关系。俄罗斯和中亚国家关注的首先是通道安全，中国油气战略基础设施建设和市场潜力对其极具吸引力；俄罗斯工业基础雄厚，尤其是军工技术先进，具有资本和产品输出的强烈愿望，中国可通过大型油气管道建设和其他大型建设项目、大型采购项目与之构筑经贸—资源交换关系。非洲国家关注的是振兴本国石油工业和资金安全，中国可以与之形成投资—资源交换关系。

3. 实施提高国际竞争力的大公司战略

中国石油公司已初具规模，但是国际化程度低，需加快发展国际化经营业务。通过持续利用境外油气资源活动做强做大，建设具有较强竞争力的世界级大型跨国能源企业，打造石油企业航空母舰。四大石油公司要成为利用境外油气资源的主力军。利用境外油气资源要严格按照市场规律办事，不断提高获取境外油气资源竞争能力。不断深化企业改革，建立现代企业制度，建立股权多元化的公司结构和法人治理结构。加强国际化经营，加快从国内公司向国际石油公司的转变。鼓励和支持石油公司在境外按照国际惯例收购、兼并公司或资产，必要时允许用国有股置换，以实现境外油气资产跨越式增长，全面提高企业竞争力。从事境外油气资源利用的企业，要打破部门界限，服从国家整体利益，做到国家利益和企业利益的有机结合。

（四）工作重点地区

地区选择应从多方面考虑，主要选择标准应有8个方面：油气资源潜力，资源国的开放性，合同条款，政治稳定性，基础设施条件、两国关系、地缘政治和运输的便利。

六、石油工业"走出去"的保障措施

（一）服务政策

（1）实施国家一体化战略，做好政府服务工作。国家制定利用境外油气资源中长期发展战略、策略和方针，提出实施目标、重点政策和措施。抓紧制定利用境外油气资源国家地区标准。建立利用境外油气资源统计制度和方法。在完善和发挥境外协调机制应有作用的基础上，积极制定利用境外能源资源国家管理条例，对国家有关企业开展的境外能源资源的勘探开发行为进行规范。

（2）建立和完善简洁、快速、高效的审批制度，包括投标、立项、外资管理、外事手续等。做好投资项目管理，提高决策工作效率。协调机制项目管理主要集中在3个方面：投资许可决策；对无序竞争的判断和处理；对如何动用国家资源（包括政治、外交及其他经济手段）支持项目进行评估。一是根据协调机制的协调结果，对项目投资予以许可，并针对境外石油收购或投标项目时效性强的特点，根据投融资体制改革的精神，为境外石油投资项目建立一站式快速审批通道。二是在境外油气开发项目中，根据拟定的国家利用境外油气资源的战略规划，确定重点投资地区，本着国内外一盘棋、上下游一体化的原则，集中力量，对境外油气资源开发统一部署。三是政府主管部门要强化服务职能，协调发挥外交（包括驻外使、领馆）、情报部门等各方面的综合优势，协助企业作好投资决策。同时，统筹考虑国家资源的使用，以发挥国家综合优势。

（3）健全政府信息服务体系，建立信息网和专家咨询制度，全面收集和分析中国利用境外油气资源战略地区和国家的政治、经济、外交、军事、文化等情况，跟踪油气市场变化，建立简报制度，定期和不定期召集形势分析会和对外发表政策白皮书，及时向国务院提出报告和建议。国家主管部门设立信息收集处理中心，及时掌握并向各企业反馈情况，加强内部信息沟通，减少各企业重复性前期工作投入，为建设企业间联络对话机制打下良好基础。

（4）国家能源主管部门要组织制定具体监管办法，并组织有关情报部门，对世界经济、政治、能源生产和消费重大事件进行深入追踪，对主要能源生产和消费国政策进行系统研究，并从中长期发展趋势对世界经济、政治、能源生产和消费问题提出分析，提高应对短期突发事件的处理能力。石油公司应立足自身特点跟踪国际能源形势，制定经营战略，指导自身经营行为。国家预警机制研究主要集中在利用境外油气资源的国内外环境研究，企业研究则应侧重于机会和项目风险方面的预警研究。

（5）要坚持在确保国家整体利益下的相辅相成、互补互利原则。要以强调合作为主线，淡化石油公司利用境外油气资源的政治色彩，适时调整对外宣传口径，努力形成"少说多做""只做不说"的对外形象。在做法上，要形式多样，注重实效；要先易后难，逐步发展；要韬光养晦，不图虚名。对于恶意阻挠、破坏中国企业在境外石油投资的少数外国公司，政府有关部门要在开放国内市场等方面采取必要的制裁措施，为今后中国企业工作减少阻力。

（6）由国家政府部门牵头，组成境外石油投资协调小组。协调小组负责定期不定期的信息报告和沟通。在逐步完善协调小组组织建设的基础上，探讨设立专项协会、企业间联络对话机制等其他形式以形成综合的境外石油投资协调管理制度。

（二）外交政策

（1）积极稳妥地开展能源外交。对中国拟进入的重点国家，重点关注该国石油领域。要利用中国在联合国安理会常任理事国地位和驻外使领馆常设机构，为中国在世界主要资源国争取利益创造条件，与美国、英国等大国进行各种方式的工作，争取中国最大利益。

（2）加强宏观管理，发挥整体对外竞争优势。

（3）加强多双边国际合作。加强与石油资源国签订政府间在石油领域开展合作的协定，通过政府间合作的促进和保障作用，为我石油企业利用境外油气资源创造机会、提供帮助，改善投资环境。积极开展对外工作，与有关国家签订投资保护协定和执业资格互认协定。运用国际性法律和当地的法规，维护中国企业的权益，避免歧视性待遇。充分利用已建立的多双边关系，如上海合作组织投资与发展论坛，中美、中俄、中哈、中印（尼）、中伊（朗）、中委等能源合作机制，进一步深化相互关系，积极实施能源多元化战略。大力推进东北亚能源合作大框架，与俄罗斯、韩国和日本就能源问题进行积极合作。

（三）投资政策

（1）项目审批。简化审核内容，国家将主要审核项目的投资主体资格、投资方向和投融资条件，不再审核和评估项目本身的经济、技术可行性分析，只批准项目建议书。项目批准后，项目单位即可对外签约，外汇、海关、银行等部门依据项目批准文件办理手续，不再进行重复审批。考虑到中国石油、中国石化、中国海油和中化等具有较强的跨国经营实力及经验，并已建立现代企业制度，国家可赋予四家企业一定的开展境外石油投资及在境外设立企业等机构的自主权。

（2）境外融资。国家保证进行从事海外石油勘探开发活动企业拥有足够资本金，使其具有较强资金实力。在试验期内，国家提供一定支持，必要时可提供财政担保。允许有关企业在境外以发行债券、股票等筹集石油勘探开发资金。

（3）信贷。由国内有关商业银行对实施利用境外油气资源战略企业，提供一揽子授信额度，为这些企业在全球各地的占有和利用海外油气资源提供资金支持。为国外石油开发项目或以国外石油产品支付货款的项目，给予出口信贷支持。信贷额度上，建议可以达到项目所需资金的70%，贷款利率上按财政资金贷款利率计算。

（4）外汇。给予四大石油公司一定"人民币换汇"额度，企业以自有资金进行国外石油开发投资的，经批准可购汇出境。放宽外汇汇出或购汇审批限额，5000万美元以下可由公司审批。为积极合理有效利用外汇储备，支持境外石油投资项目，国家每年安排一定规模的外汇额度，用于项目经批准后的企业使用人民币购买国家外汇。实行外汇管理备案制度，允许企业将境外利润存在境外或汇回国内后允许自由汇出，便于境外项目滚动发展。对于企业以人民币资金（如出口实物资本）在国外形成国家所有的外汇资产，可视同为外汇收入的实现，允许办理退税和结汇。

（5）份额油（气）。对于份额油（气），应纳入国家油气平衡，对运回国内的境外份额油气产量视同国内油气产量，进口时不需进口配额和许可证，只需登记备案。

（6）风险基金。国家建立100亿美元的海外石油勘探开发风险基金。在试验期内主要用于支持四大石油公司的海外石油勘探开发活动，失败则列入沉没成本。风险基金支持力度,可达项目资金需求的60%。风险基金来源,可包括国家财政部分专项拨款、油气消费产品征收消费税、进口油上缴的部分税收和国内征收的石油天然气探矿权和采矿权使用费等。

(7)保险。考虑到境外石油资源勘探开发主要在发展中国家,为了降低投资风险,规避企业因政治风险遭受的损失,政府主管部门与政策性保险公司共同研究建立境外投资风险保障机制,为境外项目提供出口信用保险和境外投资保险,以及与之相关的担保服务等。对国别风险较大的项目,要求充分利用境外投资保险机制,办理有关投保手续,规避投资风险。发挥政策性保险公司的作用,为有关企业提供信息咨询和风险管理服务。

(8)民间资金。考虑到利用境外油气资源资金需求量巨大,在企业自筹、国家支持的同时,要抓紧研究引导和吸引民间资金参与利用境外油气资源的有关政策和措施。

(四)税收政策

(1)工作开展初期,对于实施利用境外油气资源战略的中国国有石油企业,建议国家在3~5年内对其境外勘探开发收入免除所得税,让其享受外商在中国投资优惠政策;其沉没成本可作为企业递延资产,分年度进行摊销,便于企业在国际资本市场进行融资。

(2)尽快与中国有项目合作的国家签订避免双重税收协议,以确保海外经营企业不重复交税。对于境外石油项目投资中的实物部分(机器、设备等),可视同出口给予减免税待遇,出口时可先退税,待投资回收后,再将外汇汇回在海关核销并结汇。份额油进口实行增值税先征后退的政策,退税资金定向用于境外油气勘探开发。

(3)对重大项目可规定免税期或者规定在前期勘探投资全部回收后才征收所得税。同时,建立风险勘探减免制度,规定每年所得税按一定比例减免和返回,但必须用于下一个税收年度的风险勘探。

(五)技术政策

(1)要重视技术结构调整,加强技术储备工作。针对中国主要基于陆相沉积理论进行国内勘探开发技术的特点,要及时转变技术结构和技术方向,要组织制定技术政策和技术标准。

（2）针对境外油气田，加强海相沉积勘探开发技术研究，加紧研究适应境外油气勘探开发的关键技术。要将适应境外油气勘探开发技术研究列入国家科研规划，在基础理论研究和重大储备技术、装备研究方面加大针对性投入。

（3）海上勘探开发机会相对较多，勘探开发技术存在一定的转变难度。在境外勘探开发过程中，中国石油公司勘探开发和装备要尽快适应技术转变过程。

（六）人才政策

（1）要专题研究和出台人才政策，从政治、经济、外交、能源、军事、信息、文化、商务、电子等方面加快人才培养，要从政府和企业两个层面培训和建立熟悉国际惯例，能与国际石油大亨打交道的、适应利用境外油气资源需要的复合型人才队伍。

（2）各公司须抓紧解决人才问题。不仅培养人才，更要靠事业、待遇和感情吸引人才，特别是一些已在国际大石油公司工作过并有实际经验的高级经营管理人才。同时，要解决好利用资源国人才的工作，以努力降低企业商务成本，避免再走弯路。

七、石油工业"走出去"应注意的若干问题

（一）应深入研究国际石油勘探开发领域的政治环境和惯例，减少阻力

北里海项目是中国石油公司第一次与西方主要石油公司的直接碰撞。要从北里海项目的失败中反思，寻找正确的收购兼并策略。

首先要选好伙伴。要深刻理解国际大石油公司与中国石油公司在国内主要是合作，但在国外则完全是竞争对手。国际石油合作中，不仅要与西方大石油公司合作，更要与发展中国家石油公司合作。其次，要选好进入的方式，避免形成与西方石油公司的正面冲突。第三，国内石油公司之间应加强沟通与协调。就北里海项目而言，中国石化与中国海油同时出击同一地区的同一项目，被外媒批评为存在战术安排上的错误。第四，由于国际大型油气资产权益收购项目都面临现有股东行使优先权的问题，可研究采取并购公司等其他方式。

（二）"走出去"的表述问题

"走出去"，即占有并利用境外的油气资源，为中国国民经济的持续稳定发展服务，虽然形象地说明了其作用，但是它过于直白，已在国际社会产生了一定负面影

响，引起了一些国家的戒备心理。"走出去"含义单一，主要指境外的勘探开发活动，没有包括石油贸易。建议对外宣传时，使用"积极开展互惠互利、共同发展的国际石油天然气领域合作"为宜。

（三）政府应该加强内部引导和调控

加强内部引导和控制，多关心、多帮助。从政府来说，更多地应是制定政策，提供条件，引导企业，搞好服务。从事境外油气合作的企业，应更多地注重合作的商业属性，按照国际惯例冷静处理遇到的问题，避免简单问题复杂化，经济问题政治化。要引导国内舆论宣传，避免新闻机构过分炒作中国境外油气具体项目。

（四）对实施"走出去"战略的困难应有清醒认识

要有长期打算，循序渐进，量力而行。作为国际石油市场的一个新兴进入者，中国石油企业在境外获取勘探开发项目将面临一系列严重的政治、经济、外交、资金、技术和人才等困难，在国际大石油公司的夹击下获得大项目、好项目的难度很大。中国利用境外油气资源有一个发展过程，要以合作带动境外油气资源利用，要积极稳健推进，积小胜为大胜，切忌急功近利。决策者和政府主管部门对境外油气勘探开发的艰巨性、长期性应有清醒的认识。

（五）要处理好油气"走出去"与国家"走出去"整体战略关系

通过依托油气"走出去"，促进其他行业产品、技术、设备、劳务走出去。要积极鼓励国际资本参与中国勘探开发，也要支持资源国和大石油公司带资源到中国进行油气合作。妥善利用境外油气资源与其他能源协调发展的关系、处理好"走出去"与"引进来"的关系，通过扩大"引进来"，实现加速"走出去"。

本文撰写于 2003 年 8 月

利用海外油气资源保障中国石油供需平衡

能源是国民经济发展的重要基础。改革开放以来，中国国民经济持续高速增长，石油行业对中国经济发展的支持和推动作用日益显著。20 世纪 90 年代后，国内石油生产增长缓慢，石油消费快速上升，供需矛盾日益突出，中国已由石油净出口国变为石油净进口大国，石油对外依存度从 1995 年的 7.6% 增加到 2003 年的 36.0%。中国目前超越日本，成为世界第二大石油消费国。预计到 2020 年中国石油消费仍将维持较高的增长速度，石油消费量最少也要 4.5 亿吨，届时石油的对外依存度有可能接近 60%，与目前美国的水平相当。

石油是战略经济物资，利用境外石油资源存在着资源、市场和政治军事等方面的风险。面对新情况、新矛盾，国家要从全球化和经济安全角度调整战略、制订规划、研究策略、提出政策，合理配置国内外油气资源；要改变现有的资本输入型对外开放管理体制，以适应资本输入和输出并存的油气对外开放新要求。石油行业要进一步深化改革、加快发展，建立立足当前、着眼未来的油气供应保障体系。

一、中国石油净进口量日益增大

中国是一个"贫油、少气、富煤"的国家。受资源条件限制，近年来国内原油产量增长缓慢，年均增长率从 20 世纪 70 年代的 13% 下降到 80 年代的 2.7%，90 年代进一步降低到 1.5% 左右。为满足日益增长的石油需求，石油进口逐年增加。1993 年中国由石油净出口国变为净进口国，2003 年已成为世界第二大石油消费国，石油净进口数量接近一亿吨（表 1）。预计 2020 年前，中国国民经济将以 7% 左右的速度发展，石油需求也将以 3.2% 左右的速度增长，石油供需缺口将迅速扩大，进口石油已成为弥补国内供应不足的重要来源。

表1　1993—2003年中国原油、成品油进出口量

单位：万吨

类别	产品	1993	1994	1995	1996	1997	1998	1999	2000	2001	2002	2003
进口	原油	1567	1235	1709	2262	3547	2732	3661	7027	6026	6941	9112
	成品油	1740	1289	1440	1582	2379	2174	2082	1805	2145	2034	2824
	石油	3307	2524	3149	3844	5926	4906	5743	8832	8171	8975	11936
出口	原油	1943	1855	1884	2040	1983	1560	717	1044	755	721	813
	成品油	371	379	414	417	558	424	645	827	922	1068	1179
	石油	2314	2234	2298	2457	2541	1984	1362	1871	1677	1789	1992
净进口	原油	−376	−620	−175	222	1564	1172	2944	5983	5271	6220	8299
	成品油	1369	910	1026	1165	1821	1750	1437	978	1223	966	1645
	石油	993	290	851	1387	3385	2922	4381	6961	6494	7186	9944

资料来源：海关统计，路透社。

2003年中国原油进口9112万吨，进口的原产地超过20个（表2），油种超过50个，其中中东原油所占比例最大，占进口总量的50%。2003年中国原油进口来源分布如图1所示。中国石油公司海外份额油回国的比例较小，不到进口总量的10%，并且资源的地域分布极不合理。

表2　1997—2003年中国原油进口来源

单位：万吨

进口来源	1997	1998	1999	2000	2001	2002	2003
伊朗	275.67	362	394.93	700.05	1084.7	1063	1239.38
沙特阿拉伯	49.99	180.76	249.7	573.02	877.84	1139.04	1518.02
阿曼	903.3	579.34	502.08	1566.08	814.04	804.59	956.79
也门	405.5	404.32	413.22	361.24	228.69	226.17	699.59
科威特	6.88	28.23	33.04	43.34	145.98	106.97	90.72
卡塔尔	8.08	—	—	159.89	132.56	45.76	67.58
阿拉伯联合酋长国	4.84	51.45	—	43.05	64.98	—	—
伊拉克	23.9	60.74	97.42	318.32	37.21	53.68	
中东地区小计	1678.16	1666.84	1690.39	3764.99	3386	3439.21	4572.08
苏丹	0	—	26.61	331.36	497.34	642.56	625.73
安哥拉	383.66	110.5	287.6	863.66	379.89	570.51	1010.26

续表

进口来源	1997	1998	1999	2000	2001	2002	2003
赤道几内亚	20.49	24.32	81.27	91.59	214.64	178.02	—
喀麦隆	—	—	25.32	42.67	81.53	35.07	—
尼日利亚	—	12.32	136.92	118.66	77.25	48.79	12.2
刚果	98	38.24	38.47	145.44	64.16	104.73	—
利比亚	7	13.84	13.26	13	25.04	—	—
加蓬	37.69	—	65.18	45.73	14.7	—	—
其他	43.84	19.87	50.25	42.75	—	—	—
非洲地区小计	590.68	219.09	724.88	1694.86	1354.55	1579.68	—
越南	149.91	86.59	151.19	315.85	336.24	354.28	350.57
印度尼西亚	658.71	341.71	395.29	464.11	264.51	323.75	333.28
马来西亚	20.03	45.11	24.74	74.43	89.95	164.87	203.07
文莱	—	—	—	27.55	75.39	129.58	—
澳大利亚	32.55	35.39	90.1	110.84	70.91	115.64	177.99
泰国	10.37	12.69	—	28.51	22.68	73.95	—
巴布亚新几内亚	32.37	6.88	14.92	39.06	7.6	15.79	—
蒙古国	—	0.56	1.05	0.96	0.99	1.69	—
其他	34.42	17.89	5.86	—	—	5.43	—
亚太地区小计	938.36	546.82	683.15	1061.31	868.27	1184.98	—
俄罗斯	47.53	14.46	57.23	147.67	176.6	302.96	525.47
挪威	98.71	48.98	200.99	147.78	91.57	211.06	9.38
哈萨克斯坦	4.49	40.92	49.08	72.42	64.96	100.36	119.82
英国	0	—	219.61	104.15	50.2	122.49	20.16
其他	186.22	195.18	36.04	33.34	33.42	0.01	—
欧洲和西半球小计	336.95	299.54	562.95	505.36	416.75	736.88	—
进口量合计	3544.15	2732.29	3661.37	7026.53	6025.57	6940.75	9112.39
其中：欧佩克	1035.07	1051.04	1320.56	2433.43	2715.61	2780.99	—
含硫原油进口	369.36	683.18	775.08	1837.67	2343.26	2408.46	—

资料来源：海关统计。

注：1. 2003年仅列出主要国家原油进口数量，合计数包含未列出国家部分；

2. 本表相关年份的合计数与表1有统计误差。

国内原油需求增加，国产原油数量有限，造成中国的原油进口将逐年递增。国务院发展研究中心预测2004年中国将进口原油9600万吨。国家发展改革委预测2005年、2010年和2020年中国石油消费量分别为：2.7亿吨、3.3亿吨和4.2亿吨；

国内原油产量分别为：1.75亿吨、1.85亿吨和1.8亿吨；石油供需缺口分别为：0.95亿吨、1.45亿吨和2.4亿吨（表3）。

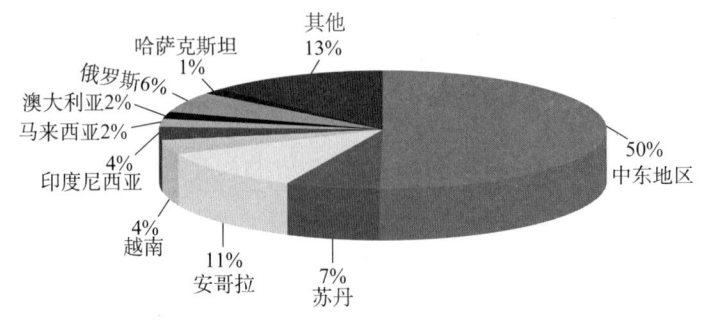

图1　2003年中国原油进口来源分布

表3　国内石油供需预测表

单位：亿吨

石油	2005年	2010年	2020年
消费量	2.7	3.3	4.2
产量	1.75	1.85	1.8
缺口值	0.95	1.45	2.4

资料来源：中国国家改革和发展委，《利用境外油气资源中长期发展规划》。

二、中国大量进口石油所带来的问题

1. 石油进口量日益增长对中国经济的影响

历史上两次石油危机导致美国及主要工业化国家遭受了1.2万亿美元的损失，美国在两次石油危机中分别损失国内生产总值的2.5%和3.5%；不产油发展中国家的长期外债从1973年的970亿美元增加至1982年的4250亿美元；欧佩克1973—1981年间获得了1万亿美元的石油收入。据估计，油价每上涨1%并持续一年，中国GDP平均降低0.01个百分点（表4）。1999年国际油价上涨10.38%，GDP下降0.07个百分点；2000年国际油价上涨64%，GDP下降0.7个百分点。

表4　国际油价每上涨1%并持续一年对各经济体GDP增长率的影响（%）

经济体	中国	中国香港	中国台湾	韩国	新加坡	泰国	菲律宾	印度尼西亚
影响	−0.01	−0.02	−0.03	−0.03	−0.01	−0.03	−0.03	−0.03

资料来源：日本三菱综合研究所。

油价的高低，决定中国境外付汇总额的多少，直接影响国家的经济利益。假定中国每年进口原油 1 亿吨（约合 7.3 亿桶），国际油价每上涨 1 美元/桶，就意味着中国需多付汇 7.3 亿美元。2003 年布伦特原油价格平均比 2002 年高 4 美元/桶，WTI 价格比 2002 年高 5.02 美元/桶，中国因购买原油所多付的外汇非常惊人。

2. 价格风险是中国石油安全最大的挑战

石油安全包括"量"和"价"两个方面。维持高位的石油价格对中国国民生产总值的影响已不容小觑。2003 年布伦特原油全年平均价格为 28.48 美元/桶，WTI 全年平均价格为 31.12 美元/桶，为过去近二十年以来的第二高价位。2003 年国际原油基准价基本呈现先升后降再上升的走势，波动幅度较大，最高价与最低价相差逾 12 美元/桶（图 2）。

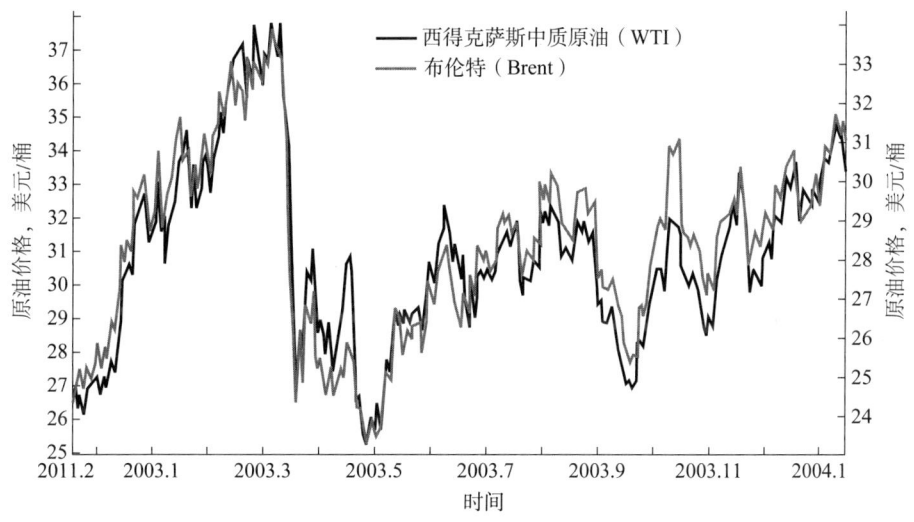

图 2　2003 年布伦特和西得克萨斯中质原油价格走势日线图

国际石油价格的波动，并非完全是由供求关系的变化引发的。就整体和趋势而言，供需基本面与国际油价在大趋势上存在着毋庸置疑的相关性，但二者变化的幅度常常是不一致的，在某些时期甚至非常不同步。价格的涨跌幅度和时间，在一定时期内，并不完全对应基本面的变化，不完全取决于传统分析的供需平衡关系（图 3）。以 2003 年的情况为例，根据国际能源署的数据，2003 年世界石油需求比 2002 年增长 2%，石油供应增长 3.7%，而国际油价上涨 19.24%，增长幅度约是需求和供应增长幅度的 10 倍和 5 倍,这说明油价与供需关系具有相关性,但其涨跌会发生加速扩张和曲变并诱变供需的状况。

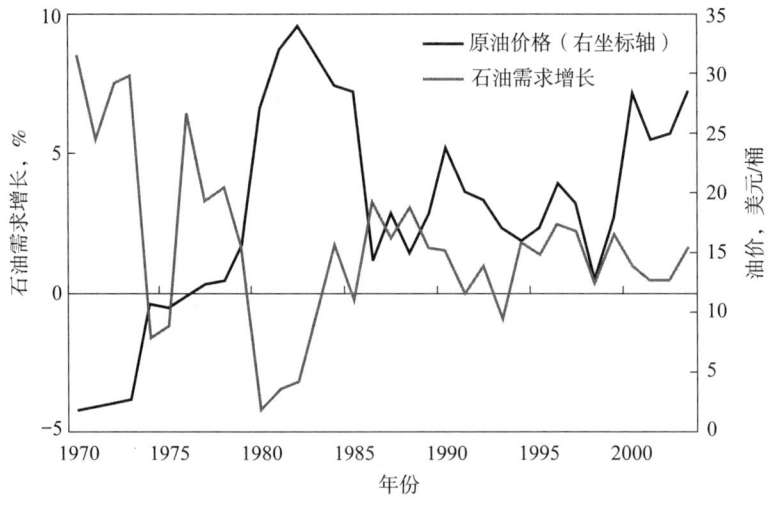

图 3　世界石油需求增长(%)与油价变化

国际石油市场的价格一直被两股主要势力操纵着。其一是控制了世界上大部分石油资源的国际大型石油跨国公司。原油的采购并非在合同成交的同时确定一个具体的价格,买卖合同中多数是确定一个价格公式,而这个公式的基础大都是国际石油期货市场的交易价格。直到真正交货装船时的某一天,才采取此前或者此后若干天的期货市场价格带入买卖合同中的计价公式而计算出最终的价格。国际大型石油跨国公司经常利用其强大的资本实力操纵计价期内的期货市场价格而人为地抬高或者压低价格。

另一个操纵国际石油价格的主要势力是国际投机基金。今天,油价的曲变和扩张,主要是由于国际游资在石油市场和其他金融性市场闻风进出、巨量投机所致。投机商已经将石油期货市场视为主要的资金储放和投机的舞台。其造势的压强远远超过各大石油公司。投机基金的巨额资本游走于股票市场、能源期货市场、汇率市场。一个明显的例子是,美国纳斯达克指数的每次暴跌暴涨总是与国际油价的暴涨暴跌同步反向。这一点在 2003 年表现得更为明显,以往国际石油期货市场一天变化 0.5 美元/桶已经属于比较大的波动,而 2003 年一天反转涨跌 2 美元也并不少见,这与基金作祟密不可分。

中国原油消费量已经占到了全球的8%，却在国际石油定价机制里连0.1%的权重都没有，原因就在于中国石油市场采取的是国家统购统销、价格被动跟踪的体制。与中国这个石油消费大国对比鲜明的是，形成新加坡石油期货市场价格的基础是每天不足10万吨的交易量，但新加坡通过石油期货市场，却可以轻松操控亚洲市场几十万吨乃至上百万吨的石油现货交易价格。目前国际石油市场价格的权威性不在现货市场，而在期货市场。由于中国政府批准有资格参与国际石油期货市场进行套期保值的企业数量很少，原油进口采取从现货市场直接采购，因此中国在国际石油定价中的权重非常低。而国际游资却可以根据对未来中国石油进口量大小的判断来操纵国际油价，从而使中国在原油进口中蒙受巨大的损失。中国进口的原油有50%来自中东地区，其他大部分来自西非，少量来自远东。中东石油以迪拜计价，西非石油以布伦特计价，远东石油以米纳斯计价，中国进口原油价格只能跟随基准原油价格变化，不能反映中国市场的供求变化，增加了中国企业成本控制的难度。

3. 中国石油进口"量价齐升"现象非常明显

1999年1—2月国际油价最低谷时期，中国进口原油297.94万吨，比上年同期减少40%；1999年3月国际油价开始大幅回升，原油进口量也开始回升，当月进口石油到岸价比1—2月份提高2.52美元/桶，同月进口原油433.25万吨，是2月的2.6倍。2003年1月中国遭遇到6年来首次贸易逆差12.5亿美元，其中原油进口量同比增长77.7%、价格上涨51%，形成增支11.1亿美元，占逆差的89%。

中国进口的原油是按照国际市场价格在国际上采购的，成品油计价方面，汽油、柴油零售价格均按照政府指导价执行。汽油、柴油（标准品）零售中准价格由国家发展改革委根据国际市场（纽约、鹿特丹、新加坡三地）汽油、柴油进口完税成本加上合理流通费用制定并公布，由两个集团公司在上下8%的幅度内制定具体零售价格。按照历史的经验，在上涨的国际市场中，成品油价格上涨幅度一般要大于原油价格的上涨幅度。在国际市场上，原油价格上涨时期，往往是需求旺盛时期，成品油价格一般上涨更快些，使得差价拉大，相对成本降低，从而吸引炼油企业增量生产，造成"量价齐升"的现象。现行定价机制难以完全反映国内市场与国际市场在消费结构、消费习惯及消费季节等方面的差异，难以反映国内成品油市场的真实供求状况。

4. 中国石油进口不均衡

中国 2003 年不同季度油品需求出现较大幅度变动（表5），国内炼厂加工量与原油进口季度进度极不均衡，"非典"时期原油进口锐减，过后进口剧增，第四季度为缓解"油荒"而在现货市场上进行大量紧急采购。

中国成为石油市场的大买家给世界石油市场的价格波动带来更大变数。这是因为中国石油数据被外界普遍认为缺乏可信度和不够全面，在成熟市场石油需求规律显而易见，石油生产商可进行相应的产量调整。而中国原油 50% 的进口量在国际原油市场上现货采购，现货采购灵活性大，但数量难以保障，有时价格风险较大。一旦需求旺盛出现紧急采购，可能在短期内造成地区市场供求失衡，给投机基金和国际石油巨头以抬价获利之机，并导致油轮运费大幅上涨。

表5 中国 2003 年季度原油及油品净进口表

单位：千桶/日

	2002 年	2003 年	2003 年第一季度	2003 年第二季度	2003 年第三季度	2003 年第四季度	2003 年 11 月	2003 年 12 月
原油	1247	1664	1652	1556	1731	1716	1654	1957
柴油	-16	-28	-31	-32	-42	-9	-14	-14
汽油	-142	-175	-173	-191	-184	-151	-129	-178
燃料油	281	407	334	401	531	361	365	379
LPG	197	202	184	209	211	203	168	239
石脑油	-16	-22	-16	-25	-22	-24	-24	-26
煤油	9	1	-11	4	15	-6	-1	-41
其他	48	58	32	50	77	70	49	55
总计	1609	2106	1972	1972	2317	2161	2068	2371

资料来源：国际能源署（IEA）。

在运量增长速度明显快于运力增长速度的情况下，2003 年国际油轮运价大幅提高。截至 2003 年 12 月 24 日，国际原油综合运价指数平均为 1333 点，同比增长 61%；国际成品油综合运价指数平均为 1042 点，同比增长 41%。中国原油需求增长已成为支撑国际原油运输市场的主动力，2004 年，随着中国原油需求量及海运量的增长，国际原油海运量也将在 2003 年 16 亿吨的基础上继续增长。另外，油品消费的增长及成品油配额的开放,都将推动中国成品油运输量稳定增长,预计2004年成品油运输量继续保持两位数增长。

5. 中国石油进口运输通道问题

世界超过3/5的石油贸易量是通过海上油轮运输,剩下不到2/5的贸易量通过管道输送。中国进口石油运输方式主要是海运和铁路运输。目前,俄罗斯和中亚地区丰富的石油资源仅有少量通过铁路运送到中国。2002年俄罗斯和哈萨克斯坦石油在中国的石油进口结构中分别为4.36%和1.45%。由于中国同俄罗斯及中亚铁路轨距不同,火车经过口岸时候需换装,增加了铁路进口石油的困难。

中国海运进口高度依赖马六甲海峡。马六甲海峡全长约1080千米,是太平洋和印度洋之间的重要海运通道,号称"东方直布罗陀"。目前,石油通过量为1030万桶/日。马六甲海峡对中国的能源安全有着重大的战略意义。中国从亚太地区、非洲地区、中东地区进口的石油都要经过这条咽喉水道。中国九千多万吨的原油进口总量中,80%以上都经过马六甲海峡这条"咽喉"水道来运输,所以该海峡已成为名副其实的"中国石油进口大通道"。而中国对马六甲海峡的控制能力却很弱。马六甲海峡是美国海军所要求必须控制的世界16大咽喉水道之一,还存在海盗活动等安全问题,其安全性和运输能力对中国能源安全制约性很强。

中国进口石油的4条主要运输路线为:

中东:波斯湾—霍尔木兹海峡—马六甲海峡—(或者望加锡海峡)—台湾海峡—中国;非洲:北非—地中海—直布罗陀海峡—好望角—马六甲海峡—台湾海峡—中国;西非:好望角—马六甲海峡—台湾海峡—中国;东南亚:马六甲海峡—台湾海峡—中国。

三、保障中国石油供需平衡的对策研究

1. 美国的石油战略

美国是世界第一大石油消费国和原油进口国,年进口原油5亿吨以上,占世界原油贸易量的近1/3。美国从1960年开始原油进口量突破一亿吨,占当年原油消费量的21.5%,2002年其原油进口依存度已经达到63%。据美国能源部预测,到2010年,美国石油进口依赖程度将达到70%。自1973年爆发第一次石油危机以后,美

国就开始制定并不断完善其石油安全战略。该战略包括建立战略石油储备、降低石油在能源消费结构中的比例、稳定国内的石油产量和实行石油进口来源的多元化等。2001年布什政府公布了《国际能源政策报告》，强调美国正面临着20世纪70年代石油禁运以来最严重的能源短缺危机，将确保海外能源来源的安全置于美国外贸和外交政策中的优先地位。未来美国能源政策将强化其对外扩张性，主要体现在对世界石油工业的三个控制方面：一是控制市场（或控制价格），打击和削弱欧佩克对世界石油市场的控制力；二是垄断资源，重点是中东、中亚和俄罗斯、非洲和西半球；三是掌控最新技术。

在利用海外石油资源方面，美国一方面使石油进口多元化，另一方面鼓励美国的石油公司去海外勘探。为了提高石油安全，美国二十多年来在分散石油进口来源上进行了长期的努力，而且取得了改变过去美国石油进口高度集中于美洲的成效。在其石油进口中，美洲所占比例已经从20世纪70年代初的80%以上降至现在的50%左右。目前，为了进一步实现石油进口来源的分散化，美国除了关注中东这一传统的石油进口来源地区（从中东进口的石油占其石油进口的20%~25%）以外，还注意开辟俄罗斯和非洲来源，美国从撒哈拉以南的非洲国家进口的石油，已占美国石油进口总量的16%，相当于美国目前从沙特阿拉伯进口石油的数量。美国国家安全委员会预测到2015年，美国从非洲进口的石油比例将上升到25%，超过美国从海湾国家进口石油的总量。

美国时刻保护着美国公司的海外投资。"七姊妹"时代，美国埃克森等5家石油公司的储量、产量曾占西方世界的50%以上，这与当时美国的外交、军事和政治政策支持是分不开的。20世纪80年代后期，美国的石油公司又纷纷移资海外。目前，美国石油公司的海外投资无孔不入，主要集中于西半球和中亚的一些地区。在里海，美国政府为本国的石油公司参加此地的石油勘探权和开采权劳苦奔波；在非洲，美国的石油公司在排挤法国石油公司，其后台也是美国政府。

在全球范围内寻求油气资源是国际大石油公司的基本战略之一。石油巨头们十分重视对油气勘探开发重点地区的争夺，以保障其稳定的新增储量和储量替代率。埃克森美孚的一个重要优势就在于油气资源的规模和质量。在过去的10年中，该公司在上游的投资额占公司的总投资比例从1990年的56.9%上升至2002年的74.5%，发现储量增长了28%。在世界最具潜力的陆上和海上勘探区域如西非深海区域、南美和中东、里海和加拿大东部地区等都处于领先地位。

2. 中国利用海外油气资源的规划

早在1993年中国就提出了"充分利用国内外两种资源、两个市场"发展中国石油工业的战略方针。国家经济贸易委员会2001年提出的石油工业"十五"规划中也确定了利用国外石油资源的目标。鼓励国内石油公司按照"积极开拓、慎重决策、稳步发展"的方针，积极实施"走出去"战略，尽早实现国内外两种油气资源战略互补。2003年5月，温家宝总理高度重视中国的能源安全问题，要求国家发展改革委尽快制定"中国石油天然气中长期发展规划"，并由工程院开展"中国可持续发展石油天然气资源战略"研究。2003年12月中央经济工作会议指出中国经济增长进入了新的周期，要树立全面、协调、可持续的发展观，实现国民经济持续快速协调健康发展和社会全面进步。

（1）海外油气勘探开发。

若按到2020年中国各石油公司的权益油产量达到7000万吨的目标计算，年均增长8.5%；从2004—2020年间的17年共产权益油8.6亿吨（图4）；在2020年保持7000万吨的权益油年产量，约需权益油剩余可采储量7亿~10亿吨；实现了这个规划，权益油将达到进口量的25%~30%，对保证中国石油安全有重要意义。

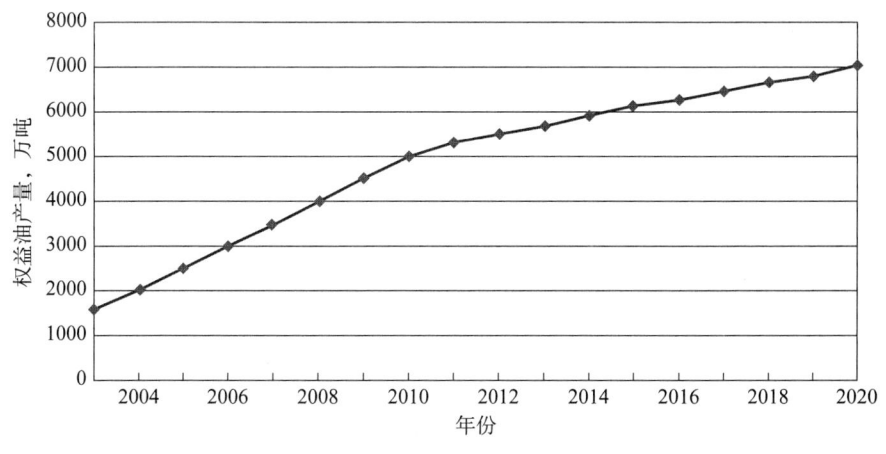

图4　中国海外权益油产量

中国石油公司 2003 年海外份额原油产量近 2000 万吨，按照四大国家石油公司的规划，2020 年海外份额油气产量将达到 1.35 亿吨油当量（表 6），足以保证 7000 万吨目标的实现。

表 6 中国各石油公司海外权益油规划一览表

单位：万吨

公司名称	2003 年	2005 年	2010 年	2020 年
中国石油	1288	2280	4000	8000
中国石化		200	1000	2000
中国海油	423	1000	2000	2000
中化	36	300	1000	1500
小计	1747	3780	8000	13500

（2）进口多元化。

来源多元化。改变中国石油进口对中东地区过分依赖，增加从俄罗斯、中亚、非洲和亚太地区进口，逐步形成多区域相对均衡的进口来源格局。据美国东西方中心预测，未来中国原油进口必将多元化，将增加从非洲、欧洲和美洲的原油进口量，但是原油进口的主渠道仍将是中东地区，并且其比例还将提高。原油资源地域的多样化是未来能源安全战略的前提，应力求稳定中东，发展西非，开拓里海与俄罗斯，兼顾其他地区的石油资源。

品种多元化。原油进口高硫与低硫，轻质与重质搭配，增加含硫原油的采购和加工能力；适当进口部分成品油；加大对天然气和 LNG 的利用程度。

方式多元化。长期合约与现货、纸货与实货相结合，通过交易手段的相互补充，降低贸易风险，最大限度减少现货贸易量，增加长期合约供应量。贸易进口量中，2005 年长期合约所占的比例要达到 50%，2010 年后要达到 80% 以上。合理组合贸易手段，积极使用期货方式，规避贸易风险。必要时，可在 2005 年前考虑成立独立的期货交易操作企业，以庞大的进口量为依托，集中进行期货操作。

渠道多元化。渠道安全化包括两个方面，一个是与产油国更加积极地开展商业贸易，以产品输出来换取石油的进口；另一个是让产油国来中国参与石油市场的加工与销售，并与他们共享市场，以保证原油供应的稳定。与此同时，中国应该与其他消费国和生产国有更多的对话,以取得对能源安全问题的共同理解,增加市场的透明度,也保证世界石油市场的正常运转。

通道多元化。要积极研究、论证绕开马六甲海峡的泰国管线和运河项目,加快中俄、中哈油气管线项目和中国沿海 LNG 接收设施的论证及建设,实现陆海油气进口的多通道保证体系。

(3)建立战略石油储备。

在世界上较为成功地开展石油储备的国家当中,美国、日本、德国、韩国的石油储备分别是 158 天、161 天、127 天、74 天。战略石油储备可以做到"低吸高抛",保障能源供应安全。

中国正在镇海、舟山、大连和黄岛建设 1600 万立方米的原油战略储备基地,至 2005 年投用后可维持 45 天的进口量,此举当大大缓解中国对国际原油的依赖,提高能源供应应对突发事件的能力。

按照国际管理,大型石化企业一般均持有一定规模的商业石油储备,目的是在油价高峰期可以减少外来采购量,获取较大的原油与产品价差,并在适当的时机进行石油库存的商业运作以赚取价格波动带来的利润。从客观上讲,商业石油储备也起到了平抑价格波动的作用。

3. 实施利用境外油气资源规划的保障措施

石油是高度战略性的商品,国家应在服务、外交、财税、投资、技术和人才六大方面采取一系列支持和鼓励性政策,为企业有效地实施利用境外油气资源规划做好服务。

具体有以下做法:加大能源外交的力度;加强与世界石油大消费国和进口国的合作协调;研究利用国外油气资源的布局和基础设施建设规划;重视主要油气进口通道的安全保障;实施海外油气开发的鼓励优惠政策;建立海外风险勘探基金,鼓励中国各石油公司从事境外风险勘探;进一步完善海外油气投资项目管理制度;实现石油进口方式多样化;在做好各项准备工作的基础上,在中国境内建立国际石油交易中心,增强对国际油价的影响力;吸引资源国到中国建立炼厂,保证原油的稳定供应。

本文撰写于 2004 年 4 月下旬

高油价对中国经济社会的影响

2003年年初以来,国际石油价格大幅上涨,进入2004年8月后更是不断创造历史新高。中国已成为世界上第二大石油消费国和第五大石油进口国,引起国际社会的普遍关心。国际高油价对中国经济社会产生了很大影响,引起了全社会的广泛关注。

一、近两年来的国际石油价格及其不断上涨的原因

(一)近两年来的价格走势

2003年,世界石油价格不断上涨。按名义价格计算,布伦特原油全年平均价达到每桶28.8美元,为20年来的最高。2004年世界市场原油价格一再刷新纪录。8月13日,因受伊拉克出口原油中断的威胁、恐怖袭击、市场对"尤科斯"事件和俄罗斯原油供应的担忧,纽约市场原油期货价格突破每桶46美元。8月20日,WIT价格最高达到了每桶49.40美元,创造了历史最高位(图1)。

图1 2003年1月1日至2004年8月30日的国际石油价格

（二）国际石油价格上涨的根本原因不在中国消费量的增长

对于较长时间以来国际石油价格不断上涨的原因，国际社会众说纷纭，其中比较流行的一种说法是，由于中国经济高速增长拉动了世界石油需求，使世界石油市场供需紧张，国际石油价格不断上涨。

不可否认，一段时间以来，中国是世界上石油需求增长最快的地区之一，根据2004年8月国际能源机构《石油市场月报》统计，2004年世界石油需求每天为8220万桶，比2003年增长3.2%，每天增加250万桶，其中中国每天增加的量为83万桶，占世界的33.2%。但是，据同一杂志统计，2003年世界石油需求比2002年增长2%，但石油供应却增长了3.7%。2003年度世界石油需求量为每天7860万桶，供应为每天7930万桶。而2004年第二季度，世界石油需求每天为8110万桶，而供应每天为8230万桶。众所周知，市场供需是决定价格的主要因素。统计数字说明，国际石油市场不存在供求不平衡的现象，因此中国消费量和进口量的增加不是造成国际石油价格大幅度上涨的根本原因。

（三）投机炒作是国际油价不断上涨的主要原因

国际石油价格的波动是由多重因素决定的，如世界石油供需、欧佩克和非欧佩克产油国的政策、伊拉克局势、恐怖袭击、地缘政治、美元汇率变动等，但导致2003年以来国际石油价格高涨的根本原因是国际投机所致。

从2002至2004年上半年的统计数据看，美国纽约商品期货交易所基金石油多头部位与WTI价格走势之间，存在着极高的相关性，基金持有的石油多头居于高位，WTI的价格就高，而基金持有的石油多头居于低位，WTI的价格就走低。据统计，自2002年下半年以来，基金持仓量4次超过1.5亿桶。就是8月20日前几天油价处于历史高位时，投机资金持有的净多头也达到了历史上的高位。据美国商品期货交易委员会统计，截至8月17日一周，纽约商品期货交易所的非商业机构石油投机者增加了其净多头部位，从36303手净多头头寸，增加至47949手净多头头寸，达到32%。

据统计，石油期货市场真正的需求方只占交易总量的30%，其余均为套利者。投机机构在过去3年里在石油市场中的作用越来越大，其主要原因是越来越多的投资者将商品视为战略投资品种，使用其手中拥有的巨额资金，在国际汇市、股市和石油期货市场之间兴风作浪，巨量投机，从而导致石油价格近年来持续走强。欧佩克成员国的一位部长公开表示，投机行为是油价居高不下的罪魁祸首；法国工业部部长也认为，油价之所以涨到这么高的水平，是受到强烈的投机作用，业界普遍认为，投机行为对油价的影响达到了每桶约15美元左右。

二、油价上涨对中国经济社会的影响

石油价格上涨对中国国民经济产生巨大的不利影响，由于中国对石油依存度持续提高，国际油价对中国的国民经济的影响也会越来越大。初步估计，2004年的高油价将拖累GDP下降0.7至0.8个百分点。

（一）国际石油价格与中国经济增长的关系

据有关历史资料统计，国际石油价格每上涨1%并持续一年，中国GDP平均降低0.01个百分点。1999年国际油价上涨10.38%，中国GDP下降0.07个百分点；2000年国际油价上涨64%，GDP下降0.7个百分点。按2000年GDP8.8万亿人民币计算，2000年国际石油价格的上涨相当于对中国造成600亿元以上的损失。

造成国际石油价格对中国经济有如此大影响的主要原因有，一是中国作为世界工厂在国际贸易中并没有很强大的定价权，被动地接受国际石油价格和国际市场出口商品的价格，无法将高油价产生的影响转移出去，只能独自承担和消化；二是中国正处于工业化的过程中，能源消耗正处于较高的水平，单位GDP的能源消耗比发达国家和部分发展中国家都要高，因此国际石油价格的上涨对中国的影响较大。从统计数字看，美国和中国的GDP规模分别为8万亿和1万亿美元时，原油消耗分别是4.8亿吨和2.4亿吨，中国的石油消耗是美国的4倍，也就是说同样的国际石油价格，中国承受的压力是美国的4倍。

（二）油价上涨对普通百姓的巨大冲击

对于社会大众来说，国际石油价格不断上涨的最直接影响，是2003年7月以来中国成品油价格已连续5次上调，以北京地区为例，93号汽油由每升2.8元上涨到3.66元，也就是说在约一年的时间内油价每升上涨了0.86元，上涨幅度为30.7%。仍以北京地区为例，200万辆机动车，月均消费汽油160升，2004年8月25日的油价上涨，将使司机们每月多支付约6400万元人民币；如以出租车为例，月均消费900升汽油，则每个司机每月需多支出180元。

（三）高油价对中国的贸易平衡产生极大的负面影响

目前，石油已经成为中国最大单一用汇和赤字的商品。2003年度中国进口石油共支出约257亿美元，扣除石油出口的收益，石油进口当年产生的赤字为202.9亿美元。据海关统计，2004年上半年中国原油进口达到6102万吨，进口金额151.69亿美元，分别增长39.3%和57.4%；上半年成品油进口1985万吨，进口金额44.57亿美元，分别增长56.6%和66.1%。原油和成品油进口金额合计196.26亿美元，占上半年全国货物进口总额的7.4%，比上年同期增加了73.06亿美元。2004年上半年中国仅出口原油307万吨，成品油510万吨，分别同比下降27%和25.9%。2004年上半年进出口相抵，出现173亿美元逆差。商务部一份分析报告预计，2004年中国原油进口将达到创纪录的1.1亿吨，比上年增长21%。成品油进口4000万吨，增长40%左右。预计2004年全年中国石油贸易逆差将超过300亿美元。因此，有关部门估计，由于油价的上涨，2004年全年中国的贸易盈余将减少74亿美元，贸易盈余给GDP的贡献率从2003年的1.2%下降到2004年的0.6%。

（四）高油价产生通货膨胀的压力

目前中国的宏观经济调控初显成果，但不断上涨的石油价格将使政府政策的执行非常困难。据统计，2004年6月，中国购买原油的开支增加了20.9%，零售价格指数中燃料部分增长了13.6%。另外，7月份中国居民消费价格指数（CPI）同比上涨5.3%，环比回落了0.2%。油价上涨的负面影响将传导到制造业和服务业领域，进而传输到消费领域，油价成为CPI继续上涨的一个重要因素。因此，油价的上涨将带来通货膨胀的压力。据估计，在2004年年底至2005年年初，通货膨胀率将达到7%，从而使通货膨胀保持在4%的目标面临很大压力。

（五）高油价对各种类型企业的影响

（1）高油价对石油石化企业利好，石油、石化产业利润快速增长。根据中国石油化工行业协会的统计，2004年上半年中国石油和化工行业利润达到1240亿元，同比增长38.6%，相当于2003年利润总额的70.3%。中国年销售额超过500万元的16995家石油和化工企业2004年上半年的总产值达到11176.9亿元，同比增长25.6%。同期销售额为10868.3亿元，增长26.4%。其中尤以三大石油集团的利润增加更为突出，2004年上半年中国石油集团的净利润为452.9亿元、中国石化集团为150亿元和中国海油为70亿元，合计高达670亿元。

（2）航空成本上升，吞噬利润。国内航空公司的运输成本中有25%~30%是航油成本，其中中国国际航空公司更占到35%。如燃油价格每增加1美元，则国航成本将增加1.1亿元。由于国际石油价格的大幅度上涨，预计国航今年的油料成本将增长18亿~20亿元。航空、航运业界的有关人士认为，2004年因客源、货源充沛，运输形势很好，但油价上涨带来的新增成本，将大量吞噬企业的利润。

（3）航运企业成本增加。来自某海运集团的消息说，其海外集装箱业务，因在国际市场采用锁定油价的方式采购，同时加收燃油附加费，消化了部分油价上涨因素。但是，其国内运输合同在2003年年底、2004年年初早已经签订，运价也就早已锁定，因此国内油价随国际油价上涨而导致燃油成本大幅度增加，初步匡算增加燃油成本支出4.15亿元，比2003年同期增长20.3%。

（4）中国新增的石油需求60%来自汽车消费，国际石油价格的不断上涨，引起国内成品油价格的飙升将大大增加汽车使用费用，使原本打算购车的消费者作壁上观，令低迷的国内汽车业雪上加霜。

三、中国应对国际石油价格高涨措施建议

国际石油价格持续走高的形势已经引起国家领导和各级经济管理部门的高度重视，国内外方方面面提出了众多中国应对高油价的措施建议，如节约用油、发展替代能源、加大"走出去"利用境外油气资源的力度、加快建立石油储备的步伐等，这些建议都有很强的针对性。我们认为，上述措施的有效落实，将在一定程度上减缓国际石油价格高涨对中国的负面影响。同时我们认为有关部门还应关注以下几个方面的问题：

（一）有关企业积极参与国际石油期货交易活动，提高中国在国际石油价格确定的参与力度和话语权，将在一定程度上改变在国际石油市场中的被动地位

（1）实货和纸货是国际上主要的两种石油交易方式，其中期货是纸货的主要交易类型之一，期货价格很大程度上影响着实货价格的走向。如日本等消费国在国内开设石油交易市场，进行期货交易活动，以期在一定程度上影响国际石油价格。目

前，中国已经在上海开设的燃料油期货交易，应在不断完善市场交易规则、扩大交易规模的基础上，逐步将交易品种扩大到其他石油制品和原油，同时应积极创造条件使交易商品国际化，如果国内石油期货交易市场不能和国际期货市场有机地结合起来，这样既不能使中国的石油企业控制进口石油成本，从宏观上说国家也不能从根本上控制国内消费价格的上涨。

（2）国际期货交易活动是国际石油价格的主要避险工具之一，掌握并熟练使用好这一工具，可以锁定成本，减少价格波动的风险。2004年，中国原油进口数量将超过一亿吨，进口采购主要依赖长期合约和现货交易，只能被动地接受国际石油价格的涨跌，价格风险很大。因此，在当前国际石油价格较大幅度波动的情况下，中国有关石油石化企业应在严格风险管控的情况下，积极参与国际期货交易活动，通过套期保值等手段，锁定进口石油成本，减少国际石油价格大幅度波动造成的直接冲击。

（二）逐步将国内成品油价格与世界主要国家看齐，同时进行国内成品油价格构成改革，提高政府税收在价格中的比例，一方面有效地抑制中国石油消费的低效率，另一方面开辟新的财源为"走出去"和建立石油储备等重大政策的实施提供急需的资金支持

世界主要国家成品油价格及其构成与中国相比有较大的差异。如以2004年4月为例，主要欧洲国家不含铅95号汽油价格约是中国的3倍，更为重要的是绝大多数国家成品油价格中税收的比例约在60%左右，而中国同等汽油价格中税收比例大约为22%左右。2004年4月世界主要国家汽油价格及其构成如表1所示。

表1 2004年4月世界主要国家汽油价格及其构成

国别	汽油价格（元/升）	税价（元/升）	比例（%）	非税价（元/升）	比例（%）
法国	10.42	7.57	72.65	2.85	27.35
德国	11.25	8.06	71.64	3.19	28.36
意大利	10.92	7.39	67.68	3.54	32.42
西班牙	8.47	5.11	60.33	3.36	39.67
英国	11.46	8.59	74.96	2.88	25.14
日本	8.69	4.58	52.7	4.12	47.3

续表

国别	汽油价格（元/升）	税价（元/升）	比例（%）	非税价（元/升）	比例（%）
加拿大	4.9	1.89	38.57	3.01	61.43
美国	3.92	0.86	21.94	3.06	78.06

资料来源：国际能源署，《石油市场月报》，2004年5月。

提高政府税收比例有利于抑制石油消费的过快增长，从根本上解决中国受高油价影响的经济运行模式。

本文撰写于2004年9月底

加强能源合作 实现共同发展

非常高兴参加本次会议,感谢主办方的邀请和为会议做的精心准备。在国际石油价格持续高涨的形势下,各国能够聚集一堂,共同探讨能源安全和合作问题,具有重要的现实意义和长远意义。借此机会,介绍中国的经济发展、能源情况和能源政策,并就加强能源合作交流谈几点看法。

一、中国的经济发展和未来走势

自 20 世纪 70 年代末中国实行改革开放以来,中国经济持续稳定增长,国内生产总值(GDP)年均增长 9.4%,是世界上经济发展速度最快的国家之一。据中国国家统计局统计,2004 年中国 GDP 增长为 9.5%,总值达 13.7 万亿元人民币,人均 GDP 超过 1000 美元。随着中国经济的持续稳定增长,人民生活水平不断提高,各项社会事业稳步发展。与此同时,中国经济发展为世界经济增长注入了活力,向世界提供了巨大的市场和商机,许多国家从中国经济高速增长中受益匪浅。预计 2005 年中国 GDP 增长 8% 以上,在未来相当长时期内中国经济仍将保持较高的增长速度。

二、中国能源的基本情况

中国既是能源生产大国,也是能源消费大国。据中国国家统计局统计,2004 年全国一次能源生产总量达到 18.46 亿吨标准煤,其中原煤产量 19.56 亿吨,原油产量 1.75 亿吨。初步测算,2004 年全国一次能源消费总量约为 20 亿吨标准煤,其中煤炭消费量 18.7 亿吨,石油消费量 3.1 亿吨。煤炭消费在一次能源消费总量中所占比例为 66.7%,比 2003 年下降 0.4 个百分点,石油、天然气、水电等所占比例相应增加。

多年以来，中国能源工业为中国经济的持续、快速、健康发展提供了保障。能源产量逐年增加，结构有所优化，市场化程度进一步提高，节能工作成效显著，环境问题得到重视。1980—2000年，中国以能源消费翻一番实现了GDP翻两番。但是，中国在能源领域仍存在一些问题，主要是能源生产和供应面临资源约束，供需矛盾突出，特别是石油进口逐步增加，对外依存度提高，市场受石油价格影响较大；能源结构不合理，煤炭消费比例过大，石油、天然气、风能、太阳能比例低，对环境的影响增大；能源开采和利用技术水平低，能源利用效率不高，存在浪费现象等。中国已经认识到这些问题，并正在采取措施解决这些问题。

三、中国能源安全和能源政策

能源安全是指一次能源和二次能源的供应安全，包括能够以经济和合理的成本使用这些能源。总体上看，煤炭是中国的主要能源，不仅供应国内，还出口国外。石油需求不断增长，供需缺口逐年扩大，石油进口受制约的因素较多，具有不确定性。因此，中国的能源安全问题主要是石油安全，也包括电网运行安全等。

从长远出发，为了实现2020年中国国内生产总值比2000年翻两番的总体目标，中国将始终把能源作为经济发展的战略重点，以科学发展观为指导，通过研究制定能源发展战略、规划、各项政策措施，努力克服和解决能源领域存在的问题，确保能源安全，为全面建设小康社会提供稳定、经济、清洁、可靠的能源，以能源的可持续发展和有效利用支持经济社会的可持续发展。中国的能源政策大体包括以下内容：

（1）加强能源的勘探和开发。首先是加强国内煤炭、石油、天然气资源的勘探开发，增加探明储量，提高国内产量，保持国内资源供应的主导地位。例如大力开发西部能源，建设了西气东输、西电东送等重点工程。同时充分利用国内外两种资源、两个市场，积极参与世界能源资源的开发与合作。

（2）优化能源结构。以能源结构多元化、清洁化为目标，不仅加大国内石油、天然气的开采力度，还要大力开发水电，积极推进核电，鼓励发展风电等新能源和可再生能源，推动石油替代产品的应用，提高清洁能源的比例。

（3）提高能源利用效率。坚持"开发与节约并举，把节约放在首位"的方针，通过制定规划、调整结构、改进技术、健全法规、加强执法等一系列有效措施，努力提高能源利用效率。多年来，基本实现了经济增长所需能源一半靠开发、一半靠节约的目标。

（4）重视环境保护。为保护和改善环境，长期以来坚持能源生产、消费与环境保护并重的方针，通过采取多项措施，例如支持洁净煤技术的开发应用，严格控制各种能源污染物的排放，提高机动车尾气排放标准等，降低能源开发利用对环境的负面影响，促进人与自然的和谐发展。

（5）保障能源安全。为了应对突发事件，防范石油供给风险，逐步建立石油储备体系和应急机制。同时，高度重视能源生产、运输和消费环节的安全问题，确保电力、煤炭、石油、天然气的稳定供应。

四、关于国际石油价格和温室气体减排问题的看法

2004年以来，国际石油价格不断攀升，达到每桶50美元以上的高位。有人将油价上涨归咎于中国需求的增长，这种言论缺乏充足的依据。近年来中国石油进口虽有所增长，但石油消费量的一半以上来自国内资源，进口量仅占世界石油贸易量的6%左右。许多能源机构和媒体分析认为，世界石油供需总体上是基本平衡的，影响油价的因素已从供求关系向多种因素互相影响、共同作用的方向转变，非市场因素对油价的影响增大。这一轮高油价的形成与OPEC剩余生产能力降低有很大的关系，还与突发事件、地区不稳定和投机炒作等因素相关。实际上，油价上涨已经对中国经济社会产生了较大的负面影响，既对中国的外贸平衡不利，也增加了消费者的负担。因此，中国是国际高油价的受害者之一。

气候变化是国际社会所面临的共同挑战，各国均应参与到应对气候变化行动的行列之中。然而，由于各国自然资源状况、社会经济条件不尽相同，社会经济发展阶段和发展水平不同，应对气候变化的能力有强有弱，温室气体的减排潜力相差悬殊。《联合国气候变化框架公约》是环境公约，更是经济公约、发展公约。中国主张应坚持气候变化框架公约所确立的各项基本原则，特别是"共同但有区别的责任"的原则。世界各国都应在可持续发展的框架下采取行动，发达国家要率先采取减排行动，认真履行京都议定书确定的减排指标，并在今后谈判中确定2012年后应达到

的具体减排指标；发展中国家则应在发展经济、消除贫困的同时，走发展经济与保护环境相协调的道路，制定和实施有利于减缓气候变化的政策和措施。

作为一个易受气候变化影响的发展中国家，中国对气候变化问题给予了高度重视，并采取了积极的应对措施。为使能源工业既满足经济发展需要，又与保护环境相协调，2004年6月，中国制定的《能源中长期发展规划纲要（2004—2020年）》明确提出把节约能源放在首位，提高能源利用效率，建立低排放型社会；大力调整和优化能源结构，明显提高低碳和无碳能源利用的比例，努力降低单位能源消费的二氧化碳排放强度；加强技术研发和制度创新，建立有利于减缓温室气体排放的能源技术发展和创新体系。2004年11月，中国公布了《节能中长期专项规划》，制定了明确的节能降耗目标。2005年2月，中国正式颁布了《可再生能源法》，为可再生能源的发展提供了法律保障。为履行公约及指导内部行动，中国正在制定"气候变化国家战略"，并从科学角度出发编制"气候变化国家评估报告"。总之，中国将坚持不懈地贯彻以人为本、全面协调可持续的科学发展观，为保护全球气候做出贡献。

五、加强与国际能源署及成员国的合作与交流

中国与国际能源署已有多年的合作，双方过去定期和不定期地进行会晤，就彼此关心的能源问题交流信息。国际能源署是集中了世界上主要发达国家的能源组织，在应急石油储备、协调能源政策、优化能源结构、提高能源效率、保护环境和能源信息方面做了大量卓有成效的工作，积累了丰富的经验。中国非常重视学习和借鉴上述能源方面的经验，注意吸取存在的教训。

首先，国际石油价格大幅上涨将严重影响世界经济的增长，长期来看，高油价对石油供需双方都是不利的。如何使国际石油价格稳定在合理的水平上，使石油消费国和生产国实现双赢互惠，是值得认真研究的重要问题。因此，国际能源署作为石油消费国的代表，应积极与石油生产国或组织开展对话，只有进行对话和合作，共同协调政策，才能维护世界石油市场的稳定。

其次，国际能源署成员国之间合作的重要内容是需求侧的管理，石油消费国共同探讨节约石油的措施和政策，相互借鉴，取长补短，采取行之有效的办法，把不合理的石油消费降下来，是缓解当前石油市场供需紧张局势的好办法。我们对国际

能源署倡导的需求限制政策很感兴趣，如果适用于中国，能够参考借用，将有助于减轻中国石油供需紧张的压力。

还有，中国建立石油储备体系刚刚起步，目前正在进行石油储备基地的项目建设，然而储备体系建成还需要若干年时间。国际能源署及成员国在石油储备建设、管理、维护、法规等方面积累了宝贵的经验，值得我们学习和借鉴。我们认为，能源安全是全球性问题，保证能源安全需要多边合作，单靠一个国家是保证不了能源安全的。我们愿意与国际能源署在节能、环境保护、可再生能源、信息统计等方面进行交流和合作。

总之，能源问题已成为世界各国关心的焦点，需要各国的共同努力应对风险与挑战，分享能源领域的经验和教训。中国愿意积极参加全球能源合作并发挥积极的作用。让我们携手互助，促进能源合作，实现共同发展。

本文撰写于 2004 年 5 月初

新世纪的中国能源和石油天然气政策

2005年6月28日,第六届中美油气工业论坛在音乐之城新奥尔良召开。会议召开前,中方代表参观了美国能源利用设施及美国国家天然气配送中心,有机会实地了解美国能源利用状况和天然气市场化现状,给我们留下了深刻的印象。

中美油气工业论坛是中美两国能源合作的重要活动之一,是根据1997年两国签署的《中美环境、能源合作倡议书》精神举办的,得到了两国的高度重视。自1998年11月在北京举办第一届中美油气工业论坛以来,已经成功举办了五届,为增进中美两国在油气领域的合作发挥了作用,也为相互学习、共同发展、了解彼此关切的问题提供了十分有效的交流平台。

一、中国能源工业的基本情况

新中国成立后,经过五十多年的不断努力,特别是改革开放二十多年来,中国能源工业有了很大发展;中国经济年均增长率为9.4%,能源消费年均增长为4.2%,以较低的能源增长支持了较高的经济增长。这主要表现在:中国的能源产量持续增长,能源消费结构不断优化,能源产业的现代化程度进一步提高,能源工业管理体制改革不断深化,节能工作成绩显著,能源与环境问题得到了普遍重视。

(1)中国已是能源生产和消费的大国。2004年,中国一次能源生产量达到18.45亿吨标准煤,全年能源消费总量19.7亿吨标准煤,均居世界第二位,一次能源自给率达到了94%。这充分表明,中国能源消费主要依靠国内供应。

(2)中国的能源消费结构不断优化。在一次能源消费总量中煤炭所占的比例由1990年的76.2%下降为2004年的67.7%,石油所占的比例由16.6%上升为22.7%,

天然气、水电、核电、风能、太阳能等所占比例由 7.2% 上升到 9.6%。

（3）中国能源产业的现代化程度进一步提高，技术装备水平上了一个新台阶。煤炭工业已具备设计、施工、装备和管理千万吨级露天煤矿和大中型矿区的能力；石油工业的勘探、开发、炼油技术不断取得新成果，特别是在地质条件复杂的低品位油气勘探方面有自己独特的优势；电力工业发展已进入以大机组、大电厂、超高压和自动化为主要特征的新阶段。

（4）中国能源工业管理体制改革不断深化，市场化程度不断提高。煤炭价格已市场化，煤炭的生产、运输和销售也全面放开，煤炭企业联合、重组、集团化建设初见成效。石油行业的市场化步伐也不断加快，2004 年年底成品油零售领域全面放开，按照中国加入世界贸易组织的承诺，2005 年将继续开放原油、成品油的批发领域。电力行业市场化改革取得决定性进展，实现了厂网分开，电厂建设实现了多元化投资，组建了电力监管机构，按照"打破垄断，引入竞争，提高效率，降低成本"的原则正在深化改革电价形成机制。

（5）中国的节能工作成绩显著，能源利用效率不断提高。2004 年中国每万元 GDP 能耗为 1.44 吨标准煤，比 1991 年下降了约 70%，减少二氧化硫排放 1050 万吨，减少二氧化碳排放 4.4 亿吨。中国节能工作的进步，为缓解国内能源供应紧张状况、改善地区环境质量、保护全球环境做出了重要贡献。

二、新世纪中国能源和石油天然气政策

为实现 2020 年中国 GDP 比 2000 年翻两番的总体目标，中国把能源作为经济发展的战略重点，并强调以人为本，提倡可持续发展的科学发展观，通过制定和实施能源发展战略、规划、各项政策措施，深化能源管理体制改革，为经济社会的可持续发展提供稳定、经济、清洁、可靠的能源。同时要注意能源资源的可持续利用，提倡建设节能型社会，发展循环经济，注意环境保护。

21 世纪初中国的能源和石油天然气政策可以主要概括为："节能优先、效率为本，煤为基础、多元发展，优化结构、保护环境，立足国内、对外开放。"

（一）节能优先、效率为本，是从中国能源实际状况出发的必然选择

在经济总量稳步扩大，人民生活用能水平不断提高的情况下，全方位提高能源

效率，进一步提升能源节约在经济社会发展战略中的重要地位，调整经济结构和能源结构是解决中国能源发展主要矛盾的根本性举措。中国高度重视节能工作。2004年11月，颁布了中国第一个《节能中长期专项规划》。根据规划，中国将继续坚持"开发与节约并举，把节约放在首位"的方针，大力开发和应用各种节能技术，通过健全法规、加强执法、深化能源领域改革等一系列有效措施，努力提高能源利用效率，到2020年以能源消费翻一番甚至更低的水平实现GDP翻两番的目标。中国的能耗指标虽然有了很大改进，但和发达国家相比我们的经济结构还很不合理，第三产业比例只有32%，仍较低，主要产业的单位能耗还很高。例如，每千瓦时发电煤耗为0.379千克标准煤，而国际先进水平可以达到0.31~0.33千克；中国输电线损是7.6%，国际先进水平是5%~6%，石油和煤炭的采收率只有27%和30%左右，浪费严重；耗能较高的老旧机电设备还很多，只要改进技术，淘汰落后工艺和设备，中国的节能潜力是很大的。

（二）煤为基础、多元发展，是中国未来能源政策的基本方略

作为一个发展中的大国，为保证能源安全，必须长期坚持能源供应基本立足国内的方针。根据中国能源资源特点，以煤炭为主体、电力为中心，油气、新能源全面发展的能源结构在未来相当长的历史时期内还无法改变。基于此，中国未来能源结构调整要把优化二次能源结构，特别是提高煤炭利用效率和清洁性作为中心任务。中国能源政策的中心任务是，提高煤炭的利用效率和清洁使用，发展煤炭液化、气化技术；推进大型、高效、清洁煤发电，提高发电用煤在煤炭消费中的比例。同时，还要大力开发水电，积极推进核电建设，鼓励发展风能、生物质能等可再生能源；积极参与研究氢能、天然气水合物等新型能源的开发技术。通过多元化的能源利用格局，支持中国未来的经济发展。最近，中国已通过了《中华人民共和国可再生能源法》，中国将大力发展以风能、生物质能和太阳能、水能为主的可再生能源。

（三）优化结构、保护环境，是全面建设小康社会对能源产业的现实要求

目前，中国一次能源消费结构中清洁优质能源比例有所提高，但能源消费的总体结构仍然有待改善。为此，满足经济发展和人民生活对能源的需求，不断提高清洁能源使用比例和减少能源对环境造成的污染，是中国能源可持续利用的双重目标，也是促进经济和社会可持续发展的必要条件。预计中国石油消费占一次能源消费结

构的比例，将从 2004 年的 23% 上升到 2020 年的 24%~27%，天然气、水电、核能和可再生能源等清洁能源所占比例将达到 22% 左右。

（四）立足国内、对外开放，是中国油气资源发展的重要方针

立足国内，首先要加强油气资源的勘探开发。要依靠理论创新和科技进步，大力加强石油天然气资源的勘探，为石油产量稳步上升、天然气产量快速增长夯实资源基础。同时，要搞好老油气田的开发调整和新油气田的开发工作，努力提高油气田的采收率；要以培育和开拓天然气利用市场为重点，加快中国天然气发展。改革开放以来，石油天然气工业作为中国最早对外开放的领域之一，在国际合作方面取得了很大成绩。如美国的康菲石油、雪佛龙—德士古、阿帕奇等多家公司已先后参与了 57 个中国海洋和陆上油气勘探开发项目，有的已取得了很好的成绩。

为确保 21 世纪中国能源和石油天然气政策及有关措施得以贯彻落实，为确保国民经济发展有充足的能源供应，最近中国成立了国家能源领导小组，旨在强化能源管理，进一步加强对能源战略规划和重大政策、能源开发与节约等工作的领导，统筹规划中国的能源发展。

众所周知，2004 年以来国际油价不断攀升，出现大幅度的高位振荡，成为举世关注的焦点。对于油价的上涨，国际间和媒体发表不少分析与评论。有的认为是世界石油供求关系处于脆弱的平衡造成的，有的认为是人为炒作所致，也有人将油价上涨归咎于中国和印度等国需求的增长。这种将油价上涨归咎于中国等发展中国家需求增长的言论不合情理也缺乏依据。近年来，中国经济快速增长，石油消费有一定增加，从国际石油市场进口一定石油是必然的，也是一种需要。虽然进口石油有所增长且增幅比较大，但究其总量，2004 年中国进口石油 1.2 亿吨仅占世界石油贸易量的 7% 左右。2004 年，中国人均能源消费量为 1.06 吨油当量，美国人均能源消费为 7.91 吨油当量，中国只相当于美国的 13.4%。所以，中国石油消费的高增长率是建立在能源消费基数较小的基础上，中国消费的增长不是引起国际油价高涨的根本原因。许多能源机构和媒体分析的意见是，即世界石油供需在总体上是基本平衡的，这一轮高油价的形成和引发主要是由于突发事件、地区不稳定和投机炒作等因素所致。也正因如此，中国作为亚洲主要石油净进口国之一，为高油价付出了高昂的代价。2004 年，仅石油一项商品就造成了中国三百多亿美元的贸易逆差，这对中国来说也是难以承受的。为此，中国提出了5项应对之策。即，坚持开发与节约并重、节约优先的方针；充分发挥煤炭对中国能源供应的基础保障作用，积极发展新能源和可再生能源，大力开发石油替代产品，优化能源生产结构和消费结构；进一步加强国内石油天然气勘探开发，保持国内原油持续稳产，加快天然气发展，保持国内能源供应的主导地位，最大限度减少对世界能源市场的依赖；积极参与国际石油天然气勘探开发；加快国家石油储备体系和石油安全应急体系建设。

三、建立中美能源合作的新机制

中美两国是世界能源消费大国。两国的能源消费总量，已占世界能源消费总量的1/3以上。通过二十多年中美两国的能源合作，已取得丰硕的成果。进一步推动未来两国的能源合作，共同稳定世界能源市场，为人类创造一个稳定、和谐、可持续发展的环境，是有益和富于建设性的。双方应充分考虑彼此的关切，中国经济发展，摆脱贫穷落后的状况是历史发展的必然选择，世界应以正确的心态关注中国的发展。散步中国威胁论，试图以遏制的办法来影响中国的发展和对能源的需求，不仅不利于世界的稳定和发展，也注定是办不到的。为此，建议：

（1）增加对话层面，增进相互理解。二十多年来，能源合作已成为中美两国政府主要交往内容之一，中美两国企业已在中国、美国和第三国进行了范围广泛的能源合作，两国的能源合作是积极的和富有成效的。2004年，中美签署了关于双方开展能源政策对话的协议。正是这个协议，使我们两国在政府间正式建立起能源政策对话的新机制，开辟了能源政策合作的新领域。希望在此次召开的第六届中美油气工业论坛和中美能源政策对话的基础上，中美两国的能源对话与合作，可多层次、宽领域、全方位地展开，进一步增进中美双方相互理解。如，具体可考虑在三个层次建立中美两国能源政策和信息交流机制，一是政策层面，侧重于两国政府间能源及石油天然气政策的交流；二是信息层面，侧重于两国能源主管机构定期交流世界能源生产、消费数据，共同探讨世界能源生产形势和未来趋势；三是技术层面，侧重于两国能源主管部门、企业及研究机构，就能源技术性问题进行交流。

（2）扩大合作范围，促进共同繁荣。二十多年来，中美两国政府和企业为能源合作做出了积极的努力。截至2005年5月，在中美两国政府大力推动下，中美两国企业进行了范围广阔的能源合作，具体包括油气项目投资、节能技术、新能源的研究、能源先进装备等。两国政府和企业的这些努力，对保证世界能源市场的稳定、促进中美两国和世界的经济发展，做出了积极的贡献。希望中美两国政府和企业在现有合作的基础上，进一步扩大合作范围，如油气深海开采技术，石油储备，开源节流；煤炭安全开采、清洁煤使用和减少二氧化碳排放技术；天然气，包括煤层气开采和利用技术；核电等能源领域新技术应用；节能和能源高效使用；新能源开发等等。

随着中国加入世界贸易组织，中国能源行业，特别是石油天然气行业将以更积极的姿态扩大对外交流合作，进一步推动全方位、多层次、宽领域的对外开放，在风险勘探、提高油气采收率、开发未动用储量及天然气长输管道、城市燃气管网等领域都将放开限制或者改为鼓励进入，中国将继续鼓励外资参与石油天然气领域的风险勘探。我们真诚欢迎包括美国在内的世界各国的能源公司与我们加强合作，中国广阔的市场和丰富的未开发资源将为中外企业提供众多的发展机遇，中美两国的能源合作也将会有着光明的前景。只要本着平等互利、优势互补、加强交流、深入对话的原则，中美两国在能源和石油天然气等领域的合作一定会取得更加丰硕的成果，也会为世界经济的稳定发展做出贡献！

本文撰写于 2005 年 6 月底

石油储备与中国应对高油价和参与世界石油市场对策

根据论坛安排,向大会介绍中国参与世界石油市场和石油储备的建设情况。

一、中国增加进口不是导致国际石油价格不断上涨的唯一原因

自进入21世纪以来,国际石油价格不断上涨,尤其从2004年下半年开始,国际石油价格屡创新高,2005年3月16日纽约商品交易所轻质原油期货每桶突破56美元,4月4日更创纪录地触及每桶58.28美元的高位,为纽约商品交易所于1983年3月推出原油期货以来的最高点;3月15日,欧佩克一揽子油价突破每桶50美元。6月27日,WTI价格每桶突破60美元,达到每桶60.54美元的创纪录水平(图1)。

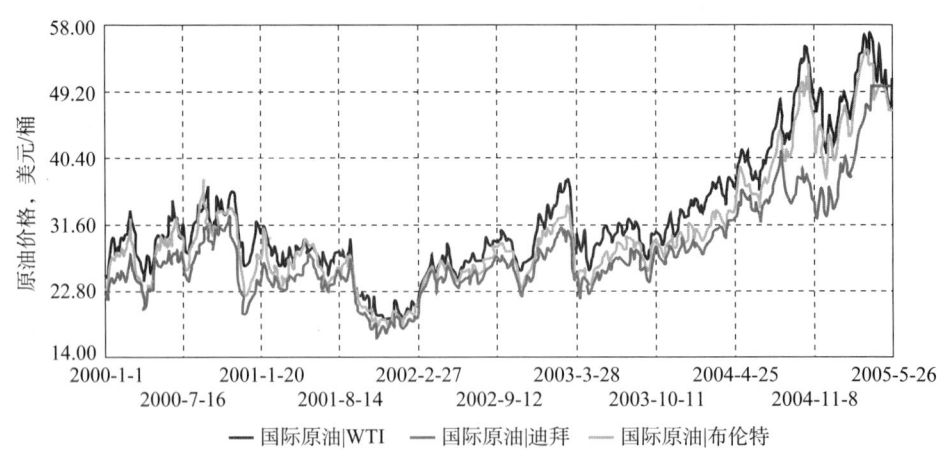

图1 2000年1月1日至2005年5月26日的国际基准原油价格走势

对于国际石油价格不断上涨的原因,国际社会众说纷纭,其中比较流行的一种说法是,由于中国经济高速增长拉动了世界石油需求,使世界石油市场供需紧张,从而造成国际石油价格不断上涨。

不可否认,中国是世界上石油需求增长较快的国家之一。2000—2004年间,中国石油需求量由每天460万桶增长到每天640万桶;2001—2004年间中国石油需求增长分别为10万桶/日、30万桶/日、50万桶/日和90万桶/日,原油净进口量由5983万吨上升到了1.17亿吨(表1)。

表1　2000—2004年世界石油生产消费和价格变化

项目	2000年	2001年	2002年	2003年	2004年
WTI现货价格(美元/桶)	30.37	25.93	26.16	31.06	41.4
中国石油需求量(百万桶/日)	4.6	4.7	5	5.5	6.4
中国石油产量(百万桶/日)	3.2	3.3	3.4	3.4	3.5
中国原油净进口数量(万吨)	5983	5270.5	6220	8299.3	11732
世界石油需求量(百万桶/日)	76.2	77.4	78	79.7	82.5
世界石油产量(百万桶/日)	76.7	77.2	76.9	79.7	83

资料来源:1. WTI现货价格,取自于普氏公司报道;
2. 世界石油需求量、产量和中国石油需求量、产量,取自于国际能源署《石油市场月报》2004年1月和2005年5月;
3. 中国原油净进口数量,根据中国海关统计计算。

而根据有关数据统计表明,同期世界石油生产和消费总体是平稳的,国际石油市场不存在供求失衡的现象,由此看出中国消费量和进口量的增加不是造成国际石油价格大幅度上涨的根本原因。

认真分析这一期间的国际石油市场,我们发现以下几个现象:

(一)石油消费国的库存不断上升

2000—2004年间,经济合作与发展组织国家政府和企业储备数量在不断增加,5年间共增加了2.11亿桶,其中主要增加来自政府拥有的石油储备,为1.76亿桶(表2)。以2004年度为例,经济合作与发展组织国家政府拥有的储备和美国战略石油储备增加的量,约占同期世界石油需求增长量的4%。

表2 经济合作与发展组织和美国石油储量变化

项目	2000年	2001年	2002年	2003年	2004年
经济合作与发展组织国家储备数量（亿桶）	37.98	39.06	38.24	39.32	40.09
其中：政府储备	12.68	12.85	13.44	14.07	14.44
企业储备	25.3	26.21	24.8	25.25	25.65
美国战略石油储备数量（亿桶）	5.4	5.5	5.99	6.384	6.756

资料来源：1. 经济合作与发展组织国家石油储备数量，取自于国际能源署《石油市场月报》2004年1月、2005年1月和2005年5月；2. 美国战略石油储备数量，取自美国能源信息署《战略石油储备，1977—2003》和国际能源署《石油市场月报》2005年5月。

（二）欧佩克被动应付国际石油价格动荡

从2000—2004年5年期间欧佩克政策和措施看，欧佩克对国际石油价格的影响有所下降：

（1）2000—2004年间，欧佩克石油产量在世界石油市场所占的份额一直在40%以下，这一期间世界石油产量的增长主要来自非欧佩克产油国（表3）。

表3 欧佩克与世界石油产量

单位：百万桶/日

项目	2000年	2001年	2002年	2003年	2004年
世界石油产量	76.7	77.2	76.9	79.7	83
欧佩克产量	30.7	30.4	28.8	30.7	33
非欧佩克产量	46	46.8	48.1	49	50

资料来源：国际能源署《石油市场月报》2004年1月和2005年5月。

（2）自2000年4月以来，欧佩克产量限额提高了281万桶/日，该组织产量的有限提高，没有能阻止世界石油价格的上涨（表4）。2005年3月16日，欧佩克在伊朗伊斯法罕会议上决定日产增加50万桶，从2700万桶/日提高到2750万桶/日，相反3月17日WTI价格每桶上涨了1.41美元。

表4 2000年4月以来欧佩克产量限额调整

单位：百万桶/日

生效日期	会议地点	调整	数量
2000年4月	维也纳	1.716	24.69
2000年7月	维也纳	0.708	25.4

续表

生效日期	会议地点	调整	数量
2000 年 10 月	维也纳	0.8	26.2
2000 年 11 月	维也纳	0.5	26.7
2001 年 2 月	维也纳	-1.5	25.2
2001 年 4 月	维也纳	-1	24.2
2001 年 9 月	电话会议	-1	23.2
2002 年 1 月	开罗	-1.5	21.7
2003 年 1 月	维也纳	1.3	23
2003 年 2 月	维也纳	1.5	24.5
2003 年 6 月	维也纳	0.9	25.4
2003 年 11 月	维也纳	-0.9	24.5
2004 年 4 月	阿尔及尔	-1	23.5
2004 年 7 月	贝鲁特	2	25.5
2004 年 8 月	贝鲁特	0.5	26
2004 年 11 月	维也纳	1	27
2005 年 3 月	伊斯法罕	0.5	27.5

（3）欧佩克成员国立场的不一致，削弱了欧佩克的市场影响力。作为一个国家间组织，由于各成员国的立场不同，多年来欧佩克内部关于石油产量的增加或减少始终不能达成一致。2005 年 3 月 16 日，欧佩克做出从 4 月 1 日起增加 50 万桶/日的决定，沙特阿拉伯石油部长纳伊米 3 月 21 日表示，欧佩克可能在任何时间决定第二次增产；而时任欧佩克主席的科威特石油部长在 3 月 22 日表示，在未来 10~14 天内，欧佩克无需作出增产决定；委内瑞拉石油部长表示，欧佩克是否作出每日增产 50 万桶的决定为时尚早。

（三）基金炒作是导致高油价的主要原因

从近几年的数据分析看，美国纽约商品期货交易所基金石油多头部位与 WTI 价格走势之间，存在着极高的相关性，基金持有的石油多头居于高位，WTI 的价格就高，而基金持有的石油多头居于低位，WTI 的价格就走低。

据统计，自 2002 年下半年以来，基金持仓量 4 次超过 1.5 亿桶。2004 年基金净多头持仓最高接近 4 万手，把油价推高到 55 美元以上；2005 年 4 月初，个别投资机构甚至预测油价将达到每桶 105 美元,把油价推到历史新高,投机基金持仓净多头也达到了最大值。据美国商品期货交易委员会统计,2005 年 4 月初基金净多头头寸达到 5 年中的最高位 88712 手,同时 WTI 价格也达到了历史高位。

综合以上分析,我们认为,虽然中国等新兴国家石油消费的增加给国际石油价格带来了一定的压力,但导致自 2000 年以来国际石油价格不断上涨的主要原因包括:主要工业化国家石油储备量的不断增加,欧佩克作用的被动发挥和国际投机基金的兴风作浪。因此,只有加强国际合作和信息交流,通过各方的共同努力,才能保持油价的相对稳定,才能保证包括美国在内的石油消费国和石油生产国的利益。

二、中国的石油储备政策和应对高油价的对策

自 1993 年成为石油净进口国以来,石油储备问题就受到了中国有关政府部门和企业的关注并研究可行性。面对进入 21 世纪以来动荡不定的油价,中国政府加快了石油储备的建设步伐。

(一)中国进口石油构不成对世界石油供应的威胁

2004 年度中国的原油产量 1.75 亿吨,原油消费量 2.9 亿吨,原油净进口量 1.17 亿吨。2004 年度中国原油净进口量,约只占世界原油贸易量的 6.3%。同年,美国进口原油数量约为 5 亿吨,日本进口原油数量约为 2.08 亿吨,中国原油净进口约相当于韩国、德国和法国进口的数量。

(二)中国能源消费主要立足于国内

中国是能源生产和消费大国。2004 年,中国一次能源生产总量为 18.46 亿吨标准煤,能源消费总量为 19.7 亿吨标准煤,能源自给率为 94%,对外依赖仅 6%。中国政府确定的能源政策要点是:立足国内,开源与节流并重,重视开发利用新能源和可再生能源,适度进行国际合作。

(三)中国建设石油储备的政策选择

与世界其他国家相比,中国石油储备的建设将立足于自己的国情和实际需要,有其特殊性。

(1)财力有限。中国是一个发展中国家,基础薄弱,中央政府的财力有限,教育、卫生和基础设施建设投资需求大,中国不可能像发达国家那样,投入大量资金,

进行大规模石油储备建设。

（2）中国是石油生产大国，2004年中国国内石油产量达1.75亿吨，完全有能力应付国际突发事件，国内石油产量足以保证国民经济的正常运转。因此，中国不会像一些完全依赖进口石油的国家那样，储备大量石油。

（3）中国石油储备的目的，是应对短期市场动荡，维持国内市场的稳定。

目前，中国已经开始了石油储备的建设工作，如同一些石油消费大国建立石油储备用了10~15年时间那样，中国也需要一个较长的建设过程。当前的高油价不是中国储备石油采购的最佳时机，中国储备石油的采购并不迫切，有充分的时间选择合适的价格和市场机会。

本文撰写于2005年6月底

当前中国和世界石油形势的几个显著特点

相当长时间以来,石油问题是国际和中国社会普遍关注的一大问题。大到八国首脑峰会、小到北京的出租车司机,都会就世界石油问题和国际石油价格,进行协商或发表一通议论。

认真分析,我们认为,当前中国和世界石油形势具有以下几个特点:第一,中国的能源和石油问题,引起国家最高层和国际社会的普遍关注,其核心问题是进入21世纪以来国际石油价格的不断上涨;第二,中国能源消费主要依赖国内资源,进口石油只占世界市场很小的比例,中国是国际石油价格不断上涨的受害者,中国能源政策的核心是立足于能源节约和国内资源,中国积极对外开放国内市场并参与世界油气资源的开发;第三,世界石油资源是充足的,进入21世纪以来国际石油价格不断上涨的主要原因是人为炒作。

一、国际石油价格不断上涨造成的石油问题引人关注

石油问题是中国最高领导层密切关注的重大问题之一。据有关报告,2003年11月29日的中央经济工作会议上,国家主要领导人在分析中国经济形势时,第一次提到了金融和石油两大国家经济安全概念,并对石油能源安全问题给予深刻剖析,比较系统地讲述了运输通道、进口、管道、贸易、战略储备以及建立境外能源生产供应基地等。对于中国已成为世界石油消费大国与进口大国,这位领导人表示,国际石油危机曾对一些石油进出口大国产生重大冲击,必须引以为戒,未雨绸缪。这位领导人要求必须从新的战略全局高度,制定新的石油能源发展战略,采取积极措施确保国家能源安全。2005年11月29日至12月1日的2005年中央经济工作会议提

出了 2006 年经济工作八项主要任务，其中能源工作被列为第四项工作任务，中央要求在 2006 年的经济工作中"大力节约能源资源，加快建设资源节约型、环境友好型社会"。

国际上出现了中国"石油威胁论"。由于中国经济的高速增长和石油消费的迅速增加，国际上一些学者和研究机构将中国与一段时间以来国际石油价格的不断上涨直接挂钩，认为中国是导致国际石油价格不断上涨的主要因素之一，中国不断增长的石油需求将对世界政治经济和能源消费格局产生冲击。如美国全球安全分析学会（IAGS）执行主任拉夫特（Gal Luft）2004 年 2 月 2 日在《洛杉矶时报》发表的一篇文章认为，中国可能会像 67 年前的日本一样为了获得石油而扩张，从而引发美中冲突。格拉夫在文章中认为，对石油的依赖就意味着对中东的依赖，中国已经开始刻意插足该地区，并以武器和政治保护为交换，这可能和美国在该地区的利益相冲突；中国石油需求对于国际石油价格的影响，可以与美国石油需求和美国国家石油库存变化相提并论；中国在基础能源的一举一动已经开始深刻地影响全球供应链的分配和国际资源重新配置，中国的石油需求在美国造成了地缘政治影响。格拉夫得出的结论是，历史证明在对匮缺的资源展开竞争之际，那些超级大国往往会发现彼此难以共存。

石油问题之所以引人关注，其最直接的原因，是自进入 21 世纪以来不断上涨的国际石油价格。据统计，1998 年美国西得克萨斯中质原油、英国北海布伦特原油和中东迪拜原油现货价格分别为每桶 14.39 美元、12.72 美元和 12.21 美元，1999 年分别为每桶 19.31 美元、17.97 美元和 17.25 美元，2000 年分别上涨到每桶 30.37 美元、28.50 美元和 26.20 美元，2004 年又分别上涨到每桶 41.49 美元、38.27 美元和 33.64 美元。2004 年与 1998 年相比，3 种原油的现货价格分别上涨了 2.88 倍、3 倍和 2.76 倍。

二、当前中国的能源和石油形势

国家统计局 2005 年 12 月 21 日公布，根据第一次全国经济普查数据，2004 年中国国内生产总值现价总量为 159878 亿元，折算 19317 亿美元，名列世界第六。与此同时，根据英国石油公司 2005 年《世界能源统计评论》的数据，2004 年中国仅次于美国，是世界第二大能源消费大国，能源消费总量为 13.862 亿吨油当量（19.7 亿吨标准煤）。中国的能源和石油形势具有以下特点：

（1）中国主要依靠国内能源资源支持国民经济高速发展。据国家统计局 2004 年国民经济和社会发展统计公报，2004 年中国一次能源生产总量 18.46 亿吨标准煤，比上年增长 15.2%；全年能源消费总量 19.7 亿吨标准煤，比上年增长 15.2%。因此，2004 年中国能源对外依赖仅为 6.92%。

（2）中国能源消费主要依赖煤炭等固体燃料，由此导致较大的环境和运输压力。以 2004 年的统计数字为例，中国的能源消费结构中，煤炭占 69%，石油、天然气、水电和核电分别为 22%、3%、5% 和 1%。而同期世界能源消费结构中，煤炭所占的比例仅为 27%，石油、天然气、水电和核电分别为 37%、24%、6% 和 6%；美国的能源消费结构中，煤炭所占的比例为 24%，石油、天然气、水电和核电分别为 40%、25%、3% 和 8%；日本的能源消费结构中，煤炭所占的比例为 23%，石油、天然气、水电和核电分别为 47%、13%、4% 和 13%。

（3）建立了较为强大的石油工业。2004 年，中国石油产量位居沙特阿拉伯、俄罗斯、美国和墨西哥四国之后，居世界第五位。2004 年全国原油产量 1.75 亿吨，天然气产量 408 亿立方米。通过新中国成立后五十多年的努力，截至 2004 年年底，在全国 25 个省、市、自治区和近海海域累计发现了 758 个油气田，形成了六大油气区，建成了大庆、胜利、辽河、新疆等 25 个油气生产基地，累计采出原油超过 40 亿吨；全国原油总加工能力约为 3 亿吨，乙烯产量 626.6 万吨。2004 年，中国以汽油、柴油和煤油为代表的成品油表观消费量为 1.57 亿吨。其中，汽油表观消费量 4607 万吨，煤油表观消费量 1035 万吨，柴油表观消费量 10063 万吨。

（4）中国石油进口仅占世界石油贸易较小的比例，未来相当长时间内不会对世界石油供应安全构成威胁。中国曾是世界上重要的石油出口国。1965 年中国实现石油产品全部自给，1973 年首船原油出口日本，自此以后中国石油出口供应国际市场。1985 年是中国石油出口数量最高的年份，当年中国出口了 3000 多万吨的原油，石油出口总量达 3460 万吨。1973—1993 年的 21 年间，中国共向国际市场出口石油 3.77 亿吨。因此，可以说，这 20 年间，中国的石油工业在保证本国经济发展的同时，也为世界经济的发展做出了贡献，为国际石油市场提供了宝贵的石油资源。1993 年，中国由石油净出口国变为净进口国。据国家统计局 2004 年度统计公报统计，2004 年度中国原油消费量2.9亿吨。据海关统计，2004年度中国原油进口1.227亿吨，出口原油549万吨，原油净进口量为1.1721亿吨；油品进口4270万吨，出口1135.92万吨，其中5—7号燃料油进口2883万吨，出口125.33万吨，油品净进口3134.08万吨。2004年度，中国原油消费对外依赖为40.41%。2004年，中国原油进口数量只占世界原油贸易量的6.29%，中国油品进口数量只占世界油品贸易量的5.96%。

专家们对未来中国石油消费和进口数量，有不同的预测。一种观点认为，到2010年中国石油进口总量将达1.7亿吨左右。假定以这一预测为准，到2010年中国石油进口也只占到2004年美国石油进口总量6.078亿吨的27.97%，2004年日本2.54亿吨石油进口总量的66.93%。因此，当前和未来相当长时间内，中国石油进口不会对世界石油安全供应构成威胁，也不会从根本上改变世界石油供应格局。

（5）中国进口石油来源较为集中，中东和非洲是中国进口石油主要来源。2004年中国进口原油的原产地超过36个，油种超过50个。中东产油国是中国进口原油的主要来源地，占中国进口原油总量的45.4%；非洲原油所占的比例为28.70%，亚太地区原油所占的比例为11.5%，来自俄罗斯和哈萨克斯坦等国家的进口约占6%。

（6）中国是国际石油价格上涨的主要受害者。据海关统计，2004年中国原油净进口费用为325.88亿美元，成品油净进口费用为52.85亿美元，合计为378.73亿美元，分别比2003年增长144.26亿美元、31.27亿美元和175.53亿美元。另据有关部门测算，2004年油价攀升对中国造成的直接代价是136亿美元，其中原油进口导致外汇多支出75亿美元，石化产品多支出61亿美元。根据我们实际工作中得到的数据测算，扣除运费上涨因素，2004年中国净进口原油价格每桶比2003年约增加7.1美元，成品油每吨约增加49.04美元。因此，仅从油价上涨的角度看，2004年中国净进口原油约多支付了60.64亿美元，净进口成品油约多支付了12.96亿美元，合计共多支付了73.6亿美元。

综合分析，宏观方面，2004年国际原油价格上涨，相当于导致中国GDP增速放缓约0.9个百分点；2005年国际油价上涨推动中国消费者物价指数（CPI）上涨0.16个百分点，工业品出厂价格指数（PPI）上升1.45个百分点；微观方面，仅以农用柴油为例，按2005年7月23日柴油价格每吨上涨250元计算，2005年全年中国农民就需多支出约37.5亿元，大大加重了农民的生产和生活负担，严重侵蚀了国家减免农业税给农民带来的好处。

（7）中国的能源政策和油气对外合作。中国政府高度重视能源问题，温家宝总理指出："必须坚持把能源作为经济发展的战略重点，为全面建设小康社会提供稳定、经济、清洁、可靠、安全的能源保障，以能源的可持续发展和有效利用支持中国经济社会的可持续发展。"中国的能源政策可归纳为以下几点：一要坚持把节约能源放在首位，实行全面、严格的节约能源制度和措施，显著提高能源利用效率；二要大力调整和优化能源结构，以煤炭为主体，多元化全面发展；三要立足于国内能源的勘探、开发，同时充分利用国内外两种资源、两个市场，积极参与世界能源的合作与开发；四要保护环境，保障安全，建设石油储备。

中国十分重视油气对外合作工作。截至2005年年底，中国相继与国外石油公司签订了两百多个石油（含煤层气）合同协议，引进外资约100亿美元。与此同时，自20世纪90年代初期以来，中国石油企业在党中央和国务院正确决策指引下，尝试走出国门参与国际石油勘探开发活动。先后筛选、研究和评估了境外五十多个国家、上千个项目。目前，已累计签署约40个海外油气勘探开发项目、管道项目、炼油项目和化工项目合同及若干个石油技术服务合同。2005年，中国石油公司获得海外原油权益产量2530万吨，天然气权益产量45亿立方米。目前中国石油企业已经在苏丹、哈萨克斯坦、委内瑞拉和印度尼西亚等国形成了若干个千万吨或百万吨级生产能力的油气基地。

三、当前的世界石油形势

自1859年现代石油工业从美国诞生以来，经历146年的发展，世界石油工业是高度成熟的行业，其利润主要来源于上游石油生产领域。石油工业是世界最大的行业之一，以2004年世界石油产量和每桶65美元计算，世界石油工业的产值约为1.8万亿美元，与中国2004年度的GDP基本相当。石油贸易是世界最大的贸易行业之一，以2004年世界石油贸易量和每桶65美元计算，直接的世界石油贸易货值为1.13万亿美元，其中原油贸易货值为9276.5亿美元。世界石油工业是高度一体化的行业，即国际大石油公司从勘探开发、炼制、运输和销售各个环节，需掌握在自己的手中，形成巨人公司。这些国际大石油公司富可敌国，在本国政治经济中发挥重要作用，对世界政治经济形势有巨大的影响。例如，在 2005 年度的世界最大的 20 家企业中，有 6 家是石油公司，其中英国石油公司、埃克森美孚、壳牌 3 家石油公司分列第 2、3 和 4 位。更为突出的是，在 2005 年世界最大的 20 家企业中，利润最多的是石油公司，其中埃克森美孚的利润高达 253.3 亿美元，远远超过第一位的沃尔玛公司。同时，世界石油工业也存在大量小型企业，为国际大石油公司提供专业化服务。当前世界石油形势存在以下特点：

（1）世界石油资源十分丰富，但地域分布严重不平衡。据 2000 年美国联邦地质调查局（USGS）公布的全球油气资源评价结果，全球石油最终可采资源量为 4138 亿吨（不包括天然气液 444 亿吨），其中全球累计生产原油 973 亿吨，石油剩余探明可采储量 1221 亿吨，常规储量增长 942 亿吨，待发现常规原油资源量 1003 亿吨。

2004 年世界剩余可采石油探明储量 1619 亿吨，比 1994 年增加了 17% 左右。2004 年世界原油产量 38.67 亿吨，比 1994 年提高了 19.49%。2004 年石油储采比达到 40.5 年。

世界油气资源分布极不均衡，主要集中于中东和俄罗斯—中亚地区。2004 年中东剩余石油探明可采储量为 1000 亿吨，占全球的 61.7%。2004 年底全球天然气剩余探明可采储量 179.53 万亿立方米，中东为 72.83 万亿立方米，占 40.6%；俄罗斯 48 万亿立方米，占世界总量的 26.7%。

（2）世界主要经济大国均靠进口油气支持本国经济发展，世界石油天然气贸易规模巨大。2004 年度，美国、日本、德国、俄罗斯、韩国、印度、意大利、法国、加拿大和中国 10 大经济强国的石油消费总量为 22.47 亿吨，占世界石油消费总量 37.67 亿吨的 59.65%。其中，美国石油消费和进口均居世界第一，分别为 9.376 亿吨和 6.078 亿吨，美国石油进口占世界石油贸易总量的 24.82%；日本石油进口位居世界第二位，为 2.54 亿吨，占世界石油贸易总量的 10.67%。

2004 年世界石油贸易总量为 23.80 亿吨，占当年世界石油产量 38.679 亿吨的 61.55%。其中原油贸易量 19.55 亿吨，占石油贸易量的 77.91%，占当年世界原油产量的 47.96%；成品油贸易量为 5.258 亿吨，占石油贸易量的 22.09%。中东是世界上最大石油出口地区。2004 年中东地区原油出口 8.45 亿吨，占原油贸易量的 45.53%，占中东当年总产量的 71.19%。

国际天然气贸易分为管道贸易和液化天然气贸易（LNG）两种形式，目前两者的比例约为3:1。管道天然气和液化天然气的贸易年平均增长速度均在5%以上。2004年国际天然气贸易总量6800亿立方米，占当年世界产量26893亿立方米的25.29%。其中管道贸易量5020亿立方米，占天然气贸易总量的73.82%，占当年世界产量的18.67%；LNG贸易量1780亿立方米，占天然气贸易总量的26.18%，占当年世界产量的6.6%。2004年俄罗斯出口天然气1484亿立方米，是世界最大的天然气出口国。美国进口天然气1210亿立方米（包括管道气和LNG），是世界最大的天然气进口国。印度尼西亚是世界最大的LNG出口国，日本是最大的LNG进口国。美国和欧洲是世界最大的管道天然气交易市场。世界天然气贸易基本是区域性市场，不同地区的价格都有自身的参照和各自不同的价格确定机制。日本进口LNG价格以进口原油到岸价为参照，美国和欧洲的天然气价格主要以燃料油为参照。

（3）石油运输主要依赖海上通道。全球海上主要运输通道有16条，其中，大西洋有7条：加勒比海和北美的航道、佛罗里达海峡、斯卡格拉克海峡、卡特加特海峡、好望角航线、巴拿马运河、格陵兰—冰岛—联合王国海峡；地中海有2条：直布罗陀海峡和苏伊士运河；印度洋有2条：霍尔木兹海峡和曼德海峡；亚洲有5条：马六甲海峡、巽他海峡、望加锡海峡、朝鲜海峡和太平洋上通过阿拉斯加湾的北航线。在这些石油海运通道中，霍尔木兹海峡和马六甲海峡最为重要。

霍尔木兹海峡全长150千米，位于波斯湾和阿曼湾之间，是波斯湾的出口，是海湾石油通往欧洲、北美、日本和大洋洲三大石油航道的"咽喉"。目前，每天通过海峡的石油约为1360万桶，占海湾国家石油出口量的88%，占世界石油贸易量的1/3。通过海峡后，分3条航道送到消费国家和地区：一条是经波斯湾—好望角—北大西洋，到欧洲国家；一条是经波斯湾—苏伊士运河—地中海，运往欧洲国家；一条是经波斯湾—马六甲海峡—太平洋，到日本、北美和大洋洲国家。

马六甲海峡全长约800千米，海峡最窄处仅1.5海里。连接安达曼海与南海，沟通太平洋和印度洋，是仅次于英吉利海峡的全球第二条最繁忙海道，是欧洲船只和中东油轮通往东亚的必经之路。目前，每天通过海峡的石油约为1030万桶，每年有超过5万艘以上的船只通过海峡。马六甲海峡安全性差。东南亚的海盗活动活跃于马六甲海峡和印度尼西亚沿岸狭窄水道中，每年国际贸易遭受的损失高达160亿美

元。20世纪90年代初,日本有关企业提出了在泰国南部的狭长地带修建管道或运河,绕过马六甲海峡的方案

(4)人为炒作是进入21世纪以来国际石油价格不断上涨的主要原因。世界石油价格自1999年1月以来持续上扬。2003年西得克萨斯中质原油(WTI)和布伦特(Brent)原油期货价格分别为每桶31美元和28.5美元,比2002年分别上涨4.9美元和3.5美元,涨幅分别为18.8%和14%;2004年WTI、Brent原油期货价格分别为每桶41.4美元和37.99美元,比2003年分别上涨10.4美元和9.49美元,涨幅分别为33.5%和33.3%;2005年2月底WTI价格突破每桶50美元,6月27日WTI价格突破每桶60美元,8月29日突破每桶70美元。自此至2005年12月底,国际石油价格在每桶60美元以下波动。

综合分析,影响国际石油价格有三大因素。一是供需结构变化主导了油价。作为一种商品,国际石油价格变化需遵从市场规律,国际石油市场的供应与需求变化直接影响价格的趋势;二是市场参与结构变化制导了油价,即世界石油市场上各类参与者的行为,对国际石油价格有重大影响;三是销售结构方式的变化引导了油价。20世纪50年代以前,世界石油被号称"七姊妹"的七大石油公司垄断,实行的是标价制;从20世纪60年代始一直到20世纪70、80年代,垄断被逐步打破,实行的是欧佩克"官价"和"参考价";1978年出现了石油期货市场,成了引导世界现货市场油价的晴雨表。目前,国际石油价格主要跟从美国纽约商品交易所和英国国际伦敦石油交易所的期货价格而变动。

数据分析表明,纽约商品期货交易所基金石油多头部位与WTI价格走势之间,存在着极高的相关性,基金持有的石油多头居于高位,WTI的价格就高,而基金持有的石油多头居于低位,WTI的价格就走低。据统计,自2002年下半年以来,基金持仓量4次超过1.5亿桶。2004年基金净多头持仓最高接近4万手,把油价推高到55美元以上。据美国商品期货交易委员会统计,2005年8月底基金多头头寸达到142591手,同时WTI价格也达到了历史最高位。

(5)当前的国际石油价格与油气生产成本无关。目前,俄罗斯的每桶原油开采总成本为11.92美元,其中勘探的费用占3美元,开发费用占3.87美元,生产费用占5.05美元;北海(英国、挪威)的每桶原油成本为10.95美元,其中勘探占2.47

美元,开发占 3.54 美元,生产占 4.94 美元;西非深海的每桶成本 9.87 美元,其中勘探 1.93 美元,开发 4.40 美元,生产 3.54 美元;墨西哥湾的每桶成本 9.02 美元,其中勘探 1.50 美元,开发 3.01 美元,生产 4.51 美元;拉丁美洲(巴西、哥伦比亚、玻利维亚)的每桶成本 8.48 美元,其中勘探 1.93 美元,开发 3.01 美元,生产 3.54 美元;中欧、里海的每桶成本 7.94 美元,其中勘探 1.50 美元,开发 2.47 美元,生产 3.97 美元;欧佩克中东地区的每桶成本 2.90 美元,其中勘探 0.43 美元,开发 0.86 美元,生产 1.61 美元;欧佩克北非地区的每桶成本 3.96 美元,其中勘探 0.96 美元,开发 1.07 美元,生产 1.93 美元;欧佩克其他国家(陆上油田)的每桶成本 4.93 美元,其中勘探 0.96 美元,开发 1.50 美元,生产 2.47 美元。随着科技进步,世界石油生产成本还会不断下降,大量边际油田、非常规石油和条件恶劣地区的油田也将投入生产。

本文撰写于 2005 年 12 月底

中国石油国际贸易发展历程回顾和展望

时光荏苒，沧海桑田。2009年是新中国成立60周年华诞。几乎与新中国同龄，中国中化集团公司（以下简称"中化集团"，前身为"中国化工进出口总公司"）全程参与和见证了中国石油国际贸易的发展历程和外贸政策的变迁。新中国成立初期，我们打破西方封锁，进口国内生产生活急需的重要物资，有力地支援新中国的经济建设；自1973年开始的二十多年间，我们向国际市场出口石油3.77亿吨，中国成为重要的石油出口国；改革开放以来，随着经济快速发展和石油需求迅猛增加，中国参与国际石油贸易的规模日益扩大，中国已成为世界上第三大石油进口国，是国际石油市场上重要的参与者。中国在不同的历史阶段实行不同的石油外贸体制和政策，对当时中国石油国际贸易的开展和国民经济发展起到了积极作用。未来，随着中国经济社会建设不断取得新的进展，国际石油贸易政策将更加开放，中国参与世界石油市场的程度会日益加深，中国经济社会发展所需的石油和能源将有更加坚实的供应保障。

一、1993年之前中国石油国际贸易和外贸体制状况

（一）1949—1992年中国石油国际贸易状况

中国是世界上最早发现和利用石油及天然气的国家，但是中国石油工业的迅猛发展则是半个多世纪以来的事。1949年新中国成立时，原油年产量只有12万吨。与此同步，中国进口公司于1950年3月1日成立，是新中国第一家专业从事对外贸易的国有进出口企业。之后不久，便从苏联进口了4万吨原油。1951年3月，中国进口公司更名为中国进出口公司，专营对西方国家的贸易，进口国内生产生活急需的重要物资，支援了新中国的经济建设。20世纪50年代，中国进出口公司陆续与四十

多个国家和地区的数百家客商建立了贸易关系,开辟了石油进口渠道,为成为石油化工贸易专业进出口公司打下了基础。1961年中国进出口公司更名为中国化工进出口总公司。70年代,中化集团已成为国际贸易界举足轻重的石油贸易商。80年代,中化集团初步发展为跨行业、多功能、综合性、国际化经营的跨国公司,1989年入选《财富》杂志全球500强,是中国最早进入这一排名的企业之一。

70年代初,中国已具备了批量向国外出口原油的实力和条件,经当时国家领导人批准,中化集团承担了中国原油出口的重任。1973年,中化集团将国产第一船原油出口到日本,之后又陆续出口石油到巴西、新加坡、美国等市场,打开了中国原油向海外输出的通道。1973—1993年的21年间,中国共向国际市场出口石油3.77亿吨,中国石油工业在保证本国经济发展的同时,为国际石油市场提供了宝贵的石油资源,为世界经济的发展做出了贡献。

(二)1993年之前实行外贸专业公司专营体制

20世纪80年代以前,中国石油工业的管理体制基本上沿用了苏联的直线职能制管理模式。20世纪80年代以后,中国开始从计划经济逐步转向市场经济,石油工业管理体制也开始相应改变,四大国家石油公司分业经营。其中,中国石油负责陆上石油的勘探与生产,中国石化负责石油炼制与石油化工,中国海油负责海上石油的勘探与生产,中化集团独家负责石油进出口业务,所有石油产品进出口贸易都实行配额许可证管理。

二、1993—2000年中国石油国际贸易和外贸体制状况

(一)1993—2000年中国石油国际贸易状况

自实行改革开放政策以后,中国经济迅速增长,石油消费快速增加,同期石油产量增长缓慢,与消费量之间的差距日益增大。1993年,中国成为成品油净进口国,当年净进口成品油1469万吨;1996年,中国成为原油净进口国,当年净进口原油222万吨,到2000年迅速增加到5983万吨。

(二)由工贸结合到一体化经营,外贸体制逐渐宽松

1. 工贸结合的石油外贸体制

1993年,随着中国外贸体制和石油产业体制改革的深入,中化集团分别与中国

石油和中国石化联合成立了中国联合石油有限责任公司（以下简称"联合石油"）和中国国际石油化工联合有限责任公司（以下简称"联合石化"），这两家公司被赋予石油产品的进出口经营权，增加了石油进口渠道。1994年7月，珠海振戎公司成立，主要负责对伊朗原油的进口工作。中化集团、联合石化、联合石油和振戎公司四家共同负责中国的石油进出口业务。

2. 石油外贸一体化经营体制

1998年，根据国务院批准的国家经贸委《关于组建两个特大型石油石化集团公司有关问题的请示》的精神，中国石油、中国石化内部实现上下游、内外贸、产供销一体化，集团之间形成互相交叉、各有优势、有序竞争的格局，石油进出口贸易实施代理制。

三、2001年后中国石油国际贸易和外贸体制状况

（一）2001年后中国石油国际贸易状况

进入21世纪以来，中国石油消费保持强劲增长态势。2001—2007年原油表观消费量年均增长8.4%，国内原油产量年均只增长2%，推动石油进口量持续快速增长，石油净进口量年均增长18.7%。2003年中国成为世界第二大石油消费国、第三大石油进口国，2004年中国石油净进口量突破1亿吨大关。2008年，虽然下半年受全球金融风暴和经济衰退的影响，中国石油消费增速明显趋缓，但全年仍保持较快增长，进口原油17888万吨，成品油3885万吨，石油对外依存度首次超过50%（表1）。需要指出的是，尽管中国石油进口量逐年增加，但2008年只占世界石油贸易总量的8%，在国际石油市场上仅占很小的比例。2001—2008年间，中国累计出口石油1.6亿吨，其中成品油出口以汽油为主，这说明中国原油进口增量并不完全用于本国石油消费，中国炼油工业也在为国际石油市场提供所需的各种油品。

随着中国石油进口量的不断增加以及油价的攀升震荡，每年的石油进口额也不断创下历史新高。根据海关统计，2008年，中国进口原油均价为723.03美元/吨，同比上涨47.7%；原油进口额为1293亿美元，在进口量增加9.6%的情况下增长62%；成品油进口额为300亿美元，在进口量增加15%的情况下增长82.7%。

表1 2001年以来中国石油进出口量及对外依存度

单位：万吨

类别	产品	2001	2002	2003	2004	2005	2006	2007	2008
进口	原油	6026	6941	9112	12281	12708	14518	16317	17888
	成品油	2145	2034	2824	3787	3147	3639	3380	3885
	石油	8171	8975	11936	16068	16853	19118	20535	22107
出口	原油	755	721	813	549	807	633	383	372
	成品油	922	1068	1179	1146	1401	1238	1551	1703
	石油	1677	1789	1992	1695	2492	2185	2187	2085
净进口	原油	5271	6220	8299	11732	11902	13884	15935	17516
	成品油	1223	966	1645	2641	1746	2402	1829	2182
	石油	6494	7186	9944	14373	14361	16934	18348	19698
石油进口依存度（%）		30	33	36.4	45.1	42.9	47.0	49.7	51.3

中国原油进口来源以中东为主，但呈多元化趋势，非洲、中亚和南美原油在中国的市场份额逐步扩大。2008年中国进口原油中，约50.1%来自中东，30.1%来自非洲，9.8%来自欧洲和俄罗斯—中亚地区，2.8%来自亚太。中国原油进口来源国家排名前五位的依次是：沙特阿拉伯、安哥拉、伊朗、阿曼和俄罗斯。

（二）履行承诺，中国石油外贸政策更加开放

多元、高效、开放、有竞争性的国内能源市场是能源安全的重要组成部分。加入WTO后，中国坚决履行入世的承诺，遵守国际规则并逐步开放国内市场。第一，减让进口关税。自2002年起，原油关税从16元/吨降为零；汽油、柴油和航空煤油进口关税税率不断下调，目前为1%；第二，取消配额许可证等非关税壁垒，2003年中国取消原油国营贸易配额，2004年1月1日取消成品油国营进口配额，石油进口国营贸易实行进口自动许可管理，石油出口实行国营贸易和出口配额管理；第三，非国营贸易进口数量基本按年增率15%逐年扩大，2009年中国原油和成品油非国营贸易进口允许量分别为2200万吨和1125万吨。

目前，中国拥有原油和成品油国营贸易进口经营权的企业为五家：联合石化、联合石油、中化集团、振戎公司、中海油中石化联合国际贸易有限责任公司（2004年4月，中国海油获得了原油和成品油国营贸易进口资格，并与中国石化组成中海油中石化联合国际贸易有限责任公司，以下简称"中海油中石化"）。其中，联合石化、联合石油和中化集团还拥有石油国营贸易出口经营权。除此之外,中国航空油料集团公司等5家企业拥有航空煤油进口经营权。

2002—2007年,商务部共公布9批原油和成品油(燃料油)非国营贸易进口经营备案企业名单,原油非国营贸易进口企业为22家,成品油(燃料油)非国营贸易进口企业为88家。加上2002年以前获得燃料油经营权的65家燃料油国营贸易企业,燃料油进口经营企业总数目前为153家。

四、中国石油国际贸易发展趋势展望

中国处于工业化和现代化的阶段,未来30年国民经济发展的良好前景预示着中国石油消费还将继续保持增长。在石油消费需求快速增加和国内资源受到限制的共同影响下,中国石油国际贸易发展趋势主要表现为进口石油规模不断扩大,对进口石油的依赖程度不断提高。预计2020年中国石油对外依存度将上升至64.5%,2030年可能增至80%。

从世界石油供需情况看,整体资源较为充足,据英国石油公司统计,2008年年底全球探明石油剩余可采储量为1708亿吨,未来42年石油开采无虞;从世界石油贸易形势看,规模不断扩大,运行平稳,多年未发生重大中断。作为世界第二大石油消费国和第三大石油进口国,中国在世界石油贸易中具有十分重要的地位。因此,在中国整体国家能源战略的框架内,在节能引导和储备保障下,通过国际贸易获取石油资源完全可以而且必将成为未来确保中国石油和能源供应安全的主要途径之一。随着经济全球化程度日益加深,中国原油和成品油对外贸易政策将更加开放和灵活。以中化集团、联合石化、联合石油、振戎公司和中海油中石化五家国有企业为主体,中国将不断增加参与国际石油贸易的广度和深度,与其他石油生产国和消费国一道,共同维护国际石油市场的繁荣和稳定。

作为中国四大国家石油公司之一,中化集团将利用近六十年在国内外市场积累的资源、渠道和运作经验,继续为保障国家石油和能源安全而努力,关注资源与环境的协调发展,积极参与国家石油战略储备建设,努力为中国构建多元化的原油和石油产品供应体系贡献力量,在中国能源市场和国际石油市场上发挥更大的作用。

本文撰写于2009年8月

深化市场化的体制机制改革，促进能源行业更好地服务于中国经济社会和谐发展

中国已经是世界最大的能源消费国。据 2011 年《世界能源统计评论》的数据，2010 年，中国一次能源消费总量为 24.32 亿吨油当量，占当年世界能源消费总量的 20.3%。为实现 2020 年全面建设小康社会的奋斗目标，当前和未来一段时间中国能源发展面临两大内外挑战，应从新的视角来思考和审视中国的能源体制机制。

一、中国能源发展面临的两大内外挑战

当前，中国能源发展面临的两大内外挑战是，一是外部总体上国内能源资源可保障中国基本的能源需求，但石油天然气对外依存度持续上升，国家能源安全形势日益严峻；二是内部随着中国经济发展和人民生活水平的不断提升，人民群众对能源普遍服务的要求越来越高。

2011 年，中国一次能源消费总量为 34.8 亿吨标准煤，一次能源生产总量为 31.5 亿吨标准煤，国内能源产量占能源消费总量的 90.51%。中国能源消费主要依靠国内能源资源，对外依存度不到 10%。但是，从分项上看，中国能源消费对外依存则是另外一种严峻的形势。2011 年，中国石油表观消费量约为 4.6 亿吨，其中进口石油约 2.89 亿吨，出口石油约 2822 万吨，石油对外依存度为 56.8%；中国天然气消费量约为 1340 亿立方米，国内天然气产量 1030.6 亿立方米，进口量约 310 亿立方米，天然气对外存度为 23.13%。这就是说，中国一半以上的石油和约 1/4 的天然气需依赖国际市场。因此，石油天然气这两个能源资源严重的对外依赖，需要中国能源行业和国家宏观政策解决两个难题，一是供应保障，即如何从国际市场组织充足的石油天然气资源供应，保障中国经济社会稳定可持续发展；二是价格合理，老百姓用得

起，不对经济社会的稳定可持续发展带来冲击。

2010年，中国国内生产总值按平均汇率折算达到58791亿美元，超过日本，成为仅次于美国的世界第二大经济体。早在2000年年底，国家统计局就发表统计分析指出，2000年全国总体平均水平进入小康社会的初期阶段，有3/4的人能过上小康生活。2011年，世界银行等国际机构认为，中国已经迈入了中等发展国家的水平。中国迈入小康社会，也使中国能源行业、尤其是国家宏观政策需要解决两大难题，一是要从总量上保障经济社会发展带来的能源消费的增长，二是要从质量上更好地满足人民群众对能源普遍服务日益多元化的需求。

二、市场化的体制机制改革是解决中国能源发展面临两大内外挑战的必然选择

中国能源行业目前基本上是国有大企业主导。客观上，国有大企业居主导地位的中国能源行业，在过去较好地解决了改革开放以来经济快速增长导致的能源需求急剧增加的难题，使一些诸如西气东输、核电站建设、特高压输电等大项目得以实施，并使中国在不太长的时间内在国际油气勘探开发方面取得了较喜人的成绩。但是，由于服务意识、市场反应、成本控制等内在短板，国有大企业越来越不能适应市场差异化服务的需求，人民群众对能源行业改革的呼声越来越大。

为解决不断提升的对海外油气资源的依存，中国需要一批具有国际竞争力的大企业参与国际竞争，保障中国海外油气供应安全。要从根本上解决中国对海外油气资源依存问题，只能寄希望于增加国内油气资源供应，实现中国的能源独立。从美国近四十年的努力和当前实际上，大国实现能源独立不仅是可能的，也是现实的。要实现能源独立，仅从油气行业来说，一是要尽快扭转国内海上油气资源勘探开发增长缓慢的局面，要加速培养和组建专业化的海上油气勘探开发大企业，要让国家专业海上油气勘探开发企业专注于海上油气勘探开发工作；二是要打破中国陆上油气生产停滞不前的局面，要进一步开放国内陆上油气勘探开发，培养出众多拥有一定技术能力和经济实力的中小企业，让这些中小企业成为国内油气勘探开发市场的主体，从而尽快使中国油气勘探开发出现像美国页岩气生产那样繁荣的局面。

为满足人民群众日益提高的对能源普遍服务的需求，能源行业需要的是

千千万万个有差异化服务能力的企业，这些企业要有较强的服务意识、对市场的快速反应、较强的成本控制能力，使人民群众拥有选择服务和服务供应商的可能。要做到这一点，国家应开放国内能源市场，培养出数量众多的能源企业，这些能源企业既可以是国有的，也可以是国有经济占主导的，更应该让更多的民营企业加入能源服务行业，通过多元的市场主体解决服务意识、市场反应和成本控制难题。

因此，解决中国能源发展面临的内外两大挑战，一方面既要有有实力的大企业参与国际市场能源资源的开发、国内海上油气资源开发、核电站和长输管网电网等大项目建设，另一方面更要有数量众多的能源企业提供有竞争性的、可选择的差异化能源服务，更好地满足人民群众不断提高的对能源普遍服务的要求。更为重要的是，要实现中国的能源独立，必须要有数量众多的中小企业充分挖掘和利用国内能源资源，扭转中国国内油气生产停滞不前的局面。为此，国家一方面在培养多种所有制能源服务企业的同时，可剥离能源行业垄断大企业的国内业务，使其解体成众多的能提供区域化能源服务的中小企业，满足能源服务需求差异化和市场竞争的需要，增强国内能源市场的活力；另一方面，保留并增强能源大企业的海外和专业化业务能力，参与国际竞争，专业从事海外海上油气资源勘探开发和能源大项目建设工作。

三、用市场化的体制机制改革破解能源价格困境

电价、气价和油价是全社会普遍关心的话题，也是国家宏观政策制订面临的诸多决策难题之一。

一种流行的说法是，电价、气价和油价要与国际市场接轨。当然，如果中国电价、气价和油价真的要与国际接轨，其必要前提是人民群众实际收入和生活水平也应该与国际接轨。仅从这些能源行业背后的有关数据看，这一说法也是不成立的。2011年，中国全社会累计用电量为4.69万亿千瓦时，电力供应中火电占72.5%，水电占21.8%，风电占4.5%，核电占1.1%，其他占0.1%。当年，中国煤炭消费总量为34.2亿吨，净进口煤炭1.68亿吨，进口煤炭占全部煤炭消费的比例仅为4.9%。这就是说，中国电价主要由煤炭、水电价格决定，而煤炭、水电价格又是以国内市场为主，与国际市场的关系不大。2011年，中国消费的天然气中，只有不到24%来源于

国际市场，而消费的石油中则有 56.8% 由国际市场供应。这也就是说，在中国气价构成和决策因素中，国际市场的影响因素不应超过 1/4；而中国油价构成和决策因素中，国内资源的影响因素也应该占到约一半的比例。

当前，中国的发电企业、油气企业均以产品价格不到位产生亏损为由，要求涨价或要求国家补贴。事实上，导致当前这些问题和矛盾背后深层次的原因，是大型能源企业通过产品价格将自己的服务质量提升、市场反应和成本控制等企业责任，转嫁给了政府和全社会，而政府和社会大众又没有选择能源服务供应商的机会和可能。反观当今美国之所以能够实现能源独立，能源产品的价格，尤其是天然气和成品油价格处于较低的水平，就是得益于其国内充分竞争的能源市场。因此，要破解能源价格困境，必须从改革当前中国能源行业的体制机制着手，培养更多的市场化主体，通过市场竞争，使中国能源产品的价格回归到与资源供应来源、人民生活水平相适应的合理的水平。

国民经济和社会发展"十二五"规划纲要指出，"'十二五'时期，世情国情继续发生深刻变化，中国经济社会发展呈现新的阶段性特征"。对能源行业来说，这些深刻变化和新的阶段性特征，要求国家必须对全行业的体制机制进行力度更大的市场化改革，培养出更多的能承担社会和企业责任的多元市场主体，打破垄断性大企业一统行业的局面，只有这样能源行业才能更好地服务于中国经济社会和谐发展。

本文撰写于 2012 年 4 月

提升油气保障水平，充足供应和经济性是关键

历年全国能源工作会议，均是对当年和今后一个时期能源工作做出部署的重要会议。2018年全国能源工作会议部署了七项重点工作，其中第一项就是"聚焦突出矛盾和问题，切实提升油气保障和能源安全生产水平"。如何进一步贯彻落实会议精神，切实将提升油气保障和能源安全生产水平落到实处，记者安栋平近日就此话题专访了中国中化集团公司经济技术研究中心首席研究员王能全。

王能全表示，提升中国油气保障，政府和有关企业要在保障油气充足供应和油气利用的经济性两个方面发力，最终的目的是要让社会大众用得上、用得起，真正让社会大众感受到中国经济社会的发展和进步。

中国电力报：2017年供暖季到来后，天然气供应紧张局面较为突出，天然气价格也出现快速增长，保障供应成为"突出矛盾和问题"。您认为应如何缓解北方冬季天然气保供的压力，对于增加天然气资源供应有何建议？

王能全：2017年供暖季后，中国北方出现了较严重的天然气供应紧张问题，并一度由北方蔓延到了南方局部地方，气价出现了暴涨，对人民群众生活产生了较大的影响，引起了全社会的关注。作为行业人士，我个人感到非常揪心。

对于这次出现的天然气供应紧张，正如大家都熟知的是，主要原因是近年来中国部分地区出现的严重雾霾和由此而产生的国家要求北方部分地区改变取暖方式，实行煤改气。2017年9月初，我参加了"2+26"城市成品油质量调研，在为期一周的时间里，走访了环北京的廊坊、保定、衡水等8个城市，调研中河北省发展改革委同志就非常焦虑，认为即将到来的取暖季可能会出现问题，一是部分地区可能完成不了施工，有大量的铁路和高速公路穿越需要协调；二是气源供应可能会有问题，

煤改气太急、太快,规模太大,气源可能保障不了。一个多月后,北方局部地区、尤其是河北地区就真的发生了取暖天然气供应不足的问题。

今年冬季,无论是中国还是北美等地区,都出现了近年来少见的严寒和低温天气。目前,正处"三九严寒"之时,是冬季最冷的时期并还将持续一段时间。解决冬季百姓的供暖问题,最简单的办法就是要实事求是,要按党的十九大报告要求的"增进民生福祉是发展的根本目的"精神办。有关部门已明确,宜煤则煤、宜气则气、宜电则电。要从根本上解决北方冬季天然气保供压力,这将是一个需花费较长时间周期和较大投资的系统性工程,不可能一蹴而就,大的方面它涉及中国减少煤炭比例的能源消费结构调整问题,小的方面涉及工程浩大的基础设施建设问题。短期,当然可以要求有关企业,不计成本、不计代价、先生活后生产进行保供,度过眼下的困难。但从更长期的时间周期看,一是要抓紧建设更多的液化天然气接收站和管道等基础设施,要让天然气资源能接得了、送得到;二是要进行天然气价格改革,让社会大众消费得起的同时,也要让企业有开展天然气业务的积极性;三是最为重要的,要尽快落实《关于深化石油天然气体制改革的若干意见》,大力开放搞活中国国内油气上游勘探开发领域,大力推进油气领域的市场化改革,培育更多的市场主体,立足国内,解决中国的油气供应保障。因此,今年供暖季结束后,我个人认为,为了保证未来不再或至少少出现这样的情况,需要各级政府部门和大量的企业要静下心来,将大量的工作做细、做实。

中国电力报:对比近三年的全国能源工作会议内容,油气领域保障供应在今年被提到最重要位置,提升油气保障水平成为国家能源局2018年重点工作中的第一项。对于加强油气资源的安全保障方面您更关注哪些方面,为什么?

王能全:实事求是地说,本次中国北方出现的供暖季天然气供应问题,是局部性的、临时性的现象,无论从中国还是国际油气市场上看,都不是全局性的和系统性的供给出现了问题。从国际油气市场看,无论是石油还是天然气,供给大于需求,是普遍现象,目前市场上有大量的石油和天然气资源都在寻找销售市场和买家。应该说,当前国际油气市场形势,对中国还是非常有利的。

今年能源工作会议上,之所以将提升油气保障水平列为2018年重点工作的第一项,最直接的原因,就是上面谈到的今年供暖季出现的天然气供应问题。但是,更为重要的是，以下两个方面的原因，要求我们不仅在2018年而且必须是未来相当长时间，都要将油气保障问题，列为能源重点工作。第一，近年来，虽然国际油气市场供大于求，但是中国石油和天然气的进口数量迅速增长，对国际市场的依赖度不断攀升。自2014年下半年暴跌以来，国际石油价格不断恢复，目前已站稳60美元/桶以上的水平，且有进一步上涨的可能。国际油气市场是一个对各种事件高度敏感的市场，各种世界政治、经济、外交和自然灾害、极端天气，都会导致油气价格的暴涨。因此，随着中国石油天然气对外依存度的不断攀升，中国经济安全、国家安全和社会大众的日常生活受到的冲击会越来越大，面临的问题会越来越严重。第二，"中国梦"和"两个一百年"宏伟目标的实现，要求中国能源行业必须满足日益增长的多种能源资源的需求和服务水平的不断提升。党的十九大报告明确要求"推进能源生产和消费革命，构建清洁低碳、安全高效的能源体系"，这其中保障供应是第一位的，没有了这一条，所有的其他要求都无从谈起。

从行业的普遍共识看，油气资源的安全保障主要涉及两个方面的内容：一是能供应得上，油气资源要能保证中国正常的经济活动需要，具体包括企业生产所需和人民群众日常生活所需；二是能消费得起，即油气资源的价格要能为中国的大部分企业，尤其是社会大众所能接受。因此，我认为，加强中国的油气安全保障，政府和有关企业要在保障油气资源的充足供应和油气资源的经济性两个方面发力，最终的目的是要让社会大众用得上、用得起，真正让社会大众感受到中国经济社会的发展和进步，要达到这样的最终目的，只能通过市场化，培育数量众多、具有较强国际竞争力的油气企业并立足中国国内来实现。

中国电力报：在近3年的全国能源工作会议中，油气改革都被作为一项重点工作来提及，作为一个油气资源较为紧缺的国家，中国在油气改革进程中不可避免地面临着上下游产业的短时波动，如何在市场化之后建立健全监管手段也至关重要。对此您有何看法，您最关心哪一方面？

王能全：党的十八大以来，油气改革一直是社会关注的重大议题和国家有关政府部门的重点工作内容之一。2015年5月中旬，国务院批转了国家发展改革委《关于2015年深化经济体制改革重点工作意见》，提出研究石油天然气体制改革总体方案，在全产业链各环节放宽准入。2016年4月初，国务院批转的国家发展改革委员会《关于2016年深化经济体制改革重点工作的意见》中，再次包含了出台深化石油天然气体制改革的若干意见及配套政策的内容。2016年8月，国家能源局发文表示，将稳步推进石油天然气体制改革。2017年3月5日，在第十二届全国人民代表大会第五次会议上，李克强总理在政府工作报告中部署2017年重点工作任务时，要求"抓好电力和石油天然气体制改革，开放竞争性业务。"2017年5月21日，新华社正式发布了中共中央、国务院《关于深化石油天然气体制改革的若干意见》，明确了深化石油天然气体制改革的指导思想、基本原则、总体思路和主要任务。

《关于深化石油天然气体制改革的若干意见》发布已超过半年多时间了，我认为，相关政府部门应按已明确的要求，结合党的十九大精神，抓紧发布有关配套的政策和文件，使油气体制改革能有序地推进和实施。在意见的落实和实施过程中，重点应做好两件事，一是要坚持市场化方向，要持续培育众多的多种所有制类型的企业，通过发挥企业的市场主体作用和积极性，来解决中国油气行业存在的问题。市场化方向改革中，当然也包括能源产品价格的市场化。这是我多年来和在多种场合一直呼吁的。二是政府仍要发挥市场监管的作用，尤其是在改革的初期和某些市场尚不能很好地发挥作用的领域，政府更要承担起统筹和协调的责任。这次北方地区发生的供暖季天然气供应短缺，就很好地说明了这一点。此外，目前中国成品油质量和市场管理较为混乱，居然11个政府部门都来管成品油质量，这一现象应该尽快改变。

个人认为，中国油气体制改革的重点，要放在国内油气上游勘探开发领域的体制改革上，必须通过开放搞活，打破事实上存在的垄断和不作为，使中国出现如美国页岩革命一样的千千万万家中小企业参与的格局，激活中国国内油气勘探开发领域，扭转中国石油产量不断下降的局面。世界石油工业近160年的发展历史已经多次证明，国家的能源安全只能依靠自己、立足国内解决，否则不断攀升的油气对外依存将给中国经济、外交带来越来越大的难题，油气安全保障问题将成为实现"中国梦"和"两个一百年"奋斗目标的严重掣肘。

中国电力报：作为中国四大国家石油公司之一，据了解，中化集团石油业务包括原油国际贸易、成品油国际贸易、成品油分销零售、石化仓储、石油炼制等产业链环节。2018年，中化集团的石油业务将如何为国家的经济建设和油气安全保障继续做出自己的贡献？

王能全：中国中化集团公司是四大国家石油公司之一，石油业务已有超过60年的历史。目前，公司已建成了涵盖石油上下游的完整产业链，包括油气勘探开发业务、原油成品油国际贸易、石化仓储物流、石油炼制和成品油化工品的分销零售，在国际和国内石油化工领域拥有较强的实力和影响力。

上游勘探开发领域，除在20世纪90年代就响应国家号召积极"走出去"开展境外油气勘探开发项目外，2014年中化集团所属企业就进入重庆等地，开展了页岩气的勘探开发活动。本次北方供暖季天然气供应紧张发生后，中化集团积极承担起央企的社会责任，急社会之所急。2017年11月底和12月初，中化集团投资的重庆项目足201-H1投入试采（页岩气）生产并进入下游用户供气管网，为部分缓解冬季的天然气供应紧张起到了一定的作用。足201-H1井是中国第一口井深超6000米的页岩气水平井，测试日产气量超过10万立方米，标志着中国渝西区块深层页岩气勘探取得战略性突破。

石油炼制领域，中化集团全资的福建泉州1200万吨/年炼厂，是目前国内最现代的炼油企业，所生产的成品油产品具有国内最好的品质，正在由中化集团的成品油销售企业销往全国，将大大助力国家的环境保护工作。目前，总投资325亿元的该炼厂二期项目建设已经启动，将为"一带一路"倡议的实施发挥更大的作用。

中化集团积极参加国家石油储备项目的建设和管理工作，负责建设和管理了国内最大的舟山国家石油储备基地。2015年5月25日，习近平总书记视察了该基地，肯定了中化集团的基地建设和管理工作，对国家石油储备建设工作提出了更高的要求。

当前，中化集团上下正在认真学习党的十九大报告，尤其是对能源工作要求的精神，积极落实2018年能源工作会议要求，充分发挥自身的国际化经营优势，努力组织国内外两个市场的油气资源，服务于中国的经济建设并不断提升中国的油气安全保障，为实现"中国梦"和"两个一百年"的奋斗目标积极贡献自己的力量。

本文撰写于2018年1月初

原油期货交易：
无法承载的过多及过高期许

万众期待的中国原油期货交易，终于有了明确的时间表。

2018年2月9日，中国证监会宣布，中国的原油期货将于2018年3月26日，在上海国际能源交易中心挂牌交易。至此，历经多年筹备并在一再推迟之后，中国的原油期货交易即将上市，社会各界和专家们可以不用再费心地打探、猜测了，一块大石头最终落地！

中国是世界第二大石油消费国，2017年表观石油消费量为5.9亿吨；第一大石油进口国，2017年石油进口量为4.19亿吨，石油净进口量为3.96亿吨；第六大石油生产国，2017年国内石油产量为1.91亿吨，但如加上各种企业投资境外拥有的权益油1.5亿吨，则中国的石油总产量为3.41亿吨，位居世界石油生产大国第四位。目前，中国已是世界石油市场举足轻重的重要力量和世界石油市场的重要组成部分。多年来，社会各界都在积极呼吁尽早启动中国的原油期货交易，有关政府部门、企业为此也做了大量的准备工作。因此，开展原油期货交易，是中国石油行业内外普遍期待的一件大事，尤为重要的是，它应是落实"建设现代化经济体系"的具体举措。

一段时间以来，社会各界和舆论对中国即将上市交易的原油期货进行了多方分析及探讨。除其对石油产业本身的影响外，有专家和机构还认为，原油期货交易上市将使中国拥有原油价格的决定权或话语权，对保障中国石油安全将起到一定的作用，因原油期货而产生的"石油人民币"将动摇"石油美元"的地位，更有甚者认为将动摇美国在全球的霸权地位等。持这些观点的，不仅有国内专家和媒体，还有国际上某些国家的专家和媒体。从对世界石油市场的历史、现状和主要石油期货交易的发展历程，结合目前公开发布的有关中国原油期货交易资料分析，我们认为，上市仅是中国原油期货交易的开始，在可以预见的较长时间内，中国原油期货将很难实现社会大众和专家们的过高期许，中国的原油期货要实现其预期目标还有很长的路要走。

一、期货交易是世界石油市场发展到一定阶段的产物，其本质是金融工具，具有剧烈波动性

自1859年从美国诞生以来，世界石油工业已有近160年的历史。简单地归纳，国际石油价格体系经历了标价、官价、现货价格和期货价格4个不同的发展阶段。20世纪80年代中后期开始，石油现货交易和现货市场的作用日益显现，现货价格成为世界石油市场的主流价格体系。现货交易虽然具有灵活、即时地反映市场供需状况的特点，但会带来市场和价格的极端波动，且不具有反映市场长期趋势的能力，这样催生了另外一种石油交易方式，即石油期货和中远期市场，一般统称为石油期货交易，期货价格也成为世界石油市场的价格标杆。迅速发展的期货交易不是以获取石油实物为主要目的，本质上越来越成为金融工具，对石油供需基本面之外的因素非常敏感。到20世纪末期，国际石油价格更大范围、更大幅度，具备众多理由同时也不需要理由的大幅度波动所有触发因素都已具备。正是在这一背景下，产生了我们亲身经历的进入21世纪后国际石油价格的暴涨暴跌。

当前，世界石油贸易绝对多数以美元计价，世界主要石油交易机构开展的交易、其中包括期货交易也以美元计价，这就是社会大众统称的"石油美元"。一般认为，"石油美元"的诞生，是在第一次石油危机期间由美国政府和沙特阿拉伯秘商形成的。目前世界石油市场大家熟知的美国西得克萨斯中质原油、英国布伦特原油和阿曼原油的期货交易，是纽约商品交易所1983年3月30日、伦敦国际石油交易所1988年6月23日和迪拜商品交易所2007年6月1日分别推出的，比一般意义上石油美元的诞生晚了十多年、甚至三十多年的时间。因此，绝不是石油期货交易产生了石油美元。到今天为止，我们也没有看到美国与沙特阿拉伯有关"石油美元"秘密协议的官方文件。客观和冷静地分析，我们认为，"石油美元"不可能是人为设计出来的，它应该是世界经济发展的产物，是在布雷顿森林体系解体后，世界贸易和世界石油市场发展必然产生的，因为在相当长的时期只有美元具有作为世界主要商品（其中

包括石油）标价和结算货币的可能。从另一角度看，石油作为世界上实物数量、交易额规模巨大的商品，出口收入是众多石油生产国财政主要来源，以世界主要贸易计价、结算和储备货币美元来进行计价和结算，自有其内在的逻辑。

石油期货交易机构中，影响最大的是美国纽约商品交易所、英国伦敦国际石油交易所、迪拜商品期货交易所和新加坡石油交易市场。世界石油生产大国俄罗斯，在圣彼得堡的国际商品交易所开展乌拉尔原油期货的交易，以卢布计价。伊朗国际原油交易所2006年3月成立，2011年7月13日开展首笔60万桶未成功的原油交易，以欧元、伊朗里亚尔和其他一篮子货币作为结算货币。石油消费国，如日本的东京工业品交易所推出了汽油、煤油、柴油等品种，迪拜原油期货2001年9月上市交易，以日元计价和结算。印度的大宗商品交易所开展西得克萨斯中质原油和布伦特原油期货交易，以卢比计价和结算。从实际效果看，无论是诸如俄罗斯等的石油生产国和日本等的石油消费国，以自身货币计价的原油期货交易均不理想，更无法通过原油期货来达到预期的撼动美元地位的目的。

石油是现代经济社会的"血液"，石油价格的大幅度波动，是近160年来世界石油市场的最显著特点，其代表性事件就是20世纪70年代的两次石油危机和进入21世纪以来的石油价格暴涨及暴跌。虽然世界石油市场盛行"阴谋论"，但深入系统地研究、分析160年来世界石油工业的历史，我们认为，石油市场供需结构的变化是导致石油价格大幅度波动的最根本原因，从长时间周期看，任何"阴谋"或"黑幕"都难掀波澜。

二、现有设计存在的问题和不足，可能将影响原油期货交易的实际运行和市场影响力

对于即将上市的中国原油期货交易，有媒体将其特点用17个字进行了概括，即"国际平台、净价交易、保税交割、人民币计价"。根据上海国际能源交易中心发布的有关原油期货交易系列公告等材料，我们认为，拟上市的原油期货交易可能存在以下三大问题和不足，这三大问题和不足可能会较为严重地影响原油期货交易的实际成效。

一是原油期货可交割品种等的设定，可能将影响交易的效果和市场影响力。

根据 2017 年 5 月 11 日发布的《关于发布〈上海国际能源交易中心章程〉〈上海国际能源交易中心交易规则〉以及相关业务细则的公告》之附件 13《上海国际能源交易中心原油期货标准合约》，原油期货的交易品种为中质含硫原油，基准品质为 32API 度，硫含量 1.5%。2018 年 2 月 9 日发布的《上海国际能源交易中心关于原油期货可交割油种、品质及升贴水规定的公告》，进一步明确了原油期货可交割的油种、品质及升贴水，可交割的原油品种计 7 种，其中国产原油一种，国外原油 6 种，分别为中国的胜利原油，阿拉伯联合酋长国的迪拜原油和上扎库姆原油，阿曼苏丹国的阿曼原油，卡塔尔的卡塔尔海洋油，也门的马西拉原油，伊拉克的巴士拉轻油。7 种原油的 API 度，最低是中国的胜利原油 24API 度，最高为阿联酋上扎库姆原油 33API 度；硫含量最高的伊拉克巴士拉轻油 3.5%，最低的也门马西拉原油 0.8%。认真研究原油期货的可交割油种构成和升贴水等规定，我们可以发现：

第一，原油期货可交割的油种以国外原油为绝对主体，是与目前世界上成功的原油期货交易最大的区别之一。

第二，可交割的原油品种多达 7 种，且各油种的 API 度和硫含量存在较大的差异，可能不利于形成交易品种中质含硫原油统一的标杆价，而国外成功的原油期货交易原则上以单一原油品种为主体。

第三，世界石油市场各油种与基准原油之间的升贴水，受这一油种的产量、炼厂需求、船运装期和天气变化等多种因素的影响，是经常性变化的，不可能固定不变，存在大量的市场运作机会，这也就是世界石油市场活力之所在。

第四，5 个中东地区国家生产的 6 种可交割原油品种中，阿拉伯联合酋长国、卡塔尔、伊拉克是欧佩克成员国，其石油产量受欧佩克产量限额的控制。

阿曼虽不是欧佩克成员国，但是自 2016 年年底以来由于参加了联合减产行动，其石油产量事实上也是受限的。阿曼原油，是迪拜商品交易所交易的标杆油种，其期货价格是苏伊士运河以东原油交易的标杆价。迪拜商品交易所开业时，之所以没有选择本国所生产的原油而选择了阿曼原油作为标杆油种，就是为了避免作为欧佩克成员国其产量限额对期货交易可能产生的影响。但不幸的是，由于 2014 年下半年石油价格暴跌，世界主要石油生产国基本上都走到了"减产限价"同一条船上，今天阿曼原油面临的市场形势已与 2007 年 6 月 1 日迪拜商品交易所开业时面目全非。

也门虽不是欧佩克成员国，但它是一个很小的石油资源国和生产国，其探明石油储量约为30亿桶。由于受内战的影响，外国石油公司撤出，也门石油产量大幅度下降。2017年，也门的石油产量为3万桶/日（约合150万吨/年），在世界石油市场上基本可以忽略不计。马西拉原油作为也门生产的一个油种，目前只能间歇性地出口，不具备作为原油期货交易的正常条件。

尤需指出的是，7种可交割原油中的6种是中东地区产油国生产的，日益不稳定的中东地区形势，可能将严重影响市场对这些可交割油种的信心。采用这些原油作为可交割的油种，一方面根本无法达到保障中国石油供应安全的目的，另一方面可能还将会影响到市场对原油期货交易本身的信心。

第五，胜利原油基本上不存在交易且产量不断下降。原油期货交易中唯一国内生产的可交割原油是胜利原油，该原油由中国石化胜利油田管理局生产。根据胜利油田的官网，油田工作区域分为东部山东省和西部新疆等两个部分，截至2016年年底共取得探矿权11.47万平方千米，油、气资源总量分别为153.97亿吨、9741.1亿立方米。胜利油田于1961年4月正式开始生产，1991年达到3355万吨创历史最高水平。2014年下半年国际石油价格暴跌后，胜利油田的产量不断下降，2016年和2017年原油产量约为2400万吨左右。

胜利原油属含硫中间基原油，硫含量为1%，属于偏重的常规原油，多采用燃料型加工方案。受限于中国现行的石油工业体制，胜利原油主要在中国石化内部流通。同时由于历史原因，仅少量供应独立炼厂。因此，胜利原油目前基本上不存在公开的市场交易行为。

二是中国石油市场还不是严格意义上的市场经济，将直接影响原油期货交易的实际效果。这主要包含两个方面的内容：

第一，中国不存在原油现货交易，从而可能使原油期货交易陷入空转的境地。成功的期货交易必须与发达的现货交易相配套，事实上期货交易就是现货交易发展到一定阶段的产物，是现货交易的避险工具和价格指引。到目前为止，中国尚不存在原油现货市场。国产原油基本上都在中国石油、中国石化、中国海油系统内自流通，少量的原油会在三大石油公司之间交流。进口原油，更是实行严格的流向监管，由拥有进口使用资质的企业自用，不能流向社会。此外，由于企业实际经营的需要，炼油企业为保证正常的生产经营活动，普遍要保证70%左右的原油供应采取长期合约或长期合同的方式，现货采购量会控制在30%上下。中国炼油企业80%以上由中国石油、中国石化、中国海油等国有大石油公司拥有，原油供应主要由集团内部的专业贸易公司按生产计划采购。拥有进口原油使用权的独立炼油企业生产能力约1.2亿吨左右，进口原油总量不超过1亿吨。因此，仅从中国炼油企业原油使用和流通的现状看，在中国国内尚不存在原油现货交易活动的情况下，推出了原油期货交易，这种交易活动可能主要只能在交易所内流动，不能通过现货交易放大和推动原油期货交易的活跃。

第二，虽然经过多年不断完善，但目前中国成品油价格还没有完全同世界石油市场接轨，国家发展和改革委员会还在不时公布成品油价格，即使从最简单角度看，目前中国国内的成品油价格与世界石油市场还有10个工作日的时间差。由于成品油价格没有完全与世界石油市场接轨，将导致中国原油期货交易参与者中的炼油企业，需要花较大精力去管理可能存在的市场经营风险。

第三，人民币计价既是原油期货交易的最大亮点，一段时间内也可能是其发展的主要制约因素。应该说，拟推出的原油期货交易最大的亮点，就是人民币计价，它充分展示了政府部门和社会大众对原油期货交易和人民币的期许，也就是一般意义上可能创造出"石油人民币"。账户的封闭管理可以一定程度上解决原油期货交易中他国货币的使用问题，事实上这也就是人民币一定程度资本项下的可兑换。相比一段时间曾盛传的原油期货人民币计价并与黄金挂钩的说法相比，这是更优的设计。不可回避的是，由于现阶段人民币资本项下的不可自由兑换及其在国际上作为流通和储备货币比例的偏小，将直接抑制境外原油期货交易参与者的积极性和交易规模，尤其是世界上主要石油生产国持有人民币的积极性。很难设想，作为石油这种世界范围交易且规模巨大的贸易商品，其计价和结算货币，不能自由兑换或被世界大多数国家广泛接受。更为重要的是，就在宣传"石油人民币"可能取代"石油美元"时，专家和媒体都缄口不语的责任和义务问题，也就是作为被寄予厚望的这一货币发行的主权国家，必须承担的维系这一货币信誉、稳定的责任，这一责任既包括经济的，更需要政治、外交，甚至是军事实力作为后盾。人民币的国际化，是与中国的综合国力、管理能力和在世界的影响力相辅相成的。"石油人民币"的背后，既是荣耀，更多的还有责任和义务。

三、持续改进存在的问题和不足，不断增加中国原油期货交易的市场活力和影响力，逐步使原油期货交易实现预期的目的

我们建议，应从以下 3 个方面加以持续改进：

一是尽可能快地将原油期货可交割的油种转换为中国国产原油为主。从当前世界石油市场成功的期货交易实践看，纽约商品交易所、伦敦国际石油交易所成功交易的都是本国生产的美国西得克萨斯中质原油和英国北海布伦特原油。迪拜商品交易所的影响力在不断扩大，其交易的也是本地区生产的阿曼原油，而且 2007 年 6 月 1 日推出时，还考虑了其不受欧佩克产量限额影响的特点。需说明的是，1983 年 3 月 30 日纽约商品交易所推出西得克萨斯中质原油的期货交易时，美国是不允许原油出口的，直到 2016 年年初美国才开始解禁原油出口。按目前的设计，中国的原油期货交易事实上是"他的原油，我定价"，原油期货交易产生的价格可能只是迪拜商品期货交易所阿曼原油期货价格的地区差价，影响力将十分有限。中国是世界第六大石油生产国，如加上海外权益油产量，则可排名世界第四，中国石油生产的一举一动，同中国石油消费一样，足可以对世界石油市场产生较大的影响。上海国际能源交易中心在公告中声明，将密切关注和分析各油种市场情况变化及发展趋势，适时对油种、品质及升贴水进行调整。为此，随着原油期货交易的开展，建议积极研究并尽可能快地用国产原油作为主要可交割的原油品种，从而实现"我的原油，我的市场，我定价"。

二是尽快培育中国国内原油现货市场，使中国成品油价格与世界石油市场尽可能完全接轨，加快推进中国石油产业的市场化改革进程。要使拟推出的原油期货交易发挥应有的作用，在供给侧改革和产业政策规范好石油化工产业发展的基础上，中国必须培育原油现货市场，第一步使中国国产原油能在国内规范地进行交易，第二步让进口原油也能在国内进行自由的买卖，形成中国原油现货市场，从而尽快将期货交易活动必不可少的一环补齐。通过多年的实践，中国国内成品油价格已经具备与世界石油市场完全接轨的市场氛围和社会大众的接受心理，国家发展和改革委员会完成可以退出成品油价格命令发布者的角色，在完善市场机制和制度规范的基

础上，转变为石油市场的监督者，从而使原油和成品油价格的国际化、市场化形成一个完整闭环。从世界石油工业发展的历史看，像中国这样经济体量巨大的大国，要解决石油安全问题，不可能将希望寄托在原油期货交易活动上，必须依靠立足国内石油天然气资源的开发和供应。从中国石油工业的现实看，上游勘探开发领域的市场化最为迫切，要通过市场化，打破事实上存在的垄断和不作为，激发社会各方的积极性，尽快扭转中国国内石油产量不断下降的局面，使中国石油天然气生产领域出现如同美国"页岩革命"那样的繁荣，从根本上解决中国的能源和石油安全问题。

三是积极推进人民币的完全可自由兑换。原油期货交易的人民币计价设计，其目的是想通过原油期货交易来推动人民币的国际化。不过，人民币如不能做到完全可自由兑换，肯定会影响原油期货交易的规模、活跃程度和市场影响力，"石油人民币"的目标就不可能完全实现。目前，人民币的完全可自由兑换和原油期货交易，正陷入"先有鸡或先有蛋"的两难境地。要实现"中国梦"和"两个一百年"的奋斗目标，完全可自由兑换是人民币国际化必须迈过的一道坎。因此，我们衷心地希望随着原油期货交易的不断实践，人民币的国际化进程也能不断加快，中国原油期货交易与人民币的可自由兑换相辅相成、相互促进。我们更热切地希望，随着"石油人民币"规模的不断扩大，国家对人民币国际化和期货之类金融工具的管理能力也能不断提升。

我们认为并希望看到的是，原油期货交易应作为进一步推动中国石油工业国际化、市场化的具体措施和有效手段，在未来相当长的时间内，不能赋予其过多和过高的期许，更不能因为国际上某些国家出于自身的需要和愿望而给中国原油期货交易戴上不切实际的光环而沾沾自喜，事实上这些国家中就有世界主要石油生产国，而他们自身推出的原油期货交易非常不成功。

我们衷心地祝愿，中国的原油期货交易起步稳健，不断完善，市场活力和影响力日益扩大。

本文撰写于 2018 年 3 月初

从全球视野的角度，
认识中国的石油对外依存度

根据国家统计局等发布的数据，2017 年，中国原油表观消费量 6.1 亿吨，国内原油产量 1.915 亿吨，原油进口量 4.196 亿吨、出口量 486.34 万吨。因为不同的统计口径，对于 2017 年度中国石油对外依存度，有关机构有不同的表述和数值。加上进口的石脑油和液化石油气等折算值，有专家认为，2017 年中国石油对外依存度已升至 72.3%。

这些统计数字出来后，媒体和社会各界对中国的石油对外依存度非常关切并焦虑。那么，70% 上下的石油对外依存度真的是那么可怕吗？我们认为，当前中国的石油市场和石油产业已经高度国际化，应该站在全球视野的角度，分析和认识中国的石油对外依存度问题。

一、高涨的石油对外依存度，是中国经济社会持续进步的结果

中国是世界上最早利用石油和天然气的国家。1949 年前，主要依赖被称为"洋油"的进口石油，新中国成立前的 44 年，中国共进口了 2800 万吨"洋油"。

1959 年，在松辽地区发现了大庆油田并于 1960 年投入开发。1963 年底，中国实现了石油基本自给，1965 年实现了石油产品全部自给。1973 年，中国第一船原油出口到日本。1985 年，石油出口数量最高，达 3460 万吨。1973—1993 年，中国共向国际市场出口石油 3.77 亿吨，中国的石油工业在保证自身经济发展的同时，也为世界经济的发展做出了贡献。这二十多年间，正好经历了两次石油危机，中国出口的宝贵的石油资源，有效地缓解了国际石油市场的紧张局势。

1991 年以后，中国石油消费快速增长。1993 年，中国成为石油净进口国，1996

年成为成品油净进口国。2000年，中国原油和油品净进口总量为7384万吨，占消费量超过31%。2004年，中国石油消费量为3.23亿吨，2010年达4.48亿吨，2013年达5.07亿吨。这期间，中国的石油产量在2015年达到2.15亿吨的峰值。消费与国内产量背离的结果，是中国石油对外依存度的迅速攀升。2004年，中国石油对外依存度为46.17%，2009年为51.88%，2015年为61.8%。

一国工业化和现代化的某些阶段，石油消费与经济增长存在较强的正相关关系。改革开放40年来，中国经济高速增长，已成为世界第二大经济体，加之近两年国内石油产量的下降，使得中国的石油对外依存度不断攀升，并导致了2017年世界石油行业的一个标志性事件，就是中国超过美国成为世界第一大原油进口国。

二、不断创新高的石油对外依存度，反映的是中国石油市场和石油产业已经高度国际化，其危险程度并不如想象得那样高

从绝对数值来看，目前中国的石油对外依存度并不是世界最高的。日本、法国、德国和韩国等，石油消费全部依赖进口，对外依存度基本上是100%。近年来，印度的石油对外依存度也迅速攀升，2003年就接近70%，2012年更是超过了75%。研究界谈得最多的石油对外依存度的国家，是美国。1947年成为石油净进口国之后，2006年，美国石油对外依存度达到峰值，为67.28%，2017年下降到了33.62%（图1）。

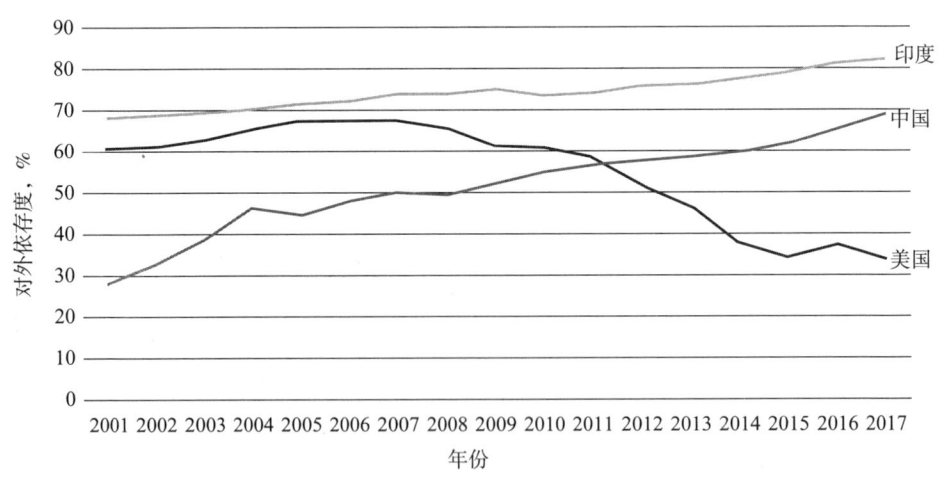

图1 2001—2017年中国、美国和印度石油对外依存度的变化

认真分析近年来不断攀升的中国石油对外依存度真实内涵，尤其是将其放在当前国际石油市场的大环境下，我们认为，当前看似很高的中国石油对外依存度，说明的是中国石油行业的国际化程度，真实的对外依存度并没有那么高，其实也并不可怕。其主要理由如下：

第一，当前70%上下的石油对外依存度，反映的是中国石油市场和石油产业的国际化，中国对国际石油市场真实的依存度要低得多。

当前中国石油加工业已可服务国内国际两个市场。2010年，中国原油净进口量为2.36亿吨，成品油净进口量为1000万吨。2014年，中国原油净进口量为3.08亿吨，成品油净进口量为70万吨。这就是说，到2014年为止，中国不但要从国际市场净进口原油，还要净进口成品油，中国石油加工业还不能完全满足国内市场的需要。但是，从2015年开始，情况发生了根本性的变化。这一年，中国原油净进口量为3.32亿吨，但却向国际市场净出口了622万吨成品油。2017年，中国原油净进口量为4.15亿吨，成品油的净出口量为2270万吨。这也就是说，从2015年开始，不断上升的中国原油进口数量和石油对外依存度，部分已不是为了满足中国经济建设的需要，而是服务于国际市场，中国石油加工业已可满足国内国际两个市场的需要。以2017年为例，扣除中国向国际市场出口的5234万吨成品油，如按75%的轻油收率折算，约为7000万吨原油，这样中国的原油净进口量就可下降到3.45亿吨，原油对外依存度就可下降11.5个百分点。

当前中国石油勘探开发领域已经国际化，不能简单化地仅盯着国内的石油产量。2016和2017年，中国的石油产量由2015年峰值时的2.15亿吨，分别下降到1.99亿吨、1.91亿吨。不过，从20世纪90年代中后期开始实施"走出去"战略以来，通过二十多年的不懈努力和累计三千多亿美元的境外投资，中国企业已经成为国际石油市场的重要力量。2017年，以几大国有石油公司为主体的中国企业，拥有的境外权益油气产量为1.9亿吨，其中权益原油产量为1.5亿吨，可排在世界石油生产国前十位。因为石油公司都是国际化经营，权益原油虽然不一定都运回国，但因是中国企业的投资所得，理论上必要时是可以拿回国内的。如将1.5亿吨境外的权益原油产量加上，2017年中国境内外原油产量合计就是3.41亿吨，原油净进口量就将下降到了2.65亿吨，原油对外依存度就会下降24.59个百分点。

综上，2017 年度，扣除向国际市场净出口 2270 万吨成品油折算回的约 3026 万吨原油，中国原油表观消费量应为 5.79 亿吨，再减去境内外合计 3.41 亿吨的原油产量，原油净进口量就只有 2.38 亿吨，真实的原油对外依存度只有 39.14%。

第二，当前中国原油进口来源已经高度分散化，进口来源、运输方式和通道安全并不对中国的石油安全保障构成严重的威胁。

2017 年，中国进口的原油来源于世界 50 个左右的国家和地区，其中俄罗斯、沙特阿拉伯和安哥拉等 15 个国家最多。这 15 大进口原油来源国，占中国进口原油总量的 89.4%，其中沙特阿拉伯等中东 6 国占 42.7%，巴西等拉美 3 国占 13%。2017 年，中东原油占中国进口原油的市场份额已降至 23 年来的最低水平，美国成为第 14 大中国原油进口国，比例为 1.8%，为 765.43 万吨。

陆上管道运输，已成为中国原油进口的重要方式。其中，中哈原油管道，累计输油量已超过 1 亿吨，2017 年为 1230.82 万吨；中俄原油管道累计输油量也超过了 1 亿吨，2017 年为 1650 万吨，且 2017 年 12 月 12 日二线工程完工后，已具有输送 3000 万吨 / 年的能力。中缅原油管道，2017 年向中国输送原油 386.8 万吨，具有 2200 万吨 / 年的输送能力。3 条管道合计，2017 年共向中国输送原油 3267.62 万吨，占当年原油进口总量的 7.8%。3 条管道的最大原油输送能力为 7200 万吨 / 年，已成为中国原油进口运输方式的重要组成部分。

目前，海上油轮仍是中国进口原油的主要运输方式。2017 年，15 个大进口来源国中 9 个国家的原油，需通过印度洋和马六甲海峡向中国海运，占当年进口原油总量的 58.8%（图 2）。这就是媒体和社会大众普遍关心的"马六甲海峡困境"问题。但是，事实上，第一，中国从非洲和中东进口的原油，可以不走马六甲海峡，而选择巽他海峡、龙目海峡和望加锡海峡，这两个海峡均可通过 VLCC，且航道条件好于马六甲海峡。国际石油贸易中，油轮之所以选择马六甲海峡，主要是在马六甲海峡附近安排船加油很方便。第二，媒体和社会大众流传的海盗和船舶运输安全问题，更多的仅是想象和担心，多年来没有实际发生过。第三，从目前世界大国间的军事实力对比看，只有美国拥有封锁马六甲海峡和印度洋的能力，未来相当长时间内，我们不能想象中美两个大国之间会发生全面的军事对抗。

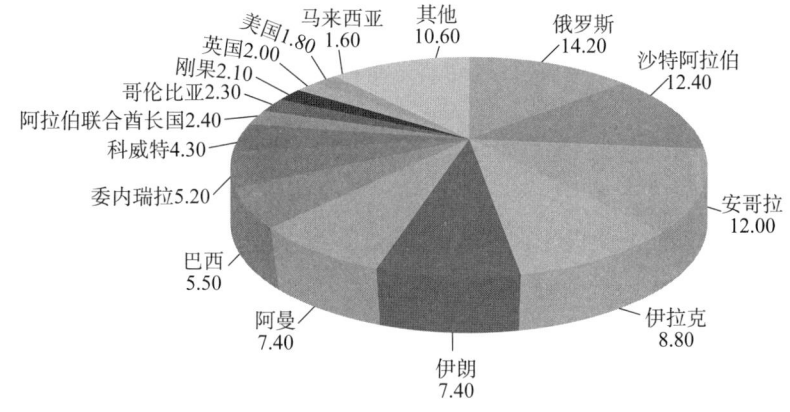

图 2　2017 年中国 15 个大原油进口来源国

第三，当前世界石油供应充足，有利于中国充分利用国际石油市场。

2014 年下半年暴跌以来，石油价格总体处于较低的水平，供应充足且有较广泛的可选择性，中国石油工业积极进行了结构调整，国内部分高成本的油井被关停。目前，由于国际市场供大于求，产油国更多的是要推销自己生产的石油，中国石油加工企业可以根据最优的市场原则，选择所需的原油，国家也可将此作为一种对外政策的工具和手段。例如，有媒体报道，沙特阿拉伯将提高销往亚洲原油的价格，中国原油进口量最大的企业中国石化就表示，计划削减 40% 进口的沙特阿拉伯原油数量。因此，当前供应充裕的国际石油市场，给中国经济发展、能源和石油产业的结构调整，提供一个较为难得的机遇期。

三、充分利用较为宽松的国际石油市场环境，大力推进中国石油产业的国际化和市场化改革，立足两种资源解决中国的石油安全问题

第一，未来一段时期内，中国的石油对外依存度会持续攀升，对此要有充分的认识和心理准备。

根据"中国梦"和"两个一百年"的奋斗目标，到 21 世纪中期，要全面建成小康社会和社会主义现代化强国，中国能源消费仍将保持一定的增长，未来 10 年左右的时间里，石油消费保持一定的增速。一方面，近年来，中国汽车销量保持在 2000 万辆以上，这必将带来石油消费的刚性增长；另一方面，石油化工行业是中国发展

的重点产业，2018年中国的炼油能力将达到8亿吨。国家批准正在建设和将要建设的炼化一体化项目，2020年前后，还将有1亿吨以上的炼油能力投运。因此，最简单的估算，2030年前后中国的石油消费量有可能达到8亿吨左右，如果国内石油产量不能维持在2亿吨，届时中国的石油对外依存度极有可能会超过80%。

第二，国际石油市场未来一段时间仍将处于相对宽松的环境，中国可以充分加以利用。

从2014年下半年开始，由于美国"页岩革命"的成功，国际石油形势发生了根本性的变化，市场供应充足。2016年年底以来，欧佩克和俄罗斯等达成的减少石油产量、稳定石油价格的协议，刺激了油价不断上涨。综合国际能源署等主要机构的观点，未来10年左右的时间里，由于美国、挪威、巴西、加拿大石油产量的不断增加，世界石油消费不会过高地依赖欧佩克，国际石油市场仍将维持供大于求的局势，油价将维持在60~80美元/桶的水平。除非出现中东地区的大规模动荡和世界大国间的直接冲突，未来出现全球性大规模石油危机的可能性不大。因此，在2035年中国全面建成小康社会和基本实现社会主义现代化之前，我们面临的国际石油形势将是较为宽松的，进口石油来源多样化的选择是有保证的。

第三，加快推进石油产业的国际化和市场化改革，立足国际国内两种资源保障中国的石油安全。

由于复杂的国际形势，过高的对外石油依赖，肯定会对"中国梦"和"两个一百年"奋斗目标的实现带来一定的影响，甚至在某些时期或特定的环境下，会在一定程度上成为中国经济社会建设和对外政策的制约因素。因此，必须站在国家经济社会发展的全局性、战略性的高度，关注并解决中国过高的石油对外依存问题。

从短期看，多样化采购、多种运输方式进口，可以在一定程度上缓解中国过高的石油对外依存度带来的风险，而且这也应是中国要长期坚持的对外政策工具。从长期看，解决中国的石油安全问题，路径是非常清楚的，国际上也有成功的经验，包括大力推进能源节约控制能源和石油消费总量的过快增长，积极开发可再生能源，煤炭等传统能源的清洁化利用，建设国家石油储备，调整并优化石化产业结构等。

我们认为，要从根本上解决中国的石油安全问题，必须立足国际国内两种资源，其主要手段就是继续大力推进中国石油产业的国际化和市场化改革，真正形成卓有成效的全球能源治理能力。当前和未来相当长时期，在"一带一路"倡议的引领下，中国各类所有制企业要继续"走出去"，积极参与世界油气资源的开发和利用，中国的石油加工业在两头在外的同时，也要积极投资于境外的项目，形成强大的国际市场竞争和资源组织能力。同时，中国国内石油行业要继续进行市场化改革，其中上游勘探开发领域的市场化最为迫切，要下大力气，激发社会各方的积极性，尽快扭转国内石油产量不断下降的局面。像中国这样经济体量巨大的大国，国内石油天然气资源的开发和利用当然是解决石油安全问题的最根本立足点，但与此同时，国内石油市场的高度国际化也应该是中国建成社会主义现代化强国的具体体现。

当前，美国之所以不再高度依赖进口石油，是第一次石油危机后，从尼克松政府以来的历届美国政府持续大力强调能源安全、积极推动油气产业市场化和国际化的结果。页岩革命集中爆发于20世纪90年代中期，成功于2005年前后，2014年后对国际石油市场的影响日益显现并不断增大，使美国石油对外依存度从约68%的峰值下降到只有1/3上下。更为重要的是，当今美国是世界上最有效利用国内国际油气资源的国家，既进口同时也出口原油和成品油，油气等能源资源已成为美国强有力的对外政策工具，特朗普政府还提出了更宏大的"能源统治"目标。我们衷心地希望，通过十多年的努力，在2030年中国石油消费和对外依存度峰值到达前，中国石油天然气行业也能出现如同美国页岩革命那样的繁荣，同时中国的石油市场和产业也更加国际化，使"中国梦"和"两个一百年"宏伟目标的实现不但有坚实的石油安全保障，还应成为非常有效的对外政策工具。

本文撰写于 2018 年 4 月中旬

中美能源议题：短期平衡贸易但更要有长远战略考量

2018 年 5 月 19 日，中美两国在华盛顿就双边经贸磋商发表联合声明，双方同意将采取有效措施实质性减少美国对中国的货物贸易逆差，有意义地增加美国能源出口。从官方声明中，我们可以看出，能源是中美双方都给予高度关注的焦点议题，对于稳定和改善中美贸易关系起到了非常重要的作用。

中美两国的能源形势如何？当前中美两国的能源贸易真实的内容究竟是什么，未来会有多大的发展空间？更为重要的是，中美高度关注的能源议题，从长期战略的角度将给我们带来什么样的启迪，应是我们要认真思考的问题。

一、中美两国的能源形势正在朝完全相反的方向发展

今天，美国和中国分别为世界第一和第二大经济体。从 2009 年开始，中国就超过美国成为世界第一大能源消费国，并一直保持了这一位置。

2017 年，中国能源消费总量为 31.43 亿吨油当量，能源对外依存度为 20.04%。美国 2017 年的能源消费总量为 24.43 亿吨油当量，能源对外依存度只有 7.61%（图 1）。

2017 年，中国石油净进口量为 4.19 亿吨，超越美国成为世界第一大石油进口国，对外依存度约为 70%；进口了 940 亿立方米天然气，对外依存度为 39.61%，是仅次于日本的世界第二大液化天然气进口国；煤炭进口量为 2.62 亿吨，对外依存度为 9.66%。

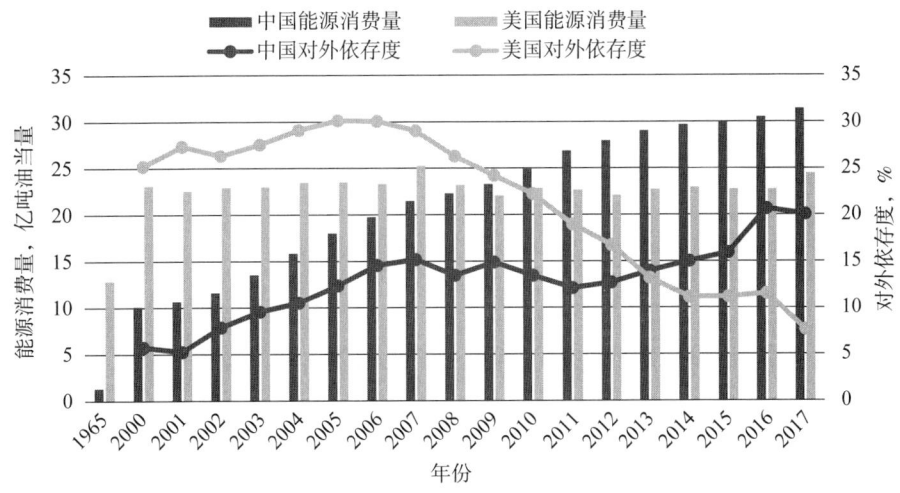

图 1　1965—2017 年中美能源消费量及对外依存度

2017 年，美国的能源净进口量下降到 1982 年以来的最低水平。2005 年美国的能源净进口量最高，为 7.55 亿吨油当量，能源对外依存度为 30.14%。2007 年，美国的能源消费达到了最高值，为 25.25 亿吨油当量。在保持经济稳定增长的同时，2017 年美国能源消费总量都没有超过 2007 年的水平，而国内的能源产量却在不断增长，从 2007 年的 17.85 亿吨油当量，增长到 2017 年的 21.88 亿吨油当量。2011 年，美国就成为石油产品的净出口国，2017 年又成为天然气的净出口国。目前，除仍净进口原油外，美国已成为煤炭、焦炭、石油产品、天然气和生物质能的净出口国。

这些数字的对比说明，中国和美国的总体能源形势正在朝两个完全相反方向发展。比简单数字更为重要的是，图 1 所反映的，是中美两国经济社会发展处在完全不同的阶段，更直观地说明了中美两国经济质量的巨大差距。

二、当前和未来相当长时期，中美两国的能源贸易规模都将十分有限

（一）2017 年是中美能源贸易的元年

2017 年，中国从美国进口了 765.43 万吨原油，占进口总量的 1.80%，是进口来源国的第 14 位；进口液化天然气 151 万吨（美方的统计为 29.2 亿立方米），占天然气进口总量的 2.25%；进口煤炭 317 万吨，占进口总量的 1.21%。

从总量和比重看,2017年美国三大能源资源在中国进口能源中数量偏小,所占比重也偏低,但是却有非常重要的意义。2016年,中国从美国进口的煤炭数量是零;进口的原油数量不到50万吨,2017年增长了15.3倍;进口的液化天然气4.9亿立方米,2017年增长了6倍。冬季气荒的刺激,2017年10—12月,中国从美国购买了创纪录的液化天然气,一跃成为美国第三大液化天然气进口国。

2017年,中国从美国进口了337万吨丙烷,占进口总量的25.25%,美国事实上是中国第一大丙烷进口来源国。2017年,中国还从美国进口了8万吨甲醇。

2017年,中国从美国进口的原油、液化天然气贸易额约为43亿美元,丙烷的贸易额约为17.61亿美元,合计约为60.61亿美元。

(二)美国能源资源的出口高度分散化,中国已占相当的比重

2017年,美国能源资源的出口总量为4.47亿吨油当量,石油产品、天然气、煤炭、原油和焦炭是五大出口数量最多的能源品种,占出口总量的98.65%(图2)。

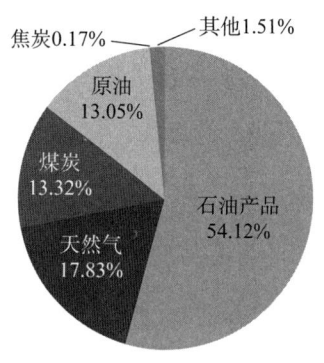

图2 2017年美国能源出口结构

2017年,美国炼厂的加工量为1690万桶/日,开工负荷高达91%,石油产品的出口量为520万桶/日,主要包括丙烷、馏分油和汽油。馏分油是第一大出口产品,27%的馏分油出口到世界79个国家和地区,主要是墨西哥和中南美洲;丙烷是第二大出口产品,占石油产品出口总量的17%,出口量为90.5万桶/日,出口到世界58个国家和地区,亚洲地区的化纤企业是主要的出口地,前五大进口国分别为日本、墨西哥、中国、韩国和新加坡,包括中国在内的亚洲4个国家丙烷进口量为45.2万桶/日,占美国丙烷出口量的一半。2017年,美国出口汽油82.1万桶/日,出口到

世界 69 个国家和地区,一半出口到墨西哥。目前,美国是汽油净出口国,2017 年汽油的净出口量为 18.5 万桶/日。

2017 年,是美国原油出口解禁后的第二个完整年份,原油出口量为 110 万桶/日,比 2016 年增长了 89%,出口目的地有 37 个。加拿大、中国、英国、爱尔兰、韩国、意大利、法国、新加坡、日本和印度,是 2017 年美国十大原油出口国,其中中国位居第二位,所占比例为 20%。

2017 年,美国的液化天然气日出口量为 5430 万立方米,由路易斯安那州的萨宾帕斯终端出口到世界 25 个国家。美国出口液化天然气中的 53%,输往墨西哥、韩国和中国三国,墨西哥 20%,韩国占 18%,中国占 15%。

2017 年,美国的煤炭产量为 7.01 亿吨,比 2016 年增加 4082 万吨,是 2001 年以来产量增加最快的一年。2017 年,美国煤炭出口总量为 8618 万吨,比 2016 年增长了 58%。其中,出口到亚洲的中国、日本和印度的煤炭数量为 2812 万吨,比 2016 年增加了近一倍,主要原因是 2017 年 4 月份黛比飓风造成的澳大利亚煤炭减产;出口到欧洲的为 3628.8 万吨,比 2016 年增加 1180 万吨。

(三)从中短期看,美国对中国出口能源产品的数量增长将十分有限

当前和未来一段时间,煤炭和馏分油、汽油等石油产品,不会成为中美两国能源贸易的主导产品,原油、液化天然气和丙烷会成为两国能源贸易的主导产品,但是由于美国能源产品出口的基础设施都正在大规模建设过程中,从建设到投运需要一段相当长的时间,因此从中短期看,美国对中国出口的能源产品数量增长将十分有限。据媒体报道,美国方面预计,未来 3~5 年内,中美两国的年能源贸易才能达到 500 亿~600 亿美元,这应该是客观和现实的。

液化天然气是中美两国最看好的能源贸易品种。2009 年超越俄罗斯以来,美国一直是世界第一大天然气生产国。2017 年,美国天然气产量约为 9366 亿立方米,2022 年开采总量将突破万亿立方米大关。目前,美国天然气消费量不到 7000 亿立方米,其中发电用气近 40%,工业用户近 33%,居民用气约 16.5% 上下。未来相当长时间,美国天然气出口压力会越来越大。美国的天然气出口以管道出口为主,液化天然气出口为辅,其中通过管道出口到加拿大、墨西哥的天然气分别占出口总量的 29% 和 49%,液化天然气仅占 22%。2016 年以来,路易斯安那州的萨宾帕斯和马

里兰州的科弗角两个项目的投产，美国液化天然气的日出口能力提升到1亿立方米。未来两年内，美国还有4个液化天然气项目投产，分别为2018年的佐治亚州厄尔巴岛和路易斯安那州的卡梅伦项目，2019年的得克萨斯州的弗里波特和克里斯蒂项目。2019年年底，美国液化天然气的日出口能力将大幅提升到2.7亿立方米。2020年，美国将超越马来西亚，成为仅次于澳大利亚、卡塔尔的世界第三大液化天然气出口国。

2017年年底，美国的原油产量已经超过1000万桶/日，出口量为110万桶/日。2018年前4个月稳定在1050万桶/日以上，5月初原油出口量增长到260万桶/日的历史高位，5月份计有2500万桶原油出口到亚洲的中国、韩国、新加坡、印度和马来西亚。预计，2018年全年美国的原油出口会增长到160万桶/日。目前，美国用于原油出口的港口主要位于墨西哥湾地区，这些地区的港口水深等条件十分有限，大部分只能用于50万桶的阿芙拉型油轮的装载，用于90万~100万桶的苏伊士型油轮装置的码头十分有限，无法满足200万桶的VLCC油轮的装载条件。为了装载VLCC油轮，必须用4条阿芙拉型油轮或两条苏伊士型油轮进行转运，大大增加了美国出口原油的运输成本。美国目前唯一具有VLCC使用条件的码头，是路易斯安那海上单点系泊码头（Louisiana Offshore Oil Port，LOOP），主要用于进口原油，但已改造可用于出口原油。目前，负责港口建设事务的美国海事管理局，还没有接到有关企业深水港口的建设计划。最有可能改造为装载VLCC油轮能力的得克萨斯南部圣体市港口，目前主要用于周边油田的生产活动。

2018年第一季度，中国购买了20亿美元的美国石油。预计，2018年下半年，中国每日进口的美国石油在30万~40万桶区间，全年进口的美国原油可能增加至90亿~110亿美元。

丙烷是中美两国能源贸易的重要品种。2017年，中国进口的丙烷总量为1335.2万吨，进口来源地主要为阿拉伯联合酋长国、美国、卡塔尔、科威特、沙特阿拉伯、尼日利亚。目前，中国有8套合计467万吨/年的纯丙烷脱氢装置在运行。2018—2022年，还将新增纯丙烷脱氢装置约600万吨，总产能将达到1100万吨左右，丙烷进口需求约1320万吨。因此，预计2022年前，中国丙烷进口量将维持较快的增长。

美国还有一项重要的能源资源、也是重要的化工原料中国尚未进口，即乙烷。

2016年，世界乙烯原料构成中，乙烷的比例为36.2%，预计2021年乙烷将提高到40.4%。2014年，美国超越中东成为世界最大的乙烷生产地。2016年，美国乙烷产量为2521.2万吨，净出口量为345万吨，通过管道出口至加拿大，以及通过船运出口至西欧和印度。2017年，美国乙烷产量是2980万吨，出口量为556万吨，乙烷过剩约31.1%。2021年，美国乙烷生产潜力将达5601万吨/年，净出口量将达732.3万吨，仍有24.5%的过剩乙烷。目前，中国已有数个100万吨级及以上的乙烷制烯烃项目正在建设或规划中，总产能为1150万吨/年，所需乙烷数量约为1500万吨/年，部分项目已经同美方供货商达成了供应协议。因此，乙烷将有可能很快超越丙烷，成为中美之间贸易规模和贸易额比较大的能源商品。

三、应从战略的高度，全面介入美国的能源建设并认真学习美国的成功经验，尽快实现中国的能源独立

（一）美国正在进入"能源黄金时代"并努力实现"能源统治"的目标

当前，美国的能源行业之所以出现如此繁荣，是20世纪70年代第一次石油危机后四十多年间，历任美国政府持续强调能源安全、大力推进能源产业市场化的结果。美国这样的政党政治国家，无论是民主还是共和党执行，都少有地持续强调能源安全问题，采取一系列措施加以持续推动，实属难得。

2017年1月，特朗普就任总统后不久，提出优先处理的六大"头号问题"，第一条就是"美国第一能源计划"，"为辛勤工作的美国人降低能源价格，尽量开发本土能源，减少国外石油进口"。2017年1月24日，特朗普签署了"拱心石"和达科他输油管线工程的行政命令；3月28日，签署"能源独立"行政命令，解除对美国能源生产的限制、废除政府的干涉。特朗普称，这是"美国能源生产一个新时代的开始"。2017年7月6日，在波兰参加"三海峰会"时，特朗普表示可以在15分钟内启动一个液化天然气的合作协议。2018年4月，特朗普直接向德国总理默克尔施压，要求德国放弃对俄罗斯北溪天然气2号管道项目的支持，更多地购买美国的液化天然气。特朗普已成为美国最大的能源推销员。

2018年3月5—9日，第37届剑桥能源周期间，美国能源部长里克·佩里提出了"新能源现实主义"的口号，称能源是美国优势产业，将加大相关基础设施建设，

向国际市场出口更多原油和天然气，美国将回归到"现实主义"的政策上来，更多地依靠国内能源，更多依靠技术创新来解决能源安全问题，不是要去除化石能源，而是能清洁、更高效地利用化石能源，要让能源产业成为美国经济增长的主力，解决更多就业问题。

美国能源信息署估计，2018年全球石油消费预计仅增长170万桶/日，而美国的石油产量将增长200万桶/日，全球石油消费增长将全部由美国石油生产商提供。2018年3月份，国际能源署发表的最新市场报告预测，预计2017—2020年间全球石油消费将增加370万桶/日，同期美国石油产量料将增长近300万桶/日，仅美国的产量就能满足未来5年世界石油需求增长量的60%以上。今天，我们看到的就是，繁荣的天然气、石油和煤炭出口，美国的能源行业正在进入"黄金时代"，特朗普正在将就职演说中的"美国第一优先"转变为"能源统治"，即美国内政部长瑞安·津克所言的，美国"就是在环境、经济和道义层面统治能源世界"。

（二）除直接进口美国的能源资源外，中国企业更应积极地介入美国的能源开发和基础设施建设

中国增加对美国原油、液化天然气等能源资源的进口，当然可以在短期内减少贸易顺差。在5月19日的联合声明中，我们还看到，中美双方同意加强投资方面的合作。我们认为，从长期看，中国企业应积极地介入美国能源资源的开发和基础设施的建设，这对于强化中美两国之间互惠的经贸关系，将更加具有意义。

多年来，中国就有很多企业，投资了美国页岩油气的勘探开发活动。客观地说，美国油气行业的繁荣，也有中国企业的贡献。2017年11月8—10日特朗普对中国的国事访问期间，双方签订了2535亿美元经贸大单，能源项目几乎占了半壁江山，这些项目的顺利实施，将为未来美国油气行业的发展和平衡中美之间的贸易，做出更加积极的贡献。

从美国自身来说，无论是原油、液化天然气、丙烷和乙烷的出口设施，都存在较大的不足，严重地影响了这些能源产品的出口。更为严重的是，由于美国独特的地理位置，对于像中国这样位于亚太地区的国家，如要进口美国的能源产品或其他商品，都不可避免地面临长距离的运输问题，尤其是需通过巴拿马运河。特朗普政府执政以来，推出了庞大的基础设施建设计划，并正在大力推进中。通过改革开放

40年的实际锻炼，中国企业拥有强大的港口、铁路等基础设施建设和管理能力。因此，一方面，中国企业自身应该积极争取或通过中美两国政府的支持，参加美国能源基础设施项目的建设，尽快解决美国能源出口能力的瓶颈；另一方面，我们应该呼吁美国政府，尽快规划并建设面向太平洋的美国能源出口通道，提升美国能源产品的国际市场竞争力，为当前和未来能源需求最旺盛的亚太地区国家提供运输便利。

（三）认真学习美国的成功经验，尽快实现中国的能源独立

根据"中国梦"和"两个一百年"的奋斗目标，到21世纪中期，要全面建成小康社会和社会主义现代化强国，中国的能源消费仍将保持一定的增长，能源消费的峰值可能在2030年或之后才能到来。2030年前后，中国能源对外依存度还将上升，石油对外依存度有可能达到80%。在能源领域，今天中国正在经历的，正是美国20世纪70年代后期走过的路，面临美国20世纪70年代第一次石油危机后同样的能源形势。

大国必须实现"能源独立"，能源是一国经济社会正常运转的"血液"，我们不能对任何国家形成能源的依赖，这是"中国梦"和建成社会主义现代化强国的必要前提。

通过四十多年的努力，美国不但实现了能源独立，能源更成为对内对外政策强有力的工具。美国能源行业的市场化始于20世纪70年代末的里根政府时期，页岩革命的成功更是来源于强大的市场机制。今天，我们看到的美国油气行业现状就是，大批具有创新能力的中小型油气企业，竞争性的油田服务及设备行业，良好的能源基础设施，透明和可信赖的监管环境，石油天然气地质数据公开透明，石油和天然气资源自由定价等。据不完全统计，目前涉及页岩油气生产各环节的企业超过8000家，其中7900家以上是中小企业。美国页岩油气革命的成功，功在中小企业。为打破近年来油气生产停滞不前的局面，中国要进一步开放国内油气勘探开发活动，培养出众多拥有一定技术能力和经济实力的中小企业，让这些中小企业成为国内油气勘探开发市场主体，尽快使中国油气勘探开发出现美国页岩油气生产那样繁荣的局面，立足国内，实现并确保中国的"能源独立"。我们认为，大国实现能源独立不仅是可能的，也是现实的，我们应该通过复制美国的成功来实现中国的"能源独立"。

美国的新能源现实主义口号，当下非常值得我们学习和借鉴。目前，中国能源

消费总量巨大，化石能源占绝对地位，鼓励、发展新能源和可再生能源，有环境和社会的意义，但传统化石能源的清洁化、高效使用更具现实意义，中国拥有十分丰富的煤炭和油气等传统化石能源资源，这些资源应在现代技术的驱动下被清洁、高效地使用，在支撑中国经济社会发展和保障中国能源安全的同时，充分发挥出传统化石能源资源应有的价值和作用。

增加进口能源产品，可以平衡中美两国的贸易，当然值得自豪并令人愉快，但我们更希望看到的是，2018年5月被摆上桌面的中美能源议题，是警醒，警醒我们必须采取更加积极的多种措施，加快实现中国的能源独立！

本文撰写于 2018 年 5 月底

从能源统计数字，客观冷静地认识中美两国经济社会的现实

中国是不是全面超越了美国？是一段时间以来中国学界和社会比较关心的话题之一，各路专家们通过不同的数字对比得出不同的结论，某些结论引起哗然，某些结论更是被嗤之以鼻。

能源是一个国家的基础和支柱产业，最基本的能源消费和生产数字反映的是这个国家的经济发展现状和人民生活的水平，也就是一般意义上的一个国家的综合国力。依据近期发布的英国石油公司《世界能源统计评论》和福布斯世界500强榜单，结合中美两国政府官方的统计材料，使用最简单的加减乘除而不需要借助任何复杂的模型和计算公式，我们就可以从能源的角度来看一看中美两国经济社会的真实状况，看一看中美两国的综合国力还有多大的差距，好让学界和社会大众更加冷静、客观地认识中美两国经济社会的现实。

一、两组最关键的基础数字

2017年，中国国内生产总值（GDP）为827122亿元人民币，按6.75的平均汇率计算，折合122503.75亿美元，年末内地总人口139008万人，人均GDP约为8880美元。同年，美国GDP总值为193868.01亿美元，人口为32445.95万人，人均GDP为59938美元（表1）。

2017年，美国的GDP高出中国71364.26亿美元，中国GDP是美国的63.19%，美国的人均GDP是我们的6.75倍。

表1 2017年中美两国核心能源统计数字对比

国别	人口（亿）	GDP（万亿美元）	人均GDP（美元）	能源效率（美元）	人均能源消费（吨油当量）	人均电力消费（千瓦时）
中国	13.9	12.25	8880	3911	2.25	4589
美国	3.24	19.39	59938	8675	6.88	12365

资料来源：英国石油公司《世界能源统计评论》，2018年6月；中国、美国官方有关经济数字统计。

二、7个层面能源统计数字的对比，说明中美两国经济社会的现实与差距

2017年，中国是世界第一能源消费大国，一次能源消费总量为31.322亿吨油当量，占世界的23.2%。美国是世界第二能源消费大国，一次能源消费总量为22.349亿吨油当量，占世界的16.5%。中美国两国相加，一次能源消费总量为53.671亿吨油当量，占世界的39.7%。2017年，中美两国的人口合计为17.15亿，占世界的23.05%。

因此，中美两国在世界能源消费中拥有绝对的比例和影响力，中美两国的能源消费将决定当前世界能源消费形势和未来的走势。

第一，能源效率的对比。能源效率，即单位能源消耗所能产生的GDP，是衡量一个国家经济效率的重要指标。2017年，中国单位油当量产生的GDP为3911美元，美国为8675美元，是中国的2.22倍，中国的经济效率至少比美国落后两个数量级。

上述的结论存在一定的不合理和不可比性。一是2017年中国的人口总量是美国的4.28倍，比美国整整高出10.65亿人，中国一次能源消费中，有很大一部分是用于维持社会大众的基本生活，而没有产生并创造出应有的经济价值。二是能源消费结构存在差异。

第二，能源消费结构的对比。2017年，中国的能源消费结构是：煤炭60.42%，石油19.42%，天然气6.6%，合计86.44%，这说明传统的煤、油、气是中国能源消费的绝对主体，煤炭更是大头中的大头。同年，美国的能源消费结构是：石油40.87%，天然气28.45%，煤炭14.86%，合计为84.18%。如同中国一样，美国也严重依赖传统化石能源，但更多的是石油和天然气，这两种能源资源所占的比例合计为69.32%，高于中国煤炭的比例（图1）。

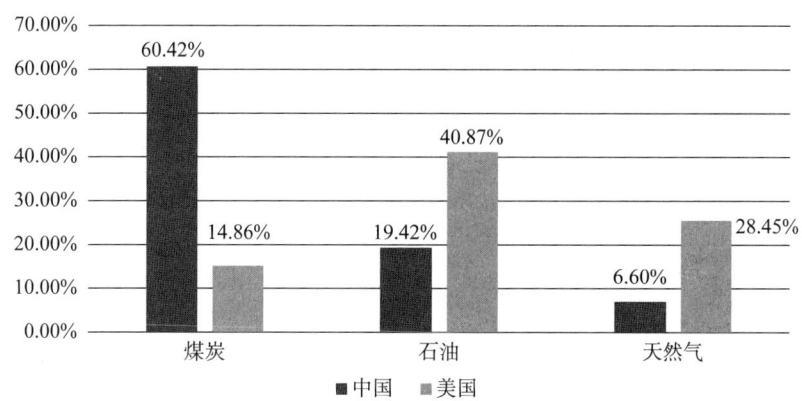

图 1　2017 年中美两国能源消费结构

资料来源：英国石油公司，《世界能源统计评论》，2018 年 6 月。

从热当量来说，1 吨油当量相当于 1.4286 吨标准煤，1 立方米天然气相当于 1.3300 吨标准煤。不同能源资源之间的热效率也存在较大的差距，天然气的热效率可达 75% 以上，煤炭的热效率为 40%~60%，石油的热效率为 65% 左右。因此，一国能源消费结构中，石油和天然气所占的比例高，生产同样 GDP 所消耗的能源数量就会少，能源效率就会高，而如果煤炭所占的比例高，生产同样 GDP 所消耗的能源数量就会多，能源的效率就会低。煤炭占能源消费的 60% 以上，决定了中国的能源效率一定会低于美国。

第三，发电结构的对比。2017 年，中国发电总量为 6.5 万亿千瓦时，世界第一，其中，火力发电占比约为 71.788%，煤电占比为 64.67%，是大头中的大头；水电占比约为 18.3%，风电占比为 4.54%，太阳能占比 1.49%，核能占比 3.83%。同年，美国发电总量为 4.0186 万亿千瓦时，世界第二，其中 31.7% 为天然气发电，30.1% 为煤电，核电 20.0%，不包括水电在内的可再生能源发电 9.6%（图 2）。因此，当前中国面临的严重环境问题，其根源就是中国的能源消费结构，尤其是电力结构带来的。

第四，能源消费与经济增长所处阶段的对比。2000 年，中国能源消费为 10.1 亿吨油当量，2017 年为 31.322 亿吨油当量，18 年间增长到 3.1 倍，同期 GDP 由 1.2 万亿美元增长到 12.25 万亿美元，增长到 10.2 倍，18 年间中国能源消费以低于 GDP 增长的速度，支撑了经济的高速增长，但中国的经济增长仍处于依靠能源消费增长来拉动。

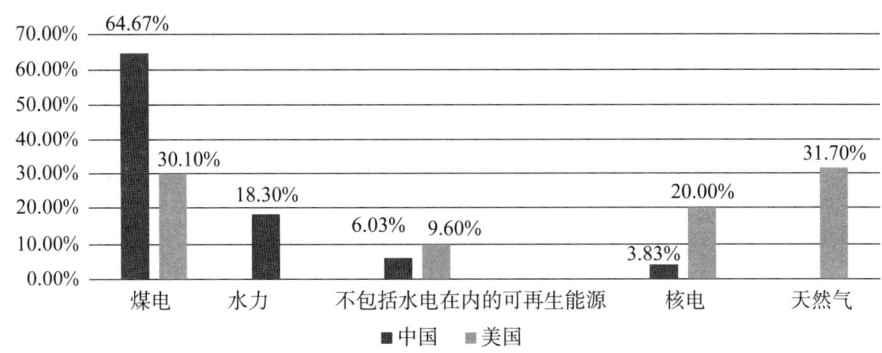

图 2　2017 年中美国两国发电结构

资料来源：英国石油公司，《世界能源统计评论》，2018 年 6 月。

2000 年，美国的一次能源消费总量为 22.596 亿吨油当量，2017 年为 22.349 亿吨油当量，18 年间美国的一次能源消费下降了 0.247 亿吨油当量，而同期美国的 GDP 由 10.285 万亿美元增长到 19.39 万亿美元，增长到 1.89 倍。这也就是说，美国的经济增长已经摆脱了依赖能源消费增长而靠效率改善来带动，美国经济已经进入了节约型发展的阶段，与中国的经济发展已经处于两个完全不同的阶段。

第五，能源对外依存度的对比。2017 年，中国一次能源消费总量为 44.9 亿吨标准煤，有 9 亿吨标准煤依赖进口，能源对外依存度为 20.04%。同年，美国一次能源消费总量为 97.728 千万亿英热单位，进口的数量为 7.437 千万亿英热单位，能源对外依存度仅为 7.61%。

2000 年，中国的能源对外依存度仅为 5.71%，2010 年上升到 13.45%，2015 年上升到 15.92%。2005 年，美国的能源净进口总量最高，为 30.197 千万亿英热单位，能源对外依存度为 30.14%。2007 年，美国的能源消费达到了最高值，为 101.015 千万亿英热单位，直到 2017 年都没有超过这个数字，同时国内的能源产量却在不断增长，从 2007 年的 71.398 千万亿英热单位，增长到 2017 年的 87.536 千万亿英热单位。这样，2017 年美国的能源净进口量下降到 1982 年以来的最低水平。

2017 年，中国石油净进口量为 4.19 亿吨，超越美国成为世界第一大石油进口国，对外依存度约为 70%。中国天然气对外依存度为 39.61%，其中进口液化天然气超越韩国，是仅次于日本的世界第二大液化天然气进口国。2011 年，美国就成为石油产品的净出口国，2017 年又成为天然气的净出口国。目前，除仍净进口原油外，美国已成为煤炭、焦炭、石油产品、天然气和生物质能的净出口国。

当前，中美两国的总体能源形势正在朝两个完全相反的方向发展，中国日益依赖进口能源，很多能源资源的进口为世界单一最大品种，而美国则完全相反，正在实现能源独立，某些能源资源已经成为世界最主要的出口国。

第六，石油企业赢利能力的对比。2018年版的《财富》世界500强中，中国公司上榜120家，接近美国的126家，远超第三位日本的52家。世界排名前十大公司中，中国的国家电网、中国石化和中国石油，分别排名第二、第三和第四。2018年世界500强的前十大公司，五家是石油公司，分别为中国的中国石化、中国石油，荷兰的壳牌公司，英国的英国石油公司和美国的埃克森美孚公司。从企业最重要的指标赢利水平来看，中国石化为15.37亿美元，中国石油为–6.9亿美元，壳牌公司为129.77亿美元，英国石油公司为33.89亿美元，埃克森美孚公司为197.1亿美元。美国的埃克森美孚是石油公司中赢利水平最高的，中国两家最大石油公司赢利水平加起来，只有该公司的零头，该公司还位居世界最赚钱公司的第17位。

有舆论称，2018年世界500强的最大笑话，就是排名世界第四的中国石油，居然是亏损企业。中国石油2017年的亏损，有很多原因，包括财务处理等。如同中国是世界人口第一大国一样，中国的企业也面临庞大的员工队伍问题。2017年，中国石油的员工人数为167万，中国石化的员工人数为66.78万，分别位居2018年世界500强员工人数最多企业的第二和六位，也在一定程度上影响了企业的赢利水平。

第七，人均能源消费的对比。能源效率反映的是一个国家的整体经济竞争力，人均能源消费反映的是一个国家社会大众生活的水平。2017年，中国人均能源消费为2.25吨油当量，美国为6.88吨油当量，美国是中国的3.05倍。2017年，中国人均用电量为4589千瓦时，美国为12365千瓦时，是中国的2.69倍。从人均能源和电力消费水平看，中国社会大众的生活至少比美国还落后3个数量级。

综合以上7个方面的能源统计数字分析，我们认为，当前中美两国经济社会的现实对比是残酷的，从反映国家经济效率的单位能耗到反映社会大众生活的人均能耗水平两个最重要的指标看，中美两国经济社会至少存在2~3个数量级的差距，中美两国的经济还不是处在相同的发展阶段，社会大众的生活也不是处在相同的发展水平，企业的关键指标如石油公司的赢利也不是在同一个水平上。

三、中美两国面临的不同政策选择和中国超越美国存在的巨大困难

第一,对外政策方面,美国可以重回孤立主义,集中精力办好国内的事情,而中国必须积极介入国际事务,保障稳定的能源供应,面临的压力和所需的资源投入会越来越大。

目前,美国的能源对外依存度已下降到个位数的水平,已成为世界第一大石油天然气生产国和最重要的出口国,美国正在实现能源独立,这是自20世纪70年代初第一次石油危机后约45年来,历届美国政府持续努力的结果,美国多位官员表示,美国已经不再需要向海外派兵并牺牲美国士兵的生命来保障石油供应安全。与此同时,天然气、石油和煤炭已成为美国重要的出口商品,可以为GDP的增长做出积极的贡献。反之,近年来中国能源,尤其是石油和天然气的对外依存度持续攀升,未来石油的对外依存度有可能达到80%,天然气的对外依存度有可能超过50%。日益攀升的能源对外依存,一方面,要花费巨额外汇,购买石油、天然气等能源产品,以支撑经济增长;另一方面,要求中国从外交、经济甚至军事等诸多方面,更多地介入国际事务,日益沉重的国际事务支出将挤占国内经济建设和改善民生的宝贵资源。两国能源形势背向发展并持续下去的结果,将进一步拉大中美两国的综合国力差距。

第二,能源政策选择,要有长远和战略的考量,更应立足于现实。

中国的能源消费结构,长期高度依赖传统的化石能源,尤其是煤炭,改变这一能源消费结构,当然有环境改善、能源效率提升等多方面因素的迫切性要求。由于目前和未来一段时间中国国内能源生产的现实,降低煤炭消费,只能通过增加石油和天然气进口来实现。由于市场需求规模庞大,中国某项能源政策的短时间改变,会在国际市场引起较大的反应,如21世纪初中国石油进口增速过快,带来了国际社会的"中国石油威胁论"。近两年,中国天然气进口迅速增加,已成为世界最大的天然气进口国,当前世界天然气产量增量的约2/3,2017—2023年世界天然气消费增量的1/3,都进口到了中国。短时间爆发式强劲需求,使得2018年夏天的国际液化天然气价格一反常态,淡季不淡,创2015年以来的同期最高价,21世纪初的国际石油市场现象正在天然气市场重现。有研究称,如将消费的煤炭全部改为天然气,世

界全部天然气产量也都无法满足中国的需求。因此，我们应从中国能源生产的现实出发，充分使用好清洁煤等现有技术手段，在保证环境友好的同时，要尽最大可能避免短时间内给国际天然气和石油市场带来过高的压力。

由于电力来源高度依赖煤炭，中国新能源汽车发展不能过度依赖电动汽车，应从长远战略和能源来源升级出发，大力支持氢能等新能源汽车的发展。电动汽车带来的，仅仅是某些城市或局部地区将环境压力转移到了电源供应地，从国家整体来看，并没有能够改善环境。

第三，两个着眼内部，应该是当前和未来相当长时间中国能源政策选择的出发点和落脚点，中国能源安全保障和综合国力的提升，只有通过解决自身能源系统存在的两大突出问题才能实现。

实现中国的能源独立，需从数量和质量两个层面进行努力。数量上，必须保证未来相当比例的能源消费由国内供应，要对中国的能源产业，尤其是石油天然气上游领域，持续进行市场化改革，激发更多市场主体的积极性，努力实现中国的能源独立。更为重要的是质量上，必须持续通过产业结构的转型、能源消费结构的调整，不断提高中国的能源效率，使单位能源消耗能产生更多的GDP。即使在未来的某一时刻，中国的GDP从数量上超越了美国，但如果我们的能源效率仍然大幅落后于美国，中国的综合国力和市场竞争能力，也必须会落后于美国，中国就无法真正实现对美国的全面超越。因此，对于中国来说，能源效率的持续改进和提升更加具有重要的战略意义。

追求幸福生活是社会大众的权力，但由于庞大的人口基数，中国人均能源消费水平的提升，将给国际市场的供应带来巨大的压力。2017年，假定中国人均能源消费为3吨油当量，则一次能源消费总量将上升到41.7亿吨；如为5吨，则将上升到69.5亿吨；如上升到美国的6.88亿吨，则中国的一次能源消费总量将上升到95.632亿吨，占世界135.112亿吨油当量的70.78%，这将是世界无法承受的。

以美国同等的能源效率，2017年中国的GDP就不是12.25万亿美元而应该是27.17万亿美元，是中国而不是美国将成为世界第一经济大国。要将中国的能源效率提升2.22倍，需对中国的全社会用能体系进行全面的升级和改造，这将是一个艰难而漫长的工程。

从人类社会的发展进程看，能源消费构成和人均用能水平，说明并决定了一个社会所处的发展阶段和文明的水平。从世界各国综合国力的竞争来看，能源效率决定了一个国家的整体经济竞争能力。因此，简单而直观的7个方面能源数字统计对比分析，说明了当前中美两国经济社会的残酷现实，更加残酷的是它警醒我们，要全面超越美国，我们还有多么漫长的路要走！

本文撰写于2018年8月初

多元化、市场化和国际化应成为中国油气行业深化改革的永恒主题

新中国成立六十多年来，尤其是通过改革开放 40 年的努力，中国建成了体系完整的石油天然气工业体系，较好地支撑了国民经济的高速发展和人民生活水平的不断提高，为中国成为世界第二大经济体做出了积极的贡献。可以说，辉煌 40 年的改革开放历程，也是中国石油天然气行业自身发生巨变并取得辉煌成就的 40 年。

目前，中国油气行业还处在努力保障供给和提供多样化普遍服务并重的时代。为实现"两个一百年"的宏伟目标和满足社会大众日益多样化的普遍服务需求，中国油气行业必须继续深化改革，多元化、市场化和国际化应成为油气行业深化改革的永恒主题。

一、从全球视野看，40 年来中国油气行业取得了辉煌的成就

站在全球油气和能源行业的视角，40 年来中国油气行业取得的成就是辉煌的，足以傲视世界同行：

一是已成为世界最大的油气市场之一，中国在全球油气和能源市场拥有举足轻重的地位。

2017 年，中国石油消费为 5.96 亿吨，排名美国之后，世界第二，占世界石油消费的 13.3%；天然气消费为 2404 亿立方米，排名美国、俄罗斯之后，世界第三，占世界天然气消费的 6.6%。回望改革开放元年的 1978 年，当年中国石油消费仅为 9130 万吨，天然气消费仅为区区的 138 亿立方米。40 年来，中国石油消费增长了 6.52 倍，天然气消费增长了 17.42 倍，年均增长率为 4.6% 和 7.9%。

作为人民生活水平的重要指标之一，2018 年 6 月底，中国汽车保有量为 2.29 亿

辆，其中私家车 1.8 亿辆，占汽车总量的 78.6%，连续多年成为世界汽车销量最多的国家。1978 年，中国私家车的数字为零。汽车保有量迅速增长，重要的支持力量之一就是中国炼油工业的快速发展。2017 年，中国的炼油能力为 1453.3 万桶/日，也仅排名美国之后，世界第二，占世界的 14.8%。

二是油气生产活动已经高度国际化，中国事实上已经成为世界主要油气生产大国。

2017 年，中国石油产量 1.915 亿吨，天然气产量 1492 亿立方米，分别位居世界第七位和第六位，占世界总产量的 4.4% 和 4.1%。

从 20 世纪 90 年代初以来，中国油气企业开始"走出去"，参与国际油气勘探开发活动，境外油气总投资超过 3000 亿美元，建立了非洲、中东、中亚—俄罗斯、美洲和亚太五大油气合作区域。2017 年年底，中国企业拥有的境外权益油气产量合计为 1.9 亿吨，其中权益原油产量为 1.5 亿吨，天然气权益产量 450 亿立方米。

综合考虑中国境内外油气生产活动，2017 年中国的原油产量应为 3.415 亿吨，天然气产量应为 1942 亿立方米，原油产量可排名第四位，仅次于美国、沙特阿拉伯和俄罗斯；天然气产量也可排名世界第四位，仅次于美国、俄罗斯和伊朗。

三是油气企业已进入世界强手之林，中国多种所有制油气企业的身影在全球油气领域已无所不在。

2018 年财富世界 500 强排行榜，前十大公司中 5 家是石油公司，其中中国石化和中国石油分别排名第三、四位。剩下的 3 家，分别为第五位的荷兰皇家壳牌石油公司、第八位的英国石油公司和第九位的埃克森美孚石油公司，这 3 家石油公司都是传统的世界石油巨头，有百年以上的历史。因此，中国石油公司已成为世界最大的石油公司。

2018 年进入世界 500 强的中国涉油气企业还有很多，如作为央企的中国海油、中国中化，名列第 87 和 98 位；中国化工集团、中国航空油料集团，排名第 167 位和第 371 位；作为地方油企的延长石油，排名第 288 位；作为民营油企的新疆光汇集团，排名第 456 位。

近年来，中国多种所有制企业，已大量进入世界各国的油气勘探开发、石油化工、工程设备、项目建设等产业链各环节，从各种国际性行业会议到北极，无处不闪现中国油气企业的身影。

二、要履行好肩负的责任，中国油气行业还需付出持久和艰苦的努力

保障和改善民生，是能源发展的根本出发点和落脚点，也是油气行业工作的重心。汽车大排长龙等待加油，还是不久前的事，2017—2018年冬季出现了局部地区较严重的天然气供应不足，社会大众对服务的抱怨普遍存在。因此，要切实履行好肩负的责任，油气行业还需付出持久和艰苦的努力。

一是满足社会大众日益多样化、个性化的需求，油气行业还有较长的路要走。

当前，中国社会已经普遍进入了消费者选择的时代，社会大众对于一般的日用消费品或生产者对于大宗的生产资料，很大程度上可以按市场规律进行自主的选择，但就油气行业来说还不能做到这一点。

目前，石油行业供应是有保证的，消费者可一定范围选择供应商，油品价格具备一定程度的市场化但消费者自主选择的范围有限；从天然气行业来说，在国家能源消费结构中所占比例还处于个位数的水平，未来一定时期内气源的稳定供应还存在一定的困难，消费者基本没有选择供应商的余地，单方面的上涨似乎成为行业价格变化的唯一方向。因此，当前中国的油气行业尚处于努力保证供应还有一定困难的阶段，还不能较好地提供多样化、个性化的普遍服务。

未来，中国油气行业要在资源供应有充足保障的基础上，让社会大众可以按经济性原则、自主地选择供应并便利地消费。

二是保证国民经济健康稳定发展，保障国家的经济安全，已成为油气行业必须回答并切实解决的头号难题。

目前，中国虽然已是世界第七大石油生产国，但国内石油产量从2010年开始就增长缓慢，2015年达到阶段性峰值2.15亿吨之后，2016年和2017年就开始下降，2017年已下降到1.92亿吨。2017年，中国超越美国成为世界第一大原油净进口国，成为国际石油市场标志性事件，石油对外依存度持续攀升，2017年已达到70%左右。

2010年以来，中国天然气产量增长迅速，2006—2016年产量增速为8.9%，2017年也保持在8.5%，分别是世界同期的4倍和2.12倍。但是，中国天然气消费的

增长速度更快，2006—2016年增长年均为13.7%，2017年更是高达15.1%，大大高于同期国内产量的增长速度。其结果就是，2017年中国天然气对外依存度已达到了37.94%，也就是说中国天然气消费的1/3以上依赖进口。

中国未来进口石油、天然气将持续增加，对外依存度将继续攀升，石油对外依存度达到或超过80%、天然气对外依存度超过50%，将是大概率的事件。虽然中国油气企业已经并将继续扩大境外油气生产和供给能力，毕竟这些不能等同于国内的供应，加之复杂而多变的国际环境，行业和全社会对此都十分焦虑。

三是不断提升企业的市场竞争能力，中国各类油企必须由大变强，才能完成改善民生和保障国家经济安全这一重任。

中国石化、中国石油已成为世界较大的石油公司，这当然令国人高兴并自豪。但是，作为世界第二大石油公司、第四大企业的中国石油，2017年利润却是亏损6.9亿美元，中国化工也亏损7.39亿美元。2017年，世界最大石油公司和第三大企业的中国石化，年度利润也只有区区的15.37亿美元。

2018年世界500强榜单中，除中国石化、中国石油外，中国还有中国海油、中国中化、中国化工、中国航油四家央企和延长石油的地方油企、新疆广汇这样的民营油企。中国8家入榜油企合计，2017年度利润为44.81亿美元。但是，同期壳牌石油利润为129.77亿美元，埃克森美孚更是高达197.1亿美元，这就是说，中国8家入榜油企合计的利润只是壳牌公司的34.53%，埃克森美孚的22.73%。

三、多元化、市场化和国际化应成为中国油气行业深化改革的永恒主题

"两个一百年"描绘了中国未来发展的宏伟目标，当前中国经济正在向高质量发展转变，人民生活也正在迈向小康社会，在过去40年取得辉煌成就的基础上，中国油气行业唯有继续深化改革，才能为"两个一百年"宏伟奋斗目标的实现继续做出自己应有的贡献。

一是多元化既是中国油气行业提供多样化普遍服务的有效手段，更是解决经济安全保障的必要措施。

目前，中国石油产业下游销售环节，基本实现了多元服务主体，社会大众可以

有较大范围的服务选择。通过2015年以来的一系列改革，中游炼油环节，正在迈向多元主体，为下游多元主体的存在和进一步发展提供了较好的支持。上游勘探开发环节，目前仍是国有企业独大，少数几家央企油企占有绝对的主导地位。与这种行业格局相一致的是，消费者可一定程度地选择普遍服务，但从国家整体层面是越来越大的资源供给保障和安全的压力。

相比石油行业，天然气行业多元主体的比例更低。零售环节，地方国企占绝对主导地位，消费者基本没有选择的余地；生产环节，少数央企油企主导，液化天然气进口和接收环节仅有可数的几家多种所有制企业参与。与这种行业格局相一致的是，消费者既没有普遍服务的选择机会，国家整体层面还需承受巨大的资源供给保障压力。

解决消费者普遍服务、资源供给保障和经济安全等难题，唯有继续加大油气行业各环节多元主体的培养和开放。一方面，要让更多的多元主体，进入油气面向最终用户的零售环节，提供多样化的服务，让消费者有更多的自主选择。另一方面，要大力推动数量众多的多元主体，进入国内油气勘探开发领域，扭转国内石油产量持续下降的势头，加快国内天然气产量的增长速度。未来相当长时间，中国油气资源保障都是一项艰巨的任务，需要数量众多的多元主体，发挥各自的优势，调动多方的积极性，尽可能多地挖掘国内的油气资源。

中国油气行业发展的总体方向，应该是无数的多元主体，在市场化的基础上，按照经济性原则，自主地开展经营活动，在为经济社会发展提供充足资源保障的同时，让社会大众能自主地选择高质量的普遍服务，真实地感受油气行业和全社会的进步。

二是市场化既是社会大众获得感的有效途径，更应成为支撑中国经济高质量发展的基本条件。

一段时间以来，有媒体用当前的成品油价格、国际油价与2004年、2008年的情况进行对比，调侃说虽然目前国际油价低于2004年、2008年，但国内成品油价格高过同期，主要原因是"桶贵了"！

时常见诸多种媒体和报端的，是国内某些企业到美国投资，据这些企业家自称，重要原因之一，是美国的能源价格大大低于国内。

目前，中国油品价格一定程度与国际市场联动，但过重的税费拉高了价格，社会大众普遍认为油价过高，企业"黑心"。天然气行业各环节价格的市场化程度十分有限，生产和进口企业承受较大的价格倒挂压力，消费者面对的是不断上涨的价格，政府还需进行补贴。

油气价格水平，一方面影响社会大众日常生活，所以才有某些国家的民众会因为油气调价而上街游行；另一方面，影响企业的生产成本和产品价格，影响企业的市场竞争力，并最终影响国家的国际竞争能力。保持油气价格的合理水平，是政府必须认真考虑的重大经济政策和民生话题，国内油气价格与国际市场具有一定的可比性和竞争性，是政府必须努力争取的长期政策目标。

因此，在大力培养市场多元主体的基础上，石油行业要尽快放开价格，在明确政策的同时，让市场主体自主决策；天然气行业要尽最大可能缩短价格干预的时间，通过市场竞争去缓解价格波动的阵痛。要通过市场化，尽可能地拉近中国与国际市场的油气价格水平，所有的市场参与者，要不断提升自己的市场竞争能力，通过市场化的手段，保证充足的并具有全球可比经济性的油气资源供应，社会大众的获得感、中国经济高质量发展和国际竞争能力的提升才会有稳定的基础。

三是国际化既是中国油气企业必须勇敢去游泳的海洋，也应是中国经济不断提升国际竞争力的有效资源配置场所。

自1859年从美国诞生以来，石油天然气行业一直就是国际化的行业。一方面，世界各国按市场经济的原则进口或出口油气资源，借以发展自己的经济，提升社会大众的福祉。从当前世界的现实看，无论是油气出口国还是消费国，都借助国际市场配置油气资源而不局限于自己的国内。另一方面，各类企业，通过参与石油天然气各环节的生产经营活动，使用市场化的手段，不断提升自己的竞争能力，发展壮大自己。从当前世界的现实看，市场竞争力强的企业，无论是油气企业还是其他类型的企业，都是国际化经营的企业。

改革开放40年的发展，尤其是20世纪90年代初实施"走出去"战略后，中国各类油气企业在为世界油气市场增加供给、保障稳定做出贡献的同时，当然也为中国经济社会发展提供了更多可供选择的油气资源。当前，中国各类油气企业，在投入更大的精力做好国内业务经营发展，尤其是国内油气勘探开发业务的同时，还应继续深耕国际市场，参与国际油气市场的竞争。通过与世界优秀企业的竞争，中国的油气企业不仅要成为最大的企业，还必须成为世界油气市场利润最高、最具市场竞争力的企业，只有这样，才能保证这些企业有能力也有可能为中国广大的消费者提供高水平的、多样化的普遍服务，才能真正地保障中国经济社会发展和经济安全。

40年来中国经济社会之所以能取得辉煌的成就，改革开放并融入国际市场是重要的原因之一。当前和未来中国在国际市场整体经济竞争能力的不断提升，充足、稳定并具有全球竞争力的油气等能源资源保障，是必备的条件之一。因此，即便在未来的某一时刻，通过多元市场主体的不懈努力，中国油气资源实现了100%的自给，我们还必须通过国际市场进出口等的交易活动，让中国社会大众和各类市场主体有充分的油气资源自主选择权，实现最优的经济选择，使中国经济竞争能力有可靠并具竞争性的油气等能源资源保障，只有在此时，"两个一百年"的宏伟奋斗目标才能真正变成现实。

世界经济发展和40年中国改革开放的历程告诉我们，多元化、市场化和国际化既是中国油气行业深化改革的永恒主题，同时也应成为中国经济社会改革开放40年后再出发追求的主要目标。

本文撰写于2018年11月初

充分利用国际市场油气资源服务中国经济社会建设

2018年，随着中国油气消费量继续快速增长，石油和天然气对外依存度快速攀升。2019年中国油气消费和进口形势将发生何种变化？应如何充分利用国际市场油气资源服务中国经济社会建设？带着这些问题，中国电力报记者安栋平对我进行了采访。

中国电力报：2018年，在经济保持稳定增长的拉动下，中国油气消费和进口继续快速增长，请您谈一谈具体情况。

王能全：据国家有关部门公布的统计数据，2018年中国国内生产总值（GDP）增长6.6%，超额完成了6.5%的预计目标，GDP首次超过90万亿人民币大关，经济总量稳居世界第二。

正是在经济稳定增长的拉动下，中国油气消费和进口都继续快速增长。其中，原油加工量和表观消费量都首次突破6亿吨，前者为6.018亿吨，后者为6.5亿吨；天然气表观消费量突破2800亿立方米，达2803亿立方米。原油进口量为4.62亿吨，增加10.1%；天然气进口量9039万吨，增加31.9%；成品油进口量3348万吨，增加13%。

近年来，国际油气市场发生了两个具有标志性的事件。一是2017年中国超过美国成为世界第一大原油进口国，2018年中国原油进口量再创新高；二是2018年，中国超过日本成为世界第一大天然气进口国。这也就是说，2018年中国已成为世界最大的油气进口国。

中国电力报：2019年，中国油气消费和进口形势将发生何种变化，两者的数字仍将会保持继续增长吗？

王能全：从现有材料初步分析，2019年中国石油天然气的消费仍将保持增长，进口量会持续增加。

从石油来看，"十三五"期间总量约1.47亿吨的新增炼油能力，将在2019年或以后的年份里陆续投产和达产，虽然商务部发放的2019年第一批原油进口配额仅8984万吨，低于2018年第一批配额的1.23亿吨，但市场人士普遍认为，后续发放的2019年度原油进口配额肯定会增加。2019年，中国原油表观消费在2018年的基础上，有可能增长到7亿吨上下，中国原油进口的增量极有可能与2018年持平或有所增加。

从天然气来看，预计2019年中国的天然气消费总量将超过3000亿立方米，比2018年增长11%以上；天然气进口量超过1400亿立方米，比2018年增长14%以上，其中进口液化天然气的增量有可能超过30%。中国部分重大天然气项目将在2019年投入运营，接收进口天然气能力不断提升，有助于缓解局部地区和时间的天然气供应紧张。如，中俄东线天然气管道工程，2019年年底黑河—长岭段将投入使用，预计能引进50亿立方米天然气；2019年，深圳燃气、潮州华丰液化天然气接收站有望投产，新奥舟山、中国海油迭福、中国海油粤东和广汇启东液化天然气接收站有可能释放接收能力，增加进口量。

据海关总署公布的数据，2019年1月，中国进口原油4260万吨，增长5.1%；进口成品油338万吨，增长17.5%；进口天然气981万吨，增长26.8%。我们认为，2019年1月进口原油天然气数量的强劲增长，说明的是中国经济发展对油气资源的旺盛需求，预示着2019年全年中国油气进口仍将保持较高的增长速度。

中国电力报：2019年的国际油气市场环境如何？在利用国际油气资源时，应重点关注什么样的问题？

王能全：近年来，国际油气市场正在发生具有历史意义的结构性变化，石油和天然气供应日益宽松，应该说当前和未来相当长时间中国利用国际市场油气资源面临非常有利的外部环境。

国际油气市场发生这一结构性变化的根本原因，就是页岩革命成功后，2017年美国已经成为天然气的净出口国，2018年11月底的当周美国成为石油净出口国并在2020年年底彻底成为石油净出口国，从而改变了过去紧张的国际油气市场供求关系，油气出口国更多关心的是争夺市场份额。这就是为什么从媒体中我们经常看到，中美贸易谈判中，美国要求向中国出口更多的油气资源？美国打压欧洲，要求它们不参与北溪天然气2号管道项目建设，减少从俄罗斯而更多地从美国进口天然气；过去我们与某些国家或企业的重大油气项目多年谈判未果，而现在却能很快地推进或谈成较公平的合同条件。因此，当前和未来相当长时间，我们应充分利用国际油气市场供应宽松的形势，合理、有度地继续从国际市场进口油气资源，服务于中国的经济社会建设，尤其是要继续进口更多的天然气资源，为打赢蓝天保卫战和打好污染防治攻坚战提供充足的优质能源资源保障。

2018年，国际石油价格上演了一场过山车，给很多石油生产和消费国都带来较大的冲击，世界上很多公司遭受了很大损失，中国部分企业也未能幸免。2018年，中国原油、成品油和天然气的进口总金额将近两万亿元，其中进口原油价格上涨了30%，天然气价格上涨了22.9%。进口的油气价格，最终须由生产者、消费者作为成本去消化和承担。作为世界第一油气进口大国，数量巨大的中国油气进口规模，油气价格的大幅度波动必然会对中国经济稳定运行和人民生活产生较大的影响，并最终影响到中国在世界经济中的整体竞争力。因此，我们认为，关注国际油气市场的价格波动风险，应是日常工作和实务操作的重中之重。一方面，中国从国际市场进口油气资源的企业，应高度关注国际市场油气价格的变化，严格风险控制，努力将进口油气资源的价格控制在合理、经济的水平；另一方面，国家应该加强对进口油气资源成本的关注，强化对有关企业的考核。

目前，中国正在加大国内油气资源勘探开发的力度，2018年已经扭转了石油产量的持续下降，天然气产量同比增长6.7%，达1573亿立方米。我们认为，在强化国内油气勘探开发的同时，当前和未来相当长时间，中国还必须也应该较大规模地继续充分利用国际市场充足的油气资源，服务于中国经济社会建设，并通过国家有关政府部门的严格监管和企业自身的不懈努力，努力增强和改善进口油气资源的经济性，增进人民福祉，不断提升中国的经济竞争能力和水平。

本文撰写于2019年2月底

新的时代需要全新的全球石油治理思维和模式

2018年,国际石油市场发生了两件看似不相关的事件:一是石油价格上演了一场过山车;二是2018年12月3日,卡塔尔宣布,从2019年1月1日正式退出欧佩克。事实上,这两个事件反映的是当前国际石油市场正在发生的深刻结构性变化。

以2017年中国超越美国成为世界第一大原油进口国和2018年底美国正在成为石油净出口国为标志,国际石油市场进入了新的时代。今天的石油更多是作为能源的商品而已无被用作武器的可能,当前和未来国际石油市场的主要风险,是石油价格的高频大幅度波动。新的时代要求世界主要石油生产和消费国,要有全新的全球石油治理思维,重新思考全球石油治理模式,可考虑在G20框架下设立常设工作组协调能源和石油政策,积极谋求国际石油市场的稳定。

一、特定的时代造就、成就了欧佩克和石油武器

1960年9月14日,沙特阿拉伯、委内瑞拉、科威特、伊朗和伊拉克在巴格达成立欧佩克,协调和统一成员国的政策,反击国际大石油公司以维护石油收入。

(一)欧佩克的诞生和成就都是特定政治经济环境的产物

第二次世界大战后,一大批民族国家从殖民地宗主国获得独立,积极发展经济,改善人民的生活,其主要手段之一就是联合起来,谋求在世界政治经济舞台中更大的话语权,陆续成立了二十多个第三世界资源生产和出口国国家间组织,维护共同经济利益。其中,欧佩克取得的成果和影响力最大,持续的时间也最长。

1948年起,美国开始进口石油。1973年,进口占美国石油消费的比例已高达50%,日本和西欧100%完全依赖进口的石油,这些国家进口石油中的50%~85%来

源于欧佩克，欧佩克占世界石油产量的 51.52%。正是国际石油市场的这一结构，使得 1973 年 10 月沙特阿拉伯等阿拉伯产油国可以将石油作为武器，减少产量，对美国、荷兰等国实施禁运，欧佩克借机从"七姊妹"手中夺取了石油的定价权，大幅度提高油价，引发了第一次石油危机。

（二）欧佩克等组织曾希望借石油建立新的国际经济秩序

20 世纪 60、70 年代，建立新的国际政治经济秩序是热门话题，石油和两次石油危机无疑大大鼓舞和推动这一运动。

1974 年 4 月 9 日，联合国大会第六届特别会议召开，135 个国家参加，持续了近一个月。阿尔及利亚提交了著名的《石油、原料和发展——阿尔及利亚提交联合国大会特别会议的备忘录》，会议未经表决通过了七十七国集团起草的《建立新的国际经济秩序宣言》和《建立新的国际经济秩序行动纲领》，要求将发展中国家出口的原料与从发达国家进口的制成品等建立公平合理的价格关系，支持发展中国家建立原料和初级产品生产国联合组织，建立新的国际经济秩序。

从委内瑞拉开始，欧佩克成员国就不断从"七姊妹"等国际大石油公司手中取得利润对半分成、合营制、明确原油标价等成果，成立国家石油公司，收回石油租让地，成了自己国家石油资源的主人，并于 1973 年 10 月从"七姊妹"手中夺取了石油定价权，欧佩克终于登上了国际石油舞台，开始了国际石油市场的欧佩克时代。就在第二次石油危机油价飞涨期间，欧佩克于 1980 年 5 月公布了《有关长期石油战略报告书》，提出石油价格的定价原则，要求建立国际经济新秩序。

二、新时代的石油更多是作为能源的一般商品并已过度市场化

2017 年，石油在世界一次能源消费中占比 34.21%，自 1965 年以来人类社会处在石油的时代这一性质未发生变化。与两次石油危机期间相比，今天的国际石油市场正在进入全新的时代，石油已经回归作为能源的一般商品。

（一）中国、印度等发展中国家已成为世界石油消费的主力

2018 年世界石油总需求为 9915 万桶 / 日。其中，世界三大石油消费国分别为，美国第一，2044 万桶 / 日，占比 20.62%；中国第二，1308 万桶 / 日，占比 13.19%；印度第三，481 万桶 / 日，占比 4.85%。三国合计石油消费总量，占世界的 38.66%。

2018 年，世界石油消费对比 2017 年增长了 127 万桶 / 日，主要也是来源于这三个国家：中国第一，增加 50 万桶 / 日；美国第二，增加 48 万桶 / 日；印度第三，增加 24 万桶 / 日。三国石油需求增加的量，合计占世界石油总需求增加量的 96.06%。

1973 年，经合组织石油消费总量为 4130.3 万桶 / 日，占世界的 74.25%，46 年后的 2018 年为 4870 万桶 / 日，占比下降到 49.12%，下降了 25.13 个百分点。同期，非经合组织国家在世界石油消费中的比例由 25.75% 上升到 51.8%，占了半壁江山。其中，中国和印度的石油消费增长最快，由 1973 年的 153.2 万桶 / 日上升到 2018 年的 1789 万桶 / 日，增长了 11.68 倍，所占比例从 2.75% 增长到 18.04%（图 1）。

2017 年，中国更超越美国成为世界第一大原油进口国。

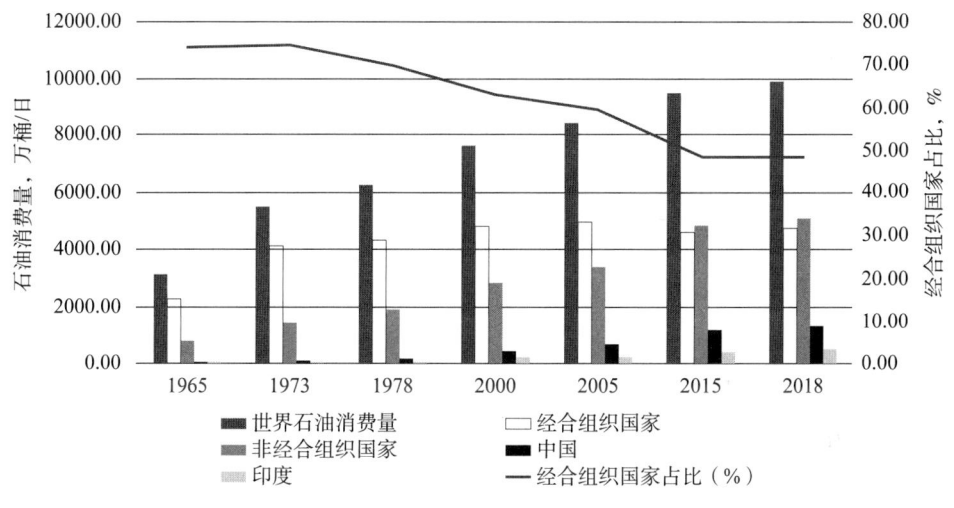

图 1　1965—2018 年世界石油消费的变迁

资料来源：1. 1965—2015 年，英国石油公司，《世界能源统计评论》，2018 年 6 月；
2. 2018 年，国际能源署，《石油市场月报》，2018 年 12 月 13 日。

（二）欧佩克风光不再，美国正重回石油的黄金时代

2018 年第三季度，世界石油总供给为 1.009 亿桶 / 日，其中欧佩克原油产量为 3261 万桶 / 日，占比 32.32%；加上凝析油等，欧佩克的石油总产量为 3958 万桶 / 日，占比 39.23%。1973 年，欧佩克的石油产量为 3015.9 万桶 / 日，占世界的 51.52%。

第一次石油危机 46 年后，世界石油总供给几乎增加了一倍，但欧佩克所占的比例却由过去的超过半壁江山，下降了 12.29 个百分点，非欧佩克产油国成为世界石油供给的主力。事实上，1986年的油价暴跌，欧佩克就已丧失了1973年10月取得的石油话语权。

2018年10月，美国、俄罗斯和沙特阿拉伯石油产量合计为3852万桶/日，占世界的38.24%。与2017年相比，2018年10月美国、俄罗斯、沙特阿拉伯三国石油产量合计增加393万桶/日，大于同期世界石油供给总量增加的357万桶/日。2018年，美国、俄罗斯和沙特阿拉伯已成为国际石油市场的超级三角。

美国在国际石油市场地位的变化，是第一次石油危机46年后最为引人注目的事件。1973年，作为世界第一大石油生产国，进口已占美国石油消费的50%；2018年，美国不但重回世界第一大石油生产国，更为重要的是，2018年11月底的当周，美国已成为石油净出口国。

（三）强人早已远去，欧佩克已自身难保

一般认为，直到2010年前后的近五十年时间内，欧佩克内部存在油价和对美国及西方政策的强硬派和温和派。强硬派包括伊拉克、利比亚、委内瑞拉和伊朗等国，萨达姆、卡扎菲和查韦斯则是追求高油价并对美国等强硬立场的代表人物。沙特阿拉伯受美国保护，加之石油储量巨大，希望维持较合理的油价，让石油尽可能长时间发挥作用。

2003年3月第二次海湾战争，伊拉克战败，萨达姆被抓并于2006年12月底被绞死，今天的伊拉克处于美军占领之下。2011年2月，利比亚发生动乱，10月卡扎菲被杀，至今一直动乱不已。2013年3月，查韦斯病逝，今天的委内瑞拉石油生产处于历史低位。伊斯兰革命之后，伊朗受到美国四十多年的制裁和石油禁运，在欧佩克内部和国际石油市场的影响大打折扣，已孤掌难鸣。

目前，美国部分议员正在积极推动"反石油生产及出口同业联盟（NOPEC）"法案，希望将欧佩克视为卡特尔式的垄断组织并绕过主权豁免而打垮。早在2011年，特朗普就认为可以以违反反托拉斯法起诉欧佩克。为此，欧佩克正计划在美国开展一项"美国人对美国人"的游说活动，改善在美国政界、行业和社会大众的形象。

1961年1月，卡塔尔加入欧佩克，是仅次于5个创始成员国之外时间最长的成员国。卡塔尔退出欧佩克，除与沙特复杂的关系外，重要的原因就是计划在美国投

资 500 亿美元左右的天然气等业务，不希望作为欧佩克成员国而受到美国的可能制裁。因此，今天的欧佩克虽然仍有 14 个成员国，但沙特阿拉伯一家独大，油价政策很大程度上必须唯美国马首是瞻。

（四）市场在油价形成中的决定性作用并一定程度的过度市场化

20 世纪 70 年代初以来，国际石油交易方式由标价、官价和长期合同发展成当前流行的现货、期货交易和期货价格，反映的是市场力量在石油价格形成过程中发挥越来越重要的作用。

第一次石油危机前后，作为国际石油市场标杆原油的，是沙特阿拉伯塔努拉角出口的沙特阿拉伯 34 度阿拉伯轻油，它是欧佩克的官价，反映的是当时欧佩克在国际石油市场的垄断地位和话语权。

20 世纪 80 年代中期，石油现货贸易已占到 85% 左右的比例，包括沙特阿拉伯在内的欧佩克成员国纷纷采用净回值等形式的现货方式销售石油。为了避免现货交易中油价的极端波动，催生了石油期货交易。从 20 世纪 80 年代中后期开始，纽约商业交易所、伦敦国际石油交易所和迪拜商品交易所出现，布伦特、WTI 和迪拜/阿曼成为标杆原油，1987 年 1 月 1 日，欧佩克废除了官价体系。

今天，无数行业和非行业机构、人员，参与石油现货和期货交易，巨大的交易量和透明的信息，已使任何机构和个人无法长期左右石油价格的走势，但电子化的便利、电脑程序化的操作产生的短时间天量交易，却带来了油价高频大幅度波动。21 世纪以来出现的油价暴涨和 2008 年、2014 年及 2018 年下半年短时间的油价暴跌一再说明，当前国际石油市场已一定程度过度市场化，无论是作为个人的学者或投资者、行业或非行业机构、生产和消费国政府或国际组织，都已很难预测和把握国际石油价格的趋势。

三、可考虑 G20 框架下共同努力维护国际石油市场的稳定

维护国际石油市场的稳定、避免油价的暴涨暴跌是新时代全球石油治理的核心目标，现行的诸如国际能源署、欧佩克等国际能源组织，均不具备全球范围协调并稳定国际石油市场的能力，可考虑在 G20 框架下设立常设机构来承担全球石油治理的重任。

（一）油价暴涨暴跌都不利于世界的稳定与发展

20世纪70年代初以来，国际石油价格发生了两次大涨和两次大跌，2018年油价的涨跌只不过是46年间油价经常性动荡中的小插曲。对于国际社会来说，油价无论暴涨暴跌都不是好事。

第一次石油危机，触发了1974—1975年世界性的经济危机。第二次石油危机，世界经济增长由1978年的5%左右下降到1979年的3.8%、1980年的2.3%和1982年的1.1%。

2014年下半年的油价暴跌，俄罗斯2015年经济收缩了4%~5%，2017年第一季度沙特阿拉伯出现了2009年以来的首次经济负增长。低油价给产油国造成了政治和社会的不稳定，并扩散到对石油出口国高度依赖的其他发展中国家。2018年全球93%资产出现负增长，是有史以来全球资产表现最差的一年，重要原因是2018年10月后的油价暴跌。

（二）现有国际能源机构均不具备稳定国际石油市场的能力

今天的欧佩克，早已失去了第一次石油危机时曾短暂拥有的石油话语权，原油产量在世界石油供应中所占比例已下降到不足1/3。俄罗斯等主要非欧佩克产油国，抢占市场份额是追求的主要目标，与欧佩克联合减产三心二意。作为世界第一大石油生产国，美国不会作为单一的石油生产国协调与欧佩克的石油政策，只要技术和资源允许，美国石油产量就会一直增加，欧佩克减产保价将无疾而终。

成立于1974年的国际能源署，是经合组织应对石油危机的产物。虽然30个成员国和8个联系国既有石油和能源消费大国，也有油气生产大国，但国际能源署四项使命的重点，是通过市场经济手段，实现能源的多元化和不断提升能源效率，保证能源安全。

成立于2002年的国际能源论坛，虽拥有七十多个成员国，既有油气消费也有生产大国，但重点开展的是技术性的讨论和对话活动。

（三）G20框架下设立常设机构承担全球石油治理的重任

从目前存在的全球性讨论和协调经济政策组织看，G20框架下设立常设机构承担全球石油治理重任，最有可能性也最为现实。

一是G20涵盖了当今世界主要国家和经济体，GDP占全球的90%，贸易额占全球的 80%。G20 宗旨，就是为推动工业化发达国家和新兴市场国家之间进行开放及有建设性的讨论，促进国际金融稳定和经济持续增长。G20 本身，就是国际社会应对经济危机，推动全球治理从"西方治理"向"西方和非西方共同治理"的转变。

二是 G20 包括了世界主要石油消费和生产国。美国、中国、日本、印度等和欧盟国家是石油消费大国，2017 年 G20 国家占世界石油消费约 80%；美国、俄罗斯和沙特阿拉伯是世界三大石油生产国，加拿大、中国、巴西和墨西哥等也是石油生产大国，2017 年 G20 国家占世界石油产量约 60%。2017 年，G20 国家间石油互供，自给率为 73.5%。因此，G20 框架下的全球石油治理，具有比国际能源署和欧佩克更大的优势，可以涵盖从消费到生产端的世界主要国家。

三是能源和石油市场稳定一直是 G20 关心的主要话题之一。2011 年 11 月法国戛纳第六次峰会，公报中就列出了两个部分、共四节讨论解决大宗商品价格波动和改进能源市场等问题，呼吁供需双方进行对话。2012 年 6 月墨西哥洛斯卡沃斯第七次峰会，领导人宣言第 14 条明确提出，对油价高居不下和波动性保持警惕，随时准备采取更多必要的行动加以应对。2013 年 9 月俄罗斯圣彼得堡第八次峰会。领导人宣言专门列出一章，讨论能源和石油价格问题。

出席 G20 会议的是国家元首或政府首脑、欧盟主席、世界银行和国际货币基金组织负责人和相关国家经济、货币和外交等政府部门负责人，在目前所有世界机构中权威性最高，影响力最大。可以考虑在 G20 框架下，设立由相关国家能源事务负责人组成常设工作组，邀请欧佩克、国际能源署等世界主要能源组织参加，讨论能源和石油问题，在领导人宣言中专列一章阐述 G20 对世界能源和石油事务共同政策，协调 G20 并影响世界其他国家共同行动，维持国际石油市场的稳定。

今天的国际石油市场，更多的需要是生产和消费国的共同行动，保持消费和供给两端的透明、稳定和可预期，严格交易监管和风险控制，抑制过度的投机，尽最大可能维护国际石油价格的稳定，让石油这一世界第一大能源资源，更好地也能更长时间地造福人类社会。

本文撰写于 2019 年 2 月底

中国能源效率的下降应引起全社会的高度关注

2月28日，国家统计局如期发布了2018年度国民经济和社会发展统计公报，向全国人民公布了中国经济社会发展的大账本，林林总总的数据，全方位展示了2018年中国经济社会建设取得的成就。

认真研读2018年度统计公报中有关能源消费与经济增长的数据，在为中国经济保持稳定增长而自豪的同时，我们发现，2018年中国能源和电力消费弹性系数上升到3年来的最高水平，通过近20年来相关数字的对比分析看，它不仅仅是短期现象更是长期趋势，应引起全社会的高度关注，必须继续下大力气厉行能源节约，不断提高中国经济的发展质量。

一、反映能源效率和衡量经济发展质量的能源系数指标

无论是研究界或是具体实务工作中，能源消费弹性系数和电力消费弹性系数，都是用来说明一个国家能源效率和衡量经济发展质量的两大重要指标。

能源和电力消费弹性系数，指的是某一年度，国家能源、电力消费增长与国民经济增长两者之间的比率关系。通俗地说，这两个系数指的是，为取得1%的国民经济增长需消费多少比率的能源资源或电力。国家统计局在其官方网站中，有关于能源和电力消费弹性系数的具体解释及其计算公式。

能源和电力消费弹性系数之所以重要，一方面，它们直接反映的是一定时期，国家经济发展的能源消费效率；更为重要的另一方面是，它们说明的是国家经济社会发展的能源成本。一般来说，在一个国家某一特定的发展阶段，这两个系数应保持在某一较为稳定的水平且应该逐渐降低，说明的是这个国家的能源使用效率越来

越高，经济发展的质量越来越好，国家总体的经济竞争力越来越强。最理想的情况是，能源消费弹性系数应该为零或为负数，即在保持一定经济增长速度的同时，能源消费是零增长或不增长，很多发达国家已经阶段性地达到了这一目标。

本文分析采用的有关中国经济和能源具体数据，均来源于国家统计局发布的年度统计公报或国家统计局官方网站上的有关统计数字，可以从国家统计局官方网站上方便地查询。

二、2018年中国能源和电力消费弹性系数的上升不仅仅是短期现象更是长期的趋势

2018年中国能源和电力消费弹性系数上升到3年来的最高水平，从近20年的数据对比分析看，它不仅仅是短期现象更是长期趋势。

（一）2018年中国能源和电力消费弹性系数已达到3年来的最高值

2018年，中国国内生产总值（GDP）增长6.6%。当年，中国能源消费总量为46.4亿吨标准煤，比上年增长3.3%。其中，煤炭消费量增长1.0%，原油消费量增长6.5%，天然气消费量增长17.7%，电力消费量增长8.5%。

到目前为止，国家统计局官方网站上没有公布2018年中国能源、电力消费弹性系数的数据。为此，使用2018年统计公报中的国内生产总值增长数为分母，我们可以计算得出，2018年中国能源消费弹性系数为0.50，电力消费弹性系数为1.2879。

简单地看2018年中国的能源和电力消费弹性系数，直观的感受是，这两个数字都不低，尤其是电力消费弹性系数已经接近1.3，应该说已处于比较高的水平。

为了更好地说明2018年中国能源和电力消费弹性系数的真正含义，我们必须将时间拉长，通过较长时间周期的对比来看一看当前中国能源消费效率的现状，尤其重要的是，可以从中看出正在发生的变化趋势。为此，根据国家统计局官方网站的数据，我们列出了2014—2018年5年时间里，中国国内生产总值、能源消费、电力消费及相关联的弹性系数数字，具体请参见表1。

表 1　2014 年以来中国经济增长和能源电力消费弹性系数

项目	2014 年	2015 年	2016 年	2017 年	2018 年
国内生产总值增长（%）	7.30	6.90	6.70	6.80	6.60
能源消费增长（%）	2.20	0.90	1.40	2.90	3.30
电力消费增长（%）	3.80	0.50	5.00	6.60	8.50
能源消费弹性系数	0.29	0.14	0.21	0.42	0.50
电力消费弹性系数	0.55	0.42	0.84	0.96	1.29

资料来源：1. 国内生产总值增长，国家统计局，《2018 年国民经济和社会发展统计公报》，2019 年 2 月 28 日；
2. 能源消费增长和电力消费增长，国家统计局官方网站，各年度统计公报；
3. 2014—2017 年能源和电力消费弹性系数，国家统计局官方网站，国家数据；
4. 2018 年能源和电力消费弹性系数，根据 2018 年统计公报计算得出。

认真分析表 1，我们可以得出以下 3 个结论：

第一，5 年来，中国能源和电力消费弹性系数都是在逐渐变大，尤其是从 2016 年开始以来的 3 年时间里，两个系数变大的趋势非常明显，并且是非常稳定地在变大，这说明三年来中国的能源效率在持续下降，在持续地不断恶化。

第二，统计数字直观地告诉我们，2015 年中国的能源、电力消费增长和能源、电力消费弹性系数都非常极端。当年，中国以均低于 1% 的能源、电力消费增长，支撑了高达 6.9% 的国内生产总值增长，能源和电力消费弹性系数均低到了不可思议的程度，对比 5 年或自 2000 年以来更长时间周期看非常不合理，应该存在较大的统计偏差。因此，在本文分析中，2015 年的有关数字不再参与对比，仅作为参考。

第三，从能源消费弹性系数看，2017 年对比 2016 年，增长了正好一倍；2018 年对比 2017 年增长了 19.05%，对比 2016 年增长了 1.38 倍。从电力消费弹性系数看，2017 年对比 2016 年，增长了 14.29%；2018 年对比 2017 年增长了 34.38%，对比 2016 年增长了 53.57%。

总结以上的对比分析，我们可以直观地得出以下结论，即近 3 年来，中国能源和电力消费弹性系数在稳定地上升，它说明的是中国能源消费效率是在下降，是在走下坡路，是在不断恶化。

（二）从近 20 年的对比分析看，2018 年中国能源和电力消费弹性系数的上升是长期趋势

请看表 2，该表中 2000—2017 年的数据来源于国家统计局官方网站国家数据栏目，2018 年数据系作者根据 2018 年统计公报计算得出。

表2　2000年以来中国能源和电力消费弹性系数

年份	能源消费弹性系数	电力消费弹性系数	年份	能源消费弹性系数	电力消费弹性系数
2000	0.54	1.12	2010	0.69	1.25
2001	0.70	1.12	2011	0.77	1.27
2002	0.99	1.30	2012	0.49	0.75
2003	1.62	1.56	2013	0.47	1.14
2004	1.67	1.52	2014	0.29	0.55
2005	1.18	1.18	2015	0.14	0.42
2006	0.76	1.15	2016	0.21	0.84
2007	0.61	1.01	2017	0.42	0.96
2008	0.30	0.58	2018	0.50	1.29
2009	0.51	0.77			

资料来源：1. 2000—2017年能源和电力消费弹性系数，国家统计局官方网站，国家数据；
　　　　　2. 2018年能源和电力消费弹性系数，根据2018年统计公报计算得出。

从表2中，可以看出：

第一，2018年中国能源消费弹性系数，不仅是近3年来的最高水平，也是自2012年以来7年间的最高数值。

第二，更加引人注目的是，2018年中国电力消费弹性系数，不仅是近3年来的最高水平，居然还是自2005年以来14年的最高数值，而且是时隔5年之后，又回到了1以上的水平。

因此，通过分析表2，我们认为，2018年中国能源和电力消费弹性系数的上升，不仅仅是短期现象，更是长期的趋势，其中中国的能源消费效率已下降到7年前的水平，而中国的电力消费效率更是下降到了14年前的水平，多年来通过努力取得的能源和电力消费效率提升的成绩没有保持住，无论是能源消费或是电力消费效率都是在走回头路。

（三）大力节能降耗和持续经济结构调整并未能改变中国能源效率下降的势头

近年来中国能源效率的下降，是在这样的政策和经济背景下产生的：一方面，国家持续大力推进节约能源工作并取得了很好的成绩；另一方面，中国的经济结构在不断调整，持续优化。

在每年度的统计公报中或国家统计局的官方解释中,我们都可以看到,多年来,中国的节能降耗工作都在积极推进并成绩斐然。从 2014 年以来的五年间,中国单位国内生产总值能耗累计下降了 22.2%,其中 2016—2018 年 3 年合计下降了 11.8%。

一定时期的经济结构是能源效率的主要决定因素,其中高耗能的第一和第二产业是决定能源消费总量和效率的关键行业。近年来,中国的经济结构在持续进行优化调整,具体表现为第三产业在国民经济中所占的比例在不断增大,而高耗能的第一和第二产业比例在下降。2014 年以来的 5 年间,中国的经济结构变化情况,请参见表 3。

从表 3 中,我们可以看出,2014 年以来的 5 年间,第三产业在国民经济中所占的比例增加了 4.2 个百分点,这也就是说第一和第二产业同期下降了同样的比例。

表 3 2014 年以来中国经济结构的变化

	2014	2015	2016	2017	2018
三次产业构成—国内生产总值(%)	100.00	100.00	100.00	100.00	100.00
三次产业构成—第一产业增加(%)	8.70	8.40	8.10	7.60	7.20
三次产业构成—第二产业增加(%)	43.30	41.10	40.10	40.50	40.70
三次产业构成—第三产业增加(%)	48.00	50.50	51.80	51.90	52.10

资料来源:国家统计局,《2018 年国民经济和社会发展统计公报》,2019 年 2 月 28 日。

无论是研究界或是从多年世界各国的统计数字看,随着一国经济发展和人民生活水平的不断提升带来的电气化普及,某一时期一个国家的电力消费弹性系数会上升并有可能保持在较高的水平。但是,认真分析表 2,这一理论不能用于解释近 3 年来中国电力消费弹性系数的不断上升。

从表 2 中,我们可以看出,从 2000 年以来的 19 年时间周期看,2001—2007 年 7 年间,中国的电力消费弹性系数都在 1 以上,其中 2003 年和 2004 年分别高达 1.56 和 1.52;此外,2010 年和 2011 年,中国的电力消费弹性系数也分别高达 1.25 和 1.27。常识告诉我们,不可能 2003 年、2004 年或 2010 年、2011 年中国的电气化水平高于 2018 年,2018 年中国的电气化水平相比十多年前不可能是下降了,这不符合基本的常识和逻辑！因此，我们认为，2018年中国电力消费弹性系数的快速上升，不是当年中国电气化发展所导致，而是长期下降的趋势。

三、能源节约应永远作为中国能源政策的第一重点

2018年中国能源和电力消费弹性系数上升到3年最高水平的主要原因是什么，需进行深入细致地分析和研究。我们认为，对于国家和全社会来说，当前最为重要的任务是要高度重视能源节约工作，继续大力推进节能降耗，尽最大努力尽快扭转能源效率不断下降的势头。

国际社会公认的是，节约是第一能源资源来源，多年来中国政府也将能源节约放在中国能源政策的首位，加以强调并采取积极措施加以实施。因此，面对近年来中国能源效率的持续下降，我们建议：

第一，从政策和舆论导向上，应该继续强调能源节约是中国当前和未来能源政策的第一重点，在舆论上长期并持续宣传，形成全社会大力节约能源的风尚和共识。

第二，持续进行经济结构的调整，优化中国的产业布局，通过有效的产业政策引导并配合强有力的经济手段和环境保护等政策，持续降低高耗能的第一和第二产业在中国经济结构中的比例，不断提升第三产业所占比例并持续优化其能源使用效率。

第三，从技术层面，分析节能降耗的重点领域，大力实施耗能设备的更新换代，通过不断提升和改进中国产业、生活耗能设备的能源效率，切实扭转中国能源效率下降的趋势。

从官方公布的统计数据看，中国能源消费等相关数字波动幅度大，不少年份的数字到了不可理解的地步，2015年有关能源和电力消费统计数字并不是仅有的案例，表现出来的曲线让人无法直视（图1），也很难做出合乎逻辑的解释，长期以来研究界和社会上就对中国能源统计数据的准确性存有较大的疑问。因此，政府相关部门应不断提高自身的业务能力和水平，努力改进统计数字的质量和准确性，为中国经济社会发展提供有价值的服务。

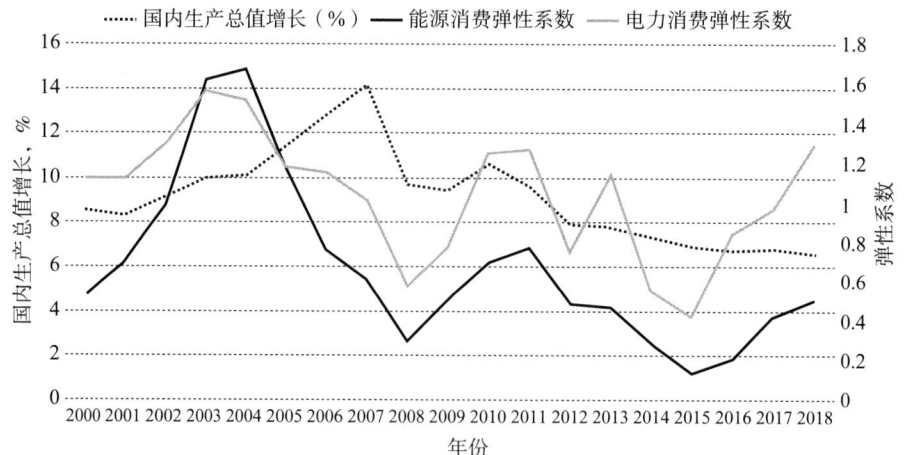

图 1　2000 年以来中国国内生产总值增长和能源电力消费弹性系数

资料来源：1. 2000—2017 年国内生产总值增长、能源和电力消费弹性系数，国家统计局官方网站，国家数据；
2. 2018 年国内生产总值增长，2018 年统计公报；
3. 2018 年能源和电力消费弹性系数，根据 2018 年统计公报计算得出。

本文撰写于 2019 年 3 月初

谁是2018年石油消费增量最大的国家？

谁是2018年石油消费增量最大的国家？这是个问题？当然这是个问题，而且还是一个非常重大的问题！

依据国际能源署（IEA）、欧佩克（OPEC）和美国能源信息署（EIA）三大权威机构的月度石油及能源市场报告，截至2019年3月20日，仍无法一致确认谁是2018年石油消费增量最大的国家。这一问题的结论说明的是，当前世界石油消费格局正在发生的变化，它不仅可以了结近20年来世界石油行业，尤其涉及世界经济和政治局势的一个公案，更为重要的是，它将对未来世界石油形势和中美两国经济竞争产生重大的影响。

一、当今世界石油消费的超级三角：美国、中国和印度

2017年，世界石油三大消费国是：美国第一，石油消费量为1988万桶/日，占比世界的20.2%；中国第二，石油消费量为1279.9万桶/日，占比世界的13%；印度第三，石油消费量为469万桶/日，占比世界的4.85%。三国合计，石油消费量为3736.9万桶/日，占当年世界石油消费总量9818.6万桶/日的38.06%。这也就是说，美国、中国和印度三国的石油消费合计占了世界的1/3以上。

虽然目前仍无2018年最终数据，而且三大机构相关数据存在一定的差异，但一致公认的是，美国、中国和印度仍是2018年世界三大石油消费国。以国际能源署2019年2月《石油市场月报》为例，2018年，美国石油消费为2049万桶/日，中国为1302万桶/日，印度为477万桶/日，三国合计为3828万桶/日，占世界石油消费总量9924万桶/日的38.57%，比2017年的比例增加了0.5个百分点（图1）。

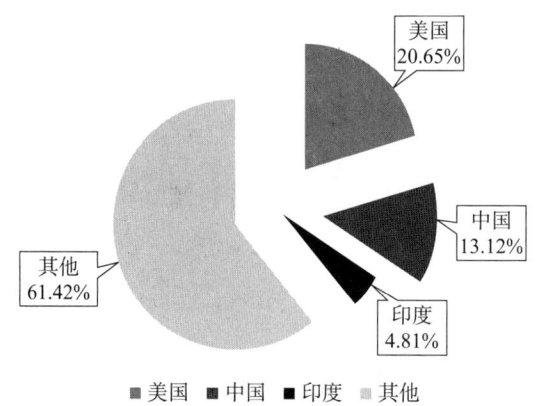

图1　2018年世界三大石油消费国

资料来源：国际能源署，《石油市场月报》，2019年2月。

2018年6月，本人在财经网等媒体撰文指出，2018年美国、俄罗斯和沙特阿拉伯三国的石油产量合计为3739万桶/日，占世界石油总产量9999万桶/日的37.39%。因此，从供应端看，当今国际石油市场存在美国、俄罗斯和沙特阿拉伯超级三角。这个观点一经提出，被研究界和媒体广泛接受。

从消费端看，美国、中国和印度石油消费占世界石油消费总量的比例，超过了美国、俄罗斯和沙特阿拉伯石油产量占世界石油总产量的比例。因此，美国、中国和印度当之无愧的是当今世界石油消费的超级三角，这3个国家的消费量超过了世界石油消费总量的1/3以上，对世界石油消费格局和市场形势拥有举足轻重的影响。

无论是在供给或是消费超级三角中，美国都是最大的一角，它不仅是当今世界最大的石油生产国，更是当今世界最大的石油消费国。因此，仅从石油行业这些数据，我们就不难理解今天的美国为什么是世界唯一超级大国，美国为什么对当今世界政治、经济和石油市场拥有具有巨大的影响力。

二、"中国石油威胁论"源自近20年来中国一直是石油消费增量最大的国家

近20年来，尤其是进入21世纪以来，国际上流行"中国能源威胁论"或"中国石油威胁论"的潮流，核心的内容就是，中国无止境的能源和石油需求将对世界构成威胁，中美有可能因石油而发生战争。作为国人，无论我们如何看待这一说法，

但统计数据为国际上很多专家们提供了强有力的支持。

2017年，虽然从消费总量、所占比例两个角度，中国在世界石油消费中的影响要小于美国，在世界石油消费超级三角中，只能排名第二，但是2017年中国石油消费比2016年增加了49.7万桶/日，占当年世界石油消费增量169.8万桶/日的29.27%，是当仁不让的2017年度世界上石油消费增量最大的国家。同期，美国石油消费增量仅为19.3万桶/日，中国是美国的2.58倍。更为重要的是，自2005年石油消费达到峰值后直至2018年，美国石油消费量都没有超过2005年的水平。因此，从消费增量看，中国在世界石油消费超级三角中的地位和重要性要大大高于美国。

事实上，中国是世界上石油消费增加数量最多的国家，不仅仅是2017年这一年的情况，可以肯定地说至少是进入21世纪以来就一直存在的现象。

从2000—2017年的18年统计数字看，中国石油消费的增长速度是十分惊人的。以行业通用的桶/日为计量单位，这18年间中国石油消费年度跨越100万桶/日的计量门槛，一般只用两年左右的时间，短的仅一年时间，这一增长速度应该是世界石油消费史上十分罕见或绝无仅有的。

2000年，中国石油消费为469.7万桶/日，2002年跨越到500万桶/日的量级，为520.5万桶/日。自此之后，2004年、2006年、2009年和2010年，分别跨越了600万桶/日、700万桶/日、800万桶/日和900万桶/日的门槛，2012年增长到1023万桶/日，石油消费跨越了1000万桶/日的门槛。因此，从2000年至2012年的12年间，中国石油消费增长到2.178倍，年均增长速度为18.15%（图2）。

2012年跨越1000万桶/日的门槛后，中国的石油消费增长速度未见丝毫的下降，2014年、2016年又分别跨越1100万桶/日和1200万桶/日的大关，2017年达到了1279.9万桶/日的水平。

从2000年后的18年，中国石油消费增加了810.2万桶/日，增长了2.7249倍，年均增长速度为15.14%。2000年，世界石油消费总量为7680.1万桶/日，2017年增长到9818.6万桶/日，18年间增加了2138.5万桶/日，增长了27.84%，年均增长速度仅为1.55%。同期，中国石油消费增长速度基本是世界的10倍，世界石油消费增加量的37.89%，也即是超过1/3以上来源于中国一个国家。

2000年，中国占世界石油消费总量的比例仅为6.12%，而2017年大幅提升到

13.04%。2000 年，中国排名美国、日本之后，是世界第三大石油消费国，仅仅两年之后的 2003 年，中国就超越日本成为世界第二大石油消费国。

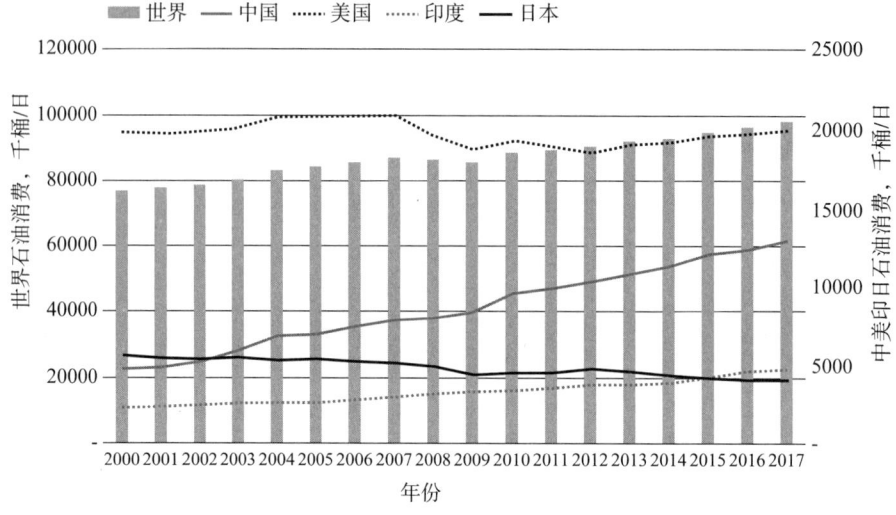

图 2　2000—2017 年世界主要国家石油消费的变化

资料来源：英国石油公司，《世界能源统计评论》，2018 年 6 月。

自 1859 年现代石油工业诞生以来的 160 年里，美国一直是世界第一石油消费大国。但是，美国石油消费的峰值是在 2005 年达到的，为 2080.2 万桶 / 日，自此之后，美国石油消费就没有超过这个水平。2017 年，美国石油消费总量为 1988 万桶 / 日，比 2005 年的峰值减少了 92.2 万桶 / 日，下降了 4.43%。

2015 年，印度超过日本，成为世界第三大石油消费国。2017 年，印度的石油消费总量为 469 万桶 / 日，占当年世界的 4.8%。自 2000 年后的 18 年，印度的石油消费增加了 243.1 万桶 / 日，增长了 1.076 倍，年均增长速度为 5.98%。

作为曾经的世界第二大石油消费国，自 2003 年和 2015 年分别被中国、印度超越后，日本就一直保持了世界石油消费第四的位置。但是，日本石油消费的峰值是 1996 年达到的。2000—2017 年 18 年间，日本的石油消费由 554.2 万桶 / 日下降到 398.8 万桶 / 日，减少了 155.4 万桶 / 日，下降了 28.04%，年均下降速度为 1.56%。

放在世界、尤其是世界主要石油消费国对比的大背景下，再来看 2000—2017 年的 18 年间中国石油消费的增长，就更加突显其重要性。可以肯定地说，至少近 20 年来，中国是世界上石油消费增长速度最快和增量最大的国家。因此，"中国石油威胁论"这一看法不但得到了统计数字的证明,同时也被统计数字一再强化,事实上其深层次说明的是这20年中国经济的高速增长和人民生活水平的迅速提高。

三、谁是2018年石油消费增量最大的国家:中国还是美国?

对于三大机构来说,谁是2018年石油消费增最最大的国家,到目前为止,还没有定论,有关机构的看法无论是2018年还是2019年年初,都还在持续的变化之中。

(一)国际能源署:2018年全年是中国,2019年年初变为美国

仔细分析2018年全年12期的《石油市场报告》,对于谁是2018年石油消费增量最大的国家,从2018年年初到年末,国际能源署一直没有改变,始终认为中国是2018年石油消费增量最大的国家。

1月19日的第1期报告中,国际能源署认为,2018年,中国石油消费增加的量为36万桶/日,印度为30万桶/日,美国为20万桶/日。12月13日的第12期报告中,国际能源署认为,2018年,中国石油消费增加的量为50万桶/日,印度为24万桶/日,美国为48万桶/日,即中国仍是2018年石油消费量增加最大的国家。

不过,进入2019年以后,国际能源署的看法发生了变化。1月18日的2019年第1期《石油市场报告》中,国际能源署将2018年石油消费增量最大的国家改成了美国,美国石油消费增加的量为50万桶/日,中国为47万桶/日,印度为21万桶/日。在2月13日的第2期报告中,将2018年美国石油消费增加的量调增到53万桶/日,将中国下调到44万桶/日,印度下调到20万桶/日。

(二)欧佩克:2018年1—10月是中国,2018年11月以后是美国

仔细分析2018年全年12期的《石油市场月报》,从1月18日的第1期至12月12日的第12期,对于谁是2018年石油消费增量最大的国家,欧佩克的看法发生了变化。

1月18日的第1期报告中,欧佩克认为,2018年中国石油消费增加的量为41万桶/日,印度为18万桶/日,美国也为18万桶/日。这就是说,欧佩克认为中国是2018年石油消费增量最大的国家,且这一看法一直保持了10个月。

不过,在11月13日的第11期报告中,欧佩克将2018年美国石油消费增加的量调增为41万桶/日,而将中国调减为39万桶/日。这样,2018年首次,欧佩克认为美国是 2018 年石油消费增量最大的国家，并将这一观点保持到了 12 月 12 日的第 12 期报告未加改变。

1 月 17 日、2 月 12 日和 3 月 14 日的 2019 年第 1、第 2 和第 3 期《石油市场月报》中，欧佩克保持了美国是 2018 年石油消费增量最大的国家这一看法。在 2019 年的这 3 期报告中，欧佩克认为，2018 年美国石油消费增加的量分别为 453 桶/日和 46 万桶/日，中国为 39 万桶/日，印度分别为 21 万桶/日和 20 万桶/日。

（三）美国能源信息署：2018 年全年为美国，2019 年年初改为中国

对于谁是 2018 年石油消费增量最大的国家，从 2018 年年初到目前为止，美国能源信息署的看法发生了很大的变化，由 2018 年全年认为是美国，变成了从 2019 年年初开始认为是中国。

1 月 18 日的 2018 年第 1 期《短期能源展望》中，美国能源信息署认为，2018 年美国石油消费增量为 48 万桶/日；中国为 35 万桶/日，印度为 27 万桶/日。即，美国是 2018 年石油消费增量最大的国家。

12 月 18 日的 2018 年第 12 期"短期能源展望"中，美国能源信息署认为，2018 年美国石油消费的增量为 52 万桶/日，中国为 51 万桶/日，印度为 26 万桶/日。这样，到了 2018 年年底，2018 年中国石油消费的增量快赶上美国，但还有 1 万桶/日的差距，美国仍是 2018 年石油消费增量最大的国家。

1 月 19 日的 2019 年第 1 期《短期能源展望》中，美国能源信息署认为，2018 年美国石油消费的增量下降到 50 万桶/日，中国上升到 51 万桶/日，印度为 23 万桶/日。这样，从 2019 年 1 月份开始，2018 年中国石油消费的增量反超美国 1 万桶/日，中国变成了 2018 年石油消费增量最大的国家，美国退居为第二位。

2 月 19 日的 2019 年第 2 期《短期能源展望》中，美国能源信息署认为，2018 年美国石油消费增量又调增到 51 万桶/日，中国也为 51 万桶/日，印度为 22 万桶/日。这样，到 2019 年 2 月份，2018 年美国和中国石油消费的增量都变成了 51 万桶/日，中美两国并列为 2018 年石油消费增量最大的国家。

3 月 19 日的 2019 年第 3 期《短期能源展望》中，美国能源信息署认为，2018 年美国石油消费增量下调到 49 万桶/日，中国为 51 万桶/日，印度为 22 万桶/日。这样，到 2019 年 3 月，2018 年石油消费增量最大的国家变成了中国，美国位居第二，

两者的差距为 2 万桶 / 日的水平。对谁是 2018 年石油消费增量最大的国家，美国能源信息署又回到了 2019 年 1 月的观点。

总结三大机构的报告，截至 2019 年 3 月 20 日，国际能源署和欧佩克的观点已经一致，即 2018 年石油消费增量最大的国家是美国，中国退居到第二位。但是，作为当事一方，虽然 2018 年全年，美国能源信息署认为美国是 2018 年石油消费增量最大的国家，但到 2019 年年初却改变了看法，虽然从数量上看两国差距不大，但中国是 2018 年石油消费增量最大的国家，美国位居第二（表 1）。

表 1 2018 年以来世界三大机构对石油消费增量最大国家的观点

	2018 年 1 月	2018 年 11 月	2018 年 12 月	2019 年 1 月	2019 年 2 月	2019 年 3 月	结论
国际能源署	中国：36 万桶 / 日		中国：50 万桶 / 日	美国：50 万桶 / 日	美国：53 万桶 / 日		美国：53 万桶 / 日 中国：44 万桶 / 日 印度：20 万桶 / 日
欧佩克	中国：41 万桶 / 日	美国：41 万桶 / 日		美国：45 万桶 / 日		美国：46 万桶 / 日	美国：46 万桶 / 日 中国：39 万桶 / 日 印度：20 万桶 / 日
美国能源信息署	美国：48 万桶 / 日		美国：52 万桶 / 日	中国：51 万桶 / 日	美国：51 万桶 / 日		美国：51 万桶 / 日 中国：49 万桶 / 日 印度：22 万桶 / 日

资料来源：国际能源署、欧佩克和美国能源信息署，2018 年 1 月以来的月度市场报告。

至于到底谁将是 2018 年石油消费增量最大的国家，我们只有等到 2019 年 6 月份英国石油公司发布 2019 年度的《世界能源统计评论》了。不过，即便最后中国仍是 2018 年石油消费增量最大的国家，但从目前三大机构的统计数据看，最大的可能是，与 2017 年石油消费增量中国是美国的 2.58 倍相比，2018 年中国和美国石油消费的增量会基本接近一致。这就是说，从年度石油消费增量的角度，2018 年是近 20 年来首次，中国有很大的可能将摘掉世界最大的石油消费增量国家的帽子，它将成为 2018 年世界石油市场具有标志性的事件，即作为世界上最大的石油生产和消费国，2018 年美国有很大可能将超越中国，首次成为世界石油消费增量最大的国家。

2018 年，中国摘掉世界最大石油消费增量国家帽子的意义是十分重大的：第一，可以了结近 20 年"中国石油威胁论"的公案，因此在舆论上，我们应该向世界广为宣传。第二，2017 年超越美国之后，中国是世界最大的原油进口国，2018 年石油对外依存度约70%，社会各界对于中国石油安全问题非常焦虑，美国作为世界最大的石油生产、消费和消费增量国家背景下，如何分析世界石油市场形势和中国的石油安全问题，值得我们进行深入的讨论和思考。第三，无论中国是否仍将是2018年石油消费增量最大的国家，但不争的事实是，2018年中国石油消费增量超过2017年水平的可能性不大，而2018年美国石油消费增量对比2017年已大幅度增长，说明的是美国实体经济的稳定增长和能源消费结构的优化，这将对中美两国经济竞争能力产生重大的影响，应引起我们高度的重视。

本文分析中，对于中国石油消费的具体数字，我们之所以一直没有引用中国官方的统计，主要原因在于，中国官方统计资料中无法及时找到所需要的材料。如，2019年2月28日，国家统计局发布的2018年国民经济和社会发展统计公报，没有披露2018年中国石油消费量的数字，只是说明2018年中国能源消费总量为46.4亿吨标准煤，比上年增长3.3%，其中原油消费量增长6.5%。在国家统计局官方网站的国家数据网页上，我们只能查到以万吨标准煤为单位的2016年中国石油消费量的数据，2017年和2018年石油消费量的具体数据到目前为止均未列示。

本文撰写于2019年3月中旬

未来30年是中国能源革命的战略机遇期

2019年1月，美国能源信息署发布《2019年度能源展望报告》，综合对当前和未来经济增长、技术进步、油气资源、石油天然气价格、法规和国家管制政策等多方面因素的分析及预判，通过7种不同情景方案的对比，认为从2020—2050年，美国将成为能源净出口国，石油和天然气将成为美国主要出口能源资源。

从目前至2050年是中国实现"两个一百年"和"中国梦"宏伟目标的关键阶段，充足、经济的能源供给和安全的能源保障，是重要的物质基础和基本保证。2020—2050年的30年，美国成为能源净出口国，在能源领域为中国提供了战略机遇期，我们应紧紧抓住并加以充分利用以实现中国的能源革命。

一、2020—2050年的30年美国将成为能源净出口国

作为世界第一大经济体，多年来美国是世界第一大能源消费国。2009年，中国超越美国成为世界第一大能源消费国后，美国就一直保持着世界第二大能源消费国的地位。

1953年，美国成为能源净进口国，净进口量为447万亿英热单位，仅占能源消费总量的1.19%。自此之后，美国净进口能源的数量就不断增长，2005年达到峰值，能源净进口的数量为30.197千万亿英热单位，能源对外依存度为30.15%（图1）。

美国的能源生产和消费高度市场化，既进口同时也出口能源资源。2000年，美国出口的能源数量为3.96千万亿英热单位，2018年上升到21.23千万亿英热单位，主要原因是随着美国原油和天然气产量的不断提升，石油和天然气出口的数量不断增长。但是，2018年美国仍是能源净进口国，净进口的能源数量为3.611千万亿英热单位，能源对外依存度已下降到只有3.57%。

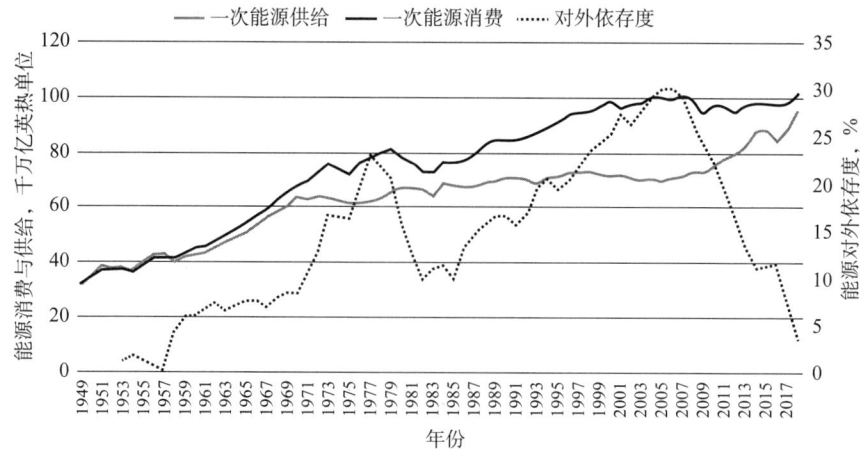

图 1　1949—2018 年美国能源消费、供给与对外依存度的变化
资料来源：美国能源信息署，《月度能源评论》，2019 年 3 月 26 日。

美国能源信息署预测，2019 年，美国能源生产和消费总量将基本持平。不过，随着原油、天然气和天然气凝析油的产量超过消费量，自 20 世纪 50 年代以来首次，2020 年美国能源生产总量将大于消费总量，美国将成为能源净出口国，且这一势头将一直保持到 2050 年。其中，2020 年，美国能源生产大于消费的数量为 3.77 千万亿英热单位，2025 年将上升到 9.89 千万亿英热单位，2030 年为 12.95 千万亿英热单位，2040 年上升到最高位，为 13.01 千万亿英热单位，2050 年下降到 7.19 千万亿英热单位（图 2）。

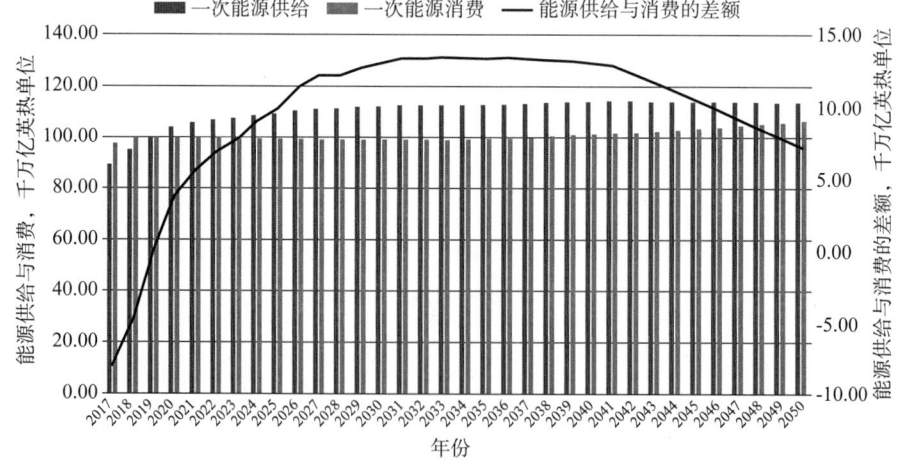

图 2　2017—2050 年美国的能源供给与消费预测
资料来源：美国能源信息署，《2019 年度能源展望》，2019 年 1 月。

能源使用效率的不断提升是未来30年美国成为能源净出口国的主要原因之一。美国能源信息署认为，2018—2050年，美国国内生产总值年均增长将达到1.9%，经济会持续扩张，所有终端部门的能源消费都将增长，其中电力和天然气的消费增长最快，但是由于终端部门能源使用效率的不断提升，能源消费总量将保持稳定。2019年，美国能源消费总量预计将达到阶段性峰值，为100.26千万亿英热单位，但在此后的约二十年时间里将跌破并维持在100千万亿英热单位总量之下的水平。2038年，美国能源消费总量将重新回到100.37千万亿英热单位。2038—2050年，美国能源消费将低速增长，2050年为106.55千万亿英热单位。因此，2018—2050年的33年间，美国能源消费总量仅增加6.42千万亿英热单位，年均仅增长0.1945千万亿英热单位，年均增长率低到仅为0.19%。

随着国内汽油消费的增长和原油产量的下降，美国能源信息署预测，2050年进口石油和其他液体燃料的数量将再次大于出口量，美国将重新成为石油净进口国，但届时美国仍是天然气和煤炭的净出口国。

二、石油天然气将成为未来美国出口的主要能源资源

虽然自1953年以来，美国成为能源净进口国，但是多年来，美国一直是煤炭和焦炭的净出口国，2017年又成为天然气的净出口国。在所有能源资源中，从目前至2050年，天然气和天然气凝析油将成为美国化石燃料中产量增长最快的两类，其中天然气凝析油将占美国石油总产量的1/3。随着能源生产大于消费总量数量的不断增大，2020—2050年的30年间，美国将持续大规模向国际市场出口天然气、石油和煤炭等能源资源。

美国是世界第一大天然气生产国，2018年天然气干气的产量为30.56千万亿英热单位，2050年将达到45千万亿英热单位。天然气是当前和未来美国重要的能源出口商品，主要包括美国同加拿大、墨西哥之间的管输天然气贸易和出口到亚洲、欧洲的液化天然气。美国能源信息署预测，在2018年出口3.72千万亿英热单位天然气的基础上，2025年出口规模将达到8.14千万亿英热单位，2035年将达到9.37千万亿英热单位，2050年将达到10.13千万亿英热单位，占届时美国天然气干气产量的22.51%，占能源出口总量的33.92%。

随着天然气产量的不断增加，为美国带来了另一重要石油产品，即天然气凝析油。2018—2050年，美国天然气凝析油的产量将增长32%，2030年将达到600万桶/日，2050年虽然略有下降但仍能维持在580万桶/日的水平，产量的增加主要来源于东部阿巴拉契亚盆地和西南部的二叠纪盆地。

2018年，美国已超过俄罗斯和沙特阿拉伯成为世界最大的原油生产国。美国能源信息署认为，从目前至2020年代中期，美国原油产量每年都将保持创纪录的增长速度，21世纪20年代中期至2040年，美国的原油产量都将大于1400万桶/日。

正是在天然气凝析油和原油产量不断增长的推动下，未来30年，美国石油的出口数量和规模将不断攀升。在2018年出口15.16千万亿英热单位的基础上，2020年美国石油出口将上升到17.71千万亿英热单位，2030年将上升到19.43千万亿英热单位。2040年，美国石油出口将达到历史最高位，为21.04千万亿英热单位，占届时石油产量的56.51%，能源出口总量的64.84%。此后，美国石油出口虽然有所下降，但2050年仍将保持在18.19千万亿英热单位的水平。

煤炭也是美国出口的重要能源资源。2018年，美国煤炭的出口量为2.61千万亿英热单位。由于环境、成本等因素的影响，未来美国的煤炭产量不会如同天然气和石油高速增长，2020—2030年，美国煤炭的出口数量将保持在每年2千万亿英热单位的水平，2030年后虽然有所下降，但2030—2040年出口数量为1.9千兆英热单位上下，2050年为1.5千万亿英热单位。

三、未来30年是中国能源革命的战略机遇期

从目前到2050年，是中国经济社会发展至关重要的历史阶段。一是根据"两个一百年"和"中国梦"的宏伟目标，至2020年是中国全面建成小康社会的决胜期，从2020年至2050年中国要建成社会主义现代化强国。二是中国能源消费将达峰值。自2009年超越美国之后，中国已是世界第一能源消费大国，2017年超越美国成为世界第一大原油进口国，2018年超越日本成为世界第一大天然气进口国。国内外机构比较一致的看法是，2040年前后中国能源和石油消费有可能达到峰值，并在2050年之后仍保持在较高的水平。三是中国能源和石油对外依存度会持续走高。2018年，中国能源对外依存度为19.4%，石油对外依存度约为70%上下，天然气对外依存度

已达 45%。预计未来，中国石油天然气对外高度依赖将会是一个较大概率的事件。为此，我们应紧紧抓住未来 30 年美国作为能源净出口国的战略机遇期，充分加以利用以实现中国的能源革命。

（一）消除中美两国之间因争夺石油资源而导致的潜在冲突

20 世纪 90 年代和 21 世纪初，因经济高速增长而带来的能源、尤其是石油消费迅速增加，特别是 2009 年中国超越美国成为世界第一大能源消费国后，"中国石油威胁论"一时在国际社会大行其道。早在 2004 年，有美国智库和学者认为，中国可能会像 67 年前的日本一样为了获得石油而扩张，从而引发美中冲突。而到了 2017 年，随着中国石油进口数量越来越大，美国有学者更直接提出，美中两国可能因为石油而开战。

得益于页岩革命的成果，近年来，美国进口能源、尤其是进口石油的数量越来越小，而出口能源、尤其是出口石油和天然气的数量越来越大，2018 年 11 月底的当周，美国已经成为石油净出口国。在国际能源市场上，美国正在从对进口能源资源的依赖者，变成能源资源的供应者和市场份额的争夺者，美国总统特朗普成为美国能源第一推销员，其最直接的影响是，它将消除中美两国可能因在国际市场石油资源的争夺而爆发冲突的可能，西方学者担心并渲染的中美因石油而战将失去推演的理由和存在的事实基础。

因此，2020—2050 年美国成为能源净出口国，客观上为中国实现能源革命提供了 30 年的战略机遇期。

（二）中国油气进口有更充足的资源保障和更广泛的市场选择

2018 年，中国进口原油 4.62 亿吨，进口天然气 1254 亿立方米，进口煤炭 2.8 亿吨，均创历史新高。从统计数字看，虽然中国油气进口来源较为广泛，但事实上正在对某些国家形成一定的依赖。如，在 2018 年中国进口的 4.62 亿吨原油中，从俄罗斯进口 7149 万吨，沙特阿拉伯进口 5673 万吨，安哥拉进口 4928 万吨，三国合计占中国进口原油总量的 38.42%。俄罗斯连续 3 年成为中国原油进口第一大来源国，2018 年占中国原油进口总量的 15.47%，比 2017 年增加了 1170 万吨，占比上升了 1.27%。2018 年，中国进口的天然气中，管道气主要来源于土库曼斯坦等，液化天然气主要来源于澳大利亚、卡塔尔等。土库曼斯坦已成为中国管道天然气进口第一大国，占管道天然气进口总量的80%左右。2017年冬季，中国局部地区出现天然气荒的重要原因，就是中亚天然气管道供气量减少造成的，2018年11月份也出现短暂的供应减量。

自从2017年以来，中国从美国进口的石油天然气数量迅速增长，2018年6月原油进口量曾达到创纪录的51万桶/日，4月天然气进口量达到175亿立方英尺。因中美贸易问题，从2018年8月份开始，中国从美国进口的石油和天然气数量逐渐减少，有的月份降至为零。目前，中美贸易谈判中，从美国进口更多的石油、天然气和乙烷等能源产品，已成为美方的主要诉求之一。美国出口的原油大多是低硫的轻质原油，从2020年1月1月起国际船用燃料硫含量需降至0.5%，中国炼厂对进口美国原油需求旺盛。作为后进入市场者，美国液化天然气具有较好的价格优势且作价方式灵活，有助于打破卡塔尔、澳大利亚等传统液化天然气出口国的市场和价格垄断。

因此，美国成为能源净出口国后，中国从国际市场进口油气等资源有了更广泛的选择，可以减轻对某些国家的进口依赖，价格上也可有更加经济选择的可能。更为重要的是，适时、适量从美国进口一定数量的石油、天然气和乙烷等资源，回应美国的出口诉求，可以作为有效的手段应对中美两国之间因贸易摩擦而导致的紧张关系。

（三）积极开展能源革命为实现"中国梦"提供坚实的能源保障

全面建成小康社会和社会主义现代化强国，必须有充足、经济和安全的能源资源保障，与此同时，作为国民经济基础产业和支柱产业之一的能源行业，必须具有强大的国际市场竞争能力。为此，未来30年中国必须实现能源革命。

解决中国不断攀升的过高油气对外依存度，最根本办法就是中国各类能源企业要持续加大国内油气资源的开发投入和力度，在扭转中国石油产量下降的同时，尽最大可能不断提高国内的石油和天然气产量。自1859年以来的近160年，油气产业一直是支撑美国世界超级大国地位的重要工具和手段，是重要的物质基础。美国特朗普政府之所以努力使美国能源、尤其是石油天然气行业重回"黄金时代"，根本出发点就在于此。因此，国家应该将支持和鼓励国内石油天然气生产勘探开发活动，从保障和提升国家能源安全的角度，提升到成为支持并形成中国大国地位的有效途径高度，加以认识、实施并进行舆论引导。国内油气勘探开发活动如能持续强化并进行下去，并形成如美国页岩革命一样的局面，在从根本上解决中国能源安全的同时，必将成为中国经济新的增长点，能够带动科技、金融、贸易等各方面的繁荣，中国的综合国力肯定将由此上一个新的台阶。

除大力鼓励和支持进行能源资源的开发而使能源产量持续增长外，未来30年美国成为能源净出口国的一个重要因素，就是通过技术、经济等多种手段，使终端能源消费的效率不断提升，从而阶段性地使美国能源消费总量下降并将能源消费增长保持在较低的水平。美国在能源消费端所做的这一切，就是一般意义上的能源节约。国际社会公认的是，节约是第一能源来源。多年来，中国持续强调能源节约的重要性并为此做了大量的工作，但从初步统计数据分析看，2018年中国能源和电力消费弹性系数上升到近20年来的最高水平，中国能源节约还有大量的工作要做。因此，未来30年或更长的时间周期里，中国必须持续并大力提倡能源节约，通过技术、经济和法律等多种综合手段，不断提升中国的能源使用效率，控制中国能源消费总量的增长，从而在保障中国经济社会和人民群众生活水平稳步提高的同时，中国的能源消费总量及其增长速度控制在合理的水平。

作为世界第一大经济体，美国之所能由能源净进口国转变为能源净出口国，其根本原因就在于充分发挥了市场力量的作用。从20世纪90年代初开始，数千家小企业和石油个体户，开始了页岩革命，通过十多年的努力，使已经充分开发的美国油气工业重现了生机，油气产量不断提升。2014年国际石油价格大跌后，这些企业又通过科技革命，使生产成本大幅度下降，美国油气行业的市场竞争力不断提升。今天的美国，既进口但同时也出口石油天然气和煤炭，通过国际市场有效地配置能源资源，从而使美国的油气等产业具备世界性的竞争能力并获取了行业最好的经济效益。因此，要实现中国的能源革命，中国能源行业必须继续深化改革，多元化、市场化和国际化应成为能源行业、尤其是油气行业深化改革的永恒主题，"两个一百年"和"中国梦"宏伟目标的实现，才会有充足、经济和安全的能源资源保障；与此同时，只有能源行业做到多元化、市场化和国际化，具备了强大的国际市场竞争能力，中国社会主义现代化强国才会有坚实的能源产业基础。

本文撰写于2019年3月中旬

高效公平的市场是石油天然气话语权的终极条件

今天的中国是世界最大的能源消费国,最大的原油和天然气进口国,时常有专家和媒体谈起石油天然气的话语权,并希望将建立中国的石油天然气话语权,作为国家能源政策的主要目标之一。

客观冷静地分析,由百多个生产和消费主权国及数量众多的企业、无数个人组成的国际石油天然气市场,是多种利益和力量的角力场,生产国想拥有话语权需付出代价,消费国想拥有话语权需有充分的市场选择,而高效和公平的市场是拥有石油天然气话语权的终极条件,也是石油天然气话语权最根本的核心之所在。

一、什么是话语权?石油天然气话语权最主要的两层含意

仅从字面上理解,话语权就是小到一个个体的自然人,大到一个组织和国家的说话权、发言权,亦即说话和发言的资格和权力,是争取经济、政治、文化、社会地位等的话语表达。通常意义上,话语权既包括国内事务,也包括国际事务。

国际事务的话语权,指的是以国家利益为核心、就国家事务和相关国际事务发表意见的权利,主要涉及五个方面:话语施行者、话语内容、话语对象、话语平台和话语反馈。无论谁在说、说什么和对谁说,最重要的是结果,即一个国家自身利益的话语要得到相关方的回应,自身利益要得到保证;关于国际事务的话语,要得到国际社会的尊重和理解,相关事务要按希望的方向发展。话语权的背后,是这个国家的综合实力和在国际社会的影响力、公信力。

从国际石油天然气市场的发展历程和当前的基本特征看,石油天然气话语权应该包括两个层面的含意:一是初级话语权,即对于消费国和进口国来说,一个国家

和其民众的石油天然气资源基本供应及价格公平对待的权力,反之对于生产国和出口国来说也亦然;二是高级话语权,拥有国际石油天然气市场规则的制订权或制订的参与权,货币作为国际石油天然气市场的标价和结算货币或主要币种之一。

进一步分析,初级话语权指的是宣示并努力保护自身的利益,拥有和实现起来并不难;高级话语权指的是制订国际石油天然气市场的游戏规则,掌控市场的运营,这就要求必须有强大的综合实力作为支撑,被市场参与者广泛接受,符合大部分市场参与者的利益诉求并能推动行业稳定健康发展,只有这样话语权才能成立并行之有效。

二、国际石油天然气市场是多方利益和力量的角力场

作为世界最大的产业之一,国际石油天然气市场是一个由众多主权国家、数量众多富可敌国的公司和无数个人组成的,各方利益诉求差异巨大并常常完全背离,当前和未来相当长时间中国只能以消费国和进口国的身份参与国际石油天然气市场的游戏。

(一)当今的世界是石油天然气的时代,石油天然气是世界最大的产业之一,涉及全球经济社会的方方面面

2018年,世界一次能源消费构成中,石油第一,占比33.63%;天然气第三,占比23.87%。两者合计,占比为57.5%,超过当今世界一次能源消费半数以上,是人类社会的绝对主体能源来源。自从1965年人类社会进入石油的时代以来,石油就一直是第一能源来源。

目前,具有一定产量和消费量规模,列入统计可查的世界石油天然气生产和消费国,均超过100个。当今人类社会基本没有不与石油天然气打交道的国家或人口,只是涉及程度的大小不同而已,国际石油天然气市场或多或少地会影响到全球的所有国家和人口。

2018年,世界石油产量为44.74亿吨,以均价71.31美元/桶计算,其基本价值约为2.33万亿美元;天然气产量为3.87万亿立方米,以日本、德国、英国、荷兰等国进口天然气均价8.5美元/百万英热单位计算,其基本价值约为1.16万亿美元。

2019年世界500强前十大公司中,6家是石油天然气公司,其中沙特阿拉伯阿美石油公司是世界最挣钱的企业。放眼世界,很多国家最大、最有影响力的企业,

往往都是石油天然气公司，这些企业无论是国有或是私营，均拥有富可敌国的财富，不仅在所在国拥有巨大的经济政治影响力，而且在国际社会可以呼风唤雨。

因此，国际石油天然气市场是一个由一百多个主权国家和数量众多的富可敌国大公司和个人组成的竞技场，各方或通过市场竞争或激烈对抗实现自己的利益诉求，小到一国的经济发展、社会公平，大到国家间的竞争、军事冲突等，石油天然气因素无不纠缠其中。

（二）国际石油天然气市场由资源主导，成熟的现货和期货交易构成的全球化市场，既是服务经营的场所更是追逐利益的天下

从生产的角度看，1859年从美国开始工业化生产以来，160年间经历了从美国到俄罗斯到拉丁美洲再到中东，最终扩散到世界上一百多个国家，越来越多的国家进入了油气生产国的行列，北极也开始了油气的开发；与之相一致的是，在传统英美为主体的私营国际大石油公司不断发展的同时，资源国国家油气公司的力量也迅速壮大。世界石油天然气行业由资源主导，丰富的资源并在国际市场中顺畅销售，决定了一个国家和企业在国际石油市场中的影响力及地位。

从市场的角度看，通过160年的发展，国际石油天然气市场已经成为一个跨区域、较为完整的全球化运作体系。

从石油行业看，国际石油价格体系经历了标价、官价、现货价格和期货价格等不同的发展阶段；国际石油市场形成了西北欧、美国东海岸和远东新加坡为主构成的现货市场，美国纽约商业交易所、伦敦国际石油交易所和迪拜商品交易所为主的三大期货交易市场，布伦特、美国西得克萨斯中质原油和迪拜/阿曼原油期货价格代表着国际石油价格的趋势，美元是最主要的计价和结算货币。

从天然气行业看，美国、欧洲和日本是世界主要三大天然气市场，长期合同虽然仍是主要交易方式，但现货的比例越来越大，美国亨利中心、德国等欧洲进口液化天然气价格、日本与燃油挂钩的进口液化天然气价格是主要价格标杆，美元也是最主要的计价和结算货币。

目前，国际石油天然气市场已远远超越服务油气经营活动的功能，大量市场交易活动的参与者，不再以获取石油天然气实物为目的，期货交易数量远超全球石油实际产量或消费，更多地将国际石油天然气市场作为一个投资的场所。2019年8月

20日，世界最大期货交易机构美国芝商所集团原油期货交易合约为115.1955万手（即11.5亿桶），是世界石油产量和消费量的11.5倍，实际交付为零。

（三）当前和未来相当长时间，中国是国际石油天然气市场最大进口国的身份不会改变

2018年，中国是世界第一大能源消费和第二大能源生产国，一次能源消费总量为32.735亿吨油当量，生产总量为37.7亿吨标准煤，其中石油产量为1.89亿吨，天然气产量为1615亿立方米，分别位列世界第七和第六位，并拥有约两亿吨油当量的海外权益油气产量。

不过，在国际石油天然气市场，中国主要是以世界第一大石油和天然气进口国的身份出现，其中石油进口量为4.389亿吨，天然气进口量为1215亿立方米。国内外机构比较一致的看法是，预计未来相当长时间，中国石油天然气进口的数量将进一步增加，作为世界最大石油天然气进口国的地位无人挑战。

据不完全统计，2018年中国从世界上约五十个左右的国家进口原油或成品油，进口天然气的国家约有三十个。除产油国的国家石油公司，油气进口活动中，中国需要与各种类型的国际石油天然气企业打交道。相应的，除传统的几大国家石油公司外，近年来中国各种类型的所有制企业，纷纷参与油气进口等交易活动，并逐步扩展到出口环节，已成为越来越重要的国内国际油气市场参与者。

三、高效和公平的市场是石油天然气话语权的终极条件

作为生产国或消费进口国，实现初级话语权只需要付出一定的代价或以充分的市场选择为前提，但要实现最高级话语权，则必须要有强大的综合实力作为支撑，拥有高效和公平的市场，才能保证石油天然气话语权并行之有效地运行。

（一）对于油气生产国，话语权既是影响力但更多的还是维护市场稳定的责任和代价

160年世界石油工业发展历程说明，与话语权沾边的可能只有洛克菲勒、"七姊妹"、欧佩克和今日的超级欧佩克。不过，这些企业或组织在拥有话语权的短暂时间里，努力去做的，却是在维持国际石油市场的稳定，阻止油价崩盘，其中超级欧佩克最有代表性。

超级欧佩克诞生于 2014 年下半年的石油价格暴跌。2017 年 1 月 1 日，在欧佩克主动减产的前提下，俄罗斯、哈萨克斯坦和墨西哥等 10 个石油生产国同意联合减产约 180 万桶 / 日，超级欧佩克自此诞生，其中沙特阿拉伯和俄罗斯是主角，两国承担了主要的减产责任。

自 2017 年年初以来的减产行动中，油价没有继续探底并一度超过了 85 美元 / 桶，但代价却是沙特阿拉伯石油出口下降到低于 700 万桶 / 日，俄罗斯石油产量也减少了 30 万桶 / 日以上，在失去市场份额的同时，两国经济也带来了较大的压力。因此，舆论紧盯沙特阿拉伯和俄罗斯政府官员有关石油产量的表态，虽然表面上看到的是两个国家对国际石油市场的影响力，或称之为话语权，但其背后却是两国维持国际石油市场稳定、防止油价崩盘的责任，要付出巨大的经济代价。

（二）对于油气消费进口国，充分灵活的市场选择是拥有话语权的最基本条件

消费者是弱势群体，国际石油天然气市场也不例外。成立于第一次石油危机后 1974 年、拥有 30 个成员国和 8 个联系国的国际能源署，其四项使命中的重点，是通过市场手段，实现能源的多元化和不断提升能源效率，并建立一定规模的石油储备，协同行动，以应对国际石油市场的短期波动。认真研究 46 年来，以国际能源署为代表的消费进口国争取油气话语权的具体做法，可以归纳为以下关键三点：

一是油气消费进口国，应该具有国内石油、天然气与煤炭等能源来源短时间、低成本转换的能力，不对某一种能源进口来源形成刚性依赖，面对国际石油市场突发危机时拥有自主的能源转换能力。

二是油气消费进口国不能对某种特定的进口能源来源形成依赖，既不能对进口的管道石油、天然气形成依赖，也不能对从海上进口的石油和天然气形成依赖，应该能最大可能地进行短时间、灵活的转换，从而避免对某种单一方式进口能源来源的依赖。

三是油气进口国不能对从某些国家进口的能源形成过高的依赖，应该具备可短时间灵活地选择供应者和供应来源。

以上三点的核心，就是油气消费进口国如想拥有话语权，保护自身的利益，则必须拥有对进口油气资源充分且灵活的市场选择能力。

（三）高级油气话语权必须具备的 3 个必要和两个基本条件

不需要高深的经济学理论和知识，基本的常识告诉我们，今天无论对于石油天然气生产国或消费进口国，或是两者兼而有之，如想拥有高级石油天然气话语权，必须具备 5 个方面的条件，其中前 3 个是必要的，后两个是基本的，五者缺一不可：

一是作为世界最大产业之一和规模巨大的交易商品，其计价和结算货币或之一，必须完全可自由兑换，这是一个不需讨论的常识。

二是货币强大的购买力和保值能力。油气生产和出口国均高度依赖出口，油气资源换来的某种货币，必须具有强大的购买力和保值能力，它们需要使用这种货币从国际市场进口必须的商品和服务。无法想象，今天世界上有哪个国家或个人会保有委内瑞拉和津巴布韦的货币，虽然拥有这两个国家一张纸币就可以成为百万富翁乃至亿万富翁。

三是强大的经济实力，能够提供规模巨大的国际公众品服务。2010—2014 年，欧佩克累计石油出口收入 52132 亿美元，非欧佩克为 16339 亿美元，合计高达 6.85 万亿美元，其中 2011—2013 年欧佩克年度出口收入均突破万亿美元（图 1）。2013 年，全球主权财富基金总规模为 5.3 万亿美元，其中 3.2 万亿美元属于石油输出国。因此，提供计价和结算货币的国家，必须拥有巨大的商品提供能力和非商品服务，诸如债券和投资等的吸纳能力，只有这样才能保证货币的稳定环流。

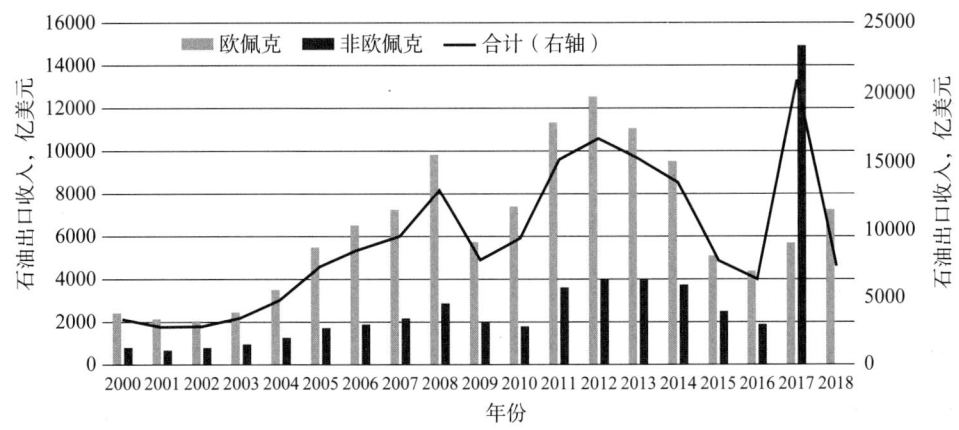

图 1　2000 年以来世界主要石油出口国出口收入

说明：2018 年非欧佩克石油出口收入尚未统计出，所以导致合计数大幅度下降。
资料来源：欧佩克年度报告，2001—2018 年。

四是国家经济和货币政策的稳定及可预知，社会和政治的稳定，信息的高度透明，这些条件是确保其货币能够可自由兑换、保证货币购买力和保值能力的前提。承担油气计价和结算货币的国家，一定是全世界的研究对象，需要信息的无限透明和公开。

五是上至政治家下到百姓对外部世界的高度包容，价值观的充分多元，对操纵、阴谋、剥削、掠夺、欺诈等各种名目的或善意的批评或恶意的诽谤，都应该而且只能予以容忍。某种程度上，拥有国际事务至上话语权的国家，一定是全世界最大的垃圾桶！

以上五个条件说明的，是一种理论状态下、强大综合实力支撑的高效公平的市场。只有高效的市场，才能对全球油气资源进行有效的配置，才能推动和促进世界油气产业的健康稳定发展；只有公平的市场，才能保证世界上百多个油气生产和消费主权国及同样数量众多的企业、个人不用脚投票，油气话语权才不会变成自说自话的梦呓。

今天世界三大石油交易所虽然都由美国企业控制，美元是计价和结算货币，加之美国是世界最大石油天然气生产和消费国，一般人可能认为美国就是那个拥有石油天然气高级话语权的国家，但特朗普对油价的焦虑说明美国并不能控制这个市场。事实上，今天由多地现货和期货交易等构成的国际石油天然气市场，应该是由无数参与者自觉或不自觉地使用了美国、英国等国市场经济最新的成果，借用了美元这个世界超级货币，利用了美国强大的经济实力，构建的一个全球化的近乎完全竞争的市场，美国也仅是其中的一分子而已，而这个国际石油天然气市场本身也是全球化的高效公平市场重要实践之一。

专家和媒体讨论的中国石油天然气话语权，应该包含4个层次的内容：石油天然气需求得到充足和稳定的供应，经济上得到全球基本一致公平的对待，人民币作为国际石油天然气市场计价和结算货币或之一，拥有与自身经济规模和政治地位相一致的国际石油天然气行业决定性影响。当前的现实是，中国初级石油天然气话语权是有保证的并正在不断增强，但应该清醒认识到，要想拥有所希望的高级石油天然气话语权并行之有效，我们还需做出长期并艰苦的努力。

本文撰写于 2019 年 8 月底

后　记

　　编辑并出版本文集，源起于 2019 年 8 月初一次讨论中美能源贸易问题的会议。文集所选文章虽然均是过去撰写并公开发表的文章，但整理过程还是耗费了约三个半月，不过通过对 35 年来所撰写文章的重新整理，梳理了自己对石油及能源问题观察、实践和思考的过程，理清了自己的研究成果，归纳并总结出了自己的研究心得，是非常值得和非常有价值的。

　　2017 年 8 月底完成拙著《石油的时代》书稿的写作后，一边同出版社讨论出版事宜并修订完善文稿，一边开始有关石油及能源问题文章的写作。2017 年 10 月至 2017 年年底，在有关网络和报纸等公开发表了 5 篇文章。时隔多年之后，有关报纸等媒体再次公开出现了我署名的文章，个人算是正式回归石油及能源问题的研究行列。

　　从 2018 年年初开始，由于有了更充足的时间，写作的频率加快，特别是当年 3 月份给《财经》杂志撰稿后，数量众多的文章，或由专业杂志，或由报纸，不断公开发表。2018 年年中，在朋友们的建议和支持下，着手准备自媒体。2018 年 7 月 7 日，自媒体"全说能源"在微信公众号、百度百家号、今日头条、知乎、新浪博客同时上线。"全说能源"自媒体上线一段时间后，影响越来越大，关注的朋友们越来越多，以至于一个星期不刊发新的文章，就有朋友来询问原因。给《财经》杂志的撰稿和"全说能源"自媒体的上线，等于给自己定上了闹钟，迫使自己必须紧跟全球石油及能源问题的时事热点，不断写作。2019 年 7 月 4 日"全说能源"上线一周年前夕，完成了 100 篇文章的发稿量。2019 年 8 月初的一次会议上，在讨论中美能源贸易问题时，面对会上听到的不少似是而非的问题，产生了将所发表的文章，收集整理并出版文集，以便更好地回应行业和社会对石油及能源问题关切的想法。本文集的准备工作自此正式提上日程。

2019年8月中旬，在对所发表的文章进行初步归纳分析后，产生了拟编辑出版文集的主题和结构，并形成了编辑计划等文字材料。8月21日下午，赴石油工业出版社，与郎东晓总监谈了自己的初步设想和写作计划，得到了郎东晓总监的肯定和鼓励，进一步增强了自己做好文集出版的信心。

在2019年年初制订的2019年写作计划中，就有将过去所撰写的文章重新整理并刊发的设想，但由于一篇接一篇的写作压力，实在无法抽出时间开展这项工作。从2019年9月初开始，个人参加了为期一个月的闭门学习。由于学习安排必须住校，前期住在中央党校，后期住在公司郊区的酒店，不像平日上班时早出晚归，可以充分利用没有学习任务的晚上进行文稿的整理工作。这样，利用9月份近一个月的晚上时间，整理完成了1986年至1994年公开发表的33篇文章及学士、硕士和访问学者论文。这36篇文章整理的工作量和困难程度，远超想象。虽然个人很早就能熟练地使用电脑，所撰写的文章也早有电子版存档，但这36篇文章基本都是20世纪90年代初的DOS系统下的字处理格式文件，将它们转换成今天的WORD文字格式，需要耗费大量的时间和精力，其中数字和图表转换工作量尤大。记得9月份的很多晚上，晚饭散步后从不到9点开始，经常到12点过后，都是在一篇篇文字整理过程中度过的，有时人基本上处于麻木和机械的状态。9月底闭门学习结束时，36篇文章整理的浩大工作基本结束，为文集的编辑和出版工作奠定了良好的基础。

从2019年10月1日开始，一边在"全说能源"自媒体上逐日刊发1986年至1994年的36篇文章，一边着手整理1994年至2017年撰写并发表的文章，同时还为2019年度国际清洁能源产业发展报告撰写有关全球天然气的文章，撰写文章分析厄瓜多尔退出欧佩克、沙特阿美公司上市等重大话题，并为10月下旬赴维也纳参加第三届欧佩克—中国高层对话会、11月下旬赴澳门参加第八届国际能源论坛做准备工作。至2019年11月底，1994年至2017年撰写和发表文章的整理工作才告完成。

经2019年9—11月3个月的努力，截至2019年11月30日，包括1990年7月主持并承担全书二分之一翻译篇幅并由时事出版社出版的《2000年能源安全》、1993年1月由时事出版社出版的《石油与当代国际经济政治》和2018年9月由中信出版集团出版的《石油的时代》三本著作外,已经公开发表和尚不能公开的内部文章及研究报告等石油及能源问题研究成果,35年间总字数约300万字,其中已经公开发表和可以公开刊发的文章总计为182篇,具体包括:1986—1994年间公开发表的文章33篇,学士、硕士和访问学者论文3篇,1994—2017年公开发表和可以公开发表的文章33篇,2018年和2019年撰写并公开发表的文章113篇。

根据原计划文集编辑出版的设想,在选择文章时发现,如选入的文章过多,会造成未来文集篇幅过大。进一步分析截至目前公开发表和可以公开发表的182篇文章后发现,其中有40多篇文章,是讨论当前美国石油、天然气和能源形势的,这些文章绝大部分是2018年8月之后撰写并于9月之后刊发的,如能单独集结成集,可以较好地说明当前美国的能源形势,回应行业和社会关注的美国能源独立话题。由此,将原计划一本文集分成两本,其中的一本就是本文集,另一本为美国能源独立话题的专集。这样,本文集的文章选择和内容安排工作,终于告一段落,形成阶段性成果。12月初,文集文章选择完成,有关辅助性文章开始撰写,文章的格式进行再编辑并统一编制页码,12月18日完成了文集的全部编辑工作。

本文集由80篇文章组成,最早的文章发表于1986年秋天,当时我还是云南大学硕士研究生二年级,最后一篇文章发表于2019年11月25日,时间跨度基本上涵盖了从1985年9月学习石油及能源问题至今的35年。所选的80篇文章,既有标准的学术论文,更多的还是近两年有关全球及中国石油、能源问题的时评性文章,其中还有对某些国家访问、现场参观等感想性文字,也有接受媒体采访的稿件。文集由三编构成,分别为:时代的石油烙印,石油、经济与国际政治,石油与中国。80篇文章均为个人不同时期的代表性文章,阐述的是个人在不同时期对石油及能源问题的认识,其中的绝大部分为2017年以后撰写和发表的。

本文集是35年来个人研究成果和心得的结晶,能够集结成集并正式出版,需要感谢无数的师长、领导、同仁和朋友们:

首先,需要感谢的,是35年来,在我学习、观察、实践和研究石油及能源问题中,给我无私帮助的无数师长、学界和研究界前辈及同仁、领导、同学、朋友和家人。这方面需要而且应该提及感谢的人员众多,在拙著《石油的时代》后记中,已经大篇幅提到,这里不再重复了,35年来各位对我的无私教诲、指导和帮助,我永存于心。

其次，本文集能够成形，重点要感谢的是2017年以来媒体界的多位朋友们，正是在你们索稿的不断催促和重压下，迫使我在不到两年的时间里完成了100多篇文章的撰写，现在回过头来统计这些文章，我自己都感到十分的吃惊。这些朋友们包括：《财经》杂志的马克副主编，《中国石油报》的董宣和刘宁洁编辑，《石油商报》的张学青编辑，《中国电力报》的安栋平和李冬梅编辑，《国际石油经济》的卢向前副主编和张一驰主任，《环球网》朱研总编辑，《财新》杂志的张帆编辑，《财经》杂志后供职于《华尔街见闻》的袁雪编辑等等。上面的绝大部分朋友们，到目前还都是神交，基本都没有谋面。这3年邀我撰写文章的媒体和朋友，远不止上面列出的，还有大量看到个人文章后给予推荐、转载的媒体及朋友们，对于没能够在有限的篇幅里列出大名的朋友们，深表歉意并请谅解，也一并表达衷心的感谢。

第三，感谢大量行业同仁、领导和研究界的众多朋友们。近年来，个人很多文章发表或一经上网后，得到了很多行业同仁和领导们的关注、肯定和建议，部分文章被广泛地讨论；与此同时，近年来还不时受邀参加数量众多的国内外内部或公开的研讨会、分析会等，会上行业同仁和研究界朋友的发言及观点，对我启发很大。本文集的很多文章，就是在这种背景下撰写或产生的，这里对诸位的关注、建议和意见表示衷心的感谢。

第四，感谢我的几位同事。姜霖和王海滨同志，承担了大量日常工作，使得我有精力和时间得以专心研究和撰文；个人自媒体在准备过程中，得到了孙黎明同志和其专业的同事们的大力支持、指点和帮助，自媒体正式上线后，虽然已不在同一栋大楼上班，但仍得到孙黎明同志大量的专业指点。衷心感谢各位数十年来，默默无私的帮助和支持！

最后，感谢石油工业出版社郎东晓总监和多位编辑朋友。早在拙著《石油的时代》出版过程中，就得到了郎东晓总监的支持和鼓励，本文集从有初步设想到编辑出版过程中，都得到了郎东晓总监的大力支持和帮助。可以说，没有郎东晓总监的支持和帮助，就没有本文集的最终出版发行。作为本文集的编辑，张希喜、刘文国等以专业的眼光，发现文集初稿中存在的诸多问题，提出了很多非常有价值的建议，使得义集能够高质量的出版面世，在此对各位的帮助深表感谢。

需要特别说明的是，虽然在文集编辑过程中，尽了最大努力希望做到文章的格式统一，但由于所选文章的差异较大，特别是近年来所撰写的时评性文章，因媒体的出版需要无法按学术规范成文，因此本文集从总体看不是一本严谨的学术著作，但引用的资料均来源于有关国际组织、有关国家官方的报告、统计数据等，所有的资料来源均有据可查。在此，向文集中已注明的和大量未能注明资料来源的机构、个人等，表示深深的感谢。

王能全

2019年12月18日

读石油版书,获亲情馈赠

　　亲爱的读者朋友,首先感谢您阅读我社图书,请您在阅读完本书后填写以下信息。我社将长期开展"读石油版书,获亲情馈赠"活动,凡是关注我社图书并认真填写读者信息反馈卡的朋友都有机会获得亲情馈赠,我们将定期从信息反馈卡中评选出有价值的意见和建议,并为填写这些信息的读者朋友**免费**赠送一本好书。

石油的谜 · 思

1. 您购买本书的动因(可多选)
   - □ 书名　　　□ 封面　　　□ 内容　　　□ 价格
   - □ 装帧　　　□ 纸张　　　□ 双色印刷
   - □ 书店推荐　□ 朋友推荐　□ 报刊文章推荐
   - □ 作者　　　□ 出版社　　□ 其他_____

2. 您在哪里购买了本书(若是书店请写明书店地址和名称)?
   _____ 购书时间 _____

3. 您是怎样知道本书的(可多选)?
   - □ 报刊介绍_____(报刊名称)　　□ 朋友推荐_____
   - □ 网站_____(网站名称)　　□ 书店广告_____
   - □ 书店随便翻阅　　□ 其他_____

4. 您对本书的印象如何(可多选)?
   - 封面:□ 新颖　□ 吸引眼球　□ 一般,没创意　□ 不适合本书内容
   - 内容:□ 丰富　□ 有新意　　□ 一般　　　　□ 较差
   - 排版:□ 新颖　□ 一般　　　□ 太花哨　　　□ 较差
   - 纸张:□ 很好　□ 一般　　　□ 较差
   - 定价:□ 太高　□ 有点高　　□ 合适　　　　□ 便宜

5. 您对本书的综合评价和建议(可另附纸)。
   _____
   _____

● 您的资料:

您的姓名 _____ 性别 _____ 年龄 _____ 职业 _____
学历 _____ 电话(写明区号)_____ 手机 _____
电子邮件 _____ 邮编 _____
通信地址 _____

● 我们的联系方式:

地　　址:北京市朝阳区安华里二区1号楼 100011
邮　　编:100011　　　　E-mail:lwgpip@126.com
销售部电话:010-64252978　　编辑部电话:010-64523714